唐代两浙州县职官考
——历代方志所载唐职官新考补正

周祝伟 著

上海古籍出版社

图书在版编目(CIP)数据

唐代两浙州县职官考:历代方志所载唐职官新考补正/周祝伟著. —上海:上海古籍出版社,2019.9
ISBN 978-7-5325-9257-9

Ⅰ.①唐… Ⅱ.①周… Ⅲ.①官制-研究-浙江-唐代 Ⅳ.①D691.42

中国版本图书馆CIP数据核字(2019)第111384号

唐代两浙州县职官考
——历代方志所载唐职官新考补正

周祝伟 著

上海古籍出版社出版发行

(上海瑞金二路272号 邮政编码200020)

(1) 网址:www.guji.com.cn
(2) E-mail:guji1@guji.com.cn
(3) 易文网网址:www.ewen.co

浙江临安曙光印务有限公司印刷

开本710×1000 1/16 印张30 插页6 字数544,000
2019年9月第1版 2019年9月第1次印刷
印数:1—1,300
ISBN 978-7-5325-9257-9
K·2664 定价:118.00元
如有质量问题,请与承印公司联系

钱唐湖石记

钱唐湖事，刺史要知者四条，具列如左：

钱唐湖一名上湖，周回三十里，北有石函，南有笕。凡放水溉田，每减一寸，可溉十五余顷；每一复时，可溉五十余顷。先须别选公勤军吏二人，一人立于田次，一人立于湖次，节限而放之。若岁旱，百姓请水，须令经州陈状，刺史自便押帖，所由即日与水；若待状入司，符下县，其帖乡，动经旬日，虽得水，而旱田苗无所及也。大抵此州春多雨，夏秋多旱，若堤防如法，蓄泄及时，即濒湖千余顷田，无凶年矣。自钱塘至盐官界，应溉夫官河田，须放湖入河，从河入田，准盐铁使旧法，又须先量河水浅深，待溉田毕，却还本水尺寸，往往平出。今年修筑湖堤，高加数尺，水亦随加，即不啻足矣。脱或不足，即更决临平湖，添注官河，又有余矣。俗云：决放湖水，不利钱塘县官。县官多假他词，以惑刺史。或云：鱼龙无所托。或云：茭菱失其利。且湖中又有鱼龙与茭菱乎？茭菱与生民之命孰急？断可知矣。又云：放湖即郭内六井无水，亦妄也。且湖底高，井管低，湖中又有泉数十眼，湖耗则泉涌，虽尽竭湖水，而泉用有余，况前后放湖，终不至竭；而云井无水，谬矣。其郡中有六井，李泌相公典郡日所作，甚利于人，与湖相通，中有阴窦，往往堵塞，亦宜数察而通理之。则虽大旱，而井水常足。

湖中有无税田约十数顷，湖浅则田出，湖深则田没。田户多与所由计会，盗泄湖水，以利私田。其石函、南笕，并诸小笕，非浇田时，并须封闭筑塞，数令巡检。小有漏泄，罪责所由，即无盗泄之弊矣。

又若霖雨三日已上，即往往堤决。须所由巡检，预为之防。其笕之南，旧有缺岸，若水暴涨，即于缺岸泄之；又不减，即于石函南笕泄之，防堤溃也。

恐来者要知，故书于石；欲读者易晓，故不文其言。

长庆四年，三月十日，杭州刺史白居易记

图版一　唐长庆四年（824）三月十日杭州刺史白居易《钱塘湖石记》刻石（重刻）

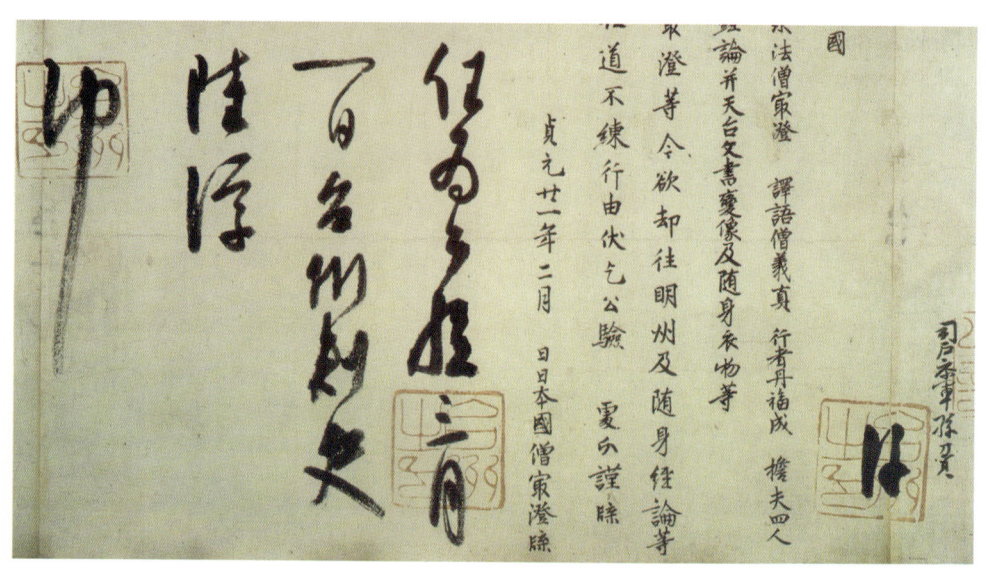

图版二 唐贞元廿一年（805）三月一日台州刺史陆淳批文

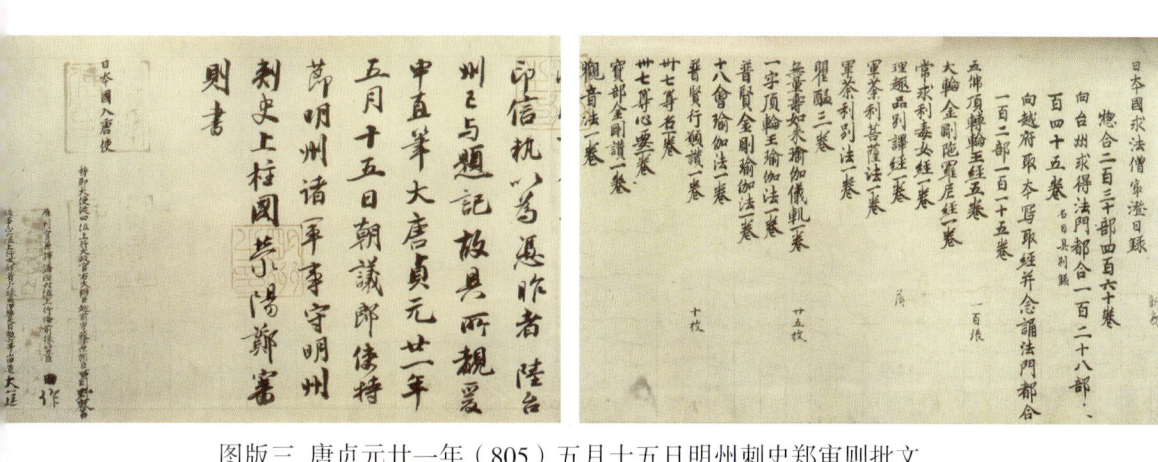

图版三 唐贞元廿一年（805）五月十五日明州刺史郑审则批文

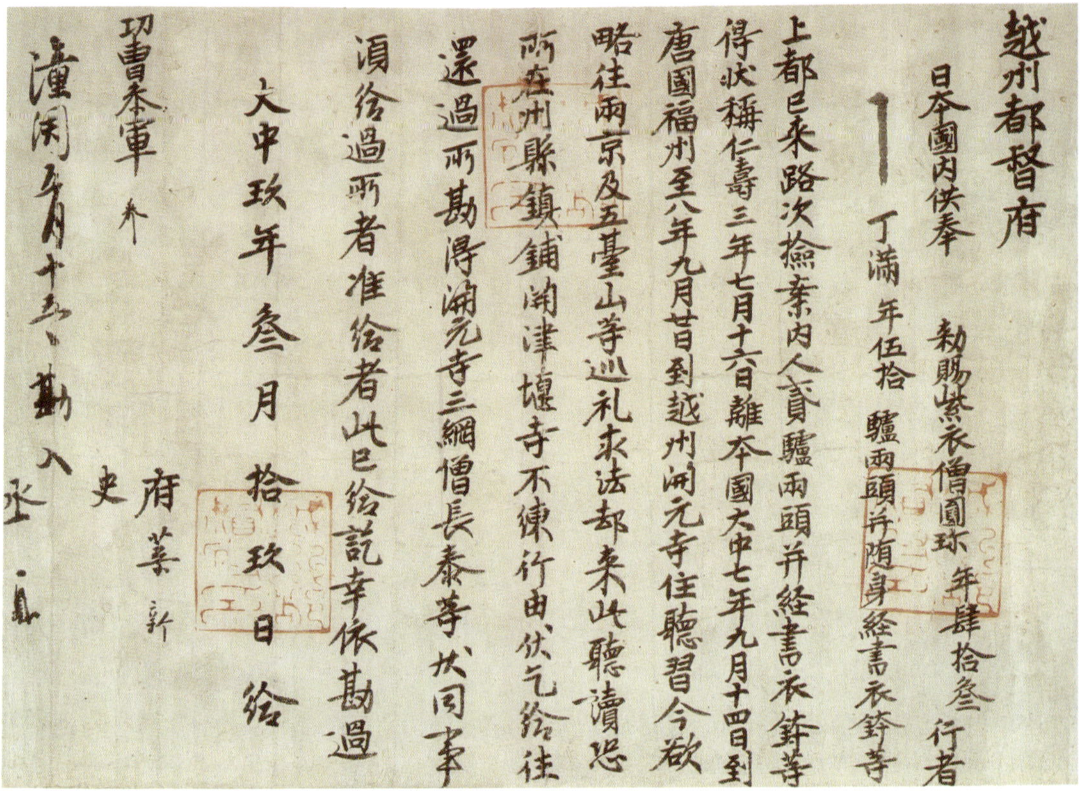

越州都督府

日本國內供奉

一 丁滿 年伍拾 驢兩頭并隨身經書衣鉢等
敕賜紫衣僧圓珍 年肆拾叁 行者

上都已來路次撿案內人貢驢兩頭并經書鉢等
得狀稱仁壽三年七月十六日離本國大中七年九月十四日到
唐國福州至八年九月廿日到越州開元寺住聽習今欲
略往兩京及五臺山等巡礼求法却來此聽讀恐
所在州縣鎮鋪關津堰寺不練行由伏乞給往
還過所勘得開元寺三綱僧長泰等狀同事
須給過所者准給者此已給訖幸依勘過

大中玖年叁月拾玖日給

府 葉 新
史

切書本軍

潼關 年月十三日勘入 丞

图版四 唐大中九年（855）三月十九日越州都督府批文

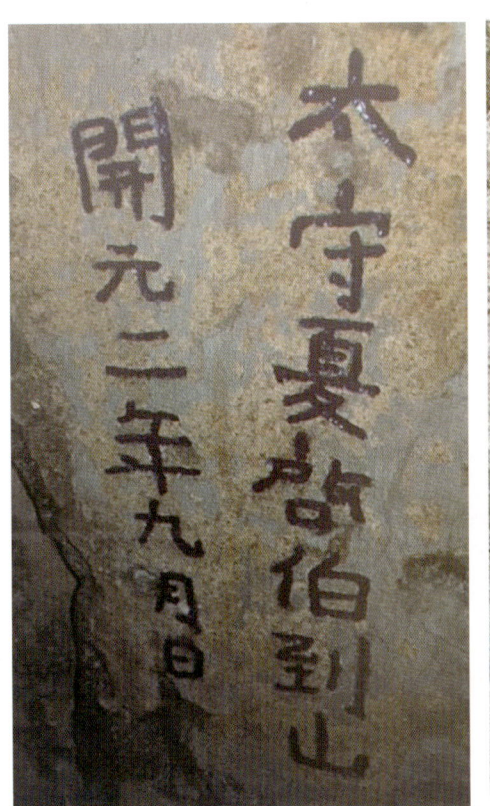 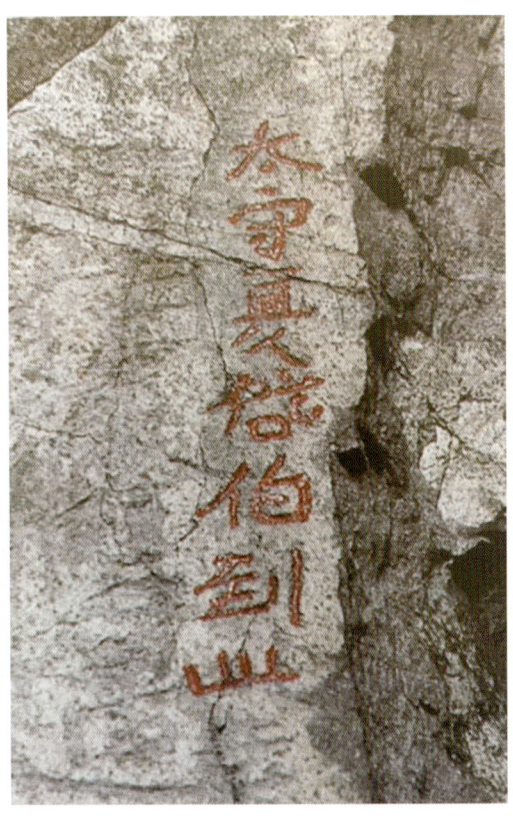

图版五 唐开元二年（714）九月　日温州刺史夏启伯雁荡山题名

图版六 唐兴元元年（784）三月十日湖州刺史袁高顾渚山题名

目　　录

唐代州县行政与两浙地区经济社会发展（代前言） ………………………… 1

凡例 ………………………………………………………………………… 1

卷一	润州（丹阳郡） ……………………………………………… 1

　　丹徒县 ………………………………………………… 30

　　丹阳县（曲阿县） ……………………………………… 33

　　金坛县 ………………………………………………… 36

　　延陵县 ………………………………………………… 38

　　上元县（江宁县） ……………………………………… 41

　　句容县 ………………………………………………… 45

卷二　常州（晋陵郡） ……………………………………………… 50

　　晋陵县 ………………………………………………… 73

　　武进县 ………………………………………………… 77

　　江阴县 ………………………………………………… 80

　　无锡县 ………………………………………………… 84

　　义兴县 ………………………………………………… 87

卷三　苏州（吴郡） ………………………………………………… 92

　　吴县 …………………………………………………… 119

　　长洲县 ………………………………………………… 121

　　嘉兴县 ………………………………………………… 124

　　海盐县 ………………………………………………… 126

　　常熟县 ………………………………………………… 129

　　昆山县 ………………………………………………… 133

华亭县 …………………………………………………… 134

卷四　杭州（余杭郡） ……………………………………… 136
　　钱塘县 …………………………………………………… 162
　　余杭县 …………………………………………………… 165
　　临安县 …………………………………………………… 170
　　富阳县 …………………………………………………… 173
　　於潜县 …………………………………………………… 176
　　盐官县 …………………………………………………… 178
　　新城县 …………………………………………………… 181
　　唐山县（紫溪县） ……………………………………… 182

卷五　湖州（吴兴郡） ……………………………………… 184
　　乌程县 …………………………………………………… 205
　　长城县 …………………………………………………… 211
　　安吉县 …………………………………………………… 215
　　武康县 …………………………………………………… 219
　　德清县 …………………………………………………… 221

卷六　睦州（新定郡） ……………………………………… 224
　　建德县 …………………………………………………… 240
　　桐庐县 …………………………………………………… 242
　　遂安县 …………………………………………………… 244
　　清溪县（雉山县） ……………………………………… 246
　　分水县 …………………………………………………… 247
　　寿昌县 …………………………………………………… 248

卷七　越州（会稽郡） ……………………………………… 250
　　会稽县 …………………………………………………… 275
　　山阴县 …………………………………………………… 279
　　诸暨县 …………………………………………………… 282
　　余姚县 …………………………………………………… 286

萧山县(永兴县) …………………………………… 288
　　　上虞县 ……………………………………………… 291
　　　剡县 ………………………………………………… 294

卷八　婺州(东阳郡) ……………………………………… 299
　　　金华县 ……………………………………………… 318
　　　义乌县 ……………………………………………… 321
　　　永康县 ……………………………………………… 324
　　　东阳县 ……………………………………………… 326
　　　兰溪县 ……………………………………………… 329
　　　武义县 ……………………………………………… 331
　　　浦阳县 ……………………………………………… 333

卷九　衢州(信安郡) ……………………………………… 334
　　　信安县(盈川县) …………………………………… 348
　　　常山县 ……………………………………………… 351
　　　龙丘县(白石县) …………………………………… 352
　　　须江县 ……………………………………………… 355

卷一〇　处州(缙云郡) …………………………………… 356
　　　丽水县(括苍县) …………………………………… 370
　　　松阳县 ……………………………………………… 373
　　　缙云县 ……………………………………………… 374
　　　遂昌县 ……………………………………………… 375
　　　青田县 ……………………………………………… 376
　　　龙泉县 ……………………………………………… 377

卷一一　温州(永嘉郡) …………………………………… 379
　　　永嘉县 ……………………………………………… 389
　　　安固县 ……………………………………………… 392
　　　横阳县 ……………………………………………… 393
　　　乐成县 ……………………………………………… 394

卷一二 台州（临海郡）	396
临海县	414
唐兴县	416
黄岩县（永宁县）	418
乐安县	420
宁海县	421

卷一三 明州（余姚郡）	423
鄞县	432
奉化县	434
慈溪县	436
象山县	438

主要参考文献	441
后记	453

唐代州县行政与两浙地区经济社会发展
（代前言）

一

唐代地方行政体制，且不说前期的州（郡）、县两级制，即使后期作为监察区域的道逐渐成为地方行政实体之后，形成道、州、县三级制，州、县都是唐代地方行政体制中的主体。① 据记载，唐贞观十三年（639），全国有州府三百五十八个，县一千五百五十一个；而开元二十八年（740），全国有州府三百二十八个，县一千五百七十三个。② 正所谓："夫一圻之地，千乘之赋，上承于王庙，下熙于民务，有刑辟之政，有军旅之事，所谓生民休戚之所属，王室安危之所渐，故得其人则成治，非其材则受弊。"③ 职此之故，唐代对于州县治理极为重视，从职位设置、官员铨选、政绩考核以及激励机制等方面，在继承前代的基础上，进行了许多积极的探索和建设。通过诏敕等形式制订了一套完整的、具体而微的制度，为其有效管理州县、促进区域稳定和社会经济发展发挥了积极作用，同时也对后世产生了深远的影响。

唐代对于全国数量众多的州县进行等级划分，实行等级制度。除了在全国具有重要战略意义的五十七个州设置大、中、下都督府以及都护府外，其余二百余个州被划分为府、辅、雄、望、紧、上、中、下八个等级，而全国一千多个县则被划分为赤、次赤、畿、次畿、望、紧、上、中、中下、下十个等级，其层级之多、分等之精细前所未有。④ 不同等级的州、县，有着相应的官员配置，包括品级、员额等。

---

① 此处特指内地的地方行政体制，唐代在边疆地区实行都督和都护统领下的羁縻府州制。另，也有学者指出，唐后期的地方制度，虽然被认为是实际上的三级制，但是在制度上中央却从来没有予以确认过，中央、藩镇、州之间的关系，实际上是中央、藩镇和州之间的三角关系，而不是中央——藩镇——州这样简单的上下关系，参见陈志坚著《唐代州郡制度·前言》（上海古籍出版社2005年版）。
② 《新唐书》卷四一《地理志五》，中华书局1975年版，第959—960页。
③ 《册府元龟》卷六七一《牧守部·总序》，凤凰出版社2006年版，第7727页。
④ 有关唐代州县等级制度情况，请参阅翁俊雄《唐代的州县等级制度》一文，载《北京师范学院学报》1991年第1期。

《唐六典》规定,凡户满四万以上为上州,配置官员情况为:刺史一人,从三品;别驾一人,从四品下;长史一人,从五品上;司马一人,从五品下;录事参军事一人,从七品上;司功参军事一人,从七品下;司仓参军事一人,从七品下;司户参军事二人,从七品下;司兵参军事一人,从七品下;司法参军事二人,从七品下;司士参军事一人,从七品下。①户满三万户以上为中州,配置:刺史一人,正四品上;别驾一人,正五品下;长史一人,正六品上;司马一人,正六品下;录事参军事一人,正八品上;司功参军事一人,正八品下;司仓参军事一人,正八品下;司户参军事一人,正八品下;司兵参军事一人,正八品下;司法参军事一人,正八品下(兼掌司士事)。户不满三万户为下州:刺史一人,正四品下;别驾一人,从五品上;司马一人,从六品上;录事参军事一人,从八品上;司仓参军事一人,从八品下(兼掌司功事);司户参军事一人,从八品下(兼掌司兵事);司法参军事一人,从八品上(兼掌司士事)。上州六曹俱备,而中州、下州则不全配,而有所省减。诸州户满六千以上为上县:令一人,从六品上;丞一人,从八品下;主簿一人,正九品下;尉二人,从九品下。户满二千以上为中县:令一人,正七品上;丞一人,正九品上;主簿一人,从九品上;尉一人,从九品下。户满一千以上为中下县:令一人,从七品上;丞一人,正九品上;主簿一人,从九品上;尉一人,从九品下。户不满一千皆为下县:令一人,从七品下;丞一人,正九品下;主簿一人,从九品上;尉一人,从九品下。由前可知,一名官员在不同的州任职,虽然都是州刺史,但由于不同的州等级不同,上州刺史的品阶为从三品,而下州刺史则为正四品下,彼此有两个品阶之差。同样,一名官员在县里任职,虽同为县令,但上县的县令与下县的县令在品阶上会有五级之差。这种州县等级制度的实行,有助于地方官员在不同等级的州县之间迁转任职,建立并强化了对地方官员施政的激励机制。

　　唐代地方州县政府的官僚体系,基本上由长官、佐官、属官以及胥吏构成。

　　州的长官是刺史。其职责,在《唐六典》以及新、旧《唐书》职官志等历史文献中所载大略相同,如成书于开元二十六年(738)的《唐六典》规定:"京兆、河南、太原牧及都督、刺史掌清肃邦畿,考核官吏,宣布德化,抚和齐人,劝课农桑,敦谕五教。"为了保证州刺史能履行这六项职责,还具体规定:刺史需要"每岁一巡属县,观风俗,问百姓,录囚徒,恤鳏寡,阅丁口,务知百姓之疾苦。部内有笃学异能闻于乡闾者,举而进之;有不孝悌、悖礼乱常、不率法令者,纠而绳之。其吏在官公廉正己、清直守节者,必察之;其贪秽谄谀、求名徇私者,亦谨而察之,皆附于考

---

① 《新唐书》卷四六《百官志》所载与之同,谓司户参军事、司法参军事各为二人,然《旧唐书》卷四四《职官志》则谓上州"司功、司仓、司户、司兵、司法、司士六曹参军事各一人,并七品下"。

课,以为褒贬。若善恶殊尤者,随即奏闻。若狱讼之枉疑,甲兵之征遣,兴造之便宜,符瑞之尤异,亦以上闻。其常则申于尚书省而已,若孝子顺孙、义夫节妇志行闻于乡闾者,亦随实申奏,表其门闾。若精诚感通,则加优赏。其孝悌力田者,考使集日,具以名闻。其所部有须改更,得以便宜从事。若亲王典州及边州都督、刺史不可离州局者,应巡属县,皆委上佐行焉"。① 作为州政府长官的刺史,在其治下,其职责是颇为全面的,而且还被赋予了"所部有须更改,得以便宜从事"的权限。但是,他作为中央集权制统一王朝的唐代地方政府长官,也是受到制约的,一是属下各级官员的任免权限在中央政府,刺史对于属下官员只有考核权及奖罚建议权;二是平时要负责与尚书省保持联系、汇报请示,而遇到"狱讼之枉疑""甲兵之征遣""兴造之便宜""符瑞之尤异"之类特殊事项,则还要向最高统治者皇帝报告请示。因此,唐代州的长官刺史,虽然都带有"使持节诸军事"的头衔,但实为虚衔,并不真正掌军权。唐代中期以后,地方长官藩镇化,往往以本州刺史兼充节度、观察使之职,于是形成以刺史为长官的民事系统即州院,和以节度、观察使为长官的军事系统即军院。尽管在本州刺史兼充节度观察使的情况下,州院、军院的长官均为同一人,但鉴于军院系军事系统,不属于州县民事系统,故不在本书考察之列。

州的佐官有别驾、长史、司马,通称"上佐"。佐官,即"佐贰之官"之谓,是辅佐长官的副官。其品级比长官略低,但不是纯粹的属员性质。别驾,始置于汉代。因其作为州刺史的佐官,地位较高,出巡时一般不与刺史同车,而是别乘一车,故名别驾,又名别乘。② 长史、司马与别驾多不并置,《旧唐书》卷四二《职官志》注云:"武德令,上州别驾正五品上。(贞观)二十三年,为长史。前上元年复置别驾,定入从四品也。""武德中,下州别驾,正六品。贞观二十三年,改为长史。永淳元年,诸州置别驾官。天宝八载,停别驾,下郡置长史。后上元二年,诸州置别驾,不废下府长史也。"③ 上佐名为掌贰州事,"以纪纲众务,通判列曹,岁终则更入奏计",④但实无具体事任,仅在刺史空缺或亲王遥领时可代主州事,如上元二年(761)嗣曹王李皋即以温州长史行刺史事。但总的来说,别驾、长史、司马等上佐均属于品高俸厚的闲职,其职位主要用于安排宗室、武将以及贬退大臣等。

州的属官由录事参军事和判司所组成。录事参军事品阶不高,比别驾、长

---

① 《唐六典》卷三〇《三府督护州县官吏》,中华书局1992年版,第747页。
② 《通典》卷三二《职官》一四"总论州佐"条引《庾亮集·答郭豫书》:"别驾旧与刺史别乘同流,宣王化于万里,其任居刺史之半。"
③ 《旧唐书》卷四二《职官志》,中华书局1975年版,第1794、1796页。
④ 《唐六典》卷三〇《三府督护州县官吏》,第747页。

史、司马等上佐要低得多，基本上有至少三阶以上的差距，而与判司相比则略高一些，但它在整个州政府官僚体系中的地位却是极为特殊的。据《唐六典》记载，其职责是："掌付事勾稽，省署抄目，纠正非违，监守符印。若列曹事有异同，得以闻奏。"有点类似于今天的政府秘书长之职。但是，录事参军事的地位特殊之处还不在于此，而在于它实际承担了名义上由别驾、长史、司马等上佐所承担的"纪纲众务，通判六曹"的职责。也就是说，名义上由别驾、长史、司马承担的职责，实际上是由录事参军事来履行的。唐人李观在《与睦州纠曹王仲连书》中就说："夫朝廷宪章，悬之柱史；一郡纲目，非君而谁？录事参军者，所以兼弱攻昧，奉上肃下，众司之重器，外剧之利权。"①权德舆在《送台州崔录事二十三丈赴官序》中也说："且夫列郡之督邮，视天台之司辖，地征之众寡，赋政之细大，为枢为柅，何莫由斯。"②而符载在《江州录事参军厅壁记》中则说得更为明白："录事参军之于郡县，纪纲也，车辖也。纲弛则目疏，辖抗则载输，政之成败，亦由是也……其于勾稽失，纠愆谬，省抄目，守符印，一州之能否，六曹之荣悴，必系乎其人也。"③录事参军事除了实际承担着名义上由上佐所承担的"纪纲众务，通判六曹"职责之外，"纠正非违"（《通典》云"纠弹部内非违"）则是其本身所承担的四项职责中至为重要的一项。在相关的诏敕中，我们可以看到，凡是六曹与本州辖下诸县有犯，录事参军事都要被追究责任而连带受到科罚，故录事参军事又有"纠曹"之谓。

　　录事参军事以下由判司分掌州郡行政。判司，在府为曹，曰功曹、仓曹、户曹、兵曹、法曹、士曹参军事；在州为司，曰司功、司仓、司户、司兵、司法、司士参军事。在六曹（司）之外，唐代曾经还增置过田曹（司田）参军事。④ 在设置司田参军事期间，判司实际上应该有七曹（司），但是司田参军事废置无恒，许多时候是不设置的，人们习惯统称六曹（司）。府、州的六曹（司）职责大致对应于中央尚书省吏、户、礼、兵、刑、工六部。根据《唐六典》记载，判司六曹的职掌分别为：功曹、司功参军事，掌官吏考课、假使、选举、祭祀、祯祥、道佛、学校、表疏、书启以及医药、陈设之事，有"选部铨署，勤于他职"的说法，⑤居于判司六曹之首，是判司中较为重要的职掌；仓曹、司仓参军事，掌公廨、度量、庖厨、仓库、租赋、征收、田园、市肆之事，所谓"钱货是司，出纳维允"；户曹、司户参军事，掌户籍、计帐、道

---

① 《全唐文》卷五三二，上海古籍出版社1990年版，第2393—2394页。
② （唐）权德舆：《权载之文集》卷三七，《四部丛刊初编》本。
③ 《全唐文》卷六八九，第3127页。
④ 《新唐书》卷四九下《百官志》"田曹司田参军事"条下注云："景龙三年初置司田参军事，唐隆九年省，上元二年复置。"又，《通典》卷三三《职官十五·州郡下》注云："景龙三年，诸州加置司田。开元中省，乾元之后又分司户置参军一员，位在司户下，诸府则曰田曹……以其废置不恒，故不列于此。"
⑤ （唐）权德舆：《权载之文集》卷三七《送睦州李司功赴任序》。

路、逆旅、田畴、六畜、过所、蠲符之事,是六曹中事务较为繁剧的职掌;兵曹、司兵参军事,掌武官选举、兵甲器仗、门户管钥、烽候传驿之事;法曹、司法参军事,掌律令格式、鞫狱定刑、督捕盗贼、纠逖奸非之事;士曹、司士参军事,掌津梁、舟车、舍宅、百工、众艺之事。有关田曹、司田参军事的职掌,《唐六典》未载,据《新唐书·百官志》载,主要是掌园宅、口分、永业及荫田之事。

县的长官是县令,别称"明府"。其职责是"掌导扬风化,抚字黎氓,敦四人之业,崇五土之利"。① 具体来说,作为一县行政长官,他负责统管全县各项事务:"养鳏寡,恤孤穷,审察冤屈,躬亲狱讼,务知百姓之疾苦。所管之户,量其资产,类其强弱,定为九等。其户皆三年一定,以入籍帐。若五九、三疾及中、丁多少,贫富强弱,虫霜旱涝,年收耗实,过貌形状及差科簿,皆亲自注定,务均齐焉。若应收受之田,皆起十月,里正勘造簿历,十一月县令亲自给授,十二月内毕。至于课役之先后,诉讼之曲直,必尽其情理。每岁季冬之月,行乡饮酒之礼,六十已上坐堂上,五十已下立侍于堂下,使人知尊卑长幼之节。若籍帐、传驿、仓库、盗贼、河堤、道路,虽有专当官,皆县令兼综焉。"②

县丞为县令佐贰之官,别号"赞府""赞公",县丞的地位比主簿、县尉要高。韩愈曾说:"丞之职所以贰令,于一邑无所不当问。"③县丞作为县令的副职,理论上什么都可以管,但是实际上却并非如此。它没有具体的职掌,主要是辅助县令处理县政各种事务,如《唐六典》在阐述县令职掌时就规定:"……皆县令兼综焉。丞为之贰。"因此,县丞在县政中的地位应该是比较微妙和尴尬的。在县政的实际运作中,它是个通判官,有关县政的所有文书都需要他连署(但决策权不在于他,在县令)。对于县政中的失误,他要承担连带责任,如《唐律》规定:"诸同职犯公坐者,长官为一等,通判官为一等,判官为一等,主典为一等。"④县政治理得好,功劳是长官县令的,"其县令在任,户口增益,界内丰稔,清勤著称,赋役均平者,先与上考,不在当州考核之限"。⑤ 治理得不好或者不能按时完成赋税征收任务等,长官县令自然罪责难逃,但"佐职以下节级连坐",县丞同样也难逃连带责任。⑥ 而据沈亚之在《鏊屋县丞厅壁记》中说:"夫丞之职也,赞宰之正,以条诸

---

① 《唐六典》卷三〇《三府督护州县官吏》,第753页。
② 同上。
③ (唐)韩愈撰,马其昶校注:《韩昌黎文集校注》卷二《蓝田县丞厅壁记》,古典文学出版社1957年版,第52页。
④ 《唐律疏议》卷五《名例》"同职犯公坐"条,中华书局1983年版,第110页。
⑤ 《唐会要》卷六九《县令》,中华书局1955年版,第1216页。
⑥ 《唐律疏议》卷一三《户婚》"输课税物违期"条,第252页。

曹。其有不便于民者,丞能得不可。"①可见,县丞别号"赞府""赞公",是因其主要职责是"赞宰之正"。但是,他同时也被赋予了另一项职责,即"其(宰)有不便于民者,丞能得不可"——对县令决策的否决权,或者说对县令施政的监督权。这项职责的赋予,使得品级低于县令的县丞在县级垂直管理的官僚体系中显得很另类,地位颇为尴尬。"令或能,率其权不以予丞",②主簿、县尉对这样无职权的县丞不甚尊重,自然也就在情理之中了。这应该是唐代县丞比较普遍的生存状态,因此,时人有"非海量浩荡,剑锋峥嵘,孰能久于此矣"之叹。③ 当然,"令有事不合法,不肯纤毫以屈色贷人"的县丞也还是有的,只不过要付出一定的代价而已。总之,县丞在县政中作用的发挥,完全取决于县令与县丞彼此之间的关系,以及在能力、声望、背景等诸多方面的比较优势。

主簿,"谓主诸簿目"之意,④在唐代是县令的总务属官,"掌付事勾稽,省署抄目,纠正非违,监印,给纸笔、杂用之事",⑤其职掌颇类似于州政府中的录事参军事,故也有"纠曹"之称。⑥ "付事勾稽,省署抄目",是主簿的主要日常工作。时人刘崇望在《授杨彦奉国县主簿尚殷美万岁县主簿制》中说:"主簿之官,大要在其勾稽。"主簿通过勾检县政府中出入的所有文书,发现和纠正文书的稽违和错办,保证县政的有效、有序运行。"监印",是主簿的另一项重要职责,因此主簿也有"印曹"之称。此外,它作为县政府中的高级属吏,还有辅助县令治理本县政务的职责,如钱镠《钟廷翰摄安吉主簿牒》即谓:"安吉属城印曹阙吏,俾期差摄,勉效公方,倘闻佐理之能,岂吝超升之奖?"

县尉,别号少府,是唐代县政中的重要职官。根据《唐六典》记载,其职责是"亲理庶务,分判众曹,割断追征,收率课调"。所谓"分判众曹",是指分判对应于州政府六曹而设立的各个具体办事部门,如京(赤)县设六尉,即司功、司仓、司户、司法、司兵、司士,一尉判一曹;畿县、上县设二尉,一掌兵法士,一掌功仓户;中县及以下的县,仅设县尉一人,则该县尉要负责全县的具体事务了。

以上是由朝廷派驻各州县构成地方政府领导层的官员,属于九品三十阶的流内官。除此之外,州县政府还有为数不菲、在前述官员领导下的具体办事人员

---

① (唐)沈亚之撰,肖占鹏、李勃洋校注:《沈下贤集校注》卷五,南开大学出版社2003年版,第95页。
② (宋)韩元吉:《南涧甲乙集》卷一六,中华书局1985年版,第307页。
③ (唐)敬括:《大唐故朝议郎行河南府士曹参军炖煌张公墓志铭并序》,《全唐文补编》卷四三,中华书局2005年版,第528页。
④ 《通典》卷三三《职官》。
⑤ 《唐六典》卷三〇《三府督护州县官吏》,第753页。
⑥ 《全唐文》卷四五一乔潭《会昌主簿厅壁记》谓:"主簿,纠曹也。"

（胥吏）以及各种勤杂人员（杂任）。如参军事掌出使检校及导引之事；市令、丞掌市廛交易禁斥非违之事；经学博士以五经教授诸生；医学博士以百药救疗平民百姓有疾病者，以及执刀、白直、典狱、佐使等，都"各有其职，州县之任备焉"。他们中的大多数人没有品级，有品者也多属流外入流者。宁波天一阁藏宋《天圣令·杂令》附唐令第十五条注："诸州执刀，州县典狱、问事、白直，总名'杂职'。州县录事、市令、仓督、市丞、府、史、佐、计史、仓史、里正、市史，折冲府录事、府、史，两京坊正等，非省补者，总名'杂任'。其称'典吏'者，'杂任'亦是。"①在唐人的观念中，"胥吏"首先是相对于流内官而言的，如代宗朝宰相常衮就认为："吏者，谓官长所署，则今胥吏耳，非公卿百僚之例。"②《唐律》也规定："'吏'，谓流外官以下。"③流外官虽然也称官，但是担任流外官之人并未因此获得"官"的身份，如《唐律疏议》卷二《名例》"无官犯罪"条中，律疏对"无官犯罪，有官事发"犯罪主体的解释是："谓从流外及庶人而任流内者。"从中可以看出，只有任流内才能算得上"有官"，流外官和庶人一样都属"无官"，也就是说"流外官"实际上并不算"有官"。

二

作为临民之官的州县政府官员，尤其是长官刺史和县令，在维护地方社会秩序、促进地方经济发展、巩固帝制政权的统治基础等方面，发挥着至为重要的作用。唐初名臣马周就曾指出："欲令百姓安乐，惟在刺史、县令。"④因此，刺史、县令往往被视为统治者的手足，支撑王朝统治大厦的柱石："宰相，陛下之腹心；刺史、县令，陛下之手足。未有无腹心手足而能独理者也。……臣窃惟刺史、县令之职，实政教之首也。……国之兴衰，莫不在此职也。何者？一州得贤明刺史，以至公循良为政者，则千万家赖其福；若得贪暴刺史，以徇私苛虐为政者，则千万家受其祸矣！"⑤基于这一清醒的认识，唐代凡是有作为的皇帝对于地方官，尤其是刺史和县令的选拔与任用都十分重视。贞观年间，知人善任的唐太宗不仅亲自选任刺史，而且还将全国各州刺史的姓名列于屏风之上，"俯仰视焉，其人善恶必书其下，是以州郡无不率理"。⑥ 开元十三年（725），唐玄宗"自择刺史，……凡

---

① 天一阁博物馆、中国社会科学院历史研究所天圣令整理课题组：《天一阁藏明抄本天圣令校证》下册，中华书局2006年版，第433页。
② 《旧唐书》卷一一九《崔祐甫传》，第3439页。
③ 《唐律疏议》卷一《名例》"十恶"条疏，第15页。
④ 《旧唐书》卷七四《马周传》，第2618页。
⑤ （唐）陈子昂撰，徐鹏校：《陈子昂集》卷八《上军国利害事·牧宰》，中华书局1960年版，第186页。
⑥ 《通典》卷三三《州郡下·郡守》。

十一人。治行,诏宰相、诸王、御史以上祖道洛滨,盛具,奏太常乐,帛舫水嬉,命高力士赐诗,帝亲书,且给纸笔令自赋,赍绢三千遣之",①可谓备极崇荣,寄托了唐玄宗对所选授刺史的殷切期望。"贞观之治""开元盛世"局面的出现,应该说与当时最高统治者重视州县地方官的选任是分不开的。

但是,在中央集权体制下,就官员个人来说,大多数都渴望担任京官而不愿意选择地方官。这一方面是因为担任京官更容易累积个人仕途发展所必须的人脉资源,从而可以使自己获得更多更快的升迁机会,如张九龄就曾指出:"京华之地,衣冠所聚,子弟之间,身名所出,从容附会,不劳而成,一出外藩,有异于此。"②另一方面,刺史、县令等地方官是临民之官,他们承担着发展经济、征收赋税、维护社会稳定等繁剧的行政事务,不像中央朝廷各部门官员那样,工作性质比较单一。更为重要的是,他们还面临着沉重的课绩压力。

唐代对州县地方官尤其是刺史、县令,考课的标准主要有四条:"一曰户口增加,二曰田野垦辟,三曰税钱长数,四曰征办先期。"③任期管内出现户口脱逃减少、田地荒芜或者赋税不能按期完成征缴,地方官动辄就有丢官免职之虞,甚至还要承受杖、笞等刑罚。《唐律》就明确规定:"诸州县不觉脱漏增减(户口)者,县内十口笞三十,三十口加一等;过杖一百,五十口加一等。州随所管县多少,通计为罪。(注云:通计,谓管二县者,二十口笞三十;管三县者,三十口笞三十之类。计加亦准此。若脱漏增减并在一县者,得以诸县通之。若止管一县者,减县罪一等。余条通计准此。)各罪止徒三年。知情者,各从里正法。(注云:不觉脱漏增减,无文簿者,官长为首;有文簿者,主典为首。佐职以下,节级连坐。)"④会昌六年(846)五月敕文也规定:"刺史交代之时,非因灾渗,大郡走失七百户以上、小郡走失五百户以上者,三年不得录用,兼不得更与治人官。"⑤除此之外,其他如河堤、津梁、道路、传驿等事务出了纰漏,也将承担轻重不等的责任:"诸不修堤防及修而失时者,主司杖七十;毁害人家、漂失财物者,坐赃论减五等;以故杀伤人者,减斗杀伤罪三等。即水雨过常,非人力所防者,勿论。……议曰:依《营缮令》,近河及大水有堤防之处,刺史、县令以时检校。若须修理,每秋收讫量功多少,差人夫修理。若暴水泛溢,损坏堤防,交为人患者,先即修营,不拘时限。"⑥因此,地方官尤其是州县长官刺史、县令,其行政责任和风险要远远高于京官。史载,

---

① 《新唐书》卷一二八《许景先传》,第4465页。
② (唐)张九龄:《曲江集》卷一六《上封事书》,商务印书馆1937年版,第169页。
③ 《陆贽集》卷二二《论长吏以增户加税辟田为课绩》,中华书局2006年版,第755页。
④ 《唐律疏议》卷一二《户婚上》"州县不觉脱漏增减"条,第233页。
⑤ 《唐会要》卷六九《刺史下》,第1209页。
⑥ 《唐律疏议》卷二七《杂律》"失时不修堤防"条,第504页。

贞观二十年(646),唐太宗"遣大理卿孙伏伽等二十二人以六条巡察四方,刺史、县令以下多所贬黜,其人诣阙称冤者前后相属。……上亲临决,以能进擢者二十人,以罪死者七人,流以下除免者数百千人"。① 曾经先后担任京官和地方官的杜牧就深有感触:"臣……及登朝二任,皆参台阁,优游无事,止奉朝谒。今者蒙恩,擢授刺史,专断刑罚,施行诏条。政之善恶,唯臣所系。……一自到任,忧惕不胜,动作举止,唯恐罪悔。"②

京官与地方官在时人眼中的差异,也可以从武则天朝官场中人对畿县尉六种不同出路的戏言中窥见一斑:"入御史为佛道,入评事为仙道,入京尉为人道,入畿丞为苦海道,入县令为畜生道,入判司为饿鬼道。"③进京担任京官是为"佛"为"仙",而担任县令则因任重事繁有如牲畜。当时的地方官员大都把从地方入职京官视为"登仙"之事,而京官则大都不愿外任地方,武则天朝的李峤等人就说:"窃见朝廷物议,莫不重内官,轻外职,每除授牧伯,皆再三披诉。"④这种状况的存在,使得官员流动机制单向固化,导致地方官员队伍素质低下,"京官有犯及声望下者,方遣牧州;吏部选人,暮年无手笔者,方拟县令",⑤从而严重削弱了帝制政权对地方社会的管控能力。

为了改变这种状况,中央政府曾经从制度建设和利益平衡两个方面采取了一系列相应的措施。在制度方面,主要是着眼于努力建构优秀官员在中央与地方之间双向流转任职的机制。如唐中宗景龙二年(708)十月十六日敕文中就要求:"内外之职,出入须均。更递往来,始成政治。京官中有才干堪治人者,量与外官。外官中有清慎著称者,量与京职。"⑥到唐玄宗开元三年(715)更进一步规定:"京官不曾任州县官者,不得拟为台省官。"⑦十二年六月二十四日敕文又称:"自今以后,三省侍郎有缺,先求曾任刺史者;郎官缺,先求曾任县令者。"⑧打通了作为京官的台省官与作为地方长官的刺史、县令之间的仕途迁转通道,从而使担任州县长官成为中高级官员基层历练的必要履历。同时,参与与京官流转的地方官范围也逐步放宽,上佐及录事参军等也先后被纳入进来。开元八年(720)敕:"自今以后,诸司清望官缺,先于牧守内精择……其台郎下除改,亦于上佐、县

---

① 《资治通鉴》卷一九八"贞观二十二年"条。
② 《樊川文集》卷一五《黄州刺史谢上表》,上海古籍出版社1978年版,第217页。
③ (宋)王谠撰,周勋初校证:《唐语林校证》卷五《补遗》,中华书局1987年版,第447页。
④ 《唐会要》卷六八《刺史上》,第1198页。
⑤ 《旧唐书》卷八八《韦嗣立传》,第2872页。
⑥ 《唐会要》卷六八《刺史上》,第1200页。
⑦ 《册府元龟》卷六三五《铨选部·考课》,第7344页。
⑧ 《唐会要》卷六八《刺史上》,第1200页。

令中通取。"①广德二年(764)敕:"所选御史亦宜于录事参军、县令中简择,仍须资历稍深者。"②地方官作为理人之官,对于一名官员的施政管理才能是一个考验。大中元年(847)敕:"轩墀近臣,盖备顾问,如不周知病苦,何以应朕访求?自今以后,谏议大夫、给事中、中书门下舍人未尝曾任刺史、县令,及在任有败累者,并不在进拟之限。"③像谏议大夫、给事中、中书门下舍人等皇帝近臣,不仅要求有地方州县的工作经历,而且还要在州县工作期间不能有污点。

在物质利益方面,唐朝廷主要是调整了同级别京官与外官之间的待遇对比,提高了州县地方官的俸禄水平。赖瑞和先生曾经以基层文官为对象对京官和外官的俸料钱情况作过一个统计,结果显示:在大历(766—779)制下,外官如县尉、州参军和判司的俸钱,普遍要高于京官如郎中、员外郎、殿中侍御史、监察御史、大理评事等。其中,上州判司(从七品下)为30 000文,上州参军事从八品下为15 000文,而郎中(从五品上)25 000文、员外郎(从六品上)18 000文、殿中侍御史(从七品上)20 000文、监察御史(正八品上)15 000文、大理评事(从八品下)8 000文。④陈寅恪先生认为,"唐代中晚以后,地方官吏除法定俸料之外,其他不载于法令,而可以认为正当之收入者,为数远在中央官吏之上"。⑤鉴于家庭经济负担等因素考虑,有的中央官吏就会放弃清要的京官而请求外任。唐宗室曹王李明的玄孙李皋,任秘书少监,"上元初,京师旱,米斗值数千,死者甚多。皋度俸不足养,亟请外官,不允,乃故抵微法,贬温州长史"。⑥另一个更为典型的例子就是杜牧。他曾先后任黄、池、睦三州刺史。自会昌二年(842)春出守黄州开始,到大中二年(861)八月才内擢为司勋员外郎,九月启程,十二月回到京城长安。他"三守僻左,七换星霜",⑦但由于所任之地州小偏僻,如睦州州治,即"万山环合,才千余家",⑧任官所得似仅能勉强供养自己,以及病弟和孀妹等一大家子近40口人,没能积攒下多少钱来。在他回京任职后,仅仅不到一年的时间,就再次感觉到了生活的压力,不得不再次请求外任。他在《上宰相求杭州启》中说:"某前任刺史七年,给弟妹衣食,有余兼及长兄,亦救不足。是某一身作刺史,一家骨肉,四处安活。……自去年十二月至京,以旧第无屋,与长兄异居。今秋以

---

① 《唐会要》卷六八《刺史上》,第1200页。
② 《册府元龟》卷八八《帝王部·赦宥第七》,第974页。
③ 《唐会要》卷六九《刺史下》,第1210页。
④ 赖瑞和:《唐代基层文官》,第269—270页表一《唐基层文官俸料钱一览表》。
⑤ 陈寅恪:《元白诗中俸料钱问题》,载《金明馆丛稿二编》,第76页。
⑥ 《旧唐书》卷一三一《李皋传》,第3637页。
⑦ 《樊川文集》卷一六《上吏部高尚书状》,第238页。
⑧ 《樊川文集》卷一四《祭周相公文》,第206页。

来，弟妹频以寒馁来告。某一院家累，亦四十口，狗为朱马，緼作由袍，其于妻儿，固宜穷饿。是作刺史，则一家骨肉，四处皆泰；为京官，则一家骨肉，四处皆困。"①不过，这次上书他没有成功。一年后，他又三次上书宰相求任湖州刺史，终于得偿所愿。湖州号称"江表大郡"，经济富庶，"其贡橘柚、纤缟、茶、纻，其英灵所诞，山泽所通，舟车所会，物土所产，雄于楚越，虽临淄之富不若也"。② 他在任湖州刺史一年左右后，即被召任考功郎中、知制诰。据他在《上宰相求湖州第三启》中所称："某伏念骨肉，悉皆早衰多病，常不敢以寿考自期，今更得钱三百万，资弟妹衣食之地，假使身死，死亦无恨。湖州三考，可遂其心。"③由此可知，如果他在湖州刺史任上任满三年，可得俸禄三百万文。实际上，如前所述，他在湖州这样的富庶州郡任职，俸禄之外其他的正当收入亦当不菲。他担任湖州刺史一年后回京，就在长安城南修治了樊川别墅，并且常召亲友前来游赏。据他外甥裴延翰在《樊川文集·序》中说："上五年（即大中五年）冬，仲舅自吴兴守拜考功郎中、知制诰，尽吴兴俸钱，创治其墅。"担任湖州刺史仅一年的杜牧，不仅解决了全家 40 口人的生活费问题，而且还盖起了新房，足见刺史尤其是经济富庶地区的刺史的收入要远远高于京官。以上两方面的措施，使中晚唐官场出现了"仕不登州，谈不为荣"的风气，④增强了地方官职位的吸引力，促进了地方官员素质的提升，推动了地方区域经济社会的治理和发展。

两浙地处江南地区，⑤虽然远离作为政治中心的中原，但自东晋南朝以来经济、文化已有很大程度的发展，自然与人文环境都要远胜于岭南、黔中等边远之地。中唐时的杜牧就说："东闽、两越，宦游善地也，天下名士多往之。"⑥杭州号称东南名郡，"所临莅者，多当时名公：宋丞相、刘仆射、崔尚书之訏谟大政其间；刘尚书、裴给事之盛德远业，魏左丞、苏吏部之公望遗爱在人；韦太原、崔河南、刘右丞、侯中丞节制方隅。有事以来，承制权假以相国元公，旬朔之间，生人受赐。由是望甲余州，名士良将，递临此部"。⑦ 即使像衢州这样一个迟至唐初才新置的州，也是"长吏之选，甲于他部。忠贞之老，则武威公李仆射杰；亲贤之望，则信安郡王祎。遗政行为，故事名位，光于屋壁。开元、天宝中，始以尚书郎超拜名

---

① 《樊川文集》卷一六《上宰相求杭州启》，第 248—249 页。
② （唐）顾况：《湖州刺史厅壁记》，《全唐文》卷五二九，第 2379 页。
③ 《樊川文集》卷一六《上宰相求湖州第三启》，第 248 页。
④ （唐）李华：《衢州刺史厅壁记》，《全唐文》卷三一六，第 1417 页。
⑤ 此"两浙"非指现代地理概念之"两浙"，而是特指唐代浙江西道观察使所领润、常、苏、杭、湖、睦六州与浙江东道观察使所领越、婺、衢、处、温、台、明七州，其范围涵盖了今天浙江省全境、上海市及江苏省长江以南部分。
⑥ 《樊川文集》卷一〇《杭州新造南亭子记》，第 156 页。
⑦ 《全唐文》卷三一六李华《杭州刺史厅壁记》，第 1417 页。

郡，贺兰大夫为之，李郎中为之"。① 在两浙各州县任职的官员中先后担任过宰相的，还有越州刺史李绅、元稹，以及先后任衢州须江丞和括州、湖州二州刺史的第五琦等，其中仅杭州一地就有8位刺史曾官居相位。

综观这一时期两浙州县官员的素质情况，其中比较突出的人才大致有以下几类：

一是善抚黎氓的，如李词、孟简、元稹、李皋、杜济等。李词在湖州刺史任上，"用恭宽明恕以怀之，敬事慎罚以劝之。赋令之先，必度其物宜，而咨于前训。故居者逸，亡者旋，或蹈境而留，或聆声而迁，提封之内无榛灌"。② 孟简在越州刺史任上，"诛断奸劫，宽遂民类，教化修长，氓吏畏慕"。③ 元稹出任浙东观察使兼越州刺史之后，奏罢岁进明州海物，"自越抵京师，邮夫获息肩者万计，道路歌舞之"。④ 李皋任温州长史摄行州事，"岁俭。州有官粟数十万斛，皋欲行赈救，掾吏叩头乞候上旨。皋曰：'夫人日不再食，当死，安暇禀命！若杀我一身，活数千人命，利莫大焉。'于是，开仓尽散之"。⑤ 杜济，大历八年自京兆尹贬任杭州刺史，"不逾周岁，风化大行"。⑥

二是善于理财的，如刘晏、第五琦、路应等。刘晏自幼才智过人，《三字经》即有"唐刘晏，方七岁，举神童，作正字，彼虽幼，身已仕"之句，传诵一时，是个传奇式人物。他早在担任夏县令时，就以"有能名"著称，此后历任殿中侍御史、度支郎中及杭、陇、华三州刺史，后为户部侍郎兼领度支、盐铁、转运、铸钱、租庸等使，位居计相。据载，刘晏"凡所经历，必究利病之由"，⑦其理财"初，岁入钱六十万贯，季年所入逾十倍，而人无厌苦"，⑧是唐代的著名理财家。第五琦，年轻时就"有吏才，以富国强兵之术自任"，⑨曾与刘晏分理财赋，是唐代为数不多的理财家之一。他曾先后在浙江任衢州须江丞、括州刺史、湖州刺史等职。温州刺史路应，虽不以理财家名世，但据韩愈称，"公之为州，逢水旱喜贱出与人，岁熟，以其得收，常有赢利。故在所人不病饥，而官府畜积"。⑩

---

① 《全唐文》卷三一六李华《衢州刺史厅壁记》，第1417页。
② 《全唐文》卷六一八李直方《白苹亭记》，第2766页。
③ 《会稽掇英总集》卷一八韦瓘《修汉太守马君庙记》。
④ 《白居易全集》卷七〇《唐故武昌军节度处置等使正议大夫检校户部尚书鄂州刺史兼御史大夫赐紫金鱼袋赠尚书右仆射河南元公墓志铭并序》，上海古籍出版社1999年版，第964页。
⑤ 《旧唐书》卷一三一《李皋传》，第3637页。
⑥ 《颜鲁公集》卷一〇《京兆尹御史中丞梓遂杭三州刺史剑南东川节度使杜公神道碑铭》，中华书局《四部备要》本，第96页。
⑦ 《旧唐书》卷一二三《刘晏传》，第3512页。
⑧ 同上书，第3514页。
⑨ 《旧唐书》卷一二三《第五琦传》，第3516页。
⑩ （唐）韩愈撰，马其昶校注：《韩昌黎文集校注》卷六《唐银青光禄大夫守左散骑常侍致仕上柱国襄阳郡王平阳路公神道碑铭》，第227页。

三是善于吏事的,如薛戎、齐抗、姚勖、崔述、吴曾等。浙东观察使兼越州刺史薛戎,"至则悉除去烦弊,俭出薄入,以致和富。部刺史得自为治,无所牵制……四境之内,竟岁无一事"。① 处州刺史齐抗,《新唐书》本传称其"吏事闲敏"。他曾于贞元六年(790)"以旧州湫隘,屡有水灾,北移四里就高原上"。② 湖州刺史姚勖,系开元名相姚崇曾孙,是当时公认的"能吏""能臣"。③ 衢州刺史崔论,《旧唐书》本传谓其"以吏干称,……乾元后,历典名郡,皆以理行称"。婺州浦阳令崔述,"以吏理著称"。④ 温州永嘉令吴曾,"勤于吏事,政平讼理"。⑤

四是长于兴利的。由于中央政府对地方经济发展的重视,这一时期在两浙各州县任职的官员很多都具有兴利之才,如湖州刺史于頔、杭州刺史白居易、越州刺史薛兼训等,比比皆是。于頔,素"蕴开物成务之志",⑥在湖州刺史任上修复了长城县久已埋废的西湖,溉田三千顷,"岁获杭稻蒲鱼无虑万计","人赖其利"。⑦ 白居易在杭州刺史任上,整治钱塘湖,南建函,北创筧,筑湖堤,立钱塘湖石碑,并设专人管理,以时蓄泄,使濒湖千余顷田无凶年;又重浚李泌所筑六井,以便民汲,以致在他秩满离杭时出现了"耆旧遮归路,壶浆满别筵"的感人场面。薛兼训,在越州刺史任上,"募军中未有室者,厚给货币,密令北地娶织妇以归,岁得数百人。由是越俗大化,竞添花样,绫纱妙称江左矣"。⑧ 开元年间(713—741)曾历任睦州司户、慈溪县令的房琯,"所在为政,多兴利除害,缮理廨宇,颇著能名"。⑨ 天宝(742—756)末年官至文部尚书、同中书门下平章事,而居相位。

唐人就官,往往举家前去,所谓"扶老携幼,不远数千里以就一官"。⑩ 白居易任杭州刺史期间撰诗《官舍》,即谓:"稚女弄庭果,嬉戏牵人裾。是日晚弥静,巢禽下相呼。喷喷护儿鹊,哑哑母子乌。岂唯云鸟尔,吾亦引吾雏。"而他在另一首《吾雏》中又说,他只有一个孩子即女儿阿罗,时年七岁。可见,他赴任杭州,是携妻挈女一起前往的。当时的杭州,虽然相较于南方其他地方已经繁华许多,但是每当政事之暇,远离故土的他,寂寞感油然而生,难以排遣:"谁伴寂寥身,无弦琴在左。"⑪

---

① (唐)韩愈撰,马其昶校注:《韩昌黎文集校注》卷七《唐故朝散大夫越州刺史薛公墓志铭》,第301页。
② 《元和郡县图志》卷二六《江南道二·浙东观察使》"处州"条,中华书局1983年版,第624页。
③ 《旧唐书》卷一六八《韦温传》,第4379页。
④ 《文苑英华》卷九五二《房州刺史崔公墓志铭》。
⑤ 雍正《浙江通志》卷一五六《名宦》引万历《温州府志》。
⑥ 《册府元龟》卷五九六,第6851页。
⑦ 《新唐书》卷四一《地理志五》;同书卷一七二《于頔传》。
⑧ (唐)李肇:《唐国史补》卷下,《唐五代笔记小说大观》,第201页。
⑨ 《旧唐书》卷一一一《房琯传》,第3320页。
⑩ 《唐会要》卷七四《论选事》,第1341页。
⑪ 《白居易全集》卷八《郡斋暇日辱常州陈郎中使君早春晚坐水西馆书事诗十六韵见寄,亦以十六韵酬之》,第102页。

而江南的梅雨天气则是来自北方的士人最难以适应甚至忍受的。"江湘、二浙，四、五月之间，梅欲黄落，则水润土溽，础壁皆汗，蒸郁成雨。其霏如雾，谓之梅雨，沾衣服皆败黦"。① 元稹任职浙东时，为梅雨郁蒸之苦寄书友人刘禹锡。刘禹锡撰诗，谓"今日看书最惆怅，为闻梅雨损朝衣"，②对友人的境遇深为同情。不少士人南下任职，难以适应当地气候，"卑湿生疾"，成为当时最大的困扰。曾任睦州刺史的杜牧对此曾有深刻体会："伏以睦州治所，在万山之中，终日昏氛，侵染衰病。"③"曲屈越嶂，如入洞穴。惊涛触舟，几至倾没。万山环合，才千余家。夜有哭鸟，昼有毒雾。"④"唯念满岁，得保生还。"⑤实际上，也确实有不少来自北方的官员，因为不适应南方卑湿气候而染疾，最后卒于任上。开成年间（836—840）先后任婺、杭二州刺史的李中敏，即是其中的一位。他们能够在这样一种对他们来说十分恶劣的工作环境中坚持下来并为当地发展作出贡献，在当时来说也是很不容易的。

当然，这一时期两浙地区官员队伍中，贪暴敛财、劳民伤财者也不乏其人。大历年间（766—779）任浙东观察使、越州刺史的陈少游，"十余年间，三总大藩，皆天下殷厚处也。以故征求贸易，且无虚日，敛积财宝，累巨亿万，多赂遗权贵"。⑥ 贞元年间（785—805）裴肃任常州刺史，"乃鬻货薪炭案牍，百贾之上，皆规利焉"。一年之后，利用搜刮的民脂民膏向皇帝额外"进奉"金银器、珍玩等，以邀恩宠，谋求晋升。史载，"天下刺史进奉，自（裴）肃始也"。⑦ 裴肃后迁任浙东观察使、越州刺史。

三

唐代两浙各州县官员队伍整体素质的提升，增强了州县政府对地方社会的行政管理能力和经济开发能力。唐代尤其是唐代中后期北方出现混乱期间，两浙地方官员不仅维持了该地区相对稳定的社会局面，而且通过积极主导并开展大规模的建设活动，进一步加快推进了该区域经济社会的发展。

---

① 《陆氏诗疏广要》卷上之下《释木》。
② （唐）刘禹锡撰，陶敏、陶红雨校注：《刘禹锡全集编年校注》卷七《浙东元相公书叹梅雨郁蒸之候因寄七言》，岳麓书社2003年版，第454页。
③ 《樊川文集》卷一七《上周相公启》，第236页。
④ 《樊川文集》卷一四《祭周相公文》，第206页。
⑤ 《樊川文集》卷一七《上周相公启》，第236页。
⑥ 《旧唐书》卷一二六《陈少游传》，第3564页。
⑦ 《旧唐书》卷四八《食货上》，第2088页。

唐代两浙地区的开发,以浙西太湖平原为规模最大。太湖平原北有长江,南有钱塘江,东濒大海,西承天目山来水,一遇潦霖,山洪水奔腾倾泻,江水、湖水倒灌漫溢。加之该地地势低下,易蓄难泄,素称泽国,开发难度极大。长期以来,经济开发仅局限于外围高阜地带,难以深入平原腹地。唐代尤其是中唐以后,在中央政府的主持下,地方州县政府积极开展筑堤阻水、开浦泄水等水利工程。广德(763—764)初,朝廷分命诸道节度观察都团练使"择封内闲田荒壤,人所不耕者为之屯"。当时在浙西地区共设有三屯,其中以嘉兴屯的规模最大。大历年间(766—779),浙西观察都团练使、御史中丞兼苏州刺史李栖筠,以大理评事朱自勉为嘉兴屯田使,在当时的苏州嘉兴县一带主持开展屯田,"取彼榛荒","画为封疆属于海,浚其畎浍达于川,求遂氏治野之法,修稻人稼穑之政,芟以殄草,剔以除木,风以布种,雨以附根",垦拓"嘉禾土田二十七屯,广轮曲折千有余里",并在屯田内部修建了"畎距于沟,沟达于川"的完善的沟洫系统。经过这次屯田,成就了"嘉禾一穰,江淮为之康;嘉禾一歉,江淮为之俭"的重要粮食生产基地,①使得杭嘉湖平原逐渐成为长江三角洲地区最为肥沃的地区。润州地处大江与具区之间,"其薮曰练湖。幅员四十里,菰蒲菱芡之多,龟鱼鳖蜃之生,厌饫江淮,膏润数州"。然而长期被富家大族泄湖为田,"自丹阳、延陵、金坛环地三百里,数合五万室,旱则悬耜,水则具舟,人罹其害九十余祀"。永泰元年(765),韦损出任润州刺史,从恢复练湖入手,"人不俟召,呼抃从役,畚锸盖野,浚阜成溪。增理故塘,缭而合之,广湖为八十里",使水复其所,又"疏为斗门,既杀其溢,又支其泽,沃堉均品,河渠通流……每岁萌,阴乘阳,二气相薄,大雨时行,群潦奔流,水得所入,盈而无伤;龙见方雩,稼蒙其渥"。② 另外,这一时期还在该地区内部太湖和钱塘江沿岸,坚持不懈地开展了一系列的塘堤修筑工程,以抵御海潮和湖水的漫溢、侵袭,保障了区域经济开发成果和人民的生命财产。③

钱塘江南岸的浙东宁绍平原,是两浙地区的第二大平原。其中开发较早的山会平原,在东汉马臻修筑镜湖之后,千余年来一直是个富庶的经济区。唐代,地方政府对山会平原的治理主要着力于在北部修建水利工程,防御后海海潮的侵入,保障经济区不受影响。开元十年(722),会稽县令李俊之主持增修了自上虞江抵山阴长逾百余里的防海塘,此后浙东观察使兼越州刺史皇甫温于大历十年(775)、会稽县令李左次于大和六年(832)又分别对该海塘进行了增修。贞元

---

① 《全唐文》卷四三〇李翰《苏州嘉兴屯田纪绩颂并序》,第1937页。
② 《全唐文》卷三一四李华《润州丹阳县复练塘颂并序》,第1141—1142页。
③ 具体见拙著《7—10世纪杭州的崛起与钱塘江地区结构变迁》,社会科学文献出版社2006年版,第121—128页。

元年(785),浙东观察使兼越州刺史皇甫政在山阴县北三十里作越王山堰,凿山以蓄泄水利;同时在县东北二十里作朱储斗门,既以御潮,又兼蓄泄之利。宁绍平原东部,是开元二十六年(738)从越州析置的一个新州——明州。明州成立后,州县长官在境内主持进行了大规模的水利建设。天宝二年(743),鄞县令陆南金开广县东二十五里之西湖(今东钱湖),溉田五百顷。大历八年(773),鄞县令储仙舟将县西莺脰湖开拓为广德湖,溉田四百顷,贞元元年(785)刺史任侗又"浚而广之,其利甚博"。大和年间(827—835),刺史于季友在鄞县西南四十里筑仲夏堰,溉田数千顷;鄞县令王元暐修筑它山堰,使"渠与江截为二,渠流入城市、绕乡村,以漕以灌,其利甚博",又于县南二里置小江湖,溉田八百顷;①奉化县令陆明允,在县东南"导大溪水,由资国堰注市桥河,东折而北出,绕流六十里,至县北三十六里东耆堰接奉化江,灌田至数十万,又通舟楫以便商旅"。②

除了平原地区获得了深度开发以外,地方政府对丘陵山地的开发也大大推进。杭州於潜县,贞元十八年(802)县令杜泳在县南三十里引紫溪水溉田,又凿渠三十里,以通舟楫,开辟了於潜经天目溪、分水江至富春江的航道。湖州安吉县,圣历(698—700)初县令钳耳知命在县北三十里置邸阁池、县北十七里置石鼓堰,引天目山水溉田百顷。在睦州,刺史侯温于咸通年间(860—874)在州城西南筑西湖,广袤五百四十二丈。景福二年(893),寿昌县令戴筠在县西一里开置西湖,广袤二百四十步,引水灌溉东郭之田。元稹任浙东观察使兼越州刺史期间,曾"命吏课七郡人,冬筑陂塘,春贮水雨,夏溉旱苗,农人赖之"。③ 在温州,贞元年间(785—805)刺史路应"筑堤岳城、横阳界中,二邑得上田,除水害";④会昌四年(844)刺史韦镛治理瞿、雄、郭三溪汇水之患,重浚汉晋旧湖,开河筑堤,南通塘河,北往瓯江,收旱涝兼治之效,时人为纪念他,名湖为会昌湖,堤为韦公堤。在处州,大中年间(847—850)刺史段成式筑好溪堰,溉田数万亩。

唐代中后期北方出现的战乱造成大量人口南下,又给两浙地区各州县带来了丰富的资金和劳动力。时人谓:"天宝末,安禄山反,天子去蜀,多士奔吴为人海。"⑤"自中原多故,贤士大夫以三江五湖为家,登会稽者如鳞介之集渊薮。"⑥对

---

① 《宝庆四明志》卷一二,《鄞县志》卷一《叙水·渠堰碶闸》。
② (清) 顾祖禹:《读史方舆纪要》卷九二《浙江四·奉化县》"市河"条。
③ 《白居易全集》卷七〇《唐故武昌军节度处置等使正议大夫检校户部尚书鄂州刺史兼御史大夫赐紫金鱼袋赠尚书右仆射河南元公墓志铭并序》,第 964 页。
④ 《韩昌黎文集校注》卷六《唐银青光禄大夫守左散骑常侍致仕上柱国襄阳郡王平阳路公神道碑铭》,第 227 页。
⑤ (唐) 顾况:《送宣歙李衙推八郎使东都序》,《全唐文》卷五二九,第 2378 页。
⑥ (唐) 穆员:《鲍防碑》,《全唐文》卷七八三,第 3630 页。

于地方州县长官来说,辖域人口的增长是其重要政绩之一,因此他们往往比较重视流亡人口的招抚,如贞元年间(785—805)湖州刺史李词,曾开拓东郭门置闉门,"以门内空闲招辑浮客,人多依之";① 元和年间(806—820)刺史辛祕,又在州治东的运河上建桥,"以集商为市"。② 一个颇能说明当时两浙地区外来人口数量之众的例子是,贞元十年(794)越州上供的绫縠一千七百疋,在运到汴州时"值兵溃叛,物皆散失",贞元十二年越州刺史皇甫政上奏,就建议"请率新来客户续补前数"。③ 也就是说,原来向当地户口征收的绫縠一千七百疋,也可以由新来的客户来续补,则越州的新来客户数量当不少于原有户口了。这一点同样也可以从当时苏州吴县的情况得到佐证:"国家当上元之际,中夏多难,衣冠南避,寓于兹土,参编户之一。"④ 大量南下人口不仅涌入了苏州、越州等开发较早地区,而且还进一步涌向了浙中、浙南等山区。宋代著名政治家王十朋(1112—1171),其七世祖就是由杭州继续南迁,至温州乐清县东三十五里群山环绕的左原定居的。⑤ 又如处州丽水县宣慈乡马口的周氏族人,"以始祖德仁公字子义号肖山者,……因王仙芝、黄巢为盗横行,唐乾符五年戊戌来自山东青州西门,徙居于马口焉"。⑥ 唐诗人崔峒有诗《送王侍御佐婺州》谓:"闻君作尉向江潭,吴越风烟到自谙。客路寻常随竹影,人家大底傍山岚。缘溪花木偏宜远,避地衣冠尽向南。"(一作郎士元诗,见《全唐诗》卷二四八郎士元《盖少府新除江南尉问风俗》)诗中所说的"避地衣冠尽向南""人家大底傍山岚"的情况,应该是晚唐两浙地区的真实写照。据《新唐书》记载,至唐末两浙地区七十四个县,除了杭州唐山县、明州象山县、处州青田县和龙泉县因不满六千户而属于中县外,其余均为六千户以上的上县,而且在这七十个上县中还有望县三十六个、紧县二十一个(详见附表)。

中唐以后,"自京口南被于湔河,望县十数"。⑦ 当时,浙西润州、常州、苏州、湖州、杭州,以及浙东的越州,都已经是户口多达十万户的大州。越州,作为一个开发较早的老牌州郡,同时又是浙东观察使驻地,政治经济地位十分突出,"西界浙河,东奄左海,机杼耕稼,提封七州。其间茧税鱼盐,衣食半天下",⑧"视其馆縠之冲,广轮之度,则弥地竟海,重山阻江,铜盐材竹之货殖,舟车包篚之委输,固

---

① 《嘉泰吴兴志》卷一九《桥梁》"人依桥"条。
② 雍正《浙江通志》卷三五《关梁三》"人依桥"条引万历《湖州府志》。
③ 《册府元龟》卷一四七《帝王部·恤下第二》,第1643页。
④ 《全唐文》卷五一九梁肃《吴县令厅壁记》,第2335页。
⑤ 《梅溪王先生文集后集》卷六《左原诗三十二首并序》:"乐清之东三十有五里,群山环绕,地名左原,以其居邑之左也。中有左岭、左潭、左口,皆以左名之。予七世祖,自杭徙温家于是原。"
⑥ (宋)郑嘉遯:《重修周家谱序》,见《余庆堂周氏宗谱·旧序》。
⑦ 《全唐文》卷五一九梁肃《吴县令厅壁记》,第2335页。
⑧ 《樊川文集》卷一八《李讷除浙东观察使兼御史大夫制》,第268页。

《新唐书》所载唐末两浙境内各县等级情况一览

州名	县名	县等	州名	县名	县等	州名	县名	县等
润州	丹徒	望	苏州	吴	望	常州	晋陵	望
	丹阳	望		长洲	望		武进	望
	金坛	紧		嘉兴	望		江阴	望
	延陵	紧		昆山	望		义兴	紧
	句容	望		常熟	紧		无锡	望
	上元	望		海盐	紧	睦州	建德	上
杭州	钱塘	望		华亭	上		青溪	上
	盐官	紧	湖州	乌程	望		寿昌	上
	余杭	望		武康	上		桐庐	紧
	富阳	紧		长城	望		分水	上
	於潜	紧		安吉	紧		遂安	上
	临安	紧		德清	上	台州	临海	望
	新城	上		金华	望		唐兴	上
	唐山	中		义乌	紧		黄岩	上
越州	会稽	望	婺州	永康	望		乐安	上
	山阴	紧		东阳	望		宁海	上
	诸暨	望		兰溪	紧	衢州	西安	望
	余姚	紧		武成	上		龙丘	紧
	剡	望		浦阳	上		须江	上
	萧山	紧		丽水	上		常山	上
	上虞	上		松阳	上		—	—
明州	鄮	上	处州	缙云	上	温州	永嘉	上
	奉化	上		青田	中		安固	上
	慈溪	上		遂昌	上		横阳	上
	象山	中		龙泉	中		乐成	上

已被四方而盈二都矣"。① 而同样是老牌州郡的湖州，经过唐代一系列的开发建

---

① 《全唐文》卷五二三崔元翰《判曹食堂壁记》，第 2356 页。

设,发展也进入了快车道。顾况在《湖州刺史厅壁记》中称,湖州"英灵所诞,山泽所通,舟车所会,物土所产,雄于楚、越。虽临淄之富,不若也"。① 其境内长城县顾渚山所产紫笋茶,中唐以后声名鹊起,成为全国最为著名的茶业基地,"贞元以后,每岁以进奉顾山紫笋茶,役工三万人,累月方毕"。② 杭州虽是个新兴州郡,但它在各州中的发展速度是最快的。它由一个蕞尔小县迅速崛起,经过唐代一百余年的发展,至中唐时期已经俨然成为一个商业大都市。永泰元年(765),李华在《杭州刺史厅壁记》中说,它已经是"万商所聚,百货所殖","水牵卉服,陆空山夷,骈樯二十里,开肆三万室"了。③ 当时,在杭州城南有钱塘江自西而东流贯,每天"乘两潮发棹,舟船之盛,尽于江西,编蒲为帆,大者或数十幅";④向东经越州、明州出海又可南下闽、粤,沈亚之说:"顾杭州虽一场耳,然则南派巨流,走闽禺瓯越之宾货,而盐鱼大贾,所来交会,每岁官入三十六万千计。"⑤城北有运河及运河塘路与江淮乃至中原地区相联系,承担着"通商旅之宾货"的交通职能。⑥ 交通的发达进一步促进了杭州城郊经济的发展,在城南郊,"鱼盐聚为市,烟火起成村"。⑦ 作为杭州附郭县的钱塘县,"送鸾扇之藏箧,迎朱丝之织户"。⑧ 在杭州城的外围,出现了"灯火万家城四畔"的发达的城郊经济圈。⑨ 因此,杜牧在大中年间(847—860)《上宰相求杭州启》中说的"杭州户十万,税钱五十万",⑩应该是毫不夸张的。苏州地区,经过大历年间(766—779)的屯田开发,拥有了江南地区最大的屯田,成为全国的重要粮食生产基地;同时还拥有了全国规模最大的盐监——嘉兴监。顾况在《嘉兴监记》中说:"淮海闽洛,其监十焉,嘉兴为首。……十年六监,兴课特优。至是末期,从百万至三百万。"⑪

唐代两浙地区的其他州郡,虽不如润州、常州、苏州、杭州、湖州、越州等州郡繁盛,但也同样取得了重要的发展。开元二十六年(738)从越州析置的明州,"得会稽郡之三县,三面际海,带江汇湖,土地沃衍,视昔有加。古鄞县乃取贸易之

---

① 《全唐文》卷五二九,第 2379 页。
② 《元和郡县图志》卷二五《江南道一·浙西观察使》"湖州"条,第 606 页。
③ 《全唐文》卷三一六。
④ 《唐国史补》卷下,《唐五代笔记小说大观》,第 198 页。
⑤ (唐)沈亚之撰,肖占鹏、李勃洋校注:《沈下贤集校注》卷六《杭州场壁记》,南开大学出版社 2003 年版,第 118 页。
⑥ (唐)罗隐撰,潘慧惠校注:《罗隐集校注·杂著·杭州罗城记》,浙江古籍出版社 1995 年版,第 597 页。
⑦ 《白居易全集》卷二〇《东楼南望八韵》,第 300 页。
⑧ (唐)黄滔:《莆阳黄御史集》上帙《秋色赋》,《丛书集成初编》本,商务印书馆 1936 年版,第 72 页。
⑨ 《白居易全集》卷二〇《江楼夕望招客》,第 301 页。
⑩ 《樊川文集》卷一六,第 249 页。
⑪ 《全唐文》卷五二九,第 2379 页。

义,居民喜游贩,鱼盐颇易抵冒。……南通闽广,东接倭人,北距高丽,商舶往来,物货丰溢,出定海有蛟门,虎蹲天设之险,实一要会也"。① 武德四年(621)自婺州析置的衢州,原为隋时婺州的一个县——信安县,唐初置州后域内经济不断发展,人口不断增长,先后析置了须江(武德四年置)、龙丘(贞观八年置)、盈川(如意元年置)、常山(咸亨三年置)等县,至永泰元年(765)时已有"大郡"之号,据李华在《衢州刺史厅壁记》中说:"近岁析玉山全邑洎须江南乡益信州而不为寡。去年江湖不登,兹境稍穰,故浙右流离,多就遗秉,凡增万余室而不为众。"②睦州虽地处万山之中,但山区的开发使得寿昌县(今属杭州建德市)岘岭一带成了"石斑鱼鲊香冲鼻,浅水沙田饭绕牙"的鱼米之乡,③而在城市里同样也有了专门依靠自己的货币资本放贷取息而牟利的高利贷商人,睦州刺史许浑曾有诗描写睦州城里的这些人:"贳酒携琴访我频,始知城市有闲人。君臣药在宁忧病,子母钱成岂患贫。"④

两浙地区社会经济的发展,还进一步促进了该地区内部区域结构的调整和重构。杭嘉湖平原的开发及其地位的提升,以及江南运河、浙东运河、钱塘江等航道沟通功能的发挥,逐渐促成了一个以杭州为中心,跨钱塘江南北的新行政区雏形形成。

---

① 《宝庆四明志》卷一《风俗》。
② 《全唐文》卷三一六李华《衢州刺史厅壁记》,第1417页。
③ 《全唐诗》卷五八七李频《及第后还家过岘岭》。
④ 《全唐诗》卷五三五《赠王山人》。

凡　　例

一、本书主要考录唐代两浙地区各州、县的职官任职情况。考察时限，上自唐高祖武德元年(618)，下至唐哀帝天祐四年(907)；空间地域范围，以唐《元和郡县图志》所载"浙西""浙东"为限，包括唐代浙江西道观察使所管润、常、苏、杭、湖、睦等六州，和浙江东道观察使所管越、婺、衢、处、温、台、明等七州，合计十三州七十四县。

二、本书采用卷目体，以州为单元立卷，凡十三卷。卷下设目，以州领县。州、县编排依《元和郡县图志》之编次为序。元和前之废州，及元和后所置之新州，因难以统摄，故尾附而录焉。元和前省并之县，以其原县治所在地为依据，归入相应的所并后之存县，一并记述之。

三、涉及唐代历史上政区建置沿革、政区名称发生变化者，一律以《元和郡县图志》所载州县名设目统之，同时视具体情况对政区别名及省并废县名作括注说明。

四、各卷卷首，以无题小序形式考述该州始置、沿革、析并、废置、领县、境域、治所、州名由来等基本情况；卷内所领各县，亦分别以无题小序形式考述该县始置、沿革、废置、县名由来等基本情况。

五、各卷以州、县两级各职任官考录为主，州职官主要包括刺史、别驾、长史、司马、录事参军事、司功参军事、司仓参军事、司户参军事、司兵参军事、司法参军事、司士参军事、司田参军事等诸职，其中判司在都督府者称曹，为功曹参军事、仓曹参军事、户曹参军事、兵曹参军事、法曹参军事、士曹参军事、田曹参军事，其中司田(田曹)参军事废置不恒，时置时废。县职官主要包括县令、丞、主簿、尉诸职。

六、各职之下，首考历任任官姓名、籍贯、任职时间、任内事迹等，其家世及生平情况、人物关系等，凡有值得记述说明的特别之处，亦视情予以说明。任官庞杂，良莠不齐，宦绩或劣行昭著者并书之，以为彰善瘅恶，垂诫后人。任官凡能考定具体任职时间者，以任职先后为序；不能考定具体任职时间者，尽可能依据其亲友等相关信息，推测任职或生活大致年代而先后为序；大致任职时间或生活时代亦一时难加考察者,则排列不分先后。

七、本书根据需要设置"待考录",以收录因资料语焉不详而不能明其所任何种具体官职者,或者所任官职有疑者,亦存以待考。

八、本书引用历史文献及墓志、摩崖石刻等资料中缺字均以"□"表示,一般一个"□"表示缺一字。除直接引录原文外,其他涉及任官时,仅知其姓而缺名者,一般以"姓氏+某"表示,如"李某";若任官名讳存而姓氏佚者,不论其姓氏为单字或二字等,一般均以"□"表示其所缺之姓氏。典籍中明显的错字,一般径予改正。

九、本书在充分借鉴前人成果的基础上,通过广泛搜集历代方志、正史、别史、杂史等各种历史文献,以及唐人诗文集、金石志、新近出土墓志与现存摩崖石刻、官府文书等资料中有关的任官信息,进行拾遗补阙、校核订讹,尽可能做到去伪存真。各职任官姓名、任职时间等,有歧异、错讹而能考正者,则予以考辨、订讹;现有资料尚难以考正者,则指其异而诸说并存之。

十、自唐代以来千余年间,不少的唐县今已不复旧称。为便于读者阅读了解,对于县名不复旧称者,酌情说明今天对应的政区情况。然而,需要特别说明的是,由于历史政区废置析并,境域盈缩交错,情况复杂,今昔实难完全类比相称。原则上大抵以唐时县治所在地为主言之,粗略示意而已。

十一、本书所据材料,《全唐文》《全唐诗》与唐人别集参用,别集多采用整理点校本。因搜集资料前后达十余年之久,其间接触版本先后有异,虽竭力予以查核统一,然或仍有一人之作品而分见《全唐文》《全唐诗》与别集者。

十二、本书借鉴吸收前人成果,一般采用随文注明及参考文献两种形式。

卷一　润州（丹阳郡）

浙江西道观察处置等使治所。本为春秋时吴国的朱方邑，秦始皇改为丹徒县。东汉献帝建安十六年（211），改为京口镇。晋永嘉之乱后，曾侨置南兖州、南徐州。隋开皇九年（589），灭陈，废南徐州，改为延陵镇。十五年，罢镇，置润州，城东有润浦口，因以为名。隋末，杜伏威据其地。唐武德三年（620），杜伏威归顺，复置润州。六年，辅公祏反，复据其地。七年，平定辅公祏，又置润州，领丹徒县。八年，废简州，以曲阿县来属。九年，扬州移理江都，以延陵、句容、白下三县来属润州。天宝元年（742），改润州为丹阳郡。乾元元年（758），复改丹阳郡为润州。永泰（765—766）后，常为浙江西道观察处置等使治所。据《元和郡县图志》载，润州州境东西三百零八里，南北一百九十里，管县六：丹徒、丹阳、金坛、延陵、上元、句容。

刺　史

辛　昌　《全唐文》卷九二三江旻《唐国师升真先生王法主真人立观碑》："敕润州于旧山造观一所，赐田。度道士七十人，以为侍者。贞观九年四月至山，敕文遣太史令薛赜、校书郎张道本、太子左内率长史桓法嗣等，送香油镇彩、金龙玉璧于观所，为国祈恩。……前刺史辛君昌与五县官人爰集山所，定方准极。"郁贤皓先生《唐刺史考全编》（以下简称郁《考》）据碑作"辛君昌"，然而从该碑之下文"州遣行参军马君伟讣山吊祭，并以状奏闻，越二十八日，以符竹托祔，定录神山之右"等行文看，此处"辛君昌"疑如"马君伟"之行文，实为对前刺史辛昌之敬称。又，文中贞观九年（635）四月既称辛昌为"前刺史"，而辛昌贞观七年前在邛州刺史任，则辛昌任润州刺史约在贞观七年至贞观九年四月之间。

李厚德　《全唐文》卷九二三江旻《唐国师升真先生王法主真人立观碑》："（润州）州伯武陟公李使君，讳厚德……是用树彼高坰，题其琬石，立言纪事，传诸不朽。"王法主真人（远知）卒于贞观九年（635），则知李厚德贞观九年在润州刺史任上。

窦志寂　宋赵明诚《金石录》卷四《目录四·唐》："第六百二十八，唐润州刺史窦志寂墓志，八分书，无书撰人姓名，显庆元年三月。"由是知窦志寂润州刺史任在显庆元年(656)三月之前。

卢承庆　《旧唐书》卷八一《卢承庆传》："卢承庆，幽州范阳人……显庆四年，代杜正伦为度支尚书，仍同中书门下三品。寻坐度支失所，出为润州刺史，再迁雍州长史，加银青光禄大夫。"据新、旧《唐书·高宗本纪》载，显庆五年(660)七月，度支尚书、同中书门下三品卢承庆以罪罢相，则其出任润州刺史在显庆五年七月。郁《考》系于约显庆五年。

乔师望　《江苏金石志》卷三唐胡楚宾《大唐润州仁静观魏法师碑并序》："武陟公李厚德、范阳公卢承庆、驸马都尉乔师望等，并以懋功明德，作牧朱方，闻风致礼，披云投谒。"南朝宋裴骃《史记集解》引《吴地记》云："朱方，秦改曰丹徒。""作牧朱方"当指担任润州刺史。魏法师卒于唐高宗上元三年(676)，时年八十二岁。碑于仪凤二年(677)十一月十五日立，则乔师望任润州刺史在上元三年之前。

李玄乂　《新唐书》卷七二《宰相世系表二上》陇西李氏姑臧房："玄乂，润州刺史。"又，《册府元龟》卷六一六《刑法部·议谳第三》谓，李玄乂永徽(650—655)初为少府监主簿。少府监主簿，为从七品下。润州作为上州，其刺史为从三品。郁《考》由其从兄李延寿仕于贞观(627—649)间，而推论李玄乂润州刺史亦任于贞观中，系于李厚德之后，实误。李玄乂任润州刺史在高宗朝(650—683)的中后期更为合理，今姑移系于乔师望之后。另，《嘉定镇江志》卷一四《唐润州刺史》中作"李元义"，乃"李玄乂"之音讹。

崔承福　《千唐志斋藏志》第639页唐阙名《大唐前徐州录事参军太原王君故夫人博陵崔氏墓志铭》(开元十二年二月十三日)："夫人讳金刚，字金刚，博陵安平人也……父承福，皇朝左司郎中，齐、润等五州刺史，越、广二府都督，封博陵郡开国公。"崔氏卒于开元十二年(724)，时年六十一岁。《会稽掇英总集》卷一八《唐太守题名记》："崔承福，永淳二年二月十六日自浙西刺史授。"①

李思文　本姓徐，唐初名将、凌烟阁二十四功臣之一、英国公李勣(即徐世勣，字懋功)之子，武则天朝叛臣徐敬业之叔父。《旧唐书》卷六七《李勣传》载：李勣之孙徐敬业，嗣圣元年(684)"十月，率众渡江，攻拔润州，杀刺史李思文"。由是知李思文嗣圣元年十月尚在润州刺史任上。据郁《考》考证，李思文实未被

---

① 《嘉泰会稽志》卷二《太守》："崔承福，永淳三年二月自□州刺史授。""二年"作"三年"。

杀，后获赦免，并受赐武姓。

李宗臣　《资治通鉴》卷二〇三"光宅元年"条：十月"壬辰，敬业陷润州，执刺史李思文，以李宗臣代之"。李宗臣原为扬州士曹参军，徐敬业反，附之。《新唐书》卷九三《徐敬业传》："敬业……自引兵击润州，下之。署宗臣为刺史，始回兵屯高邮，下阿溪。"由是知之，李宗臣所任润州刺史当属伪职。

杨玄节　《会稽掇英总集》卷一八《唐太守题名记》："杨玄节，垂拱元年六月自检校浙西刺史授。"①郁《考》谓浙西刺史即润州刺史，今从之。

窦孝谌　《旧唐书》卷一八三《窦德明传》："孝谌，刑部尚书诞之子、昭成顺圣皇后父也。则天时，历太常少卿、润州刺史。长寿二年，后母庞氏被酷吏所陷，诬与后咒诅不道，孝谌左迁罗州司马而卒。"《嘉定镇江志》卷一四《唐润州刺史》："窦孝谌，……其刺润当在载初、长寿间。"由是知窦孝谌于长寿二年（693）由润州刺史左迁罗州司马。

王美畅　字通理，太原祁人，唐睿宗德妃、贤妃之父。长寿二年（693）至圣历元年（698）在润州刺史任。《大唐西市博物馆藏墓志》第308页《大周故正议大夫使持节润州诸军事守润州诸军事守润州刺史正府君墓志铭并序》②（圣历元年）："公讳美畅，字通理……长寿二年，转使持节饶州诸军事、守饶州刺史。未期，加通议□□，使持节润州诸军事，守润州刺史。万岁通天元年，加正议大夫，进勋上柱国……近以入计赴都，百姓扶车而扣马……粤以圣历元年正月八日，遘疾薨于洛阳道政坊之里第，春秋五十有五。"《全唐文》卷九八七阙名《重修顺祐王庙记》："（润）州城西北埤上神祠，案孙处元《润州图经》云，本汉荆王之庙也。……左骁卫大将军薛讷尝为此州司马，被病危笃，令祝张文瑾至诚乞请，当时获愈，自是恭祀有加。刺史王美畅修饰堂宇门屋步廊，皆令文瑾监领。瑾亦勤恳，手种果木一百余株。"又，《全唐文补遗》一辑唐王泰《大唐睿宗大圣真皇帝贤妃王氏墓志铭并序》："贤妃讳芳媚，太原祁人也……司封郎中、润州刺史、赠益州大都督、薛国公讳美畅之中女也。"《八琼室金石补正》卷四九《王美畅夫人长孙氏墓志铭》："圣历元年，王府君止坐梃灾，奠楹俄及。"亦云王美畅卒于圣历元年。

毕构　中宗神龙（705—707）初至景龙（707—710）末在任。《旧唐书》卷一〇〇《毕构传》："毕构，河南偃师人也。……神龙初，累迁中书舍人。时敬晖等奏请降削武氏诸王，构次当读表，既声韵朗畅，兼分析其文句，左右听者皆历然可晓。由是武三思恶之，出为润州刺史，累除益州大都督府长史。"《资治通鉴》卷二

---

①　《嘉泰会稽志》卷二《太守》："杨玄节，垂拱元年六月自检校□州刺史授。"《四库全书》本作"并州"。

②　"守润州诸军事"六字系衍文。

○八"神龙元年"条：五月，"(武)三思既得志，(岑)羲改秘书少监，出(毕)构为润州刺史"。《野客丛书》卷一七载："毕构，中宗景龙初为润州，政有惠爱。景龙末召为御史大夫，谓政事为景龙间第一，可也。"是以毕构于中宗神龙初至景龙末在润州刺史任。又，《全唐文》卷二六六孙处元《重修顺祐王庙碑》："润州城内荆王神庙者，汉高帝之从父兄也。……自昔二千石临郡，未尝不先致飨而后莅职。前刺史东平毕构亲为祭文，今刺史京兆韦铣手荐醽醁，……粤以先天二年太岁癸丑三月戊寅甫功毕。"先天二年(713)称之为"前刺史"，亦与之不悖。

韦　铣　《洛阳流散唐代墓志汇编》第192页唐阙名《大唐故银青光禄大夫使持节邢州诸军事邢州刺史上柱国汶阳县开国男韦府君墓志铭并序》："公讳铣，字籀金，京兆杜陵人也。……以公坐贬授台州刺史，迁润州刺史兼江东道按察使，加都督润宣苏常杭越六州诸军事、润州都督。俄除都督事，刺及按察如故。又以本官兼御史中丞，增秩银青光禄大夫、汶阳县开国男、京畿按察使。"《旧唐书》卷一〇〇《裴漼传裴宽附》："(裴宽)景云中为润州参军，刺史韦铣为按察使，引为判官，清干善于剖断。铣重其才，以女妻之。"①《全唐文》卷二六六孙处元《重修顺祐王庙碑》："润州城内荆王神庙者，汉高帝之从父兄也。……自昔二千石临郡，未尝不先致飨而后莅职。前刺史东平毕构亲为祭文，今刺史京兆韦铣手荐醽醁，……粤以先天二年太岁癸丑三月戊寅甫功毕。"而同书卷三二〇李华《润州鹤林寺故径山大师碑铭》又谓："开元中，本寺僧法密请至京口，润州刺史韦铣洒扫鹤林，斯焉供养。"据韦铣墓志知，韦铣卒于开元五年(717)，润州刺史任后又曾任扬州大都督府长史兼淮南道按察使、魏州刺史兼河北道按察使，及仪州刺史、邢州刺史，则径山大师碑中"开元中"当为"开元初"。郁《考》谓景云中至开元初在任。韦铣一作韦诜，系讹。

李　濬　开元四年(716)在任。《旧唐书》卷一一二《李麟传》："李麟，皇室之疏属，太宗之从孙也。父濬，开元初置十道按察使，精选吏才，以濬为润州刺史、江南东道按察使。"《唐大诏令集》卷一〇四苏颋《遣王志愔等各巡察本管内制》："诸道按察使、扬州长史王志愔……润州刺史李濬……梁州都督张守洁，并迈迹垂宪，伟才通识，有其直方，无所回避，宜令各巡本管内官人。……开元四年七月六日。"

陆象先　开元六年(718)在任。《册府元龟》卷一七二《帝王部·求旧第二》："(开元)六年二月……以隰州刺史、兖国公陆象先为润州刺史。"

---

① 《新唐书》卷一三〇《裴宽传》所载略同，唯"韦铣"作"韦诜"。又，唐郑处诲撰《明皇杂录》卷上所载之事与《新唐书》同，亦谓"润州刺史韦诜"。此"韦诜"当系"韦铣"之讹。

赵升卿 开元八年(720)在任。《册府元龟》卷一六二《帝王部·命使第二》：开元八年八月，"润州刺史赵升卿充江南道按察使"。①

唐若山 《太平广记》卷二七引《仙传拾遗》："唐若山，鲁郡人也。唐先天中，历官尚书郎，连典剧郡。开元中，出为润州，颇有惠政，远近称之。"由此可知唐若山于开元(713—741)中出任润州刺史。

王　琚 怀州河内人。《旧唐书》卷一〇六《王琚传》："琚少孤而聪敏，有才略，好玄象合炼之学……(开元)二年二月回，未及京，便除泽州刺史，削封。历衡、郴、滑、虢、沔、夔、许、润九州刺史，又复其封。二十年，丁母忧。二十二年，起复右庶子。"其任润州刺史约在开元二十年(732)之前。

刘日正 《册府元龟》卷一六二《帝王部·命使第二》：开元二十三年(735)二月"辛亥，初置十道采访处置使，命……润州刺史刘日正为江南道采访使"。《唐代墓志汇编》天宝一八六唐阙名《唐故朝议郎平原郡长河县令卢府君墓志铭并序》："公讳全贞，字子正，范阳涿人也……拜常州录事参军。纲纪刊曹，有条而不紊；肃清群吏，无得而可称。时江南道采访使、润州刺史刘日正以课最奏闻。……天宝元载……廷拜平原郡长河县令。"刘日正开元二十三年在任。

齐　澣 《旧唐书》卷一九〇《齐澣传》："齐澣，定州义丰人。少以词学称，弱冠以制科登第……(开元)二十五年，迁润州刺史，充江南东道采访处置使。"又同书卷九《玄宗本纪下》：开元二十六年(738)冬，"润州刺史齐澣开伊娄河于扬州南瓜洲浦"。《元和郡县图志》卷二六《江南道二》："(明州)奉化县，……开元二十六年采访使齐澣奏置。"《新唐书》卷四一《地理志五》记润州刺史齐澣开伊娄河事在开元二十二年，误。齐澣开元二十五年迁润州刺史，开伊娄河事宜在开元二十六年。

林　洋 《元和姓纂》卷五济南邹县林氏："洋，密、衢、常、润、苏九州刺史。"《旧唐书》卷一四六《薛播传》："播伯父元暖，终于隰城丞。其妻济南林氏，丹阳太守洋之妹。"《全唐文》卷三四五陈希烈《修造紫阳观敕牒》："丹阳郡太守林洋奏状如前……天宝八载正月。"又，林洋天宝九载(750)在苏州刺史任上。郁《考》系于天宝七载至八载。

阎敬之 《新唐书》卷六《肃宗本纪》：至德元载(756)十月，"(永王李)璘反，

---

① 郁《考》在赵升卿之后引清人韩崇《宝铁斋金石文跋尾》卷上《季子庙碑阴记》："在丹阳季子庙中……中有'绍以开元十年壬戌巡属县，谒庙立碑'等语，其为唐刺史名绍者所立无疑。"而收有润州刺史"□绍"一人。据《全唐文》卷二九四高绍《重修吴季子庙记》云："绍以开元七年，自长安令上迁润州长史。爰洎十年，太岁壬戌，因巡属县庙于延陵，与县令吴兴沈炎同谒季子庙，申奠礼也。"则知"因巡属县"者乃高绍，而其为润州长史，非刺史。今予以剔除而系于长史。

丹徒郡太守阎敬之及璘战于伊娄埭,死之"。又见《旧唐书》卷一〇七《李璘传》。

韦　陟　京兆万年人,乃武则天、唐中宗两朝宰相韦安石之子。《旧唐书》卷九二《韦安石传韦陟附》:"(韦)陟,字殷卿,代为关中著姓,人物衣冠,弈世荣盛……肃宗即位于灵武,起为吴郡太守,兼江南东道采访使。未到郡,肃宗使中官贾游严手诏追之。未至凤翔,会江东永王擅起兵,令陟招谕,除御史大夫,兼江东防御使。"《全唐文》卷四四一许登《润州上元县福兴寺碑》:"肃宗皇帝龙飞朔方,大赦天下,改元为至德。每寺度人,以蕃王室。时润州刺史兼御史大夫、江南东道节度处置使京兆韦公陟,俾属城大德,咸举所知。"

刘　汇　《旧唐书》卷一〇《肃宗本纪》:至德二载(757)正月,"甲寅,以……永王傅刘汇为丹阳太守兼防御使"。

季广琛　字廷献,睦州寿昌人。《旧唐书》卷九二《韦安石传韦陟附》:"(韦)陟以季广琛从永王下江,非其本意,惧罪出奔,未有所适,乃上表请拜广琛为丹阳太守兼御史中丞、缘江防御使,以安反侧。"《文苑英华》卷四〇九有《授李广璨江南防御使制》谓:"敕前蜀郡长史李广璨,闲邪存诚,贞固干事,或因旁累,往从迁谪,凶逆未弭,江介多虞,式遏寇戎,是仗才杰。建康巨镇,长洲右苑,使臣之选,咸曰其难。朂乃谋猷,佐斯旄钺。可守丹阳太守。"此"李广璨"实为"季广琛"之讹。季广琛弃永王璘出奔,在至德二载二月。

司空袭礼　《新唐书》卷一九二《张巡传》:"始,肃宗诏中书侍郎张镐代进明节度河西,率浙东李希言、浙西司空袭礼、淮南高适、青州邓景山四节度,掎角救睢阳。巡亡三日而镐至,十日而广平王收东京。"睢阳被围乃至德二载之事,而其城陷于是年十月,可知司空袭礼至德二载(743)在任。

韦　儇　京兆人。《资治通鉴》卷二二一"上元元年"条:是年十一月,刘展反,"(李)峘引兵渡江,与副使润州刺史韦儇、浙西节度使侯令仪屯京口,邓景山将万人屯徐城"。《宋高僧传》卷一五《唐润州招隐寺朗然传》:"上元中,刺史韦儇又请为招隐(寺)。"上元尽二年。又,《全唐文》卷三八九独孤及《豫章冠盖盛集记》:"岁次辛丑春正月,东诸侯之师有事于淮西……润州刺史、试鸿胪少卿韦公儇至自京口。"辛丑岁即为唐肃宗上元二年(761)。

许　峄　乃刘展叛乱时所伪任。《资治通鉴》卷二二一"上元元年"条:十二月,"(刘)展以其将许峄为润州刺史"。

张　休　唐独孤及《毗陵集》卷一四《送宇文协律赴江西序》:"复周正之年,天子以润州刺史张公休为豫章太守。"①所谓"复周正之年",指的是肃宗以上元

---

① 《文苑英华》、雍正《江西通志》引录此文均讹作"张公林",误。

二年(761)十一月为元年岁首，即以周历的建子月为正月。又，《全唐文》卷四〇九崔祐甫《卫尉卿洪州都督张公遗爱碑颂(并序)》："公名休，字祥，幽州范阳县人。公起家石亭别将，自是为县令、军司马、州长史各一，入为天子友、储君臣。虽假以宠名，而迹实戎索，受命为范阳节度安禄山判官。……又牧濠、舒、润三州而及此。"故而可知，上元二年张休在润州刺史任上。郁《考》亦作"张休"。而《嘉定镇江志》讹作"张公休"，且系于载初元年，实误。

郑　代　唐肃宗时(756—761)在任。唐冯翊子子休《桂苑丛谈·史遗》："郑代，肃宗时为润州刺史。兄侃，嫂张氏，年十六，名采娘，淑贞其仪。"《说郛》卷二六下《采娘》："郑代，肃宗时为润州刺史。兄侃，嫂张氏女，年十六，名采娘。"

韦元甫　一作韦元辅。《旧唐书》卷一四七《杜佑传》："(杜)佑以荫入仕，补济南郡参军、剡县丞。时润州刺史韦元甫尝受恩于希望(即杜佑父杜希望)，佑谒见，元甫未之知，以故人子待之。"《全唐文》卷三二〇李华《润州天乡寺故大德云禅师碑》："东南苾刍之上首，曰长老云公，报年若干，僧夏若干，永泰二年某月日，涅槃于润州丹徒天乡寺。人天痛慕，江海寂寥。御史中丞韦公元(辅)[甫]顷临润州，尝申跪礼。无何，韦公兼观察领浙西。……韦中丞以句容令田少文悦长老之风，宏无生教，故托句容护办葬事。"《旧唐书》本传未及，仅谓任苏州刺史。郁《考》系于宝应元年(762)至广德二年(763)。

韩　贲　《元和姓纂》卷四昌黎棘阳韩氏："贲，润州刺史。"《宋高僧传》卷一五《唐润州招隐寺朗然传》："释朗然，俗姓魏……请益弟子御史中丞洪府观察使韦儇、吏部员外李华、润州刺史韩贲、湖州刺史韦损、御史大夫刘遏、润州刺史樊冕，皆归心奉信。屯田员外郎柳识为碑颂焉。"朗然于大历十二年(777)冬化灭，则知韩贲是年在润州刺史任上。

韦　损　永泰元年(765)十一月授任。《全唐文》卷三一四李华《润州丹阳县复练塘颂并序》："永泰元年，王师大蕲西戎。西戎既馘矣，生人舒息，诏公卿选贤良，先除二千石，以江南经用所资，首任能者。是岁十一月二十三日，拜常州刺史京兆韦公损为润州。声如飙驰，先诏而至，吏人畏伏，男女相贺。即日上无贪刻，下无冤愤。"又，《全唐文》卷四一二常衮《授韦损大理少卿制》："银青光禄大夫前润州刺史上柱国冯翊县开国男韦损……识能有余，阶历颇久。京江按部，终始六年……可行大理少卿，散官勋封如故。"

樊　晃　大历五年(770)在任。《元和姓纂》卷四南阳湖城县樊氏："晃，兵部员外、润州刺史。"《宋高僧传》卷一七《唐金陵钟山元崇传》："大历五年，刺史南阳樊公雅好禅寂，及属县行春，顺风稽首，谘请道要，益加师礼矣。"《全唐文》卷三七七柳识《琴会记》："大历六年，浙西观察使、苏州刺史兼御史大夫赞皇公祗命朝于京阙。春正月夕次朱方。刺史樊公称：江月当轩，愿以卮酒侑胜。居无何，赞皇公弦琴，樊公和之……罢宴之后，赞皇顾润州曰：……"唐诗人皇甫冉有《和樊润州秋日登城楼》(《全唐诗》卷二四九)、《同樊润州游郡东山》(《全唐诗》卷二五〇)。

萧　定　《旧唐书》卷一八五《萧定传》："萧定，字梅臣，江南兰陵人……定以荫授陕州参军、金城丞，以吏事清干闻……为元载所挤，出为秘书少监兼袁州刺史，历信、湖、宋、睦、润五州刺史，所莅有政声。大历中，有司条天下牧守课绩，唯定与常州刺史萧复、豪州刺史张镒为理行第一。其勤农桑、均赋税、逋亡归复、户口增加，定又冠焉。寻迁户部侍郎、太常卿。"《刘随州集》卷一一《仲秋奉饯萧郎中使君赴润州序》："唯剖竹分符，决在禁中，又以政贵有成，化难数变。至于理行超异，公论当征，但增秩锡金，或移典大郡而已。由是我萧公建隼兹地，化成五年。汉庭群公，方待以右职，而竟有南徐之命。"又据《宋高僧传》卷八《唐睦州龙兴寺慧朗传》载："大历十二年，新定太守萧定述碑，司马刘长卿书，刺史李揆篆额。"《全唐文》卷四三四萧定《改修吴延陵季子庙记》谓："时大唐大历十四年岁在己未八月戊戌朔二十七日甲子，正议大夫使持节润州诸军事守润州刺史上柱国赐紫金鱼袋新拜尚书户部侍郎兰陵萧定字梅臣记。"①由是知萧定大历十二年(777)尚在睦州(新定郡)刺史任上，大历十四年与李揆相替，则萧定约于大历十二年至十四年在润州刺史任上。

马　炫　建中(780—783)初年任。《旧唐书》卷一三四《马燧传马炫附》："马燧，字洵美，汝州郏城人。……炫，字弱翁，燧之仲兄，少以儒学闻于时……建中初为润州刺史，黜陟使柳载以清白闻，征拜太子右庶子，迁左散骑常侍。"《唐代墓志汇编续集》第十二册《唐故银青光禄大夫兵部尚书上柱国汉阳郡公□太子少保马公墓志铭并序》(贞元八年二月十七日)："公讳炫，字抱元。……建中初，上方励精为理，慎择吏二千石，故又命公出典润州。果著殊效，允膺高选。……征为太子右庶子，迁左散骑常侍……由是转公为刑部侍郎。"马炫卒于贞元七年(791)，时年七十九岁。

韩　滉　《旧唐书》卷一二《德宗本纪上》：建中二年(781)五月"庚寅，以浙江西道为镇海军，加苏州刺史韩滉检校礼部尚书、润州刺史，充镇海军节度使、浙江东西道观察等使"。②贞元三年(787)二月"戊寅，度支盐铁转运使、镇海军节

---

①　延陵有季子庙，乃春秋时越灭吴后，季札后人隐姓埋名，岁岁祭祀吴氏始祖季札之所，有碑。开元年间，碑因年代久远，风化开裂，铭文残破，唐玄宗令殷仲容摹拓其本。唐大历十四年，时任润州刺史萧定将殷仲容拓片重刊于石，并亲撰《改修吴延陵季子庙记》，请唐代书法家张从申书于碑阴。该碑现为江苏省文物保护单位。
②　《新唐书》卷六八《方镇表五》载，建中二年(781)，合浙江东西道观察置节度使，治润州，寻赐号镇海军。

度、浙江东西道观察等使、检校左仆射、同中书门下平章事、晋国公韩滉卒，赠太尉"。《旧唐书》卷一二九《韩滉传》："大历十二年秋……数月，拜苏州刺史、浙江东西都团练观察使。寻加检校礼部尚书、兼御史大夫、润州刺史、镇海军节度使。滉既移镇，安辑百姓，均其租税，未及逾年，境内称理。"

白志贞 本名琇珪，太原人。出于胥吏，曾事节度使李光弼。《旧唐书》卷一二《德宗本纪上》：贞元三年(787)二月戊寅，"以果州刺史白志贞为润州刺史、兼御史大夫、浙西观察使"。六月"乙巳，浙西观察使白志贞卒"。新、旧《唐书》本传略同。

王 纬 字文卿，太原人。《旧唐书》卷一二《德宗本纪上》：贞元三年(787)八月，"壬申，以给事中王纬为润州刺史、江(浙)西观察使"。同书卷一三《德宗本纪下》：贞元十四年(798)八月甲午，①"浙西观察使、润州刺史王纬卒"。王纬贞元三年八月至贞元十四年八月间任润州刺史，前后达十一年之久，《旧唐书》本传谓其"性勤俭，历官清洁，而伤于苛碎，多用削刻之吏，督察巡属，人不聊生"。

李若初 赵郡人。《旧唐书》卷一四六《李若初传》谓：李若初少孤贫，初为盐铁转运使刘晏下微冗散职，刘晏判官包佶重其勤干，以女妻之，后历任衢州刺史、福州刺史、兼御史中丞、福建都团练使、越州刺史、兼御史中丞、浙江东道都团练观察使、润州刺史、兼御史大夫、浙江都团练观察、诸道盐铁转运使等，在任上"善于吏道，性严强力，束敛下吏，人甚畏服"。《旧唐书》卷一三《德宗本纪下》：贞元十四年(798)九月乙卯，"以浙东观察李若初为润州刺史、浙西观察使及诸道盐铁转运使"。十五年正月"甲戌，浙西观察使李若初卒"。《会稽掇英总集》卷一八《唐太守题名记》："李若初，贞元十三年自福建观察使授；十四年移浙西观察使。"

李 锜 唐宗室，淄川王李孝同五世孙。贞元十五年(799)至元和二年(807)在润州刺史任。《旧唐书》卷一三《德宗本纪下》：贞元十五年二月乙酉，"以常州刺史李锜为润州刺史、浙西观察使及诸道盐铁转运使"。又，同书卷一四《宪宗本纪上》：元和二年"十月己酉，以浙西节度使李锜为左仆射，以御史大夫李元素为润州刺史、镇海军、浙西节度使"。据《新唐书》卷二二四上《李锜传》："贞元初，迁至宗正少卿，尝与卿李干争议。锜以直不坐，德宗两置之。自雅王傅出为杭、湖二州刺史。方李齐运用事，锜以赂结其欢，居三岁，迁润州刺史、浙西观察、诸道盐铁转运使。多积奇宝，岁时奉献，德宗昵之。锜因恃恩骜横，天下权

---

① 《旧唐书》卷一三《德宗本纪下》未明载"八月"，而仅在"秋七月"条后续言"是夏，热甚……甲午"，据推算此"甲午"日当为八月十七日。

酒、漕运,锜得专之。故朝廷用事臣,锜以利交,余皆干没于私,国计日耗。"元和二年十月庚申,李锜据润州谋反。同年十一月,兵败被斩,并削籍。

李元素 字太朴,陇西成纪人,隋末唐初义军首领、封邢国公李密裔孙。《旧唐书》卷一四《宪宗本纪上》载:元和二年(807)十月己酉,"以御史大夫李元素为润州刺史,镇海军、浙西节度使"。同书卷一三二《李元素传》载:"李锜为乱江南,遂授元素浙江西道节度观察处置等使。数月受代,入拜国子祭酒。"

韩皋 元和二年至五年(807—810)在任。《旧唐书》卷一四《宪宗本纪上》载:元和三年二月"己丑,以武昌军节度使韩皋为润州刺史、镇海军节度、浙西观察使"。五年正月"己巳,浙西观察使韩皋以杖决安吉令孙澥致死,有乖典法,罚一月俸料"。《元氏长庆集》卷三八《论浙西观察使封杖决杀县令事》:"浙西观察使、润州刺史韩皋,去年七月封杖决湖州安吉县令孙澥,四日致死。"

薛苹 河东人。《旧唐书》卷一四《宪宗本纪上》载:元和五年(810)八月,"以浙东观察使薛苹为润州刺史、浙西观察使"。《全唐文》卷四九七权德舆《大唐浙江西道都团练观察等使兼御史大夫河东郡公薛公先庙碑铭并序》:"元和五年,岁值庚寅……润州刺史、(御史)大夫、河东郡公薛公苹,建先庙于长安县永安里。"《太平广记》卷四六七《李汤》引《戎幕闲谭》:"(李)公佐至元和八年冬,自常州饯送给事中孟简至朱方,廉使薛公苹馆待礼备。"则薛苹至元和八年冬仍在任。

李鄘 《旧唐书》卷一六二《李鄘传》:"李鄘,不知何许人。起于寒贱,以庄宪皇后妹婿,元和以来骤阶仕进。以恩泽至坊州、绛州刺史。无他才,性纤巧承迎。常饰厨传以奉往来中使及禁军中尉宾客,以求善誉。治民苛事,粗有政能。……时宿师于野,馈运不集。浙西重镇,号为殷阜,乃以鄘为润州刺史、浙西观察使,令设法鸠聚财货。淮西用兵,颇赖其赋。(元和)十四年,以病求还京师,未朝谒而卒。"《新唐书》本传略同。《旧唐书》卷一五《宪宗本纪下》:元和十一年(816)十月,"以京兆尹李鄘为润州刺史、浙西观察使"。十四年三月"庚寅,浙西观察使李鄘卒"。

窦易直 字宗玄,京兆始平人,唐穆宗宰相。《旧唐书》卷一五《宪宗本纪下》:元和十四年(819)五月,"以宣歙观察使窦易直为润州刺史,充浙西观察使"。同书卷一六《穆宗本纪》:长庆二年(822)九月癸卯,"御史中丞李德裕为润州刺史、兼御史大夫、浙江西道都团练观察处置等使,以代窦易直。以易直为吏部侍郎"。

李德裕 字文饶,赵郡赞皇人,唐宪宗宰相李吉甫之子,文宗、武宗朝两度为相。长庆二年(822)九月至大和三年(829)七月在任。《旧唐书》卷一六《穆宗本纪》:长庆二年九月癸卯,"御史中丞李德裕为润州刺史、兼御史大夫、浙江西道都团练观察处置等使,以代窦易直。以易直为吏部侍郎"。《千唐志斋藏志》第1052页唐崔栯《唐故朝议郎守尚书比部郎中上柱国赐绯鱼袋陇西李府君(蟾)墓志铭并序》谓:"故相国窦公廉问南徐,奏充监察里行,充都团练判官……窦公入拜,属今相国赞皇公承诏代之。""窦公"即窦易直。墓主李蟾卒于大和七年,"今相国赞皇公"即李德裕。《旧唐书》卷一七《文宗本纪上》:大和三年七月,"以前浙西观察使、检校礼部尚书李德裕为兵部侍郎"。又,同书卷一七四《李德裕传》载:"德裕为逢吉所擯,在浙西八年。"《全唐文》卷七〇〇李德裕《让官表》中亦谓:"属廉问江南,荏苒八岁。"由长庆二年至大和三年恰值八年。

丁公著 字平子,吴人。《旧唐书》卷一七《文宗本纪上》:大和三年(829)七月乙巳,"以礼部尚书、翰林侍讲学士丁公著检校户部尚书、兼润州刺史、充浙江西道观察使,以前浙西观察使、检校礼部尚书李德裕为兵部侍郎"。又同书卷一七《文宗本纪下》:大和六年八月壬申,"以前浙西观察使丁公著为太常卿"。唐丁居晦《重修承旨学士壁记》:"丁公著,大和三年四月二十六日自礼部尚书充侍讲学士,改正户部尚书、浙西观察使。"又,《全唐文补遗·千唐志斋新藏专辑》第350页唐丁强立撰《唐河南府文学权易容夫人济阳丁氏墓志铭并述》谓,墓主丁氏,"父公著,见任浙江西道都团练观察处置等使、检校户部尚书、兼润州刺史、御史大夫"。丁强立乃丁公著之子、墓主丁氏之弟,此志撰于大和三年(829)十月。大和三年十月既称"见任",则丁公著大和三年十月尚在浙西观察使兼润州刺史任上无疑。两《唐书》本传所谓丁公著穆宗时(821—824)任浙西观察使,实误。①

王 璠 字鲁玉。《旧唐书》卷一七《文宗本纪下》:大和六年(832)八月"乙丑,以尚书右丞、判太常卿王璠检校礼部尚书、润州刺史、浙西观察使"。同书卷一六九《王璠传》:"(大和)六年八月,检校礼部尚书、润州刺史、浙西观察使。八年,李训得幸,累荐于上,召还,复拜右丞。"由是知王璠润州刺史任在大和六年八月至八年间。《新唐书》卷三九《五行二》谓其在任内曾浚治润州城隍。

李德裕 《旧唐书》卷一七《文宗本纪下》:大和八年(834)十一月"乙亥,以兵部尚书李德裕检校右仆射,充镇海军节度、浙江西道观察等使"。九年四月,"以镇海军节度使、浙西观察等使李德裕为太子宾客,分司东都"。两《唐书》本传所载略同,且谓其"代王璠"。《全唐文》卷六九六李德裕《鼓吹赋并序》:"余往岁剖符金陵,有童子六七人,皆于此艺特妙,每曲宴奏之。及再至江南,并逾弱冠。"也言及其曾先后两度出任润州刺史之事。

---

① 据《旧唐书》卷一六《穆宗本纪》载,长庆元年(821)十月,"以工部尚书丁公著检校左散骑常侍、兼越州刺史、御史中丞、充浙东观察使"。其任越州刺史、浙东观察使职,至长庆三年九月始由元稹所代而赴阙。

贾　餗　字子美，河南人，唐文宗宰相。《旧唐书》卷一七《文宗本纪下》：大和九年(835)四月"辛卯，以京兆尹贾餗为浙西观察使……戊戌，诏以新浙西观察使贾餗为中书侍郎、同中书门下平章事"。《唐大诏令集》卷四八《贾餗平章事制》："前浙江西道都团练观察处置等使朝议大夫检校礼部尚书使持节润州诸军事兼润州刺史御史大夫……贾餗……可守中书侍郎同中书门下平章事……大和九年四月。"从其大和九年四月辛卯日任命，到戊戌日转任中书侍郎同中书门下平章事，随后路随于同月继任，可知贾餗实未之任。

路　随　字南式，睦州刺史路惟恕曾孙，唐文宗宰相。《旧唐书》卷一七《文宗本纪下》：大和九年(835)四月"丙申，以太子太师、门下侍郎平章事路随为镇海军节度、浙西观察等使"。同书卷一五九《路随传》："路随，字南式，其先阳平人。……(大和)九年四月，拜检校尚书右仆射、同中书门下平章事，兼润州刺史、镇海军节度、浙江西道观察等使。大和九年七月，遘疾于路，薨于扬子江之中流。"可知路随亦实未到任履职。《嘉定镇江志》、乾隆《镇江府志》均有录，讹作"路隋"。

崔　郾　《旧唐书》卷一七《文宗本纪下》：大和九年(835)七月"辛酉，以鄂岳观察使崔郾充浙西观察使"。开成元年(836)十一月"庚辰，浙西观察使崔郾卒"。又，唐杜牧《樊川文集》卷一四《唐故银青光禄大夫检校礼部尚书御史大夫充浙江西道都团练观察处置等使上柱国清河郡开国公食邑二千户赠吏部尚书崔公行状》："公讳郾，字广略……今上即位四年……除陕虢观察使、兼御史大夫……凡二年，改岳、鄂、安、黄、蕲、申等州观察使……凡五年，迁浙江观察使，加礼部尚书……开成元年十月二十日薨于治所。"①

李德裕　《旧唐书》卷一七《文宗本纪下》：开成元年(836)十一月庚辰，"以太子宾客分司东都李德裕检校户部尚书，充浙西观察使"。二年五月，"以浙西观察使李德裕检校户部尚书，兼扬州大都督府长史，充淮南节度使"。两《唐书》本传皆谓李德裕凡三镇浙西，前后十余年。一人凡三镇浙西者，在唐代历史上唯此一人耳。

卢　商　《旧唐书》卷一七《文宗本纪下》：开成二年(837)五月辛未，"以苏州刺史卢商为浙西观察使"。同书卷一七六《卢商传》："卢商，字为臣，范阳

---

① 有关崔郾卒期，《旧唐书》中唐文宗本纪所载与《全唐文》中杜牧所撰崔郾行状略有差异，前者谓开成元年(836)十一月庚辰，后者谓开成元年十月二十日。《旧唐书》所载，在述崔郾卒后即言以太子宾客分司东都李德裕检校户部尚书、充浙西观察使，其言或重在述李德裕授任之期，而非崔郾卒期，且两者之间应有时间之差。崔郾卒期应以杜牧所述十月二十日为是。崔郾于十月二十日卒后，朝廷于十一月庚辰始授李德裕检校户部尚书、充浙西观察使。

人……开成初,出为苏州刺史……苏人便之,岁课增倍。宰相领盐铁,以其绩上,迁润州刺史、浙西团练观察使,入为刑部侍郎,转京兆尹。"严耕望《唐仆尚丞郎表》卷二〇《辑考七下·尚书刑部侍郎》谓,卢商"会昌初,由浙西观察使入迁刑侍,迁京兆尹。时约元、二年"。吴廷燮《唐方镇年表》载开成二年至五年浙西观察使为卢商,会昌二年(842)为卢简辞,而会昌元年或以疑见缺。

卢简辞 《新唐书》卷一六三《卢简辞传》:"卢简辞,字子策……累擢湖南、浙西观察使,以检校工部尚书为忠武节度使。"《旧唐书》本传未及。唐康骈《剧谈录》卷下《白传乘舟》:"卢尚书简辞有别墅,近枕伊水,亭榭清峻。方冬,与群从子侄同游……因话廉察金陵,常记江南烟水,每见居人以叶舟浮泛,就食菰米鲈鱼,近来思之,如在心目。"唐杜牧《樊川文集》卷一二有《与浙西卢大夫书》,缪钺《杜牧年谱》系此文于会昌元年(841)。吴廷燮《唐方镇年表》系卢简辞浙西观察使任于会昌二年、三年、四年、五年。

李景让 《资治通鉴》卷二四八"会昌六年"条:九月,"以右常侍李景让为浙西观察使"。《全唐文》卷七七四李商隐《为荥阳公与浙西李尚书状》:"某材术素空,宠荣叠至,未申论驳,俄忝察廉。尚书允赞休期,克抱全德。直以高堂指训,外地优闲,尚稽廉部之名,实积具瞻之望。……即以今月十日赴任,到镇更当有状。"李商隐随荥阳公郑亚赴桂州在大中元年(847),则是年李景让尚在浙西观察使任上。吴廷燮《唐方镇年表》系李景让于会昌六年(846)、大中元年。

郑　朗 字有融,乃唐文宗宰相郑覃之弟、浙东观察使郑裔绰之叔父。唐大中二年(848)在任。《旧唐书》卷一七三《郑覃传郑朗附》:"(郑朗)由华州刺史入拜御史中丞、户部侍郎,为鄂岳、浙西观察使,进义武、宣武二节度。"《全唐文》卷七八八蒋伸《授郑光河中节度使、郑朗汴州节度使制》谓"浙江道观察使、检校工部尚书郑朗"。据岑仲勉《唐方镇年表正补》谓:"(郑朗)新《传》无为浙西年月。《樊南文集补·为荥阳公与浙西郑尚书启》,在《宣州裴尚书启》后。卢肇《宣州新兴寺碑》:'裴公大中二年来廉于宣。'合而参之,此(郑)朗大中二年为浙西之证。按《全唐文》蒋伸《郑朗为宣武制》。新、旧《传》皆言朗自义武除宣武,误。朗除宣武与郑光河中同制。《唐会要》大中五年有河中节度郑光,此朗以大中五年移宣武之证。"吴廷燮《唐方镇年表》系郑朗浙江西道观察使任在大中二年至五年。然而同书又系其宣武节度使任在大中四年、五年,误,当为五年。《嘉定镇江志》卷一四《唐润州刺史》列郑明(系"朗"字之讹)于李景逊(系"让"字之讹)前,亦误。

敬　晦 《新唐书》卷一七七《敬晦传》:"敬晦,字日彰,河中河东人……大中中,历御史中丞、刑部侍郎、诸道盐铁转运使、浙西观察使……徙兖州节度使。"《旧唐书》卷四九《食货下》:"开成三年至大中壬申凡一十五年,(诸道盐铁转运使)多任以元臣,以集其务。崔珙自刑部尚书拜,杜悰以淮南节度领之,既而皆践公台。薛元赏、李执方、卢弘正、马植、敬晦五人,于九年之中,相踵理之。植亦自是居相位。大中五年二月,以户部侍郎裴休为盐铁转运使。"郁《考》谓,裴休接敬晦盐铁转运使任于大中五年(851),则知敬晦卸盐铁转运使、任浙西观察使当在大中五年。吴廷燮《唐方镇年表》系敬晦浙江西道观察使任于大中五年至七年(851—853)。

崔　瑶　崔郾之子。《旧唐书》卷一五五《崔郾传》:"(崔)瑶,太和三年登进士第,出佐藩方,入升朝列,累至中书舍人。大中六年,知贡举,旋拜礼部侍郎,出为浙西观察使,又迁鄂州刺史、鄂岳观察使,终于位。"吴廷燮《唐方镇年表》系崔瑶浙西观察使任于大中七年至九年(853—855)。

崔慎由　唐宣宗宰相。《旧唐书》卷一七七《崔慎由传》:"崔慎由,字敬止,清河武城人。……大中初入朝,为右拾遗、员外郎、知制诰,正拜舍人,召充翰林学士、户部侍郎。再历方镇,入朝为工部尚书。十年,以本官同平章事,兼集贤殿大学士,转监修国史、上柱国加大中大夫、兼礼部尚书。"《新唐书》卷一一四《崔慎由传》:"慎由,字敬止……入为右拾遗,进翰林学士,授湖南观察使。召还,由刑部侍郎领浙西,入迁户部侍郎,判户部。"罗振玉《辽居稿·崔慎由端午进奉银铤影本跋》谓:"唐银铤长建初尺一尺二寸二分,广三寸八分,为长方形,上刻文字二行,首行曰'端午进奉银壹铤,重伍拾两',次行曰'浙江西道都团练观察处置等使大中大夫检校礼部尚书使持节润州诸军事兼润州刺史御史大夫上柱国赐紫金鱼袋臣崔慎由进'。"①《全唐文》卷七九唐宣宗《授崔慎由平章事制》亦谓:"浙河之右,仍岁艰荒。一自镇临,载闻惠化。俾司征赋,益睹公忠。固可以升于台阶,秉我大柄。爰授相印,用参枢务。"吴廷燮《唐方镇年表》系崔慎由浙西观察使任于大中九年至十年(855—856)。

萧　寘　唐丁居晦《重修承旨学士壁记》:"萧寘,大中四年七月二十四日自兵部员外郎充……十年八月四日授检校工部尚书、浙西观察使。"《唐语林》卷七《补遗》:"大中十二年……时萧寘为浙西观察使,与宣州接连,遂擢用武臣李琢代寘,建镇海军节度使。"又,《全唐文补遗·千唐志斋新藏专辑》第395页唐萧寘撰《唐故睦州军事判官皇甫府君埋妻博陵崔氏夫人墓志铭并序》时,自署"浙江西道

---

①　《新唐书》卷一一四《崔慎由传》附于《崔融传》后,叙崔慎由历官甚略。《旧唐书》中崔慎由有专传,文字较详,然仅称其"召充翰林学士、户部侍郎,再历方镇",未言历何方镇。又,《旧唐书》纪、传多有自相矛盾处,该书《崔慎由传》称大中十年以本官同平章事,而《宣宗本纪》则称在十一年二月(《新唐书·宣宗纪》作十年十二月),该传又称十一年入相后加大中大夫、兼礼部尚书。据此银铤刻文,则崔慎由镇浙江西道时已加大中大夫、检校礼部尚书。

都团练观察处置等使朝散大夫检校工部尚书使持节润州诸军事兼润州刺史御史大夫赐紫金鱼袋萧寘",且谓"夫人于寘为从母,尝寓居吴中。会寘廉问南徐,迎就理所。……以祗奉药饵,欢娱旦夕。几涉三载,为一时之荣。无何遘疾,以大中十二年五月二十三日,终于润州官舍"。则亦可证知萧寘大中十年至十二年(856—858)在浙西观察使兼润州刺史任上。

李 琢 《唐语林》卷七《补遗》:"大中十二年,宣州将康全泰噪逐观察使郑薰,乃以宋州刺史温璋治其罪。时萧寘为浙西观察使,与宣州接连,遂擢用武臣李琢代寘,建镇海军节度使,以张掎角之势。兵罢后,或言琢虚立官健名目,广占衣粮自入。宣宗命监察御史杨载往,按覆军籍,无一人虚者。载还奏之,谤者始不胜。"《新唐书》卷一七七《李景让传》:"李琢罢浙西,以同里访之,避不见。"李景让罢西川节度使在大中十三年(859)正月蒋伸拜相后,由此知李琢大中十三年已罢浙西之任。又,《新唐书》卷六八《方镇表五》:大中十二年,复置镇海军节度使;十三年,废镇海军节度使,置都团练观察使。吴廷燮《唐方镇年表》系李琢浙西道之任于大中十二年。

郑处诲 《会稽掇英总集》卷一八《唐太守题名记》:"郑处诲,大中十二年自太子宾客授,十三年移工部尚书,充浙西观察使。"唐罗隐《甲乙集》卷一一《投宣武郑尚书二十韵》:"翰院论思外,纶闱笑傲中。绛霄无系滞,浙水忽西东。庾监高楼月,袁郎满扇风。四年将故事,两地有全功。"吴廷燮《唐方镇年表》亦系郑处诲浙西观察使之任于大中十三年(859)至咸通二年(861)。郑处诲自大中十二年任浙东观察使,至咸通二年浙西观察使卸任,恰好罗隐诗所谓"四年将故事,两地有全功"之四年。

卢 耽 唐孙光宪《北梦琐言》卷六《田布尚书传》:"唐通义相国崔魏公铉之镇淮扬也,卢丞相耽罢浙西,张郎中铎罢常州,俱过淮扬谒魏公。"吴廷燮《唐方镇年表》载卢耽浙西观察使任在咸通二年至三年(861—862)。

杜审权 贞观名相、凌烟阁二十四功臣之一杜如晦第六代孙,唐懿宗宰相。《资治通鉴》卷二五〇"咸通四年"条:五月"戊子,以门下侍郎、同平章事杜审权同平章事,充镇海节度使"。《唐大诏令集》卷五四《杜审权镇海军节度平章事制》:"特进行门下侍郎、兼吏部尚书、同中书门下平章事、兼修国史、上柱国、建平县开国男、食邑三百户杜审权……可检校吏部尚书、同中书门下平章事、使持节润州诸军事、兼润州刺史、充镇海军节度使、浙江西道观察处置等使。咸通四年五月。"《资治通鉴》卷二五一"咸通九年"条:"戊午,镇海节度使杜审权遣都头翟行约将四千人救泗州。"《新唐书》卷九六《杜审权传》:"审权,字殷衡,第进士,辟浙西幕府,举拔萃中,为右拾遗。宣宗时,入翰林为学士,累迁兵部侍郎、学士承旨。懿宗立，进同中书门下平章事，再迁门下侍郎，出为镇海军节度使、同平章事。庞勋乱徐州，审权与令狐绹、崔铉连师掎角，馈粟相衔，王师赖济。勋破，进检校司空，入为尚书左仆射、襄阳郡公，继领河中、忠武节度使。"破庞勋事在咸通十年（869）九月，故杜审权任镇海军节度使当在咸通四年至十年。吴廷燮《唐方镇年表》系年亦同。

  曹　确　唐懿宗宰相。《新唐书》卷一八一《曹确传》："曹确，字刚中，河南河南人。……以同平章事出为镇海节度使，徙河中，卒。"《旧唐书》卷一九《懿宗本纪上》：咸通十一年（870）三月，"左仆射、门下侍郎、同平章事曹确以病求免，授检校司空、同平章事，兼润州刺史，充浙江西道观察等使"。《资治通鉴》卷二五二"咸通十一年"条："三月，左仆射、同平章事曹确同平章事充镇海节度使。"《旧唐书》卷一七七《曹确传》谓曹确于咸通九年出为润州刺史，误。吴廷燮《唐方镇年表》系年于咸通十一年至乾符元年（874）。

  赵　隐　《旧唐书》卷一九《僖宗本纪下》：乾符元年（874）三月，"以中书侍郎、刑部尚书、同平章事赵隐检校吏部尚书、润州刺史、浙江西道都团练观察等使"。《资治通鉴》卷二五二"乾符元年"条作"二月"，谓："二月甲午……以中书侍郎、同平章事赵隐同平章事、充镇海节度使。"同书"乾符二年"条：四月，"浙西狼山镇遏使王郢等六十九人有战功，节度使赵隐赏以职名而不给衣粮。郢等论诉不获，遂劫库兵作乱，行收党众近万人，攻陷苏、常，乘舟往来，泛江入海，转掠二浙，南及福建，大为人患"。而据《新唐书》卷一八二《赵隐传》："赵隐，字大隐，京兆奉天人……僖宗初，罢为镇海军节度使。王郢之乱，坐抚御失宜，下除太常卿。广明初，为吏部尚书。"吴廷燮《唐方镇年表》系年于乾符元年至三年（874—876）。

  裴　璩　《新唐书》卷九《僖宗本纪》：乾符三年（876），"七月辛巳……镇海军节度使裴璩及王郢战，败之"。《资治通鉴》卷二五三"乾符四年"条：二月，"王郢横行浙西，镇海节度使裴璩严兵设备，不与之战，密招其党朱实降之，散其徒六七千人，输器械二十余万，舟航粟帛称是"。同卷"乾符五年"条：五月，"曹师雄寇湖州，镇海节度使裴璩遣兵击破之"。吴廷燮《唐方镇年表》系年于乾符三年至五年（876—878）。

  高　骈　《资治通鉴》卷二五三"乾符五年"条：六月，"王仙芝余党剽掠浙西。朝廷以荆南节度使高骈先在天平有威名，仙芝党多郓人，乃徙骈为镇海节度使"。[1]又同书"乾符六年"条："十月，以镇海军节度使高骈为淮南节度使、充盐

---

[1]　《旧唐书》卷一九下《僖宗本纪》载，乾符四年（877），"六月，以宣歙观察使高骈检校司空，兼润州刺史、镇海军节度、苏常杭润观察处置、江淮盐铁转运、江西招讨等使"。据郁贤晧先生考证，此"宣歙"当为"荆南"之误，"四年"为"五年"之误。

铁转运使,以泾原节度使周宝为镇海节度使。"高骈于乾符五年至六年(878—879)在任。

周　宝　《资治通鉴》卷二五三"乾符六年"条:"十月,以镇海军节度使高骈为淮南节度使,充盐铁转运使,以泾原节度使周宝为镇海节度使。"《旧唐书》卷一九《僖宗本纪下》作"十一月",谓:乾符六年(879)十一月,"制以神策大将军周宝检校尚书左仆射,兼润州刺史、镇海军节度、浙江西道观察等使"。同书又载:光启三年(887)"二月乙巳朔,润州牙将刘浩、度支使薛朗同谋逐其帅周宝,刘浩自称留后"。由是知周宝乾符六年十月至光启三年二月在任。

薛　朗　《新唐书》卷一九《僖宗本纪下》:光启三年(887)三月"癸巳,镇海军将刘浩逐其节度使周宝,度支催勘使薛朗自称知府事"。宋路振《九国志》卷五《成及传》:"润州刺史薛朗、常州刺史丁从实叛,(钱)镠命(成)及讨之。"《资治通鉴》卷二五七"光启三年"条:十一月乙未,"(钱镠)命阮结等进攻润州。丙申,克之,刘浩走,擒薛朗以归"。

阮　结　《新唐书》卷一八六《周宝传》:"文德元年,(钱镠)拔润州,刘浩亡,不知所在,执(薛)朗,剖其心祭(周)宝,使阮结守润州。"《资治通鉴》卷二五七"文德元年"条:正月丙寅,"以阮结为润州制置使"。同书卷二五八"龙纪元年"条:"五月甲辰,润州制置使阮结卒。"由是知阮结于文德元年(888)正月至龙纪元年(889)五月在任。

成　及　宋袁枢《通鉴纪事本末》卷三九《钱氏据吴越》:"昭宗龙纪元年……夏五月,润州刺史阮结卒。钱镠以成及代之。"

李顺节　《旧唐书》卷一七九《孔纬传》:"大顺初,天武都头李顺节恃恩颇横,不期年领浙西节度使,俄加平章事。"《新唐书》卷一六三《孔纬传》略同。《唐大诏令集》卷五《改元天复赦》:"故镇海军节度使李顺节,顷岁奸邪乱政,慷慨不平,偶泄藏谋,遂罹横祸……宜申缛礼,以慰忠魂。"《嘉定镇江志》谓系遥领。

安仁义　《资治通鉴》卷二五九"景福元年"条:"八月,以杨行密为淮南节度使、同平章事,以田頵知宣州留后、安仁义为润州刺史。"《九国志》卷三《安仁义传》:"景福元年……以功奏授检校尚书左仆射、润州刺史……天复三年,仁义遣众尽焚东塘战棹,结连宣州田頵以叛……天祐二年……父子俱斩于广陵市。"由是知安仁义于景福元年(892)至天祐二年(905)间在任。

李　铤　《旧唐书》卷二〇《昭宗本纪上》:景福二年(893)"三月庚子,制以……耀德都头李铤为润州刺史、镇海军节度使……并加特进同平章事。各令赴镇,并落军权"。《旧五代史》卷一三三《钱镠传》:"唐景福中,朝廷以李铤为浙江西道镇海军节度使……久之,李铤终不至治所,朝廷以镠为镇海军节度。"李铤实未之任,因当时安仁义据润州,李鋋非"不至",而是不能至也。

钱　镠　《旧唐书》卷二〇《昭宗本纪上》:景福二年(893)"九月丙寅朔,以武胜军防御使钱镠为镇海军节度、浙江西道观察处置等使,仍移镇海军额于杭州"。《资治通鉴》卷二五九"景福二年"条作"九月丁卯",《考异》云:"按《吴越备史》,是岁镠初除镇海节度使,犹领润州刺史。至光化元年,始移镇海军于杭州。"《全唐文》卷八五八杨凝式《大唐故天下兵马都元帅尚父吴越国王谥武肃神道碑铭并序》:"乃命(钱镠)为杭州刺史,寻移镇润州,镇海军额授制焉。"同书卷九二昭宗《赐钱镠铁券文》:"维乾宁四年岁次丁巳八月甲辰朔四日丁未,皇帝若曰:咨尔镇海、镇东等军节度、浙江东西等道观察处置营田招讨等使……检校太尉兼中书令、使持节润越等州诸军事兼润越等州刺史……钱镠。"

王茂章　《新唐书》卷一八八《杨行密传》:"天祐二年,王茂章、李德诚拔润州,杀安仁义,以王茂章为润州团练使。"《资治通鉴》卷二六五"天祐二年"条:九月,"(杨)行密以润州团练使王茂章为宣州观察使"。

李德诚　《十国春秋》卷七《李德诚传》:"李德诚,广陵人也。……积功为江南马步军使,与诸将围安仁义于润州……(仁义)就执,太祖即拜(李)德诚润州刺史。未几,徙江州。"

任职时间不详者

权知节　《全唐文补遗》五辑唐周司《唐故袁州刺史右监门卫将军驸马都尉天水权君(毅)墓志铭并序》:"公讳毅,天水略阳人也……父知节,邠王府长史,沁、亳、润三州刺史,使持节桂州诸军事、桂州都督。"权知节之子即墓主权毅,尚唐高宗长女义阳公主李下玉,卒于神龙元年(705)。

张　楷　《全唐文补遗》三辑唐赵昙《清河张公(悠)墓志铭并序》(天宝十三载五月七日):"大父讳楷,皇朝任丹阳郡太守……父讳仁,皇朝任获嘉县令。"张悠卒于天宝十三载(754),时年五十六岁。

王守真　《唐代墓志汇编》元和一二七唐郑君房《唐故潞府参军博陵崔公夫人琅邪王氏墓志铭并序》(元和十四年四月二十六日):"高祖守真,皇仓部、膳部左司郎中,博、润、沧、洪等五州刺史。"又,同书咸通〇五六唐贾当《唐故滑州匡城县令王公墓志铭并序》(咸通八年二月一日)称王守真历莱、渝、博、润、沧、洪六州刺史。宋陈思《宝刻丛编》卷八引《京兆金石录》:"唐洪州刺史王守真碑,唐贺遂涉撰,崔璹书,先天二年。"

薛宝积　《新唐书》卷七三《宰相世系表三下》薛氏:"宝积,润州刺史。"《全唐文》卷四九七权德舆《大唐浙江西道都团练观察等使、润州刺史兼御史大夫河东郡公薛公(苹)先庙碑铭并序》:"(隋礼部尚书)道实生皇尚书议曹郎德儒;德儒生宝积,济、齐、润三州刺史,扬州大都督府长史。"《嘉定镇江志》谓薛宝积武德七年(624)后或贞观(627—649)初刺润州,郁《考》谓疑其刺润州或在垂拱(685—688)中。

来敬业 唐高宗宰相来济之子。《新唐书》卷七三《宰相世系表三上》来氏:"敬业,润州刺史。"《嘉定镇江志》谓来敬业刺润在唐高宗(650—683)末年,郁《考》谓"疑应在武后时"。①

杨令琛 《全唐文》卷二六六黄元之《润州江宁县瓦棺寺维摩诘画像碑》:"在江宁县瓦棺寺变相者,晋虎头将军顾恺之所画也。……刺史杨令琛,怀轨物之量,韫不伐之才,五服当列土之荣,千里负专城之寄。"一作杨令深,《全唐文》卷六九一符载《犀浦县令杨府君墓志铭》谓墓主杨鸥系"金吾卫大将军汉、润、夔、濮等六州刺史令深之孙",杨鸥卒于大历十四年(779),时年三十九岁。

李　峻 胡适编《神会和尚遗集·荷泽神会和尚语录》有润州刺史李峻,郁《考》疑其与开元四年(716)之润州刺史李浚为同一人。

崔　操 《千唐志斋藏志》第778页唐阙名《唐故朝议郎行通事舍人京兆杜公讳元□夫人临清县君崔氏墓志铭并序》(开元二十七年十月十四日):"(夫人)考操,润州刺史。"郁《考》推测其润州刺史任或在开元(713—741)前期。

卢徽远 《新唐书》卷七三《宰相世系表三上》卢氏:"徽远,润州刺史。"《嘉定镇江志》谓其任在武则天时(684—704),郁《考》疑非是,谓疑在开元前期。

邵　升 《宋高僧传》卷八《唐润州竹林寺昙璀传》:"正议大夫使持节润州刺史汝南郡升,向风遐想,悦而久之,褒德尚贤,赞成厥美焉。"②唐诗人张子容有《九日陪润州邵使君登北固山》诗(见《全唐诗》卷一一六),此"润州邵使君"当系邵升。邵升于开元十三年(725)在台州刺史任。郁《考》谓其润州刺史任约在开元中。

孙　济 《元和姓纂》卷四华原孙氏:"济,左司郎中、润州刺史。"郁《考》疑开元(713—741)中任。

徐　峤 《全唐文》卷三二〇李华《润州鹤林寺故径山大师碑铭》称"故采访使、润州刺史徐峤"。《两浙金石志》卷二《唐徐峤张愿诗刻》称"采访大使、润州刺史徐峤"。唐张彦远《历代名画记》卷三《叙古今公私印记》有"故润州刺史赠左散

---

① 郁《考》据《新唐书·宰相世系表三上》卢氏:"朗,润、青等州刺史。"系"卢朗"于来敬业之后。然胡戟、荣新江主编《大唐西市博物馆藏墓志》一八三所录《卢广敬墓志》谓:卢广敬"祖安丘……父朗闰,皇朝银青光禄大夫,使持节抚、濮、郎、剑、许、贝、曹、青八州诸军事,八州刺史"。该墓志撰于开元十年(722)。由是知郁《考》所录润州刺史"卢朗"系《新唐书·宰相世系表》之讹而误收,故删而不录。参见黄楼《〈唐刺史考全编〉订补:以大唐西市博物馆藏墓志为中心》,载《吐鲁番研究》2014年第1期。

② 邵氏有博陵郡邵氏和汝南郡邵氏,据前引文邵升当为汝南郡邵氏。郁《考》按称前引文:"'郡升'疑为'邵升'之讹。"其实非讹,是为"汝南郡(邵)升"之略也。

骑常侍徐峤之印"。

韦昭理 《全唐文》卷三二○李华《润州鹤林寺故径山大师碑铭》称"故润州刺史韦昭理"。大师卒于天宝十一载（752）十一月十一日。又，《元和姓纂》卷二东眷韦氏南皮公房及《新唐书》卷七四《宰相世系表四上》均称韦昭理为常州刺史。

王景肃 《韩昌黎文集校注》卷七《故江南西道观察使赠左散骑常侍太原王公（仲舒）墓志铭》："公讳仲舒，字弘中。……长庆三年十一月十七日，未命而薨，年六十二……祖讳景肃，丹阳太守。考讳政，襄邓等州防御使。鄂州采访使，赠工部尚书。"郁《考》由王景肃之子王政乾元二年（759）为襄州刺史而推系王景肃润州刺史任在天宝（742—756）中。

严损之 唐独孤及《毗陵集》卷一一《唐故银青光禄大夫太子左庶子严公墓志铭并序》："皇唐太子左庶子河内县子冯翊严公讳损之……前后佐两卫，参四府，领二县，典七州……初，公宰汜水也，以庄明慈惠为政，汜水人不敢欺，而户口增倍，狱讼衰止。御史中丞萧隐之以状闻，公是以有著作郎之拜。……其后，历太原、上谷、弋阳、余杭、丹阳，虽风俗殊异，治效如一。"从墓志铭中"是以有弋阳之贬。贬之明年，河北为戎，不曰智乎"可知，严损之弋阳太守之任在安史之乱前一年即天宝十三载（754）。而严损之实际上直到广德二年（764）才过世，时年七十六岁。郁《考》系其润州刺史任于"天宝末"或不准确。

崔　某 名讳不详。《全唐文》卷三八五独孤及《为崔使君让润州表》："臣某言：伏奉今月日制书，以臣为使持节润州诸军事、润州刺史，散官如故。"

吴　畦 《全唐文》卷八○五《吴畦小传》："畦，山阴人。第进士，官谏议大夫，以谏讨河东出为润州刺史。"

别　驾

杨忠梗 《全唐文补遗》八辑唐杨拯《唐故大中大夫邵阳郡太守杨府君墓志铭并序》："公讳忠梗，字忠梗，弘农华阴人也。……其后，三题舆，四剖竹，既富而教，黎人怀之。故……清河、临海、丹阳，有实赖之歌；零陵、新安、邵阳，题循良之目。"杨忠梗卒于天宝二载（743），时年七十七岁。墓志撰者杨拯，乃墓主杨忠梗之侄。① 从杨忠梗仕途履历看，润州（丹阳郡）别驾之任约在开元（713—741）初年。

---

① 宋叶庭珪《海录碎事》卷一二"题舆"条谓："周景为豫州，辟陈蕃为别驾，（蕃）不就。景题别驾舆曰'陈仲举座'，不复更辟。"墓志所言"三题舆"即以之为典故，谓杨忠梗曾先后任清河、临海、丹阳三郡别驾。

源光乘 《全唐文补遗》一辑唐柳芳《唐故通议大夫守太子詹事上柱国源府君墓志铭并序》："府君讳光乘,河南洛阳人也……后缘夫人兄皎坐累,遂罹于左迁,授衢州长史,俄徙润州别驾,拜左率府中郎。"源光乘卒于天宝五载(746),时年七十七岁。其妻姜氏,"开元十二年八月,终于丹阳郡之官舍",则知源光乘开元十二年(724)尚在润州别驾任上。

司马贞 《新唐书》卷五八《艺文志二》:"司马贞,《史记索隐》三十卷。"注云:"(司马贞)开元润州别驾。"乾隆《镇江府志》卷二四《职官》"别驾"条下录有"司马贞,河内人"。

归崇敬 《新唐书》卷一六四《归崇敬传》:"归崇敬,字正礼,苏州吴人,治礼家学,多识容典,擢明经。遭父丧,孝闻乡里。调国子直讲。天宝中,举博通坟典科,对策第一,迁四门博士,有诏举才可宰百里者,复策高等,授左拾遗。肃宗次灵武,再迁起居郎、赞善大夫、史馆修撰、兼集贤殿校理,修国史、仪注。以贫求解。历同州长史、润州别驾。未几,有事桥陵、建陵,召还参掌仪典。改主客员外郎,复兼修撰。"又,《册府元龟》卷五九〇《掌礼部·奏议第十八》及《旧唐书》卷一一《礼仪志一》皆载,宝应元年(762)二月,黎干进议状为《十诘十难》,其中即云"据集贤校理、润州别驾归崇敬议状"。一说归崇敬为润州长史,《旧唐书》卷一四九《归崇敬传》谓:归崇敬"天宝末对策高第,授左拾遗,改秘书郎,迁起居郎、赞善大夫,兼史馆修撰,又加集贤殿校理。以家贫求为外职,历同州、润州长史。会玄宗、肃宗二帝山陵参掌礼仪,迁主客员外郎,又兼史馆修撰"。

萧纵 《全唐文补遗·千唐志斋新藏专辑》第348页唐萧籍《唐故河南府兵曹参军赐绯鱼袋兰陵萧公墓志铭并序》:"公讳放,……今三男皆立矣。长曰纵,润州别驾、兼殿中侍御史。"萧纵父亲即墓主萧放,卒于大和三年(829),时年四十七岁。萧放曾祖(即萧纵高祖)乃湖州司马萧憬。

李洁 《新唐书》卷七〇上《宗室世系表上》蜀王房:"润州别驾,李洁。"系润州司户参军李信族子。

长　史

于知微 《全唐文》卷二〇六姚崇《兖州都督于知微碑》:"君讳知微,字辨机……子孙相承,故今为京兆万年人也。……缘亲延累,下迁常州司兵参军……累除蒲、晋、润三州长史……长安二年,改授常州刺史。"

李充 《洛阳流散唐代墓志汇编》第316页唐李琚《大唐故中大夫宁州诸军事守宁州刺史李府君墓铭并序》:"公讳孟德,字伯夏,魏郡顿丘人也。……以长安四年九月十九日遇疾终于宁州官舍,春秋六十有四。"其中谓其有子四人,

"次子，朝散大夫、润州长史充"。墓铭撰于天宝元年（742），既未言"前"，则润州长史当为时任。

姜　皎　秦州上邽人，唐玄宗天宝相李林甫母舅。《旧唐书》卷五九《姜暮传姜皎附》："姜暮，秦州上邽人。……（姜）柔远子皎，长安中累迁尚衣奉御。时玄宗在藩，见而悦之。皎察玄宗有非常之度，尤委心焉。寻出为润州长史。玄宗即位，召拜殿中少监。"《全唐文》卷二六《褒楚国公姜皎诏》有谓："中宗特降恩私，左迁润州长史。"乾隆《镇江府志》卷一四《职官》"长史"条下载："姜皎，秦州上邽人。后拜殿中少监。"《新唐书》本传、《册府元龟》、《太平御览》略同。《全唐文》卷二六唐玄宗《楚国公姜皎诏》亦云："（皎）乃为宗楚客、纪处讷等密奏，谪皎炎荒。中宗特降恩私，左迁润州长史。"①

颜元孙　《颜鲁公集》卷九《朝议大夫守华州刺史上柱国赠秘书监颜君神道碑铭》（永泰元年）："君讳元孙，字聿修，京兆长安人。高祖讳之推，北齐给事黄门侍郎，待诏文林馆。……少孤，养于舅殷仲容家。身长六尺二寸，聪锐绝伦，工词赋章奏，有史才，明吏事。……元宗登极，同列皆迁中书舍人，君让范阳卢俌，俄为琚等所挤，出为润州长史。迁滁州刺史。"又，见《全唐文》卷二六六孙处元《重修顺祐王庙碑》："润州城内荆王神庙者……长吏颜元孙，旧德名家，鸿才硕学，性等玉壶之洁，心同金奏之谐，端右一州，羽仪当代……粤以大唐先天二年太岁癸丑三月戊寅，甫功毕。"则颜元孙当于先天二年（713）三月在任。

高　绍　《全唐文》卷二九四高绍《重修吴季子庙记》："（高）绍以开元七年，自长安令左迁润州长史。爰泊十年，太岁壬戌，因巡属县庙于延陵，与县令吴兴沈炎同谒季子庙，申奠礼也。"

邢　济　字端公。唐释皎然《杼山集》卷二《五言因游支硎寺寄邢端公》："謇谔言无隐，公忠祸不防。遣深辞紫禁，恩在副朱方。"其下注云："左迁温州治中，量移润州长史。"又，皎然与邢端公多有诗歌酬和，同书卷一收有《五言酬邢端公济春日苏台有呈袁州李使君兼书并寄辛阳王三侍御》诗，则此邢端公即邢济也。《嘉定镇江志》卷一六《唐长史》据皎然诗录有"邢长史"，即邢济也。

卢　某　名讳不详。《全唐文补遗·千唐志斋新藏专辑》第253页唐阙名《唐故荥阳郑夫人墓志铭并序》："太子司议郎兼润州长史范阳卢公故夫人荥阳郑氏，以上元元年七月十六日遘疾于金州开元寺之北院，春秋卅有一。"

---

① 据《旧唐书》载，姜皎颇受唐玄宗之宠，时任殿中少监，"数召入卧内，命之舍敬，坐侍宴私，与后妃连榻，间以击球、斗鸡，常呼之为姜七而不名也。兼赐以宫女、名马及诸珍物，不可胜数。玄宗又尝与皎在殿庭玩一嘉树，皎称其美，玄宗遽令徙植于其家，其宠遇如此。及窦怀贞等潜谋逆乱，玄宗将讨之，皎协赞谋议，以功拜殿中监，封楚国公，实封四百户"。

李　华　《全唐文补遗·千唐志斋新藏专辑》第321页唐华良夫《唐故殿中侍御史李公墓志铭》："皇五从曾叔祖毕王裔孙讳举，字宣直，以宗亲陪位，选授同州夏阳县尉。……父讳华，润州长史。"墓主李举即李华之子，卒于元和九年（814），时年六十五岁。

王　宙　《文苑英华》卷七八一唐任华《西方变画赞》："前殿中侍御史蒋炼、炼弟前右拾遗镇、镇弟前无锡尉镝、镝弟前千牛鏶、鏶弟前协律郎锜等，泣血三年，哀过乎礼……侍御女弟润州长史京兆王宙妻，次前信州刺史高阳齐□妻、季前拾遗东海徐阆妻，哀礼兼极……"

薛　宏　《全唐文》卷二六六黄元之《润州江宁县瓦棺寺维摩诘画像碑》："在江宁县瓦棺寺变相者，晋虎头将军顾恺之所画也……长史薛宏，以仁贤雅望，迁德于仲举之舆。"宋张敦颐《六朝事迹编类》卷下"升元寺"条谓："升元寺，即瓦棺寺也，在城西隅，前瞰江面，后踞崇冈，最为古迹，累经兵火，略无仿佛。李主时，升元阁犹在，乃梁朝故物，高二百四十尺。"

高　轸　《全唐文补遗》一辑唐程勉《唐故监察御史赐绯鱼袋陇西李府君亡妻渤海高夫人墓志铭并序》："（夫人）曾祖，皇朝散大夫、润州长史轸。"墓主即夫人高氏，卒于长庆三年（823），时年五十四岁。

董　岌　《全唐文补遗》一辑唐阙名《唐故朝散大夫守润州长史赐紫金鱼袋陇西董公墓铭并序》："长史讳发，字不危……贞元中，以□天属拜怀州长史，自怀改润州司马，由司马迁长史。……于润时，润将王国清作乱，□吴人将掠州库……果如长史言，卒完其库。……长庆四年四月十八日，终润州廨宅。"

司　马

薛文休　《洛阳流散唐代墓志汇编》第170页唐阙名《大唐故集州刺史薛府君墓志铭并序》："公讳文休，字仲良，河东汾阴人也。……（行洛州密县令）满岁，除润州司马。控引三吴，江山万仞。昔洛中失守，建王者之郊畿。今天下文明，即皇朝之郡县。公膺上佐，裨赞是勤，风化大行，不称于己。"薛文休开元三年（715）卒于集州刺史官舍，时年六十七岁。

薛　讷　《全唐文》卷九八七孙处元《重修顺祐王庙记》："州城西北墉上神祠，案孙处元《润州图经》云，本汉荆王之庙也。……左骁卫大将军薛讷尝为此州司马，被病危笃，令祝张文瑾至诚乞请，当时获愈，自是恭祀有加。"《嘉定镇江志》、乾隆《镇江府志》等均有录。

李　峤　《旧唐书》卷九四《李峤传》："李峤，赵州赞皇人。……时酷吏来俊臣构陷狄仁杰、李嗣真、裴宣礼等三家，奏请诛之。则天使峤与大理少卿张德裕、侍御史刘宪覆其狱。……乃与德裕等列其枉状，由是忤旨出为润州司马。诏入，转凤阁舍人，则天深加接待。朝廷每有大手笔，皆特令峤为之。"《新唐书》卷一二三《李峤传》："李峤，字巨之，赵州赞皇人。……忤武后旨，出为润州司马。久乃召为凤阁舍人，文册大号令多主为之。"

刘延嗣 《旧唐书》卷七七《刘德威传》："刘德威，徐州彭城人也。……（刘德威子）审礼从父弟延嗣，文明年为润州司马。属徐敬业作乱，率众攻润州，延嗣与刺史李思文固守不降。"文明系唐睿宗年号，仅一年，其年前后为中宗李显嗣圣元年、睿宗李旦文明元年、则天光宅元年，则"文明年为润州刺史"即文明元年（684）为润州刺史。刘延嗣后为梓州长史，再转汾州刺史，卒。《新唐书》所载略同。①

成敬荷 上谷人，唐玄宗先天二年（713）在任。《全唐文》卷二六六孙处元《重修顺祐王庙碑》："润州城内荆王神庙者，汉高帝之从父兄也。……自昔二千石临郡，未尝不先致飨而后莅职。前刺史东平毕构亲为祭文，今刺史京兆韦铣手荐醺醢，司马上谷成敬荷，高明下济，禀乎刚克之威；俊乂称贤，当彼在官之誉……录事参军魏晰，司功参军裴侑、李朓等策名来仕……粤以先天二年太岁癸丑三月戊寅甫功毕。"则成敬荷当于先天二年三月在任。一作成景贺，见《全唐文》卷二六六黄元之《润州江宁县瓦棺寺维摩诘画像碑》。

叶仲容 处州括苍县人，道教天师叶法善侄子。《太平广记》卷二六《叶法善》："叶法善，字道元……是岁（开元八年）庚申六月三日甲申告化于上都景龙观……请归葬故乡。敕度其侄润州司马仲容为道士，与中使监护葬于松阳。"

李元纮 《新唐书》卷一二六《李元纮传》："李元纮，字大纲，其先滑州人，后世占京兆万年。本姓丙氏，曾祖粲，仕隋为屯卫大将军，炀帝使督京师之西二十四郡盗贼，善抚循，能得士心。高祖与之厚，及兵入关，以众归，授宗正卿、应国公，赐姓李……（元纮）仕为雍州司户参军。时太平公主势震天下，百司顺望风指，尝与民竞碾硙，元纮还之民。长史窦怀贞大惊，趣改之。元纮大署判后曰：'南山可移，判不可摇也！'改好畤令，迁润州司马，以办治得名。开元初，为万年令，赋役称平。"《文苑英华》卷三九一《度支员外郎》录苏颋《授李元纮度支员外郎制》："敕朝议郎、守润州司马李元纮……宜迁郎位以宠相门，可行尚书度支员外郎，散官如故。"雍正《江南通志》、雍正《陕西通志》、乾隆《镇江府志》等俱见录。

令狐滔 《新唐书》卷七五《宰相世系表五下》令狐氏："滔，丹（杨）[阳]郡司马。"《元和姓纂》卷五敦煌令狐氏："开元有丹阳郡司马令狐滔。"系唐初名臣令狐

---

① 《大清一统志》卷六三《镇江府二·名宦》作"刘延嗣"，而卷七〇《徐州府二·名宦》作"刘廷嗣"，"刘廷嗣"乃"刘延嗣"之讹也。

德棻曾孙。同见乾隆《镇江府志》卷二四《职官》。

武　就　字广成，沛国人，乃唐宪宗宰相武元衡之父。《新唐书》卷七四《宰相世系表四上》武氏："就，字广成，润州司马。"《全唐文》卷五〇〇权德舆《故中散大夫殿中侍御史润州司马赠吏部尚书沛国武公神道碑铭并序》："公讳就，字广成，沛国人。……时朝廷戎车方驾，泉货力屈，皇华载驰，董荆衡汉沔之赋，以严见惮，为吏议所侵，贬郴县尉、句容丞。二地有南岳三茅，灵仙遗迹，于是浩然自得，以道为徒，方解缨绂，以畅天理。……本道观察使挹其风声，荐授秘书郎、润州团练使，入为京兆法曹，加中散大夫。忽忽不乐，求为润州司马。满岁，徙家嵩洛。"武就于贞元六年（790）十一月卒，时年七十八岁。

宗　犀　《资治通鉴》卷二二一"上元元年十一月"条："丙申，（刘）展陷升州，以宗犀为润州司马、丹杨军使。"系唐肃宗上元元年（760）时刘展叛军伪任。

独孤季膺　《全唐文补遗》六辑唐黎迥《大唐故润州司马独孤公（季膺）墓志铭并序》："维贞元三年岁在丁卯二月四日，润州司马独孤公终于洛阳德懋里之私第。公讳季膺，字季膺，本陇西李氏。隋文帝赐独孤氏，皇唐玄宗时复旧，代宗时又归所赐。……遇代宗升遐，朝廷日不暇给，乃除润州司马。虽地压吴门，势雄京口，然桓谭不乐，非其素也。遂优游辞满，遽归洛师。""代宗升遐"在大历十四年（779），由是可知独孤季膺授任润州司马在大历十四年。

王　某　名讳不详。《全唐诗》卷二四八郎士元《送王司马赴润州》诗："暂屈文为吏，聊将禄代耕。金陵且不远，山水复多名。楚塞因高出，寒潮入夜生。离心逐春草，直到建康城。"乾隆《镇江府志》卷二四《职官》"司马"条下亦录有王某一人。

陶　某　名讳不详。《全唐诗》卷二五三有薛据《题丹阳陶司马厅壁》诗："高鉴清洞彻，儒风入进难。诏书增宠命，才子益能官。门带山光晚，城临江水寒。唯余好文客，时得咏幽兰。"乾隆《镇江府志》卷二四《职官》"司马"条下录有陶某一人。

董　岌　《全唐文补遗》一辑唐朱谠言《唐故银青光禄大夫行苏州长史上柱国陇西郡董府君墓志铭并序》："公讳楹，起家至苏州长史。……元和元年十二月十六日，寝疾终于光宅里私第，享龄七十六。……有子四人。长曰岌……尝励节自谓，学未弘博，遂秉志读书，精《春秋》何论，皆尽正义。二三年功倍业就，郁成鸿儒，卓然有古人之风。释褐，拜润州司马。"其姊（妹）乃唐德宗之德妃。《全唐文补遗》一辑唐董交《大唐故弘农郡杨夫人墓志铭并序》："夫人姓杨氏，弘农人……爰及适人之节，归我陇西公润州司马董岌，余元兄也。"董岌夫人即墓主杨氏，卒于元和六年（811），时年四十二岁。又，《全唐文补遗》一辑唐安国寺沙门同文《唐故朝散大夫守润州长史赐紫金鱼袋陇西董公墓铭并序》："长史讳岌，字不危……贞元中,以□天属拜怀州长史,自怀改润州司马,由司马迁长史。……于润时,润将王国清作乱,□吴人将掠州库……果如长史言,卒完其库。……长庆四年四月十八日,终润州廨宅。"则知董岌由润州司马而迁长史。

郑　微　郑州荥阳人。《白居易全集》卷四二《故滁州刺史赠刑部尚书荥阳郑公墓志铭并序》:"公讳某,字某……次子微,终润州司马。"

云朝霞　《旧唐书》卷一七六《魏謩传》:"教坊副使云朝霞,善吹笛,新声变律,深惬上旨,自左骁卫将军宣授兼杨府司马。宰臣奏曰:'杨府司马品高,郎官、刺史迭处,不可授伶官。'上意欲授之,因宰臣对,亟称朝霞之善。謩闻之,累疏陈论,乃改授润州司马。"《新唐书》卷九七《魏謩传》略同,然未载"云朝霞",仅以"工""贱工"言之。一作霍朝霞,《唐会要》卷三四《杂录》:"太和九年,文宗以教坊副使霍朝霞善吹笛,新声变律,深惬上旨,自左骁卫将军宣授兼率府司马。宰臣奏,帅府司马品高郎官,不可授伶人,上亟称朝霞之善。左补阙魏謩上疏论奏,乃改授润州司马。"

许　浑　《唐才子传校笺》卷五《许浑》:"许浑,字仲晦,润州丹阳人,圉师之后也。太和六年,李珪榜进士,为当涂、太平二县令。少苦学劳心,有清羸之疾,至是以伏枕免。久之,起为润州司马。大中三年,拜监察御史,历虞部员外郎、睦郢二州刺史。"《全唐文》卷七六〇《许浑小传》:"浑,字用晦,丹阳人。故相圉师之后。太和六年进士第。当涂、太平二县令,以病免,起润州司马。大中三年为监察御史,历虞部员外郎,睦、郢二州刺史。"

录事参军

包　岌　《全唐文》卷八八六徐铉《唐故银青光禄大夫检校国子祭酒御史中丞包君墓志铭》:"君讳谔,字直臣,丹阳延陵人也。……曾祖章,丹阳令。祖岌,润州录事参军。"并谓"公(包谔)以广明庚子岁生于丹阳",则包岌之孙包谔生于广明元年(880)。

魏　晰　《全唐文》卷二六六孙处元《重修顺祐王庙碑》:"润州城内荆王神庙者,汉高帝之从父兄也。……录事参军魏晰,司功参军裴侑、李眺等,策名来仕,清德莅官,不亏基创之余,弥笃敬恭之操。"

司功参军

明　琰　《大唐西市博物馆藏墓志》第502页唐刘安期《唐故朝散大夫行申州义阳县令上护军平原明府君临淮刘夫人墓志铭并序》:"府君讳琰,字琰,平原人也,姓明氏。……垂拱中,司典军国,作为股肱。……先为太后之忌,遂被贼臣之构,以亲坐授润州司功参军。"明琰卒于长寿(694)三年,时年四十六岁。

李魏相 《全唐文补遗》九辑唐李允光《大唐故朝议郎润州司功陇西李公墓志铭并序》:"公讳魏相,字齐舒,行名楚琼,……未登弱冠,擢秀高策。年二十四,调授苏州参军事,转润州司功参军。"李魏相于开元二年(714)卒于东都永丰里之私第,时年三十七岁。

李　荣 《新唐书》卷七二《宰相世系表二上》李氏姑臧大房:"荣,润州司功参军。"《全唐文》卷四二〇常衮《赞善大夫李君墓志铭》:"君讳某,字某,其先陇西成纪人也。……有子二人:长曰荣,终润州司功;次曰挺,前监察御史。"

裴　侑 同见前引《全唐文》卷二六六孙处元《重修顺祐王庙碑》。

李　眺 同见前引《全唐文》卷二六六孙处元《重修顺祐王庙碑》。

韩启余 《新唐书》卷七三《宰相世系表三上》韩氏:"启余,润州司功参军。"系台州唐兴县令韩州来二兄。

司仓参军

韩　掖 《新唐书》卷七三《宰相世系表三上》韩氏:"掖,润州司仓参军。"

司户参军

卢正容 《新唐书》卷七三《宰相世系表三上》卢氏:"正容,润州司户参军。"又,《全唐文补遗》八辑唐卢绚《大唐故朝议郎行润州司户参军事范阳卢府君墓志铭并序》:"君讳正容,字休昭,范阳涿人也。……起家调补曹州参军事,寻授润州司户参军。……及润州满岁,言旋洛师。"卢正容卒于长安四年(704),时年五十一岁。

郑　闿 《全唐文补遗·千唐志斋新藏专辑》第 299 页唐王公亮《唐故河南府伊阳县令荥阳郑府君(闿)墓志铭并序》:"公讳闿,字清,荥阳开封人也。……弱岁,太庙斋郎,授杭州盐官县主簿。……(元载)特表公超迁洪州录事参军,纲辖以能闻,累至江阴、海陵二县令。……代宗临朝,御下以察。公未达江岭,遂优诏除润州司户参军。"贞元庚辰岁(即贞元十六年,公元 800 年)十月廿三日卒,时年七十一岁。

陆　岘 《新唐书》卷七三《宰相世系表三下》陆氏:"岘,润州司户参军。"系唐工部尚书陆景融曾孙。

李　信 《新唐书》卷七〇上《宗室世系表上》蜀王房:"润州司户参军,信。"

姚　闲 《新唐书》卷七四《宰相世系表四下》陕郡姚氏:"闲,润州司户参军。"《古今姓氏书辨证》卷一〇《姚》亦云:"弇,生润州司户参军闲。"

司兵参军

元玄庆 《全唐文补遗》二辑唐阙名《大周故朝议大夫行婺州武义县令元府君(玄庆)墓志铭并序》:"君讳字玄庆,河南洛阳人也。即后魏明元皇帝之十四代孙。……(玄庆)解褐资州司兵,转润州司兵,俄迁恒州藁城县令、蒲州永乐令。属亲累,左降吉州司功,制授朝议大夫、行婺州武义县令。……以大足元年四月七日,寝疾薨于崇政里第,春秋六十。"由是可知元玄庆任润州司兵参军在武则天大足元年(701)前。

王行果 唐李邕《李北海集》卷六《长安县尉赠陇州刺史王府君神道碑》:"府君讳行果,字某,太原晋阳人也。……弱冠,以方闻授润州司兵参军。"同见雍正《山西通志》卷一九二《艺文·碑碣》载录。

沈　岌 宋杨杰《无为集》卷一二《碑志·故右谏议大夫赠工部侍郎沈公神道碑》:"沈氏之先,出于周文王之子聃季,食采于沈,因而命氏。……至唐润州司兵参军岌,生愉为怀州都团练判官。"

司法参军

刘扬名 《洛阳流散唐代墓志汇编》第150页《大唐故中书侍郎同中书门下三品昭文馆学士临淮县开国男赠中书令刘氏先府君墓志铭并序》:"先府君讳祎之,字希美,临淮阳乐人。……长子扬名,今任润州司法参军。"碑为墓主刘祎之诸子所撰,署名"嗣子润州司法参军扬名等谨述"。刘祎之卒于圣历元年(698),则刘扬名任润州司法参军亦在此时。

杜　佑 《新唐书》卷一六六《杜佑传》:"杜佑,字君卿,京兆万年人。……佑以荫补济南参军事、剡县丞,尝过润州刺史韦元甫。元甫以故人子待之,不加礼。他日,元甫有疑狱不能决,试询佑。佑为辨处,契要无不尽。元甫奇之,署司法参军。"

卢　起 《大唐西市博物馆藏墓志》第724页唐李贾《唐湖州长城县尉李公亡夫人范阳卢氏墓志铭并序》:"夫人卢氏,其先范阳人也。……显考皇朝润州司法参军,讳起。"墓主卢氏卒于贞元甲申岁(二十年,804)。

张　林 《全唐文补遗》九辑唐敬安《唐故扬州大都督府士曹参军张府君(林)合祔墓志铭并序》:"公讳林,字林,其先出于轩辕之裔,观于弧象而命氏焉。……解褐颍州录事参军。……次任婺州金华县尉,又转润州司法参军。"[①]

---

① 墓志谓张林解褐颍州录事参军,而次任金华县尉,转任润州司法参军。其解褐官录事参军一职颇可疑,然原文如此。

大历九年(774)十月四日卒,时年六十岁。

姜　参　台州司仓参军姜平幼之子。《全唐文补遗》一辑唐李坦《唐故谯郡姜夫人墓志铭并序》:"夫人……王父平幼,台州司仓参军。烈考参,润州司法参军。……夫人即法曹第一令女也。"姜参之女即墓主姜氏,卒于咸通六年(865),时年四十七岁。

司士参军

源　某　名讳不详。《全唐文补遗》二辑唐阙名《唐故太府丞兼通事舍人左迁润州司士参军源府君夫人清河崔氏墓志铭并序》:"夫人讳□,字□,清河人也。……夫人始媲,年方三十。……以开元四年十二月一日,因感风疾,奄忽终逝。春秋五十有一。"由是推知,"源府君"左迁润州,当在则天证圣元年(695)之前。

卢士准　《全唐诗》卷二七六有卢纶《送从叔士准赴任润州司士》诗:"云起山城暮,沉沉江上天。风吹建业雨,浪入广陵船。久是吴门客,尝闻谢守贤。终悲去国远,泪尽竹林前。"

参军

郑孝本　《全唐文》卷三一三孙逖《沧州刺史郑公墓志铭》:"有唐之德让君子曰原武男郑公,讳孝本,字某,荥阳开封人也。……始以明经高第,解褐润州参军。"郑孝本以沧州刺史致仕,卒于圣历元年(698),时年六十七岁。①

裴　宽　《旧唐书》卷一〇〇《裴漼传》:"裴漼,绛州闻喜人也。……漼从祖弟宽……宽通略,以文词进,骑射、弹棋、投壶特妙。景云中,为润州参军。刺史韦铣为按察使,引为判官。清干善于剖断,铣重其才,以女妻之。"知裴宽于景云(710—711)中任润州参军。

郑　谌　《全唐文补遗》四辑唐扬宗《唐故太中大夫使持节青州诸军事青州刺史上柱国荥阳郑公墓志铭并序》:"公讳谌,字叔信,荥阳开封人也。……弱冠,国子明经高第,授润州参军。"郑谌卒于开元二十二年(734)。

李　谂　《全唐文补遗》六辑唐阙名《唐苏州别驾李公故夫人蒋氏墓志铭并序》:"庚戌岁八月甲子,苏州别驾李公葬故夫人蒋氏于河南县平乐原,礼也。……(夫人)天宝四年二月十八日,终于幽州。夫子之幽府兵曹参军故也。……次子曰谂,前润州参军。"

王士倩　《大唐西市博物馆藏墓志》第566页有《唐故孝廉宋君墓志铭并

---

① 郑孝本先夫人而卒,此墓志系孙逖于开元十九年(731)为郑孝本夫妇合葬墓而撰。

序》，墓主宋秀，卒于开元二十八年（740），天宝七载（748）归葬于河南府偃师县武陵里，该墓志书写者自署"前丹扬郡参军北海王士倩"。

裴　佐　《全唐文》卷七八五穆员《裴处士墓志铭》："嗣子佐，余力能学，含章而文，仕润州参军、杭州司田，越在东南，计之靡及。"墓主裴处士卒于至德三载（758），而墓志撰于贞元四年（788）。

权少清　《全唐文》卷四九二权德舆《送再从弟少清赴润州参军序》谓："今年，群从之调，试于天官、春官者以十数，兴廉举秀，既有其人，而少清以经明解巾，参南徐州军事。……十三年三月醉后序。"权德舆（759—818）撰是序在贞元十三年（797）三月。

张　滋　《大唐西市博物馆藏墓志》第864页唐阙名《大唐故南阳张府君名据墓志铭并序》："（府君）次子滋，皇任润州参军。"张滋父亲即墓主张名据卒于长庆元年（821），碑志撰于长庆二年，则张滋长庆二年尚在润州参军任上。

李　晖　《新唐书》卷七〇上《宗室世系表上》蜀王房："润州参军，晖。"

薛云童　《新唐书》卷七三《宰相世系表三下》薛氏："云童，润州参军。"

丹　徒　县

州治。秦旧县，本春秋吴国朱方之邑地。秦以其地有王气，始皇遣赭衣徒三千人凿破长陇，故名丹徒，属会稽郡。后汉吴、会分治，属吴郡。三国吴时，为京口镇。晋置南徐州。隋开皇九年（589），平陈，废为延陵镇，寻改为延陵县。不久即以蒋州之延陵、永年，常州之曲阿三县置润州，以县东有润浦，故名。① 唐改延陵县为丹徒县，移延陵还治故县属茅州。今为江苏省镇江市丹徒区。

县　令

柳子阳　《大唐西市博物馆藏墓志》第244页唐阙名《大唐故朝散大夫安东都护府长史轻车都尉寿陵侯柳府君墓志铭并序》："君讳子阳，字明远，河东解人也。……历潞州上党、永州零陵、润州丹徒三县令。"柳子阳卒于永隆二年（681），时年六十二岁。

桂　某　名讳不详。《全唐诗》卷七八有骆宾王《陪润州薛司空丹徒桂明府游招隐寺》诗："共寻招隐寺，初识戴颙家。还依旧泉壑，应改昔云霞。绿竹寒天

---

① 《元和郡县图志》卷二五《江南道一·浙西观察使》"丹徒县"条："东浦，亦谓之润浦，在（丹徒）县东二里，北流入江。隋置润州，取此浦为名也。"

笋,红蕉腊月花。金绳倘留客,为系日光斜。"①

崔钦常 《全唐文》卷三二〇李华《润州天乡寺故大德云禅师碑》:"东南苾刍之上首,曰长老云公。报年若干,僧夏若干,永泰二年某月日,涅槃于润州丹徒天乡寺。……礼部员外郎崔令钦常为丹徒,宗仰不怠。"知永泰二年(766)崔钦常在丹徒县令任上。

史 坦 《全唐文》卷三二〇李华《润州天乡寺故大德云禅师碑》:"刺史韦公损奉善逝甚深之旨,行菩萨广大之慈。大理司直兼丹徒令史坦性净道周如润州。"

李 某 名讳不详。《全唐诗》卷五三〇宋之问有《酬李丹徒见赠之作》诗:"镇吴称奥里,试剧仰通才。近挹人披雾,遥闻境震雷。一朝逢解榻,累日共衔杯。连辔登山尽,浮舟望海回。以予惭拙宦,期子遇良媒。赠曲南凫断,征途北雁催。更怜江上月,还入镜中开。"

郭 某 名讳不详。《全唐诗》卷二六七顾况《送郭秀才》:"故人曾任丹徒令,买得青山拟独耕。不作草堂招远客,却将垂柳借啼莺。"

温 某 名讳不详。《全唐诗》卷二五〇有皇甫冉②《同温丹徒登万岁楼》诗:"高楼独立思依依,极浦遥山合翠微。江客不堪频北顾,塞鸿何事复南飞。丹阳古渡寒烟积,瓜步空洲远树稀。闻道王师犹转战,谁能谈笑解重围。"

彭彦规 光绪《丹徒县志》卷二一《职官一·县令》:"彭彦规,太和中任。"

许 某 名讳不详。《全唐诗》卷二九四崔峒《秋晚送丹徒许明府赴上国,因寄江南故人》:"秋暮之彭泽,篱花远近逢。君书前日至,别后此时重。寒夜江边月,晴天海上峰。还知南地客,招引住新丰。"

王弘道 《新唐书》卷七二《宰相世系表二》王氏:"弘道,字玄宗,丹徒令。"

宋若水 《元和姓纂》卷八弘农宋氏:"若水,丹徒令。"

县　丞

卢伯珣 《全唐文补遗·千唐志斋新藏专辑》第 125 页唐阙名《唐青州司马卢君墓志》:"君讳伯珣,字符赟,范阳涿人也。……解褐鄂州司法,转润州丹徒县

---

① 光绪《丹徒县志》卷二一《职官一·县令》谓据《新唐书·宰相世系表》录有陆肃,乃误录也。考之《新唐书·宰相世系表》陆氏,谓:"(陆)稠,荆州刺史。二子:肃、谦。肃,丹徒令,号丹徒枝。十世孙镇之。"陆肃十世孙陆镇之仕南朝梁为给事中。其实,《嘉定镇江志》早已准确地据《新唐书·宰相世系表》将陆肃系于汉丹徒令,其云:"按《唐宰相世系表》,肃之父名稠,稠之弟名逄,逄之孙名穰,犹为汉海盐县令,于肃为侄行,则知肃为东汉人也。"

② 一作刘长卿。

丞,迁泾州阴盘县令。"卢伯珣卒于开元五年(717),时年六十七岁。

朱　泳　《大唐西市博物馆藏墓志》第768页唐易之武《唐故池州长史朱君墓志铭并序》:"君讳泳,字广川,当建中初,濯缨筮仕……洎户部侍郎卢公征出牧于华,引为镇国军司马。既之(拓文作"之",释文作"亦",释文误)辞满,从职右地,转鄱阳、丹徒二县丞、和州司马、池州长史,畴其能也。"朱泳卒于元和七年(812),时年五十七岁。

主　簿

窦承家　《全唐文补遗》八辑唐阙名《唐故润州丹徒主簿窦君墓志铭并序》:"君讳承家,……天宝中,进士擢第,授丹徒主簿。永王越守,涉我江南。逆节潜肆,所在惊蹙。君震骇丧褫,因病而终。时年卅有一。"

卢　惟　《全唐文》卷三〇八孙逖《授卢惟等通事舍人制》:"敕前行润州丹徒县主簿卢惟等……并可通事舍人,余如故。"

郑抱素　《全唐文补遗·千唐志斋新藏专辑》第385页唐卢传《唐故汴州司士参军荥阳郑君墓志铭并序》:"君讳抱素,早岁擢孝廉科,调补越州参军,次命润州丹徒主簿,季命汴州司士参军。……以大中七年四月廿二日,归捐于官次,享年六十有三。"

县　尉

乐鉴虚　《全唐文补遗》八辑唐阙名《唐故亳州山桑县令王府主簿乐君墓志铭并序》:"君讳鉴虚,字鉴虚,南阳人也。……以乾封二年授润州丹徒县尉,又转沧州盐山县主簿。"

郑　鈇　《全唐文补遗·千唐志斋新藏专辑》第380页唐李佑之《唐光禄崔少卿故荥阳郑夫人墓铭并序》:"夫人郑氏,讳归,其先荥阳人也。……父鈇,皇任润州丹徒尉。"郑鈇之女,即墓主郑氏(归),卒于大中十三年(859),时年三十七岁。[①]

李　霸　《全唐文补遗》一辑唐卢緘《有唐卢氏故崔夫人墓铭并序》:"亡室夫人,其先受封清河。……外王父陇西李府君讳霸,皇润州丹徒尉。崔李姻荣,源绪修正。"墓主崔氏生于元和壬辰岁(812),卒于大中丁丑岁(857)。

项　斯　清陆心源《唐文补遗》卷四七张泊《项斯诗集序》:"项斯,字子迁,江东人也。会昌四年,左仆射王起下进士及第。始命润州丹徒县尉,卒于任所。"

---

① 郑鈇,一谓任丹徒令。《全唐文补遗·千唐志斋新藏专辑》第403页唐崔沆《唐故朝请大夫使持节宋州诸军事守宋州刺史兼御史中丞充本州团练镇遏使上柱国博陵县开国男食邑三百户赠左散骑常侍崔府君(鏚)墓志铭并序》谓:"夫人荥阳郑氏,故润州丹徒令鈇之女。"崔沆乃崔鏚之侄。

吴　邵　《全唐文补遗·千唐志斋新藏专辑》第 416 页唐姚荆《唐故宋州穀熟县令渤海吴府君(邵)墓志铭》："君讳邵，字鼎臣，渤海人也。……绾授坐曹，固非素望。守润州丹徒县尉。……三载倏然，不减高致。复为宋州穀熟县令。"吴邵卒于乾符二年(875)，时年六十一岁。

丹阳县(曲阿县)

秦旧县。本为云阳县，秦始皇信望气者言，以其地有天子气，因凿北岗，以破坏其形势，截直道，使之阿曲，故更名曲阿县。汉因之，属会稽郡。后汉吴、会分治，属吴郡。三国吴嘉禾三年(234)复改云阳。晋复改云阳为曲阿。唐武德二年(619)，于县置云州。五年，以县南有简渎，改名简州。八年，州废，县属润州。天宝元年(742)，改曲阿县为丹阳县，取汉郡名。① 今为江苏省镇江市丹阳市(县级)。

县　令

尹元贞　河内人。《旧唐书》卷一八七上《成三郎传》："成三郎……(唐)之奇怒斩之。(徐)敬业平，赠左监门将军，谥曰勇。时曲阿令尹元贞，亦死敬业之难。"《新唐书》卷七六《武则天传》："于是，柳州司马李敬业、括苍令唐之奇、临海丞骆宾王疾太后胁逐天子，不胜愤，乃募兵杀扬州大都督府长史陈敬之……敬业南度江取润州，杀刺史李思文。曲阿令尹元贞拒战死。"光绪《重修丹阳县志》卷一六《名宦》："尹元贞，文明中任曲阿令。徐敬业起兵，攻陷润州。元贞率兵赴援，战败被擒，不屈死之。事平，赠州刺史，谥曰庄。"徐敬业发难在文明元年(684)，仅约两月。由是知尹元贞在文明元年卒于曲阿令任上。

阳　鸿　《张燕公集》卷二二《贞节君碣》："神功元年十月乙丑，阳鸿卒于雩都县。……鸿，字季翔，平恩人也。……仪凤中，河北大使薛公举鸿行厉贪鄙，天子喜之，用寘于吏，乃尉汲、曲阿，主簿龙门、雩都。……及在曲阿，敬业作难，润州籍鸿得人，历旬坚守，城既陷而犹斗，力虽屈而蹈节。寇义而脱之，因伪加朝散大夫，即署曲阿令。鸿贞而不谅，诡应求伸，既入邑，则焚服阖门而设拒矣，故得殷邦奋旅，一境赖存。"系徐敬业伪署。

---

① 《大清一统志》卷六二《镇江府·古迹》："曲阿故城，今丹阳县治。"此为唐及以后之丹阳县。而《史记》卷六《秦始皇本纪》所载"浮江下，观籍舸，渡海渚，过丹阳，至钱唐，临浙江"之秦丹阳县，据《大清一统志》卷八四《太平府·古迹》载："丹阳故城在太平府当涂县东。《史记》秦始皇三十七年东巡，由丹阳至钱唐。晋志作丹杨，以山多赤柳，故名。汉仍为丹阳县，以属丹阳郡，亦曰小丹阳。"今安徽省马鞍山市博望区丹阳镇即秦汉时丹阳故县治所在。

柳尚素 《柳河东集》卷八《故银青光禄大夫右散骑常侍轻车都尉宜城县开国伯柳公(浑)行状》："祖尚素,皇润州曲阿县令。"乃衢州司马柳浑祖父。

包　章 《全唐文》卷八八六徐铉《唐故银青光禄大夫检校国子祭酒御史中丞包君墓志铭》："君讳谔,字直臣,丹阳延陵人也。……曾祖章,丹阳令。祖岌,润州录事参军。"包章曾孙包谔生于广明元年(880)。

袁　高 《金石录》卷二八《跋尾十八·唐茶山诗并诗述》："《唐史》称,(袁)高,代宗时累迁给事中;建中中,拜京畿观察使,坐累贬韶州长史,复拜给事中。吉甫为碑阴记,述所历官甚详,云:大历中,从其父赞皇公辟,'为丹阳令,再表为监察御史、浙西团练判官。……收复之岁,征拜给事中以卒'。"

韩　晕 《新唐书》卷七三《宰相世系表三上》韩氏："晕,丹(杨)[阳]令。"

徐　秀 《颜鲁公集》卷九《朝议大夫赠梁州都督上柱国徐府君神道碑铭》："君讳秀,东海郯人也……历湖州德清、长城、润州丹阳三县令。天宝二载春二月,加朝散大夫,敕摄新安郡别驾。"

杜孟寅 《全唐文》卷三一四李华《润州丹阳县复练塘颂并序》："永泰元年,王师大蒐西戎。……是岁十一月二十三日,拜常州刺史京兆韦公损为润州。……丹阳令杜孟寅秉公之清白,延陵令李令从如公之爱人,金坛令胡祀禀公之成规,及丹阳耆寿周孝瑰、百姓汤源等,拜手而请。"

王　琼 《南部新书》卷一〇："贞元初,丹阳令王琼三年调集遭黜落,琼甚惋愤。"

县　丞

李义瑛 《全唐文补遗·千唐志斋新藏专辑》第96页唐阙名《大唐故卫州共城县令李府君墓志铭并序》："君讳义瑛,字叔琬,陇西成纪人也。……贞观初载,时年十九,举孝廉,射策甲科,除申州钟山尉。……寻丁府君忧,去职。服阕,授苏州常熟、陕州芮城、遂州方义三县主簿。……俄迁豫州汝阳县丞。无几,丁太夫人忧,去职。……服阕,除蒲州汾阴、润州曲阿二县丞,豫州上蔡、卫州共城二县令。"李义瑛卒于调露二年(680),时年七十四岁。

卢　岘 《新唐书》卷七三《宰相世系表三上》卢氏："岘,丹(杨)[阳]丞。"《全唐文》卷五〇三权德舆《润州丹阳县丞卢君墓志铭并序》："君讳岘,字某,范阳人。……筮仕三次,不离州县之职,曰亳州蒙城县主簿、楚州宝应县尉、润州丹阳县丞。……以大历九年七月日,寝疾终于官舍,享年五十五。"

李从训 《太平广记》卷三〇五《王法智》引《广异记》："(大历)六年二月二十五日夜,戴孚与左卫兵曹徐晃、龙泉令崔向、丹阳县丞李从训、邑人韩谓、苏修,集于(桐庐县令郑)锋宅。"

陆　谋　《新唐书》卷七三《宰相世系表三下》陆氏:"谋,丹(杨)[阳]丞。"

韦广宗　《新唐书》卷七四《宰相世系表四上》东眷韦氏:"广宗,丹(杨)[阳]丞。"

主　簿

啖　助　《全唐文》卷六一八陆淳《春秋例统序》:"啖先生讳助,字叔佐,关中人也。……天宝末,客于江东,因中原难兴,遂不还归。以文学入仕,为台州临海尉,复为润州丹阳主簿。秩满,因家焉,陋巷狭居,晏如也。始以上元辛丑岁集三传释《春秋》,至大历庚戌岁而毕。……是岁先生即世,时年四十有七。"又,《全唐文》卷六二六吕温《代国子陆博士进集注〈春秋〉表》谓:"臣不揣蒙陋,斐然有志,思窥圣奥,仰奉文明,以故润州丹阳县主簿臣啖助为严师,……辄集注《春秋》经文,勒成十卷。"

县　尉

阳　鸿　《张燕公集》卷二二《贞节君碣》:"神功元年十月乙丑,阳鸿卒于零都县。……鸿,字季翔,平恩人也……仪凤中,河北大使薛公举鸿行厉贪鄙,天子喜之,用寘于吏,乃尉汲、曲阿,主簿龙门、零都。"唐高宗仪凤(676—679)年间任。

卢　札　《全唐文》卷四四五卢杞《唐太原府司录先府君墓志铭(并序)》:"府君卢姓,其先姜氏,范阳人焉。……长子楹,不幸短命,无禄而终,哀哉!次子杞,前大理评事。栝,前杭州余杭尉。札,前润州丹阳尉。"卢札父亲即墓主卢涛于天宝十二载(753)卒,时年五十三岁。

李　某　名讳不详。《全唐文》卷五〇四权德舆《润州丹阳县尉李公夫人范阳卢氏墓志铭并序》:"李公为乌程、丹阳二县尉,夫人居贫守约,动必由礼,谦敬以睦中外,吉蠲以奉蒸尝。……以大历十一年月日殁于丹阳之私第,享年若干。"

丁　某　名讳不详。《全唐文》卷四九二权德舆《送前丹阳丁少府归余杭觐省序》:"丁氏子用文谊缘饰吏道,尉丹阳三年,嘉闻籍甚。罢去之日,以彩衣归田庐。邑中诸生怆离,宴之不足,俾予序群言以为贶。"

赵　某　名讳不详。《全唐诗》卷二七六有卢纶《送丹阳赵少府》诗:"恭闻林下别,未至亦沾裳。荻岸雨声尽,江天虹影长。佩韦宗懒慢,偷橘爱芳香。遥想从公后,称荣在上堂。"并注曰:"即给事中渭亲弟。"又有与卢纶同为大历十才子之一的李端诗《送赵给事倅尉丹阳》:"太傅怜群从,门人亦贱回。入官先爱子,赐酒许同杯。淮海春多雨,兼葭夜有雷。遥知拜庆后,梅尉称仙才。"

卢仲权　《大唐西市博物馆藏墓志》第712页录有唐卢仲权《唐故卢氏太原

王夫人墓志铭并叙》,卢仲权撰墓志自署"夫登仕郎前行润州丹(杨)[阳]县尉卢仲权述并书"。墓志谓王夫人"贞元十七年辛巳正月甲午十六日己酉,终于润州之官舍",知卢仲权当时在润州丹阳县尉任上。

樊　潜　光绪《重修丹阳县志》卷一三《职官》:"樊潜,以射策高等补丹阳尉,课最为优。"

李素臣　《新唐书》卷七二《宰相世系表二上》赵郡李氏:"素臣,曲阿尉。"

李　铉　《新唐书》卷七二《宰相世系表二上》赵郡李氏:"铉,曲阿尉。"

郑　伦　《新唐书》卷七五《宰相世系表五上》南祖郑氏:"伦,丹阳尉。"

金 坛 县

隋旧县。隋末大乱,乡人自保立为金山县。隋亡,沈法兴据江表,仍于此置琅邪县。唐武德二年(619),李子通破沈法兴,改琅邪县为茅州,县亦随隶。同年九月,杜伏威为吴王,县名不改。五年四月杜伏威入朝后,县陷于辅公祏。七年,平辅公祏,于石头城置蒋州,县改隶蒋州。八年,并金山县入延陵县。武则天垂拱四年(688),①以人物繁广复分延陵县立金山县,旋又以当时婺州已有金山县,故改名金坛县,取邑界句曲之山、金坛之陵以为名。今为江苏省常州市金坛区。

县　令

岑　羲　乃唐太宗贞观名相岑文本兄岑文叔之孙。《新唐书》卷一〇二《岑羲传》:"羲,字伯华,第进士,累迁太常博士,坐伯父长倩贬郴州司法参军,迁金坛令。时弟仲翔为长洲令,仲休为溧水令,皆有治绩。"《旧唐书》所载略同。

武平一　正德《姑苏志》卷三八《宦迹》:"武平一,沛国人,博学,工文词……开元中,自考功员外郎贬苏州参军,既谪而名不衰,徙金坛令。"另见《新唐书》卷一一九《武平一传》:"武平一,名甄,以字行,颍川郡王载德子也。……武后时,畏祸不敢与事,隐嵩山修浮图法,屡召不应。中宗复位,平一方居母丧,迫召为起居舍人,丐终制,不见听。景龙二年,兼修文馆直学士。……迁考功员外郎。……玄宗立,贬苏州参军,徙金坛令。平一见宠中宗,时虽宴豫,尝因诗颂规诫,然不能卓然自引去。既被谪而名不衰。开元末卒。"《储光羲诗集》卷五有《同武平一员外游湖五首》,并注云:"时武贬金坛令。"

刘彦回　彭城人。民国《重修金坛县志》卷五《职官志》:"刘彦回,玄宗开元

---

①　此据新、旧《唐书·地理志》及《太平寰宇记》等所载,《元和郡县图志》谓置于垂拱二年(686)。

中由侍御史左迁金坛令,以直节贬,终守清节,琴樽自娱,吏民畏爱之。"据《太平广记》卷四七二《刘彦回》引《广异记》谓,刘彦回父亲曾任湖州刺史。

胡玘 《全唐文》卷三一四李华《润州丹阳县复练塘颂并序》:"永泰元年,王师大蕞西戎。……是岁十一月二十三日,拜常州刺史京兆韦公损为润州。……丹阳令杜孟寅秉公之清白,延陵令李令从如公之爱人,金坛令胡玘禀公之成规,及丹阳耆寿周孝瑰、百姓汤源等,拜手而请。"民国《重修金坛县志》卷五《职官志》金坛县令有录,并谓:"胡玘,代宗永泰元年任。"

裴深 《全唐文补遗·千唐志斋新藏专辑》第332页唐王昊文《唐故大理司直润州金坛县令河东裴公墓志铭并序》:"司直讳深,字巨源。……始命为汴州参军,再任为华州下邽县丞。以能名,累迁大理评事司直,领临安、无锡、金坛三邑宰。政各有成,嘉名翕然。未阶大任,以建中元年十月六日殁于位,春秋卅有一。"

李晤 赵郡人,乃唐武宗宰相李绅之父。《白居易全集》卷七一《淮南节度使检校尚书右仆射赵郡李公家庙碑铭并序》:"维开成某年某月某日,宣武军节度使检校尚书右仆射汴州刺史上柱国赐紫金鱼袋赵郡李公,斋沐祗栗,拜章上言,请立先庙,以奉常祀。……先考府君讳晤,历金坛、乌程、晋陵三县令。府君为人,笃于家行,饬以吏事,动有常度,居无惰容,所莅之邑有善政,辞满之日多遗爱。"

武谭 《新唐书》卷七四《宰相世系表四上》武氏:"谭,金坛令。"又,《全唐文》卷五〇〇权德舆《故中散大夫殿中侍御史润州司马赠吏部尚书沛国武公神道碑铭并序》:"公讳就,字广成,沛国人。……前夫人陇西李氏,生长子谭而殁。谭为金坛令,士行清修,官屈其志。"系润州司马武就之长子、唐宪宗宰相武元衡之兄。

姚合 唐开元名相姚崇之孙。民国《重修金坛县志》卷五《职官志》:"姚合,武功人,(姚)崇之孙,尝为武功尉,迁金坛令,筑武台于县治西,今废。"姚合元和十一年(816)进士,后曾任杭州刺史。

沈扬庭 《元和姓纂》卷七吴兴武康沈氏:"文秀,宋左仆射;(文秀)六代孙扬庭,唐金坛令。"

徐有邻 《新唐书》卷七五《宰相世系表五下》北祖上房徐氏:"有邻,字善之,金坛令。"民国《重修金坛县志》卷五《职官志》金坛县令有列名。

韦某 名讳不详。《全唐文》卷四二八于邵有《送金坛韦明府序》。

樊知古 民国《重修金坛县志》卷五《职官志》金坛县令有列名,任职时间及事迹等不详。

县　丞

王甲 《太平广记》卷三八〇《金坛王丞》引《广异记》:"开元末,金坛县丞王甲,以充纲领户税在京,于左藏库输纳。"

主　簿

张　俊　《千唐志斋藏志》第 827 页唐赵推《大唐故广陵郡海陵县丞张府君墓志铭并序》:"府君讳俊,字文相,其先常山人,汉赵景王耳之后也……遂调补丹杨郡金坛县主簿。"墓主张俊天宝三载(744)十月十三日卒,时年五十九岁。

刘　某　名讳不详。《全唐诗》卷一三四有李颀《送刘主簿归金坛》诗:"与子十年旧,其如离别何。宦游邻故国,归梦是沧波。京口青山远,金陵芳草多。云帆晓容裔,江日昼清和。县郭舟人饮,津亭渔者歌。茅山有仙洞,羡尔再经过。"

县　尉

周　诚　《唐代墓志汇编》开元四八三唐阙名《大唐故朝议郎行监察御史周府君墓志铭并序》:"君讳诚,字子凉,分族于周,汝南平舆之著姓也。弱冠国学生,孝廉擢第,解褐润州金坛尉转会稽函,授告城簿。"期间"十年三任",周诚于开元二十五年(737)四月十七日卒,时年五十五岁。

萧颖士　字茂挺,兰陵人。《旧唐书》卷一〇二《韦述传》谓:"萧颖士者,聪俊过人,富词学,有名于时。"《全唐文》卷三一五李华《扬州功曹萧颖士文集序》:"开元、天宝间词人,……以文学著于时者,曰兰陵萧君颖士,字茂挺,梁鄱阳忠烈王之后。……十九,进士擢第。历金坛尉、桂州参军、秘书正字、河南参军。"

刘三复　《唐语林》卷三《方正》:"刘侍郎三复,初为金坛尉。李卫公镇浙西,三复代草表,云:山名北固,长怀恋阙之心;地接东溟,却羡朝宗之路。卫公嘉叹,遂辟为宾佐。"

韦　泛　唐钟辂《前定录》:"韦泛者,不知其所来。大历初,罢润州金坛县尉,客游吴兴,维舟于兴国佛寺之水岸。"《全唐诗》卷八六四收有《示韦泛禄命》诗一首,其诗序与《前定录》所载略同。民国《重修金坛县志》有录,并系于唐代宗大历中任。

李宏乂　民国《重修金坛县志》卷五《职官志》谓"右唐县尉三人",即萧颖士、韦泛、李宏乂,并注云:"李宏乂,字大能,昭宗时任。光化中,改摄句容丞。"

延　陵　县

汉为曲阿县地。晋太康二年(281),分曲阿县之延陵乡置县。唐武德三年(620),属茅州。七年,茅州废,以县属蒋州。八年,改蒋州为扬州。九年,改属润州。北宋神宗熙宁五年(1072),废延陵县为镇。今为江苏省丹阳市延陵镇。

县　令

沈　炎　《全唐文》卷二九四高绍《重修吴季子庙记》:"绍以开元七年,自长安令左迁润州长史。爰泊十年,太岁壬戌,因巡属县庙于延陵,与县令吴兴沈炎同谒季子庙,申奠礼也。"壬戌年系开元十年(722),即沈炎开元十年在延陵县令任。又,光绪《重修丹阳县志》卷一三《职官》作"沈琰",谓吴兴人,当为同一人。

李令从　《全唐文》卷三一四李华《润州丹阳县复练塘颂并序》:"永泰元年,王师大蒐西戎。……是岁十一月二十三日,拜常州刺史京兆韦公损为润州。……丹阳令杜孟寅秉公之清白,延陵令李令从如公之爱人,金坛令胡𢕲禀公之成规,及丹阳耆寿周孝瑰、百姓汤源等,拜手而请。"

李　纵　《洛阳流散唐代墓志汇编》第542页唐阙名《唐故金州刺史赠吏部郎中高邑公墓志铭并序》:"公讳纵,字佩弦,河南河南人也。……公,尚书之冢子也,以开元十七年生,……既除器,转左骁卫仓曹参军,试太子通事舍人、浙西团练判官,复辟观察支使、试大理评事,兼润州延陵县令。迁司直,兼湖州司马、本州团练副使,试太子洗马、兼常州长史,且锡命服。"其妻大历四年(769)卒于李纵湖州司马任上,则其延陵县令任在大历四年前。

陈　造　《全唐文补遗・千唐志斋新藏专辑》第283页唐李嗣真《故润州延陵县令颍川陈府君墓志铭并序》:"府君讳造,……释褐仪州和顺县令。……遂转汾州灵石县令。……又迁润州延陵县令。"陈造在贞元十一年(795)八月十八日卒于延陵县令任上。

李　封　唐封演《封氏闻见记》卷九《奇政》:"李封为延陵令,吏人有罪不加杖罚,但令裹碧头巾以辱之,随所犯轻重以日数为等级,日满乃释。"

李　挚　《刘随州集》卷二《送李挚赴延陵令》:"清风季子邑,想见下车时。向水弹琴静,看山采菊迟。明君加印绶,廉使托莹蓩。旦暮华阳洞,云峰若有期。"刘长卿又有《送陆羽之茅山寄李延陵》(见《刘随州集》卷三)诗,此"李延陵"即延陵令李挚。

杜　羔　《新唐书》卷七二《宰相世系表二上》襄阳杜氏:"羔,延陵令,避乱徙黄岩。"乃唐德宗宰相杜佑之孙。

张　某　名讳不详。《全唐诗》卷六二二有陆龟蒙《送延陵张宰》诗:"春尽未离关,之官亦似闲。不嫌请薄俸,为喜带名山。默祷三真后,高吟十字还。只应江上鸟,时下讼庭间。"

钟重渐　光绪《重修丹阳县志》卷一三《职官》录有唐延陵令钟重渐一人,未知所据。

县　丞

颜博古　《颜鲁公集》卷七《晋侍中右光禄大夫本州大中正西平靖侯颜公大宗碑铭》:"公讳含,字宏都,琅琊临沂人。……(十一代孙)博古,博学,延陵丞。"

李　某　名讳不详。《全唐文补遗》四辑唐李孜《唐故润州延陵县丞李府君夫人东平吕氏墓志铭并序》:"我先妣姓吕,……先府君先皇妣十一年,因官终于润州。于时孜幼妹三人,孜未成名,妹未成事。孤茕在疚,旅寄江湄。泣对灵輀,归路无日。先妣情由义激,智以通谋。虽囊无一金,而途出万计,乃携孤孺,以元和十一年七月,护丧归洛。以其年八月,葬于河南县伊洛乡万安之北原。"吕氏卒于宝历元年(825)六月三日。李孜父亲李某于元和十一年(816)卒于润州延陵县丞任上。

主　簿

无考。

县　尉

苗　鼎　《全唐文补遗》四辑唐苗询《唐故润州延陵县尉苗府君(鼎)墓志铭并序》:"公讳鼎,字革故,上党壶关人也。……贞元末,与次弟申同游淮海,遇暴疾终于逆旅,享年四十有五。"墓志撰者苗均系苗鼎之季弟。

杜　宝　《全唐文》卷六二八吕温《湖南都团练副使厅壁记》:"始下车,表前副使、殿中侍御史扶风窦君常(字中行)以本官复职。于是,监察御史河南穆君寂……前延陵县尉、同郡杜君宝,群材响附,各以类至。……元和五年七月五日,东平吕温记。"

陆　垍　《全唐文补遗》九辑唐归融《唐故宣歙池等州都团练观察处置等使通议大夫宣州刺史兼御史大夫上柱国赐紫金鱼袋赠礼部尚书陆府君(亘)墓志铭并序》:"公讳亘,字景山,吴郡人也。……公有子六人,长曰垍,前润州延陵县尉。"父陆亘曾历任衮、蔡、虢、苏、越等五州刺史,卒于大和八年(834),时年七十一岁。

李　耿　《太平广记》卷一五六《崔洁》引《逸史》:"太府卿崔公名洁在长安,与进士陈彤同往街西寻亲故。陈君有他见知,崔公不信。……陈君又曰:少顷,有东南三千里外九品官来此,得半碗清羹吃。语未讫,延陵县尉李耿至,将赴任。"

卢　某　名讳不详。《全唐诗》卷一三四有卢颍《送卢少府赴延陵》诗,其中云:"问君从宦所,何日府中趋。遥指金陵县,青山天一隅。行人怀寸禄,小吏献新图。"①

韦某 名讳不详。《全唐诗》卷五八七有李频《送延陵韦少府》诗:"延陵称贵邑,季子有高踪。古迹传多代,仙山管几峰。微泉声小雨,异木色深冬。去毕三年秩,新诗箧不容。"

江某 《全唐诗》卷七四四有伍乔《送江少府授延陵后寄》诗:"五老云中勤学者,遇时能不困风尘。束书西上谒明主,捧檄南归慰老亲。别馆友朋留醉久,去程烟月入吟新。莫因官小慵之任,自古鸾栖有异人。"

上元县(江宁县)

秦旧县。本春秋楚国金陵邑,秦始皇东游,有望气者云:"五百年后,金陵有都邑之气。"遂改其地为秣陵,并凿北山以绝其势。三国吴改名建业。晋武帝平吴,复改为秣陵。太康元年(280),分秣陵置临江县,二年改为江宁县,属丹阳郡。隋开皇九年(589)平陈,于石头城置蒋州,以江宁县属之。唐武德三年(620),于县置扬州,仍置东南道行台,改江宁县为归化县。六年,辅公祏反,据其地。七年,平辅公祏,置行台尚书省,改扬州为蒋州,废茅州以延陵、句容二县来属蒋州。八年,罢行台,改蒋州置扬州大都督府,改归化县为金陵县,扬州领金陵、延陵、句容、丹阳、溧阳、溧水六县。九年,扬州移治江都,改金陵为白下县,以延陵、句容、白下三县属润州,丹阳、溧阳、溧水三县属宣州。贞观九年(635),改白下县为江宁县。上元二年(761),改江宁县为上元县。今为江苏省南京市江宁区。

县 令

于敬之 《宝刻丛编》卷一五引《集古录目》:"唐华阳观主王轨碑,唐江宁县令于敬之撰,王玄宗书……碑以乾封二年十一月立,在茅山,后有总章二年弟子李义廉题名。"《全唐文》卷一八六《于敬之小传》:"敬之,河南人,官江宁县令。"由是知于敬之乾封二年(667)在江宁县令任上。

王璆 《全唐文补遗》八辑唐阙名《大唐王君墓志之铭并序》:"君讳行立,本并州太原人也。今迁于上党,家于襄垣。曾祖璆,任润州江宁县令。"②此墓志

---

① 光绪《重修丹阳县志》卷一三《职官》唐延陵令录有"卢(失其名)",疑系因延陵尉卢某而讹作延陵令。

② 据墓志中"君讳行立"及"父行立"等文,疑此志系王行立之子所撰,则江宁县令王璆为墓志撰者之曾祖父,墓志撰者父亲王行立之祖父。

铭撰于开元五年(717)。

长孙遂 《宋高僧传》卷一九《唐升州庄严寺惠忠传》："开元二十七年,上元令长孙遂初脱略异闻,躬造山询验。及到山半,猛虎当路咆吼,遂乃惊怖,莫知所为。忠闻出林晓谕,虎因寝声,伏于林中。遂恐慑,合掌礼谢而回。"①

刘邈之 唐钟辂《前定录》："彭城刘邈之,天宝中调授岐州陈仓尉……后楼某下登科,拜汝州临汝县令,转润州上元县令。在任无政,皆假掾以终考。"

柳尚素 《唐文拾遗》卷二七吕温《唐故湖南团练观察处置等使通议大夫使持节都督潭州诸军事守潭州刺史中丞赐紫金鱼袋赠陕州大都督东平吕府君夫人河东郡君柳氏墓志铭(并序)》："柳氏系起黄帝,世家河东。……高祖善才,皇朝荆王侍读。曾祖尚素,润州江宁县令。"又,《新唐书》卷七三《宰相世系表三上》柳氏:"尚素,江宁令。"

韦谅 《太平广记》卷三六九《韦谅》引《广异记》:"乾元中,江宁县令韦谅,堂前忽见小鬼以下唇掩面,来至灯所。去又来,使人逐之,没于阶下。明旦,掘其没处,得一故门扇,长尺余,头作卷荷状。"

王仲康 宋王象之《舆地碑目》卷一《镇江府碑记》"紫府观记"条注云:"在金坛县马迹山,有唐上元令王仲康《记》。"嘉庆《新修江宁府志》卷二二《秩官》:"唐上元县令,王仲康。"

高弘约 后改名高济。《唐文拾遗》卷三五崔致远《谢侄男宏约改名济除授扬州大都府左司马状》谓,其侄"朝散大夫前行润州上元县令柱国高弘约",系"先具奏请除授扬州司马,并请改名济,伏奉敕旨依允者"。

李颐 《全唐文补遗》九辑唐陈右《唐故检校尚书户部郎中兼御史中丞陇西李君(德方)墓志铭并序》:"君讳德方,字□,……王父颐,皇朝润州上元县令。"李颐之孙李德方卒于元和三年(808),时年四十六岁。

陆彦恭 《全唐文》卷二六六黄元之《润州江宁县瓦棺寺维摩诘画像碑》:"在江宁县瓦棺寺变相者,晋虎头将军顾恺之所画也。……县令陆彦恭,风神俊迈,境宇恬虚……修菩萨之行,则仰之弥高;现宰官之身,则威而不猛。"

张集 《全唐文》卷六八九符载《甘露记》:"大唐壬午岁,南阳张公宰上元之二年也,有甘露降于庭梧……张君名集,某郡某里人也。其余风猷义行,存乎碑颂,此不书。甲申岁十月一日记。"符载元和(806—820)年间卒,该记撰于甲申岁即贞元二十年(804),则壬午岁即贞元十八年(802)。

---

① 宋释道原撰《景德传灯录》卷四所载异于此,谓:"第六世慧忠禅师者,润州上元人也,姓王氏。……县令张逊者,至山顶谒问师:'有何徒弟?'师曰:'有三人。'逊曰:'如何得见?'师敲禅床,有三虎哮吼而出。逊惊怖而出。"录此以备考。

卜　吉　嘉庆《新修江宁府志》卷二二《秩官》："唐上元县令，卜吉。"同书卷二六《名宦》："唐卜吉，光启中为上元令，安和不扰，公余之暇则闭户读书，而政事亦办，在职数年，民怀思之。"

杨　某　名讳不详。《李白集校注》卷一三《宿白鹭洲寄杨江宁》诗："朝别朱雀门，暮栖白鹭洲。波光摇海月，星影入城楼。望美金陵宰，如思琼树忧。徒令魂入梦，翻觉夜成秋。绿水解人意，为余西北流。因声玉琴里，荡漾寄君愁。"嘉庆《新修江宁府志》亦有录。

陆　条　《新唐书》卷七三《宰相世系表三下》陆氏："条，上元令。"

县　丞

柏　才　《全唐文补遗》一辑唐马光淑《大唐故柏府君（虔玉）墓志铭并序》："君讳虔玉，字清务，河南陆浑人也。……祖才，皇润州江宁县丞。"柏才之孙即墓主柏虔玉，卒于神龙二年（706），时年二十七岁。

王　震　宋赵明诚《金石录》卷二六《跋尾十六·唐景阳井铭》谓："右唐景阳井铭，文字磨灭，后有记，开元中江宁县丞王震撰。"《宝刻丛编》卷一五《唐景阳楼下井栏石并记》："开元二十一年，江宁县丞王震重刻并为记，八分书，不著名氏。其一，润州上元县主簿张著撰，无刻石年月及书人名氏。"

王昌龄　字少伯，京兆人，盛唐著名诗人。《全唐文补遗》八辑唐梁宁《唐故尚书水部员外郎以著作郎致仕彭城刘府君（复）墓志文》："贞元八年，君卧病长安而自叙曰：刘复，字公孙，彭城绥余里人也。……后游晋陵丹杨，与处士琅耶颜胄、广陵曹评往来赠答。江宁县丞王昌龄、剑南李白、天水赵象、琅耶王偓，多所器异。"《旧唐书》有传，然未及其任江宁县丞事，仅谓："王昌龄者，进士登第，补秘书省校书郎。又以博学宏词登科，再迁汜水县尉。不护细行，屡见贬斥，卒。"《全唐诗》卷一四〇《王昌龄小传》："王昌龄，字少伯，京兆人，登开元十五年进士第，补秘书郎。二十二年，中宏词科，调汜水尉，迁江宁丞。晚节不护细行，贬龙标尉，卒……时谓王江宁，集六卷。"①

郑孝义　见《全唐文》卷二六六黄元之《润州江宁县瓦棺寺维摩诘画像碑》，参见江宁县令陆彦恭条。

韦　宁　《颜鲁公集》卷七《湖州乌程县杼山妙喜寺碑铭》："大历壬子岁，真卿叨刺于湖。公务之隙，乃与金陵沙门法海、前殿中侍御史李崿、陆羽、国子助教

---

①　一说王昌龄为江宁县令，《唐才子传校笺》卷一："王昌龄，字少伯，太原人，开元十五年李岩榜进士。……昌龄工诗，绪密而思清，时称'诗家夫子''王江宁'，盖尝为江宁令。"又一说为江宁县尉，见《全唐诗》卷六六五罗隐《过废江宁县》诗，诗题注云"王昌龄曾尉此县"。两说均误，今从墓志。

州人褚冲、评事汤某、清河丞太祝柳察、长城丞潘述、县尉裴循、常熟主簿萧存、嘉兴尉陆士修、后进杨遂初、崔宏、杨德元、胡仲、南阳汤涉、颜祭、韦介、左兴宗、颜策，以季夏于州学及放生池日相讨论。至冬徙于兹山东偏。来年春，遂终其事。前是，颜浑、正字殷佐明、魏县尉刘茂、括州录事参军卢锷、江宁丞韦宁、寿州仓曹朱弁、后进周愿、颜暄、沈殷、李莆亦尝同修，未毕，各以事去。"

许　棠　《全唐诗》卷六〇三《许棠小传》："许棠，字文化，宣州泾县人。咸通十二年登进士第，授泾县尉，又尝为江宁丞，集一卷。"

主　簿

李　乔　《全唐文补遗·千唐志斋新藏专辑》第96页唐阙名《大唐故卫州共城县令李府君（义瑛）墓志铭并序》："君讳义瑛，字叔琬，陇西成纪人也。……贞观初载，时年十九，举孝廉射策甲科，除申州钟山尉。……有子曰巢、乔、绮、规、颎、咸、沼。……乔，润州江宁县主簿。"李乔父亲即墓主李义瑛，卒于调露二年（680），时年七十四岁。

张　著　《宝刻丛编》卷一五《唐景阳楼下井栏石并记》："开元二十一年，江宁县丞王震重刻并为记，八分书，不著名氏。其一，润州上元县主簿张著撰，无刻石年月及书人名氏。"《全唐诗》卷二四三韩翃有《赠别上元主簿张著》诗。

阎　说　《全唐文补遗·千唐志斋新藏专辑》第284页唐阎济美《唐故检校尚书膳部郎中兼侍御史阎君（说）墓志铭并序》："君讳说，字说，望本天水，今人为郑人。……初宝应岁，闽越海寇，倾城陷邑。……奏试温州永嘉县尉。……无何，转运使、吏部尚书刘公邀致幕下，奏授润州上元县主簿。"贞元十一年（795）卒，时年五十八岁。

武　充　《全唐文》卷六九一符载《贺州刺史武府君墓志铭》："府君讳充，字虚受……始以高荫补两馆生，解褐授洪州南昌尉，操利刃也。次授润州江宁尉，驰骥足也。"贞元十八年（802）卒，时年六十九岁。

于　植　《全唐文》卷二六六黄元之《润州江宁县瓦棺寺维摩诘画像碑》："在江宁县瓦棺寺变相者，晋虎头将军顾恺之所画也……主簿于植，才艺早著。水镜长悬，将骋骥于高门，先渐鸿于下位。尉史惟清，以雍容儒雅，门专秉直之风；以磊落才雄，岩引乘箕之宿，则知龙驹千里，非黄绶之所羁；鹤鸣九皋，惟青天之是属。"

郑　援　《新唐书》卷七五《宰相世系表五上》郑氏："援，上元主簿。"

县　尉

张　阳　《全唐文补遗》一辑唐吕慎微《前忠武军节度押衙兼马军左厢都兵

马使子城都虞候银青光禄大夫检校太子詹事兼监察御史上柱国平原华公妻清河张夫人墓志铭并序》:"夫人姓张氏……十一代祖攀,……隋累征不起。大业末,隐于成皋。太宗佳其壬,擢为上公,后封为河内伯,其子孙遂居焉。曾祖上元县尉讳阳,……皆贤直廉政,名振当时。"张阳曾孙女张氏卒于大中七年(853),时年三十四岁。

沈　某　名讳不详。《全唐诗》卷二三七钱起《送沈少府还江宁》诗:"远宦碧云外,此行佳兴牵。湖山入闾井,鸥鸟傍神仙。斜日背乡树,春潮迎客船。江楼新咏发,应与政声传。"

卢少连　《宝刻丛编》卷一五《唐总悟上人钟山林下集序》:"唐处士石洪撰序,桂管观察判官张谵、诸暨县尉卢建、上元县尉卢少连诗共三首,皆洪书,为钟山僧总悟所作也。以贞元二十年十二月立。"

陆　炭　《全唐文补遗・千唐志斋新藏专辑》第357页唐张简修《唐河南府济源县尉陆君(炭)妻吴郡张氏夫人墓志铭并序》:"夫人姓张氏,吴郡人。……陆君炭时为常州参军,富学而有文,……陆君由参军转句容、上元二县尉,性高简,不拘俗尚。"夫人张氏卒于大和八年(834),时年五十二岁。

史惟清　同见上引《全唐文》卷二六六黄元之《润州江宁县瓦棺寺维摩诘画像碑》,参江宁县令陆彦恭条。

吴俊采　名讳不详。《重订新校王子安集》卷六有《江宁吴少府宅饯宴序》,云:"昔时地险,实为建业之雄都;今日太平,即是江宁之小邑。吴生俊采,辅佐烹鲜。"

句　容　县

汉旧县,本名句曲,以山形似"己"字,故名句曲;有所容,故名句容。唐武德四年(621),以县置茅州,领句容县。七年,州废,以县属蒋州。九年,属润州。乾元元年(758),属升州。宝应元年(762),州废,属润州。光启三年(887),复置升州,句容县归隶升州,直至唐末不改。今为江苏省镇江市句容市(县级)。

县　令

杨嘉延　一作杨延嘉。《全唐文》卷四四五樊珣《绛岩湖记》:"句容西南三十三里曰赤山,天宝中改为绛岩山,以文变质也。……我唐麟德岁,邑宰杨嘉延亦纂前服,利农为名,虽迹于传闻,而事斯茫昧。"此记文撰于大历十二年(777)十月三日。然而,《新唐书》卷四一《地理志》谓:"(句容县)西南三十里有绛岩湖,麟德中,令杨延嘉因梁故堤置。"杨嘉延,作杨延嘉。宋周应合《景定建康志》卷一八《山川志·绛岩湖》、卷二七《官守志·诸县令》,元张铉《至大金陵新志》等旧志,均沿袭《新唐书·地理志》所载作"杨延嘉"。

岑　植　《全唐文》卷四〇五张景毓《县令岑君德政碑》:"君名植,字德茂,南阳棘阳人也。……擢授润州句容县令。瑶山奥壤,金陵旧地。郊原枕端委之墟,江汉拥朝宗之水,海潮惊而翔鹭起,山气合而盘龙见。物产殷积,水陆兼并,人多挺剑之雄,俗有亡珠之弊。"元张铉《至大金陵新志》①卷一二下《古迹志·碑碣》录有"句容县令岑公德政碑",注云:"景龙二年行雍州录事参军张景毓字烛微撰,业行寺主释翘微书。"

杨　某　名讳不详。《全唐文》卷一九五杨炯《从弟去盈墓志铭》:"国子进士杨去盈,字流谦,宏农华阴人也。……父某,润州句容、遂州长江二县令,朝散大夫,行邓州司马,文武兼备,清明在躬。"

李越成　《全唐文》卷九二七李含光《表奏十三通》:"臣含光言:臣弟子唐若倩与前句容县令李越成进芝并奏,以今日到。"

田少文　《全唐文》卷三二〇李华《润州天乡寺故大德云禅师碑》:"东南苾刍之上首,曰长老云公。报年若干,僧夏若干,永泰二年某月日,涅槃于润州丹徒天乡寺。……韦中丞以句容令田少文悦长老之风,宏无生教,故托句容护办葬事。"

王　昕　大历十二年(777)在任。《新唐书》卷四一《地理志》:"(句容县)西南三十里有绛岩湖,……后废,大历十二年令王昕复置。周百里,为塘,立二斗门以节旱暵,开田万顷。"《全唐文》卷四四五樊珣《绛岩湖记》:"句容西南三十三里曰赤山,天宝中改为绛岩山,以文变质也。……杨氏之后,今余百年,实滋菰蒲,莫植粳稻,剥极则贲,候能而伸。大历十二祀,县大夫兼大理司直太原王公昕,……因察其地形,访以舆诵,谋始作则,庀徒撰工。"

郑　闉　《全唐文补遗·千唐志斋新藏专辑》第 299 页唐王公亮《唐故河南府伊阳县令荥阳郑府君(闉)墓志铭并序》:"公讳闉,字清,荥阳开封人也。……弱岁,太庙斋郎,授杭州盐官县主簿。……(元载)特表公超迁洪州录事参军,纲辖以能闻。累至江阴、海陵二县令。……代宗临朝,御下以察。公未达江岭,遂优诏除润州司户参军。……自司户授本州句容县令。"贞元庚辰岁(十六年,800)十月廿三日卒,时年七十一岁。

李　哲　《全唐文》卷七四七《李哲小传》:"哲,官润州句容县令。"又,同卷

---

① 《四库全书》误题书名为《至大金陵新志》,实为元至正四年(1344)修。《宋元方志丛刊》据《四库全书》本影印,故仍作《至大金陵新志》。

《吴郡孝子张常洧庐墓记》："句容张常洧，哀亲之不返，将已以为殉。乡间惧法，孝子违心。长号天高，侍宿坟侧。岁移六次，人无二行。柴骨杖起，蓬头毡垂。……余执事之日，耆老赵某等共举之，怆然感怀，因自俯慰。申州上请，以表门闾。"

乔　某　名讳不详。《全唐文》卷七四七李哲《吴郡孝子张常洧庐墓记》："句容张常洧，哀亲之不返，将已以为殉。……余执事之日……申州上请，以表门闾。……今年八月，观察使御史中丞王公录上尚书省，明诏未及，幽魂已庆。惟此孝子，行之实难。余替人乔公，体包仁和，志存感激，异斯事举，请余记之。""余替人乔公"当指接李哲任句容县令者乔某。

王　皞　《唐语林》卷三《方正》："懿安郭太后既崩，礼院检讨王皞请祔景陵，配飨宪宗庙。宣宗大怒……皞贬句容县令……大中十三年秋八月上崩，令狐绹为山陵礼仪使，奏皞为判官。"《新唐书》卷七七《宪宗懿安皇后郭氏传》所载略同。

张　纬　《全唐文》卷八八〇徐铉有《虞部员外郎史馆修撰张纬可句容令制》。又，《全唐诗》卷七五二又录有徐铉《张员外好茅山风景求为句容令作此送》诗一首："句曲山前县，依依数舍程。还同适勾漏，非是厌承明。柳谷供诗景，华阳契道情。金门容傲吏，官满且还城。"诗中"张员外"当即为虞部员外郎张纬。

邵全迈　雍正《江南通志》卷二〇《舆地志·城池》："句容县，吴赤乌二年筑子城，周三百九十丈。唐天祐八年，县令邵全迈修筑。"《景定建康志》卷二七《官守志·诸县令》讹作"邵金迈"。

吕　倕　《景定建康志》卷二七《官守志·诸县令》"句容县"下有"吕倕"一人，且谓之"唐人"。

县　丞

武　就　《全唐文》卷五〇〇权德舆《故中散大夫殿中侍御史润州司马赠吏部尚书沛国武公神道碑铭并序》："公讳就，字广成，沛国人。……以严见惮，为吏议所侵，贬郴县尉、句容丞。"后任润州司马，子武谭为金坛令。

刘大时　《洛阳流散唐代墓志汇编》第218页唐阙名《唐故润州句容县丞彭城刘府君墓志铭并序》："公讳大时，字大时，徐州彭城人也……解褐拜陕州河北县主簿，寻转岐州郿县主簿，又转润州句容县丞。……夫人北平阳氏，讳贞婉，字贞婉。……（夫人）春秋卅四，以开元十年十月二十三日寝疾先终于句容县之官第。"刘大时于开元十三年（725）寝疾卒于句容县丞任上。

魏　烜　《全唐文》卷四〇五张景毓《县令岑君德政碑》："君名植，字德茂，南阳棘阳人也。……擢授润州句容县令……丞魏烜，家承轩冕，代传儒墨，鸣谦自牧，处剧若闲，以函牛之巨量，贰割鸡之小道。主簿崔子佺，相门卿族，玉叶金柯，光彩可以射人，风神可以凛俗。尉李荣、张隐朝、章仇嘉勖等，并公侯复祉，琳琅积誉，经史足用，刀笔推工，蹇回东道之姿，免屈南昌之化。"

李宏乂 民国《重修金坛县志》卷五《职官志》唐县尉录有李宏乂，并谓："李宏乂，字大能，昭宗时任。光化中，改摄句容丞。"知其由金坛尉改摄句容丞。

主 簿

刘 寿 《全唐文补遗》四辑唐阙名《大唐故苏州吴县主簿刘府君墓志铭并序》："君讳寿，束城人也。……麟德二年，三经应举，射策擢第，授常州博士。……转迁魏州临黄县尉、润州句容县主簿、苏州吴县主簿。"刘寿卒于载初元年（689），时年五十八岁。

萧安亲 《全唐文补遗》八辑唐庾何《大唐故汝州司马萧府君墓志并序》："公讳安亲，字安亲，兰陵人也。……弱冠，举明经上第。初尉于温江，历句容、尉氏二主簿，迁密尉。对策高第，拜廷尉评。乾元中，宰邑于温。大历初，佐郡于汝。粤四年九月丁亥，终于郡之官舍，春秋七十有三。"乃括州刺史萧令思之孙。

承 瓘 《宝刻丛编》卷一五《唐孝子张常洧旌表碑》引《集古录》谓："《唐贞元五年旌表张常洧门闾敕》一道，并《纪孝行碑》，前许昌主簿高字撰；旌表碣赞，句容主簿承瓘撰，皆同刻，不著书人名氏。"《全唐文》卷七四七《承瓘小传》："瓘，太和中官润州句容县主簿。"

杨於陵 《全唐文》卷六三九李翱《唐故金紫光禄大夫尚书右仆射致仕上柱国宏农郡开国公食邑二千户赠司空杨公墓志铭》："公讳於陵，字达夫。年十八，举进士第，选补润州句容主簿。"《旧唐书》卷一六四《杨於陵传》："杨於陵，字达夫，弘农人。……弱冠举进士，释褐为润州句容主簿，时韩滉节制金陵。"[①]韩滉任镇海军节度使、润州刺史，在建中二年（781）五月至贞元三年（787）二月间。

章八元 字虞贤。《全唐诗》卷二八一《章八元小传》："章八元，睦州桐庐人，登大历六年进士第。贞元中，调句容主簿，卒。诗一卷，今存六首。"

段 绛 清顾炎武《金石文字记》卷五"唐·国子学石经"条云："（石经）今在西安府儒学。其末，有年月一行，题名十行，曰：开成二年丁巳岁月次于玄日……书石官将仕郎守润州句容县尉臣段绛。"

崔子佺 《全唐文》卷四〇五张景毓《县令岑君德政碑》："君名植，字德茂，南

---

① 《旧唐书》卷一七六《杨嗣复传》载："嗣复，字继之，仆射陵子也。初，於陵十九登进士第，二十再登博学宏词科，调补润州句容尉。"则杨於陵登进士第时间及释褐官均与本传不同，姑从本传。

阳棘阳人也。……擢授润州句容县令……主簿崔子佺，相门卿族，玉叶金柯，光彩可以射人，风神可以凛俗。尉李菜、张隐朝、章仇嘉勖等，并公侯复祉，琳琅积誉，经史足用，刀笔推工，蹔回东道之姿，免屈南昌之化。"

王 某 名讳不详。《李白集校注》卷一四《自金陵泝流过白壁山玩月达天门寄句容王主簿》诗："沧江泝流归，白壁见秋月。秋月照白壁，皓如山阴雪。幽人停宵征，贾客忘早发。进帆天门山，回首牛渚没。川长信风来，日出宿雾歇。故人在咫尺，新赏成胡越。寄君青兰花，惠好庶不绝。"

县 尉

成维忠 《千唐志斋藏志》第496页唐张元琰《大周故朝请大夫行陈州司马上轻车都尉公士成君夫人平阳县君耿氏墓志铭并序》："夫人讳慈爱，字正仪，巨鹿人也。……年十有九，归于成氏。……子润州句容县尉维忠。"其母即墓主耿氏，卒于长安二年（702），时年六十七岁。

徐 毅 《新唐书》卷七五《宰相世系表五下》北祖上房徐氏："毅，句容尉。"《全唐文》卷三一八李华《庆王府司马徐府君碑》："君讳坚，字伦，名与宗人同，故以字称。……嗣子光禄少卿毂、前蜀郡兵曹参军殷、句容尉毅，出言举足，不坠孝慈。"父徐坚卒于开元十六年（728），时年六十八岁。

王簿领 《全唐诗》卷三二四有权德舆《送句容王少府簿领赴上都》诗："上国路绵绵，行人候晓天。离亭绿绮奏，乡树白云连。江露湿征袂，山莺宜泊船。春风若为别，相顾起尊前。"

陆 岌 《全唐文补遗·千唐志斋新藏专辑》第357页唐张简修《唐河南府济源县尉陆君（岌）妻吴郡张氏夫人墓志铭并序》："夫人姓张氏，吴郡人。……陆君岌，时为常州参军，富学而有文，……陆君由参军转句容、上元二县尉，性高简，不拘俗尚。"夫人张氏卒于大和八年（834），时年五十二岁。

郑进思 《新唐书》卷七五《宰相世系表五上》郑氏："进思，句容尉。"

李 菜 《全唐文》卷四〇五张景毓《县令岑君德政碑》："君名植，字德茂，南阳棘阳人也。……擢授润州句容县令……尉李菜、张隐朝、章仇嘉勖等，并公侯复祉，琳琅积誉，经史足用，刀笔推工，蹔回东道之姿，免屈南昌之化。"

张隐朝 同见上引《全唐文》卷四〇五张景毓《县令岑君德政碑》。

章仇嘉勖 同见上引《全唐文》卷四〇五张景毓《县令岑君德政碑》。

褚 峰 《全唐文补遗》一辑唐崔周桢《唐故润州句容县尉褚君墓记》："君名峰，字君石，京兆人也。早岁登进士第，调授润州句容尉。岁满，客苏州。"

卷二　常州（晋陵郡）

旧为汉会稽郡之毗陵县。三国吴分吴郡无锡以西为屯田，置典农校尉。①晋武帝太康二年（281），省校尉为毗陵郡，统丹徒、曲阿、武进、延陵、毗陵、既阳、无锡七县。后以毗陵郡封东海王越世子毗，②避"毗"讳，改为晋陵郡。宋、齐因之。隋开皇九年（589）平陈，废郡，于常熟县置常州，因县以为名。后割常熟县入苏州，移常州治于晋陵县。唐武德三年（620），杜伏威归化，置常州，领晋陵、义兴、无锡、武进四县。六年，复陷辅公祏。七年，平辅公祏，复置常州，于义兴县置南兴州。八年，废南兴州，义兴县来属。贞观八年（634），省武进县入晋陵县。垂拱二年（686），复置武进县。天宝元年（742），改常州为晋陵郡。乾元元年（758），复改晋陵郡为常州。《元和郡县图志》载，常州州境东西二百一十二里，南北二百九十里，管县五：晋陵、武进、江阴、无锡、义兴。

刺　史

姜　瑚　《全唐文补遗》八辑唐阙名《大唐故持节杭州诸军事杭州刺史姜府君墓铭并序》："君讳纲，字纪，陇西天水人也。……父曰瑚，隋仪同三司，皇朝常州刺史、柱国、汉阳郡开国公。"其子即墓主姜纲永徽六年（655）卒于杭州刺史任上，时年五十六岁，则姜瑚任常州刺史当在唐初。旧志及郁《考》均失载，今据墓志增补。

李玄道　约贞观二年（628）至三年在任。《旧唐书》卷七二《李玄道传》："李玄道者，本陇西人也，世居郑州，为山东冠族。……贞观元年累迁给事中……拜

---

① 《晋书》卷一五《地理志五》谓："吴分会稽无锡以西为屯田，置典农校尉。太康二年，省校尉为毗陵郡，统县七，户一万二千。"以无锡以西在三国吴时尚属会稽郡，实误。东汉顺帝永建四年吴、会分治之后，会稽郡仅统浙江以东区域。《太平寰宇记》卷九二《江南东道·常州》谓"分吴郡以西为屯田，置典农校尉，以主之"，为是。

② 《元和郡县图志》谓"晋东海王越谪于毗陵"，实误。《晋书》卷一五《地理志》及《宋书》卷三五《州郡志》均谓乃晋东海王越世子毗封于毗陵，今据改。

玄道为幽州长史……(幽州都督王君廓)惧而奔叛,玄道坐流巂州。未几征还,为常州刺史。在职清简,百姓安之。太宗下诏褒美,赐以绫彩。三年,表请致仕,加银青光禄大夫,以禄归第,寻卒。"《新唐书》本传略同。又,《全唐文》卷四二〇常衮《赞善大夫李君墓志铭》亦谓:"君讳某,字某,其先陇西成纪人也。……曾祖(元)[玄]道,皇朝秦王府十八学士、给事中、银青光禄大夫、常州刺史。"①

窦德明 贞观三年(629)在任。《旧唐书》卷一八三《窦德明传》:"窦德明……贞观初,历常、爱二州刺史。"《元和姓纂》卷九河南洛阳窦氏:"德明,常州刺史。"唐释道宣《续高僧传》卷二〇《唐衡岳沙门释善伏传》:"姓蒋,常州义兴人……贞观三年,窦刺史闻其聪敏,追充州学。"此"窦刺史"即窦德明。

萧说 驸马,永徽二年(651)在任。《册府元龟》卷四七《帝王部·友爱》:"高宗永徽二年,襄成长公主薨于常州。"并注云:"公主,太宗长女,适州刺史萧说。"

长孙祥 长孙无忌族侄。《资治通鉴》卷二〇〇"显庆四年"条:七月,"常州刺史长孙祥坐与无忌通书,处绞"。《千唐志斋藏志》第291页唐阙名《□故刑部尚书长孙府君墓志铭》(上元二年二月二十八日):"公讳祥,河南洛阳人也……寻转御史大夫,又迁刑部尚书、检校荆州长史,又除常州刺史,累授□台。……失在一朝,差以千里,以显庆四年□□□因事卒于雍州界,春秋六十一。"

刘德敏 唐王勃《重订新校王子安集》卷一六《常州刺史平原郡开国公行状》:"公昔从幕府,早厕戎行。……及三军献捷,诸将论功,帝嘉乃勋,作镇炎野,授公广州都督,改封平原公。……麟德元年,改授金紫光禄大夫、常州刺史。"据《行状》记载,"公"于武德五年(622)加上柱国,武德九年(626)封望都县男,贞观元年(627)改封望都县侯,永徽中授任沙州刺史。又据《全唐文》卷一六二司马太贞《纪功碑》中有"乃统沙州刺史上柱国望都县开国侯刘德敏……并率骁雄,鼓行而进"之句,则可知"平原郡开国公"实为刘德敏。郁《考》有录,作"平原公"。

李孝逸 陇西成纪人,唐宗室大郑王房,淮南王李神通之子。咸亨二年(671)在任。《会稽掇英总集》卷一八《唐太守题名记》:"李孝逸,咸亨二年三月自常州刺史授,移益州长史。"《嘉泰会稽志》与之同。《咸淳毗陵志》卷七《历代郡守》:"李孝逸,咸亨二年为常州刺史,三月移越州都督。"

于知微 长安二年(702)授任。《全唐文》卷二〇六姚崇《兖州都督于知微碑》:"君讳知微,字辩机……长安二年,改授常州刺史。毗陵大藩,实要良守。"《元和姓纂》卷二河南洛阳于氏:"辩机,扬州长史,左庶子,常、绛二州刺史。"

---

① 《咸淳毗陵志》卷七《历代郡守》录有"李玄道""李延道"二人,疑李延道因李玄道之讹而误为二人。

薛　登　本名薛谦光。长安四年(704)在任。《旧唐书》卷一○一《薛登传》："薛登,本名谦光,常州义兴人也……累迁给事中、检校常州刺史。"《新唐书》卷一一二《薛登传》略同。《资治通鉴》卷二○七"长安四年"条："三月己丑,李峤、唐休璟等奏:'窃见朝廷物议,远近人情,莫不重内官,轻外职,每除授牧伯,皆再三披诉。……望于台、阁、寺、监妙简贤良,分典大州,共康庶绩。……'太后命书名探之,得韦嗣立及御史大夫杨再思等二十人。癸巳,制各以本官检校刺史,嗣立为汴州刺史。其后政绩可称者,唯常州刺史薛谦光、徐州刺史司马锽而已。"

姚　崇　陕州硖石人,武则天、唐玄宗两朝名相。《旧唐书》卷九六《姚崇传》："姚崇,本名元崇,陕州硖石人也……时突厥叱利元崇构逆,则天不欲元崇与之同名,乃改为元之……神龙元年……无几,出为亳州刺史,转常州刺史。睿宗即位,召拜兵部尚书、同中书门下三品,寻迁中书令。"《会稽掇英总集》卷一八《唐太守题名记》："姚元之,景龙元年十月自宋州刺史授,改常州刺史。"《嘉泰会稽志》与之同。《张燕公集》卷一八《故开府仪同三司上柱国赠扬州刺史大都督姚文贞公碑》："公讳崇,字元之。……出典亳、宋、常、越、许、申、徐、潞、扬、同十郡……开元九年九月寝疾薨。"则《旧唐书》本传所载历官多有省略,其在常州刺史任前曾历亳州、宋州二州刺史。又,据《会稽掇英总集》卷一八《唐太守题名记》谓,景龙二年(708)七月杨祗本自陕州刺史改授越州刺史,则景龙二年姚崇当已改任常州刺史。①

崔日用　《旧唐书》卷九九《崔日用传》："崔日用,滑州灵昌人。……及讨萧至忠、窦怀贞之际,又令权检校雍州长史,加实封通前满四百户,寻拜吏部尚书。……寻出为常州刺史,削实封三百户,转汝州刺史。开元七年,差降口赋。"《千唐志斋藏志》第593页唐阙名《大唐义丰县开国男崔四郎墓志并序》(开元五年五月十日):"父日用,吏部尚书、常州刺史、齐国公。"郁《考》系崔日用常州刺史任于开元五年(717),从之。

王　昱　《册府元龟》卷六七一《牧守部·选任》："开元十二年……王昱以京兆少尹为常州刺史。"②

褚　琇　河南阳翟人,褚遂良兄褚遂贤之孙。《元和姓纂》卷六河南阳翟褚氏："琇,给事中、常州刺史。"《新唐书》卷七二《宰相世系表二下》所载同。又,有

---

① 《咸淳毗陵志》卷七《历代郡守》谓姚崇"景龙元年自越州都督授常州刺史",疑误,"越州都督"应为"越州刺史"。

② 《全唐文》卷三一二孙逖《湖中宴王使君序》："常州刺史王公,奉若天命,肃清江服。"郁《考》疑此"王公"即王昱。

撰《唐故巂州都督李府君（释子）之墓志铭并序》者自署"中散大夫、常州刺史褚秀"，①褚秀或即褚琇之讹。该志撰于开元十八年(730)，则其开元十八年当在常州刺史任。

齐澣 开元二十四年(736)在任。《旧唐书》卷一九〇《齐澣传》："齐澣，定州义丰人。……澣数年量移常州刺史。(开元)二十五年，迁润州刺史，充江南东道采访处置使。"

卢奂 《旧唐书》卷九八《卢怀慎传》："卢怀慎，滑州灵昌人。……子奂，……天宝初，为晋陵太守。时南海郡利兼水陆，瑰宝山积，刘巨鳞、彭杲相替为太守、五府节度，皆坐赃巨万而死。乃特授奂为南海太守。"《新唐书》卷一二六《卢怀慎传》未言及卢奂任晋陵太守。郁《考》系于天宝元年(742)。

刘同升 《新唐书》卷五《玄宗本纪》：天宝三载(744)二月，"丁丑，河南尹裴敦复、晋陵郡太守刘同升、南海郡太守刘巨鳞讨吴令光"。又，《全唐文》卷三六四赵晋用《赛雨纪石文》谓："我明太守、兼江南东道采访处置、漳潮等六郡经略使彭城刘公名同升，惠恤人隐，保厘东夏……大唐天宝五载季夏壬午三日甲申记。"赵晋用天宝五载任武进县主簿，则刘同升天宝三载至五载在常州刺史任上。

杜庭诚 《会稽掇英总集》卷一八《唐太守题名记》："杜庭诚，天宝六载授；七载移晋陵郡太守兼按察使。"②

李某 名讳不详。《宝刻丛编》卷一四引《复斋碑录》有唐乾元三年(760)二月齐光义撰《陈公神庙碑》，云："时其贤守李公，行穆民勤恤之意，傍徨匪宁，率领官属长史李公昌岠、司马邱公从心、晋陵县令岑公况、武进县令何公据等，果至虔诚，景刻俱应。"则李某乾元三年二月在常州刺史任上。

陈希昂 《旧唐书》卷一八五《吕諲传》："先是，张惟一为荆州长史，已为防御使，陈希昂为司马……及諲至，奏追希昂赴上都，除侍御史，出为常州刺史、本州防御使。希昂路由江陵，諲伏甲击杀之。"郁《考》系于上元元年(760)，陈希昂赴任途中被杀而实未到任。

李可封 《资治通鉴》卷二二一"上元元年"条：十二月，"(刘)展以其将……李可封为常州刺史"，系刘展所伪任。

韦损 《全唐文》卷三一四李华《润州丹阳县复练塘颂并序》：永泰元年(765)，"十一月二十三日，拜常州刺史京兆韦公损为润州（刺史）"。

李栖筠 字贞一，赵郡人，乃唐宪宗宰相李吉甫之父、唐武宗宰相李德裕之

---

① 该墓志见载于《西域研究》2005年第2期，转载于《全唐文补遗》第九辑，第357页。
② 《嘉泰会稽志》所载与之略同，唯无"兼按察使"。

祖父。《元和郡县图志》卷一《关内道一·京兆府·云阳县》"泾水"条载:"广德二年,臣吉甫先臣文献公为工部侍郎,复陈其弊,代宗亦命先臣拆去私碾硙七十余所。岁余,先臣出牧常州,私制如初。""吉甫先臣"即李吉甫之父李栖筠,广德二年之次年是为永泰元年。《旧唐书》卷一一《代宗本纪》:大历三年(768)"二月己卯,以常州刺史李栖筠为苏州刺史兼御史中丞、浙西团练观察使"。李栖筠在任常州刺史期间,治绩卓著。到任之初,因常州连年大旱,"编人死徙踵路,栖筠为浚渠,厮江流灌田,遂大稔"。悍匪张度在阳羡西山盘踞多年,官府征讨多年不克,李栖筠到任后发兵予以捕斩,"支党皆尽,里无吠狗"。他注重文教,任上"大起学校,堂上画《孝友传》示诸上,为乡饮酒礼,登歌降饮,人人知劝"。①

独孤及 《新唐书》卷七五《宰相世系表五下》独孤氏:"及,字至之,常州刺史,谥曰文。"《全唐文》卷三八五独孤及《谢常州刺史表》:"臣伏奉去年十二月二十三日敕,授臣使持节常州诸军事、守常州刺史、充当州团练守捉使……臣往岁典濠、舒二州,出入七年……今以三月十七日到州上迄。"又,同书卷五一二梁肃《朝散大夫使持节常州诸军事守常州刺史赐紫金鱼袋独孤公行状》:"(独孤及)擢拜常州刺史、本州都团练使……为郡之四载,大历十二年四月壬寅晦,暴疾薨于位。"又,同书卷五一八《常州刺史独孤及集后序》:"大历丁巳岁夏四月,有唐文宗常州刺史独孤公薨于位……公讳及,字至之。"大历丁巳岁亦即大历十二年(777)。据此可知,独孤及大历八年十二月二十三日授常州刺史,大历九年三月十七日到任,大历十二年四月壬寅卒于任。

萧复 《旧唐书》卷一二《德宗本纪上》:大历十四年(779)闰五月庚寅,"以常州刺史萧复为潭州刺史、湖南团练观察使"。同书卷一八五《萧定传》:"大历中,有司条天下牧守课绩,唯定与常州刺史萧复、豪州刺史张镒为理行第一。"《全唐文》卷四六九陆贽《奉天论辟萧复状》:"萧复往年曾任常州刺史,臣其时寄住常州,首尾二年,阅其理行。"萧复任常州刺史当在大历十二年至大历十四年五月间。

刘赞 《旧唐书》卷一三六《刘赞传》:"(刘)赞,大历中左散骑常侍汇之子……杨炎作相,擢为歙州刺史,以勤干闻……宣歙观察使韩滉表其异行,加金紫之服,再迁常州刺史。"同书卷一二《德宗本纪上》:贞元三年(787)八月,"常州刺史刘赞为宣州刺史"。

李衡 《旧唐书》卷一三《德宗本纪下》:贞元七年(791)正月,"以常州刺史李衡为潭州刺史、湖南观察使"。《全唐文》卷五四五王仲舒《湖南观察使谢上表》云:"独臣领常州一年,超居近地。"是表当系王仲舒代李衡所作,李衡常州刺

---

① 《新唐书》卷一四六《李栖筠传》。

史任在贞元六年至七年正月间。

李 巽 《旧唐书》卷一二三《李巽传》:"李巽,字令叔,赵郡人。少苦心为学,以明经调补华州参军,拔萃登科,授鄠县尉。周历台省,由左司郎中出为常州刺史。逾年,召为给事中。"《新唐书》卷一四九《李巽传》略同。《全唐文》卷四九六权德舆《大唐湖南都团练观察处置等使都督潭州诸军事兼潭州刺史御史中丞李公遗爱碑铭并序》:"由左司郎中为常州刺史……贞元八年冬十二月由给事中至于是邦。"《资治通鉴》卷二三四"贞元九年"条:"初,窦参恶左司郎中李巽,出为常州刺史。及参贬郴州,巽为湖南观察使。"郁《考》系李巽常州刺史任于贞元七年(791)至八年。

韦夏卿 《旧唐书》卷一三《德宗本纪下》:贞元八年四月,"给事中韦夏卿左迁常州刺史,坐交诸窦也"。《全唐文》卷四三八韦夏卿《东山记》:"惟毗陵地高,林麓相望……贞元八年,余出守是邦,迨今四载……贞元十一年岁在乙亥九月九日记。"由此知韦夏卿贞元八年(792)四月至十一年九月九日在常州刺史任上。

裴 肃 《旧唐书》卷一三《德宗本纪下》:贞元十四年(798)九月,"又以常州刺史裴肃为越州刺史、浙东观察使"。同书卷四八《食货志上》:"其后,裴肃为常州刺史,乃鬻货薪炭案牍,百贾之上,皆规利焉。岁余又进奉。无几,迁浙东观察使。天下刺史进奉,自肃始也。"则裴肃贞元十四年九月前在常州刺史任上。①

李 锜 《旧唐书》卷一三《德宗本纪下》:贞元十五年(799)二月,"以常州刺史李锜为润州刺史、浙西观察使及诸道盐铁转运使"。《资治通鉴》卷二三五"贞元十五年"条亦载:是年二月,"以常州刺史李锜为浙西观察使、诸道盐铁转运使"。

贾 全 《旧唐书》卷一三《德宗本纪下》:贞元十八年(802)正月"庚辰,以常州刺史贾全为越州刺史、浙东观察使"。《会稽掇英总集》及《嘉泰会稽志》所载同。

穆 赞 字相明,河内人。《旧唐书》卷一四《宪宗本纪上》:"顺宗即位之年……八月……甲寅,以常州刺史穆赞为宣歙池观察使。""顺宗即位之年"即贞元二十一年(805),亦即永贞元年。

路 应 《旧唐书》卷一四《宪宗本纪上》:贞元二十一年(805)十二月壬子,"以常州刺史路应为宣州刺史、宣歙池观察使"。《韩昌黎文集校注》卷六《唐银青光禄大夫守左散骑常侍致仕上柱国襄阳郡王平阳路公神道碑铭》:"公讳应,字从众,冀公之嫡子。……入为尚书职方郎中,兼御史中丞、佐盐铁使。使江东有功,

---

① 郁《考》引《资治通鉴》卷二三五"贞元十二年六月"条所载:"其后,常州刺史济源裴肃以进奉迁浙东观察使。"而谓裴肃贞元十二年已在常州刺史任上。而《唐会要》卷七五《选部下》载,贞元十二年三月十七日裴肃为国子司业并有奏,故窃以为《资治通鉴》所载,或不足为贞元十二年在常州刺史任之据。

用半岁,历常州,迁至宣歙池观察使,进封襄阳郡王。"

颜　防　《资治通鉴》卷二三七"元和二年"条载:十月,镇海节度使李锜反,"常州刺史颜防用客李云计,矫制称招讨副使,斩李深,传檄苏、杭、湖、睦,请同进讨"。时辛祕为湖州刺史,李素为苏州刺史。《旧唐书》卷一一二《李国贞传》、《新唐书》卷二二四《李锜传》所载皆同。《咸淳毗陵志》失载。①

李　逊　《旧唐书》卷一四《宪宗本纪上》:元和五年(810)八月,"以常州刺史李逊为越州刺史、浙东观察使"。《会稽掇英总集》及《嘉泰会稽志》所载同。

崔　芃　《旧唐书》卷一四《宪宗本纪上》:元和六年(811)八月"辛巳,以常州刺史崔芃为洪州刺史、江西观察使"。《全唐文》卷四九八权德舆《唐故江南西道都团练观察处置等使中散大夫使持节都督洪州诸军事守洪州刺史兼御史中丞骑都尉赐紫金鱼袋赠左散骑常侍崔公神道碑铭(并序)》:"博陵崔公讳某,字某,仕至御史中丞、洪州刺史、江西都团练观察使。元和七年冬十一月某甲子,启手足于郡舍,享年五十五。……始以门荫调河中府参军,历邑丞廷史从事,察视凡南台外,三为殿中侍御史。尝以公事贬台州司马,联帅表于理下,旋以上介入拜侍御史,迁考功员外郎、度支、吏部二郎中,商、常二州刺史,以至按部抚封,为太子守臣。"

孟　简　字几道,德州平昌人。孟简于元和七年(812)至八年任常州刺史。《旧唐书》卷一六三《孟简传》:"王承宗叛,诏以吐突承璀为招讨使。(孟)简抗疏论之,坐语讦,出为常州刺史。八年,就加金紫光禄大夫。简始到郡,开古孟渎,长四十一里,灌溉沃壤四千余顷,为廉使举其课绩,是有就加之命。是岁,征拜为给事中。九年,出为越州刺史、兼御史中丞、浙东观察使。"《全唐诗》卷四八二李绅《毗陵东山诗序》:"孟公在郡日,余以校书郎从役,同宴于此。"同书卷四八一《过吴门二十四韵》亦注云:"元和七年,余以校书郎从役。"《唐会要》卷八九《疏凿利人》:"元和八年,孟简为常州刺史,开漕古孟渎,长四十里。"

斐　汶　《嘉泰吴兴志》卷一四《郡守题名》:"斐汶,元和六年自澧州刺史授,八年十一月除常州刺史。"

辛　祕　《旧唐书》卷一五七《辛祕传》:"辛祕,陇西人,少嗜学。贞元年中,累登五经开元礼科……(元和)九年,征拜谏议大夫,改常州刺史。"《新唐书》本传略同。《全唐文》卷六八二牛僧孺《昭义军节度使辛公神道碑》:"仆射讳祕,字藏之……出为常州刺史,治职检身,专(疑)问昭升,改河南尹。"而辛祕元和十一年

---

① 《嘉泰吴兴志》卷一四《郡守题名》:"顾防,永贞元年四月自澧州刺史授;除常州刺史。《统记》作贞元二十年。"此"顾防"乃"颜防"之讹。

(816)至十二年在河南尹任,则常州刺史任在元和九年至十年。

薛　戎　《旧唐书》卷一五五《薛戎传》:"薛戎,字符夫,河中宝鼎人。……又随(阎)济美移镇浙东,改侍御史,入拜刑部员外郎,出为河南令,累改衢、湖、常三州刺史,迁浙东观察使。所莅皆以政绩闻,居数岁,以疾辞官。长庆元年十月卒。"《嘉泰吴兴志》卷一四《郡守题名》:"薛戎,元和八年十一月三十日自衢州刺史授;迁常州刺史。"《会稽掇英总集》卷一八《唐太守题名记》:"元和十二年正月自常州刺史授。"《嘉泰会稽志》同。又,《元稹集》卷五三《唐故越州刺史兼御史中丞浙江东道观察等使赠左散骑常侍河东薛公神道碑文铭》:"公讳戎,字符夫……改刺常州。不累月,遽刺越州。"

孟　简　《旧唐书》卷一六三《孟简传》:"孟简,字几道,平昌人。……长庆元年大赦,量移睦州刺史。二年,移常州刺史。三年,入为太子宾客分司东都。"《新唐书》本传略同。《白居易全集》卷五五《孟简赐紫金鱼袋制》谓:"常州刺史孟简……宜赐紫金鱼袋。"孟简曾于元和七年(812)至八年间任常州刺史,长庆二年(822)乃二度出任常州刺史。

陈　某　名讳不详。《白居易全集》卷八有《郡斋暇日辱常州陈郎中使君早春晚坐水西馆书事诗十六韵见寄亦以十六韵酬之》,朱金城《白居易年谱》系于长庆三年(823)白居易在杭州所作,则陈某长庆三年在常州刺史任上。

贾　餗　《旧唐书》卷一六九《贾餗传》:"贾餗,字子美,河南人……(长庆)四年,为张又新所构,出为常州刺史。大和初,入为太常少卿。"《新唐书》本传略同。又,《宝刻丛编》卷一五引《集古录目》:"《唐崇元圣祖院碑》,唐常州刺史贾餗撰……碑以宝历二年立,在茅山。"又,大和二年(828)常州刺史为韦缜,则贾餗常州刺史任当在长庆四年(824)至大和元年(827)。贾餗于长庆初曾与白居易同为考策官,故宝历元年(825)白居易赴苏州刺史任途经常州,有《赴苏州至常州答贾舍人》诗作。

韦　缜　大和二年(828)在任。《全唐文》卷七四一郁群老《大唐常州江阴县兴建寺碑铭并序》:"于郡,守韦公缜,刚毅公廉,仁明爱人,搢绅之徒,其从如水。频由台鼎,方领此郡。……大和二年戊申岁二月八日主寺僧文献置,进士鲁郡郁群老撰。"

韩　泰　《嘉泰吴兴志》卷一四《郡守题名》:"韩泰,大和元年七月三日自睦州刺史拜,迁常州刺史。"韩泰于大和五年(831)冬卒于常州刺史任上。

杨虞卿　《旧唐书》卷一七《文宗本纪下》:大和七年(833)三月,"给事中杨虞卿为常州刺史"。八年十二月,"以常州刺史杨虞卿为工部侍郎"。

卢　钧　《旧唐书》卷一七七《卢钧传》:"卢钧,字子和,本范阳人……大和五年,迁左补阙。与同职理宋申锡之枉,由是知名。历尚书郎,出为常州刺史。(大和)九年,拜给事中。"《新唐书》本传略同。

杨知至　《大唐西市博物馆藏墓志》第968页有唐杨知温《唐故正议大夫守河南尹柱国赐紫金鱼袋赠礼部尚书武阳李公墓志铭并序》,墓志署"中散大夫使持节常州诸军事权知常州刺史柱国杨知至书",墓主李朋系杨知温、杨知至妹夫,墓志撰、书于咸通六年。又,唐皮日休《松陵集序》:"咸通七年,今兵部令狐员外在淮南,今中书舍人弘农公守毗陵,日休皆以词获幸……十年,大司谏清河公出牧于吴,日休为郡从事。"郁《考》谓,《松陵集序》中之"中书舍人弘农公"即杨知至。

孙徽　《新唐书》卷七三《宰相世系表三下》孙氏:"徽,常州刺史。"又,孙徽于咸通十一年(870)八月为其兄故宣德郎、前守孟州司马孙景裕撰写墓志铭时署"第二弟朝议郎前守尚书刑部员外郎柱国",广明元年(880)十月为其弟故河南府长水县丞孙幼实撰写墓志时署"亲兄朝请大夫前守常州刺史",则其任常州刺史当在咸通十一年至广明元年之间。

朱实　《咸淳毗陵志》卷七《历代郡守》:"朱实,中和四年。"

刘革　《资治通鉴考异》卷二五"光启二年正月"条引皮光业《见闻录》:"(张)郁自常熟县取江阴而入常州,刺史刘革到任方三月,亲执牌印于戎门而降。"

张郁　《新唐书》卷九《僖宗本纪》:"(光启)二年正月辛巳,镇海军将张郁陷常州。……五月丙戌……武宁军将丁从实陷常州,逐其刺史张郁。"

丁从实　《新唐书》卷一八六《周宝传》:"(张)郁保常熟,因攻常州,刺史刘革迎降,众稍集。(周)宝遣将丁从实督兵攻之,郁走海陵,依镇遏使高霸,从实遂据常州。"《吴越备史》卷一《武肃王》:光启三年九月,"遂进攻常州,丁从实弃城宵遁"。

杜棱　《吴越备史》卷一《武肃王》:光启三年(887),"十一月,命杜棱为常州制置使"。《全唐文》卷八九五罗隐《东安镇新筑罗城记》:"东安主、领太师杜公,寻以擒逆贼薛朗于京口,破丁从实于毗陵,天子宠之,拜常州刺史,遂属其兵于子弟焉。"《新唐书》卷一〇《昭宗本纪》:龙纪元年(889)十月,"宣歙观察使杨行密陷常州,刺史杜(陵)[棱]死之"。

刘建锋　《资治通鉴》卷二五八"龙纪元年"条:十二月"戊寅,孙儒自广陵引兵渡江。壬午,逐田頵,取常州,以刘建锋守之"。

李友　《资治通鉴》卷二五八"大顺元年"条:二月,"杨行密遣其将马敬言将兵五千乘虚袭据润州,李友将兵二万屯青城将攻常州,安仁义、刘威、田頵败刘建锋于武进"。一作李宥,《吴越备史》卷一《武肃王》:大顺元年"七月,常州李宥陷我姑苏"。

张行周 《资治通鉴》卷二五八"大顺元年"条：九月，"杨行密以其将张行周为常州制置使。闰月，孙儒遣刘建锋攻拔常州，杀行周，遂围苏州"。

刘建锋 同上张行周条。

陈可言 《吴越备史》卷一《武肃王》："是月（指大顺二年十二月），常州甘露镇使陈可（立）[言]据本州，王遣师平之。"《新唐书》卷一〇《昭宗本纪》：景福元年（892）三月，"（杨行密）又陷常州，刺史陈可言死之"。

张　训 《十国春秋》卷五《张训传》："明年，击杀甘露镇使陈可言，遂取常州。已复屯安吉，断孙儒粮道，有功，授常州刺史。乾宁初，驻军涟水，备北师。"《资治通鉴》卷二五九"景福元年"条：二月，"（杨）行密将张训引兵奄至（常州）城下，（陈）可言仓猝出迎，训手刃杀之，遂取常州"。由此知张训授常州刺史在景福元年（892）。

唐彦随 《全唐文补遗》四辑唐丁文瓘《唐故银青光禄大夫检校尚书右仆射前使持节常州诸军事守常州刺史兼御史大夫上柱国鲁国唐公（彦随）墓志铭并序》："公讳彦随，字守贞，其先鲁国人。……景福元年七月廿八日，以能授□州军州事。未期年，大协民望，俄而奏正。……以乾宁三年七月廿一日，以□围越，公授命提兵赴援，涉历霜露，□旦遘疾，奄至不幸，享年五十一。"

屠瓌智 《全唐文》卷八九八皮光业《吴越故忠义军匡国功臣越州都指挥使前授常州刺史特赠武康节度使银青光禄大夫检校尚书右仆射开府仪同三司上柱国海盐屠将军墓志铭》："将军姓屠氏，讳瓌智，字宝光，其先河东人。……大父某，避地于吴，家于澈川之青山，遂世为苏州海盐人。……乾宁四年丁巳，同顾全武、王弟镇自海道救嘉禾，生擒贼骁将杨胜、顿金等二十余人，计功将军得中上，遥领常州刺史职。明年春，再迁越州指挥使。"由此知屠瓌智系遥领，非实任。

刘　捍 《旧五代史》卷二〇《刘捍传》："刘捍，开封人。……昭宗还京，改常州刺史。……四月，太祖伐王师范于青州，改左右长直都指挥使。"唐昭宗自凤翔还京师在天复三年（903）正月己巳，由此可知刘捍改任常州刺史在天复三年。

李　遇 《资治通鉴》卷二六四"天复三年"条：八月"己丑，安仁义袭常州。常州刺史李遇逆战，极口骂仁义"。

陆　洎 宋徐铉《稽神录》卷一《陆洎》："江南陆洎为常州刺史，不克之任，为淮南副使。性和雅重厚，时辈推仰之，副使李承嗣与之尤善。乙丑岁九月，承嗣与诸客访之。"陆洎当在天祐二年（905）授常州刺史，然尚未之任即转任淮南副使。

张　崇 《全唐文》卷八六八殷文圭《后唐张崇修庐州外罗城记》："太守清河

张公……天祐三年，承制检校司徒守常州刺史，而毗陵杭越接境，梁汴连衡。公才驻熊车，潜施龟画，早曾修城筑堑，杜渐防萌。寒暑未迁，金汤遽设。功用未毕，王泽迭加，以绩效转官检校太保，授庐州刺史兼本州团练使，天祐四年八月到任。公自临锦里，即建罗城。"

贾翃　《全唐文》卷八八五徐铉《大唐故中散大夫检校司徒使持节泰州诸军事兼泰州刺史御史大夫洛阳县开国子贾宣公墓志铭》："考翃……上疏论邠宁节度王行瑜恃功恣横，坐贬爱州掾。及行瑜就戮，优诏征还。复出常州刺史、盐铁江淮留后。属宗社中绝，官司解弛，计吏未上，哲人其萎。……天祐丁卯岁，（公）居先君忧，服丧过哀，宗党称孝。"天祐丁卯岁即天祐四年。《古今姓氏书辨证》卷二长乐贾氏："琛生翃，常州刺史兼盐铁使、江淮留后。"

任职时间不详者

贾敦赜　2009年出土于河南洛阳市红山工业园区的《大唐故使持节洛阳诸军事洛阳刺史护军贾君墓志铭并序》："公讳敦赜，字景远，曹州冤句人也。……迁授使持节毂州诸军事、毂州刺史。又历常、唐二州刺史。所在流惠，异俗同谣，政绩尤异，特敕褒锡。"[①]显庆元年（656）卒，时年六十九岁。旧志及郁《考》失载。今补。

李袭誉　《吴郡图经续记》卷下《往迹》："望亭，在吴县西境，吴先主所立，谓之御亭。隋开皇九年置为驿，唐常州刺史李袭誉改今名。"

权文诞　《新唐书》卷七五《宰相世系表五下》权氏："文诞，涪、常二州刺史。"《全唐文》卷五〇一权德舆《唐故东京安国寺契微和尚塔铭并序》："和尚俗姓权氏……曾祖文诞，皇银青光禄大夫、涪常二州刺史、荆州都督府长史。"契微和尚化灭于建中二年（781）九月六日，时年六十二岁。

卢幼孙　《新唐书》卷七三《宰相世系表三上》卢氏："幼孙，常州刺史。"《旧唐书》卷一九三《崔绘妻卢氏传》："祖幼孙，常州刺史。父献，有美名，则天时历鸾台侍郎、文昌左丞。"

长孙浚　河南洛阳人，乃唐初宰相、凌烟阁二十四功臣之首、赵国公长孙无忌之子。《新唐书》卷七二《宰相世系表二上》长孙氏："浚，常州刺史、安康伯。"

杜行敏　《元和姓纂》卷六京兆杜氏："行敏，常州刺史、荆益二州长史、南阳襄公。"《新唐书》卷七二《宰相世系表二上》襄阳杜氏："行敏，益州长史、南阳襄公。"系唐德宗相杜佑曾祖。

[①] 参见王义印《唐代贾敦赜墓志校读——兼与牛红广、黄吉军等先生商榷》，载《洛阳师范学院学报》2014年第6期。

杨崇敬　《张燕公集》卷一九《赠华州刺史杨君碑》:"公讳至诚,字某,弘农华阴人也。……考,故常州刺史、工部侍郎、鸿胪卿、金紫光禄大夫、散骑常侍、太子少师、赠仪同三司、上柱国、郑国懿公讳崇敬……(志诚)年十三,调太宗挽郎。"

李　明　唐宗室。《千唐志斋藏志》第971页唐樊泽《有唐山南东道节度使赠尚书右仆射嗣曹王(李皋)墓铭并序》(贞元八年五月十二日):"王之四代祖受封于曹,则(太宗)文皇第十四子也。历虢、蔡、苏、常等四州刺史,赠司空,司空讳明。"李明,调露二年(680)为苏州刺史。

杨德裔　《杨炯集》卷九《常州刺史伯父东平杨公墓志铭》:"公讳德裔,字德裔,弘农华阴人也,即常州刺史华山公之元孙,左卫将军武安公之长子。……始以父任为太子左千牛备身,转秀容、华亭、福昌、雒四县令,诏封东平公,策勋上柱国。……迁棣、曹、恒、常四州刺史……罢归初服,告老私庭……维文明元年夏四月某日薨于正寝,春秋八十五。"

张　铉　《全唐文》卷五〇四权德舆《前京兆府咸阳县丞权公故夫人清河张氏墓志铭并序》:"夫人姓张氏,南阳人。曾祖铉,皇正议大夫、常州刺史。……(夫人)大历十二年及笄,归于天水权公。"张铉曾孙女即墓主张氏,大历十二年(777)正值及笄之年,则其贞元十八年(802)卒时四十岁。

杨执一　《张燕公集》卷二一《赠户部尚书河东公杨君神道碑》:"公讳执一,字某,宏农华阴人也。……推戴中宗,嗣唐配天,不失旧物,以匡复勋,拜云麾将军、右鹰扬将军,封宏农县公。赏未充庸,且有后命,增冠军大将军、右威卫将军,进河东郡公,邑二千户,赋四百室,俾之铁券,恕其十死;又赐天马瑞锦,珠盘瑶爵,彩纹五百,缣素三千。……出为常州刺史,以太夫人羸老,乞避卑湿,特降中旨,转牧晋州。……享年六十有五,开元十四年正月二日,薨于官舍。"《全唐文补遗》一辑唐贺知章《大唐故金紫光禄大夫行鄜州刺史赠户部尚书上柱国河东忠公杨府君墓志铭并序》亦谓其"为武三思所诉,出为常州刺史,后转晋州"。

张讷之　《朝野佥载》卷五:"德州刺史张讷之一白马,其色如练……从给事中、相府司马改德州刺史,入为国子祭酒,出为常州刺史,至今犹在,计八十余年,极肥健,行骤脚不散。"

平贞昚　《张燕公集》卷二〇《常州刺史平君神道碑》:"公讳贞昚,字密,一字间从,燕国蓟人也。……又摄詹事东都留守,拜常州刺史,居岁余,优诏致仕。"平贞昚于先天元年(712)卒,时年八十岁。

封　祯　《全唐文补遗》四辑唐贺知章《唐故银青光禄大夫行大理少卿上柱国渤海县开国□封公(祯)墓志铭并序》:"公讳祯,字全祯,渤海县人。……今上剪除凶悖之夕,擢授御史中丞,与大夫东平毕构连制,夜拜明朝……居一年,迁刑部侍郎……朝廷初置连率□□州都督。按察山南道使停，加银青光禄大夫，累迁汴括常三州诸军事、三州刺史。以□最著绩，入为大理少卿，前后赐勋上柱国，畴庸七百户，封渤海县开国子。……辞荣四纪余，享年八十二，薨于京师。……以大唐开元九年岁次辛酉十二月己亥六日庚申，归葬于蓨县之故里，礼也。"由是知郁《考》之"封全祯"即"封祯"，以字"全祯"称之也，系于约开元六年(718)至八年。

李少康 《全唐文》卷三九〇独孤及《唐故睢阳太守赠秘书监李公神道碑铭并序》："公讳少康，字某。……以大府上佐授潞州司马，因考绩彰闻，拔为青州刺史。……按察使、户部侍郎宋遥以状闻，玺书褒异，迁公于常州，赐一子出身。常之吏民，望公风声，其邪衷僭滥者，解印绶自去。比及下车，无为而治，复以高第擢拜徐州刺史。"郁《考》据严耕望《唐仆尚丞郎表》载宋遥约开元十八、十九年为户部侍郎充按察使，系李少康常州刺史任于约开元二十年(732)。

罗思崇 《全唐文》卷四七八杨凭《唐庐州刺史本州团练使罗珦德政碑》："王父思崇，韶、睦、常三州刺史。"又同书卷五〇六权德舆《唐故太中大夫守太子宾客罗公(珦)墓志铭并序》同。

桓玄范 润州丹阳人。《新唐书》卷一二〇《桓彦范传》："彦范弟玄范，官至常州刺史。"兄桓彦范于神龙二年(706)被害。

韦 晋 武则天宰相韦承庆之长子。《元和姓纂》卷二襄阳韦氏："晋，常州刺史。"《新唐书》卷七四《宰相世系表四上》东眷韦氏小逍遥公房："晋，常州刺史。"

林 洋 《元和姓纂》卷五济南邹县林氏："洋，密、衢、常、润、苏九州刺史。"郁《考》系林洋常州刺史任于约天宝六载(747)至七载。

董 琬 《元和姓纂》卷六陇西董氏："琬，度支郎中、晋陵太守、江南东道采访使。"《全唐文》卷三六唐玄宗《禁茅山采捕渔猎敕》："敕江南东道采访处置使晋陵郡太守董琬……自今已后，茅山中令断采捕及渔猎。"

荥阳公 姓氏、名讳不详。《太平广记》卷四八四引《异闻录》："天宝中，有常州刺史荥阳公者，略其名氏，不书……知命之年，有一子……生父(荥阳公)由常州刺史诏入，拜成都尹、兼剑南采访使。"

崔 涣 《全唐文》卷七八四穆员《相国崔公墓志铭》："皇唐相国博陵公姓崔氏，讳涣，字某。……灵武接位，与上宰房公琯奉册书国玺，唯新景命。……怙宠者排之，降左常侍，领杭州刺史，俄转常州，征拜秘书监、太子宾客、大理卿。"据《旧唐书》卷一〇《肃宗本纪》载，崔涣于至德二载(757)"八月甲申，以黄门侍郎崔涣为余杭太守、江东采访防御使"。

皇甫愉 《旧唐书》卷一三五《皇甫镈传》："皇甫镈，安定朝那人……父愉，常州刺史。"其子皇甫镈于贞元(785—805)初登进士第。

孙　会　《元和姓纂》卷四乐安孙氏："会,常州刺史。"《新唐书》卷七三《宰相世系表三下》孙氏："会,常州刺史、晋安县男。"《千唐志斋藏志》第1113页唐冯牢《唐故银青光禄大夫工部尚书致仕上柱国乐安县开国男食邑五百户孙府君(公乂)墓志铭》(大中五年七月三日)："父会,皇郴、温、庐、宣、常五州刺史,赠工部尚书。"孙会之子即墓主孙公乂卒于大中五年(851),时年八十岁。又,《全唐文》卷五一八梁肃《贺苏常二孙使君邻郡诗序》："二孙邻郡诗者,前道州刺史李萼贺晋陵、吴郡伯仲二守之作也……兴元、贞元间,偕以治行闻,天子器之。于是,仲有吴苑之寄,伯受晋陵之命。""仲"指贞元元年(785)至四年任苏州刺史之孙成,"伯"即指常州刺史孙会。孙会常州刺史任亦当于此期间。

张　严　《太平广记》卷七九《王生》引《异闻集》："唐韩晋公滉镇润州……即到京与公廷辩……乃曰:前日除张严常州刺史,昨日又除常州刺史,缘张严曾犯赃,所以除替。公等不谕,告公等知……后日,韩入班倒,床舁出,遂卒。"张严实未之任。

田　敦　《嘉泰吴兴志》卷一四《郡守题名》："田敦,贞元十八年五月自衢州刺史授;迁常州刺史。《统记》作十六年。"《咸淳毗陵志》失载。

卢元辅　滑州灵昌人,唐德宗宰相卢杞之子。《旧唐书》卷一三五《卢杞传》："(卢杞)子元辅,字子望……德宗思(卢)杞不已,乃求其后,特恩拜左拾遗,再迁左司员外郎,历杭、常、绛三州刺史。"《新唐书》本传略同。又,卢元辅元和十年(815)冬在杭州刺史任上。

房　挺　《新唐书》卷七一《宰相世系表一下》河南房氏："挺,常州刺史。"又,《千唐志斋藏志》第1021页唐王师正《大唐洛阳县尉王师正故夫人河南房氏墓志铭并序》(长庆二年八月十四日)："先考挺,京兆少尹、左庶子、常州刺史,爵清河男。"房挺之女即墓主房氏(敬)卒于长庆二年五月二日,时年二十三岁。

敬　昕　《嘉泰吴兴志》卷一四《郡守题名》："敬昕,大和七年自婺州刺史拜;除吏部郎中,续加检校本官依前湖州刺史,后除常州。"敬昕开成二年(837)四月以中书舍人为江西观察使。

湛　贲　《全唐诗》卷四六六《湛贲小传》："湛贲,贞元中登第,尝以江阴主簿权知无锡县事,后为毗陵守。"

崔　瑨　博陵安平人,乃唐武宗宰相崔珙之弟。《新唐书》卷七二《宰相世系表二下》博陵安平第二房崔氏："瑨,常州刺史。"《旧唐书》卷一七七《崔珙传》："(崔珙弟)瑨,以书判拔萃,开成中累迁至刑部郎中。会昌中,历三郡刺史,位终方镇。"《全唐诗》卷四九六有姚合《送崔郎中赴常州》："贵是鸰原在紫微,荣逢知己领黄扉。"此"崔郎中"即崔瑨。

马　植　字存之，扶风人。《新唐书》卷一八四《马植传》："于是，罢（马植）为天平军节度使。既行，诏捕亲吏下御史狱，尽得交私状，贬常州刺史，以太子宾客分司东都。起为忠武、宣武节度使，卒。"《旧唐书》本传未及。

姚　勖　《新唐书》卷一二四《姚勖传》："勖，字斯勤。长庆初，擢进士第……累迁谏议大夫，更湖、常二州刺史，为宰相李德裕厚善。"《嘉泰吴兴志》卷一四《郡守题名》："姚勖，会昌三年六月二十九日，自尚书左司郎中授；后迁吏部郎中。"

李从晦　《新唐书》卷七八《李神符传》："（李）从晦，宝历初及进士第……出为常州刺史，镇海军节度使李琢表其政，赐金紫。"

杨　假　唐懿宗宰相杨收二兄。《旧唐书》卷一七七《杨收传》："（杨）假，字仁之，进士擢第，故相郑覃刺华州，署为从事。从覃镇京口，得大理评事。入为监察，转侍御史。由司封郎中知杂事，转太常少卿，出为常州刺史，卒官。"

张　铎　《北梦琐言》卷六《田布尚书事》："唐通义相国崔魏公铉之镇淮扬也，卢丞相耽罢浙西，张郎中铎罢常州，俱过维扬谒魏公。"

李　昭　《唐语林》卷四《企羡》："李尚书褒，晚年修道，居阳羡川石山后。长子召为吴兴，次子昭为常州，当时荣之。"

李　瞻　《金华子杂编》卷上："李瞻、王祝继牧常州，皆以名重朝廷，于本郡道不修支郡礼。"

王　祝　同见《金华子杂编》卷上。又，《北梦琐言》卷九《王给事刚鲠》："唐王祝给事，名家子，以刚鲠自任。……黄寇前尝典常州。"

陶　雅　《九国志》卷一《陶雅传》："雅，字国华，合淝人。……大顺中，破孙儒军于人头山。儒平，授常州刺史，迁池州团练使。"

宋　顗　《元和姓纂》卷八广平宋氏："顗，常州刺史。"《新唐书》卷七五《宰相世系表五上》同。

韦昭理　《元和姓纂》卷二东眷韦氏南皮公房："昭理，常州刺史。"《新唐书》卷七四《宰相世系表四上》东眷韦氏南皮公房："昭理，常州刺史。"

李　翦　《新唐书》卷七〇上《宗室世系表上》大郑王房："常州刺史，翦。"

杨　恂　《新唐书》卷七一《宰相世系表一下》越公房杨氏："恂，字庄已，常州刺史。"

崔　巽　《新唐书》卷七二《宰相世系表二下》博陵大房崔氏："巽，常州刺史。"

卢　斑　《新唐书》卷七三《宰相世系表三上》卢氏："斑，常州刺史。"①

卢　建　《新唐书》卷七三《宰相世系表三上》卢氏："建，常州刺史。"

---

① 《咸淳毗陵志》卷七《历代郡守》无"卢斑"，而有斑兄"卢瑗"，或误"斑"而为"瑗"。

别　驾

倪　彬　《全唐文补遗》二辑唐阙名《大唐故中大夫守晋陵郡别驾千乘倪府君(彬)墓志铭并序》："公讳彬，字子文，常山槀城人也。……迁海州长史，陪籍田，承恩增秩，授朝散大夫，转授明州司马，骤迁吴郡长史、晋陵郡别驾。……以天宝九载十月十日终于晋陵郡官舍，春秋六十有六。"可知其天宝九载(750)在晋陵郡别驾任上。

李　倩　《旧唐书》卷七六《李贞传》："(越王李贞之长子)冲三弟倩，封常山公，历常州别驾，坐以父兄连谋伏诛。"

董惩运　唐张九龄《曲江集》卷一〇有《敕常州别驾董惩运书》。

终文英　《全唐文》卷一五一许敬宗《贺常州龙见表》："伏见常州别驾终文英表称，所部晋陵县尉信都叔卿等七人，以六月十三日于县城南云雨之际，见有青龙，长数十丈，大八九围，久之乃没。"

刘　玘　《全唐文补遗》一辑唐陶载《唐故源夫人墓志铭》："夫人姓源氏，河南洛阳人也……大理评事、兼郓州东阿令刘君之妻……刘君名撂，即常州别驾玘之元子也。"刘玘儿媳即墓主源氏，卒于贞元元年(785)五月十日，时年二十三岁。

王栖曜　《旧唐书》卷一五二《王栖曜传》："王栖曜，濮州濮阳人也……广德中，草贼袁晁起乱台州，连结郡县，积众二十万，尽有浙东之地。御史中丞袁傪东讨，奏栖曜与李长为偏将，联日十余战，生擒袁晁，收复郡邑十六。授常州别驾、浙西都知兵马使。"

丘　岌　《全唐文补遗》二辑唐张奥《唐故庆州军事判官试协律郎张府君墓铭并序》："兄讳邵，字楚封，其先范阳方城人也。……父彰，皇凤翔府虢县令。先夫人河南丘氏，即常州别驾岌之女也。"墓志撰者张奥乃墓主张邵之再从弟。丘岌外孙即张邵，卒于咸通十五年(874)，时年六十五岁。

刘　昭　《大唐西市博物馆藏墓志》第1014页唐裴章《唐故右神策军散兵马使押衙兼折东三将判官银青光禄大夫检校国子祭酒常州□□□□□□柱国刘府君墓志铭并序》："公姓刘，讳昭，字德明。……前后授官七政，内两任常州别驾。"刘昭"历事十余政，在五十四年，皆以清廉见用"，卒于乾符六年(879)。

虞　岫　《全唐文》卷八〇三李奚有《授虞岫常州别驾温罗濠州长史制》。

李　椮　《新唐书》卷七〇上《宗室世系表上》蜀王房："常州别驾，椮。"

长　史

史仲谟　《全唐文》卷一六二《史仲谟小传》："仲谟，贞观十四年官越王府东阁祭酒、常州长史。"

韦 俊 《全唐文补遗》七辑唐阙名《大唐故常州长史韦君(俊)墓志铭并序》:"公讳俊,字英彦,京兆人也。……永徽五年,授朝散大夫、行宁州司马。……显庆五年,授常州长史。……龙朔二年四月十七日,卒于常州之官第,春秋五十五。"

高 翰 《文苑英华》卷九二三卢虔《御史中丞晋州刺史高公神道碑》:"大历七年冬十有二月辛酉,御史中丞、前晋州刺史高公薨……公讳武光,字淑贞,其先渤海人也。曾祖正初,隋左金吾卫中郎将。祖翰,皇中散大夫、常州长史。"又,《新唐书》卷七一《宰相世系表一下》高氏:"翰,常州长史。"

董 雄 《张燕公集》卷二三《唐处士张府君墓志》:"府君讳恪……夫人陇西董氏,常州长史雄之女也。……开耀元年十二月二十七日,终于鄘城县世妇冯氏之别业,春秋七十有二。"

甄元度 《元和姓纂》卷三中山甄氏:"(甄霞)曾孙元度,唐常州长史。"甄元度曾祖甄霞,曾为北齐将作大匠。

周 基 武则天宰相周允元之父。《新唐书》卷七四《宰相世系表四下》周氏:"基,字崇业,常州长史。"

姚 懿 《全唐文》卷三二八胡皓《寓州都督赠幽州都督吏部尚书谥文献姚府君碑铭并序》:"公讳懿,字善意。其先吴兴郡大姓,明考以宦历陕圻,遂留家于硖石也。……俄而贬授晋州高阳府折冲都尉,公抗疏自列,谢病而退。乃除常州长史,亦坚以疾辞。寻除硖州刺史,累加银青光禄大夫。"其除授当在神龙三年(707)前,然其或未之任。

韦 某 《洛阳流散唐代墓志汇编》第 326 页唐达奚珣《大唐朝散大夫太原府阳曲县令上谷寇公墓志铭并序》:"公讳南容,字三覆……夫人京兆韦氏,烈考常州长史,慈亲和顺县主。"韦某女婿寇南容卒于天宝三载(744),时年六十九岁。

刘 鄙 《全唐文》卷八八六徐铉《唐故常州团练判官检校尚书左仆射刘君墓志铭》:"君讳鄙,字巨源,其先彭城人,徙居广陵重世矣。……于是,阉竖希旨,以飞语中之,坐除名,流池阳郡。明年,有唐受禅,烈祖嘉君尽忠,亟召之还,除常州长史,悉还其官阶田宅。未几,又改和州长史,听归广陵旧居。……丙寅岁夏六月某日,终于建安某坊之私第,春秋五十有九。"

宗 瑾 《洛阳流散唐代墓志汇编》第 176 页唐阙名《唐故常州长史宗君墓志铭并序》:"君讳瑾,字彦淑,南阳安众人也。……复迁乾陵令,改为常州长史。园陵之任,已屈马卿之才;邦国之功,更伫王祥之化。骥足将展,龙山尚遥。奄遘沉疴，便终大夜。"宗瑾于开元五年(717)卒，时年五十一岁。

段承宗 《全唐文补遗》一辑唐孔崇道《大唐故朝请大夫行晋陵郡长史护军段府君墓志铭并序》："君讳承宗，字承宗，恭叔之后也……时选良佐，迁授余姚郡司马。……又迁晋陵郡长史。治中之任，佐理惟贤。……以天宝十二载六月十六日，寝疾终于晋陵官舍，时春秋六十八。"

李昌岠 《宝刻丛编》卷一四引《复斋碑录》有齐光乂撰《陈公神庙碑》，乾元三年(760)二月撰，云："时其贤守李公，行穆民勤恤之意，徬偟匡宁，率领官属长史李公昌岠、司马邱公从心、晋陵县令岑公况、武进县令何公据等，果至虔诚，景刻俱应。"同见《全唐文》卷八一三。

尉迟绪 《全唐文》卷四三〇李翰《尉迟长史草堂记》："吾友晋陵郡丞河南尉迟绪……大历四年夏，乃以俸钱构草堂于郡城之南，求其志也。……其岁秋八月乙丑朔记。"

李纵 《洛阳流散唐代墓志汇编》第542页唐阙名《唐故金州刺史赠吏部郎中高邑公墓志铭并序》："公讳纵，字佩弦，河南河南人也……公，尚书之冢子也，以开元十七年生……既除丧，转左骁卫仓曹参军，试太子通事舍人、浙西团练判官，复辟观察支使，试大理评事兼润州延陵县令，迁司直，兼湖州司马、本州团练副使，试太子洗马、兼常州长史。"《全唐诗》卷二七三有戴叔伦《送李长史纵之任常州》诗。约在大历四年(769)后任。

范勉 唐钱起《钱仲文集》卷五有《送外甥范勉赴任常州长史兼觐省》诗。

窦知敬 《新唐书》卷七一《宰相世系表一下》窦氏："知敬，常州长史，袭公。"

郑嵘 《全唐文补遗》一辑唐崔倬《唐越州会稽县尉清河崔公夫人荥阳郑氏墓铭并序》："(夫人)祖嵘，皇常州长史。"郑嵘孙女即墓主郑夫人，卒于大和九年，时年三十四岁。

司　马

阳简 《大唐西市博物馆藏墓志》第476页唐阙名《唐故朝散大夫常州司马龙川郡开国公阳府君墓志并序》："君讳简，字简，北平无终人也。……解褐密王府西阁祭酒。迁许州许昌县令，转扬州大都督府户曹参军，加朝散大夫、江王府咨议。出为常州司马，以公事贬为括州司马。享年五十一，以永淳元年六月六日，遘疾终于官舍。"

卢正道 《全唐文补遗》八辑唐韦良嗣《大唐故中大夫使持节鄂州诸军事鄂州刺史上柱国范阳卢府君(正道)墓志铭并序》："皇唐开元十四年十一月廿六日，中大夫、使持节鄂州诸军事、守鄂州刺史、上柱国、范阳卢君，卒于东都行脩里第。……(君)左授阆州司马、常州司马、晋州长史。弥久外职，遂虚大任。……既而春秋高，以班例拜鄂州诸军事。入朝会计，表请罢职。优诏蒙许，逾岁而终，时年八十。"

丘从心　《宝刻丛编》卷一四引《复斋碑录》有齐光乂撰《陈公神庙碑》，乾元三年二月撰，云："时其贤守李公，行穆民勤恤之意，傍偟匪宁，率领官属长史李公昌岠、司马邱公从心、晋陵县令岑公况、武进县令何公据等，果至虔诚，景刻俱应。"同见《全唐文》卷八一三。

崔国辅　宋计有功《唐诗纪事》卷一五《崔国辅》："国辅，明皇时应县令举，授许昌令、集贤直学士、礼部员外郎，坐王鉷近亲，贬晋陵郡司马。"

李怀节　《新唐书》卷七〇上《宗室世系表上》梁王房："常州司马、晋昌县男，怀节。"

陆　绮　《全唐文》卷四七八杜黄裳《东都留守顾公神道碑》："公讳少连，字夷仲，吴郡人也。……夫人同郡陆氏，常州司马绮之女也。"陆绮女婿顾少连于贞元癸未年(803)卒，时年六十三岁。

崔　适　《全唐文》卷五〇二权德舆《朝散大夫使持节饶州诸军事守饶州刺史上柱国崔君墓志铭并序》："博陵崔氏，为山东右族，以政事方直称者，曰饶州刺史讳适，字某。……一命为怀州参军，累迁至大理评事、司直，监察御史，好畤、武功二县令，常、绛二州司马，乃理富平，遂佐兴元。"崔适卒于贞元十四年(798)。

录事参军

董无忌　《唐代墓志汇编》开元二五九唐郑虔《大唐故□州崇儒府折冲荥阳郑府君墓志铭并序》："君讳仁颖，字惟一，荥阳开封人也。……夫人陇西董氏，常州录事参军无忌之女。"董无忌之女董氏开元五年(717)卒。

张处节　《全唐文补遗》一辑唐张翃《唐故京兆府渭南县尉张府君墓志铭并序》："君讳时誉，字虞卿，安定人也……大父讳处节，常州录事参军。"张处节之孙即墓主张时誉开元二十一年(733)卒，时年四十六岁。张翃系墓主张时誉之侄。

裴　导　《全唐文补遗》六辑唐裴佶《故右司御率府录事参军裴君墓志铭并序》："君讳衡，字衡，河东闻喜人。……贞元龙集戊寅岁，由前进士释巾受补。……烈考，常州录事参军府君讳导。君，常州之嗣子也。"又，《宝刻丛编》卷一四引《复斋碑录》齐光乂撰《陈公神庙碑》："时其贤守李公，行穆民勤恤之意，傍偟匪宁，率领官属长史李公昌岠、司马丘公从心、晋陵县令岑公况、武进县令何公据等，果至虔诚，景刻俱应……郡司录裴公导，翰林之宝，辞推典丽，请以颂记，其铭此君为之。"①

丁 道 《全唐文补遗》一辑唐丁居立《唐故郑州原武县尉赠工部尚书员外郎丁府君(佑)河南于夫人封河南郡太君合祔墓志铭并序》："府公讳佑,字玄成,其先济阳人。……祖,常州录事参军讳道。"丁道之孙即墓主丁佑,卒于贞元十七年(801),时年五十三岁。丁居立系墓主丁佑之子。

谭 昌 《全唐文》卷五九〇柳宗元《永州司功参军谭随亡母毛氏志文》："毛氏夫人,父曰仪禹,丰州别驾。祖宏义,济州户曹。夫人归谭氏,曰损,为邓州司仓参军。损父昌,为常州录事参军。"

崔仁度 《全唐文补遗·千唐志斋新藏专辑》第361页唐刘伉《故彭城刘府君博陵崔夫人墓志铭并序》："唐开成景辰岁,博陵崔夫人享年七十八。……(夫人)曾祖仁度,常州录事参军。"

卢全贞 《唐代墓志汇编》天宝一八六唐阙名《唐故朝议郎平原郡长河县令卢府君墓志铭并序》："公讳全贞,字子正,范阳涿人也。……以覆篑之渐,调授郑州参军。满岁,拜常州录事参军。纲纪刊曹,有条而不紊;肃清群吏,无得而可称。……天宝元载,……廷拜平原郡长河县令。"

崔 孚 《白居易全集》卷六九《唐故湖州长城县令赠户部侍郎博陵崔府君神道碑铭并序》："公讳孚,字某,古太岳允也,今博陵人也……属吴王出阁领镇,求才抚人,常闻公名,试以吏事,遂表请为宋城尉。事举,移假涟水令,赏绯鱼袋,县政修。转常州录事参军,纠察课赋。浙东采访使闻之,奏授越州余姚令,吏畏人悦。岁未满,浙西采访使知之,奏改湖州长城令。长城之理,又加于前二邑焉。政成秩满,解印罢去,优游自得,独善其身。兴元元年,疾殁于宋。太和五年,迁葬于洛。享年若干。诏赠尚书户部侍郎。"崔孚兴元元年(784)卒。

韦 诞 清吴骞撰《阳羡摩崖纪录》"会仙岩"条："敕诸道修□□□□五岳四渎名山大川廿四化所□□□□告□□十二年三月廿五日□洞灵观修章醮功德□□□度□□□□使朝散大夫行内侍省内侍魏成信……朝散郎、常州录事参军韦诞,将仕郎、守义兴县令崔□、□□□洞□奉义郎、试义兴县丞□李翱……李隐芝、王衡、齐枢、司马经纶,贞元廿年春三月十三日四人题。"

李 哲 《太平广记》卷三六三《李哲》引《通幽记》："唐贞元四年春,常州录事参军李哲家于丹阳县东郭。去五里有庄,多茅舍,昼日无何,有火自焚,救之而灭。"

---

① 《全唐文》卷八一三录有齐光乂撰《陈公神庙碑》及裴导撰《陈公神庙碑铭》,然而谓"光乂,乾符官集贤院学士""导,乾元初官常州司录",均误。据《宝刻丛编》卷一四,是碑乃乾元三年二月所立。又,齐光乂,唐玄宗开元十五年任郴州博士,后历任秘书省正字,集贤院修撰、直学士,有诗送贺知章归乡。故裴导应以乾元初在任为是。

司功参军

姚 异 《洛阳流散唐代墓志汇编》第254页唐阙名《大唐银青光禄大夫许州诸军事许州刺史上柱国郑县开国伯姚府君志铭并序》:"公讳异,字谦光,本吴兴人也……今家河南洛阳焉。……公弱冠以资补怀州参军、蒲州司士、太子典膳郎。贬澧州司仓、常宋二州司功。"开元二十一年(733)卒,时年五十二岁。

陈 某 名讳失考。《新唐书》卷七一《宰相世系表一下》陈氏:"某,晋陵郡司功参军。"《柳河东集》卷八《唐故秘书少监陈公行状》:"曾祖某,皇会稽郡司马。祖某,皇晋陵郡司功参军。……公姓陈氏,自颍川来隶京兆万年胄贵里,讳京。既冠,字曰庆复。"

司仓参军

许自然 《大唐西市博物馆藏墓志》第562页唐阙名《大唐前河间郡录事参军许府君之墓志并序》:"公讳肃之,字□□,高阳人也。……祖自然,尚辇直长,常州司仓。"许自然之子即墓主许肃之,卒于天宝七载(748),时年五十六岁。

李思训 《全唐文》卷二六五李邕《唐故云麾将军右武卫大将军赠秦州都督彭国公谥曰昭公李府君神道碑并序》:"公讳思训,字建,陇西狄道人也。……未几,加朝散大夫。满岁,除常州司仓参军事。出纳之吝,职司其忧,盖小小者。"

齐 畅 《全唐文》卷五〇三权德舆《叔父故朝散郎华州司士参军府君墓志铭并序》:"公讳隼,字子鸷,天水略阳人。……女子五人:长适安福尉刘公范,次适常州司仓齐畅,其次未及笄。"齐畅岳丈即墓主权隼,卒于贞元九年(793),时年六十一岁。

陈玄志 《宝刻丛编》卷七引《京兆金石录》谓:"唐常州司仓陈玄志妻张淑墓志,唐韦泾撰并正书,元和四年。"

司户参军

李 邕 唐李邕《李北海集》卷二《谢赐慰喻表》:"臣某言……顷岁,昌宗执柄,三思弄权,臣与宋璟同论,桓敬俱奏,贬臣为常州司户。实荷陛下诛韦氏之后,收正人之余,特拜臣左台侍御史。"[1]

于思□ 《全唐文补遗》五辑唐于冲《大唐故朝散大夫泽州晋城县令上柱国于府君(思□)墓志铭并序》:"君讳思□,字惟□,河南洛阳人也。……解褐营州

---

[1] 新、旧《唐书》本传作"富州司户",未知孰是,姑录之。

都督府参军、衢州司户参军、常州司户参军。"于思□于太极元年(712)四月三日卒,时年六十四岁。

李复庆 《新唐书》卷七二《宰相世系表二上》赵郡李氏:"复庆,常州司户参军。"

韩 某 名讳失考。《全唐文》卷三二七王维《大唐吴兴郡别驾前荆州大都督府长史山南东道采访使京兆尹韩公墓志铭》:"公讳朝宗,字某,本出昌黎,今为京兆人也。……次子某,前殿中侍御史,贬晋陵郡司户。"父韩朝宗曾为湖州别驾。

李 融 《册府元龟》卷一三一《帝王部·延赏二》:"(元和)九年八月庚寅,录功臣之后,以……李融为常州司户。"

司兵参军

李全节 《全唐文补遗·千唐志斋新藏专辑》第130页唐阎朝隐《唐故朝散大夫行常州晋陵县令李公(全节)墓志铭并序》:"公讳全节,字□,赵郡平棘人也。……解褐授汝州司户参军。秩满,改常州司兵参军。丁内忧去职,扶杖数粒,尽于一至之恳;钻燧改火,终以三年之丧。调眉州司仓参军,转泾州临泾、亳州山桑二县令。"后又历任苏州常熟县令、常州晋陵县令等,卒于神龙元年(705),时年八十八岁。

窦希瑊 《全唐文》卷一〇〇李湛然《太子少傅窦希瑊神道碑》:"公讳希瑊,字美玉,扶风平陵人也。昭成皇太后之介弟,开元神武皇帝之元舅……既调授潞州参军,寻迁常州司兵参军事。……秩满,入拜安国相王府功曹参军。……唐景云元年,睿宗登极,加朝散大夫,除殿中尚食奉御。"乃润州刺史窦孝湛之子,开元五年(717)卒,时年五十四岁。

于知微 《全唐文》卷二〇六姚崇《兖州都督于知微碑》:"君讳知微,字辨机……子孙相承,故今为京兆万年人也。……缘亲延累,下迁常州司兵参军……长安二年,改授常州刺史。"

郑 廑 《全唐文补遗·千唐志斋新藏专辑》第396页唐崔镇《唐乡贡进士崔镇亡妻荥阳郑氏墓志铭》:"夫人荥阳郑氏,曾祖廑,皇常州司兵参军。"郑廑曾孙女即墓主郑氏卒于大中十二年(858),时年三十六岁。

李 悛 《新唐书》卷七〇下《宗室世系表下》纪王房:"常州司兵参军,悛。"

李元辅 《新唐书》卷七〇下《宗室世系表下》纪王房:"常州司兵参军,元辅。"

司法参军

柳崇约[①] 《全唐文补遗》三辑唐阙名《大周常州司法参军事柳君（偘）故太夫人京兆杜氏墓志铭并序》："（夫人）年十有九，归乎柳氏。皇辟讳偘，字承茂……终于高尚不仕。……长子崇约，前始州黄安县丞、常州司法参军事。……（夫人）粤以永昌元年秋九月遘疾于常州之廨宇。"

李则政 《全唐文补遗》三辑唐阙名《大周故常州司法参军事上柱国李府君（则政）墓志铭并序》："君讳则政，字令范，陇西成纪人也。……秩满，改授朝议郎、常州司法参军事、上柱国……以圣历元年六月八日，遘疾终于洛州洛阳县之私第，春秋卌有八。"《大唐西市博物馆藏墓志》第 554 页有常州司法参军李则政之子李芬墓志铭，系李芬外甥王仲甫所撰。

袁　清 《大唐西市博物馆藏墓志》第 435 页唐阙名《大唐故常州司法参军袁公墓志铭并序》："君讳清，字若水，汝南汝阳人也。……解巾陇州参军事，稍迁常州司法参军事。君抚之以廉平，示之以仁信，缓刑恤狱，敬法守文，十道观风，仰之唯一。秩满归乎京兆，遘疾止乎陈留。春秋五十有四，以开元六年五月二十三日，终于汴州开封县之里舍。"

开承简 《全唐文补遗》四辑唐郭虚己《唐故宣州溧阳县令赠秘书丞上柱国开府君（承简）墓志并序》："开氏之先，出自有周。……公讳承简，字混成，广陵江都人也。……神龙中，故人朔方军大总管韩公初奏君为随军籍。……到军未几，解褐授丰安军仓曹。……旋以功擢授常州司法。公干以从政，威能动物。"开承简于开元十四年（726）卒，时年六十六岁。

张　諴 《全唐文补遗·千唐志斋新藏专辑》第 357 页唐张简修《唐河南府济源县尉陆君妻吴郡张氏夫人墓志铭并序》："夫人姓张氏，吴郡人。……曾祖讳諴，皇任常州司法参军。"张諴曾孙女即墓主张氏，卒于大和五年（831），时年五十二岁。张氏夫君陆岌曾历任句容、上元二县尉。一作张诚，见苏州长洲县尉张诚。

李　税 《新唐书》卷七〇下《宗室世系表下》蒋王房："常州司法参军，税。"

司士参军

李　某 《洛阳流散唐代墓志汇编》第 298 页唐阙名《唐故朝议郎借绯鱼袋皇再从侄泽州别驾李公墓志铭并序》："公讳兴宗，字徽温，陇西成纪人也。……

[①] 碑题作"司法参军柳偘"，据志文，柳偘终身不仕，而其长子柳崇约永昌元年（689）在常州司法参军任上，故以柳崇约为是。

公即世祖文皇帝之直孙、吴王之曾孙、朗陵郡王之胄胤也……公之先府君，仕历苏、常二州司士参军事，地高位下，屈已从政，亦鸿渐之则矣。"司士参军李某之子李兴宗卒于开元二十八年(740)，时年四十七岁。

崔千里 《全唐文补遗》八辑唐崔恕《唐故登仕郎常州司士参军袭武城县开国伯崔府君(千里)墓志铭并序》："先考讳千里，字广源，清河东武城人也……大历初……时幼弟霸先授江阴县丞，乃请常州司士。座主刘公滋曰：'轻名位，重骨肉，公有之矣。'遂署之，同趋一郡，连影四年。"撰墓志者崔恕，乃墓主崔千里之子。又，前书同辑唐崔溉《唐故常州江阴县丞清河崔公之墓志》："有唐前常州江阴县丞清河崔公霸之墓。……(贞元)十年四月，元兄前常州司士参军千里迎丧，携孤而归。"崔千里于贞元十二年(796)秋八月十五日卒，时年六十二岁。

参　　军

爨某 《大唐西市博物馆藏墓志》第 90 页《唐故文德皇后挽郎常州参军爨君墓志并序》："君讳□，□□，厥先雍州鄠县人也。……(君)遂于贞观十八年，觏疾扬州，奄从物化，春秋廿有五。"

萧昺 《全唐文补遗》九辑唐单有邻《唐故简州司马兰陵萧君(守规)墓志铭并序》："君讳守规，字宪，兰陵人也。……起家以崇文馆学生擢第，授曹王府功曹参军。转益州唐隆县令。累迁苏、曹、简三州司马，加朝散大夫。……次子昺，常州参军。"其父长寿二年(693)卒于简州司马任上，春秋不详。兄萧晖，景云二年(711)在苏州司功参军任上。

窦庭芳 《洛阳流散唐代墓志汇编》第 338 页唐阙名《大唐故银青光禄大夫寿王府长史窦府君墓志铭并序》谓墓主窦诚盈有"少子晋陵郡参军庭芳"。墓主窦诚盈天宝五载(746)卒，则是时窦庭芳尚在晋陵郡参军任上。

颜禺 《颜鲁公集》卷七《唐故通议大夫行薛王友柱国赠秘书少监国子祭酒太子少保颜君碑铭》："(颜)禺，好为文，常州参军。"

周晦 《韩昌黎文集校注》卷七《四门博士周况妻韩氏墓志铭》："(周)况，进士，家世儒者。……祖讳晦，常州参军。"

郑卑 《新唐书》卷七五《宰相世系表五上》郑氏："卑，常州参军。"

晋　　陵　　县

州治，汉旧县，本名毗陵县，属会稽郡。晋以避东海王越世子毗讳，与郡同改为晋陵。隋开皇九年(589)平陈，省晋陵郡，以县属常州。唐武德(618—626)中，常州自常熟移治于晋陵县,遂为州治所在。明初,县废,地并入武进县。今属江苏省常州市武进区。

县　令

李仁瞻　《全唐文》卷二九二张九龄《故果州长史李公碑铭并序》:"公讳仁瞻,字某,赵郡房子人。……隋大业中,举孝廉。洎唐兴,调棣州司户参军。凡迁磁、相二州总管府户曹参军,宣州录事参军。……既而迁金乡、晋陵二县令……以课最迁归州治中、郢州司马,加朝散大夫,行果州长史。"

李全节　《全唐文补遗·千唐志斋新藏专辑》第 130 页唐阎朝隐《唐故朝散大夫行常州晋陵县令李公墓志铭并序》:"公讳全节,字□,赵郡平棘人也。……解褐授汝州司户参军。秩满,改常州司兵参军。……仪凤中,应八科举,擢高第。……改魏州昌乐县令。又改苏州常熟县令。……州牧扶风苏幹推其灵异,号曰神明,具以名闻,加朝散大夫,行常州晋陵县令。"曾先后任常州司兵参军、晋陵县令,故有"昔之仕于此州也,今之仕于此县也,再登毗陵旧壤。虽少壮有差,远隔四十余年"之谓,卒于神龙元年(705),时年八十八岁。

何　最　《全唐文补遗》一辑唐裴泛《唐故河南府兵曹何府君(最)墓志铭并序》:"公讳最,蜀郡人也……好直多忤,为时不容。(由监察御史)出为常州晋陵令。无何,稍迁太原府法曹,兼充山南采访判官事。"何最于开元二十六年(738)卒,时年七十岁。

王敬同　《全唐文补遗》九辑唐温商《唐故相州滏阳县尉陇西李公(收)夫人太原王氏墓志铭并序》:"夫人姓王氏,太原晋阳人也。……王父敬同,为晋陵县令。"其孙女即墓主王氏与夫婿李收于贞元二十年(804)从礼合祔。

任　志　《全唐文》卷二六〇唐康廷芝《对县令有惠化判》:"晋陵县人王茂,于访察使所称县令任志有惠化,终日清谈,职务修理,每行笞罚,惟以蒲鞭举,请升进。"

张　镒　《旧唐书》卷一二五《张镒传》:"张镒,苏州人……乾元初……镒贬抚州司户,量移晋陵令,未之官。洪吉观察张镐辟为判官。"《新唐书》本传略同,然而未言其"未之官"。

岑　况　《宝刻丛编》卷一四引《复斋碑录》有齐光乂撰《陈公神庙碑》,乾元三年(760)二月撰,云:"时其贤守李公,行穆民勤恤之意,傍偟匪宁,率领官属长史李公昌岠、司马邱公从心、晋陵县令岑公况、武进县令何公据等,果至虔诚,景刻俱应。"

李　晤　《白居易全集》卷七一《淮南节度使检校尚书右仆射赵郡李公家庙碑铭并序》:"维开成某年某月某日,宣武军节度使检校尚书右仆射汴州刺史上柱国赐紫金鱼袋赵郡李公，斋沐祗栗，拜章上言，请立先庙，以奉常祀。……先考府君讳晤，历金坛、乌程、晋陵三县令。府君为人，笃于家行，饰以吏事，动有常度，居无惰容。所莅之邑有善政，辞满之日多遗爱。"

卢　鼎　《全唐文补遗》八辑唐崔倬《唐故湖南观察支使试太常寺协律郎崔君(扶)墓志铭并序》："季名扶，……处州刺史讳潜之元孙，陕府右司马讳胜之嗣子，故常州晋陵县令范阳卢鼎之外孙。"墓主崔扶即卢鼎外孙卒于大和八年(甲寅岁，834)。

李　兖　一作李政。《全唐文》卷五一九梁肃《李晋陵茅亭记》："赵郡李兖(一作政)仲山，大历中由秘书郎为晋陵令，思所以退食修政，思所以端己崇俭，乃作茅亭于正寝之北偏。……时贞元元年夏五月记。"

李　锋　《全唐文》卷五二一梁肃《越州长史李公墓志铭》："大历己未八月癸丑，故尚书比部郎中渤海李公卒，享年六十。……公讳锋，字公颖，蓚人也。……彭城公刘尚书晏以状闻，诏迁晋陵令，为治加上饶一等。"

韦　某　名讳不详。《全唐诗》卷一八九韦应物有《奉送从兄宰晋陵》诗："东郊暮草歇，千里夏云生。立马愁将夕，看山独送行。依微吴苑树，迢递晋陵城。慰此断行别，邑人多颂声。"

卢士巩　《全唐文补遗》八辑唐张文规《唐故朝散大夫守郑州长史范阳卢府君(士巩)墓志铭并序》："公讳士巩，字从真，姓卢氏，其先燕人也。……由长安主簿调常州晋陵县令。乘浙右聚兵之后，当淮外歉食之时。毗陵虽占空名，流殍相属，公以惠抚，人心稍安。"卢士巩于长庆元年(821)卒，时年七十七岁。撰墓志者张文规系卢士巩长女婿。

单海藏　《元和姓纂》卷四东阳单氏："(单)熙六代孙海藏，唐晋陵令。"

郭　喻　《全唐文》卷八八六徐铉《唐故朝议大夫守尚书刑部侍郎柱国赐紫金鱼袋乔公墓志》："公讳匡舜，字亚元，广陵高邮人也。……夫人太原县君郭氏，代公元孙晋陵令喻之女也。"

萧　某　名讳不详。《全唐诗》卷六六九章碣有《夏日湖上即事寄晋陵萧明府》诗。

县　丞

毕怀亮　《全唐文》卷二五三苏颋《授毕怀亮清流县令制》："敕：前常州晋陵县丞毕怀亮……可滁州清流县令。"

陆　某　名讳不详。《全唐诗》卷六二杜审言[①]有《和晋陵陆丞早春游望》

[①] 一作韦应物。

诗:"独有宦游人,偏惊物候新。云霞出海曙,梅柳渡江春。淑气催黄鸟,晴光转绿蘋。忽闻歌古调,归思欲沾巾。"

徐有道 《全唐文补遗》八辑唐陆长源《唐故河南采访使汴州刺史徐公(恽)夫人嘉兴县君(姚氏)墓志铭并序》:"徐公讳恽,东海人也。……故王屋县令士安之孙,晋陵丞有道之子。"徐有道之子徐恽于天宝五载(746)卒,而徐恽夫人即墓主姚氏,卒于大历九年(774),时年八十五岁。

赵　途 《大唐西市博物馆藏墓志》第998页唐李晦《唐故常州晋陵县丞赵府君墓志铭并序》:"君讳途,天水人也。……晚岁有坠弓裘之虑,遂求仕晋陵,不惮卑薄,所贵绪承先懿也。"赵途卒于咸通十一年(870),时年六十岁。

王退思 《新唐书》卷七二《宰相世系表二》王氏:"退思,晋陵丞。"

主　簿

窦　兰 《全唐文补遗》一辑唐阙名《大唐故宣德郎通事舍人高君(俌)墓志铭并序》末署"前晋陵郡晋陵县主簿窦兰撰"。此碑志撰于天宝四载(745)。

县　尉

叔　卿 《全唐文》卷一五一许敬宗《贺常州龙见表》:"伏见常州别驾终文英表称,所部晋陵县尉信都叔卿等七人,以六月十三日于县城南云雨之际,见有青龙,长数十丈,大八九围,久之乃没。"

杜希曾 《全唐文补遗·千唐志斋新藏专辑》第362页唐杜颙《唐故乡贡进士杜君(辇)墓志铭并序》:"有唐濮阳郡男子杜辇,开成二年八月五日,居艰寝疾,终于江陵府江陵县章台乡琵琶里之私第,享年三十三。……曾大父希曾,终常州晋陵县尉。"

张　翰 《全唐诗》卷一六〇孟浩然有《登岘山亭,寄晋陵张少府》诗:"岘首风湍急,云帆若鸟飞。凭轩试一问,张翰欲来归。"

萧　征 《全唐文补遗》八辑唐李直《大唐故河南府洛阳县丞兰陵萧府君(征)墓志铭并叙》:"府君讳征,字公辟,其先兰陵人也。……贞元中,复从常调,授常州晋陵县尉。秩满,选补河南府阳翟县主簿。……当官从干局之能,莅事有直躬之节。"萧征长庆四年(824)九月八日卒,时年六十七岁。处州刺史萧令思,即萧征曾祖父。

顾　台 《全唐文》卷九九六阙名《唐故朝散郎贝州宗城县令顾府君(谦)墓志铭》:"公讳谦,字自修。……男六人:长曰寰,杭州盐官县尉;次曰台,常州晋陵县尉。"其父顾谦卒于咸通十三年(872),时年六十七岁。

李公绰 《大唐西市博物馆藏墓志》第 1020 页唐赵图《唐故陇西李公神道墓铭并序》:"公讳公绰,字有裕。……用天荫起家,调授亳州参军。秩满,集授常州晋陵尉,历仕亳州蒙城令、扬州录事参军事、京兆栎阳令。"李公绰卒于广明(880—881)年间,时年五十三岁。

武 进 县

晋分曲阿县置武进县。南朝梁改武进县为兰陵县。隋开皇九年(589),县废。唐武德二年(619),复置武进县。贞观八年(634),并入晋陵县。垂拱二年(686),又分晋陵县西境置武进县,与晋陵县同治于州内。今为江苏省常州市武进区。

县　令

马　师 《大唐西市博物馆藏墓志》第 364 页唐阙名《大唐故陈州司马马府君志铭并序》:"公讳师,字元礼,……家世扶风人也。……左威兵曹、洛州录事、度支主事、都台主事、尚书都事、常州武进县令、陈州司马。……春秋六十遘疾,终于洛阳遵教里之私第。延和元年七月十五日,迁窆于河南北山之东岗,礼也。"

杜崇先 《全唐文补遗·千唐志斋新藏专辑》第 295 页唐杜兴成《唐故宣议郎左骁卫兵曹参军杜君(佝)夫人安定皇甫氏墓志》:"夫人即(胤)第四女也,适杜氏。府君讳佝,……父崇先,常州武进令。"杜崇先媳即墓主皇甫氏卒于贞元十六年(800),时年六十岁。

何　据 《宝刻丛编》卷一四引《复斋碑录》有齐光乂撰《陈公神庙碑》,乾元三年(760)二月撰,云:"时其贤守李公,行穆民勤恤之意,傍偟匪宁,率领官属长史李公昌岯、司马邱公从心、晋陵县令岑公况、武进县令何公据等,果至虔诚,景刻俱应。"

郑　某 名讳不详。《全唐诗》卷五二宋之问[①]有《送武进郑明府》诗:"弦歌试宰日,城阙赏心违。北谢苍龙去,南随黄鹄飞。夏云海中出,吴山江上微。甿谣岂云远,从此庆缁衣。"

程　某 名讳不详。《全唐文》卷二六五李邕《桂府长史程府君神道碑》:"公讳某,字某,广平新安人也。……朝廷许之,转詹事府司直,历城门郎,长社、武进、朝邑、曲沃、好畤、云阳宰六县,皆代工开化,顺时布和,慎简里胥,周省条薄。"

---

① 一作徐坚。

程某卒于开元十六年(728)。

文　某　名讳不详。《全唐诗》卷一一〇刘庭琦有《咏木槿树题武进文明府厅》诗："物情良可见，人事不胜悲。莫恃朝荣好，君看暮落时。"

韦　某　名讳不详。唐钱起《钱仲文集》卷五有《送武进韦明府》诗："理邑想无事，鸣琴不下堂。井田通楚越，津市半渔商。卢橘垂残雨，红莲拆早霜。送君催白首，归水独思乡。"

龚　某　名讳不详。《全唐文》卷八八二徐铉《送武进龚明府之官序》："予于龚生有之矣，始予居献纳之地，生已为赤县尉。……丙寅岁，予避兵于池阳，遇生侍亲郡中，勉之东下。……而出入三年，始为武进宰。"

县　丞

李　昭　《新唐书》卷七二《宰相世系表二上》赵郡李氏："昭，武进丞。"

徐　亹　《新唐书》卷七五《宰相世系表五下》北祖上房徐氏："亹，字居方，武进丞。"

主　簿

崔　湛　《全唐文补遗》二辑唐阎伯玙《大唐故中散大夫行荥阳郡长史上柱国赏金鱼袋清河崔府君(湛)墓志铭并叙》："天宝祀圆丘之岁夏四月乙卯，荥阳长史清河崔公即世于郡之官舍，享年七十。……长安中，国家宗祀明堂，以门子选斋郎出身，补曹州成武县主簿，坐公事去官。寻丁太夫人忧。……服阕，调常州武进县主簿。"

赵晋用　《全唐文》卷三六四《赵晋用小传》："晋用，天宝五载武进县主簿。"

李　晀　《全唐文补遗》一辑唐阳浚《唐故朝散大夫太子左赞善大夫陇西李府君(晀)墓志铭并序》："公讳晀，字晀，陇西成纪人也。……弱冠，进士擢第。吏曹考判，又登甲科。以京职禄微，阙于致养，请授晋陵郡武进县主簿。……俄而秩满，返服旧居。"李晀卒于天宝十三载(754)十二月十三日，时年五十八岁。

崔　湛　《全唐文》卷六八二牛僧孺《崔相国群家庙碑》："庙第一室曰郑州公，讳湛，字湛然。……释褐常州武进县主簿，累选颍川、荥阳二长史。……岁终上能，宰相启公为寿州刺史。"

杜　儒　《新唐书》卷七二《宰相世系表二上》襄阳杜氏："儒，字巨卿，武进主簿。"

郑　铣　《新唐书》卷七五《宰相世系表五上》郑氏："铣，武进主簿。"

县　尉

门　道　《洛阳流散唐代墓志汇编》第114页唐阙名《大周故常州武进县尉门君墓志并序》："公讳道,字弘奖……因官命族,即为洛州偃师人也。"墓志谓其"甫归黄绶之班,爰佐铜章之职",即指其任武进县尉之职。门道长安二年（702）卒于私第,时年五十二岁。

李　朏　《册府元龟》卷三九《帝王部·睦亲》："唐玄宗开元二十五年五月辛丑,命有司选宗子有才者。宗正荐……五从弟武进尉朏……皆授台省官及法官、京县官。"

崔　澄　《全唐文补遗》二辑唐阙名《有唐故京兆府三原县尉崔公（澄）墓志铭并序》："公讳澄,字澄,清河人也。……始以孝廉入仕,起家常州武进尉,调绛郡夏县尉,迁京兆府三原尉。"崔澄天宝十一载（752）卒于三原县尉任上,时年六十三岁。

尹本古　《全唐文》卷四九八权德舆《唐故成德军节度营田副使正议大夫赵州别驾赠寿州都督河间尹府君神道碑铭并序》："有诏赠澄之先人正议大夫赵州别驾锬为寿州都督……初都督之祢曰本古,仕至常州武进尉。"尹本古之子即尹锬卒于大历七年（772）,时年六十一岁。

崔　遴　《全唐文》卷五○三权德舆《洪州建昌县丞崔公墓志铭并序》："君讳遴,字某,博陵安平人也。……大历中,御史大夫赞皇李公之宣风于吴也,闻其贤,起家表荐为常州武进县尉。"

李　迅　《全唐文》卷五二一梁肃《陇西李君墓志》："君讳傪,姓李氏,陇西成纪人。……以大历十二年春三月甲子,寝疾而没焉。……其仲兄武进尉迅,衔天伦之哀,谋及卜筮,以是月既望,抱其孤送君之丧,权窆于正勤佛寺之北原。"

王　甫　《全唐文补遗》八辑唐苏谠《唐故常州武进县尉太原王府君（甫）墓志铭并序》："府君讳甫,字宗源,太原人也。……弱冠通经,有司考试上第。吏部以书判殊众,补宣州宁国县尉。少年初官,县令常意其不济,每案牍归成,未尝不抚髀叹息。如是者三周,而无败事。俄而复调授常州武进县尉,决遣繁滞,犹在宣城焉。公道不行,时莫称荐。满秩,闲居毗陵者数岁。复议参调,斯疾忽婴。……元和六年,殁于武进私第,时年六十一。"又,《唐代墓志汇编》会昌○三三唐苏让《唐故常州武进县尉王府君夫人武功苏氏墓志铭并序》："（夫人）及笄,奉命归于王氏……辅武进公历二任,生一男。元和初,不幸武进蚤亡。"苏氏即王甫之妻。

申堂构　《新唐书》卷六○《艺文志四》谓"包融诗一卷",并注云："融与储光羲皆延陵人,曲阿有余杭尉丁仙芝……丹徒有江都主簿马挺、武进尉申堂构,十八人皆有诗名。殷璠汇次其诗,为丹阳集者。"

杜延寿 《新唐书》卷七二《宰相世系表二上》濮阳杜氏:"延寿,武进尉。"乃唐玄宗宰相杜暹之孙。

刘 某 名讳不详。《唐语林》卷一《政事上》:"宣平郑相之铨衡也,选人相贺得其入铨。刘禹锡弟某为郑铨注潮州尉,一唱,唯唯而出,郑呼之却回……乃注武进县尉。"①

郑 绍 《全唐诗》卷二〇三《郑绍小传》:"郑绍,武进尉,诗一首。"

张中立 元陶宗仪《古刻丛钞》录有《唐故宣义郎侍御史内供奉知盐铁嘉兴监事张府君墓志铭并序》:"君讳中立,字□□,其先范阳人也。……大中初,再调授武进尉。"

江 阴 县

本汉曲阿县地,属会稽郡。晋时于曲阿县立武进县,属毗陵郡。南朝梁改武进县为兰陵,梁敬帝太平二年(557)分兰陵县置江阴县,②以地处长江之南而为名。唐武德三年(620),于江阴县置暨州,领江阴、暨阳、利城三县。九年,省暨阳、利城二县入江阴县,属常州。今为江苏省无锡市江阴市(县级)。

县 令

狄知俭 《新唐书》卷七四《宰相世系表四下》狄氏:"知俭,江阴令。"乃越州刺史狄知逊长兄、武则天宰相狄仁杰(狄知逊长子)伯父。

王 汶 《全唐诗》卷九九有张循之③《送王汶宰江阴》诗:"郡北乘流去,花间竟日行。海鱼朝满市,江鸟夜喧城。让酒非关病,援琴不在声。应缘五斗米,数日滞渊明。"张循之,洛阳人,武则天时因上书忤旨被诛。

崔 育 《旧唐书》卷一六三《崔弘礼传》:"崔弘礼,字从周,博陵人,北齐怀远之七代孙。祖育,常州江阴令。父孚,湖州长城令。"又,《白居易全集》卷六九《唐故湖州长城县令赠户部侍郎博陵崔府君神道碑铭并序》亦云:"公讳孚,字某,古太岳允也,今博陵人也。……隋散骑常侍讳洽,公六代祖也;唐冀州武强令讳

---

① 据刘禹锡自传(《刘禹锡全集编年校注》卷一九《子刘子自传》)谓:"小子承凤训,秉遗教,眇然一身,奉尊夫人不敢陨灭。"以及其在《上中书李相公启》(同卷卷一四,下同)所云"内无手足之助"、《上门下武相公启》所云"一身主祀",知刘禹锡并无嫡亲兄弟,此"刘禹锡弟某"当为从弟。

② 此据《旧唐书》《太平寰宇记》等所载。一说江阴县本汉毗陵县之溉(暨)阳乡,晋太康二年(281)置溉(暨)阳县,梁敬帝置江阴县、郡,见《元和郡县图志》。

③ 一作包何。

绍,曾祖也;监察御史讳预,王父也;常州江阴令育,皇考也。"

武　登　《新唐书》卷七四《宰相世系表四上》武氏:"登,江阴令。"《全唐文》卷六三九李翱《兵部侍郎赠工部尚书武公墓志铭》:"公讳儒衡,字庭硕……父登,常州江阴县令,赠礼部侍郎。"武登之父武平一,唐中宗初年征拜起居舍人、考功员外郎。

窦修睦　《全唐文》卷三六四赵晋用《赛雨纪石文》:"江阴县令窦修睦,树德惟俨,立政惟明,惠爱洽于人心,操割骇于神用。获斯介祉,润我编甿,爰加绘事,用答灵祐。……是岁大唐天宝五载季夏六月壬午三日甲申记。"《全唐诗》卷二一〇皇甫曾有《酬窦拾遗秋日见呈》诗,并自注云:"时此公自江阴令除谏官。"

李　瀞　《全唐文》卷三六四《李瀞小传》:"瀞,字坚水。天宝中进士,累授左补阙、监察御史。奉使朔陲,露奏安禄山逆迹,反为所构,配流卢溪。至德初,起为江阴令,征拜祠部员外郎,迁刑部郎中。上元中加御史,卒。"《全唐文》卷七八四穆员《刑部郎中李府君墓志铭》:"府君讳瀞,字坚水。……至德岁,起家宰江阴,历佐晋陵、吴兴、丹阳三郡。"

郑　闿　《全唐文补遗·千唐志斋新藏专辑》第 299 页唐王公亮《唐故河南府伊阳县令荥阳郑府君(闿)墓志铭并序》:"公讳闿,字清,荥阳开封人也。……弱岁,太庙斋郎,授杭州盐官县主簿。……(元载)特表公超迁洪州录事参军,纲辖以能闻。累至江阴、海陵二县令。……代宗临朝,御下以察。公未达江岭,遂优诏除润州司户参军。"郑闿于贞元十六年(800)十月廿三日卒,时年七十一岁。

张伯达　《全唐文》卷七四一郁群老《大唐常州江阴县兴建寺碑铭并序》:"今江阴县兴建寺者……县宰张公伯达,煦仁风以抚俗,出牛刀而佐时,乌鹊龟鱼,各得其化,绳彼奸猾,卫此佛法。……大和二年戊申岁二月八日,主寺僧文献置,进士鲁郡郁群老撰。"

张　蕴　《全唐文》卷一三〇钱镠《授张蕴江阴令牒》:"前摄苏州长洲县令文林郎、前守洪州都督府参军张蕴,牒奉处分。……正授常州江阴县令,表次录奏,仍牒举者。"

赵　宏　唐高彦休《唐阙史》卷上《赵江阴政事》:"咸通初,有天水赵宏者任江阴令,以片言折狱著声。"[①]

李嘉祐　《方舆胜览》卷五《名宦》:"李嘉祐,为江阴令。"雍正《江南通志》卷一一四《名宦》引《南畿志》:"李嘉祐,字从一,赵州人,为江阴令,淳雅不苟,民庶

---

① 赵宏,一作赵和,同见《太平广记》、《折狱龟鉴》、雍正《江南通志》等,皆言其听讼敏明,所载当为一人,或因音谐而讹。

亲服。"李嘉祐有《登滋城浦望庐山初晴直省赉敕催赴江阴》《仲夏江阴官舍寄裴明府》等诗(见《全唐诗》卷二〇六)。

窦全质 《新唐书》卷七一《宰相世系表一下》窦氏:"全质,江阴令。"

霍　某 名讳不详。《全唐诗》卷六四九方干有《送江阴霍明府之任》诗:"遥遥去舸新,浸郭苇兼蘋。树列巢滩鹤,乡多钓浦人。虹分阳羡雨,浪隔广陵春。知竟三年秩,琴书外是贫。"

县　　丞

贾　整 《全唐文补遗》三辑唐阙名《大唐故常州江阴县丞贾府君(整)墓志铭并序》:"公讳整,字轨,河东平阳人也。……起家授巴州司士参军,除豳州新平县丞、骑都尉、常州江阴县丞。……春秋五十五,以贞观十八年八月遘疾终于私第。"

敬安孝 《全唐文》卷三六四赵晋用《赛雨纪石文》:"江阴县令窦修睦,……丞敬安孝、主簿卢洙、尉曲霭,抱干时之具,蓄兼济之才,发言勇于公忠,祗事勤乎夙夜。实劳跂倚,其吐馨香,不有君子,安能辑事?乃相与斫丰石,扬神休。是岁大唐天宝五载季夏六月壬午三日甲申记。"

崔　霸 《全唐文补遗》八辑唐崔恕《唐故登仕郎常州司士参军袭武城县开国伯崔府君墓志铭并序》:"先考讳千里,字广源,清河东武城人也……大历初……时幼弟霸先授江阴县丞,乃请常州司士。座主刘公滋曰:轻名位,重骨肉,公有之矣。遂署之,同趋一郡,连影四年。"又,唐崔溉《唐故常州江阴县丞清河崔公之墓志》:"呜呼!有唐前常州江阴县丞清河崔公霸之墓。……公始以太庙斋郎出身,选授杭州临(汝)[安]主簿。清公著称,终始一致。再命江阴,政复有闻。秩满退处,优游自得。"崔霸卒于贞元九年(793),时年五十二岁。崔溉在志文中自称"堂弟洛阳令溉"。

崔　惟 《全唐文补遗·千唐志斋新藏专辑》第272页唐王嵩《唐故朝议□□□郡枣阳县令崔府君(珣)墓志铭并序》:"公讳珣,字珣,定州博陵人也。……少子惟,今常州江阴丞。"墓志撰于贞元四年(788)。

任　某 名讳不详。《全唐文》卷七四一郁群老《大唐常州江阴县兴建寺碑铭并序》:"今江阴县兴建寺者……县宰张公伯达……丞任,主簿崔,尉刘、褚、许,并以远代簪缨,驰芳不泯……大和二年戊申岁二月八日,主寺僧文献置,进士鲁郡郁群老撰。"

主　　簿

卢　洙 《全唐文》卷三六四赵晋用《赛雨纪石文》:"江阴县令窦修睦,……

丞敬安孝、主簿卢洟、尉曲霭，抱干时之具，蓄兼济之才，发言勇于公忠，祗事勤乎夙夜。实劳跛倚，其吐馨香，不有君子，安能辑事？乃相与斫丰石，扬神休。是岁大唐天宝五载季夏六月壬午三日甲申记。"

苏建初 《大唐西市博物馆藏墓志》第1046页唐苏特《唐故殿中侍御史武宁军节度判官苏公墓志铭》："公姓苏氏，讳建初，字子敬，世为武功人。……及来浙右，方遂释褐，授江阴主簿。"父苏冕（734—805），曾缵国朝政要，撰《会要》四十卷。

湛贲 《全唐文》卷六一三《湛贲小传》："贲，毗陵人，后徙宜春。贞元中进士，调江阴县主簿，权知无锡县，迁毗陵太守。"《全唐诗》卷四六六《湛贲小传》："湛贲，贞元中登第，尝以江阴主簿权知无锡县事，后为毗陵守。"洪武《无锡县志》卷三下《州署》："湛贲，宋长史茂之十三代孙，进士及第。贞元十九年，以江阴县主簿权知无锡县事，有题祖宅二诗，刻惠山寺中，可考。"

崔某 名讳不详。《全唐文》卷七四一郁群老《大唐常州江阴县兴建寺碑铭并序》："今江阴县兴建寺者……县宰张公伯达……丞任，主簿崔，尉刘、褚、许，并以远代簪缨，驰芳不泯……大和二年戊申岁二月八日，主寺僧文献置，进士鲁郡郁群老撰。"

崔岐 《大唐西市博物馆藏墓志》第868页录有崔岐撰《亡妻荥阳郑氏墓志》，崔岐自署"前常州江阴县主簿"。崔岐妻即墓主郑氏于开成二年（837）卒，推知崔岐任江阴县主簿当在开成二年或之前。

县 尉

曲霭 《全唐文》卷三六四赵晋用《赛雨纪石文》："江阴县令窦修睦，……丞敬安孝、主簿卢洟、尉曲霭，抱干时之具，蓄兼济之才，发言勇于公忠，祗事勤乎夙夜。实劳跛倚，其吐馨香，不有君子，安能辑事？乃相与斫丰石，扬神休。是岁大唐天宝五载季夏六月壬午三日甲申记。"

宋微 《洛阳流散唐代墓志汇编》第402页唐杜芳等《故洛阳县令宋府君墓志铭并序》："公讳、字微，广平人也……二十擢第，解褐常州江阴县尉。"后曾伪任大燕洛阳县令。宋微于大燕顺天二年（唐乾元三年、上元元年，760）即卒，时年五十二岁。

邹待征 《全唐文》卷三一四李华《哀节妇赋（有序）》："武康尉薄自牧尝谓余曰：仆有贤女，适江阴尉邹待征。征亦良士，仆志之矣。……及江左之乱，待征解印窜匿。"由其赋言"昔岁群盗并起，横行海浙；江阴万户，化为凝血"看，此"江左之乱"当为宝应元年（762）发生的袁晁起义。

张　迅　《全唐文补遗·千唐志斋新藏专辑》第 226 页唐周方逊《唐故晋陵郡江阴县尉张公墓志铭并序》："公讳迅，字迅，南阳人也。……以孝廉登科，调补邢州南和县主簿。丁太夫人忧，服阕，授晋陵郡江阴县尉。……秩满，归东周。"张迅卒于天宝十一载（752），时年五十五岁。

论　倜　《全唐文》卷四七九吕元膺《骠骑大将军论公神道碑铭并序》："公讳惟贤，字惟贤，其先西土人也。高祖讳东赞，作相于西戎，因官立姓，遂为论氏。……嗣子辅鼎，同州白水县丞；次曰倜，常州江阴县尉。"论倜之父即墓主论惟贤，卒于元和四年（809）。

刘　某　名讳不详。《全唐文》卷七四一郁群老《大唐常州江阴县兴建寺碑铭并序》："今江阴县兴建寺者……县宰张公伯达……丞任，主簿崔，尉刘、褚、许，并以远代簪缨，驰芳不泯……大和二年戊申岁二月八日，主寺僧文献置，进士鲁郡郁群老撰。"

褚　某　见上。

许　某　见上。

张惟贞　《全唐诗》卷七四九李中有《送张惟贞少府之江阴》诗："相送烟汀畔，酒阑登小舟。离京梅雨歇，到邑早蝉秋。俗必期康济，诗谁互唱酬。晚凉诸吏散，海月入虚楼。"

薛　崇　《新唐书》卷七三《宰相世系表三下》薛氏："崇，江阴尉。"

无　锡　县

汉旧县。王莽时曾改名有锡县。《太平寰宇记》卷九二《江南东道四·常州》"无锡县"条引《风土记》云："周武王追崇周章于吴，又封章小子斌于无锡。昔有谶曰：'无锡宁，天下平；有锡兵，天下争。'故名之。"三国吴，县废，地属典农校尉。晋太康元年（280）平吴，复为县，属毗陵郡。晋元帝（317—323）初年，改属晋陵郡。隋、唐属常州。今为江苏省无锡市（设区市）。

县　令

郑玄勖　《大唐西市博物馆藏墓志》第 202 页唐阙名《大唐故左卫勋卫郑君墓志铭并序》："君讳贞，字崇一，荥阳开封人也。……父玄勖，太子斋帅，邛州依政县令，常州无锡县令。"其父郑善果，曾历任唐礼部、刑部、户部三尚书。其子郑贞，闲居晦迹，卒于唐高宗上元三年（676），时年二十七岁。

杨　陶　《全唐文补遗》二辑唐阙名《唐常州无锡县令杨府君（陶）夫人王氏

墓志铭》：“夫人讳俱夷，并州太原人也。……春秋五十七，以光宅元年九月八日，卒于洛阳永丰里宅第。”又，《全唐文补遗》二辑、《千唐志斋藏志》第383页唐阙名《大周故常州无锡县令杨公墓志铭并序》："公讳陶，字安师，本弘农郡人也。……大周任常州无锡县令。百姓自理，独富鸣琴。督邮无事，但观驯雉……以载初元年五月廿九日卒于思颂坊之里第。"杨陶墓志及序中虽未及夫人姓氏，但从光宅元年撰王氏墓志称杨某为"唐常州无锡县令"而未冠称"前"，载初元年撰杨陶墓志称"大周任常州无锡县令"，则两人当为同一人，光宅元年（684）至载初元年（689）在无锡县令任上。

柳　某　名讳不详。《全唐文补遗·千唐志斋新藏专辑》第143页唐韦济《大唐故常州无锡县令柳府君夫人韦氏墓志铭并序》："维开元十二年三月一日甲寅，无锡令柳君夫人韦氏卒。"韦济系墓主韦氏堂弟，墓志撰于开元十四年（726）。柳某当于开元十二年在无锡县令任上。

裴　深　《全唐文补遗·千唐志斋新藏专辑》第332页唐王昊文《唐故大理司直润州金坛县令河东裴公墓志铭并序》："司直讳深，字巨源。……始命为汴州参军，再任为华州下邽县丞。以能名，累迁大理评事司直，领临安、无锡、金坛三邑宰。政各有成，嘉名翕然。未阶大任，以建中元年十月六日殁于位，春秋卅有一。"

吕　遥　《全唐文补遗》三辑唐孙叔羽《唐故常州无锡县令东平吕君（遥）墓志》："皇唐建中四年十二月廿四日，常州无锡县令吕君讳遥，字季武，年卅七，遇害于蓝田县之旅馆。……奸凶覆亡，公有其力，拜常州无锡县令。冬十月，盗起阙下，大驾时巡。公为所胁，伪署以职，遁脱于蓝田县。王师奄至，玉石俱焚。忠义不明，人伦冤恸。"其曾祖吕遇师曾任越州别驾。

敬　澄　唐独孤及《毗陵集》卷一七《慧山寺新泉记》："此寺居吴西神山之足……无锡令敬澄字深源，以割鸡之余，考古案图，葺而筑之，乃饰乃圬。"敬澄与陆羽同时，在县令任内曾修葺惠山寺。

湛　贲　《全唐诗》卷四六六《湛贲小传》："湛贲，贞元中登第，尝以江阴主簿权知无锡县事，后为毗陵守。"

蔡　某　名讳不详。《全唐诗》卷二〇六李嘉祐有《晚春宴无锡蔡明府西厅》诗："茅檐闲寂寂，无事觉人和。井近时浇圃，城低下见河。兴缘芳草积，情向远峰多。别日归吴地，停桡更一过。"

崔　侠　《全唐文补遗·千唐志斋新藏专辑》第313页唐庾承恭《唐故朝散大夫使持节郴州诸军事守郴州刺史博陵崔公（侠）墓志铭并序》："公讳侠，字虚己，博陵人。……公始自郑州参军，历荥泽尉、下邽丞、朝邑丞、大理评事、常州无锡令。秩满，家无余俸以资归，因寄居邑中。邑人有狱讼，不诣府署，而听公以决。迁河南府偃师令，转济源令，加朝散大夫。"元和六年(811)卒于罢郴州刺史归京途中，时年六十二岁。

孙元恭　《宝刻丛编》卷一四引《复斋碑录》："唐李陟惠山寺诗，诗九首并记，咸通十一年五月一日无锡令孙元恭勒石。"

裴　谣　《全唐文补遗》八辑唐裴格《唐故朝议大夫检校左散骑常侍河南少尹上柱国赐紫金鱼袋裴公(谣)墓铭并序》："公讳谣，字承化，……遂以荫绪命官，首任常州无锡县令，次任河南府巩县令，次历河南府司录，又宰河南府巩县令。"裴谣于天复三年(903)卒，时年七十二岁。又，《全唐文补遗》八辑唐李景庄《唐常州无锡裴长官陇西李夫人墓志铭并序》："唐常州无锡裴长官夫人陇西李氏，景庄之第二女，第卅七女。咸通十四年岁次癸巳十一月壬戌朔廿日辛巳，有行归于中眷前无锡令河东裴谣。"墓志撰者李景庄乃李夫人之父，志既称"前无锡令"，则裴谣任无锡令当在咸通十四年(873)十一月之前。

周邦弼　《宝刻丛编》卷一四引《复斋碑录》："唐宿惠山寺序并诗，唐王武陵序并诗，朱宿、窦群和贞元四年游，元和二年窦群重游为记、正书，咸通十二年七月县令周邦弼刊。"惠山寺始建于南北朝，位于无锡县惠山秀嶂街。

李勤均　《新唐书》卷七〇上《宗室世系表上》蜀王房："无锡令，勤均。"

县　丞

公孙罗　《旧唐书》卷一八九《公孙罗传》："公孙罗，江都人也。历沛王府参军、无锡县丞，撰《文选音义》十卷，行于代。"《新唐书》卷一九八《曹宪传》亦谓："(公孙)罗，官沛王府参军事、无锡丞。"

刘好问　《新唐书》卷七一《宰相世系表一上》曹州南华刘氏："好问，字彦博，无锡丞。"

李　璟　《新唐书》卷七二《宰相世系表二上》赵郡李氏："璟，无锡丞。"

主　簿

无考。

县　尉

萧　愉　《全唐文补遗》二辑唐阙名《唐故兰陵萧夫人墓志铭并序》："夫人讳博，兰陵人也。……夫人乃太中大夫、琅耶郡司马茂本元子之孙，晋陵郡无锡尉愉之第四女也。"萧愉之女即墓主萧夫人，卒于天宝十一载(752)，时年四十一岁。

奚山松 《全唐文》卷二六八武平一《东门颂并序》:"东门者,前刺史平阳崔公庭玉、今长史京兆韦公扬先、司马北平阳公洽、郡县寮佐所创构也。……阉茂岁太冲日,公将伏奏洛师,郡人前华容令吴元晖、无锡尉奚山松等数百人,比肩接踵,或泣或歌。"

常非月 《大唐西市博物馆藏墓志》第440页有唐常非月《大唐故相州刺史窦府君元妃陇西夫人墓志并序》,署"宣德郎、前常州无锡县尉常非月叙",墓主"陇西夫人"李挐卒于开元十四年(726),则常非月任无锡县尉当在开元十四年前。另,《太平寰宇记》卷九二《江南东道四·常州》:"黄歇庙,今在无锡县惠山寺。唐开元四年,无锡尉常非熊为旱以露,板檄春申君说李园之事,当时下雨,信有征矣。"根据大唐西市博物馆藏墓志拓片图版,"常非熊"实为"常非月"之误。

蒋镝 《文苑英华》卷七八一任华《西方变画赞》:"前殿中侍御史蒋炼、炼弟前右拾遗镇、镇弟前无锡尉镝、镝弟前千牛鏠、鏠弟前协律郎锜等,泣血三年,哀过乎礼……侍御女弟润州长史京兆王宙妻、次前信州刺史高阳齐□妻、季前拾遗东海徐閎妻,哀礼兼极……"

皇甫冉 《新唐书》卷二〇二《皇甫冉传》:"皇甫冉,字茂政,十岁便能属文,张九龄叹异之。与弟曾皆善诗,天宝中踵登进士,授无锡尉。"《全唐文》卷三八八独孤及《唐故左补阙安定皇甫公集序》:"补阙讳冉,字茂政。……举进士第一,历无锡县尉、左金吾兵曹。今相国太原公之推毂河南也,辟为书记。大历二年,迁左拾遗,转右补阙。"

李芳 《新唐书》卷七二《宰相世系表二上》赵郡李氏:"芳,无锡尉。"

郑丰 《新唐书》卷七五《宰相世系表五上》郑氏:"丰,无锡尉。"

义 兴 县

汉旧县。本为汉阳羡县,属会稽郡。晋惠帝时,割吴兴郡之阳羡并长城县之北乡置义兴郡。隋开皇九年(589),平陈,废郡为义兴县。唐武德七年(624),置南兴州,领义兴、阳羡、临津三县。八年,废南兴州,省阳羡、临津二县,以义兴县复隶常州。乾元二年(759),义兴县属润州。三年,复属常州。宋太平兴国元年(976),避宋太宗赵光义讳,改义兴县为宜兴县。今为江苏省无锡市宜兴市(县级)。

县 令

秦怀道 唐朝开国名将、凌烟阁二十四功臣之一秦叔宝之孙。《洛阳流散唐代墓志汇编》第182页唐宋温璩《唐故常州义兴县令上柱国秦府君墓志铭并序》:

"公讳怀道,字理,其先出自右扶风……因宦家于齐,为齐州历城县人焉。……释褐千牛备身,进趋紫掖,入侍丹墀。秩满,改授绵州司士参军,又转常州义兴县令,袭封历城县开国公。书佑一州,声蔼左绵之壤;为邦百里,政敷东越之墟。"秦怀道嗣圣元年(684)二月一日遘疾终于括州括苍县,时年六十岁。其子秦景倩,曾任越州山阴县令。

李　某　诗人李白从孙,名讳不详。《李白集校注》卷一〇有《赠从孙义兴宰铭》,其中云:"天子思茂宰,天枝得英才。朗然清秋月,独出映吴台。……弦歌欣再理,和乐醉人心。蠹政除害马,倾巢有归禽。壶浆候君来,聚舞共讴吟。农人弃蓑笠,蚕女堕缨簪。欢笑相拜贺,则知惠爱深。历职吾所闻,称贤尔为最。化洽一邦上,名驰三江外。"

崔　晟　《全唐文补遗》九辑唐敬安《唐故扬州大都督府士曹参军张府君(林)合祔墓志铭并序》:"公讳林,字林,……后夫人清河崔氏,常州义兴县令晟之女也。"崔晟婿即墓主张林卒于大历九年(774),时年六十岁。

崔　某　名讳不详。清吴骞撰《阳羡摩崖纪录》"会仙岩"条:"敕诸道修□□□□五岳四渎名山大川廿四化所□□□告□□十二年三月廿五日□洞灵观修章醮功德□□□度□□□□使朝散大夫行内侍省内侍魏成信……朝散郎、常州录事参军韦诞,将仕郎、守义兴县令崔□,□□□洞□奉义郎、试义兴县丞□李翱……李隐芝、王衡、齐枢、司马经纶,贞元廿年春三月十三日四人题。"

邱　某　名讳不详,永泰(765—766)中任。《全唐文》卷八八二徐铉《常州义兴县重建长桥记》:"是桥也,征诸图牒,则后汉邑令袁君创造。国朝永泰中令邱君新之,其他无闻焉。"邱,一作丘,《全唐诗》卷二六三有严维《荆溪馆呈丘义兴》诗:"失路荆溪上,依人忽暝投。长桥今夜月,阳羡古时州。野烧明山郭,寒更出县楼。先生能馆我,无事五湖游。"

刘　某　名讳不详。《全唐文》卷八八二徐铉《常州义兴县重建长桥记》:"是桥也,征诸图牒,则后汉邑令袁君创造。国朝永泰中令邱君新之,其他无闻焉。中兴之初,邑有义夫曰吴濛、吴渍,率以私帑,备加营构。人赖其利,逾三十载。……甲寅岁,著作佐郎刘君来为邑长,视其制度,知非民力之所能济,乃状其事,白于有司。上闻嘉之,诏赐钱八十万。君信而好古,宽而得众。尉卢蒨,鼎甲余庆,俊造策名。政是以和,事无不举。乃相与敷王泽,因民心,备物致用,程工揆日,器利工善,材良事时。戊辰岁冬而栽,明年暮春而毕,长五十步,广七步。""甲寅岁"当为大历九年(774),由是知刘某于大历九年任县令。

陆士伦　《洛阳流散唐代墓志汇编》第 440 页唐阙名《唐故常州义兴县令陆君墓记》:"君讳士伦,字德彝,河南洛阳人也。……属江淮转运使、吏部尚书刘晏荐君清足以检人,干足以成务,诏授常州义兴县令。"陆士伦在历常熟县令、钱塘县令后,曾二度任常州义兴县令,于贞元四年(788)卒,时年六十二岁。《全唐诗》卷二〇六有李嘉祐《送陆士伦宰义兴》诗:"阳羡兰陵近,高城带水闲。浅流通野寺,绿茗盖春山。长吏多愁罢,游人讵肯还。知君日清净,无事掩重关。"

权　某　名讳不详。《杼山集》卷三有《五言喜义兴权明府自君山至集陆处士羽青塘别业》诗。

陈从谏　清顾炎武《曝书亭集》卷四八《晋平西将军周孝侯碑跋》谓:"宜兴县周孝侯碑,相传平原内史陆士衡撰文,会稽内史王逸少书。孝侯战没,而碑辞云元康九年旧疾增加,奄捐馆舍,乖谬已甚。然书法亦不恶,但假逸少之名,是为不知量矣。末题'元和六年岁辛卯十一月承奉郎守义兴县令陈从谏重树'。疑文字皆此君伪托尔。"谓疑周孝侯碑乃唐义兴县令陈从谏伪作。

徐延休　雍正《江南通志》卷一一四《名宦》:"徐延休,会稽人,摄义兴令,勤恤民事。初,郡守多遣小吏巡县,为民患。延休梃而遣之。刺史王彦章服其刚正,贻书谢过。"其子徐铉有《走笔送义兴令赵宣辅》诗云:"闻君孤棹向荆溪,陇首云随别恨飞。杜牧旧居凭买取,他年藜杖愿同归。"徐延休天祐中摄义兴令,其子徐铉少尝随侍,故有"藜杖同归"之语。

县　丞

李　翱　清吴骞撰《阳羡摩崖纪录》"会仙岩"条:"敕诸道修□□□□五岳四渎名山大川廿四化所□□□□告□□十二年三月廿五日□洞灵观修章醮功德□□□度□□□□使朝散大夫行内侍省内侍魏成信……朝散郎、常州录事参军韦诞,将仕郎、守义兴县令崔□,□□□洞□奉义郎、试义兴县丞□李翱……李隐芝、王衡、齐枢、司马经纶,贞元廿年春三月十三日四人题。"①

卢　揆　《新唐书》卷七三《宰相世系表三上》卢氏:"揆,兴义丞。"

主　簿

羊士谔　《宝刻丛编》卷一四引《集古录目》:"唐游善权寺诗,唐义兴主簿羊士谔撰,士谔门人李飞书,元和十三年刻。"

县　尉

严挺之　《旧唐书》卷九九《严挺之传》:"严挺之,华州华阴人……少好学,举

---

① "李翱"之前题刻在会仙岩左方,而其后"李隐芝"以下等在会仙岩下方。

进士。神龙元年,制举擢第,授义兴尉。遇姚崇为常州刺史,见其体质昂藏,雅有吏干,深器异之。"《新唐书》卷一二九《严挺之传》:"严挺之,名浚,以字行,华州华阴人。少好学,姿质轩秀。举进士,并擢制科,调义兴尉,号材吏。"由是知严挺之于神龙元年(705)授义兴尉。

辛守诲 《全唐文补遗·千唐志斋新藏专辑》第173页唐阙名《大唐故太原府祁县主簿辛府君(守诲)墓志铭并序》:"君讳□,字守诲,陇西狄道人也。……以秀才升科,解褐拜常州义兴尉,转祁县主簿。"辛守诲开元二十四年(736)卒于祁县公馆。

李佶 《全唐文补遗·千唐志斋新藏专辑》第322页唐崔植《唐故河南府寿安县尉陇西李公(佶)墓志铭并序》:"公讳佶,字自正,皇唐太祖景皇帝八代之孙也。……释褐授盛王府参军,历常州义兴县尉,又转宣州南陵、河南府寿尉。"李佶卒于贞元十三年(797),时年五十六岁。

袁某 名讳不详。《全唐文》卷四九二权德舆《送义兴袁少府赴官序》:"过江山水,阳羡居最,……袁生愿恭文敏,渴善好学。今兹试吏,其本可书。"

权况 《全唐文》卷四九二权德舆《送三从弟况赴义兴尉序》:"若况者,尝理左右史记事记言之经传瞽训,居有司籍奏中。乃令参调署吏,以养以仕,言顾于行,行本于经,修性勤身,而禄在其中矣。"

许授 《全唐文》卷五○四权德舆《湖州武康县丞许君夫人京兆韦氏墓志铭并序》:"(韦氏)既笄,归于某郡许授。授循理喻义,调常州义兴尉、湖州武康丞。满岁,葺田庐于雪溪之上,忘怀进取。"从文中称韦氏"结褵二十五岁而称未亡人,又十五岁而不举火,时元和二年正月某甲子,春秋五十九"看,许授约卒于贞元八年(792),则其任义兴尉当在贞元八年之前。又,同书卷四九四权德舆《许氏吴兴溪亭记》:"溪亭者何?在吴兴东部,主人许氏所由作也。……代耕筮仕,必于山水之乡,故尉义兴、赞武康皆有嘉闻,而无粃政。"此"尉义兴,赞武康"之许氏即为许授。

韦元贸 《全唐文》卷六三○吕温《故太子少保赠尚书左仆射京兆韦府君神道碑》:"公讳某,字某,京兆杜陵人。……有九子:长曰元贸,前常州义兴县尉。"

卢藉 《全唐文》卷八八二徐铉《常州义兴县重建长桥记》:"是桥也,征诸图牒,则后汉邑令袁君创造。国朝永泰中令邱君新之,其他无闻焉。中兴之初,邑有义夫曰吴濛、吴浈,率以私帑,备加营构。人赖其利,逾三十载。……甲寅岁,著作佐郎刘君来为邑长,视其制度,知非民力之所能济,乃状其事,白于有司。上闻嘉之,诏赐钱八十万。君信而好古,宽而得众。尉卢藉,鼎甲余庆,俊造策名。政是以和,事无不举。乃相与敷王泽,因民心,备物致用,程工揆日,器利工善,材良事时。戊辰岁冬而栽,明年暮春而毕。长五十步,广七步。"卢藆大历九年(774)在义兴尉任上。

张仲宗 《新唐书》卷七二《宰相世系表二下》始兴张氏:"仲宗,义兴尉。"

郑　鈜 《新唐书》卷七五《宰相世系表五上》郑氏:"鈜,义兴尉。"

裴　盛 《太平广记》卷三三一引《广异记》:"董士元云:义兴尉裴盛昼寝,忽为鬼引,形神随去……"

崔　税 《全唐文》卷六九〇符载《送崔副使归洪州幕府序》:"崔君,名税,字文约……始以贞干调补义兴尉,参河南府军事。"

元　昱 《全唐诗》卷二八〇有卢纶《送元昱尉义兴》诗。又,同书卷二八五李端有《送义兴元少府》诗一首,此"元少府"当为卢纶所送之义兴县尉元昱。

卷三 苏州(吴郡)

旧为吴国之都。秦置会稽郡于此。东汉永建四年(129),分会稽郡为吴、会稽二郡,以浙江以西为吴郡,治吴县;以浙江以东为会稽郡,移治山阴县。历晋至陈不改。隋开皇九年(589),平陈,改吴郡为苏州,取州西姑苏山以为名。隋末,先后为沈法兴、李子通等所据。唐武德四年(621),平李子通,置苏州。六年,又陷辅公祏。七年,平辅公祏,复置苏州都督,督苏、湖、杭、暨四州,①治于故吴城,析吴县分置嘉兴县,并以原海盐县地入嘉兴县。八年,废嘉兴县入吴县。九年,罢苏州都督。贞观八年(634),复置嘉兴县,领吴、昆山、嘉兴、常熟四县。万岁通天元年(696),析吴县置长洲县。景云二年(711),分嘉兴县复置海盐县。先天元年(712),海盐县又废。开元五年(717),刺史张廷珪又奏置海盐县。天宝元年(742),改苏州为吴郡。天宝十载(751),析昆山、嘉兴、海盐三县地置华亭县。乾元元年(758),复吴郡为苏州。《元和郡县图志》载,苏州州境东西四百四十一里,南北四百九十八里,管县七:吴、长洲、嘉兴、海盐、常熟、昆山、华亭。

刺 史

李世嘉 《续高僧传》卷一四《唐苏州武丘山释智琰传》:"武德七年,苏州总管武阳公李世嘉与内外公私同共奉迎,还归山寺。"又同书卷二二《唐苏州通玄寺释慧旻传》:"更入海虞山隐居二十余载……苏州都督武阳公李世嘉遣书降使频请不赴。"一作李嘉,《新唐书·宰相世系表二上》陇西李氏武阳房:"李嘉,苏州刺史。"此"李嘉"即李世嘉,因避太宗李世民讳而改。《会稽掇英总集》卷一八《唐太守题名记》有"李嘉,武德三年授",《嘉泰会稽志》亦同。

李元祥 乃唐高祖第二十子。《旧唐书》卷六四《李元祥传》:"(贞观)十一

---

① 唐武德三年(620),以江阴县置暨州,辖暨阳、利城、江阴三县。武德九年,废暨州,并暨阳、利城入江阴县,属常州。

年，徙封江王，授苏州刺史。"《唐大诏令集》卷三四岑文本有《册岐州刺史许王元祥改封江王文》："惟尔岐州刺史许王元祥，幼禀义方，早有志尚。地惟邢晋，礼优河裴。姑苏奥壤，旧吴是宅。既作建牧，必俟懿亲。是用命尔，使持节苏州诸军事、苏州刺史，改封江王，传之子孙，世为唐辅。"又，《续高僧传》卷二二《唐苏州通玄寺释慧旻传》："贞观十九年，刺史江王因国度人，行道之次，请令出山。"此"江王"据前可知即苏州刺史李元祥，则李元祥于贞观十九年（645）尚在苏州刺史任上。①

李元婴 《旧唐书》卷六四《李元婴传》："滕王元婴，高祖第二十二子也……（永徽）三年，迁苏州刺史，寻转洪州都督。"由是知李元婴永徽三年（652）授任苏州刺史。

王 胄 《宋高僧传》卷四《唐会稽山妙喜寺印宗传》："释印宗，吴郡人也……咸亨元年，在京都盛扬道化。上元中，敕入大爱敬寺居，辞不赴……还乡地，刺史王胄礼重殊伦，请置戒坛，命宗度人，可数千百。"由是知王胄上元（674—676）年间在苏州刺史任上。

李孝廉 唐宗室。《洛阳流散唐代墓志汇编》第68页唐周彦昭《大唐故容州都督李府君墓志铭并序》："公讳俭，字孝廉，陇西狄道人也。太祖景皇帝之曾孙……淮安王之第八子也。……又授苏州诸军事、苏州刺史，择阊门之旧典，袭延州之故事，风振下车，政成期月。又授都督越婺台括温等五州诸军事、越州刺史。"《会稽掇英总集》卷一八《唐太守题名记》："李孝廉，仪凤三年二月自苏州刺史授。"《嘉泰会稽志》同。由此可知，李孝廉仪凤三年（678）二月前在苏州刺史任上。

李 明 唐宗室，唐太宗第十四子。《旧唐书》卷五《高宗本纪下》：永隆元年（680）"冬十月壬寅，苏州刺史曹王明封零陵郡王，于黔州安置，坐附庶人贤也"。《旧唐书》卷七六《李明传》："曹王明，太宗第十四子。贞观二十一年受封。二十三年，赐实封八百户，寻加满千户。显庆中，授梁州都督，后历虢、蔡、苏三州刺史。"唐陆广微《吴地记》："唐曹恭王庙，在松江。恭王，太宗第十四子，调露元年则天皇后出为苏州刺史。"②

李上金 唐宗室，唐高宗第三子。《旧唐书》卷八六《李上金传》："文明元年，上金封毕王……又改上金为泽王、苏州刺史。"又，《册府元龟》卷二八一《宗室

---

① 光绪《苏州府志》卷五二《职官一·历代郡守》列有"燕王灵夔"，并谓"贞观十一年任"，系误。燕王李灵夔未任苏州刺史，疑因误读《旧唐书·韩王元嘉传》所载"及天后临朝摄政，欲顺物情，乃进授元嘉为太尉……隆州刺史、鲁王灵夔为太子太师，苏州刺史、越王贞为太子太傅……"一文所致。又，光绪《苏州府志》系江王李元祥苏州刺史任于"贞观十三年"，亦误，据《旧唐书》本传当为贞观十一年（637）。

② 一说调露二年（即永隆元年，680）授，见《太平寰宇记》卷九一《州·吴江县》："曹王庙，即唐太宗第十四子也，调露二年授苏州刺史。"

部·领镇第四》："泽王上金，文明元年为苏州刺史，垂拱元年改陈州刺史。"

李　贞　唐宗室，唐太宗第八子。《旧唐书》卷六四《李元嘉传》："及天后临朝摄政，欲顺物情，乃进授元嘉为太尉……苏州刺史、越王贞为太子太傅。"

袁　谊　雍州长安人，凌烟阁二十四功臣之一虞世南外孙。《旧唐书》卷一九〇《袁朗传》："（袁）朗孙谊，又虞世南外孙……神功中，为苏州刺史。"《新唐书》本传同。《新唐书》卷七四《宰相世系表四下》袁氏："谊，苏州刺史。"又有《资治通鉴》卷二〇二"开耀元年"条载曰："太常博士袁利贞上疏……宴日，赐利贞帛百段。利贞，昂之曾孙也。利贞族孙谊为苏州刺史，自以其先自宋太尉淑以来尽忠帝室，谓琅邪王氏虽奕世台鼎而为历代佐命，耻与为比。"由此文可知，袁利贞族孙袁谊任苏州刺史实非开耀元年（681）事，系因袁利贞上奏而旁及后事。正德《姑苏志》、光绪《苏州府志》等，据之以为袁谊开耀元年任苏州刺史，实误。当以《旧唐书》本传系袁谊苏州刺史任于神功中（神功元年，即697）为是。

胡元礼　《会稽掇英总集》卷一八《唐太守题名记》："胡元礼，神龙二年八月自苏州刺史授。"①

张廷珪　《旧唐书》卷一〇一《张廷珪传》："张廷珪，河南济源人……开元初，入为礼部侍郎……再迁黄门侍郎……俄坐泄禁中语，出为沔州刺史，又历苏、宋、魏三州刺史。"《册府元龟》卷一七二《帝王部·求旧第二》："（开元）六年二月以……沔州刺史张廷珪为苏州刺史。"②洪武《苏州府志》卷一八《牧守题名》"张廷珪"下注谓："头陀寺碑作六年九月具衔。"

李无言　《全唐文》卷三三二房琯《龙兴寺碑序》："开元十七年……州将皇三从叔无言……位居藩牧。"又，《太平广记》卷二二二《梁十二》引《定命录》："有梁十二者，名知人，至宋州，刺史司马诠作书荐与苏州刺史李无言。"

钱惟正　《册府元龟》卷一七〇《帝王部·来远》："（开元）二十一年八月，日本国朝贺使真人广成与傔从五百九十人，舟行遇风，飘至苏州。刺史钱惟正以闻，诏通事舍人韦景先往苏州宣慰劳焉。"同书卷九七一《外臣部·朝贡第四》所载同。

吴从众　正德《姑苏志》卷三八《宦迹》："吴从众，开元中为刺史，兼采访使。二十八年，割太湖洞庭三乡与吴兴互换。"同书卷二六《驿递》："平望驿，在吴江县南四十五里。唐属吴兴郡，为水马驿，西至南浔五十余里与乌程县分界。开元

---

① 《嘉泰会稽志》、洪武《苏州府志》卷一八《牧守题名》均作"神龙三年八月"。
② 《至元嘉禾志》卷一《沿革》"海盐县"条谓："明皇开元五年苏州刺史、前黄门侍郎张廷珪奏，是年五月敕置（嘉禾县）。"据《册府元龟》，张廷珪开元六年（718）二月始由沔州刺史移任苏州刺史，可知《至元嘉禾志》所载当误。

间,苏州耆民请于刺史吴从众,割太湖洞庭三乡与吴兴易焉。"①

郑长裕 《册府元龟》卷五四《帝王部·尚黄老第二》:天宝二年(743)"五月,苏州刺史郑长裕奏新作玄元皇帝宫,有九井,自然罗列在宫院内……望宣付史馆,颁示天下。从之"。

林　洋 《元和姓纂》卷五济南邹县林氏:"洋,密、衢、常、润、苏等州刺史。"《册府元龟》卷五四《帝王部·尚黄老第二》:天宝九载(750)"二月甲戌,吴郡太守林(祥)[洋]上言所部造真符玉芝观,于李树下发得圣祖尊容,不胜大庆,请宣付史馆。许之"。

赵居贞 正德《姑苏志》卷三八《宦迹》:"赵居贞,鼓城人,国子祭酒冬曦之弟。天宝九载二月,自扬州长史迁吴郡太守。十载正月……是年,居贞又立春申君庙碑。"《全唐文》卷二九六赵居贞《新修春申君庙记》:"唐天宝单阏岁除日,中散大夫守吴郡太守兼江南道采访处置使柱国天水赵居贞记。"单阏是卯年之别称,天宝单阏即天宝十载辛卯年(751)。《宝刻丛编》卷一四引《集古录目》有《唐春申君庙碑》,云:"唐吴郡太守、江东采访使赵居贞撰……天宝十年立。"又,《山左金石志》有赵居贞《云门山投龙诗石刻》,天宝十一载(752)立,称"中散大夫使持节北海郡诸军事守北海郡太守柱国天水赵居贞",则天宝十一载赵居贞已离苏州刺史任。

张　愿 武后相张柬之之孙。《新唐书》卷七二《宰相世系表二下》襄阳张氏:"愿,吴郡太守,兼江东采访使。"《太平广记》卷二一六《蒋直》引《定命录》:"天宝十二载,永嘉人蒋直云:'郡城内有白幕。'太守李江忽丁忧。李欲归江北,蒋又云:'公至缙云郡却回,当有一绯一绿一碧人来相推按,然终无事。'后果采访使张愿着绯、大理司直杜乔着绿、判官张璘着碧来推,遇赦而止。"

萧　谊 《吴郡志》卷一一《牧守》录有"萧谊",并谓:"萧谊,职方郎中、江东采访使。"正德《姑苏志》谓天宝(742—756)中刺史。②

---

① 有关吴从众的任职,史籍存有异说。《嘉泰吴兴志》卷一四《郡守题名》谓:"吴从众,开元二十八年自蕲州刺史授;迁密州刺史,充党项使。《统记》云:天宝三年,自郑州刺史授;迁安化郡太守,即密州刺史也。"该志不仅任职时间、转任之前职均与《吴兴统记》相悖,虽谓吴从众"开元二十八年"授,却又据《吴兴统记》所载而系吴从众于开元二十九年(741)任湖州刺史的邓武迁之后。或因姑苏、吴兴相邻为郡,且因史籍记吴从众割太湖洞庭三乡易平望驿之事而为吴兴郡误收亦未可知。今因《姑苏志》详述事情原委,姑从之。

② 正德《姑苏志》卷二《古今守令表》、《江南通志》卷一〇〇《职官志》均录有岑轲,前者系于张愿、刘微之间,后者系于赵居贞、邓武迁之前,谓天宝间任吴郡太守,郁《考》亦据而录之,实误。据《新唐书·宰相世系表二中》载:"岑氏……晊,字公孝,党锢难起,逃于江夏山中,徙居吴郡。生亮伯。亮伯生轲,吴、会稽、阳阳太守。"党锢事件发生于东汉桓帝、灵帝之时,自崔晊至崔轲仅历二代,当在三国东吴,而不应迟至唐天宝年间。雍正《浙江通志》卷一一一《职官志》系岑轲为三国吴会稽郡太守,甚是。故剔去不录。

崔 巽 《嘉泰吴兴志》卷一四《郡守题名》："崔巽,天宝十五年自苏州刺史授;迁右卫将军。《统记》云：乾元元年。"又,崔巽曾任常州刺史,《新唐书》卷七二《宰相世系表二下》博陵安平大房崔氏："巽,常州刺史。"

韦 陟 《旧唐书》卷九二《韦安石传》："韦安石,京兆万年人……二子：陟、斌,并早知名。陟,字殷卿……肃宗即位于灵武,起为吴郡太守,兼江南东道采访使。未到郡,肃宗使中官贾游岩手诏追之。未至凤翔,会江东永王擅起兵,令陟招谕,除御史大夫兼江东节度使。""肃宗即位灵武",则韦陟任吴郡太守当在至德元载(756)。

李希言 唐宗室,唐高祖第十三子李元懿之嫡孙,嗣郑王。《旧唐书》卷一一八《元载传》："肃宗即位……时载避地江左,苏州刺史、江东采访使李希言表载为副。"《资治通鉴》卷二一九"至德元载"条：十二月,"吴郡太守兼江南东路采访使李希言平牒(永王)璘,诘其擅引兵东下之意"。《会稽掇英总集》卷一八《唐太守题名记》："李希言,乾元元年自礼部侍郎兼苏州刺史授。"知李希言至德元载(756)在苏州刺史任,而乾元元年(758)改刺越州。①

郑炅之 唐顾况《华阳集》卷下《苏州乾元寺碑》："乾元寺者,晋高士戴逵子颙之宅也。乾元初,节度使郑(昊)[炅]之奏立。"

郑桂清 唐陆广微《吴地记》："乾元寺,晋高士戴颙舍宅置。乾元初,苏州节度采访使郑桂清书寺额,奉敕依年号为乾元寺。"

韦黄裳 《旧唐书》卷一○《肃宗本纪》：乾元元年(758)十二月"甲辰,以升州刺史韦黄裳为苏州刺史、浙西节度使"。《新唐书》卷六八《方镇表五》："乾元元年,置浙江西道节度兼江宁军使……治升州。寻徙治苏州。"韦黄裳或因浙江西道节度使治所由升州徙苏州,而由兼升州刺史改为兼苏州刺史。

张义方 正德《姑苏志》卷二《古今守令表》系张义方于乾元元年(758)十二月授任之韦黄裳与上元(760—761)中韦之晋间,并谓其为"郡人"。郁《考》据之系于上元初任。然而,《宝刻丛编》卷八引《京兆金石录》载："唐赠太常卿张义方碑,唐张谧正书,天宝九年。"知张义方天宝九载已卒,则张义方任苏州刺史(吴郡太守)当在天宝九载前,郁《考》系于上元初乃误。

杨持璧 《资治通鉴》卷二二一"上元元年"条：十二月,"(刘)展以其将许峄为润州刺史,李可封为常州刺史,杨持璧苏州刺史"。

韦之晋 《全唐文》卷三八九独孤及《豫章冠盖盛集记》："岁次辛丑春正月,

---

① 《旧唐书》卷六四《郑王元懿传》："神龙初,又封璬嫡子希言为嗣郑王……天宝初,再为太子詹事同正员,卒。"据同书《元载传》以及《资治通鉴》《会稽掇英总集》等,李希言不应卒于天宝(742—756)初,而应在乾元元年(758)之后。又,光绪《苏州府志》讹作"嗣郑王希贤",误。

东诸侯之师有事于淮西……苏州刺史韦公之晋至自吴。"辛丑岁即上元二年(761)。《刘随州集》卷二有《余干夜宴奉饯前苏州刺史韦使君》，诗云："复拜东阳郡，遥辞北阙心。行春五马急，向夜一猿深。山过康郎近，星看婺女临。幸容栖托分，犹恋旧棠阴。"又，《刘随州集》卷一一有《首夏于越亭奉饯韦卿使君公赴婺州序》。

殷日用　《全唐文》卷三一六李华《衢州刺史厅壁记》："开元、天宝中，始以尚书郎超拜名郡，贺兰大夫为之，李郎中为之。自逆胡悖天地之慈……皇恩示以铁钺之威……以苏州刺史陈郡殷公，文可以化政，武可以安人……由是命公典此邦也……元年建寅月二十一日，左补阙赵郡李华于江州附述。"元年即唐代宗宝应元年(762)，由是知殷日用于宝应元年转任衢州刺史，则其上元二年(761)至宝应元年在苏州刺史任上。①

李　丹　《毗陵集》卷三九三独孤及《为吏部李侍郎祭李中丞文》："某年月日，某官某乙谨以清酌少牢之奠，敬祭于故苏州刺史兼御史中丞赠吏部侍郎李公之灵。……姑苏之役，奸幸构难。公秉义勇，诛其渠魁。海寇围逼，勾吴震骇。公率羸师，克弭大敌。奇谋生于死地，贞节见于孤城。"郁《考》谓此"李中丞"即《文苑英华》卷八六〇李华《衢州龙兴寺故律师体公碑》、卷八六二李华《润州鹤林寺故径山大师碑铭》中的"御史中丞李丹"，宝应元年(762)至广德元年(763)在苏州刺史任上。

韦元甫　《旧唐书》卷一一五《韦元甫传》："韦元甫，少修谨，敏于学行……初，任滑州白马尉，以吏术知名，本道采访使韦陟深器之，奏充支使。与同幕判官员锡齐名，元甫精于简牍，锡详于讯覆。陟推诚待之，时谓员推韦状。元甫有器局，所莅有声，累迁苏州刺史、浙江西道都团练观察等使。大历初，宰臣杜鸿渐首荐之，征为尚书右丞。"《全唐文》卷三一四李华《润州丹阳县复练塘颂并序》："永泰元年，王师大翦西戎。……是岁十一月二十三日，拜常州刺史京兆韦公损为润州。……公素知截湖开壤，灾甚螟蟊，临事风生，指期以复。群谤雷动，山镇恬然，中明独裁，文之以礼。乃白本道观察使兼御史中丞韦公元甫，中丞抚手惬心，如公之谋。"由是可知，永泰元年(765)韦元甫在浙西观察使、苏州刺史任上。又，《旧唐书》卷一一《代宗本纪》：大历三年(768)正月甲戌，"浙西团练观察使、苏州刺史韦元甫为尚书右丞"。

李栖筠　赵郡赞皇人，乃唐宪宗宰相李吉甫之父、唐武宗宰相李德裕之祖

---

① 正德《姑苏志》卷二《古今守令表》云："殷某，永泰元年自苏州刺史移衢州。"据李华《衢州刺史厅壁记》，正德《姑苏志》所载当误。

父。《旧唐书》卷一一《代宗本纪》：大历三年(768)"二月己卯，以常州刺史李栖筠为苏州刺史兼御史中丞、浙西团练观察使"。大历六年八月"丙午，以苏州刺史、浙(江)[西]观察使李栖筠为御史大夫"。《全唐文》卷四一三常衮有《授李栖筠浙西观察使制》，卷四三〇李翰《苏州嘉兴屯田纪绩颂并序》有谓"浙西观察都团练使御史中丞兼吴郡守赞皇公"。《新唐书》卷一四六《李栖筠传》称其"有远度，庄重寡言，体貌轩特。喜书，多所通晓，为文章劲迅有体要。不妄交游"。在苏州刺史任上，组织开展大规模屯田，使嘉兴一带成为"嘉禾一穰，江淮之为康；嘉禾一歉，江淮为之俭"的重要粮食生产基地。

李　涵　唐宗室，高平王李道之曾孙。《旧唐书》卷一一《代宗本纪》：大历七年(772)"二月甲寅，以兵部侍郎李涵为苏州刺史兼御史中丞，充浙西观察使"。大历十一年(776)四月"丙子，以浙西观察使、苏州刺史、御史大夫李涵知台事，充京畿观察使"。①《毗陵集》卷八《唐故睢阳郡太守赠秘书监李公神道碑铭并序》："元子曰涵，以忠文孝让，仪刑王室，天子谓可内司九法，外镇百城。大历七年夏五月，由尚书兵部侍郎为御史大夫、苏州刺史，巡省江左。"

李道昌　《旧唐书》卷一一《代宗本纪》：大历十三年(778)"四月丁亥，以浙西观察留后李道昌为苏州刺史兼御史中丞，充浙西都团练观察使。己丑，以前浙西观察使李涵为御史大夫"。唐李翱《李文公集》卷一三《唐故特进左领军卫上将军兼御史大夫平原郡王赠司空柏公神道碑》："公讳良器，字公亮……建中初，尝至京师。宰相杨炎召之语，公因言两河有事，职税所办者，惟在江东，李道昌无政，宜速得人以代之。炎许诺。其冬，遂并宣、越与浙西以为一，而以晋州刺史韩滉代道昌焉。"

韩　滉　《资治通鉴》卷二二六"大历十四年"条："十一月丁丑，以晋州刺史韩滉为苏州刺史、浙江东西观察使。"《旧唐书》卷一二《德宗本纪上》："建中元年春正月……至是，除韩滉苏州刺史、杜亚河中少尹，而领都团练观察使，不带台省兼官。"建中二年(781)五月"庚寅，以浙江西道为镇海军，加苏州刺史韩滉检校礼部尚书、润州刺史，充镇海军节度使、浙江东西道观察等使"。唐顾况《华阳集》卷下《检校尚书左仆射同中书门下平章事上柱国晋国公赠太傅韩公行状》："公，京兆府万年县洪固乡胄贵里韩滉……拜太常卿，出为晋州刺史，拜苏州刺史，充浙江东西都团练观察处置使，寻加银青光禄大夫，改检[校]礼部尚书、兼御史大夫、润州刺史、镇海军节度使，依前充浙江东西观察使。"

---

①　《旧唐书》卷一二六《李涵传》谓，李涵"大历六年为苏州刺史、兼御史大夫，充浙江西道都团练观察等使。十一年，来朝，拜御史大夫。京畿观察使李栖筠殁，代之"。

杜　佑　《旧唐书》卷一二《德宗本纪上》：建中三年（782）五月"乙巳，贬户部侍郎、判度支杜佑为苏州刺史"。又同书卷一四七《杜佑传》："杜佑，字君卿，京兆万年人……迁户部侍郎、判度支，为卢杞所恶，出为苏州刺史。佑母在，杞以苏州忧阙授之。佑不行，俄换饶州刺史。"知杜佑苏州刺史之职虽授而未之任。

孙　成　《唐代墓志汇编》贞元〇二六唐孙绛《唐故中大夫守桂州刺史兼御史中丞充桂州本管都防御经略招讨观察处置等使上柱国乐安县开国男赐紫金鱼袋孙府君（成）墓志铭并序》（贞元六年五月七日）："君讳成，字思退。……出为信州刺史……遂迁苏州刺史……数岁积劳，除桂州刺史、兼御史中丞，充本管都防御经略、招讨、观察等使。"①孙成于贞元五年（789）卒，时年五十三岁。又，《全唐文》卷五一八梁肃《贺苏、常二孙使君邻郡诗序》："二孙邻郡诗者，前道州刺史李萼贺晋陵、吴郡伯仲二守之作也……兴元、贞元间，偕以治行闻，天子器之。于是，仲有吴苑之寄，伯受晋陵之命。""仲"指苏州刺史孙成，"伯"指常州刺史孙会。《旧唐书》卷一三《德宗本纪下》：贞元四年（788）七月"乙亥，以苏州刺史孙晟为桂州刺史、桂管观察使"。正德《姑苏志》卷二《古今守令表》亦作"孙晟"。"孙晟"系"孙成"之讹。

韦应物　《新唐书》卷七四《宰相世系表四上》东眷韦氏："应物，苏州刺史。"《白居易全集》卷六八《吴郡诗石记》："贞元初，韦应物为苏州牧，房孺复为杭州牧，皆豪人也。……时予始年十四五，旅二郡……前后相去三十七年，江山是而齿发非……宝历元年七月二十日，苏州刺史白居易题。"按宝历元年（825）上推三十七年，为贞元四年（788）。另据傅璇琮《韦应物系年考证》（载傅氏《唐代诗人丛考》），韦应物于贞元四年至六年在苏州刺史任。宋朱长文《吴郡图经续记》卷上《牧守》谓："韦公以清德为唐人所重，天下号曰韦苏州，当（正）[贞]元时为郡于此，人赖以安。又能宾儒士，招隐独，顾况、刘长卿、丘丹、秦系、皎然之俦类见旌引，与之酬唱，其贤于人远矣！"

齐　抗　定州义丰人，唐德宗宰相。《新唐书》卷一二八《齐抗传》："抗，字退举，少值天宝乱，奉母夫人隐会稽……吏事闲敏，有文雅……历谏议大夫，坐小累，为处州刺史。历苏州，徙潭州观察使。"《旧唐书》卷一三《德宗本纪下》：贞元八年（792）二月壬午，"以苏州刺史齐抗为潭州刺史、湖南观察使"。齐抗贞元六年在苏州刺史任上。

崔　衍　《旧唐书》卷一八八《崔衍传》："崔衍，左丞伦之子，继母李氏不慈于衍……后历苏、虢二州刺史。"据《旧唐书》卷一三《德宗本纪下》，贞元十二年

---

① 《旧唐书》卷一九〇《孙成传》谓孙成"字退思"，与墓志不同。墓志系孙成仲兄孙绛所撰，所言当妄也。

(796)八月癸酉,"虢州刺史崔衍为宣歙观察使"。郁《考》系崔衍苏州刺史任于贞元八年(792)至九年。

李士举 《全唐文》卷五三四李观《浙西观察判官厅壁记》:"太原王公廉察之七年,署监察御史李公士举为观察判官。公从事浙右,十有余年……九年冬,苏州刺史有丁忧去官,连城命公来抚吴……九年十一月十四日记。"郁《考》系李士举苏州刺史任于贞元九年(793)至十年。

于　頔 《旧唐书》卷一五六《于頔传》:"于頔,字允先,河南人也……历长安县令、驾部郎中,出为湖州刺史……改苏州刺史,浚沟渎,整街衢,至今赖之。吴俗事鬼,頔疾其淫祀废生业,神宇皆撤去……虽为政有绩,然横暴已甚。"《嘉泰吴兴志》卷一四《郡守题名》:"于頔,贞元八年自驾部郎中授;迁苏州刺史……《统记》作五年。"《至元嘉禾志》卷三:"唐德宗贞元十一年八月六日苏州刺史于頔奏,以所管十乡为十五乡。"郁《考》系于頔苏州刺史任于贞元十年至十二年(794—796)。《吴郡图经续记》卷上《牧守》谓:"于頔之为刺史也,罢淫祠,浚沟浍,端路衢,为政有绩。"

韦夏卿 《旧唐书》卷一六五《韦夏卿传》:"韦夏卿,字云客,杜陵人……改奉天县令,以课最第一转长安令,改吏部员外郎,转本司郎中,拜给事中,出为常州刺史。夏卿深于儒术,所至招礼通经之士。时处士窦群寓于郡界,夏卿以其所著史论荐之于朝,遂为门人。改苏州刺史。贞元末,徐州张建封卒,初授夏卿徐州行军司马,寻授徐泗濠节度使。"《资治通鉴》卷二三五"贞元十六年"条:五月"辛亥,以苏州刺史韦夏卿为徐泗濠行军司马"。

杜　兼 《新唐书》卷一七二《杜兼传》:"杜兼,字处弘,中书令正伦五世孙……元和初,入为刑部郎中,改苏州刺史。比行,上书言李锜必反,留为吏部郎中,寻擢河南尹。"《资治通鉴》卷二三六"永贞元年"条:十二月,"以刑部郎中杜兼为苏州刺史。兼辞行……留为吏部郎中"。由此知杜兼在永贞元年(805)被授苏州刺史,然而未之任。

李　素 《旧唐书》卷一一二《李锜传》:"宪宗即位已二年……(李锜)分授管内镇将,令杀刺史……而苏州刺史李素为镇将姚志安所系,钉于船舷,生致于锜。未至而锜败,得免。"《资治通鉴》卷二三七"元和二年"条:十月,"苏州刺史李素为姚志安所败"。《韩昌黎文集校注》卷六《河南少尹李公墓志铭》:"公讳素,字某……衢州饥,择刺史。侍郎曰:'莫如郎中李某。'遂刺衢州。至一月,迁苏州……公至十二日,锜反。公将左右与贼战州门……天子使贵人持紫衣金鱼以赐。居三年,州称治,拜河南少尹,行大尹事。"则可知李素苏州刺史任在元和二年至五年(807—810)。

范传正 《新唐书》卷一七二《范传正传》："范传正，字西老，邓州顺阳人……传正举进士、宏辞皆高第，授集贤殿校书郎，历歙、湖、苏三州刺史，有殊政，进拜宣歙观察使。"《嘉泰吴兴志》卷一四《郡守题名》："范传正，元和四年八月自歙州刺史拜；六年二月二十一日迁苏州刺史。"《旧唐书》卷一五《宪宗本纪下》：元和七年（812）八月"丙午，以苏州刺史范传正为宣歙观察使"。又，《全唐诗》卷四七三李绅《过吴门二十四韵》注云："元和七年，余以校书郎从役，再至苏州。时范十五传正为郡。"则知范传正元和六年至七年在苏州刺史任，元和七年八月迁宣歙观察使。

张正甫 《白居易全集》卷五五《张正甫苏州刺史制》："邓州刺史张正甫……可苏州刺史。"白居易于元和十五年（820）冬转任主客郎中、知制诰，长庆元年（821）又转中书舍人，则张正甫授苏州刺史约在元和十五年末、长庆元年间。又，《旧唐书》卷一五《宪宗本纪下》：元和八年十月己巳，"以苏州刺史张正甫为湖南观察使"。

元　锡 字君贶，河南人，淄王傅。《全唐文》卷六九三元锡《苏州刺史谢上表》："伏奉十一月七日恩敕，授臣持节苏州诸军事、守苏州刺史，以今月六日到州上讫。……累因过幸，尝忝官荣。所历衢、婺两州，皆属荒残之后，侵渔稍息，是朝廷法令之明，饥馑不生，属年岁丰稔之运。"文中有称宪宗尊号为"睿圣文武皇帝"，此尊号系元和三年（808）正月所上。《太平广记》卷四六七引《戎幕闲谈》："至（元和）九年春，（李）公佐访古东吴，从太守元公锡泛洞庭。"则元锡元和九年尚在苏州刺史任上。

崔　俊 《旧唐书》卷一一九《崔祐甫传》："（崔）俊，字德长……入为侍御史，寻改膳部员外，充转运判官。入为膳部郎中，充荆襄十道两税使，赐金紫。迁苏州刺史，理行为第一。转潭州刺史、湖南都团练观察使。"《元氏长庆集》卷五四《有唐赠太子少保崔公墓志铭》："公讳俊，字德长……宪宗皇帝深嘉之，面命金紫，加检校职方郎中，移治留务于扬子，仍兼淮、浙、宣、建等两税使。寻拜苏州刺史，迁湖南都团练观察处置使兼御史中丞、潭州刺史。"据吴廷燮《唐方镇年表》，崔俊元和十三年至十四年（818—819）为湖南观察使，郁《考》据之系苏州刺史任于元和十一年至十二年（816—817）。①

崔　恭 《宋高僧传》卷六《唐苏州开元寺元浩传》："释元浩……以元和十二年十一月十一日示疾……明年十一月十三日阇维起塔于苏州西北虎丘东山南原也……刺史崔恭撰塔碑，立于虎丘山罗汉石坛之左。"文中言"刺史"而"非前刺

---

① 《吴郡志》牧守门有崔棱，"棱"或为"俊"之讹。

史",则可知崔恭元和十三年(818)尚在苏州刺史任上。

王仲舒 《旧唐书》卷一九〇《王仲舒传》:"王仲舒,字弘中,太原人……元和五年,自职方郎中知制诰……仲舒坐贬硖州刺史,迁苏州。穆宗即位,复召为中书舍人。其年,出为洪州刺史、御史中丞、江南西道观察使。"《新唐书》卷一六一《王仲舒传》:"王仲舒,字弘中,并州祁人……元和初,召为吏部员外郎。未几,知制诰。……徙苏州,堤松江为路,变屋瓦,绝火灾,赋调尝与民为期,不扰自办。穆宗立,每言仲舒之文可思,最宜为诰,有古风。召为中书舍人。"又,《全唐文》卷五四五王仲舒《祭权少监(德舆)文》:"维年月日从姨弟使持节苏州诸军事守苏州刺史赐紫金鱼袋王仲舒……敬祭于山南道节度使赠尚书左仆射权三兄相公之灵。"权德舆卒于元和十三年(818)八月,则王仲舒元和十三年在苏州刺史任。而据《旧唐书》卷一六《穆宗本纪》,穆宗即位在元和十五年正月丙午,故王仲舒苏州刺史任当在元和十三年至十五年(818—820)间。①

韦顗 《白居易全集》卷四八《韦顗可给事中庾敬休可兵部郎中知制诰同制》:"中大夫使持节苏州诸军事守苏州刺史上骑都尉韦顗……可行给事中。"郁《考》系韦顗苏州刺史任于长庆元年(821)。

李谅 《元稹集》卷五一《永福寺石壁法华经记》:"永福寺,一名孤山寺,在杭州钱塘湖心孤山上。石壁《法华经》在寺之中,始以元和十二年严休复为刺史时惠皎萌厥心,卒以长庆四年白居易为刺史时成厥事。……其输钱之贵者,若杭州刺史吏部郎中严休复、中书舍人杭州刺史白居易、刑部郎中湖州刺史崔元亮、刑部郎中睦州刺史韦文悟、处州刺史韦行立、衢州刺史张聿、御史中丞苏州刺史李谅、御史大夫越州刺史元稹、右司郎中处州刺史陈岵……长庆四年四月十一日,浙江东道都团练观察处置等使通议大夫使持节都督越州诸军事越州刺史兼御史大夫上柱国赐紫金鱼袋元稹记。"又,《全唐诗》卷四六三李谅《苏州元日郡斋感怀寄越州元相公杭州白舍人》原注云:"长庆四年也。"则李谅长庆四年(824)在苏州刺史任。

白居易 字乐天,太原人。《旧唐书》卷一六六《白居易传》:"宝历中,(白居易)复出为苏州刺史。"《新唐书》卷一一九《白居易传》:"白居易……外迁为杭州刺史……久之,以太子左庶子分司东都。复拜苏州刺史,病免。"《全唐文》卷六七六《吴郡诗石记》:"去年脱杭印,今年佩苏印……宝历元年七月二十日,苏州刺史白居易题。"又,《华严经社石记》署曰:"宝历二年九月二十五日,前苏州刺史白居

---

① 《太平广记》卷一六〇引《续定命录》:"故谏议大夫李行修娶江西廉使王仲舒女……元和中……仲舒出牧吴兴。"谓王仲舒曾任湖州刺史,疑误,"吴兴"或为"吴郡"之讹。

易记。"则宝历二年(826)九月二十五日白居易已罢苏州刺史任。《吴郡图经续记》卷上《牧守》谓："乐天高行美才，其于簿领，宜不以屑意。然观其勤瘁，非旬休不设宴，见于题咏。尝作虎丘路，免于病涉，亦可以障流潦。未几求去，梦得赠诗云：'姑苏十万户，皆作婴儿啼。'盖其实也。"

陆　亘　睦州司马陆元明之曾孙。《旧唐书》卷一六二《陆亘传》："陆亘，字景山，吴郡人……历刺兖、蔡、虢、苏四郡，迁越州刺史、浙东团练观察等使，移宣歙观察使，加御史大夫。大和八年九月卒，年七十一，赠礼部尚书。"又，《会稽掇英总集》卷一八《唐太守题名记》："陆亘，大和三年九月自苏州刺史授。"《全唐文补遗》九辑唐归融《唐故宣歙池等州都团练观察处置等使通议大夫宣州刺史兼御史大夫上柱国赐紫金鱼袋赠礼部尚书陆府君(亘)墓志铭并序》谓，陆亘在苏州刺史任上，"及下车也，赋均而有艺，令严而不苛。恤茕独之疲黎，斥繁冗之黠吏，定贫富之户籍。秋夏之征，揭之乡间，差次而限，疾徐进止，明示其期。乡胥窃息而无得前，甿庶乐输而唯恐后。工织绝苦窳之贸，农耕无秕稗之收。……三年而政成"。

崔　蕻　《至元嘉禾志》卷一四《六里山石刻》："唐大和四年闰十二月，苏州刺史崔蕻帖(海盐)县取此石。"

刘禹锡　字梦得，彭城人。《刘禹锡全集编年校注》卷一九《彭阳唱和集后引》："大和五年，予领吴郡，公镇太原，常发函寓书，必有章句，络绎于数千里内，无旷旬时。八年，公为吏部尚书，予牧临汝……"同卷《汝洛集引》："大和八年，予自姑苏转临汝。"又，同书卷一八《祭福建桂尚书文》云："维大和六年月日，苏州刺史刘禹锡，谨以清酌之奠，敬祭于故福建团练使桂公之灵。"同卷《祭虢州杨庶子文》云："维大和六年月日，苏州刺史刘禹锡，谨遣军吏某乙具少牢清酌之奠，敬祭于故虢州杨公之灵。"由此知刘禹锡大和五年至八年(831—834)在苏州刺史任上。《吴郡图经续记》卷上《牧守》谓："梦得之为州，当灾疫之后，民无流徙。朝廷以其课最，赐三品服。"

卢周仁　《全唐诗》卷四八二李绅《却到浙西》诗注云："八年，浙西六郡灾旱，百姓饥殍……是岁，卢周仁为苏州刺史。"《旧唐书》卷一七《文宗本纪下》：大和九年(835)八月，"以苏州刺史卢周仁为河南观察使"。卢周仁，后因与再从伯名讳同音而改名卢行术。

卢　商　《旧唐书》卷一七六《卢商传》："开成初，出为苏州刺史。中谢日，赐金紫之服。"《旧唐书》卷一七《文宗本纪下》：开成二年(837)五月辛未，"以苏州刺史卢商为浙西观察使"。

李道枢　《旧唐书》卷一七《文宗本纪下》：开成四年(839)闰正月，"以苏州刺史李道枢为浙东观察使"。又,《会稽掇英总集》卷一八《唐太守题名记》:"李道枢,开成四年正月三十日自苏州刺史授。"

李　款　一作李颖,字言源。《旧唐书》卷一七《文宗本纪下》:开成四年(839)九月辛丑,"以苏州刺史李颖为江西观察使"。《白居易全集》卷三四《送苏州李使君赴郡二绝句》自注云:"予自罢苏州及兹换八刺史也。"朱金城《白居易年谱》系此诗于开成四年春,谓"苏州李使君"即李颖。《旧唐书》卷一七一《李甘传》:"又有李款者,……开成中,累官至谏议大夫,出为苏州刺史,迁洪州刺史、江西观察使。"此"李款"与彼"李颖"实系一人。郁《考》据《郎官石柱题名》左司员外郎、吏部员外郎、仓部员外郎均有"李款",疑《旧唐书·文宗本纪下》作"李颖"为误。正德《姑苏志》讹作"李疑",亦误。

王　卿　《白居易全集》卷三六《送王卿使君赴任苏州因思花迎新使感旧游寄题郡中木兰西院一别》诗:"一别苏州十八载,时光人事随年改。……为报江山风月知,至今白使君犹在。"朱金城《白居易年谱》系此诗于会昌三年(843)。

曹　琼　正德《姑苏志》卷二《古今守令表》:"曹琼,大中三年三月在任。"

韦　曙　《宋高僧传》卷一六《唐吴郡破山寺常达传》:"宣宗重建法幢,荐兴精舍,合境民人皆达之化导,故太守韦曙特加崇重。"《资治通鉴考异》卷二三"大中十二年五月"条引《实录》云:"大中九年,韦曙除岭南节度使。"正德《姑苏志》载大中五年(851)有"韦某",或即为韦曙。

裴夷直　《旧唐书》卷一八《宣宗本纪下》:大中十年(856)"六月,以兵部郎中裴夷直为苏州刺史"。十一年十月,"以苏州刺史裴夷直为华州刺史、潼关防御、镇国军等使"。

崔　钧　《旧唐书》卷一八《宣宗本纪下》:大中十一年(857)十月,"以太常少卿崔钧为苏州刺史"。《宋高僧传》卷一二《唐苏州藏廙传》:"……又往姑苏。时崔公钧作守此郡,闻廙名久,请居南禅院。"

崔　璞　《全唐诗》卷六三一崔璞《蒙恩除替将还京洛偶叙所怀因成六韵呈军事院诸公郡中一二秀才》:"两载求人瘼,三春受代归。……作牧惭为政,思乡念式微。"又于"遽蒙交郡印"句下注云:"到任十二个月,除替未及三年。"唐皮日休《松陵集·序》:"(咸通)十年,大司谏清河公出牧于吴,日休为郡从事。"又,《松陵集》卷九《奉酬霜菊见赠之什》题"苏州刺史崔璞"。由是知崔璞苏州刺史任当在咸通十年至十一年(869—870)。①

---

① 正德《姑苏志》卷二《古今守令表》:"崔璞,清河人,咸通六年冬以谏议大夫除,十一月得替,在郡十二日。"所记实误。

李　绘　《资治通鉴考异》卷二三"乾符二年"引程匡柔《唐补纪》曰："六月，浙西突将王郢反，聚党万众，烧劫苏、常。三年正月，贬苏州刺史李绘，以郢乱弃城故也。"

张　搏　《新唐书》卷一九六《陆龟蒙传》："(陆龟蒙)往从湖州刺史张搏游。搏历湖、苏二州，辟以自佐。"《嘉泰吴兴志》卷一四《郡守题名》："张搏，咸通十三年七月自中大夫拜；除苏州刺史。"《吴郡图经续记》卷下《往迹》："阖闾城，即今郡城也。……唐乾符三年，刺史张傅(搏)尝修完此城。"①

周慎辞　《宋高僧传》卷一七《杭州千顷山楚南传》："乾符四年，苏州太守周慎(嗣)[辞]向风请住宝林院，又请居支硎山。"《隋唐五代墓志汇编·洛阳卷》第十四册《大唐故天平军节度副大使知节度事郓曹濮等州观察处置等使使持节郓州诸军事兼郓州刺史杨公夫人韦氏墓志铭并序》(中和三年十一月二十一日)："孤子篆泣血撰……次姊适故苏州刺史周慎辞，亦早沦谢。"

杨茂实　《宋高僧传》卷一六《梁京兆西明寺慧则传》："中和二年，至淮南，高公骈召于法云寺。讲罢还吴，刺史杨公苦留。"《吴郡图经续记》卷下："中和二年，僖宗狩蜀，润帅周宝以子婿杨茂实为苏州刺史。"

赵　载　《新唐书》卷一八六《周宝传》："(中和)四年……宝亦稍惑色，不恤事，以婿杨茂实为苏州刺史，重敛，人不聊。田令孜以赵载代之，茂实不受命……诏以王蕴代载，载留润州。"由是知赵载实未之任。

王　蕴　《新唐书》卷一八六《周宝传》："(中和)四年……宝亦稍惑色，不恤事，以婿杨茂实为苏州刺史，重敛，人不聊。田令孜以赵载代之，茂实不受命……诏以王蕴代载，载留润州。……光启初，剧贼剽昆山……(刺史)王蕴谓州兵还休，不设备。(张)郁遂大掠。"

张　雄　《新唐书》卷一九〇《张雄传》："张雄，泗州涟水人。与里人冯宏铎皆为武宁军偏将……二人惧祸，乃合兵三百，渡江，壁白下，取苏州据之。"《资治通鉴》卷二五六"光启二年"条：十月，"(张雄)聚众三百，走渡江，袭苏州，据之。雄自称刺史"。《旧唐书》卷一八二《秦彦传》：光启三年(887)五月，"寿州刺史杨行密率兵攻彦……彦急求援于苏州刺史张雄"。

徐　约　《新唐书》卷九《僖宗本纪》：光启三年(887)四月"甲辰，六合镇遏使徐约陷苏州，逐其刺史张雄"。同书卷一九〇《张雄传》："徐约者，曹州人。已得苏州，有诏授刺史。"又，《新唐书》卷一〇《昭宗本纪》：龙纪元年(889)三月"丙

---

①　《姑苏志》卷二《古今守令表》："张搏，咸通十三年七月自中大夫、湖州刺史改。"此咸通十三年(872)之说，或以《嘉泰吴兴志》所载之湖州刺史任而误为苏州刺史任也。

申，钱镠陷苏州，逐刺史徐约"。

沈　璨　《吴郡图经续记》卷上《城邑》："龙纪元年，钱镠遣弟銶破徐约于此州，以都将沈璨权领。"由是知沈璨系权领而非实授苏州刺史之职。沈璨，一作沈粲，见下"杜孺休"条所引。

杜孺休　《资治通鉴》卷二五八载：龙纪元年（889）冬十月，"以给事中杜孺休为苏州刺史。钱镠不悦，以知州事沈粲（璨）为制置指挥使"。并注曰："沈（粲）〔璨〕制其兵权，杜孺休直寄坐耳。"大顺元年（890）八月，"苏州刺史杜孺休到官，钱镠密使沈（粲）〔璨〕害之"。《新唐书》卷一〇《昭宗本纪》亦云：大顺元年"八月，钱镠杀苏州刺史杜孺休"。

李　友　《十国春秋》卷一《吴太祖世家》：大顺元年（890）八月，"李友攻苏州，拔之，制置使沈（粲）〔璨〕奔于孙儒……冬十二月己巳，孙儒陷苏州，杀我镇将李友"。同书卷六《李友传》："李友，合肥人……略地常州，已进拔苏州，走浙将沈（粲）〔璨〕，争先排陈，勇冠一军。迁尚书、苏州刺史。无何孙儒陷苏州，友见杀，赠太保。"正德《姑苏志》卷二《古今守令表》："李友，大顺元年除任。十二月，为孙儒所害。"李友，《吴越备史》亦作李宥。

沈　璨　《十国春秋》卷一《吴太祖世家》：大顺元年（890），"冬十二月己巳……（孙）儒使沈（粲）〔璨〕守苏州"。此系孙儒所伪授。

钱　銶　乃钱镠从弟。《十国春秋》卷八三《钱銶传》："龙纪时，淮南六合镇遏使徐约已得苏州，武肃王命銶将兵攻之……銶由是拔苏州。未几，州复陷。王又遣师平之。久之，授銶苏州招缉使。"又，同书卷七七《武肃王世家上》："景福元年春二月，镠命从弟銶为苏州招缉使。"

成　及　《吴越备史》卷一《武肃王》："乾宁元年春正月乙丑朔大赦改元。二月，王命成及权苏州刺史。"乾宁三年（894）五月癸未，"台蒙等陷我姑苏，刺史成及被执"。

台　濛　《九国志》卷一《台濛传》："濛，字顶云，庐州合淝人。……乾宁三年，破苏州，以濛守之。越人水陆大至，濛击败之。钱镠亲率舟师，会粮尽，濛拔众遁归。"《资治通鉴》卷二六一"光化元年"条：九月"己丑……顾全武攻苏州，城中及援兵食皆尽。甲申，淮南所署苏州刺史台濛弃城走，援兵亦遁，全武克苏州"。

曹　圭　一作曹珪。《吴越备史》卷一《武肃王》：光化元年（898）十月，"王以嘉兴都将曹圭权苏州制置使，寻命为本州刺史"。《吴郡图经续记》卷中："水月禅院，在洞庭山缥缈峰下……天祐四年，刺史曹珪以明月名之。"

任职时间不详者

李　廉　《续高僧传》卷二二《唐苏州通玄寺释慧旻传》："苏州总管闻人嗣安

迎请出山,固辞不往。重使再请,不获而赴。时刺史李廉、薛通、王荣等,深相器重,永崇供觐。"唐初武德(618—626)年间任。①

薛　通　同见上引《续高僧传》卷二二《唐苏州通玄寺释慧旻传》。

王　荣　同见上引《续高僧传》卷二二《唐苏州通玄寺释慧旻传》。

张有德　《洛阳流散唐代墓志汇编》第198页唐贺知章《故银青光禄大夫沧州刺史始安郡开国公张府君(有德)墓志铭并序》:"府君讳有德,字有德,本南阳西鄂人。……累叶从宦,因居襄城,故今为彼邑人也。……隋文帝侧席异人,翘车再辟,恩旨敦谕,郡守临门。乃解巾授朝散大夫,旋拜谏议大夫,后为陈、亳二州刺史。……属神尧皇帝凤飞晋阳,星聚秦井。君辕门杖策,首应义旗。初,刘武周拥众汾川,已连属县,君委质秦府,志屠其城,……遂拜桂州都督……擢为沧州刺史……课最尤善,徙牧苏台。"张有德贞观十八年九月十七日因病返里,卒于襄城县之私第。又,《洛阳流散唐代墓志汇编》第376页唐陶翰《唐故云麾将军右金吾将军上柱国邓国公张府君墓志铭并序》:"府君讳履冰,字微言,南阳人也。曾祖有德,皇银青光禄大夫、苏沧桂夏等州刺史。"《全唐文补遗·千唐志斋新藏专辑》第237页唐程浩《唐故银青光禄大夫殿中监南阳县开公张府君墓志铭并序》:"公讳季良,字□□,南阳人。……曾祖,苏、苍、桂、□四州刺史讳有德。"《吴郡志》卷一一《牧守》亦录有唐苏州刺史"张有德"。②

陆　敬　《元和姓纂》卷一〇陆氏:"敬,唐苏州刺史。"③《唐诗纪事》卷三《陆敬》:"敬有集十四卷,高祖时人也。初为窦建德国子祭酒,秦王军武牢,建德军迫于武牢不得进。敬说令取怀州,逾太行,入上党,趋壶口,骇蒲津,乘唐国之虚以取山北。建德不从,以及于败,其伪官属皆降唐。"知陆敬系在唐高祖时因败于秦王而归顺大唐。

郎余庆　《新唐书》卷一九九《郎余令传》:"郎余令,定州新乐人……兄余庆,为吏清而刻于法,高宗时为万年令,道无掇遗。累迁御史中丞……久之,出为苏州刺史。坐累,下迁交州都督。"

苏　幹　《全唐文补遗·千唐志斋新藏专辑》第130页唐阎朝隐《唐故朝散

---

①　光绪《苏州府志》卷五二:"旧志李世嘉前有闻人嗣安。隋末自署苏州总管,武德四年杜伏威将王雄诞招降之。按唐书,'嗣'作'遂',称昆山贼闻人遂安。盖其时李子通据苏州,遂安止据昆山一邑耳,且系寇贼,并不足言僭伪,故削之。旧志又有李廉、薛通、王荣,事迹皆无考,《姑苏志》列入僭伪,今亦削之。"闻人遂安不录颇为有据,兹不录。李廉、薛通、王荣,据《续高僧传》卷二二《唐苏州通玄寺释慧旻传》补录之。

②　郁《考》据正德《姑苏志》卷二《古今守令表上》所载"张有德,武德中任,南阳人,邓公皞之□[祖]",及《旧唐书》卷一〇六《张皞传》载"祖德政,武德中郓州刺史",疑"张有德"为"张德政"之讹。据唐贺知章、陶翰、程浩三人所撰墓志可知,任苏州刺史者乃张有德,而非"张德政",二人实非同一人。

③　郁《考》引《元和姓纂》谓有"唐苏州刺史陆孜"而作陆孜,此乃误读所致,任苏州刺史者为陆敬。

大夫行常州晋陵县令李公（全节）墓志铭并序》："公讳全节，字□，赵郡平棘人也。……仪凤中，应八科举，擢高第。……改魏州昌乐县令。又改苏州常熟县令。……州牧扶风苏幹推其灵异，号曰神明，具以名闻，加朝散大夫，行常州晋陵县令。"新、旧《唐书》有传，然而述其仕历甚简略，仅谓"垂拱中，迁魏州刺史"，未言及苏州刺史任。郁《考》及旧志亦失载，今据碑志补录。

梁惟忠　《唐代墓志汇编》开元四二〇唐徐安贞《唐故朝散大夫滁州别驾萧府君（谦）墓志铭并序》（开元二十三年九月八日）："公讳谦，字思仁，兰陵人也……遂起为苏州长洲令。因让德之风，行清静之政。州牧梁惟忠雅相器重，复以上闻，寻加朝散大夫，转滁州司马……无何，恩制除别驾，仍听致仕。"墓主萧谦乃衢州刺史萧缮之子。

张　均　洛阳人，唐玄宗开元名相张说之子。《新唐书》卷一二五《张均传》："（张）均亦能文，自太子通事舍人，累迁主爵郎中、中书舍人，……后袭燕国公，累迁兵部侍郎，以累贬饶、苏二州刺史。久之，复为兵部侍郎。"《旧唐书》本传未及苏州刺史之任，然载其贬任饶州刺史时间："（开元）二十六年，坐累贬饶州刺史，以太子左庶子征，复为户部侍郎。"其苏州刺史任当在开元二十六年（738）之后。

杨　志　《新唐书》卷七一《宰相世系表一下》杨氏观王房："志，苏州刺史。"《吴郡志》卷一一《牧守》录有唐苏州刺史"杨志"。

梁知微　《吴郡志》卷一一《牧守》录有唐苏州刺史"梁知微"。

阴　崇　《吴郡志》卷一一《牧守》录有唐苏州刺史"阴崇"。

刘　微　《新唐书》卷七一《宰相世系表一上》河南刘氏："微，字可大，吴郡太守、江南采访使。"《元和姓纂》卷五东郡刘氏所载同。《吴郡志》卷一一《牧守》录有唐苏州刺史"刘微"。

毕　抗　《新唐书》卷七五《宰相世系表五下》毕氏："抗，兵部员外郎、吴郡太守、江南采访使。"《元和姓纂》卷五东郡刘氏所载同。毕抗为户部、吏部二尚书毕构之子。抗，一作炕，《新唐书》卷一二八《毕构传》："构子炕，天宝末为广平太守，拒安禄山，城陷，覆其家。赠户部尚书。"洪武、光绪《苏州府志》均作"毕炕"。一作伉，《吴郡志》卷一一《牧守》录唐苏州刺史作"毕伉"。

许韶伯　《元和姓纂》卷六高阳北新城县许氏："韶伯，左屯卫将军、苏州刺史、平思公。"《吴郡志》卷一一《牧守》亦录有唐苏州刺史"许韶伯"。

庄　肃　正德《姑苏志》及洪武、光绪《苏州府志》均谓开元中刺史。

任昭庆　正德《姑苏志》及洪武、光绪《苏州府志》均谓开元中刺史。

于昭理　《全唐文》卷九九五阙名《于府君墓志铭》："府君讳昌峤，字光宇……祖昭理，苏州刺史。"于昌峤卒于贞元十一年（795）二月六日。

封　某　名讳不详。《王右丞集笺注》卷八有《送封太守》云："忽解羊头削，聊驰熊首轓。扬舲发夏口，按节向吴门。帆映丹阳郭，枫攒赤岸村。百城多候吏，露冕一何尊。"从"按节向吴门"句，可知诗中的"封太守"为苏州刺史封某。

李　复　唐宗室。《旧唐书》卷一一二《李昌传》："李昌，淮安王神通玄孙、清河王孝节孙也……子(李)复，字初阳，以父荫累官……历饶州、苏州刺史，皆著政声。"

张丹元　正德《姑苏志》卷二《古今守令表》谓："张丹元，贞元初刺史。"

田　敦　《宋高僧传》卷六《唐苏州开元寺元浩传》："以元和十二年十一月十一日示疾……明年十一月十三日阇维起塔于苏州西北虎丘东山南原也……其儒流受业：翰林学士梁公肃、苏州刺史田公敦。"田敦贞元十八年(802)由衢州刺史移湖州刺史，后迁常州刺史。

李　应　《嘉泰吴兴志》卷一四《郡守题名》："李应，元和十一年八月十五日自户部郎中授；迁苏州刺史。"又，《册府元龟》卷五〇四《邦计部·榷酤》："(元和)十四年七月，湖州刺史李应奏……"则李应任苏州刺史当在元和十四年(819)七月之后。

狄兼谟　并州太原人。《新唐书》卷一一五《狄仁杰传》："(仁杰族曾孙)兼谟，字汝谐，及进士第……历刑部郎中、蕲邓郑三州刺史。岁旱饥，发粟赈济，民人不流徙。改苏州，以治最擢给事中。"《吴郡志》卷一一《牧守》："狄兼谟，文宗时自郑州刺史改苏州，以治最擢给事中。"

胡德言　正德《姑苏志》卷二《古今守令表》："胡德言，大和中，为苏州刺史，见《洞庭记》。"

杨汉公　虢州弘农人。《新唐书》卷一七五《杨汉公传》："(杨)汉公，字用义……坐(杨)虞卿下除舒州刺史，徙湖、亳、苏三州。擢桂管、浙东观察使。"又，《嘉泰吴兴志》卷一四《郡守题名》："杨汉公，开成三年三月二十日自舒州刺史拜；迁亳州刺史。"

卢简求　范阳人，衢州刺史卢简辞之弟。《旧唐书》卷一六三《卢简求传》："简求，字子臧，长庆元年登进士第，释褐江西王仲舒从事，又从元稹为浙东、江夏二府掌书记，……入为吏部员外，转本司郎中，求为苏州刺史。时简辞镇汉南，弘正为侍郎，领使务，昆仲皆居显列，时人荣之。"《新唐书》卷一七七《卢简求传》："(卢)简求，字子臧……历苏、寿二州刺史。"《樊川文集》卷三有《夜泊桐庐先寄苏台卢郎中》，缪钺《杜牧年谱》系此诗于大中二年(848)作，谓卢郎中即卢简求。①

杨　发　唐懿宗宰相杨收长兄。本同州冯翊人，父杨遗直客于苏州，讲学为事，因家于吴，遂为吴人。《旧唐书》卷一七七《杨收传》："(收兄)发，字至之，太和

---

① 正德《姑苏志》系卢简求苏州刺史任于景龙(707—710)中，误。

四年登进士第……大中三年,改左司郎中。宣宗追尊顺宗、宪宗等尊号,礼院奏庙中神主已题旧号,请改造及重题,诏礼官议。……以发议为是。改授太常少卿,出为苏州刺史。苏,发之乡里也,恭长慈幼,人士称之。还,改福州刺史、福建观察使。"由此知杨发大中三年(849)改左司郎中,再改授太常少卿,其出为苏州刺史的时间未有述及,《姑苏志》谓杨发大中三年任或不足为据。《吴郡图经续记》卷上《牧守》谓:"杨发之为刺史也,其治以恭长慈幼为先。"

张无逸 正德《姑苏志》卷二《古今守令表》谓:"张无逸,咸通中刺史。"

赵 杰 正德《姑苏志》卷二《古今守令表》载赵杰于咸通(860—874)中刺史张无逸与乾符二年至三年(875—876)在任之李绘之间,即系于咸通初任也。

冯 衮 《太平广记》卷二五一引《抒情诗》:"唐冯衮牧苏州,江外优佚,暇日多纵饮博。"《全唐诗》卷五九七《冯衮小传》:"冯衮,尝为苏州刺史。"

王 抟 唐昭宗宰相。《新唐书》卷一一六《王抟传》:"抟,字昭逸。擢进士第,辟佐王铎滑州节度府,累迁苏州刺史。久之,以户部侍郎判户部。乾宁初,进同中书门下平章事。"

段怀本 《元和姓纂》卷九荥阳中牟段氏:"成式,宣州长史。生怀本,洛州太守、礼部郎中、苏州刺史。"①

李 岵 《新唐书》卷七〇下《宗室世系表下》吴王房:"苏、颍二州刺史,岵。"据《嘉定赤城志》,李岵大历二年(767)在台州刺史任;又据《全唐文》卷四七代宗《赐李岵自尽诏》,大历四年赐颍州刺史李岵自尽。

姚弘庆 《新唐书》卷七四《宰相世系表四下》姚氏:"弘庆,字引之,苏州刺史。"《旧五代史》卷九二《姚顗传》:"祖弘庆,苏州刺史。"

裴 澄 《新唐书》卷七一《宰相世系表一上》裴氏:"澄,苏州刺史。"

王 遘 《新唐书》卷七二《宰相世系表二中》乌丸王氏:"遘,苏州刺史。"

韩 郐 《新唐书》卷七三《宰相世系表三上》韩氏:"郐,苏州刺史。"

宋 俨 《新唐书》卷七五《宰相世系表五上》宋氏:"华,尉氏令。生:俨,苏州刺史;佶,河南尉;倚,虢州长史。"

宗 琼 《元和姓纂》卷一南阳安众宗氏:"琼,唐苏州刺史。"《吴郡志》卷一一《牧守》亦录有宗琼。

李 鼎 正德《姑苏志》卷二《古今守令表》:"李鼎,长安人,以国子祭酒刺苏州,见其曾孙天觉传。"

---

① 郁《考》据《元和姓纂》卷九谓"礼部郎中、苏州刺史同泰"而误收"开元中段同泰",《吴郡志》卷一一《牧守》所录同误,任苏州刺史者应为段怀本。

韦建中 正德《姑苏志》卷二《古今守令表》："韦建中,苏州刺史,以光禄大夫改婺州。"

元志俭 《元和姓纂》卷四河南洛阳元氏:"志俭,苏州刺史。"乃荆州刺史元钦之弟。

李 昭 《太平御览》卷一二二《职官部·中书舍人》:"唐李昭以尚书郎出为苏州刺史。期岁,以中书舍人召还,不拜。"

别 驾

杜 某 《大唐西市博物馆藏墓志》第 108 页唐阙名《大唐故始州阴平县令杜君墓志铭并序》:"君讳怀让,字履谦,京兆杜陵人也。……父,皇朝员外散骑常侍、苏州别驾。"其子即墓主杜怀让卒于永徽四年(653),时年四十二岁。

阎敬爱 《淳熙严州图经》卷一《(刺史)题名》:"阎钦爱,至德二载十一月十日自苏州别驾拜。"①又,《刘随州集》卷一一《祭阎使君文》:"维某年月日,某乙谨以清酌之奠,祭于故睦州刺史阎公之灵:……长卿昔尉长洲,公为半刺,一命之末,三年伏事。""公为半刺"当指睦州刺史阎敬爱曾任苏州别驾。

柏良器 《全唐文》卷六三八李翱《唐故特进左领军卫上将军兼御史大夫平原郡王赠司空柏公神道碑》:"公讳良器,字公亮……大历初,潘狞虎据小伤,胡参据蒸里,江东大扰。公将卒三千人,骑五百人与战,皆破之,斩首三千级,执俘一千人。诏加检校光禄大夫兼苏州别驾,又加左羽林大将军,试殿中监察御史。李栖筠问公年,对曰二十有四;战阵几何,曰六十有二。"

李 某 名讳不详。《全唐文补遗》六辑唐阙名《唐苏州别驾李公故夫人蒋氏墓志铭并序》:"庚戌岁八月甲子,苏州别驾李公葬故夫人蒋氏于河南县平乐原,礼也。……(夫人)天宝四年二月十八日,终于幽州,夫子之幽府兵曹参军故也。"由志文知蒋氏卒于天宝四载(745),时李某在幽州兵曹参军任上,而大历五年(即庚戌岁,770)遵礼葬蒋氏于河南县平乐原,时任苏州别驾。李某,名讳失载,然谓其祖父、叔父皆为相国。

张 择 《白居易全集》卷四一《唐故通议大夫和州刺史吴郡张公神道碑铭并序》:"公讳择,字无择。……补宏文馆校书郎,调左金吾录事,换杭州录事参

---

① 岑仲勉《姓纂四校记》谓:《南部新书》庚"御史阎敬爱"及《淳熙严州图经》之"钦爱"均即"敬受"。"钦"字殆宋人讳改,"爱"字乃"受"字之讹。据《全唐文补遗·千唐志斋新藏专辑》第 284 页唐阎济美《唐故检校尚书膳部郎中兼侍御史阎君(说)墓志铭并序》载:"君讳说,字说……父敬爱,皇睦州刺史。"阎济美撰此志时署"堂兄、监察御史济美述",由是知岑说为误,当以墓志"敬爱"为是,后世文献之"敬受""钦爱"均系"敬爱"之讹。

军……擢拜和州刺史……时李知柔为本道采访使，素不快公之明直，密疏诬奏，以附下为名。遂贬苏州别驾，老幼攀泣而遮道者数百人，信宿方得去。移曹州别驾，岁余谢病，归老于家。天宝十三载正月二十一日，终于东都利仁里私第……享年八十三。"①

林　披　正德《姑苏志》卷三八《宦迹》："林披，字彦则，莆田人。年二十，以经业擢第，为汀州别驾。大历中，御史大夫李栖筠奏授太子詹事兼苏州别驾。有九子，皆为刺史，号'九牧林家'。"宋陈振孙《直斋书录解题》卷一六："《林蕴集》一卷，唐邵州刺史林蕴复梦撰……蕴父披，苏州别驾，有子九人，世号'九牧林氏'。"

赵　益　《全唐文补遗》一辑唐赵骅《唐故朝散大夫苏州别驾知东都将作监事赵公（益）墓志铭并序》："唐大历十四年七月廿六日，朝散大夫、苏州别驾、知东都将作监事、赐紫金鱼袋赵公委顺于积善里……公讳益，天水人也。"父赵曦，越州会稽县令。

萧　元　《全唐文补遗》一辑五代萧蘧《梁故左藏库使右威卫大将军金紫光禄大夫检校尚书右仆射萧府君墓记铭》："府君讳符，字瑞文，兰陵人也。……父元，皇任苏州别驾。府君即苏台之长子也。"萧元之子即墓主萧符卒于后梁龙德二年（922），时年六十四岁。

长　史

孔　祯　《旧唐书》卷一九〇《孔绍安传》："孔绍安，越州山阴人。……子祯，高祖时为苏州长史。"

董　恽　《洛阳流散唐代墓志汇编》第166页唐阙名《大唐故虢州朱阳县令卫府君夫人墓志并序》："夫人董氏，陇西狄道人也。……祖恽，皇唐苏州长史。"董恽孙女董氏卒于开元三年（715），时年七十九岁。

韦彦方　《全唐文补遗》八辑唐张渐《唐故中大夫平凉郡都督陇右群牧使赐金鱼袋上柱国修武县开国男赠太仆卿韦公（衡）墓志铭并序》："公讳衡，……祖彦方，皇苏州长史、修武县开国男。"墓主韦衡卒于开元二十一年（733），时年五十八岁。由此推知，韦彦方或在初唐时任苏州长史。另，又见《全唐文补遗》八辑唐阙名《大唐故正议大夫殿中监闲厩使群牧都使贬南平郡司马韦府君（衢）墓志铭并序》，谓韦衢"祖彦方，皇德兖二州司马、苏州长史、修武县开国男"；《大唐西市博物馆藏墓志》第696页唐韩皋撰《大唐故银青光禄大夫检校工部尚书兼太府

---

① 《白居易全集》卷四一《唐故通议大夫和州刺史吴郡张公神道碑铭》谓"公讳择，字无择"。而同卷《唐赠尚书工部侍郎吴郡张公神道碑铭并序》略有不同，谓墓主岭南观察推官、试大理评事张诚（一作誠）"父讳无择，和州刺史"，则以字为讳。

□□□□尚书上柱□□城县开国男食邑三百户京兆韦公(少华)墓志铭并序》谓韦少华"曾祖彦方,皇朝散大夫、苏州长史、袭修武县男"。

杜　某　名讳不详。《全唐文》卷一九五杨炯《杜袁州墓志铭》:"公讳某,字某,京兆杜陵人也。……起家左翊卫,选授贝州司仓参军事。……寻迁蓬州咸安、许州长社、洛州洛阳三县令。……转虢州司马,制授朝散大夫、婺州司马,又迁苏州长史,加中散大夫……我大周诞受万国,宠绥四方,建官惟贤,垂拱而理,乃命公为朝议大夫,使持节袁州诸军事,守袁州刺史。"杜某与夫人太原王氏天授三年(692)合祔杜陵之平原,则其任苏州长史当在天授三年前。

孔　恒　明朱珪编《名迹录》卷一《启圣庙新建宗鲁书塾记》:"(孔氏)三十二代孙曰嗣哲者,仕隋为吴郡主簿。三十四代孙曰恒者,为苏州长史。"

崔　斌　《新唐书》卷七二《宰相世系表二下》南祖崔氏:"斌,苏州长史。"乃武则天宰相崔詧堂弟。

李　亶　正德《姑苏志》卷三八《宦迹》:"袁谊,长安人,开耀初苏州刺史。司马张沛白谊曰:'州得一长史陇西李亶,天下甲门也。'""开耀初"当为"神功中"之误,见苏州刺史袁谊条。

李　志　《全唐文补遗》八辑唐阙名《唐故使持节沂州诸军事沂州刺史李府君(志)墓志铭》:"君讳志,字固业,赵郡元氏人也。……以公事忤大臣,出为忻州司马。……未几,加朝散大夫、湖州司马。政号清静,于今称之。寻授苏州长史。市狱无事,邦国不空,皆别驾之功也。顷之,拜长安令。"李志于久视元年(700)九月十一日卒,时年六十七岁。

倪　彬　《全唐文补遗》二辑唐阙名《大唐故中大夫守晋陵郡别驾千乘倪府君墓志铭并序》:"公讳彬,字子文,常山槀城人也。……迁海州长史,陪籍田,承恩增秩,授朝散大夫,转授明州司马,骤迁吴郡长史、晋陵郡别驾。……以天宝九载十月十日,终于晋陵郡官舍,春秋六十有六。"

李　丈　《全唐诗》卷二三二有杜甫《奉送苏州李二十五长史丈之任》诗。

郑晖之　《全唐文补遗》一辑唐邵说《唐故瀛州乐寿县丞陇西李公(湍)墓志铭并序》:"惟陇西李公湍,地望清甲,冠于邦族……夫人荥阳郑氏,苏州长史晖之息女。"郑晖之女婿即墓主李湍卒于乾元元年(758),而碑志撰于大历四年(769)。又,《全唐文补遗》八辑唐郑深《唐故监察御史贬岳州沅江县尉荥阳郑府君(洵)墓志铭并序》:"唐大历四年三月廿七日,前监察御史、贬岳州沅江县尉荥阳郑府君讳洵,春秋五十三,卒于巴陵之官舍。……烈考晖之,尚辇奉御、苏州长史。"

姚　某　名讳不详。《全唐诗》卷二四四有韩翃《送苏州姚长史》诗:"江城驿路长,烟树过云阳。舟领青丝缆,人歌白玉郎。葛衣行柳翠,花簟宿荷香。别有心期处,湖光满讼堂。"

董 楒 《全唐文补遗》一辑唐朱诐言《唐故银青光禄大夫行苏州长史上柱国陇西郡董府君(楒)墓志铭并序》:"公讳楒,起家至苏州长史。……元和元年十二月十六日,寝疾终于光宅里私第,享龄七十六。"董楒长女乃德宗皇帝之德妃。

司 马

崔 泰 《全唐文补遗》四辑唐阙名《大唐故苏州司马轻车都尉崔君(泰)墓志铭并序》:"君讳泰,字符平,博陵安平人也。……贞观初,迁虢州长水县令。……(贞观)八年,迁苏州司马。"贞观十年(636)十一月六日卒于苏州司马任上,时年六十一岁。

杜义宽 《全唐文》卷三一二孙逖《故滕王府谘议杜公神道碑》:"公讳义宽,字某,姓杜氏,东都濮阳人也。……贞观二年,改授普州安康令,稍迁合州治中,转恒州别驾、雍州高陵令,拜朝散大夫、饶州长史,迁苏州司马、兼滕王府咨议。……春秋七十有二,永徽六年某月日,终于苏州。"

萧守规 《全唐文补遗》九辑唐单有邻《唐故简州司马兰陵萧君(守规)墓志铭并序》:"君讳守规,字宪,兰陵人也。……起家以崇文馆学生擢第,授曹王府功曹参军,转益州唐隆县令。累迁苏、曹、简三州司马,加朝散大夫。"萧守规长寿二年(693)卒于简州司马任上,春秋不详。嗣子萧晖景云二年(711)在苏州司功参军任上。

张 沛 正德《姑苏志》卷三八《宦迹》:"袁谊,长安人,开耀初苏州刺史。司马张沛白谊曰:'州得一长史陇西李亶,天下甲门也。'""开耀初"当为"神功中"之误,见苏州刺史袁谊条。

许 枢 《全唐文补遗》二辑唐邵升《大周故正议大夫使持节都督寓州诸军事守寓州刺史上柱国高阳县开国男许君(枢)墓志铭并序》:"君讳枢,字思言,高阳新城人也。……转洛州巩县令、苏州司马、秦越二州长史。……以久视元年五月廿五日,遘疾薨于神都进德里,春秋有八十。"

徐齐聃 《全唐文》卷一六八《徐齐聃小传》:"齐聃,湖州长城人。高宗时,累迁兰台舍人,以漏言左授苏州司马,又坐事流钦州,咸亨中卒。"《旧唐书》卷一九〇《徐齐聃传》:"徐齐聃,湖州长城人也……高宗时,累迁兰台舍人……以漏泄机密左授苏州司马。俄又坐事,配流钦州。咸亨中卒,年四十余。"

王无竞 《旧唐书》卷一九〇《王无竞传》:"王无竞者,字仲烈……神龙初,坐诃诋权幸,出为苏州司马。及张易之等败,以尝交往,再贬岭外,卒于广州,年五十四。"《新唐书》《续通志》等本传均略同,唯谓"字仲列"。

张利肩 《全唐文补遗》一辑唐张迦罗《唐故朝议大夫苏州司马上柱国张公(利肩)志序》:"公讳利肩,字□□,清河贝人。……今于景龙二年五月廿五日,卒于河南城履道。"墓志撰者张迦罗,乃张利肩之子。

王　弼　《全唐文》卷四三八李讷《东林寺舍利塔铭并序》:"东林寺上坊舍利塔者,有宋佛驮跋陀罗禅师之所立也。……昔景龙之岁,御史清河房光庭叹其荒毁,尽留征橐,苏州司马王弼,绍其成绩,更脱侨装,鹭鹭肇于前,鹓鸿嗣其后。……复增舍利一十有四,更以金银铁为棺椁,同宝聚之争分,似珠囊之交映。"由是知王弼景龙(707—710)年间在苏州司马任上。

韩　洄　京兆长安人,唐玄宗宰相韩休之子,唐德宗宰相韩滉之弟。《全唐文》卷五〇七权德舆《太中大夫守国子祭酒颍川县开国男赐紫金鱼袋赠户部尚书韩公行状》:"公字幼深,其先颍川之人……累授汉中郡、江陵府二功曹,大理司直兼汉中郡司马、苏州司马,且皆有宾介之请。所至之邦,待公政成。"又据《新唐书》卷一二六《韩休传》亦谓:"洄,字幼深。"

韦　永　《全唐文》卷五〇六权德舆《唐故太常卿赠刑部尚书韦公墓志铭并序》:"维贞元十七年秋七月乙酉,太常韦公讳渠牟,年五十三,启手足于靖恭里。……父永,著作郎兼苏州司马。"

张　泚　《旧唐书》卷一六二《张正甫传》:"张正甫,字践方,南阳人……父泚,苏州司马。"其子张正甫大和八年(834)九月卒,时年八十三岁。

录事参军

郭　胄　《全唐文补遗·千唐志斋新藏专辑》第78页唐阙名《大周清夷军检校果毅上柱国郭君墓志》:"君讳神符,字冲子,本族太原人也,……祖胄,苏州录事参军。"郭神符卒于万岁通天元年(696)。

韩思彦　《新唐书》卷一一二《韩思彦传》:"韩思彦,字英远,邓州南阳人……义府与诸武共谮思彦,出为山阳丞……久之,补建州司户参军……复召为御史,俄出为江都主簿,又徙苏州录事参军。"

郑浑之　《唐语林》卷四《企羡》:"咸通末,郑浑之为苏州录事,谈铢为蘼院官,钟辐为院巡,俱广文。时湖州牧李超、赵蒙相次俱状元。二郡地土相接,时为谚曰:'湖接两头,苏连三尾。'"

薛朋龟　宋陶谷《清异录》卷上《牛皮绷铁鼓》:"苏州录事参军薛朋龟,廉勤明察,胥吏呼为'牛皮绷铁鼓',言难谩也。"

司功参军

李孟德　《洛阳流散唐代墓志汇编》第316页唐李琚《大唐故中大夫宁州诸军事宁州刺史李府君墓铭并序》:"公讳孟德,字伯夏,魏郡顿丘人也……公则户部府君(守约)之元子也。弱冠,辇脚出身。解褐补苏州司功参军,转贝州司法参军,充江东道覆囚使,以功授沧州乐陵县令。"李孟德长安四年(704)遇疾终于宁州官舍,时年六十四岁。

萧　晖　苏州司马萧守规之子。《全唐文补遗》九辑唐单有邻《唐故简州司马兰陵萧君(守规)墓志铭并序》:"君讳守规,字宪,兰陵人也。……起家以崇文馆学生擢第,授曹王府功曹参军,转益州唐隆县令。累迁苏、曹、简三州司马,加朝散大夫。……以景云二年八月廿四日,合葬于洛州河南县河阴乡邙山之北原,礼也。嗣子苏州司功晖等,至性纯深,哀毁过礼。"由是知萧晖景云二年(711)在苏州司功参军任上。

杨重玄　杨重玄于乾元元年(758)十月二日撰《故武都侯右龙武军大将军章府君(令信)墓志并序》(载《全唐文补遗》三辑)时,自署苏州司功参军。

王叔文　《旧唐书》卷一三五《王叔文传》:"王叔文者,越州山阴人也。以棋待诏,粗知书,好言理道……叔文初入翰林,自苏州司功为起居郎,俄兼充度支盐铁副使。"《新唐书》卷一六八《王叔文传》:"陛下素厚叔文,即由苏州司功参军,拜起居郎、翰林学士。"《全唐文》卷五八九柳宗元《尚书户部侍郎王君先太夫人河间刘氏志文》:"夫人姓刘,其先汉河间王……夫人生二子:长曰彝伦,举五经,早夭;少曰叔文,坚明直亮,有文武之用……由苏州司功参军为起居舍人、翰林学士……加户部侍郎,赐紫金鱼袋。……(夫人)生户部五十有三年,而教诫无阙。"

王　洌　其在元和二年(807)撰杨志廉墓志(《全唐文补遗》二辑第 34 页)时自署"左神策军判官、朝议郎、行苏州司功参军"。

武　某　名讳不详。《全唐诗》卷一一五有王湾《晚春诣苏州敬赠武员外》诗,其中云:"苏台忆季常,飞棹历江乡。持此功曹掾,初离华省郎。"知武某由员外郎授苏州功曹参军。

刘好学　《新唐书》卷七一《宰相世系表一上》曹州南华刘氏:"好学,字彦深,苏州功曹参军。"

崔　筠　《新唐书》卷七二《宰相世系表二下》博陵安平崔氏:"筠,苏州司功参军。"

司仓参军

无考。

司户参军

郑惟恭　《全唐文补遗》一辑唐源惠津《大唐故郑州刺史源公(光俗)故夫人

郑氏志铭》:"夫人荥阳人也……考惟恭,苏州司户参军。"郑惟恭之女即墓主郑氏,卒于开元二十年(732),时年五十一岁。

王 逊 《全唐文补遗》四辑唐宋肃《唐故苏州司户参军王府君(逊)墓志铭并序》:"公讳逊,京兆人也。……父,苏州司户参军。……(公)后夫人宋氏,一男名勗。……勗襁褓父丧,弱冠亲崩。……(夫人)以大唐大和四年庚戌岁二月廿七日壬申,扶护迁祔于河南府河南县长乐乡平原里之北原,礼也。"①

郭 京 《全唐文》卷九〇二《郭京小传》:"京,官苏州司户参军。"

司兵参军

于大猷 《全唐文》卷二三七于知微《明堂令于大猷碑》:"公讳大猷,字徽本,东海郯人。……文明元年,选授苏州司兵参军……垂拱三年,敕除并州大都督府士曹参军。"

孙嗣初 《全唐文补遗》一辑唐孙琐《大唐故苏州长洲县令孙府君夫人吴郡张氏墓志铭并序》:"秋七月,琐有从父昆弟之母丧。……昔我先叔父,其在元和二年初命为苏台官,始有室。由是五年庚寅,生苏州司兵参军嗣初……大中初,(张氏)始有恙,就医于荆门之子,而苏掾以官不得去。……当大中四年夏四月,殁于荆州之官舍,享年六十一。"据《芒洛冢墓遗文四编》卷六《□□□□□□□□苏州昆山县令乐安孙公(嗣初)府君墓志铭并序》,孙嗣初之父为长洲县令孙仕竭(一作士桀)。

李全质 李全质在撰《登仕郎试太子通事舍人骑都尉太原郡郭威制故夫人(高氏)墓志并序》(见《全唐文补遗·千唐志斋新藏专辑》第371页)时自署"将仕郎试苏州司兵参军李全质"。

司法参军

邰崇烈 《全唐文补遗》一辑唐张谔《唐故颍王府录事参军邰君(崇烈)墓志铭并序》:"君讳崇烈,字巨卿,济阴郡人……解褐以诸亲拜太州参军,转司礼太祝、秦府功曹、苏州司法、颍王录事。无何,以内忧免官。"邰崇烈于开元二十八年(740)卒,时年六十四岁。

崔 谱 《全唐文补遗》八辑唐赵匡《故苏州司法参军崔君(谱)墓志铭并序》:"唐建中二年十有二月甲寅,前苏州司法参军崔君终于洛阳利仁里之私馆,

---

① 此墓志,其额为"唐故苏州司户参军王府君墓志铭并序",任苏州司户参军者当为王逊,然志文对王逊仕官履历未及一言,却谓其父为苏州司户参军,似多有舛悖之处。又,或王逊与其父皆曾任苏州司户,亦未可知。今据墓额姑录于此,以资备考焉。撰墓志者宋肃,系王逊后夫人宋氏之从兄弟即"勗之伯舅"。

春秋七十有一。……君讳潘,字子尚,博陵人也。……皇家克复,调选授亳州司法参军。秩满,改光禄寺主簿,终于苏州司法。"又,前书同辑唐权璩《唐故昭义支度巡官知湖南盐铁院朝议郎试大理评事飞骑尉崔府君(逢)墓志铭并序》:"评事讳逢,字玄成,博陵安平人。……父潘,苏州司法参军。"

李　总　《全唐文补遗》八辑唐李助《唐故洪州高安县令李府君(愻)墓志铭并序》:"父讳自下,以清白闻。……嗣子三人:公最长,讳愻。……次讳总,皇苏州司法参军。"兄李愻曾任杭州於潜令。

李　欢　《新唐书》卷七二《宰相世系表二上》赵郡李氏:"欢,生若愚、凭,苏州司法参军。"

司士参军

李　某　《洛阳流散唐代墓志汇编》第 298 页唐阙名《唐故朝议郎借绯鱼袋皇再从侄泽州别驾李公墓志铭并序》:"公讳兴宗,字徽温,陇西成纪人也。……公即世祖文皇帝之直孙、吴王之曾孙、朗陵郡王之胄胤也……公之先府君仕历苏、常二州司士参军事,地高位下,屈己从政,亦鸿渐之则矣。"司士参军李某之子即墓主李兴宗,卒于开元二十八年(740),时年四十七岁。

陆孟儒　《新唐书》卷七三《宰相世系表三下》陆氏:"孟儒,苏州司士参军。"系唐昭宗宰相陆希声祖父。

郑　毓　《颜鲁公集》卷一《让宪部尚书表》:"臣真卿言:……又恩敕先超授吴郡司士郑毓乐安郡太守,令于江、淮南两道度僧道,取钱与臣召募士马,令应接河北。"

参　军

李魏相　《全唐文补遗》九辑唐李允光《大唐故朝议郎润州司功陇西李公墓志铭并序》:"公讳魏相,字齐舒,行名楚琼,……弱冠,擢秀高策。年二十四,调授苏州参军事,转润州司功参军。"李魏相开元二年(714)卒于东都永丰里之私第,时年三十七岁。

武平一　《全唐文》卷二六八《武平一小传》:"平一,名甄,以字行,颖川郡王载德子。武后时隐嵩山,修浮图法,屡召不应。……景龙二年兼修文馆直学士,迁考功员外郎。元宗立,贬苏州参军,徙金坛令。平一见宠中宗,时虽宴豫,尝因诗颂规诫,既被谪而名不衰。开元末卒。"

崔知之　《大唐西市博物馆藏墓志》第 469 页唐阙名《大唐故杭州紫溪县令崔府君墓志铭并序》:"君讳知之,字锜,博陵安平人。……年卅一,武氏吴陵建碣,历采伯英之筋,以善草隶摹勒,起家授苏州参军事。"崔知之由苏州参军事,转青州北海县丞,再超限补杭州紫溪县令,开元十九年(731)八月十二日终于紫溪县之官舍。

窦元巨　《全唐文补遗·千唐志斋新藏专辑》第 171 页唐于珦《大唐朝议郎前行婺州义乌县令窦公故夫人(高态)墓志铭并序》谓,前婺州义乌县令窦公及夫人高氏之子窦元巨为"前苏州参军",此志撰于开元二十三年(735),则其任当在开元二十三年之前。

李昷　《新唐书》卷七二上《宰相世系二上》赵郡李氏:"昷,苏州参军。"

吴　县

州治。秦旧县,本为春秋时吴都阖闾邑,秦始皇推行郡县制,始置吴县。①今为江苏省苏州市姑苏区、吴中区等。

县　令

王凝　正德《姑苏志》卷四一《宦迹》:"王凝,字叔恬,龙门人。……贞观四年,起家为监察御史,使益州。时长史高士廉以勋威自重,从众僚候之升仙亭。凝不为礼,诃却之。士廉甚耻。五年,士廉入为吏部尚书,会凝赴选,遂出为吴令。"

任绪　《全唐文补遗》八辑唐张广济《唐故左金吾卫东京鹤台府别将任君(承胤)墓志铭并序》:"君讳承胤,乐安郡人也。……高祖胄,隋齐州长史。曾祖绪,皇朝苏州吴县令。"任绪之孙即墓主任承胤,卒于天宝二载(743),时年五十一岁。

殷子敬　《颜鲁公集》卷一一《曹州司法参军秘书省丽正殿二学士殷君墓碣铭》:"君讳践猷,字伯起,陈郡长平人。……高祖英童,周御正中大夫、麟趾学士。曾祖闻礼,唐太子中书舍人、宏文馆学士。祖令言,校书郎、淄川令。父子敬,太常博士、吴令。"殷子敬乃杭州刺史殷践猷之父。

卢东美　《全唐文》卷五一九梁肃《吴县令厅壁记》:"自京口南被于渐河,望县十数,而吴为大。……大历十一年,天官精选可以长民者。于是,范阳卢公由太原府祁县令为之。……时十四年二月甲子,翰林学士梁肃记。"正德《姑苏志》卷四一《宦迹》谓此吴县令范阳卢公即卢东美,曰:"卢东美,范阳人。大历三年,李栖筠为浙西廉使,奏为从事。十一年,为吴令。……梁肃称其外宽内明、敬事而信。"

---

① 《史记》卷六《秦始皇本纪》载,秦始皇三十七年,"(从会稽)还,过吴,从江乘渡,并海上,北至琅邪"。同书卷七《项羽本纪》载,项羽起兵于吴,分封天下时,"乃以故吴令郑昌为韩王"。

滕　遂　民国《吴县志》卷二《职官表》："滕遂，以长洲令摄吴县，擢侍御史。有传。"滕遂，贞元二十一年(805)明经及第。

李仲芳　民国《吴县志》卷二《职官表》："李仲芳，元和初以县主簿摄任，据刘允文元和旧记增。"

韩　抗　《新唐书》卷七三《宰相世系表三上》韩氏："抗，吴令。"

郑忠恕　《新唐书》卷七五《宰相世系表五上》郑氏："忠恕，吴令。"

房　耸　《杼山集》卷六有《五言哭吴县房耸明府》诗。

李　某　名讳不详。《全唐诗》卷二九四崔峒有《书情寄上苏州韦使君兼呈吴县李明府》。

罗　某　名讳不详。《全唐诗》卷五八九有李频《送罗著作两浙按狱》诗："使印星车适旧游，陶潜今日在瀛洲。科条尽晓三千罪，囹圄应空十二州。旧绶有香笼驿马，皇华无暇狎沙鸥。归来重过姑苏郡，莫忘题名在虎丘。"并自注云："著作尝宰苏州吴县。"

县　丞

杜　荣　《全唐文补遗》四辑唐阙名《大唐故苏州吴县丞杜府君(荣)墓志》："君讳荣，字世玮，京兆杜陵人也。……释褐润府司马。属隋季多事，兵车岁动，东征西伐，靡有暂宁。君扈从军麾，承机领授，策无遗算。在职数年，频登上第。于兹改选，任苏州吴县丞。……在县一年，遂挂冠辞秩。"杜荣卒于贞观十五年(641)。

杜安仁　《江苏金石志》卷三唐胡楚宾《大唐润州仁静观魏法师碑并序》碑阴谓："维大唐仪凤二年岁次丁丑十一月己未朔十五日癸酉树碑，谨录门人男女弟子及舍施檀越等人名如左"，其中"第九列"有"前苏州吴县丞杜安仁"。

裴光辅　《全唐文》卷六九一符载《尚书比部郎中萧府君墓志铭》："君讳存，字成性，梁武帝季子鄱阳王恢之裔……夫人河东裴氏，王父珅，越州仓曹参军事；皇考光辅，苏州吴县丞。"其婿即墓主萧存于贞元十六年(800)卒，时年六十三岁。

主　簿

刘　寿　《全唐文补遗》四辑唐阙名《大唐故苏州吴县主簿刘府君墓志铭并序》："君讳寿，束城人也。……麟德二年，三经应举，射策擢第，授常州博士。……转迁魏州临黄县尉、润州句容县主簿、苏州吴县主簿。"刘寿卒于载初元年(689)，时年五十八岁。

颜　頵　正德《姑苏志》卷四一《宦迹》："颜颢，琅邪人，鲁公真卿之子也，为常熟尉。弟頵，字仁纯，为吴县簿，子孙遂家于吴。"

李仲芳 《全唐文》卷七一三刘允文《苏州新开常熟塘碑铭》:"摄令、吴县主簿李仲芳,禀其成规,请事疏凿。于是参井邑之役,则经费其力,而长洲当三之一焉。"常熟塘,元和(806—820)间修,故又名元和塘,讹曰云和塘。

县　尉

段　慎 《全唐文补遗》八辑唐阙名《大唐上柱国段府君(亮)墓志铭并序》:"君讳亮,字子廉,其先雁门人也……皇考慎,苏州吴县尉、汴州尉氏丞。"段慎之子即墓主段亮,卒于开元二十六年(738),时年六十三岁。

柳　某 名讳不详。《全唐文》卷五九〇柳宗元《潞州兵马曹柳君墓志》:"洎于兵曹府君讳某……凡举明经者四,皆获美仕。初为陆浑主簿,次吴县尉,次上党丞,次潞州兵曹参军。"墓志撰于贞元二十一年(805)七月六日。

余　凭 《全唐文补遗》六辑唐权寰《唐故朝议郎行尚书刑部员外郎会稽余公(从周)夫人河南方氏合祔墓志铭并叙》:"君讳从周,字广鲁,其先会稽人也。……父讳凭,仕为苏州吴县尉,因君赠秘书省著作佐郎。著作娶洪氏,实杭州余杭丞如筠之女。"余凭之子即墓主余从周,卒于大中五年(851),卒年四十六岁。

李　某 名讳不详。《全唐诗》卷二〇六李嘉祐有《春日长安送从弟尉吴县》诗:"春愁能浩荡,送别又如何。人向吴台远,莺飞汉苑多。见花羞白发,因尔忆沧波。好是神仙尉,前贤亦未过。"

韦至诚 《新唐书》卷七四《宰相世系表四上》东眷韦氏:"至诚,吴尉。"《吴郡志》卷一二《官吏》:"(唐)韦至诚,吴县尉。"

薛　谟 《新唐书》卷七三《宰相世系表三下》薛氏:"谟,吴尉。"

薛　温 《新唐书》卷七三《宰相世系表三下》薛氏:"温,吴尉。"

长　洲　县

武则天万岁通天元年(696),分吴县置长洲县,取县西南长洲苑为名。在郭下,分治州界。今为江苏省苏州市相城区。

县　令

萧　谦 《唐代墓志汇编》开元四二〇唐徐安贞《唐故朝散大夫滁州别驾萧府君(谦)墓志铭并序》(开元二十三年九月八日):"公讳谦,字思仁,兰陵人也……遂起为苏州长洲令。因让德之风,行清静之政。州牧梁惟忠雅相器重,复以上闻,寻加朝散大夫,转滁州司马……无何,恩制除别驾,仍听致仕。"

段承宗 《全唐文补遗》一辑唐孔崇道《大唐故朝请大夫行晋陵郡长史护军段府君(承宗)墓志铭并序》："君讳承宗,字承宗,恭叔之后也。……入仕绵州参军,参卿有则,军事必资。次授越府仓曹……遂转苏州长洲县令。"段承宗卒于天宝十二载(753),时年六十八岁。

萧　审 正德《姑苏志》卷四一《宦迹》："萧审,工部尚书(萧)旻之子。永泰初长洲令,在任三年,有理迹,邑人畏惮之。"

岑仲翔 正德《姑苏志》卷四一《宦迹》："岑仲翔,盐官人,宰相(岑)文本孙也,为长洲令。时兄羲为金坛令,弟仲休为溧水令,皆有治绩。"

滕　遂 正德《姑苏志》卷四一《宦迹》："滕遂,贞元二十一年举明经及第,又书判登科,历大理评事、长洲令摄吴县,时人歌曰：'朝判长洲暮判吴,道不拾遗人不孤。'人谓有汉叔辅之遗风。改侍御史供奉,赐绯。"

孙士桀 一作孙仕竭。《新唐书》卷七三《宰相世系表三下》孙氏："士桀,长洲令。"《芒洛冢墓遗文四编》卷六《□□□□□□□□□□州昆山县令乐安孙公(嗣初)府君墓志铭并序》："□□□讳仕竭,皇任苏州长洲县令。""仕竭"即士桀之音偕,系常州刺史孙会之子,於潜尉孙嗣宗、昆山令孙嗣初之父。

张　蕴 《全唐文》卷一三〇钱镠《授张蕴江阴令牒》："前摄苏州长洲县令、文林郎、前守洪州都督府参军张蕴,牒奉处分。……正授常州江阴县令,表次录奏,仍牒举者。"

崔　据 《全唐文》卷六九四高元裕《苏州画龙记》："长洲令厅北庑有画蛟龙六焉……茂宰博陵崔君据始命余述举丹素实验,附邑书末简。庶乎后数百年,栋宇斯变,龙亡其像,而事刻编简,繇昭昭然。时贞元癸未岁秋七月记。"贞元癸未岁即贞元十九年(803)。

卢　商 《全唐文》卷七二八封敖《授卢商东川节度使制》："正议大夫、户部侍郎、兼御史中丞、范阳郡开国子、食邑五百户、赐紫金鱼袋卢商……先朝辍自廷尉,牧于长洲,治成歌谣,声达辇毂。"

陈子美 唐方干《玄英集》卷五有《题长洲陈明府小亭》诗,同书卷八又有《与长洲陈子美长官》诗,则可知前诗中"陈明府"即陈子美。

县　丞

崔　槃 《全唐文补遗·千唐志斋新藏专辑》第368页唐崔循《唐故歙县尉博陵崔府君(循)夫人巨鹿魏氏墓志》："太夫人实以会昌元年闰九月十七日弃代,年止五十五。……长子槃,皇苏州长洲县丞。"墓志撰者崔循即墓主魏氏之子、崔槃之弟。

李　锡 《新唐书》卷七二《宰相世系表二上》赵郡李氏："锡,长洲丞。"

主　簿

何　某　名讳不详。《全唐诗》卷二四四韩翃有《赠长洲何主簿》诗:"挂席逐归流,依依望虎丘。残春过楚县,夜雨宿吴洲。野寺吟诗入,溪桥折笋游。到官无一事,清静有诸侯。"

徐弘休　《全唐文补遗·千唐志斋新藏专辑》第359页唐杨发《唐故衢州刺史徐公(放)夫人晋陵县君河南元氏墓志》:"(衢州刺史徐放)子弘休,前苏州长洲主簿。"徐弘休母元氏卒于大和八年(834),时年六十一岁。

李　暄　《新唐书》卷七二《宰相世系表二上》赵郡李氏:"暄,长洲主簿。"

县　尉

裴元兰　《全唐文补遗》八辑唐阙名《大唐故汾州隰城县丞河东裴府君(元兰)墓志铭并序》:"公讳元兰,字具赡,河东闻喜人也。……调补长洲尉,转为隰城丞。"裴元兰景云二年(711)五月十三日卒于隰城县丞任上,时年五十三岁。

张　诚　一作张諴。《白居易全集》卷四一《唐赠尚书工部侍郎吴郡张公神道碑铭并序》:"公讳诚(一作諴),字老莱,吴郡人。父讳无择,和州刺史……公年十八,以通经中第。及调,判入高等,授苏州长洲尉。秩满,丁先府君忧。既禫,又丁先太夫人忧。泣血六年,哀毁过礼,以方寸再乱,殆无宦情。既除丧,退居不调者累年。"父张无择即苏州别驾张择(字无择)是也。

卢士玕　《全唐文补遗·千唐志斋新藏专辑》第336页唐卢士玟《唐故苏州长洲县尉范阳卢府君(士玕)墓志铭并序》:"公讳士玕,字景瑜,其先范阳人也。……始以孝廉登科,调补蜀州新津尉。……会圣君仕宥天下,与人惟新,公量移授苏州长洲尉。公以为州县之事徒劳,即从此灭迹,高谢人寰,往来于罗浮、九疑之间,岩栖谷隐,垂二十载。……以元和十五年七月二日,阴阳来寇,捐于桂州之旅馆,享年六十有二。"

刘长卿　《刘随州集》卷一一《祭阎使君文》:"维某年月日,某乙谨以清酌之奠,祭于故睦州刺史阎公之灵:……长卿昔尉长洲,公为半刺。一命之末,三年伏事。"此"阎使君"即睦州刺史阎敬爱。

源咸季　《全唐文》卷六三九李翱《故检校工部员外郎任君墓志铭》:"君讳佶,字叔正,乐安人……后娶杜氏女……女五人,长女嫁长洲尉源咸季。"墓主任佶妻即源咸季岳母杜氏,卒于元和十四年(819)。

李　拯　《新唐书》卷七二《宰相世系表二上》赵郡李氏:"拯,长洲尉。"

李　莶　《新唐书》卷七二《宰相世系表二上》赵郡李氏:"莶,长洲尉。"

郑　说　《新唐书》卷七五《宰相世系表五上》郑氏："说，长洲尉。"
谈　戬　正德《姑苏志》卷四一《宦迹》："谈戬，曲阿人，长洲尉，有诗名。"

嘉 兴 县

本秦由拳县。① 三国吴黄龙三年(231)，改由拳县为禾兴县。赤乌五年(242)，改禾兴县为嘉兴县。隋废县，地入吴县。唐武德七年(624)，析吴县复置嘉兴县，属苏州。八年，又废入吴县。贞观八年(634)再复置，属苏州。今为浙江省嘉兴市南湖区、秀洲区及嘉善县等地。

县　令

燕　秀　《全唐文补遗》三辑唐阙名《大唐故苏州嘉兴县令燕君(秀)墓志铭并序》："君讳秀，字文绪，其先上谷人也。……贞观年中，以门荫授右卫勋卫，释褐蒋王府参军。曳裾兰坂，每宴衍于春风；献牍桂山，几徘徊于秋月。又转太府寺北市署令，又绵州显武、苏州嘉兴二县令。"燕秀于永淳元年(682)十月十五日卒，时年六十一岁。

杨廷玉　《朝野佥载》卷二："周长安年初……又苏州嘉兴令杨廷玉，则天之表侄也，贪狠无厌，著词曰'回波'尔。"崇祯《嘉兴县志》系于长安年间任。

唐嗣华　《新唐书》卷七四《宰相世系表四下》唐氏："嗣华，嘉兴令。"崇祯《嘉兴县志》系于神龙(705—707)年间任。

陆　棣　《新唐书》卷七三《宰相世系表三下》陆氏："棣，嘉兴令。"唐玄宗朝宰相陆象先之弟，崇祯《嘉兴县志》系于开元(713—741)年间任。

李元琰　《新唐书》卷七二《宰相世系表二上》赵郡李氏："元琰，嘉兴令。"崇祯《嘉兴县志》系于天宝(742—756)年间任。

李　汤　《宋高僧传》卷一五《唐余杭宜丰寺灵一传》提及与独孤及等一起刻石于武林东峰之阳的有"嘉兴县令李汤"。崇祯《嘉兴县志》系于宝应(762—763)、大历(766—779)间任。

李　汾　唐宪宗宰相李绛之父。《新唐书》卷七二《宰相世系表二上》赵郡李氏："汾，嘉兴令。"崇祯《嘉兴县志》系于贞元(785—805)年间任。

---

① 《旧唐书》卷四〇《地理志三》谓："嘉兴，汉由拳县，属会稽郡。"嘉兴县实为秦旧县，《后汉书》卷三二《郡国志四》注引干宝《搜神记》云："秦始皇东巡，望气者云'五百年后江东有天子气'。始皇至，令囚徒十万人堀污其地，表以恶名，故改之曰由拳县。"《元和郡县图志》卷二五《江南道一·浙西观察使》："嘉兴县，本春秋时长水县，秦为由拳县，汉因之。吴时有嘉禾生，改名禾兴县，后以孙皓父名(讳)，改为嘉兴县也。"

孟 孚 《册府元龟》卷七〇七《令长部·贪赎》载："孟孚为苏州嘉兴县令，敬宗宝历元年六月坐赃，杖四十，除名，流康州。"

许 某 名讳不详。唐方干《玄英集》卷五有《寄嘉兴许明府》诗。崇祯《嘉兴县志》系于长庆（821—824）年间。

卢 寂 《芒洛冢墓遗文四编》卷六唐柳寥《唐故太子司议郎卢府君（寂）墓志铭并序》："府君讳寂，字子静，范阳涿人也。……自太庙斋郎，历济、泗、台三州录事参军，转嘉兴、常山二县令，次授城门郎、司农寺丞、太子司议郎，诏命致仕，凡八迁焉。公忠谠亮直，临大难而不挠；屏奸嫉恶，奉至公而无愧。尝为泗上从事，是时安贼乱□，郓守李通诬州将陈彪献款于寇，遂挚深狴。公恳到诚请，彪乃雪枉。及彪□临海，因荐公为录曹掾。""又为嘉兴令，当廉使李栖筠之临焉，邑人陆曾者，居客梁东道者，曾实险诐，在江湖为群贼之薮；道则诡异，结权势为一门之援。公至止之日，曾乃移乡，道则就刑。"卢寂于贞元九年（793）五月八日卒，时年八十一岁。墓志撰者柳寥，系卢寂长女婿。

卢 袭 范阳人。《宋高僧传》卷二七《唐吴郡嘉禾贞干传》："释贞干，俗姓武氏……属武宗废教，其寺屏除。干至，止于兹，与范阳卢君袭同兴弘觉法师第二生名迹。寺成，进士姚扶有诗。干后游今秀州长水，见灵光寺邑民欲树巨殿，时卢令移邑字民，欣然相遇。干悉先知。"此"卢令"即为前文"范阳卢君袭"。崇祯《嘉兴县志》讹作"卢君袭"，实为卢袭。

吴士季 咸通（860—874）年间任。《太平广记》卷三一八引《录异传》："嘉兴令吴士季者，曾患疟，乘船经武昌庙过，遂遣人辞谢，乞断疟鬼焉。既而去庙二十余里，寝际忽梦塘上有一骑追之，意甚疾速，见士季乃下，与一吏共入船后，缚一小儿将去。既而疟疾遂愈。"宋张尧同《嘉禾百咏》有《昌武庙》谓："只因吴士季，千载仰公神。欲借驱痁术，来临刻木人。"①

县 丞

逯君怀 《唐代墓志汇编》神功〇〇三唐阙名《大周故中大夫夏官郎中逯府君（贞）墓志并序》（神功元年十月廿二日）："君讳贞，字仁杰，河内河阳人也。……父君怀，唐孝廉，释褐幽州参军，苏州嘉兴、岐州普润、荆州江陵三县丞。"其子即墓主逯贞，曾任余杭县尉。

柳 征 《大唐西市博物馆藏墓志》第 596 页《唐故括州司仓赵府君夫人河

---

① 《至元嘉禾志》卷一二《宫观》"昌武庙"条附考证引《录异记》，谓"吴兴令吴士季"，系"嘉兴令"之讹。崇祯《嘉兴县志》有录，并系于咸通（860—874）年间任。

东柳氏墓志铭并序》："夫人讳姬,河东人。……父征,唐进士擢第,……历黎城、丰城、嘉兴数丞尉。"柳征之女即墓主柳氏卒于天宝七载(748),时年八十五岁。

  李　颜　《新唐书》卷七〇下《宗室世系表下》蒋王房:"嘉兴丞,颜。"

  赵　瞪　《毗陵集》卷一二《唐故虢州弘农县令天水赵府君墓志》:"苏州嘉兴县丞,瞪。"赵瞪系湖州安吉县丞赵令则三子、湖州安吉县丞赵琪二弟。

主　簿

  无考。

县　尉

  谈　昕　《全唐文补遗》二辑唐阙名《唐故朝散郎行苏州嘉兴尉谈君(昕)墓志铭并序》:"君讳昕,字先儒,北平人也。……有制量才擢用,调补苏州嘉兴尉。缘非孝廉得进,君不以为荣。未上,遭吉州府君忧。少连之居丧,高柴之泣血,殆无以过也。毁至灭性,未练而卒。开元十七年三月廿日,终于时邕里第,春秋廿有八。"

  陆士修　《颜鲁公集》卷七《湖州乌程县杼山妙喜寺碑铭》曾提及大历壬子岁(772)季夏一起在湖州州学及放生池"日相讨论"的人中有"嘉兴尉陆士修"。

  何士程　《全唐文》卷五〇四权德舆《洛阳县尉何君夫人范阳卢氏墓志铭并序》:"夫人姓卢氏,范阳人,……以既笄之年归庐江何君,……乾元中,何君早世。夫人训字诸孤,动必以方,长子士程为苏州嘉兴尉。"何士程之母即墓主卢氏,兴元元年(784)三月卒于嘉兴,时年六十一岁。

  吴　俶　《全唐文补遗·千唐志斋新藏专辑》第416页唐姚荆《唐故宋州谷熟县令渤海吴府君(邵)墓志铭》:"君讳邵,字鼎臣,渤海人也。……君之大父讳俶,为苏州嘉兴县尉。"吴俶的孙子即墓主吴邵,卒于乾符二年(875)五月七日,时年六十一岁。

  李　渐　《新唐书》卷七二《宰相世系表二上》赵郡李氏:"渐,嘉兴尉。"

  薛　珂　《新唐书》卷七三《宰相世系表三下》薛氏:"珂,嘉兴尉。"

海　盐　县

  秦旧县。① 汉代因之,后县城陷为柘湖,移于武原乡;后又陷为当湖,移置山

---

  ① 《水经注》卷二九《沔水》:"谷水又东径盐官县故城南……东出五十里有武原乡,故越地也,秦于其地置海盐县。"另,可参见谭其骧《海盐县的建置沿革、县治迁移与辖境变迁》,载谭其骧《长水集续编》,人民出版社1994年版。

旁。隋开皇九年(589)，废县，地属杭州。唐武德七年(624)，地入嘉兴县。景云二年(711)，分嘉兴县复置。先天元年(712)，又废。开元五年(717)，苏州刺史张廷珪又奏置海盐县。今为浙江省嘉兴市海盐县。

县　令

刘长卿　字文房，宣州(今安徽宣城)人，其家久居长安。唐刘长卿《刘随州集》卷七有《至德三年春正月时谬蒙差摄海盐令闻王师收二京因书事寄上浙西节度李侍郎中丞行营五十韵》。刘长卿少居嵩山读书，玄宗天宝间登进士第。天宝十四载(755)任长洲尉。肃宗至德三载(758)摄海盐令。因事陷狱，上元元年(760)贬潘州南巴尉。后入朝任监察御史。代宗大历五年(770)，以检校祠部员外郎为转运判官，知淮西鄂岳转运留后。十一年前后贬睦州司马。德宗即位初，迁随州刺史。约卒于贞元六年(790)，有《刘随州集》十一卷。事迹见《新唐书》卷六〇《艺文志四》、《唐诗纪事》卷二六、《唐才子传校笺》卷二、傅璇琮《唐代诗人丛考》。

姚南仲　《旧唐书》卷一五三《姚南仲传》："姚南仲，华州下邽人，乾元初制科登第，……与宰相常衮善。衮贬官，南仲坐，出为海盐县令。浙江东西道观察使韩滉辟为推官。"《新唐书·姚南仲传》《册府元龟》所载略同。《文苑英华》卷八九五唐权德舆《故中散大夫守尚书右仆射上柱国赐紫金鱼袋赠太子太保姚公神道碑》亦载有姚南仲出为海盐县令事，但曰："公讳南仲，字某，吴兴武康人。姚墟妫水，根柢峻茂。后汉青州刺史恢，始违难东徙……"谓姚南仲为吴兴武康人。

路梁客　《文苑英华》卷九三〇唐独孤良弼《并州太原县令路公神道碑》谓路公(渊凝)次子"梁客，苏州海盐县令"。又，《全唐文补遗·千唐志斋新藏专辑》第302页唐韦珏《唐故朝散大夫检校金部郎中韶州刺史裴公(札)夫人陈留县君阳平路氏墓志铭并序》亦谓墓主路氏："父梁客，朝散大夫、苏州海盐令"。路梁客之女即墓主路氏，"幼丁海盐艰"，"后鞠育于季父、兵部尚书、赠左仆射冀国公嗣恭"。路氏卒于贞元二十年(804)五月二十一日，时年五十四岁。

李谔　字士恢，长庆(821—824)年间任。《新唐书》卷四一《地理志五》载，"(海盐县)有古泾三百，长庆中令李谔开以御水旱"。《方舆胜览》卷三《名宦》载，李谔"为海盐令，在县西境创闸二所，蓄河灌田"。《明一统志》卷三九《名宦·李谔》："(李谔)长庆中为海盐令，察俗利病，于县西境开古泾三百，所创二闸，潴蓄河流，灌溉民田，号曰常丰，为一方之利，居民歌之。"

郭湜　《全唐文补遗·千唐志斋新藏专辑》第271页唐陈翃《唐故朝散大夫检校尚书驾部郎中兼同州长史郭公(湜)墓志铭并序》："公讳湜，字溰载……开元十二年，擢进士第，补山阴尉。……历海盐长城令、大理司直、江陵户曹，迁登封令。"郭湜于贞元四年(788)正月十三日卒,时年八十九岁。

卢　绘　开成五年(840)授任。《全唐文补遗·千唐志斋新藏专辑》第373页唐卢绘《大唐故宣德郎前守苏州海盐县令绘并前妻故陇西李氏合祔墓志文自叙》谓:"绘自开成五年效邑海盐,遂染风疾。""绘之薄宦,释褐杭州钱唐主簿,再任凤翔府岐山主簿,经一考,遭罹大祸。至大和七年,余生复履人事,选守申州录事参军。以其年考稍疾,开成五年授官此邑(海盐)。虽遇病累载,守吏幸无败阙。历官四任,享年六十。"

张　观　咸通三年(862)授任。《全唐文补遗》一辑唐李璟《唐故扬州海陵县丞张府君墓志铭并序》:"府君讳观,字利宾,常山人也。……贞元廿一年擢上第于进士科,扬历中外,美誉夙彰,……咸通壬午岁复调,授苏州海盐县令。……咸通癸未岁三月廿九日启手足于京兆靖安里陇西妻族之第,享年六十有一。"

徐　芳　光绪《嘉兴府志》卷三八《官师·海盐县令》:"徐芳,见李直养题名壁记。"

县　丞

景玄明　《全唐文补遗·千唐志斋新藏专辑》第345页唐卢羪《唐故试太子文学韦府君(详)合祔墓志铭并序》谓,韦详"夫人景氏,前苏州海盐县丞玄明之女"。景玄明之女即墓主景氏,卒于宝历二年(826)十月十日,时年七十四岁。

李　颜　光绪《嘉兴府志》卷三八《官师·海盐县丞》:"李颜,长庆中任。"

陆　愻　唐睿宗宰相陆象先四世孙。《新唐书》卷七三《宰相世系表三下》陆氏:"愻,海盐丞。"

主　簿

无考。

县　尉

孙公胄　《新唐书》卷七三《宰相世系表三下》孙氏:"公胄,海盐尉。"《全唐文补遗》六辑唐孙公胄《大唐前扬州府参军孙公亡夫人陇西李氏墓志铭并序》署"再从弟、前苏州海盐县尉"。李氏卒于贞元十八年(802)四月十五日,则孙公胄任海盐县尉当在此之前。

韦　潜　《韩昌黎文集校注》卷六《河南少尹李公墓志铭》:"公讳素,字某(或作字贞一),……女一人,嫁苏之海盐尉韦潜。"

陆　巽　《大唐西市博物馆藏墓志》第838页录有唐陆巽《大唐故左卫泾州

泾阳府折冲都尉员外置同正员骑都尉任府君墓志铭并序》，墓主任延芳卒于大和五年（831）。陆巽自署"从子婿宣德郎前行苏州海盐县尉陆巽撰"。

常 熟 县

本汉吴县地。晋分吴县置海虞县，属吴郡。南朝梁大同六年（540），分海虞县置南沙、常熟二县。隋平陈，徙常熟于南沙，而省海虞县入常熟县，属苏州。① 唐武德七年（624），常熟县自南沙移理故海虞县城。其后因之。今为江苏省苏州市常熟市（县级）。

县　令

李全节　《全唐文补遗·千唐志斋新藏专辑》第130页唐阎朝隐《唐故朝散大夫行常州晋陵县令李公墓志铭并序》："公讳全节，字□，赵郡平棘人也。……解褐授汝州司户参军。秩满，改常州司兵参军。……仪凤中，应八科举，擢高第。……改魏州昌乐县令。又改苏州常熟县令。州阒安，则危言以立，若琼瑶之待价；疆理弊，则企踵以需，如霖雨之救旱。迩从江浦，远至海沂，人尽郁蒸，牛多疫疠。五湖之国，鱼贯无遗；百里之地，大牙不入。州牧扶风苏幹推其灵异，号曰神明，具以名闻。加朝散大夫，行常州晋陵县令。"李全节卒于神龙元年（705），时年八十八岁。

郭思谟　《全唐文》卷三〇五孙翌《苏州常熟县令孝子太原郭府君墓志铭并序》："公讳思谟，太原平阳人。……公始以孝子征，解褐拜定州安平县丞。……属内忧，服阕，转江阳县丞。又应廉让举，擢武功尉。秩满，迁常熟令。凡佐三邑而宰一县，所居必化，所在必理。"郭思谟于开元九年（721）卒，时年五十九岁。

张承休　《张燕公集》卷二三《恒州长史张府君墓志铭》："君讳承休，字某，吴郡吴人也。……初以南郊斋郎补兖州兵曹。丁太夫人忧，庐凝淯年，加人一等。再任始州司仓，应八科举，改郑州录事参军。又举贤良方正，迁扬州司录参军，移苏州常熟令。历政皆有能名，加朝散大夫。"郑承休开元九年（721）卒葬于武功之礼让原。

杜拯　《全唐文补遗》九辑唐杜钑、王翰《唐故朝散大夫扬州江阳县令上柱

---

①《旧唐书》卷四〇《地理志》谓："梁改为常熟县，今昆山县东一百三十三里常熟故城是也。隋旧治南沙城，武德七年移于今所治城。"《元和郡县图志》卷二五《江南道一·浙西观察使》谓："梁大同六年置常熟县。武德七年移理海虞城，今县是也。"《旧唐书》谓常熟县由海虞县"改"名而来，实误，当为析置，《元和郡县图志》亦语焉不详。今据《舆地广记》参酌《旧唐书》《元和郡县图志》补改。

国杜府君墓志铭并序》：'府君讳拯，字兼拯，京兆杜陵人也。……解褐蜀州新津县尉，转太原府榆次县尉、河南府温县尉。……开元初，朝廷以东南吴楚习俗雕弊，勤仁豹产之绩，以穆胥庭之风。自尉择宰，始兹超授，除苏州常熟县令，转扬州江阳县令。……寻加朝散大夫、上柱国。"杜拯于开元十四年（726）卒，时年六十八岁。撰墓志者杜钑，乃墓主杜拯之子。

梁幼睦 《全唐文》卷五〇五权德舆《唐丞相金紫光禄大夫守太保致仕赠太傅岐国公杜公墓志铭并序》："有唐元老太保岐公，讳佑，字君卿……夫人安定郡梁氏，苏州常熟县令幼睦之女也。"

张 泚 《全唐文补遗》二辑唐阙名《大唐故吴郡常熟县令上柱国张公墓志铭并序》："公讳泚，范阳方城人。……起家拜南海郡参军，转豫章郡兵曹参军。授寿春郡安丰令，复改吴郡常熟令。凡在位廿载，始参闻见，终掌烦剧。清明激厉，畏之者若神；宣慈惠和，爱之者如父。故州将郡守，穆其清风；邦人训致，如众流之潮宗也。青龙甲申岁在大梁，十一月一日终于位，时年五十五。"从墓志中所载"公适弘农杨氏，开元廿二年十一月而卒"，继娶"后夫人博陵崔氏"看，"青龙甲申岁在大梁"当为天宝三载（744）。又，张泚"卒于位"，则知其天宝三载在常熟县令任上。

颜 颢 《颜鲁公集》卷七《唐故通议大夫行薛王友柱国赠秘书少监国子祭酒太子少保颜君碑铭》："颢，仁友清白，常熟令，封金乡男。"

陆士伦 《洛阳流散唐代墓志汇编》第440页唐阙名《唐故常州义兴县令陆君墓记》："君讳士伦，字德彝，河南洛阳人也……属江淮转运使、吏部尚书刘晏荐君清足以检人，干足以成务，诏授常州义兴县令。本道廉察以旧人领县未几，状请却留。转授君常熟县令。无何，又改杭州钱唐县令。"

刘太真 《全唐文》卷五三八裴度《刘府君神道碑铭并序》："公讳太真，字仲适，族彭城，晋永嘉末衣冠南渡，遂为金陵人。……浙西观察使、御史大夫李公栖筠闻之，表为常熟令……既到官，不逾岁而一邑自化。"刘太真于贞元八年（792）卒，时年六十八岁。

李仲芳 《全唐文》卷七一三刘允文《苏州新开常熟塘碑铭》："常熟塘……故县取常熟，岁无眚焉。洎贞元以来，时属大旱。由是填淤，荐为涂泥，而沦胥怨咨，殖物痛矣……摄令、吴县主簿李仲芳，禀其成规，请事疏凿。于是参井邑之役，则经费其力，而长洲当三之一焉。"

李 暎 《全唐文》卷七一三刘允文《苏州新开常熟塘碑铭》："常熟塘……故县取常熟，岁无眚焉。洎贞元以来，时属大旱。由是填淤，荐为涂泥，而沦胥怨咨，殖物痛矣。……县宰李暎，复善供命，乃计功量日，候隙庀徒，为利涉之宜，蔽反壤之害,询蓄洩之势,增远近之防。人不告劳,事为永逸,先期而望表绳直,不日而终朝子来。塘开地中,工毕泉出,山泽作气,江湖发源,积为长流,实自新渊。舟楫鳞集,农商景从,春秋有施,水旱斯备。"《琴川志》卷三《叙官·县令》:"李暎,元和中[任],见《新开常熟塘碑》。"

周思辑 《琴川志》卷三《叙官·县令》:"周思辑,给事中、守常熟县令,咸通中祀白龙于破山寺,十三年见《破山龙堂记》。"

郭仁寓 《新唐书》卷七四《宰相世系表四上》华阴郭氏:"仁寓,常熟令。"

县　丞

柳从心 《全唐文补遗·千唐志斋新藏专辑》第 277 页唐卢建《唐故通议大夫国子司业崇□馆学士太清宫使判官赠济阴郡太守弘农杨府君(休烈)墓志铭并序》:"公讳休烈,字休烈,弘农华阴人也。……夫人河东郡君柳氏。父从心,常熟县丞。"柳从心之女柳氏卒于贞元七年(791)。

主　簿

张文禧 《新唐书》卷七二《宰相世系表二下》清河东武城张氏:"文禧,常熟主簿。"系隋阳城令张虔雄之子,其任常熟县主簿或在贞观(627—649)年间。又有《唐太原少尹卢府君碑》,署"贞元九年张文禧书",则此张文禧当非《新唐书·宰相世系表》所载常熟主簿张文禧也。

李义瑛 《全唐文补遗·千唐志斋新藏专辑》第 96 页唐阙名《大唐故卫州共城县令李府君(义瑛)墓志铭并序》:"君讳义瑛,字叔琬,陇西成纪人也。……贞观初载,时年十九,举孝廉射策甲科,除申州钟山尉。……寻丁府君忧,去职。服阕,授苏州常熟、陕州芮城、遂州方义三县主簿。……俄迁豫州汝阳县丞。无几,丁太夫人忧,去职。……服阕,除蒲州汾阴、润州曲阿二县丞,豫州上蔡、卫州共城二县令。"李义瑛卒于调露二年(679),时年七十四岁。

贺㧑 《全唐文》卷三六〇杜甫《唐故范阳太君卢氏墓志》:"维天宝三载五月五日,故修文馆学士著作郎、京兆杜府君讳某(审言)之继室、范阳县太君卢氏,卒于陈留郡之私第,春秋六十有九。……登即太君所生,前任武康尉。二女:曰适京兆王佑任,任碛石尉;曰适会稽贺㧑,卒常熟主簿。"由是知贺㧑任常熟县主簿约在天宝三载(744)五月五日之前。

萧存 颍州汝阴人,名士萧颖士之子。《新唐书》卷二〇二《萧颖士传》:"萧颖士,字茂挺,梁鄱阳王恢七世孙。……(颖士)子存,字伯诚,亮直有父风,能文辞,与韩会、沈既济、梁肃、徐岱等善。浙西观察使李栖筠表常熟主簿。颜真卿在湖州,与存及陆鸿渐等讨摭古今韵字所原,作书数百篇。"《文苑英华》卷九四一元载《尚书比部郎中萧府君墓志铭》:"君即功曹(扬州府功曹颖士)之子也。……大历初,与昌黎韩愈、天水赵赞、博陵崔造素友善齐名。李大夫栖筠领浙西,掇华刈楚,遂奏授苏州常熟主簿。"又,《全唐文》卷三一五李华《扬州功曹萧颖士文集序》:"开元、天宝间词人……以文学著于时者,曰兰陵萧君颖士字茂挺……君有子一人曰存,为苏州常熟县主簿,雅有父风,知名于代。以华平生最深,见托为叙,力疾直书云尔。"《颜鲁公集》卷七《湖州乌程县杼山妙喜寺碑铭》有载及。《琴川志》卷三《叙官》亦有录。《新唐书》《颜鲁公集》《琴川志》等均作"萧存"。然亦有讹作"萧存亮"者,如明彭大翼《山堂肆考》卷七八《存亮字原》:"唐萧存亮为常熟主簿,颜真卿在湖州,与存亮及陆鸿渐等讨摭古今韵字所原,作书数百篇。"《吴郡志》卷一二《官吏》:"萧存,字伯诚,颖士子,亮直有父风,能文辞,浙西观察使李栖筠表为常熟主簿。"疑《山堂肆考》或因《吴郡志》"亮直有父风"之语而讹作"萧存亮"。

颜　岫　字仁纯。《颜鲁公集》卷七《唐故通议大夫行薛王友柱国赠秘书少监国子祭酒太子少保颜君碑铭》:"岫,(字)仁纯,常熟主簿、任城男。"

县　尉

张　旭　《新唐书》卷二〇二《李白传》:"(张)旭,苏州吴人。……初,仕为常熟尉,有老人陈牒求判,宿昔又来。旭怒其烦,责之。老人曰:观公笔奇妙,欲以藏家尔。旭因问所藏,尽出其父书。旭视之,天下奇笔也,自是尽其法。旭自言,始见公主担夫争道,又闻鼓吹而得笔法意,观倡公孙舞《剑器》得其神。后人论书,欧虞褚陆皆有异论,至旭无非短者。传其法,惟崔邈、颜真卿云。"

陆士伦　《洛阳流散唐代墓志汇编》第440页唐阙名《唐故常州义兴县令陆君墓记》:"君讳士伦,字德彝,河南洛阳人也。……年廿一,道举明经及第。……服阕,选补苏州常熟县尉。广德中,海贼间衅,君捕斩其党。"后辗转又任常熟县令。

许　某　名讳不详。《全唐文》卷五九六欧阳詹《送常熟许少府之任序》:"始入仕,一有县尉,或中或上或紧,铨衡评才,若地称而命之。至于紧,无得幸而处;而紧中之美者,尤难其人。今年孝廉郎高阳许君授常熟尉者,实紧中之美。君十三举明经,十六登第。后三举进士,皆屈于命。去冬以前明经从常调,荫资贵中之乙,判居等外之甲。既才且地,擢以是官。"

李大雅　《新唐书》卷七〇上《宗室世系表上》郇王房:"常熟尉,大雅。"

孙　某　名讳不详。唐钱起《钱仲文集》卷五有《送昆山孙少府》诗,云:"徇禄近沧海,乘流看碧霄。谁知仙吏去,宛与世尘遥。远帆背归鸟,孤舟抵上潮。悬知讼庭静,窗竹日萧萧。"

昆 山 县

本为汉娄县,属会稽郡。东汉永建四年(129),分会稽郡置吴郡,娄县属吴郡。南朝梁天监六年(507),分娄县置信义县,属信义郡,娄县仍属吴郡。大同三年(537),娄县改名昆山县,以县有昆山而为名,改属信义郡。隋开皇九年(589),废信义郡、信义县及昆山县。开皇十八年(598),复置昆山县,属苏州。唐因之。今为江苏省苏州市昆山市(县级)。

县 令

王　纲　《全唐文》卷五一九梁肃《昆山县学记》:"大历九年,太原王纲以大理司直兼县令……乃谕三老主吏,整序民,饰班事,大启宇于庙垣之右,聚五经于其间。以邑人沈嗣宗躬履经学,俾为博士。于是遐迩学徒,或童或冠,不召而至,如归市焉。"

苏　凭　《全唐文补遗》八辑唐苏说《唐故常州武进县尉太原王府君(甫)墓志铭并序》:"府君讳甫,字宗源,太原人也。……夫人武功苏氏。……夫人令弟曰凭,为昆山县令。"约元和六年在昆山县令任上。

薛　赞　《全唐文补遗》四辑薛居昫《唐故绛州翼城县令河东薛公(赞)墓铭》:"唐开成五年拾壹月贰拾四日,绛州翼城县令薛公寝疾殁于寿州子阳里之私第,享年七十九。公讳赞,字佐尧……专经登第。其后,自下蔡、昆山、翼城三领大邑。佥谓清俭变俗,奸滥屏迹,临财无私于己,异政著信于人。"

万齐融　《全唐文》卷三三五《万齐融小传》:"齐融,越州人。官秘书省正字,出为昆山令。"《至正无锡志》卷二《名宦》:"万齐融,越州人,为昆山令,与于休烈、贺朝、包融为文词之友,齐名一时。"正德《姑苏志》讹作"范齐融",误。

李　寀　唐宗室。《新唐书》卷七〇下《宗室世系表下》纪王房:"昆山令,寀。"正德《姑苏志》卷四一《宦迹》:"李寀,唐太宗弟(第)十子纪王慎玄孙也,为昆山令。"

孙嗣初　《新唐书》卷七三《宰相世系表三下》孙氏:"嗣初,昆山令。"又,《芒洛冢墓遗文四编》卷六《□□□□□□□□州昆山县令乐安孙公(嗣初)府君墓志铭并序》:"君讳嗣初,字必复……年十八,登明经第,释褐授苏州参军,刺史李道枢性严执法,官吏不可犯……又授昆山县令。"孙嗣初系长洲令孙士桀之次子、於潜尉孙嗣宗之弟。

县 丞

王 嵩 《韩昌黎文集校注》卷六《试大理评事王君墓志铭》："君讳适，姓王氏……父嵩，苏州昆山丞。"

主 簿

权 立 《全唐文》卷四九二权德舆《送从兄立赴昆山主簿序》："从兄承舄奕簪缨之后，荷葳蕤文谊之训，敏于学行，而薄于宦名，乃今调于天官，署昆山主簿。……从弟中书舍人德舆序其所繇，俾群从偕赋。"

县 尉

孟庭玢 《韩昌黎文集校注》卷六《贞曜先生墓志铭》："唐元和九年，岁在甲午八月己亥，贞曜先生孟氏卒。……先生讳郊，字东野。父庭玢，娶裴氏女，而选为昆山尉，生先生及二季邦、郢而卒。"《吴郡志》之"孟庭份"系"孟庭玢"之讹。

殷 怿 《全唐文》卷六二四冯宿《天平军节度使殷公家庙碑》："骑省府君讳怿，字易从……天宝末……本道采访使李希言辟为从事，奏授试昆山尉。浙东节度使薛兼训请为谋，奏授试右卫兵曹参军，并不就，事具今东川节度礼部尚书杨嗣复府君神道碑。元和至宝历中，累追赠左散骑常侍。"

刘绮庄 《吴郡志》卷一二《官吏》："刘绮庄为昆山尉，研穷古今，博考传记，作类书一百卷，号《昆山编》，至今传于世。"

孙 某 名讳不详。《全唐诗》卷二三七钱起有《送昆山孙少府》诗。

华 亭 县

唐天宝十载(751)，吴郡太守赵居贞奏割昆山、嘉兴、海盐三县置，以县西有华亭谷而为名。元以后为松江府治所在。民国3年(1914)，因与甘肃省华亭县同名，改名松江县。

县 令

杨德裔 《杨炯集》卷九《常州刺史伯父东平杨公墓志铭》："公讳德裔，字德裔，宏农华阴人也，即常州刺史华山公之元孙、左卫将军武安公之长子……始以父任为太子左千牛备身，转秀容、华亭、福昌、雒四县令，诏封东平公，策勋上柱国……迁棣、曹、恒、常四州刺史……罢归初服，告老私庭……维文明元年夏四月某日薨于正寝,春秋八十五。"

包　何　《全唐文》卷五二九顾况《华亭县令延陵包公壁记》:"君辟秀才,以文字自附……及为华亭,有辟田增户、均赋爱人之政。"又,乾隆《华亭县志》卷八《职官上·知县》及卷九《职官下·名宦传》有包何,并谓顾况尝记其听事之壁。

曹　朗　《太平广记》卷三六六《曹朗》:"进士曹朗,文宗时任松江华亭令,秩将满,于吴郡置一宅。又买小青衣,名曰花红,云其价八万,貌甚美,其家皆怜之。至秋,受代令。"

张　聿　见乾隆《华亭县志》卷八《职官上·知县》及卷九《职官下·名宦传》。

苏　钥　见乾隆《华亭县志》卷八《职官上·知县》及卷九《职官下·名宦传》。

县　丞

无考。

主　簿

无考。

县　尉

郑弘敏　《全唐文补遗》一辑唐李述《郑氏(管)合祔玄堂志》:"太夫人讳管,其先祖于周得姓。……烈考杭州唐山县令府君讳弘敏。早精儒业,以明经上第,释褐补苏州华亭尉,次任宣州宣城尉,皆著□邑之能。旋授唐山令,议狱守调,咸称其理。"其女郑管卒于大中八年(854)十一月二十二日,时年六十四岁。李述自称"孤子述",则李述系郑管之子。

张聿之　《全唐文》卷九九六阙名《唐故朝散郎贝州宗城县令顾府君墓志铭》:"公讳谦,字自修。……女二人:长适吴郡张聿之,明经出身,解褐苏州华亭县尉;次许嫁吴兴姚安之,登童子。"其岳丈顾谦卒于咸通十三年(872),时年六十七岁。

孙　发　《玄英集》卷六有《寄台州孙从事百篇》诗,谓:"圣世科名酬志业,仙州秀色助神机。梅真入仕提雄笔,阮瑀从军著彩衣。昼寝不知山雪积,春游应趁夜潮归。相思莫讶音书晚,鸟去犹须叠日飞。"注云:"登第初授华亭尉。"《嘉定赤城志》卷一五《秩官门五·州属官》"军事判官"条注云:"唐孙发自华亭尉为州从事。"

卷四　杭州（余杭郡）

杭州始置于隋开皇九年（589），大业三年（607）改余杭郡。唐武德四年（621），平李子通，复置杭州，领钱塘、富阳、余杭三县。六年，复没于辅公祏。七年，平辅公祏，复置杭州；又置潜州，领於潜、临水二县。八年，废潜州及临水县，於潜还隶杭州。贞观四年（630），分钱塘县置盐官县。永淳元年（682），分富阳县置新城县。武则天垂拱二年（686），分於潜县置紫溪县。四年，分余杭、於潜置临安县，治废临水县。武则天万岁通天元年（696），改紫溪县为武隆县。其年，改武隆县依旧为紫溪县，又分紫溪县别置武隆县。唐中宗神龙元年（707），改武隆县为唐山县。天宝元年（742），改杭州为余杭郡。乾元元年（758），复改余杭郡为杭州。大历二年（767），紫溪、唐山二县皆省。长庆（821—824）初，复置唐山县。《元和郡县图志》载，州境东西五百五十四里，南北八十九里，管县八：钱塘、盐官、余杭、富阳、於潜、临安、新城、唐山。

刺　史

双士洛　《全唐文》卷一五六李君政《宣雾山镌经像碑》称："高士李惠宽，赵郡象城人也。……以武德六年四月八日，乃于此山报国修立龛岩，为室镌石……于是，使持节上柱国本州诸军事定州刺史定州都督相州总管杭州刺史光禄大夫吕国公士洛，佐命心膂，干国爪牙……遂与惠宽共营此福。"《新唐书》卷一《高祖本纪》亦载，武德五年（622）九月壬寅，双士洛任职定州总管。《资治通鉴》《新唐书·刘黑闼传》略同。然《乾道临安志》卷三《牧守》作"双士恪"，谓："双士恪，右武卫大将军、定相二州总管、杭州刺史、吕国公、天水郡人。"《乾道临安志》以下历代旧志多沿袭前志作"双士恪"，实系"双士洛"之讹。又，万历《杭州府志》卷一三《古今守令表》系"双士恪"于元和（806—820）间任，系年亦误。

杨行矩　《全唐文补遗·千唐志斋新藏专辑》第 167 页唐魏启心《唐故冀州刺史姚府君夫人弘农郡君杨氏（万五千）墓志铭并序》："夫人讳字万五千，其先弘农华阴人也。……高祖仲达,皇朝金紫光禄大夫、蔡豫陈颖沈道宪息等州刺史、鲁国公。曾祖行矩,皇朝正议大夫、抗普武等州刺史、豫州总管、汝南郡开国公。"唐代无"抗州"之设,"抗"当为"杭"之讹。杨行矩曾孙女即墓主杨氏,开元二十年卒,时年四十二岁。又,《册府元龟》卷一六四《帝王部·招怀第二》载:武德三年九月,"王世充豫州豪右杨仲达以三州之地来降,拜仲达为上柱国,赐食邑三千户,其子行规为豫州总管,行模为息州刺史"。此"杨行规"即墓志之"杨行矩"之讹,武德三年(620)任豫州总管,则其任杭州刺史亦当在唐初。郁《考》系其杭州刺史任于武德(618—626)中。《乾道临安志》卷三《牧守》:"杨行矩,蔡州总管、杭州刺史,上蔡人。"《咸淳临安志》等历代旧志所载略同。又,万历《杭州府志》卷一三《古今守令表》系杨行矩于元和(806—820)间任,劳格《杭州刺史考》(下简称劳《考》)作"杨令矩",均误。

史令卿 《乾道临安志》卷三《牧守》:"史令卿,祠部郎中、杭州刺史,建康人。"《元和姓纂》卷六建康史氏:"令卿,唐祠部郎中、杭州刺史。"《乾道临安志》《咸淳临安志》列史令卿于柳德义与杜信之间。然劳《考》列于杨行矩后,并谓武德(618—626)间任,郁《考》从之。

独孤义顺 《新唐书》卷七五《宰相世系表五下》独孤氏:"义顺,字伟悌,虞、杭、简三州刺史。"《乾道临安志》《咸淳临安志》等旧志失载,乾隆《杭州府志》据《新唐书·宰相世系表五下》增入。劳《考》以为独孤义顺刺杭在武德(618—626)、贞观(627—649)间。郁《考》作武德中任。

姚思聪 《全唐文补遗》八辑唐薛□《大周故平州司仓姚君(无陂)墓志并序》:"祖思聪,唐银青光禄大夫、使持节杭州诸军事、行杭州刺史。"墓主即姚思聪之孙姚无陂,卒于万岁通天二年(696),时年六十五岁,则姚思聪刺杭时间或在贞观(627—649)初。旧志及劳、郁二《考》均失载,今增补之。

李弘节 贞观(627—649)初任。《芒洛冢墓遗文四编》卷一《大唐故交州都督上柱国清平县公世子李君(道素)墓志铭并序》:"父弘节,杭原庆三州刺史、大理卿、桂交二州都督、使持节二州诸军事……(君)以贞观十二年随父任桂州都督。"由此知李弘节贞观十二年(638)在桂州都督任上,其刺杭当在贞观十二年前。旧志及劳《考》均失载,今据郁《考》增补。

潘求仁 《全唐文》卷一五一许敬宗《贺杭州等龙见并庆云朱草表》:"伏见杭州刺史潘求仁表称,于钱唐县界见青龙一。"《乾道临安志》《咸淳临安志》及劳《考》失载,万历《杭州府志》新增,郁《考》系之于贞观十四年(640)。

薛万彻 京兆咸阳人,唐驸马,尚太宗妹丹阳公主。《咸淳临安志》卷四五《秩官三》:"薛万彻,太宗朝名将,自右卫大将军转杭州刺史,迁代州都督,复召拜右武卫大将军。"《旧唐书》卷六九《薛万彻传》:"(贞观)十八年,授左卫将军,尚丹阳公主,拜驸马都尉。寻迁右卫大将军,转杭州刺史,迁代州都督,复召拜右武卫大将军。"郁《考》以薛万彻贞观十九年(645)十二月至贞观二十年六月间在代州都督任上,而系其杭州刺史任于"约贞观十八年"。

柳楚贤 《旧唐书》卷一八九《柳冲传》:"柳冲,蒲州虞乡人也。……其先仕江左,世居襄阳。陈亡,还乡里。父楚贤,大业末为河北县长……贞观中,累转光禄少卿……累转交桂二州都督,有能名。卒于杭州刺史。"《新唐书》卷一九九《柳冲传》略同。《咸淳临安志》、万历《杭州府志》均有录,《咸淳临安志》系柳楚贤于薛万彻之前,万历《杭州府志》系于薛万彻之后,然谓其贞观(626—649)初任则误,当于贞观中任。①

元神威 《元和姓纂》卷四河南洛阳元氏:"神威,杭州刺史。"旧志失载,劳《考》补录并系于贞观(626—649)中,而光绪《杭州府志》据劳《考》增之。

姜 纲 永徽四年至六年(653—655)间在任。《全唐文补遗》八辑唐阙名《大唐故持节杭州诸军事杭州刺史姜府君(纲)墓铭并序》:"君讳纲,字纪,陇西天水人也。……(永徽)四年,授中大夫,仍守旧职(太仆少卿)。俄以吴越之地,征侧挺灾。气沴既平,镇抚是要。特加正四品,守杭州刺史。……以永徽六年十一月一日寝疾卒于州部,春秋五十有六。"旧志及劳、郁二《考》均失载,今增补。

魏 某 名讳不详。《全唐文》卷三一六李华《杭州刺史厅壁记》:"杭州,东南名郡……所临莅者,多当时名公。魏左丞、苏吏部之公望,遗爱在人。"郁《考》认为"魏左丞"或即魏玄同,故将之系于高宗朝(650—683)。

裴 惓 字翁喜,河东闻喜人,唐中宗时任。《全唐文补遗·千唐志斋新藏专辑》第279页唐杜密《唐故朝议大夫金部郎中韶州刺史裴府君(札)志铭并序》:"祖惓,给事中、杭州刺史,赠司空。"《全唐文》卷五〇六权德舆《唐故正议大夫卫尉少卿闻喜县开国伯裴君(会)墓志铭并序》:"赠司空惓,历给事中、杭邓二州刺史,君之王父也。"宋赵明诚《金石录》卷五录有《唐杭州刺史裴惓碑》,并署"族子子余撰,孙令□行书,卢晓八分题额,开元三年九月立"。万历《杭州府志》卷一三《古今守令表》:"裴惓,中宗时以清德为巡察使所荐,迁杭州刺史,为政有美誉。"李华《杭州刺史厅壁记》所称"其间刘尚书、裴给事之盛德远业"之"裴给事"当即

---

① 《乾道临安志》、乾隆《杭州府志》二志,柳楚贤下复有柳冲。以咸淳、成化、万历、康熙各志核之,俱无。《乾道临安志》列柳冲于前,云唐贞观中为杭州刺史,而别附柳楚贤于后,云"光禄少卿、杭州刺史,河东解县人"。然考《旧唐书》卷一八九《柳冲传》,但言其父柳楚贤贞观间卒于杭州刺史任上,柳冲则景龙中为左散骑常侍,后虽外迁,然未言及刺杭之事,更不可能早在贞观间其父刺杭之前出任杭州刺史。疑《乾道临安志》因误读《旧唐书·柳冲传》而收,而乾隆《杭州府志》沿之,兹不录。

指裴悁。郁《考》谓裴悁"贞元九年卒,年四十六",当误,此应为裴悁之子即权德舆所撰墓志铭的墓主裴会卒年。

崔元奖 武则天延载元年(694)在任。《新唐书》卷七二《宰相世系表二下》清河大房崔氏:"(太子洗马世济)子元奖,吏部侍郎、杭州刺史。"《咸淳临安志》谓岁月、事迹无考。劳《考》系于"延载年"(延载年号仅一年,694),郁《考》据《全唐文》卷二四五李峤《为杭州刺史崔元将(奖)献绿毛龟表》及卷二四三李峤《为杭州崔使君贺加尊号表》称"伏惟越古金轮圣神皇帝陛下",系于延载元年。《太平广记》卷三七九引《广异记》:"崔明达,小字汉子,清河东武城人也。祖元奖,吏部侍郎、杭州刺史。"则崔元奖为清河武城人。雍正《浙江通志》误作"郑州人"。

刘幽求 唐睿宗、玄宗宰相,冀州武强人。《旧唐书》卷九七《刘幽求传》:"开元初,改尚书左、右仆射为左、右丞相,乃授幽求尚书左丞相,兼黄门监,……贬授睦州刺史,削其实封六百户。岁余,稍迁杭州刺史。三年,转桂阳郡刺史,在道愤恚而卒,年六十一,赠礼部尚书,谥曰文献,配享睿宗庙庭。"《新唐书》略同。《资治通鉴》卷二一一"开元三年"条:"十一月乙卯……刘幽求自杭州刺史徙郴州刺史,愤恚。甲申,卒于道。"乾隆、光绪《杭州府志》均谓:"刘幽求,武强人,开元二年任。"亦不误,其杭州刺史任在开元二年至三年(714—715)间。

薛 莹 《乾道临安志》卷三《牧守》:"薛莹,杭州刺史,河东汾阴人。"《册府元龟》卷六〇一《学校部·恩奖》:"玄宗开元三年,(褚无量)迁右散骑常侍兼国子祭酒,无量之母死……申命杭州刺史薛莹就其家吊焉。"由此知薛莹开元三年(715)继刘幽求任杭州刺史。

萧德绪 《千唐志斋藏志》第991页唐萧策《唐故天德军摄团练判官太原府参军萧府君(炼)墓志铭并序》:"公,萧姓,讳炼,字惟柔。……公则兰陵郡人也。……曾祖德绪,皇银青光禄大夫,舒杭颍三州刺史、兰陵郡公。"此墓志由墓主萧炼从兄、国子监丞萧策撰于元和元年(806)。旧志及劳《考》失载,郁《考》增补并系于薛莹之后。

陆彦恭 吴人,乃武后时宰相陆元方之弟,开元(713—741)年间任杭州刺史,曾建杭州开元宫。《新唐书》卷七三《宰相世系表三下》陆氏:"彦恭,杭州刺史。"元任士林《松乡集》卷一《杭州路开元宫碑铭》:"唐开元时追崇老子,诏天下置开元宫,杭州刺史陆彦恭即城北隅以基以构。乾符五年戊戌,巢贼犯城,酒雨弗降,遂毁。"元虞集《道园学古录》卷四七《开元宫碑》亦云:"按旧志,杭故有开元宫,唐开元中刺史陆彦恭用诏书所作,乾符戊戌毁于火。"

皇甫忠 安定乌氏人。开元十年(722)在任。《会稽掇英总集》卷一八《唐太守题名记》:"皇甫忠,开元十年八月自杭州刺史授,十一年拜许州刺史。"《嘉泰会稽志》所载同。《乾道临安志》等旧志失载，乾隆《杭州府志》、光绪《杭州府志》均有录，前者谓"（开元）十一年任"，后者谓"（开元）十年任"，乾隆《杭州府志》误。

韦　凑　字彦宗，京兆杜陵人。① 开元十年至十一年（722—723）间在任。《全唐文》卷九九三阙名《唐太原节度使韦凑神道碑》："（开元）十年，以属官有犯，出为杭州刺史；十一年转汾州刺史。"②旧志失载，劳《考》增补并系于开元十一年。

袁仁敬　陈郡阳夏人，开元十三年（725）授任杭州刺史。《洛阳流散唐代墓志汇编》第252页唐阙名《大唐故大理卿上柱国袁府君墓志铭并序》："公讳仁敬，字道周，陈郡阳夏人也。……天授年，从国子进士应养志丘园科，举对策高第。解褐敕授相州汤阴县尉，转尉氏、福昌尉。以精果利断、恢弘历落，称其名。景其行者，率延颈愿交矣。再举大理评事，转司直丞，以持法不挠，朝廷嘉宽裕之。大拜仓部司勋二员外、刑部左司兵吏部四郎中、大理少卿、杭州刺史。复为大理少卿、御史中丞、尚书左丞。……将辞赴郡，恩命特留，而迁大理正卿。"《新唐书》卷一二八《许景先传》："（开元）十三年，帝自择刺史，景先由吏部侍郎为刺史治虢州，大理卿源光裕郑州……大理少卿袁仁敬杭州……凡十一人。"《咸淳临安志》卷二三《山川二》："袁君亭，陆羽记云：刺史袁仁敬造。"《武林梵志》卷四《北山分脉》："广严寺，在临平镇西……法师俗姓褚氏，左散骑常侍舒国公无量之弟。舒公少常读书湖上，有龙起之异，既显……法师因请湖为放生池，刺史袁仁敬禁民六里不得入网罟，司马杨敏言复禁十里，鱼鸟涵泳，士民向风，遂为一方之盛。"《西湖游览志》卷一〇《北山胜迹》："九里松，唐刺史袁仁敬守杭植松以达灵、竺，凡九里，左右各三行，每行相去八九尺，苍翠夹道。"离任时间不知，然《唐会要》卷六六《大理寺》谓袁仁敬开元二十一年（733）七月在大理卿任上暴卒，时年七十一岁。《册府元龟》卷一四一《帝王部·念良臣》："（开元）二十二年八月追赠故大理卿袁仁敬为越州刺史。仁敬修身简俭，为政以清介称。帝思其为人，乃诏褒赠。"乾隆《杭州府志》讹作"元仁敬"。

---

①　新、旧《唐书》本传作"京兆万年人"，兹据其族子韦述撰《唐太原节度使韦凑神道碑》所言而作"京兆杜陵人"。

②　此碑据《宝刻丛编》卷七引《京兆金石录》："唐太原尹韦凑碑，族子韦述撰，韩择木分书，天宝九年。"系其族子韦述所撰。又，《旧唐书》卷一〇一《韦凑传》："（韦凑）以公事左授杭州刺史，转汾州刺史。十年，拜太原尹兼节度支度营田大使。其年卒官，年六十五。赠幽州都督，谥曰文。据《唐会要》卷六八《太原尹》："开元十一年正月，置北都，以韦凑为尹。"则《旧唐书》本传所记韦凑开元十年（722）拜太原尹兼节度支使营田大使的时间及卒年当误。《新唐书》卷一一八《韦凑传》"杭州刺史"作"曹州刺史"，亦当误。

邓　温　南阳人。《元和姓纂》卷九南阳邓氏："温，杭州刺史。"旧志失载，劳《考》增补，但谓不知时代。郁《考》谓邓温刺杭约在开元(713—741)中。

杜元志　开元(713—741)中任。《元和姓纂》卷六京兆杜氏："元志，考功郎中、杭州刺史。"《新唐书》卷六〇《艺文志四》有《杜元志集》十卷，并注："字道宁，开元考功郎中、杭州刺史。"乾隆《杭州府志》卷六二《职官一·杭州刺史》："杜元忠，字道宁，开元中任。旧志云年分无考，今从《唐书·艺文志》。""杜元忠"系"杜元志"之讹。

卢成务　涿州人。《文苑英华》卷八三一梁肃《京兆府司录西厅卢氏世官记》："开元初嗣公讳成务……其后作牧于寿、于杭、于濮、于洺、于魏，继受玄社，以处太原，咸有嘉绩，藏在册府。"《新唐书》卷七三《宰相世系表三上》卢氏："成务，寿、杭、濮、洺、魏五州刺史。"卢成务约于开元(713—741)中刺杭。

宋楚璧　《元和姓纂》卷八广平宋氏："楚璧，兵部郎中、杭州刺史。"旧志失载，劳《考》增补，然谓不知时代。郁《考》系于开元(713—741)中任。

李　构　《新唐书》卷七〇下《宗室世系表下》蒋王房："杭州刺史，构。"乾隆《杭州府志》有录，劳《考》系于开元(713—741)年间任。

张守信　《两浙金石志》卷二《唐源少良等题名》："监察御史源少良、陕县尉阳陵、此郡太守张守信，天宝六载正月二十三日同游。"该题名在杭州下天竺摩崖，文五行，正书径寸。《会稽掇英总集》卷一八《唐太守题名记》："张守信，天宝七年自杭州刺史授。"郁《考》谓天宝五载至七载(746—748)任杭州刺史。

李处祐　天宝九载(750)卸任。《会稽掇英总集》卷一八《唐太守题名记》："李处祐，天宝九载自余杭郡太守授。"《嘉泰会稽志》所载同。万历、乾隆等《杭州府志》"李处祐"作"李处幼"。光绪《杭州府志》卷九九《职官一·杭州刺史》谓："李处祐，万历《志》'祐'作'幼'，(天宝)九载任。"

李力牧　唐高宗宰相李安期之孙，天宝(742—756)间任。《新唐书》卷七二《宰相世系表二上》汉中李氏："力牧，余杭太守。"乾隆《杭州府志》卷六二《职官一·杭州刺史》："李力牧，南郑人，余杭郡太守。"光绪《杭州府志》卷九九《职官一·杭州刺史》："李力牧，南郑人，天宝间任。"

刘　晏　唐代宗宰相。《旧唐书》卷一二三《刘晏传》："刘晏，字士安，曹州南华人。年七岁，举神童，授秘书省正字，累授夏县令，有能名。历殿中侍御史，迁度支郎中、杭陇华三州刺史，寻迁河南尹。"迁授河南尹时，因"史朝义盗据东都，寄理长水"。《新唐书》卷一四九《刘晏传》："(刘)晏至吴郡而(李)璘反，乃与采访使李希言谋拒之。希言假晏守余杭，会战不利，走依晏。晏为陈可守计，因发义兵坚壁。会王败，欲转略州县，闻晏有备，遂自晋陵西走，终不言功。召拜彭原太守,徙陇、华二州刺史,迁河南尹。"两《唐书》所载略同,而永王李璘"起兵于江东,欲据扬州"在至德二载(757)。据《新唐书》本传所载,刘晏受诏拜度支郎中兼侍御史领江淮租庸事,至吴郡而永王反,刘晏始得任杭州刺史,则刘晏任杭州刺史当在至德二载。乾隆《杭州府志》谓刘晏"天宝末假余杭郡守",及郁《考》系于至德元载至二载(756—757)在任,皆误。①

崔 涣　《旧唐书》卷一〇《肃宗本纪》:至德二载(757)"八月甲申,以黄门侍郎崔涣为余杭太守、江东采访防御使"。《乾道临安志》卷三《牧守》:"崔涣,肃宗时为左散骑常侍、余杭太守、江东采访使,博陵安平人。"光绪《杭州府志》卷九九《职官一·杭州刺史》:"崔涣,安平人,至德二载任(余杭郡太守),寻改杭州刺史。"

杨 慧　光绪《杭州府志》卷九九《职官一·杭州刺史》:"杨慧,一作惠,乾元二年任,今增,见《吴兴统记》。"

侯令仪　《旧唐书》卷一〇《肃宗本纪》:乾元三年(760)正月,"以杭州刺史侯令仪为升州刺史,充浙江西道节度兼江宁军使"。光绪《杭州府志》卷九九《职官一·杭州刺史》:"侯令仪,三年任。"当为乾元三年正月尚在任,故云。

李 某　名讳不详。《毗陵集》卷五《为杭州李使君论李藏用守杭州有功表》其末曰:"臣辱忝葭莩,任居牧守。"《乾道临安志》失载,《咸淳临安志》增录有"李□",名讳、岁月、事迹俱无,郁《考》系于上元(760—761)中任。

贺若察　《全唐文》卷三八九独孤及《吏部郎中厅壁记》:"岁在乙巳,河南贺若公用贞干谅直,实莅厥位。往岁公为员外郎也,东曹朗然,如得水镜;治余杭也,吴人熙熙,若逢阳春。"劳《考》云:"乙巳,永泰元年。据《壁记》,察当自吏部员外郎出为杭刺,自刺史入为郎也。"则贺若察永泰元年(765)自杭州刺史入朝为吏部郎中。

卢幼平　范阳人。《全唐文》卷三一六李华《杭州刺史厅壁记》:"近岁,灾诊繁兴,寇盗连起,百战之后,城池独存。……诏以兵部郎中范阳卢公幼平为之……麾幢戾止,未逾三月,降者迁忠义,归者喜生育,旌次让利,辕门无声,人咸曰休哉!以卿佐之才,遵王泽,敷德政,吾见其为公为侯,福履宜之,未见其极也……永泰元年七月二十五日记。"《全唐诗》卷二〇一岑参有《送卢郎中除杭州赴任》。闻一多《岑嘉州系年考证》:"(幼平)三月出京,四月到杭,诗与《记》纪时正合。"②认为卢幼

---

① 《乾道临安志》卷三《牧守》失载刘晏,而《咸淳临安志》卷四五《秩官三》有载作"谢晏"者,所载事迹与《新唐书》卷一四九《刘晏传》同,乃"刘晏"所讹也。

② 载《清华学报》1933年第8卷第2期。

平是永泰元年(765)三月出京,四月到杭就任杭州刺史。①

相里造 《全唐文》卷九二五吴筠《天柱山天柱观记》:"宝应中,群寇蚁聚,焚爇城邑荡然煨烬……州牧相里造,县宰范愔,化洽政成……大历十三年正月十五日中岳道士吴筠记。"天柱山有三,据《记》文"粤天柱之号,潜、霍及此,三峰一称矣。……自余杭郭泝溪十里,登陆而南"一句来看,此天柱山即为余杭大涤山,则州牧即杭州刺史。唐独孤及《毗陵集》卷二〇《祭相里造文》云:"江人杭人,颂德不暇。洛表耆老,徯公而苏。"劳《考》云:"盖自江州迁杭,自杭迁河南少尹也。"其名,旧志所载有作"相里尹造""相里君造""相里君"者,皆讹。光绪《杭州府志》辨析指出:"乾道《志》牧守有'相里君(尹)造',淳祐《志》虚白亭下亦注'郡守相里公造初建此亭',成化后各志因于相里君下俱注曰'名造',或据白居易所撰《冷泉亭记》'先是领郡者,有相里君造虚白亭',及咸淳《志》相里君下注曰'造虚白亭',遂以'造'指'建造'。"所谓"相里尹""相里君"者,皆敬称也,而"造"才是其名也。万历《杭州府志》系于元和(806—820)间任,光绪《杭州府志》纠万历《志》系于大历(766—779)初,郁《考》谓大历七年(772)前任。

杜济 京兆杜陵人。《旧唐书》卷一一《代宗本纪》:大历八年(773)五月,"贬京兆尹杜济杭州刺史"。《颜鲁公集》卷一〇《京兆尹御史中丞梓遂杭三州刺史剑南东川节度使杜公神道碑铭》:"君讳济,字应物,京兆杜陵人。……大历初,杜鸿渐为东、西川,公为副元帅判官,知东川节度,拜太(大)中大夫。……征拜给事中,间岁拜京兆少尹,明日迁京兆尹。出为杭州刺史,不逾周岁,风化大行。不幸感疾,又闻代到,请寻医于晋陵。以大历十二年岁次丁巳秋七月二日辛亥,薨于常州之别馆,春秋五十有八。"则杜济当于大历八年至十二年(773—777)间刺杭。

元全柔 《旧唐书》卷一二《德宗本纪上》:建中元年(780)四月,"以御史中丞元全柔为杭州刺史"。二年九月"戊辰,以杭州刺史元全柔为黔中经略招讨观察等使"。

刘暹 字士衡,曹州南华人,唐肃宗代宗相。刘晏兄。《新唐书》卷七一《宰相世系表一上》曹州南华刘氏:"暹,字士昭,杭州刺史。"《乾道临安志》失载,

---

① 《嘉泰吴兴志》卷一四《郡守题名》:"卢幼年(平),宝应二年自杭州刺史授;迁大理少卿。《统记》云:永泰元年。"当以《吴兴统记》所载永泰元年(765)为是。乾隆《杭州府志》误系天宝问任。又,《新唐书》卷七三《宰相世系表三上》大房卢氏:"(暄子)澋,杭州刺史。(澋弟)幼平,太子宾客。"劳《考》云:"澋刺杭未详何年,《壁记》亦不云兄弟继守是州,疑有误。"郁《考》据《全唐文》卷五〇六权德舆《唐故润州昭代寺比丘尼元应墓志并序》知卢澋终官婺州刺史,认为《新唐书宰相世系表》"误移幼平官职于澋名下"。雍正《浙江通志》等误录卢澋。《嘉泰吴兴志》讹"卢幼平"为"卢幼年"。

《咸淳临安志》增录，然谓岁月、事迹俱无考。乾隆《杭州府志》卷六二《职官一·杭州刺史》："刘暹，字士昭，南华人，建中末任。旧志云年分无考，今从《唐书》本传编。"然而大唐西市博物馆藏刘暹墓志谓其"字士衡"。《旧唐书》卷一四六《于欣传》谓刘暹"刚肠嫉恶，历典数州，皆为廉使畏惧"。

李　泌　《旧唐书》卷一三〇《李泌传》："李泌，字长源，……今居京兆……元载诛，乃驰传入谒。上见悦之。又为宰相常衮所忌。"出为检校御史中丞，充澧朗硖团练使，"无几，改杭州刺史，以理称。兴元初，征赴行在，迁左散骑常侍"。"上"即唐德宗。《资治通鉴》卷二三一"兴元元年七月"条："及上在兴元，泌为杭州刺史。上急诏征之，与睦州刺史杜亚俱诣行在。"光绪《杭州府志》卷九九《职官一·杭州刺史》："李泌，京兆人，(建中)二年任。"《乾道临安志》谓李泌"代宗朝为杭州刺史"，《咸淳临安志》系于德宗朝，或代宗朝大历(766—779)末授任。李泌于唐德宗兴元(784)初迁左散骑常侍而离任。其在任杭州刺史期间，引西湖水入城为六井，大为民利。

房孺复　《白居易全集》卷六八《吴郡诗石记》："贞元初，韦应物为苏州牧，房孺复为杭州牧，皆豪人也。韦嗜诗，房嗜酒，每与宾友一醉一咏，其风流雅韵，多播于吴中，或目韦、房为诗酒仙。"白居易此《记》撰于宝历元年(825)七月二十日，而《记》文中称"前后相去三十七年"，则房孺复贞元四、五年(788—789)间当在杭州刺史任上。

王　颜　《宋高僧传》卷九《唐杭州径山法钦传》："(贞元)六年，州牧王颜请出州治龙兴寺净院安置，婉避韩滉之废毁山房也。八年壬申十二月示疾，说法而长逝……刺史王颜撰碑述德。"可知其贞元六年至八年(790—792)间在任。

于　邵　字相门，京兆万年人。《旧唐书》卷一三七《于邵传》："(贞元)八年，出为杭州刺史，以疾请告，坐贬衢州别驾。"由是知于邵贞元八年(792)授任杭州刺史。

殷　亮　《元和姓纂》卷四陈郡长平殷氏："亮，给事中、杭州刺史。"《乾道临安志》卷三《牧守》："殷亮，给事中、杭州刺史。"光绪《杭州府志》卷九九《职官一·杭州刺史》："殷亮，贞元中任。"①

李　锜　唐宗室，后叛被杀。《新唐书》卷二二四《李锜传》："李锜，淄川王孝同五世孙……自雅王傅出为杭、湖二州刺史。"②《嘉泰吴兴志》卷一四《郡守题

---

① 乾隆《杭州府志》在殷亮前有殷寅，注"见《殷践猷传》"；又附增殷践猷于末，注"见《浙江通志》"。考新、旧《唐书》本传，殷践猷仅官杭州参军，子寅为永宁尉，皆不言为杭州刺史，惟寅子亮则终给事中、杭州刺史。是乾隆《杭州府志》与《浙江通志》皆误收也，兹不录。

② 《旧唐书》卷一一二《李锜传》略有不同："锜以父荫贞元中累至湖、杭二州刺史。"谓先任湖州刺史、后任杭州刺史，当以先杭州、后湖州为是。

名》:"李锜,贞元十三年四月自杭州刺史授;迁本道观察使。《统记》作十二年。"光绪《杭州府志》以《吴兴统记》为是,作贞元十二年(796)任。万历《杭州府志》作贞元四年(788),误。据《旧唐书》卷一一二《李锜传》载,李锜在杭州刺史任内,"多以宝货赂李齐运,由是迁润州刺史兼盐铁转运使",是个边贪边升的贪官典型。

贾　全　《唐语林》卷六《补遗》:"贞元中,贾全为杭州,于西湖造亭,为贾公[亭],未五六十年废。"《乾道临安志》《咸淳临安志》等旧志失载,光绪《杭州府志》增录,谓:"今增,见《唐语林》。"然而不注任年。郁《考》谓"疑在十三、十四年"。又据《全唐文补遗·千唐志斋新藏专辑》第289页唐武元衡《唐故兰陵郡夫人萧氏墓志铭并序》:"大唐贞元十三年龙集丁丑十月三日,故金紫光禄大夫、工部尚书、赠太子少保鲍宣公夫人,寝疾薨于上都光福里之私第……今杭州刺史贾全,河南府仓曹杜营公之出也,少依于我。"可知贾全贞元十三年(797)十月在杭州刺史任上。

苏　弁　字符容,京兆武功人。《旧唐书》卷一八九《苏弁传》:"当德宗时,朝臣受谴,少蒙再录,至晚年尤甚。唯弁与韩皋得起为刺史,授滁州,转杭州。"《唐会要》卷三六《修撰》:"贞元十九年二月……杭州刺史苏弁,撰《会要》四十卷。"光绪《杭州府志》卷九九《职官一·杭州刺史》:"苏弁,武功人,贞元年任。"由是知苏弁贞元十九年(803)二月在杭州刺史任上。

白之廉　贞元十九年(803)在任。《咸淳临安志》卷一八《祥异》"合欢竹"条:"唐(正)[贞]元十九年,富阳县招义乡安州仓曹许俭家生蔓竹一本合欢,郡守白之廉使画图表进。"同书卷四五《秩官》失载。乾隆《杭州府志》引《咸淳临安志》卷一八《祥异》新增,作"贞元十九年任"。郁《考》失载。

韩　皋　《旧唐书》卷一四《顺宗本纪》:贞元二十一年(805)四月,"以杭州刺史韩皋为尚书右丞"。据白居易《冷泉亭记》,韩皋在郡时,曾建候仙亭。

张　纲　永贞元年(805)在任。《咸淳临安志》卷四五《秩官》引《余杭志》:"张纲,永贞初为守,奏置余杭仓宇四十二间,筑仓城,周围四里。"同书卷一八《城郭·余杭县》:"旧仓城,……唐永(正)[贞](五)[元]年刺史张纲奏置,仓宇四十二间。"①

杜　陟　《乾道临安志》《咸淳临安志》有录,然岁月、事迹无考。《宋高僧传》卷一六《唐钱塘永福寺慧琳传》:"元和丁亥,太守、礼部员外城南杜陟请出永福寺登坛。"元和丁亥即元和二年(807),由是知杜陟元和二年在杭州刺史任上。

裴常棣　河东闻喜人。《宋高僧传》卷一六《唐钱塘永福寺慧琳传》:"元和丁

---

① 唐永贞尽元年,《咸淳临安志》作"五年",当为"元年"之讹。

亥,太守、礼部员外城南杜陟请出永福寺登坛。至己丑岁春,刺史、兵部郎中裴常棣召临天竺寺坛,度人毕,归寺,讲训生徒。"元和己丑岁,即元和四年(809)。由是知裴常棣元和四年在杭州刺史任上。光绪《杭州府志》作元和三年任,误。裴常棣在杭州刺史任上,曾建有观风亭。①

陆　则　《新唐书》卷七三《宰相世系表三下》陆氏:"则,杭州刺史、左司郎中。"《宋高僧传》卷一六《唐钱塘永福寺慧琳传》:"至(元和)己丑岁春,刺史、兵部郎中裴常棣召临天竺寺坛……讲训生徒向二十载,郡守左司郎中陆则、刑部侍郎杨凭、给事中卢元辅、中书舍人白居易、太府卿李幼公、刑部郎中崔郾、刑部郎中路异,相继九邦伯皆以公退至院致礼,稽问佛法宗意,染指性相……太和六年四月二十五日示灭,享寿八十有三,法腊六十四。"由"太和六年"(832)前推二十年,乃元和七年(812)。又,光绪《杭州府志》卷九九《职官一·杭州刺史》:"陆则,吴县人,元和间任。"由是知陆则元和七年在杭州刺史任上。

卢元辅　光绪《杭州府志》卷九九《职官一·杭州刺史》:"卢元辅,滑州人,(元和)八年任。旧志列贞元间。"据《全唐文》卷六九五卢元辅《胥山祠铭并序》:"元和十年冬十月,朝散大夫使持节杭州诸军事杭州刺史上柱国卢元辅视事三岁……乃启忠祠,铭而序曰……"可知卢元辅元和八年(813)始任杭州刺史。

严休复　《元稹集》卷五一《永福寺石壁法华经记》:"永福寺,一名孤山寺,在杭州钱塘湖心孤山上。石壁《法华经》在寺之中,始以元和十二年严休复为刺史时惠皎萌厥心,卒以长庆四年白居易为刺史时成厥事。"知严休复元和十二年(817)在杭州刺史任上。②

元　藇　河南人。《乾道临安志》《咸淳临安志》失载。光绪《杭州府志》在白居易与严维(据前,当为严休复——周按)间有元藇,并注云:"河南人,十五年任。"郁《考》有详考,谓元藇元和十五年(820)任杭州刺史。《咸淳临安志》讹作"元藇之"。任内曾建冷泉亭。

白居易　《旧唐书》卷一六《穆宗本纪》:长庆二年(822)七月,"出中书舍人白居易为杭州刺史"。又,同书卷一六六《白居易传》:"白居易,字乐天,太原人……今为下邽人。……(长庆二年)七月,除杭州刺史。俄而元稹罢相,自冯翊转浙东观察使。交契素深,杭越邻境,篇咏往来,不间旬浃。……长庆四年,乐天

---

①　《白居易全集》卷四三《冷泉亭记》谓"先是领郡者……有裴庶子棠棣作观风亭","棠棣"乃"常棣"之讹。

②　光绪《杭州府志》谓:"严维,字休复,十二年任,各志俱以字称,今从成化《志》。"以严维为严休复,实误。严维,字正文,越州人。而严休复,据柳宗元《柳河东集》卷一一《亡友故秘书省校书郎独孤君墓碣》"今记其知君者于墓",有"严休复玄锡、冯翊人"。由是知严休复字玄锡,冯翊人。光绪《杭州府志》误以严维、严休复为一人。

自杭州刺史以右庶子召还。"白居易在任内,整治钱塘湖,南建函,北制笕,立碑,设专人管理,使濒湖千余顷田无凶年。其撰《钱塘湖石记》,即署"长庆四年三月十日,杭州刺史白居易记"。

裴弘泰 《刘宾客文集》卷一七《汝州举裴大夫自代状》:"正议大夫使持节杭州诸军事守杭州刺史上柱国赐紫金鱼袋裴弘泰……伏以前件官前为九卿,出领两镇。顷因微累,遂有左迁。今授远州,物情未塞。臣前任邻接,具知公才,旧屈未伸,辄举自代,云云。"卞孝萱著《刘禹锡年谱》谓,刘禹锡大和八年(834)七月移汝州刺史兼御史中丞,充本道防御使,并据吴兴徐氏影宋绍兴本自注"大和八年"而系此自代状于大和八年。光绪《杭州府志》卷九九《职官一·杭州刺史》亦云:"裴宏泰,大和八年任。今增,见刘禹锡文集。""宏泰"即"弘泰",系避讳而改。由是知裴弘泰大和八年(834)在杭州刺史任上。

姚　合 《全唐诗》卷五〇〇姚合《杭州官舍偶书》:"钱塘刺史谩题诗,贫褊无恩懦少威。春尽酒杯花影在,潮回画槛水声微。闲吟山际邀僧上,暮入林中看鹤归。无术理人人自理,朝朝渐觉簿书稀。"旧志仅谓姚合"陕西硖石人,文宗时任",未详年月。《全唐诗》卷四九六姚合《送裴大夫赴亳州》有诗云"周旋君量远,交代我才褊",知姚合为裴弘泰后任。《刘禹锡全集编年校注》卷一八《汝州举裴大夫自代状》:"正议大夫使持节杭州诸军事守杭州刺史上柱国赐紫金鱼袋裴弘泰。"题下注云:"大和八年。"卞孝萱《刘禹锡年谱》以为作于大和八年(834)七月,则是时杭州刺史为裴弘泰,姚合守杭州当在大和八年七月后。郁《考》系于大和九年或为可信。劳《考》据宋晁公武《郡斋读书志》卷四中《清塞诗一卷》载"宝历中,姚合为杭州刺史,(清塞)因携书投谒",而系于"宝历中";岑仲勉《唐集质疑》谓姚合任杭州刺史在大和六、七年,又疑"似在会昌时代",二者均误。

崔　某 名讳不详。《全唐诗》卷四九七姚合有《舟行书事寄杭州崔员外》:"旧国归何滞,新知别又遥。"郁《考》谓此"杭州崔员外"当为接姚合任杭州刺史者。

李宗闵 字损之,唐宗室,唐宪宗宰相李夷简之侄。《旧唐书》卷一七《文宗本纪》:开成三年(838)二月"丁酉,以衡州司马李宗闵为杭州刺史"。四年十二月,"以杭州刺史李宗闵为太子宾客,分司东都"。

徐元弼 《册府元龟》卷一五三《帝王部·明罚第二》:"(开成)四年七月,贬襄王傅徐元弼为杭州刺史。"《乾道临安志》《咸淳临安志》等旧志失载,郁《考》补录。

裴夷直 字礼卿,河东人。《全唐文补遗·千唐志斋新藏专辑》第 397 页唐李景让《唐故朝散大夫守左骑常侍赠工部尚书裴公(夷直)墓铭并叙》:"公讳夷直,字礼卿,河东人。……公少孤,抱志业,名闻江左,随计长安。文学之誉,振于远迩。故相国崔公讳群掌贡院,授公高第。"文宗死后,"奸人得志,遂以矫妄陷公。开成五年,出为杭州刺史。寻窜逐南裔,无所不及"。此后,历任硖州、苏州、华州等职。大中十三年(859)秋七月二十日卒,时年七十三岁。又,《旧唐书》卷一八《武宗本纪》载:开成五年(840)八月,"御史中丞裴夷直为杭州刺史,皆坐(刘)弘逸、(薛)季棱党也"。会昌元年(841)三月,"(贬)杭州刺史裴夷直驩州司户"。由是知裴夷直开成五年八月至会昌元年三月间任杭州刺史。乾隆《杭州府志》谓裴夷直于会昌元年"出为杭州刺史",误。

李中敏 字藏之,陇西人。《新唐书》卷一一八《李中敏传》:"李中敏,字藏之……性刚峭,与杜牧、李甘善文辞气节大抵相上下……开成末,为婺、杭二州刺史,卒于官。"《乾道临安志》卷三《牧守》:"李中敏,字藏之,陇西人。唐文宗开成末为杭州刺史。"裴夷直会昌元年(841)三月始贬驩州司户,开成末尚在杭州刺史任上,则李中敏刺杭不当在开成末,而应在会昌元年。

李 播 字子烈,赵郡人。《樊川文集》卷六《唐故进士龚䛒墓志》:"会昌五年十二月,某自秋浦守桐庐,路由钱塘……时刺史赵郡李播。"又同书卷七《杭州新造南亭子记》:"赵郡李子烈播,立朝名人也,自尚书比部郎中出于钱塘,钱塘于江南繁大雅亚吴郡。"南亭子系李播于会昌五年(845)取寺材而建,可知李播会昌五年在杭州刺史任上。在任期间,李播曾三次上书宰相,使朝廷"诏与钱二千万筑长堤",境内"人益安善"。①

萧 宪 《唐语林》卷七《补遗》:"方干貌陋唇缺,味嗜鱼酢,性多讥戏。萧中丞典杭,军倅吴杰患眸子赤,会宴于城楼饮,促召杰。杰至,目为风掠,不堪其苦。宪笑命近座女伶裂红巾方寸帖脸以障风。干时在席,……尔后,人多目干为'方开袴'。"旧志失载,光绪《杭州府志》据《唐语林》增补。劳《考》次于李播之后,郁《考》从之,然仅以"萧某"列之。

杜 胜 唐范摅《云溪友议》卷中《彰术士》:"杜胜给事在杭州之日,问娄千宝曰:胜为宰相之事,何如?曰:如筮得震卦,有声而无形也。当此之时,或阴人之所谮也。若领大镇,必忧悒成疾,可以修禳乎。"又,《资治通鉴》卷二四八"大中二年"条:十二月,"上见宪宗朝公卿子孙,多擢用之。刑部员外郎杜胜……即除给事中"。则杜胜任杭州刺史当在大中二年(848)十二月后。旧志失载,光绪《杭州府志》增补,并谓大中三年任。

刘 某 《宋高僧传》卷一二《唐杭州大慈山寰中传》:"武宗废教,(寰)中衣

---

① 《樊川文集》卷七《杭州新造南亭子记》。

短褐，或请居戴氏别墅焉。大中壬申岁，太守刘公首命剃染，重盛禅林。"大中壬申岁为大中六年(852)。旧志失载，郁《考》疑此"刘公"与《景德传灯录》卷一二《杭州罗汉院宗彻师傅》中"州牧刘彦"为同一人。其实非是。据《武林梵志》卷一一《罗汉寺》，可知"州牧刘彦"系宋人。

李　远　《资治通鉴》卷二四九"大中十二年(858)"条：十月，"令狐绹拟李远杭州刺史。上曰：吾闻远诗云'长日惟消一局棋'，安能理人？绹曰：诗人托此为高兴耳！未必实然。上曰：且令往试观之"。唐人张固《幽闲鼓吹》所载与《资治通鉴》略同。又，《九国志》卷二《李涛传》："涛，赵郡人。祖远，唐杭州刺史。"《咸淳临安志》亦引《资治通鉴》有录。

崔　涓　博陵人。《新唐书》卷一七七《崔珙传》："(珙)子涓，性开敏。为杭州刺史，受署，未尽识卒史，乃以纸各署姓名傅襟上，过前一阅，后数百人呼指无误。终御史大夫。"《金华子杂编》卷上："(崔涓)初典杭州，上事数日，唤都押衙……乃各令以纸一幅，大书姓名，贴在胸襟前，逐人点过。自此一阅，逮及三考，(三百人)未尝误唤一人者。"知其曾刺杭三年。又，其父崔珙为开成(836—840)末、会昌(841—846)初宰相。郁《考》从劳《考》列崔涓于李远后，系于大中(847—860)年间。然而光绪《杭州府志》则谓："崔涓，博陵人，旧志列咸通间。"

裴　珏　《新唐书》卷七一《宰相世系表一上》南来吴裴氏："珏，杭州刺史。"乾隆、光绪《杭州府志》均载："裴珏，闻喜人，大中时任。"劳《考》谓不知时代，郁《考》谓"约咸通中"。

李　某　名讳不详，咸通(860—874)初任。《唐语林》卷二《文学》："李郢有诗名，郑尚书颢门生也……兄子咸通初守杭州。郢至，宿虚白堂。"名讳失考。旧志及劳《考》失载，郁《考》补录。

崔彦曾　咸通二年(861)在任。《新唐书》卷四一《地理志五》杭州"钱塘"下注云："南五里有沙河塘，咸通二年刺史崔彦曾开。"《全唐文》卷一三〇钱镠《建广润龙王庙碑》："钱塘湖者……唐咸通中刺史崔彦曾曾重修。"

卢　浔　旧志失载。光绪《杭州府志》卷九九《职官一·杭州刺史》："卢浔，(咸通)五年任，今增，见《罗隐集》。"

令狐绹　唐释贯休《禅月集》卷九有《上杭州令狐使君》诗。《咸淳临安志》卷六九《人物·方外》："钱道士，杭州临安人。初，从太守令狐绹至京师。……令狐绹，余杭太守绹之子也。"劳《考》谓咸通(860—874)中任刺史。

宋　震　唐释贯休《禅月集》一四有《寄杭州灵隐寺宋震使君》诗。《乾道临安志》等旧志失载。光绪《杭州府志》卷九九《职官一·杭州刺史》："宋震，咸通末任，今增，见《禅月集》。"劳、郁二《考》失载。

李　邈　《资治通鉴》卷二六〇"乾宁二年"条："二月辛卯,(董)昌被衮冕登子楼城门楼,即皇帝位……以前杭州刺史李邈、前婺州刺史蒋瓖、两浙盐铁副使杜郢、前屯田郎中李瑜为相。"知其在乾宁二年(895)二月之前任。旧志失载,光绪《杭州府志》引劳《考》录而不详任年,郁《考》疑李邈刺杭在乾符(874—879)中。

路审中　中和元年(881)授,未之任。《资治通鉴》卷二五四"中和元年"条：八月,"会杭州刺史路审中将之官,行至嘉兴,(董)昌自石镜引兵入杭州,审中惧而还。昌自称杭州都押牙、知州事,遣将吏请于周宝。宝不能制,表为杭州刺史。"

董　昌　《吴越备史》卷一《武肃王》：中和元年(881),"九月,诏授董昌杭州刺史"。《资治通鉴》卷二五六"光启二年"条：十月"辛未,以杭州刺史董昌为浙东观察使"。①

裴　觉　光启(885—888)中在任。《明一统志》卷三八《杭州府·流寓》："裴觉,长安人,光启中为杭州刺史,属董昌作乱,兵兴道阻,遂留家于杭。"

钱　镠　《资治通鉴》卷二五六"光启二年"条：十二月,"以钱镠知杭州事"。又,同卷"光启三年"条：正月"辛巳,以董昌为浙东观察使,钱镠为杭州刺史"。

任职时间不详者

柳德义　《乾道临安志》卷三《牧守》："柳德义,杭州刺史,河东人……右见《元和姓纂》。"《元和姓纂》卷七濮阳柳氏："杭州刺史柳德又。""又"疑为"义"之形讹。

张祖政　《新唐书》卷七二《宰相世系表二下》河间张氏："祖政,杭州刺史。"乾道、咸淳《临安志》均失载,万历《杭州府志》新增,嗣后乾隆《杭州府志》、光绪《杭州府志》等均有录。然万历、光绪二志作"郑州人",乾隆志作"邓州人",疑"邓""郑"相讹。劳《考》亦失载。

李处一　《大唐西市博物馆藏墓志》第363页唐阙名《大唐故朝请大夫行雍州蓝田县令上柱国始安郡开国公李府君墓志铭并序》："君讳炯,字光远,陇西狄道人也。……父处一,皇朝太中大夫,使持节文、吉、郴、杭四州诸军事,守杭州刺史,嗣始安郡开国公。"李炯卒于太极元年(712),时年四十八岁。

李自挹　《新唐书》卷七二《宰相世系表二下》赵郡李氏西祖房："自挹,杭州刺史。"《乾道临安志》卷三《牧守》："李自挹,杭州刺史。"并注云："唐宗室。"《咸淳临安志》、雍正《浙江通志》误作"士挹"。

苏　某　名讳不详。《全唐文》卷三一六李华《杭州刺史厅壁记》："杭州,东

---

① 《新唐书·僖宗本纪》《嘉泰会稽志》皆作"光启二年十月",《旧唐书·僖宗本纪》作"光启元年三月",疑后者为误。

南名郡……所临莅者,多当时名公……魏左丞、苏吏部之公望遗爱在人。"劳《考》未录,郁《考》系于李自挹之后。

宋　璟　字广平,邢州南和人,唐玄宗宰相。新、旧《唐书》本传谓,中宗时宋璟自检校贝州刺史为武三思所挤,又历杭、相二州刺史。中宗晏驾,拜洛州长史。《颜鲁公集》卷一〇《有唐开府仪同三司行尚书右丞相上柱国赠太尉广平文贞公宋公神道碑铭》载:"公讳璟,字□□,邢州南和人……中宗将幸西蜀,深虞北鄙,乃兼检校并州大都督府长史,又改兼贝州刺史,……俄而真拜,转杭州,又复迁相州,寻入为洛州长史。唐隆初,拜吏部尚书、同中书门下三品。"李华所撰《杭州刺史厅壁记》中的"宋丞相"即宋璟。

张　斉　清河人。《新唐书》卷七二《宰相世系表二下》清河张氏:"斉,杭州刺史。"乾隆《杭州府志》卷六二《职官一・杭州刺史》:"张斉,清河人,《唐书》'斉'作'斉'。"

崔　恂　一作崔珣。郑州人。《新唐书》卷七二《宰相世系表二下》郑州崔氏:"恂,杭州刺史,清河男。"《乾道临安志》《咸淳临安志》有录,作"崔恂"。雍正《浙江通志》"崔恂"作"崔珣"。而《册府元龟》卷八五《帝王部・赦宥第四》、卷一六二《帝王部・命使》所记开元十三年(725)正月奉命往山南东道之事,前卷为"水部郎中崔恂",后卷作"兵部郎中崔珣"。郁《考》作崔恂系于张斉之后。

薛自勉　《新唐书》卷七三《宰相世系表三下》薛氏:"自勉,余杭太守。"《乾道临安志》卷三《牧守》:"薛自勉,司勋员外郎、余杭太守,河东汾阴人。"《咸淳临安志》略同。任年、事迹无考。

严损之　《毗陵集》卷一一《唐故银青光禄大夫太子左庶子严公墓志铭并序》:"皇唐太子左庶子河内县子冯翊严公,讳损之……其后历太原、上谷、弋阳、余杭、丹阳,虽风俗殊异,治效如一。"光绪《杭州府志》有录。

李　良　蜀人,李白从侄。李白有《与从侄杭州刺史良游天竺寺》诗(见《李白集校注》卷二〇)。雍正《浙江通志》、乾隆《杭州府志》等旧志有录。

元　载　字公辅,凤翔岐山人,唐代宗宰相。《全唐文》卷三一六李华《杭州刺史厅壁记》:"杭州,东南名郡……所临莅者,多当时名公……有事以来,承制权假以相国元公。旬朔之间,生人受赐,由是望甲余州,名士良将,递临此部。"光绪《杭州府志》卷九九《职官一・杭州刺史》:"元载,至德初任,今增,见李华《杭州刺史厅壁记》。"劳格《唐集质疑》疑元载"实非真拜杭州刺史者"。

卢　泾　《乾道临安志》卷三《牧守》:"卢泾,杭州刺史、范阳涿县人。"《咸淳临安志》略同。

王　悌　《全唐文补遗》六辑唐阙名《唐故遂州长史王公(钧)墓志》:"唐故遂

州长史王公名钧,太原祁人也。……父悌,司门郎中,齐、杭二州刺史。"墓主王钧大历十一年(776)卒,时年八十一岁。旧志及劳、郁二《考》失载,今新补。

裴有敞 唐张鷟《朝野佥载》卷一:"杭州刺史裴有敞疾甚,令钱塘县主簿夏荣看之。"《定命录》同。

韦夐 《元和姓纂》卷二京兆韦氏:"(韦)夐,虞部郎中、杭州刺史。"《乾道临安志》卷三《牧守》:"韦夐,虞部郎中、杭州刺史,京兆杜陵人。"

杜信 《元和姓纂》卷六京兆杜氏:"信,刑部员外、杭州刺史。"旧志有录,然不具任职年月。劳《考》次于陆则之后,郁《考》从之并系于约元和(806—820)中期。《宝刻丛编》载有杜信自撰、子师古书、侄师仁篆额的《太子宾客杜信碑》,立于元和十四年(819)。

李幼公 唐肃宗宰相李揆之子。《全唐文补遗》五辑唐李慎仪《梁故陇西郡君姑臧李氏夫人(珩)墓志铭并序》载夫人李氏"曾祖幼公,皇唐杭州刺史"。《宋高僧传》卷一六《唐钱塘永福寺慧琳传》中郡守有"太府卿李幼公",列于"中书舍人白居易"与"刑部郎中崔鄯"之间,从行文看似以任职先后为序。《乾道临安志》"李幼公"作"李幼",而《咸淳临安志》在"李幼"之外,又加"李幼公",而录"李幼""李幼公"二人,后代志书如乾隆《杭州府志》等因之。"李幼"系由"李幼公"之讹也。

崔鄯 贝州武城人。《宋高僧传》卷一六《唐钱塘永福寺慧琳传》中郡守有"刑部郎中崔鄯",介于李幼公、路异之间。乾道、咸淳等《志》均有录,未详任年。

路异 《宋高僧传》卷一六《唐钱塘永福寺慧琳传》中郡守有"刑部郎中路异",且列于崔鄯后。乾道、咸淳等《志》均有录,未详任年。慧琳于大和六年(832)四月二十五日示灭,路异或于此间刺杭。

于德晦 《庐山记》卷五《有唐庐山简寂观熊君尊师碣》:"门人三洞弟子朝散大夫使持节杭州诸军事守杭州刺史柱国于德晦撰,范商晧书。"据宋罗愿《新安志》,于德晦大中十一年(857)在歙州刺史任。旧志及劳《考》失载,郁《考》补录。

封亮 《元和姓纂》卷一渤海蓨县封氏:"希奭生亮,司封员外、杭州刺史。"《乾道临安志》:"封亮,司封员外郎、杭州刺史,渤海人。"《咸淳临安志》等略同,然俱不注任年。

待考录

李昇期 《全唐文》卷三一九李华《杭州余姚县龙泉寺故大律师碑》:"故李大理昇期、崔河南希逸尝抚本州,麾幢往复。"律师于天宝十三载(754)二月八日化灭。郁《考》系李昇期为开元中杭州刺史。然考有唐一代,杭州无余姚县之设,而有余杭县,且余杭县也确实曾经有一个龙泉寺。据《咸淳临安志》卷八三《寺院·余杭县》:"灵源院,在县东南一十二里安乐乡,旧名龙泉,咸通七年建。治平二年改今额。"余杭县龙泉寺建于咸通七年(866),而律师化灭于天宝十三载二月八日,即律师化灭之时余杭龙泉寺尚未建。由是可知律师之龙泉寺实非余杭县之龙泉寺也。又,余姚县不在杭州,而在越州,且也有一个龙泉寺。据《嘉泰会稽志》卷八《寺院·余姚县》载:"龙泉寺,在县西二百步,东晋咸康二年建,唐会昌五年废,大中五年重建,咸通二年改今额。"《宝刻丛编》卷一三引《诸道石刻录》:"唐龙泉寺碑,唐虞世南撰,布衣董彝书,沙门好直篆额,大周天授二年立,太和六年再建,在余姚。"由是知律师所在之龙泉寺当为越州余姚县。"杭州余姚县"或为"越州余姚县"之讹,李昇期所任刺史或为越州刺史,而非杭州刺史,录此待考。

崔希逸 郁《考》系为开元中杭州刺史。参见李昇期条,疑同为越州刺史而非杭州刺史,录此待考。

刘　彙 郁《考》疑李华《杭州刺史厅壁记》中的"刘右丞"即刘彙而增补,兹从之,录以待考。

独孤屿 《乾道临安志》卷三《牧守》:"独孤屿,侍御史、杭州刺史,洛阳人。"《咸淳临安志》录前志《乾道临安志》略同。又据《旧唐书》卷四〇《地理志三》:"乾元二年,越州刺史独孤屿奏请于括州龙泉乡置县,以龙泉为名,从之。"则独孤屿还曾担任越州刺史。然据独孤屿侄子独孤及所撰《唐故大理少卿兼侍御史河南独孤府君(屿)墓志铭并序》(见《毗陵集》卷一〇),独孤屿曾先后担任泗州长史、滁濠二州倅戎、太常丞兼殿中侍御史、营田判官使、湖州别驾等,终官大理少卿兼御史,考其仕历终生未曾担任州牧,疑宋《乾道临安志》或误。又,独孤屿之弟独孤峻,曾任越州都督、浙江东道节度观察处置使、兼御史中丞、左金吾大将军。《会稽掇英总集》卷一八《唐太守题名记》亦载:"独孤峻,自陈州刺史授,充节度采访使,加御史中丞;改金吾卫大将军。"疑《旧唐书》所载或误,担任越州刺史者或为其弟独孤峻,而《乾道临安志》《咸淳临安志》所录杭州刺史独孤屿亦讹,录此待考。

周　宝 字上珪,平州卢龙人。《乾道临安志》卷三《牧守》谓:"周宝,为杭州刺史。后唐僖宗时,群盗起,宝募诸县乡兵讨之,号八都兵。见《五代史》。"据《新唐书》卷一八六《周宝传》,周宝系"镇海军节度兼南面招讨使",镇海军节度使治润州,由是可知周宝或系《乾道临安志》误收。

别　驾

张德言 唐释道世《法苑珠林》卷二六《隋客僧不得名》:"杭州别驾张德言,前任兖州,具知其事。"

李　谌 《新唐书》卷七九《高祖诸子·韩王元嘉》:"谌通音律,历杭州别驾。"李谌为韩王李元嘉第三子。

朱　敖　《太平广记》卷三三四《朱敖》引《广异记》："杭州别驾朱敖，旧隐河南之少室山。"

臧　巽　《颜鲁公集》卷七《东莞臧氏纪宗碑铭》中说，东莞臧氏一族开元（713—741）、天宝（742—756）后有"正议、杭州别驾巽"。

周　某　名讳不详。万历《杭州府志》卷一四《古今守令表》"别驾"下载有周某（佚名），且系于穆宗长庆二年（822），与白居易同期。

王　润　《新唐书》卷七二《宰相世系表二中》王氏："润，杭州别驾。"万历《杭州府志》卷一四《古今守令表》载："王润，临沂人。"

薛自勖　《新唐书》卷七三《宰相世系表三下》西祖薛氏："自勖，杭州别驾。"万历《杭州府志》卷一四《古今守令表》新增，并称"薛自勖，汾阴人"。

长　史

周顶□　《全唐文新编》卷五〇六权德舆《唐故朝散大夫守秘书少监致仕周君墓志铭并序》："君讳渭，字兆师，其先汝南人。六代祖衡，仕隋为淮阴郡司马，子孙因家焉。曾祖顶□，杭州长史。祖守则，婺州金华丞。"周顶□曾孙即墓主周渭，卒于永贞元年（805）十一月，时年六十六岁。

贾守义　《全唐文补遗》二辑唐阙名《大唐故朝散大夫使持节邵州诸军事守邵州刺史上柱国长乐县开国男贾府君（守义）墓志铭并序》："君讳守义，字守义，魏州贵乡人也。……父积，隋任荆州长林令。……公自出身事主，……寻授眉州司马，转任眉州长史。……又授杭州长史，又迁邵州刺史。"贾守义于文明元年（684）十一月廿四日卒于邵州州府，时年五十九岁。

康国安　《颜鲁公集》卷一〇《银青光禄大夫海濮饶房睦台六州刺史上柱国汲郡开国公康使君神道碑铭》："君讳希铣，字南金，……父国安，明经高第，以硕学掌国子监，领三馆进士教之，策授右典戎卫录事参军、直崇文馆太学助教，迁博士，白兽门内供奉、崇文馆学士，赠杭州长史。"据此可知并非实授。

姚　珝　《全唐文补遗》二辑唐阙名《大唐故朝议大夫上柱国杭州长史姚府君（珝）墓志铭并序》："公讳珝，字连城，吴兴人也。……弱岁，以门子翊卫。解褐，以地望参卿。……庚午岁，制除杭州长史。地即勾吴，人称僄俗。提纲举目，咸推半刺之能；退食自公，独守无为之道。而无妄兴疾，勿药尝委其天真；阅川长逝，藏舟遽惊其迁壑。以开元廿二年十二月十有三日，终于杭州之官舍，春秋六十有九。即以明年十月十五日，归葬于东都河南县金谷乡西北岗。"

裴　括　《全唐文补遗》八辑唐阙名《唐故杭州长史临汾县男裴公（括）墓志铭并序》："公讳括，字括，河东闻喜人也。……时兵部郎中卢公出牧杭州，求贤自辅。辟公佐理，兼委戎事。……以永泰二年十二月乙未遘暴疾，终于湖（"湖"疑为"杭"之误）州官舍，春秋卌有六。""兵部郎中卢公"即卢幼平。裴括即开元（713—741）间杭州刺史裴惓之子。

杨　凭　《新唐书》卷一六〇《杨凭传》："杨凭，字虚受，一字嗣仁，虢州弘农人。少孤，其母训道有方。长善文辞，与弟凝、凌皆有名，大历中踵擢进士第，时号三杨。……但贬临贺尉，……俄徙杭州长史，以太子詹事卒。"又见唐赵璘《因话录》卷四、宋王谠《唐语林》卷四《栖逸》。柳宗元《祭杨凭詹事文》（元和十二年作）（《柳河东集》卷四〇）说："左迁而出，……南过九疑，东逾秣陵，颠沛三载，天书乃征。"此前还撰有《弘农公以硕德伟材屈于诬枉左官三岁复为大僚……宗元窜伏湘浦拜贺末由献诗五十韵以毕微志》。据《旧唐书》卷一四六《杨凭传》载，杨凭为御史中丞李夷简所劾而贬官是在元和四年（809），"左官三岁，复为大僚"，则任杭州长史的时间当在元和四年至七年（809—812）间。万历《杭州府志》有录且系年于元和间，亦不误。①

柳师玄　《樊川文集》卷一七《柳师玄除衢州长史知夏州进奏等制》中谓"夏州节度押衙知进奏朝议郎前权知杭州长史兼监察御史上柱国柳师玄等"。

唐思礼　《全唐文补遗》三辑唐赵远《唐故银青光禄大夫检校太子宾客前杭州长史兼监察御史上柱国唐公（思礼）墓志铭》："公讳思礼，字子敬，鲁国人。……年卅六，释褐授录事京兆府，……来年，迁遂州都督府司马，直书东观。又来年，随相将于蒲入武幕中，权第一右职，仍提兵务。又二年，于汴迁亲事都头兵马使，以功奏拜兼监察御史。又四年，迁杭州长史。……以咸通十二年辛卯六月七日，亡于上都修行里，享年五十二。"唐思礼曾为其亡妻王氏、俞氏分别撰有《亡妻太原王夫人墓志铭》及《亡妻北海俞氏夫人墓志铭》。在撰夫人王氏墓志时，署"河中节度押衙兼后院将兵马使朝议郎前守遂州都督府司马柱国"，王氏卒于咸通三年（862）十一月十六日，次年葬。在为夫人俞氏撰墓志时署"唐银青光禄大夫前杭州长史兼监察御史上柱国"，俞氏卒于咸通十一年（870）六月十五日，次年八月二十二日葬。则其杭州长史任当在咸通四年（863）至咸通十二年（871）八月之间。

李　缄　《全唐文补遗·千唐志斋新藏专辑》第296页唐蒋郾《唐故致果校

---

① 杨凭所任，一作杭州刺史。《宋高僧传》卷一六《唐钱塘永福寺慧琳传》谓："郡守左司郎中陆则、刑部侍郎杨凭、给事中卢元辅、中书舍人白居易、太府卿李幼公、刑部郎中崔郾、刑部郎中路昇相继。"列杨凭于陆则和卢元辅之间。《乾道临安志》将"杨凭"载于"牧守"之中，然又据《新唐书》卷一六〇《杨凭传》云："（杨凭）字虚受，治京兆有政绩，后徙杭州长史。"《咸淳临安志》以下旧志不录，惟光绪《杭州府志》据《乾道临安志》增入杭州刺史。郾《考》据《新唐书》本传而未录，今姑从之。

尉前守右卫河南府岩邑府折冲卢府君（滉）墓志铭并序》谓，墓主卢滉的母亲"陇西李氏，即杭州长史缄之女也"。墓主卢滉于贞元十七年（801）九月二十六日卒，时年八十八岁。

李嗣金　万历《杭州府志》、乾隆《杭州府志》等均有录，谓宗室，年分无考。

司　马

张　贞　《全唐文补遗》三辑唐王元璪《大周故处士南阳张君（弘节）夫人吴郡孙氏墓志铭并序》："君讳□，字弘节，南阳白水人也。曾祖贞，唐杭州司马。"张贞的曾孙张弘节卒于咸亨五年（674）六月二十五日，时年四十四岁。

顾　彪　《全唐文补遗》二辑唐阙名《大唐故渭州刺史将作少匠孟府君（玄一）墓志铭并序》："公讳玄一，字味真，琅琊平昌人也。……夫人吴兴顾氏，制授吴县君，杭州司马彪之孙，河南府伊阙主簿文雅之女。"顾彪孙女即墓主孟玄一的夫人顾氏，卒于先天二年（713）七月十一日，时年七十三岁。

杨敏言　《武林梵志》卷四《北山分脉》："广严寺，在临平镇西……法师俗姓褚氏，左散骑常侍舒国公无量之弟。舒公少常读书湖上，有龙起之异，既显……法师因请湖为放生池，刺史袁仁敬禁民六里不得入网罟，司马杨敏言复禁十里，鱼鸟涵泳，士民向风，遂为一方之盛。"旧志失载，乾隆《杭州府志》据《武林梵志》增，然作"杨敏"，谓："杨敏，开元十三年任，增。见《武林梵志》。"则"杨敏言""杨敏"乃一人也，系误读而讹。

李元玢　《全唐文补遗》二辑唐李昹《唐故太中大夫行虢州长史上柱国赐鱼袋李府君（元玢）墓志铭并序》："府君讳元玢，字受之，其先陇西人。……由是，（府君）授权知申州司马，又转杭州司马。满秩，授虢州司马。"李元玢卒于大中元年（847）十二月二十日，时年六十二岁。

源　溥　《全唐文补遗》一辑唐蒋鈇《唐故朝议郎守楚州长史赐绯鱼袋源公（溥）墓志铭并序》："公讳溥，字至道。……又拜大理丞兼监察御史，充邠宁节度判官，除杭州司马，改楚州长史，赐绯鱼袋。……以建中三年十二月十四日，终于东都观德里之私第，春秋五十有五。"

李　先　《全唐文补遗》八辑唐王利器《唐故通议大夫使持节东阳郡诸军事守东阳郡太守上柱国李府君（先）墓志铭并序》："府君讳先，字开物，成纪人也。……寻除杭州司马、冀郑二长史、同州别驾。"

李延年　《新唐书》卷七〇下《宗室世系表下》徐王房："嗣王、余杭郡司马延年。"《旧唐书》卷六四《徐王元礼传》载，李延年"至德初，余杭郡司马，卒"。乾隆《杭州府志》有录，然谓："至德二载任，余杭郡司马。"

李　端　《旧唐书》卷一六三《李虞仲传》："(李)端,自校书郎移疾江南,授杭州司马而卒。"《新唐书》卷二○三《卢纶传》亦云李端"移疾江南,终杭州司马"。乾隆《杭州府志》有录,且谓:"赵州人,建中间任杭州司马。"李端进士登第,工诗,大历(766—779)中与韩翃、钱起、卢纶等文咏唱和,驰名都下,号"大历十才子"。《唐才子传校笺》卷三《李端》:"李端,赵州人,嘉祐之侄也。"有诗三卷。

李　重　《太平广记》卷三五一《李重》:"其年(大中五年)谪为杭州司马。"知李重于大中五年(851)贬任杭州司马。

李仲翔　《全唐文补遗·千唐志斋新藏专辑》第 245 页唐郑日就《大唐故太子洗马郑府君故妻赵郡李夫人墓志铭并序》:"夫人李氏,赵郡河内人也。……先考仲翔,皇朝朝散大夫、杭州司马。"墓主李氏系李仲翔长女,卒于永泰元年(765)八月十九日,时年六十六岁。

录事参军

许　崇　《全唐文补遗》三辑唐柳绍先《许崇及妻杨氏合葬墓志》:"(许崇)贞观年,制授杭州录事参军。"许崇授杭州录事参军在贞观(627—649)年间,卒于某年六月七日,时年六十五岁;其妻杨氏卒于万岁通天二年(697)正月五日,时年七十六岁。景龙三年(709)七月十九日合葬于长安县西龙首原。由是推测,许崇授任杭州录事参军应在贞观后期。

席　泰　《全唐文补遗》四辑唐阙名《大唐故建陵县令席君(泰)墓志铭并序》:"君讳泰,字义泉,安定人,周之后也。……既而(魏王)府废,授杭州录事参军。申謇议之方,得正绳之体。又转桂州建陵县令。"席泰永徽四年(653)五月二十五日卒于建陵县官舍,时年六十四岁。据《旧唐书》卷七六《李泰传》载,废黜魏王李泰之事在贞观十七年(643)。由是知席泰授任杭州录事参军在贞观十七年。

王　怡　《全唐文补遗》二辑唐阙名《大唐故雍州美原县丞王君(景之)墓志铭并序》:"公讳景之,字崇业,太原祁人也。……有子憍,霍王府兵曹参军。次子怿,幽州都督府录事参军。次子怡,杭州录事参军。次子恒,朝散大夫、行左御史台殿中侍御史。"父王景之,卒于永淳二年(683)八月二十三日,时年六十岁。

张　择　《白居易全集》卷四一《唐故通议大夫和州刺史吴郡张公神道碑铭并序》:"公讳择,字无择。……既冠,好学,能属文。从乡试,登明经第。应制举,中精通经史科。补宏文馆校书郎,调左金吾录事,换杭州录事参军。在杭州前后诘伪制补吏者三十八人,驳假年侍老者二十人,举而正之,人服其明。会刘幽求来为刺史,举课上闻,诏授绛州录事参军。"台州临海令张鹍是张择祖父:"台州临海令讳鹍,即公之大父也。"刘幽求任杭州刺史在开元二年至三年(714—715)间,由是知张择调离杭州录事参军亦在此期间。

骞　某　名讳不详。《全唐文补遗》三辑唐陆据《故余杭郡录事参军骞府君夫人郑氏墓志铭并序》:"维唐天宝阉茂岁春二月,故余杭郡掾骞君夫人薨。以二月廿七日己酉窆殡于白鹿原,迎先茔也。"《淮南子·天文训》曰:"太阴在戌,岁名阉茂。"则天宝阉茂岁即天宝五载(746年)丙戌岁。故骞某任余杭郡录事参军当在天宝五载之前。

徐宝符　《新唐书》卷七五《宰相世系表五下》北祖上房徐氏:"宝符,字灵通,杭州录事参军。"万历《杭州府志》有录。

张　遇　《太平广记》卷二四二《张守信》引《纪闻》:"唐张守信为余杭太守,善富阳尉张瑶,假借之。瑶不知其故,则使录事参军张遇达意于瑶,将妻之以女。"

卢季方　《全唐文补遗》八辑唐卢俌《唐故朝议郎行宣州当涂县令上柱国范阳卢府君(季方)墓志铭》:"公讳季方,字子稺,其先涿郡人也。……公始以门荫授扬州参军,事上接下,穆然清风。后调补杭州录事参军。"卢季方于大中二年(848)十二月六日卒,时年六十七岁。

方　初　《全唐文补遗》六辑唐权寔《唐故朝议郎行尚书刑部员外郎会稽余公(从周)夫人河南方氏合祔墓志铭并叙》:"君讳从周,字广鲁,其先会稽人也。……(夫人方氏)祖讳初,仕为杭州录事参军。"方初孙女婿即余从周卒于大中五年(851),时年四十六岁。①

司功参军

李　华　唐独孤及《毗陵集》卷一三《检校尚书吏部员外郎赵郡李公中集序》

---

① 乾隆《杭州府志》卷六二《职官》于"幕职"下录有殷践猷、李朝英、徐太(元)[玄]三人,并在殷践猷下注云:"录事参军,下同。"其后为李朝英、徐太(元)[玄]二人,无注,前注当指二人同前为录事参军。然而,据《新唐书》卷一九九《殷践猷传》:"殷践猷,字伯起,陈给事中不害五世从孙。博学,尤通氏族、历数、医方。与贺知章、陆象先、韦述最善。知章尝号为五总龟,谓龟千年五聚,问无不知也。初为杭州参军,举文儒异等科,授秘书省学士,用曹州司法参军,兼丽正殿学士,以叔父丧,哀恸呕血而卒,年四十八。"同卷《马怀素传》亦提及了"杭州参军殷践猷"。又见《颜鲁公集》卷一〇《曹州司法参军秘书省丽正殿二学士殷君墓碣铭》亦谓殷践猷"解褐杭州参军",则殷践猷所任当为释褐官参军而非上佐官录事参军。李朝英、徐太元(玄)二人,在杭州所任亦与殷践猷同为释褐官参军,如《新唐书》七〇上《宗室世系表上》蜀王房载:"杭州参军,朝英。"《旧唐书》卷八一《李敬玄传》:"有杭州参军徐太玄者,初在任时,同僚有张惠犯赃至死。太玄哀其母老,乃诣狱自陈与惠同受。惠赃数既少,遂得减死,太玄亦坐免官,不调十余年。"除了前述三人之外,史籍文献中所见而历代志书未备载者如颜允南、独孤守忠、余弘休等,亦为杭州参军而非录事参军。例如,《颜鲁公集》卷七《唐故通议大夫行薛王友柱国赠秘书少监国子祭酒太子少保颜君庙碑铭并序》:"杭州参军允南,仁孝有清识,工诗,人多诵其佳句,善草隶,与春卿、杲卿、曜卿同日于铨庭为侍郎席。"颜允南系颜真卿二兄;《朝野佥载》卷二:"杭州参军独孤守忠领船租赴都,夜半匆忙追集船人,更无它语。乃云:'逆风必不得张帆。'众大哂焉。"《全唐文补遗》六辑权寔《唐故朝议郎行尚书刑部员外郎会稽余公(从周)夫人河南方氏合祔墓志铭并叙》:"君之从父弟前杭州参军弘休。"

谓李华"坐贬杭州司功参军"。而李华自己在《云母泉诗序》（见《文苑英华》卷七一六）中也自述说："颖川陈公，天宝中与华同为谏官，公性与道合，忽于权利，方挂冠投簪，顾华以名山之契。乾元初，公贬清江丞，移武陵丞。华贬杭州司功，恩复左补阙。上元中俱奉诏征。"则李华于乾元（758—760）初至上元（760—761）中任杭州司功参军。《新唐书》本传谓"坐贬杭州司户参军"，实误。

李敏德 《全唐文补遗·千唐志斋新藏专辑》第 373 页唐卢绘《大唐故宣德郎前守苏州海盐县令绘并前妻故陇西李氏合祔墓志文自叙》谓，卢绘因"不幸夭失长男，遂阙承继"，且中年丧妻，"自顾衰年无子，尚希暮齿，犹继家风，以会昌三年八月再娶赵郡南祖李氏，故杭州司功参军敏德女为继室"。

李承训 《新唐书》卷七二《宰相世系表二上》赵郡李氏："承训，杭州司功参军。"万历《杭州府志》、乾隆《杭州府志》等有录，谓平棘人，年月无考。

司仓参军

王怀让 《新唐书》卷七二《宰相世系表二中》太原王氏第二房："怀让，杭州司仓参军。"

侯元皓 《全唐文补遗》四辑唐刘轲《唐故朝议郎行陕州硖石县令上柱国侯公（绩）墓志铭并叙》："公讳绩，字夏士，上谷人。……曾祖元皓，皇杭州司仓参军。"其曾孙即墓主侯绩卒于大和九年（835），时年六十六岁。

司户参军

韦希舟 《全唐文补遗》二辑唐雍惟良《唐故朝议大夫怀州长史上柱国京兆韦公（希舟）志铭并序》："公讳希舟，字言满，京兆杜陵人也。……初，调补卫州新郑县尉，转洺州洺水县丞。丞若尉致，渐陆其仪。又迁杭州司户、蒲州司法。"韦希舟卒于开元十四年（726）九月八日，时年六十二岁。

李　华 《新唐书》卷二〇三《李华传》："李华，字遐叔，赵州赞皇人，……贬杭州司户参军。"①

呼延某 名讳无考。见《全唐文补遗》二辑唐阙名《燕故杭州司户呼延府君夫人南阳张氏墓志铭并序》，夫人张氏卒于"圣武二年"（757）二月二十日。从墓

---

① 独孤及《毗陵集》卷一三《检校尚书吏部员外郎赵郡李公中集序》谓李华"坐贬杭州司功参军"。独孤及此序是为李华文集所作之序。李华自己在《云母泉诗序》（见《文苑英华》卷七一六）中也自述说："颖川陈公，天宝中与华同为谏官，公性与道合，忽于权利，方挂冠投簪，顾华以名山之契。乾元初，公贬清江丞，移武陵丞；华贬杭州司功，恩复左补阙，上元中俱奉诏征。"则《新唐书》本传所载当误，而《续通志》、雍正《江西通志》、乾隆《杭州府志》等诸书均因之以讹传讹。兹录此以辨误。

志序文使用安禄山国号"燕"及年号"圣武",可知此文撰于安史之乱期间,而呼延府君任杭州司户亦当在安史之乱前。

赵仙童 《全唐文补遗》四辑唐阙名《大唐故余杭郡司户参军赵府君(仙童)墓志铭并序》:"君讳仙童,字岸,天水人也。……明经擢第,解褐宣城郡宣城尉,以能进也。转文安郡参军,以资授也。又换余杭郡司户参军。"赵仙童天宝三载(744)闰二月十四日卒于余杭郡司户参军官舍,时年五十七岁。

源 杲 《唐代墓志汇编》开元一四六唐阙名《唐故使持节随州诸军事随州刺史河南源公墓志铭并序》:"公讳杲,字玄明,河南洛阳人也。……解褐自徐王府执仗,补荆州大都督府行参军,调为杭州司户、邢州录事参军事。"源杲于开元十年(722)三月九日卒,时年八十岁。

岑 昉 毛阳光《〈唐刺史考全编〉再补订》(载《文献》2007年第2期)一文录有《唐故杭州司户参军岑公(昉)墓志铭并序》(开元十九年十一月廿一日),谓墓主岑昉"曾祖岑文叔,唐卫州刺史"。岑文叔乃岑文本之兄。

薛 某 名讳不详。唐岑参有《与薛司户登樟亭望潮》诗。万历《杭州府志》、乾隆《杭州府志》等均有录。

司兵参军

徐 澹 《全唐文补遗》六辑唐徐璆《唐故杭州司兵参军徐府君(澹)季女墓志铭并序》:"徐氏季女,东海人也。……皇考讳澹,皇杭州司兵参军。娶京兆韦氏,夫人即润州刺史损之孙、监察御史彝之女。……夫人生一男二女,男仙终,睦州分水尉。"徐澹季女即墓主徐氏卒于会昌五年(845)正月,时年三十四岁。

李 端 《全唐文补遗·千唐志斋新藏专辑》第407页唐郑枢《大唐郑氏(枢)故赵郡东祖李氏夫人墓志铭并序》:"(夫人)祖讳端,皇杭州司兵参军,累赠尚书兵部侍郎。"李氏卒于咸通三年(862)七月十日,时年四十九岁。

司法参军

李 确 《全唐文补遗》九辑唐阙名《唐故广州都督淮阴县开国公李公夫人庞氏墓志铭并序》:"(夫人庞氏)年十有八,适长城李氏,即广州都督淮阴公也。……才逾一纪,遽丧移天。积二年春,静居孀室。岁月缚感,晨昏有奇。嗟玉树之孤秀,游壁雍而志学。谕以断机,成之筮仕。确寻举孝廉,再迁杭州司法。夫人从子之官。……(夫人)以圣历二年九月日薨于润州江宁之官舍,春秋五十有二。"

司士参军

赵越宝 《全唐文补遗》五辑唐阙名《大周故通直郎行杭州司士参军事上骑都尉赵府君(越宝)墓志铭并序》："公讳越宝,字连城,其先天水人也,今为汝州梁县人焉。……春秋廿,应幽素举擢第,授门下典仪。……秩满,左授杭州司士参军。境接稽中,城临浙右。堆案盈几,似游刃之有闻;重义轻财,状挥金而不眄。既而秩满东吴,言旋北洛。"赵越宝卒于长安二年(702)六月一日,时年六十三岁。

卢　某 名讳不详。《宝刻丛编》卷一三引《复斋碑录》有《唐杭州司士卢君第二女墓表》,唐林贾词元和六年(811)秋八月庚寅立。

司田参军

裴　佐 《新唐书》卷七一《宰相世系表一上》东眷裴氏："佐,杭州司田参军。"《文苑英华》卷九六二《裴处士墓志》："嗣子佐,余力能学,含章而文,仕润州参军、杭州司田。"

参　军

李朝英 《新唐书》卷七〇上《宗室世系表上》蜀王房："杭州参军,朝英。"

薛文休 《洛阳流散唐代墓志汇编》第170页唐阙名《大唐故集州刺史薛府君墓志铭并序》："公讳文休,字仲良,河东汾阴人也。……以才地授杭州参军,州府君甚敬重焉。每行政事与之决,然后施用。制加朝散大夫、行亳州司兵。"薛文休开元三年(715)卒于集州刺史官舍,时年六十七岁。

徐太玄 《旧唐书》卷八一《李敬玄传》："有杭州参军徐太玄者,初在任时,同僚有张惠犯赃至死。太玄哀其母老,乃诣狱自陈,与惠同受。惠赃数既少,遂得减死,太玄亦坐免官,不调十余年。"同见《新唐书》卷一〇六《李敬玄传》。

殷践猷 《新唐书》卷一九九《殷践猷传》："殷践猷,字伯起,陈给事中不害五世从孙。博学,尤通氏族、历数、医方。与贺知章、陆象先、韦述最善,知章尝号为五总龟,谓'龟千年五聚,问无不知'也。初为杭州参军,举文儒异等科,授秘书省学士,用曹州司法参军兼丽正殿学士。以叔父丧,哀恸呕血而卒,年四十八。"同卷《马怀素传》亦提及了"杭州参军殷践猷"。又见《颜鲁公集》卷一〇《曹州司法参军秘书省丽正殿二学士殷君墓碣铭》亦谓殷践猷"解褐杭州参军"。

颜允南 《颜鲁公集》卷七《唐故通议大夫行薛王友柱国赠秘书少监国子祭酒太子少保颜君碑铭》："杭州参军允南,仁孝有清识。工诗,人多诵其佳句。善草隶。与春卿、杲卿、曜卿同日于铨庭为侍郎席。"颜允南系颜真卿二兄。

独孤守忠 唐张鷟《朝野佥载》卷二:"杭州参军独孤守忠领租船赴都,夜半,急追集船人,更无它语,乃云:'逆风必不得张帆。'众大哂焉。"

余弘休 《全唐文补遗》六辑唐权寔《唐故朝议郎行尚书刑部员外郎会稽余公(从周)夫人河南方氏合祔墓志铭并叙》谓:"君之父弟、前杭州参军弘休。"而墓主余从周,"字广鲁,其先会稽人。秦昭襄封勾践之后为顾余侯,侯之季子因命受氏。其后在南朝间名爵相继。逮有唐武德已来,虽轩裳稍衰,然亦宦学不绝"。

钱 塘 县

秦旧县。《史记》卷六《秦始皇本纪》载,秦始皇三十七年(前210)东游,过丹阳,至钱唐,临浙江。隋开皇九年(589),杭州州治由余杭移至钱唐城;次年,州治由钱唐城移至柳浦西,依山筑城。唐贞观六年(632),自州南移,去州十一里;又移治新城戍。开元二十一年(733),移治州郭下;二十五年,复还旧所。今为浙江省杭州市上城区、下城区、西湖区等。

县 令

王师古 《全唐文补遗》四辑唐贺知章《皇朝秘书丞摄侍御史朱公妻太原郡君王氏墓志并序》:"夫人讳□□,姓王氏,太原祁人。五代祖宇文朝司徒思政,即周太祖之外氏,故受赐姓之恩,加以拓氏,故今为拓王氏。曾祖祗玄,皇朝银青光禄大夫、秦国军副。祖师古,司农主簿、杭州钱唐令。"王师古孙女王氏卒于开元二十年(732)。

袁公瑶 《全唐文补遗·千唐志斋新藏专辑》第85页唐袁守一《大周故中大夫行司礼寺恭陵署令袁府君墓志铭并序》:"公讳公瑶,字公瑶,陈郡扶乐人也。"历任青州司功参军事、唐州桐柏县令、滑州卫南县令、杭州钱唐县令,朝散大夫、尚方监丞,洛州武泰县令,太中大夫、行司礼寺恭陵署令等。"长寿岁"(692—694)在钱唐县令任上被引见于长寿殿,"天子器之",以朝散大夫制授尚方监丞。圣历元年(698)十二月卒。

狄 宗 狄仁杰之孙。《全唐文补遗》九辑唐阙名《(上阙)县尉狄府君(林)墓志铭并序》:"公讳林,字意新,天水人。曾祖仁杰,唐作纳言。……父宗,故杭州钱唐令。"狄宗之子狄林,卒于兴元(784)初,时年五十三岁。

陆士伦 《洛阳流散唐代墓志汇编》第440页唐阙名《唐故常州义兴县令陆君墓记》:"君讳士伦,字德彝,河南洛阳人也。……属江淮转运使、吏部尚书刘晏荐君清足以检人,干足以成务,诏授常州义兴县令。本道廉察以旧人领县未几,状请却留。转授君常熟县令。无何,又改杭州钱唐县令。政绩尤异,郡以状闻。及满岁,非时调选。君素薄州县之吏,淡于趋谒之门。犹以家寄江潭,将求三径之用。执事者闻之,再授义兴县令。"陆士伦于贞元四年(788)卒,时年六十二岁。

王　通　《宝刻丛编》卷一四引《集古录目》:"《唐胥山铭》,唐杭州刺史卢元辅撰,钱塘县令王通书。山有子胥庙,故以为名,以元和十年十一月立。"①

钱　华　开成五年(840)在任。《两浙金石志》卷二《唐南岳道士邢□等题名》:"大唐开成五年六月十八日□□□□岳道士邢□、钱塘县令钱华记,道士诸□□元书。"②题名在吴山青衣洞。

罗　隐　《钱塘先贤传赞·后梁给事中罗公》:"公字昭谏,讳隐,新城人。……唐光启中,钱武肃治吴越,辟为从事,既又表荐为钱塘令。"《咸淳临安志》卷五一《秩官·钱塘县令》唐代仅录罗隐一人,并谓:"唐僖宗光启三年吴越王钱氏表请为钱塘令,事具金部郎中沈崧所撰罗隐墓志。"

元德昭　《吴越备史》卷四《大元帅吴越国王》:"德昭,字明远,抚州南城县人。……武肃王礼以宾席,恶其其本姓危氏,乃更曰元,因为钱塘郡。德昭起家镇东军节度巡官、钱塘县令,累授睦州军事判官、知台州新亭监。"

唐延绍　文宗(827—840)、昭宗(889—904)间在任。见万历《杭州府志》卷一五《古今守令表三》。③

颜　某　名讳不详。唐孟浩然有《与颜钱塘登樟亭望潮》诗,见《孟浩然集》卷三。

路　某　名讳不详。《玄英集》卷一有《贻钱塘县路明府》诗。

杨悟灵　《洛阳流散唐代墓志汇编》第634页唐裴坦《唐故特进门下侍郎兼尚书右仆射同中书门下平章事弘文馆大学士太清太微宫使晋阳县开国男食邑三百户冯翊杨公墓志铭并序》谓,杨收"高祖讳悟虚,登制策极谏科,授杭州钱唐令,终朔州司马"。一作杨悟灵,《新唐书》卷七一《宰相世系表一下》杨氏越公房:"悟

---

① 王通,光绪《杭州府志》卷一〇二谓"贞元年任",未知所据。
② 万历《杭州府志》卷一五《古今守令表三》系钱华于开成元年(836)任,而光绪《杭州府志》系钱华于开成五年任,且谓见青衣洞题名。据《两浙金石志》按云:"右题名在钱塘县吴山青衣洞,文七行,八分书,径寸余。《癸辛杂志》云:'阅古泉銕旁有开成元年南岳道士邢令闻钱塘县令钱华题名,道士诸葛鉴元镌之曰……'今拓本开成下确是'五'字,邢下只一字,似全字,诸葛鉴元乃书石之人,并非镌石者。《书史会要》谓诸葛鉴元善八分书,想亦属此刻也。"今从《两浙金石志》。
③ 万历《杭州府志》卷一五《古今守令表三》、万历《钱塘县志·纪官》均载钱塘县令有李播,前者谓:"李播,赵郡人,大中年间任,见《南亭记》。"《南亭记》即杜牧所撰《杭州新造南亭子记》,其中谓:"赵郡李子烈播,立朝名人也。自尚书比部郎中,出于钱塘。钱塘为江南,繁大雅亚吴郡。"又,杜牧《樊川文集》卷六《唐故进士龚䩱墓志》:"会昌五年十二月,某自秋浦守桐庐,路由钱塘……时刺史赵郡李播。"可知,李播所任为杭州刺史,而非钱塘县令,杭州府、钱塘县万历二志均误,故删而不录。

灵,钱塘令。"

李从约 《新唐书》卷七二《宰相世系表二上》赵郡李氏:"从约,钱塘令。"兄李士约曾为萧山令。

薛 当 《新唐书》卷七三《宰相世系表三下》薛氏:"当,钱塘令。"

薛 镇 《新唐书》卷七三《宰相世系表三下》薛氏:"镇,钱塘令。"

县 丞

朱表□ 《全唐文补遗》五辑唐阙名《唐故蒋王府参军朱府君(感)墓志铭并序》:"君讳感,字怀奖,会稽人也。先宋昭公之后子名朱励,自后子孙因氏焉。……父表□,唐任杭州钱塘县丞。……君即钱塘府君之第四子也。"朱表□之子即墓主朱感,圣历元年(698)卒,时年三十五岁。

卢 翊 《全唐文补遗》二辑唐阙名《□故通议大夫鄂州刺史上柱国卢府君(翊)墓志铭并序》:"公讳翊,字子鸾,涿郡范阳人也。……公禀元和之精,擅人伦之英。资孝友而性与,兼文质而混成。藏用晦明,莫能量也。属则天皇后受图温洛,以门子预执边豆,因调选授杭州钱唐丞,入为右武卫仓曹、左监门率府长史。"卢翊卒于开元十九年(731)十月十四日,时年六十二岁。由墓志可知,卢翊任钱唐县丞在武则天朝。

殷履直 《颜鲁公集》卷一一《杭州钱塘县丞殷府君夫人颜君神道碣铭》:"君号真定,琅琊临沂人……钱塘丞殷履直之妻也。"清毕沅《中州金石记》卷二谓"钱塘县丞殷府君夫人碑""开元二十六年立,颜真卿撰并书,在洛阳"。

李 程 《新唐书》卷七〇下《宗室世系表下》蒋王房:"钱塘丞,程。"

主 簿

夏 荣 唐张鷟《朝野佥载》卷一:"杭州刺史裴有敞疾甚,令钱塘县主簿夏荣看之。"

卢 绘 《全唐文补遗·千唐志斋新藏专辑》第373页唐卢绘《大唐故宣德郎前守苏州海盐县令绘并前妻故陇西李氏合祔墓志文自叙》谓:"绘之薄宦,释褐杭州钱唐主簿,再任凤翔府岐山主簿,经一考,遭罹大祸。至大和七年,余生复履人事,选守申州录事参军。以其年考稍疾,开成五年授官此邑(海盐)。虽遇病累载,守吏幸无败阙。历官四任,享年六十。"

县 尉

沈存诚 明凌迪知《万姓统谱》卷八九《沈姓》:"沈存诚,贞观中进士及第,官至钱塘尉。"万历《钱塘县志·纪官·典史》亦有录:"沈存诚,武康人,贞观间任。"

周利贞 《新唐书》卷二〇九《周利贞传》:"周利贞者,亡其系,武后时调钱塘尉。神龙初,累擢侍御史。"①

王 纾 光绪《杭州府志》卷一〇二《职官四》:"王纾,天宝五载[任]。刻石在山西凤台县。"

元 真 《全唐文补遗》二辑唐阙名《唐故杭州钱唐县尉元公(真)墓志铭并序》:"公讳真,字深,河南人。……寻举明经及第,调补润州参军。沉迹下寮,卑以自牧。既而拜杭州钱唐县尉。邑中疑滞,悉以咨之。"元真于至德二载(757)五月二日卒,时年四十岁。

韩 清 《全唐文补遗·千唐志斋新藏专辑》第 244 页唐阙名《大唐故大理正陈府君夫人韩氏墓志铭并序》:"夫人姓韩氏,邓州南阳人也。……父清,杭州钱唐县尉。"韩清之女即墓主韩氏,乾元二年(759)卒,时年五十六岁。

马文则 《全唐文》卷六三九李翱《秘书少监史馆修撰马君墓志》谓墓主马卢符之长子马文则"由进士补钱塘尉"。马文则之父即墓主马卢符卒于元和十三年(818),时年八十岁。

路 某 名讳不详。《全唐诗》卷二四九皇甫冉有《送钱唐路少府赴制举》诗。

郑 纮 字文明。《东雅堂昌黎集遗文·福先塔寺题名》:"处士石洪浚川、吏部员外王仲舒弘中、水部员外郑楚相叔敖、洛阳县令潘宿阳乾明、国子博士韩愈退之、前试左武卫胄曹李演广文、前杭州钱唐县尉郑纮文明,元和三年十月九日同游。"知郑纮任钱塘县尉在元和三年(808)十月九日前。

李保殷 《旧五代史》卷六八《李保殷传》:"李保殷,河南洛阳人也。昭宗朝,自处士除太子正字,改钱塘县尉。浙东帅董昌辟为推官,调补河府兵曹参军,历长水令、《毛诗》博士,累官至太常少卿、端王傅。入为大理卿,撰《刑律总要》十二卷,与兵部侍郎郄殷象论刑法事。左降房州司马。同光初,授殿中监,以其素有明法律之誉,拜大理卿。未满秩,属为人所制。保殷曰:人之多辟,无自立辟。乃谢病以归,卒于洛阳。"

余 杭 县

秦旧县。秦始皇三十七年(前 210),东游至钱唐,临浙江,水波恶,乃西百二

---

① 光绪《杭州府志》卷一〇二有邱利贞、周利贞二人,于"邱利贞"下注曰:"(见)《唐书·酷吏传》。"然在《新唐书》以酷吏立传者为周利贞,则"邱利贞"者系讹误。又,万历《钱塘县志·纪官·典史》亦有录,系于唐,然曰:"周利贞,神宗朝任。"唐无神宗朝,"神宗"当为"神龙"之讹。

十里从狭中渡,因置余杭县。隋开皇九年(589),置杭州,州治余杭县。次年,州治由余杭迁钱唐城。今为浙江省杭州市余杭区余杭镇。

县　令

卢　鹏　唐贞观(627—649)初任,见《咸淳临安志》卷五一《秩官九·余杭县令》。万历《余杭县志》卷一九《职官表上》作"贞观五年"任。①

薛务道　《洛阳流散唐代墓志汇编》第194页唐阙名《唐故兖州金乡县丞薛君墓志铭并序》:"君讳钊,字钊,河东汾阴郡人也。……父务道,宁绛二州司兵、绛州录事、杭州余杭县令。"薛务道之子即墓主薛钊,卒于开元九年(721),时年五十八岁。

咸廙业　《新唐书》卷二〇〇《赵冬曦传》:"(咸)廙业亦坐事,左迁余杭令。"万历《余杭县志》卷一九《职官表上》作"开元二年"任。

李元纮　嘉庆《余杭县志》卷一九《职官表上》作"开元中"任,并加按语云:"《开元遗事》:'李元纮令余杭,迁任,群雀飞拥,行车至百里而旋。'"

陈　义　《全唐文补遗》六辑唐景延之《唐故朝散大夫舒州司马上柱国陈公(曦)志铭并序》:"公讳曦,字载曦,……远祖因官河东,今为猗氏人也。曾祖□,皇朝□州司马。祖义,杭州余杭县令。"陈义之孙即墓主陈曦至德二载(757)卒,时年六十六岁。

高　迥　唐太宗宰相高士廉曾孙。《新唐书》卷七一《宰相世系表一下》高氏:"迥,余杭令。"嘉庆《余杭县志》卷一九《职官表上》作"开元末"任。《全唐文补遗》六辑唐鲁湘《唐故宣州宣城县令渤海高公(宗彝)并夫人京兆韦氏合葬墓志铭并序》载,墓主高宗彝之曾祖高迥,系"皇朝散大夫、杭州余杭县令"。高迥之曾孙高宗彝即墓主,咸通十年(869)卒,时年七十二岁。

陈允昇　宋陈思《宝刻丛编》卷一四引《访碑录》载:"唐前余杭令陈允昇德政碑,唐李纾撰,上元二年立,在本县内。"宋郑樵《通志》卷七三《金石略》亦载录"前余杭县令陈允昇德政碑",并注谓"上元二年,杭州"立。但宋王象之《舆地碑记目》卷一《临安府碑记》亦录有"陈允昇德政碑",然引晏殊《类要》作"贞元二年"立。《咸淳临安志》、万历《杭州府志》作"陈元升",康熙《余杭县志》、嘉庆《余杭

---

① 旧志载唐代余杭县令有张士衡、刘允恭,均误。据《旧唐书》卷一八九《张士衡传》载:"张士衡,瀛州乐寿人也,……仕隋为余杭令。"同见《新唐书》卷一九八《张士衡传》。刘允恭,《宝刻丛编》卷一三引《访碑录》:"唐余杭令刘允恭德政碑,在县内。"宋郑樵《通志》卷七三《金石略》作"刘元恭"。宋王象之《舆地碑记目》卷一引晏殊《类要》谓:"刘令莅事详明,临下清简,人怀其惠,吏畏其威。"然《咸淳临安志》卷五一《秩官九·余杭县令》称刘允恭"陈人,治事详明,临下清简,囹圄屡空,田野开辟,百姓为德政碑"。嘉庆《余杭县志》亦证其为陈人。今删此二人。

县志》等志作"陈允升",均讹。

李士式 《全唐文补遗·千唐志斋新藏专辑》第259页唐郑謩《唐故杭州余杭县令李公(士式)墓志铭并序》:"皇枝秀颖者,有若余府君讳士式者。……累历州县,政能浃洽。"大历十一年(776)卒,春秋若干。

李 复 《舆地碑记目》卷一《临安府碑记》:"前县令李复碑。"并引晏殊《类要》谓:"在余杭县,唐大历四年立,秘书郎蒋志文。"《咸淳临安志》卷五一《秩官九·余杭县令》谓"唐大历四年有德政碑"。

范 愔 唐大历五年(770)在任,见《咸淳临安志》卷五一《秩官九·余杭县令》。《全唐文》卷九二五吴筠《天柱山天柱观记》:"暨我唐宏道元祀,因广仙迹,为天柱之观。有五洞相邻,得其名者,谓之大涤。……州牧相里造、县宰范愔,……大历十三年正月一十五日中岳道士吴筠记。"天柱观在余杭大涤山,则县宰范愔即余杭县令。

陈 芬 唐大历十年(775)在任,见《咸淳临安志》卷五一《秩官九·余杭县令》。

李 谊 《唐代墓志汇编》元和〇一〇《昭成寺尼大德三乘墓志铭》:长安昭成寺尼,"俗姓姜氏,……适昭陵令、赠通州刺史李昕之妻,……有二子:长曰谊,终杭州余杭县令;幼曰调,终温州安固县尉"。姜氏于元和元年(806)三月十四日卒,时年七十九,戒腊一十九。碑文谓姜氏"中年钟移天之祸,晚岁割余杭之爱,由是顿悟空寂,宴息禅林。自贞元四年隶名此寺"。由墓志可推知,李谊约卒于贞元四年(788)之前。

林 愻 莆田人。万历《余杭县志》载元和元年(806)任。《乾道临安志》《咸淳临安志》等不载。

常师儒 《白居易全集》卷四〇《祷仇王神文》:"维长庆二年岁次癸卯八月癸未朔越十七日己亥,朝议大夫使持节杭州诸军事守杭州刺史上柱国白居易,谨遣朝议郎行余杭县令常师儒,以清酌之奠,敬祭于仇王神。"则常师儒长庆二年(822)在任。

归 珧 宝历(825—827)中在任。《新唐书》卷四一《地理志五》:"(余杭县)南五里有上湖,西二里有下湖,宝历中令归珧因汉令陈浑故迹置;北三里有北湖,亦珧所开,溉田千余顷。珧又筑甬道,通西北大路,高广径直百余里,行旅无山水之患。"

韩 某 名讳不详。唐诗僧灵一居余杭宜丰寺,宝应元年(762)寂灭于杭州龙兴寺。《全唐诗》录有其诗一卷,其中即有《自大林与韩明府归郭中精舍》诗。诗中"韩明府"当为余杭县令。

陈 某 名讳不详。《全唐诗》卷八〇九释灵一《酬陈明府舟中见赠》诗:"长溪通夜静,素舸与人闲。月影沈秋水,风声落暮山。稻花千顷外,莲叶两河间。陶令多真意,相思一解颜。"灵一曾居余杭宜丰寺。详玩诗意,"陈明府"当是余杭县令。

范光谟　宋范纯仁《范忠宣集》卷一三《范府君墓志铭》:"君讳纯诚,字子明,汝南范文正公族兄之子也。五世祖唐丽水县丞讳隋之子曰太保,讳梦龄,即文正公之曾祖也,太保公有子五人,第三子曰杭州余杭令讳光谟。"

李　悰　唐末任,始见载于万历《余杭县志》。康熙《余杭县志》、嘉庆《余杭县志》等均有载。康熙《余杭县志》讹作"李宗"。①

县　丞

卢季方　《全唐文补遗》六辑唐席豫《大唐故中散大夫守少府监上柱国赵郡李府君(述)墓志铭并序》:"君讳述,字处直,赵郡元氏人也。……夫人范阳卢氏,即堂舅余杭县丞季方之女,崇素之孙。"卢季方女婿即墓主李述卒于开元十年(722),时年五十八岁。

洪如筠　《全唐文补遗》六辑唐权寔《唐故朝议郎行尚书刑部员外郎会稽余公(从周)夫人河南方氏合祔墓志铭并叙》:"君讳从周,字广鲁,其先会稽人也。……父讳凭,仕为苏州吴县尉,因君赠秘书省著作佐郎。著作娶洪氏,实杭州余杭丞如筠之女。"洪如筠外孙即墓主余从周卒于大中五年(851),时年四十六岁。

主　簿

卢仁节　《洛阳流散唐代墓志汇编》第280页唐刘润《唐故太子詹事刘府君故夫人范阳郡夫人卢氏墓志铭并序》:"夫人讳字,涿郡范阳人也。……父仁节,湖州乌程县尉、杭州余杭主簿。"卢仁节女即墓主范阳郡夫人卢氏,卒于开元十二年(724),时年六十五岁。

辛　蚧　《全唐文补遗》六辑唐阙名《大唐故登州司仓杜君(济)墓铭并序》载,京兆杜陵人杜济"(君)初重娶辛氏,余杭主簿蚧之女也"。辛蚧女婿即杜济卒于开元十二年(724),时年五十二岁。②

李　鈱　《新唐书》卷七二《宰相世系表二上》赵郡李氏:"鈱,余杭主簿。"万

---

①　《新唐书》卷七〇下《宗室世系表下》纪王房:"余姚令,悰。"又,《嘉泰会稽志》卷三《县令长》载:"唐……李悰为余姚令。"李悰曾历任余杭、余姚二县令,抑或因"余杭""余姚"而讹,不可考。兹姑录之。

②　"辛蚧"之"蚧",《唐代墓志汇编》开元二一七所收《大唐故登州司仓杜君(济)墓铭并序》作"玠"。

历《余杭县志》有录,然"鍄"作"琪",误。

县　尉

魏　纲　《全唐文补遗》五辑唐阙名《唐故朝议大夫上柱国澧州司马魏府君(体玄)墓志铭并序》:"公讳体玄,其先巨鹿鼓城人也。属隋失金镜,避地于怀,今为护嘉县人。……父纲,皇朝杭州余杭县尉。"魏纲之子即墓主魏体玄,卒于景龙二年(708),时年七十二岁。

逯　贞　《唐代墓志汇编》神功〇〇三唐阙名《大周故中大夫夏官郎中逯府君(贞)墓志并序》(神功元年十月廿二日):"君讳贞,字仁杰,河内河阳人也。……弱冠岁赋明经,解褐果州相如、杭州余杭、魏州顿丘等县尉,非其好也。翟方进有封侯之骨,实假明经;梁敬叔有庙食之言,岂甘州县。寻授左司御左金吾卫录事参军,累迁朝散大夫行司府丞兼知地官事。……及除度支员外郎,又加中大夫,迁夏官郎中。……粤以万岁登封元年腊月十三日,终于行所,春秋六十有七。"其父逯君怀曾任嘉兴县丞。该墓志铭同载于《全唐文新编》卷九九五。

杨　澄　《全唐文补遗》第九辑唐唐欢《唐故赠秘书省著作郎陶公夫人赠弘农县太君杨氏墓志铭并序》:"夫人姓杨氏,其先弘农人也。……曾祖澄,皇杭州余杭县尉。"杨澄曾孙女即墓主杨氏,卒于建中三年(782)四月六日,时年七十岁。参见越州诸暨县主簿杨协条。

裴　琨　《全唐文补遗》一辑唐蒋思之《大唐故汝阴郡汝阴县令裴府君(琨)之墓志并序》:"公讳琨,字□□,是□皇后之再从弟也。公景龙元年以国亲用材吏部常选。至开元二年授蜀州唐安县尉。不幸凶釁,未考,遄归。服满赴京,一注杭州余杭县尉,一任伍考,清白再进。倏秩满,归,又授太原府文水县尉。"裴琨天宝三载(744)六月二十日卒,时年五十五岁。

丁仙芝　《唐诗纪事》卷二四《丁仙芝》:"仙芝,润州曲阿人,登开元进士第,为余杭尉。"雍正《江南通志》卷一六六《人物》亦云:"丁仙芝,曲阿人,开元进士,官余杭尉,居官清谨,工诗。"

于　珦　《全唐文补遗·千唐志斋新藏专辑》第171页唐于珦撰《大唐朝议郎前行婺州义乌县令窦公故夫人墓志铭并序》时,自署"前杭州余杭县尉河南于珦撰"。此志撰于开元二十三年(735)。

卢全真　幽州范阳人。《全唐文补遗》六辑唐阙名《□□州灵石县令卢府君(嗣冶)墓志铭并序》谓,卢嗣冶"烈考讳全真,杭州余杭县□。森然大厦之材,绍彼构堂之业"。墓主卢嗣冶即卢全真次子,卒于安禄山圣武年(即天宝十五载,

756)十一月十六日,时年六十九岁。①

权　某　名讳不详。《全唐诗》卷三二三权德舆有《送二十叔赴任余杭尉(琴字)》诗。

卢　栝　《全唐文》卷四四五唐卢杞《唐太原府司录先府君墓志铭(并序)》:墓主卢涛第三子、卢杞之弟"栝,前杭州余杭尉"。此墓志铭撰于大历十年(775),则卢栝任余杭尉当在大历十年之前。

卢士举　《洛阳流散唐代墓志汇编》第468页唐卢士牟《唐见任杭州余杭尉卢士举故夫人李氏志文》:"夫人字省,姓李氏,陕西成纪人也。……年廿归于前郑城尉范阳卢士举,即予之季弟也。夫人……贞元十一年岁次乙亥五月廿一日终于越州会稽县玄真里,年廿六。……士举新授余杭尉,方俟吉时,归葬东洛,故叙而识之。"由是知卢士举于贞元十一年(795)授任余杭县尉。

卢　厚　《全唐文补遗·千唐志斋新藏专辑》第380页唐卢罕《唐故杭州余杭县尉范阳卢府君(厚)墓志文并序》:"君讳厚,字子处,范阳涿人也。……幼定淑质,长有清摽。好学嗜文,笃行强志。以仲兄继随乡赋,后先相让,袠就宾府,奏授南海节度推官、试太子正字。府除,调为杭州余杭尉。"以大和九年(835)十八日终于扬州高邮县之私第,时年三十岁。

郑思敏　《新唐书》卷七五《宰相世系表五上》郑氏:"思敏,余杭尉。"

郑　锐　《新唐书》卷七五《宰相世系表五上》郑氏:"锐,余杭尉。"

临　安　县

本汉余杭县地。三国吴孙权分置临水县,晋武帝改为临安县,属吴兴郡,后废。唐武德七年(624),复置临水县,属潜州。八年,废潜州及临水县,地入於潜县。垂拱四年(688),析余杭、於潜以故临水城复置临安县。今为浙江省杭州市临安区。

县　令

刘　度　同治《瑞州府志》卷九《选举·唐进士》:"刘度,高安人,临安令。"系于"武后神龙中进士"下。光绪《杭州府志》据同治《瑞州府志》补录。

郑　某　名讳不详。据《全唐文补遗·千唐志斋新藏专辑》第115页唐阙名《大唐前杭州临安县郑明府妻贺夫人(季)墓志铭并序》,临安县令郑某夫人贺氏,

---

① 因墓志文字漫灭,卢全真职任县令、丞或尉不详,以后文看或为县尉,姑录此备考。

卒于先天二年(713)四月四日,时年五十一岁。

朱元眘 开元二十四年(736)在任。《宋高僧传》卷一四《唐越州法华山寺玄俨传》:"开元二十四年,……朝散大夫杭州临安县令朱元眘亦以乡曲具法朋之契。"《全唐文》卷三三五万齐融《法华寺戒坛院碑》所载亦同,惟"朱元眘"作"朱元慎"。

杜简心 《全唐文补遗》八辑唐薛希昌《唐故濮阳郡临濮县令杜府君(暄)墓志铭并序》:"公讳暄,字夏日,京兆杜陵人也。……(公即)杭州临安县令曰简心之元子也。"同见本书唐刘栖岩《大唐故濮阳郡临濮县令杜府君(暄)墓志铭并序》。杜简心之子杜暄,卒于天宝七载(748)冬十月五日。

裴 深 《全唐文》卷五二一梁肃《杭州临安县令裴君夫人常山阎氏墓志铭》:"夫人姓阎氏,……前廷尉评领临安令裴深之室也。春秋若干,以大历乙卯岁五月,寝疾卒于晋陵之私第。"又,《全唐文补遗·千唐志斋新藏专辑》第332页唐王杲文《唐故大理司直润州金坛县令河东裴公(深)墓志铭并序》:"司直讳深,字巨源。……始命为汴州参军,再任为华州下邽县丞。以能名,累迁大理评事、司直,领临安、无锡、金坛三邑宰。政各有成,嘉名翕然。未阶大任,以建中元年十月六日殁于位,春秋四十一。"

张 宣 约唐文宗时(827—840)任。唐钟辂《前定录》"张宣"条:"杭州临安县令张宣,宝历中自越府户曹掾调授本官。以家在浙东,意求萧山宰……及后补湖州安吉县令,宣以家事不便将退之……遂受之。及秩满数年……及唱官,乃得杭州临安县令。……到任半年而卒。"张宣于宝历(825—827)中授任湖州安吉县令,秩满数年后授杭州临安县令,则张宣授任临安县令不应在唐敬宗宝历中,而约在唐文宗时。

史有则 会昌六年(846)在任。《宝刻丛编》卷一五引《集古录目》谓有《唐重换司空庙殿记》,并注称:"据碑,司空汉光武时人,二十三世孙唐杭州临安县令有则,易其庙之故殿,立此碑,从侄重厚撰,族人文察书,而皆不著姓。当光武时为司空者非一人,而有则于唐亦不显,不知其为何人也。""碑以会昌六年八月立,在溧阳。"《全唐文》卷七九一史重厚《重建司空溧阳侯庙记》内文有言:"秘书少监从孙重厚撰。唐会昌六年岁在丙寅八月庚午朔二十一日庚寅,宗长二十三代孙朝议郎临安县令上柱国有则,并诸院弟侄及诸枝长孔目职司等同勾当修建,一十五处宗人之名列于后。"则可知"有则"乃史姓。

李叔康 《全唐文补遗》一辑唐孙纾《唐前试大理评事兼监察御史孙公亡妻陇西李氏墓志铭并序》:"祖母夫人姓李氏,其先陇西人也。……烈祖暄,皇朝台州刺史。父叔康,前任杭州临安县令。"李叔康之女即墓主李氏卒于大中九年

(855)六月十六日,时年二十四岁。

陈思复 大中十一年(857)在任。《咸淳临安志》卷五五《官寺四·临安县》:"桂芝馆,在(临安)县东南二百步。按:祥符旧志云,唐大中十一年县令陈思复置。初号东馆,咸通十四年天降桂子及产瑞芝,改为桂芝馆。"宣统《临安县志》卷五《职官志》有录。

崔　某 名讳不详。《全唐文》卷四二八于邵《初冬饯崔司直赴京都选集序》:"大官大邑,唯贤者主之。临安,大邑也,而崔公兼领。"

裴　溧 《新唐书》卷七一《宰相世系表一上》南来吴裴氏:"临安令,溧。"系唐玄宗宰相裴耀卿三兄裴巨卿次子。万历《杭州府志》、宣统《临安县志》等旧志有录。

李　深 《新唐书》卷七二《宰相世系表二上》赵郡李氏:"深,临安令。"

县　丞

骆宾王 《全唐文》卷一九七《骆宾王小传》云:"宾王,婺州义乌人。初为道王府属,历武功主簿,调长安。武后时,数上书言事,下除临安丞,怏怏失志,弃官去。徐敬业举兵,署为府属,军中书檄,皆其词也。"

主　簿

崔　霸 《全唐文补遗》八辑唐崔溉《唐故常州江阴县丞清河崔公(霸)之墓志》:"公(崔霸)始以太庙斋郎出身,选授杭州临(汝)[安]主簿。"崔霸卒于贞元九年(793)五月一日,时年五十二岁。

李　某 名讳不详。《全唐诗》卷一五九孟浩然有《将适天台留别临安李主簿》诗。

黄去惑 《文苑英华》卷四一五唐阙名《授宋郁广都尉、黄去惑临安县主簿、颜温凤翔文学等制》。光绪《杭州府志》误作县尉。

县　尉

杨　温 《全唐文补遗》二辑唐阙名《唐故晋州霍邑县令杨府君(纯)墓志铭并序》:"君讳纯,字纯,弘农弘农人也。……长子轨臣,吏部员外郎。次子温,杭州临安县尉。次子浚,长上果毅。"杨温的父亲杨纯,卒于神功元年(697)四月五日,时年六十三岁。

薛　震 唐张鷟《耳目记》:"周(指武则天之武周)杭州临安尉薛震,好食人肉。有债主及奴诣临安,止于客舍,饮之醉,并杀之,水银和煎并骨销尽。后又欲食其妇,妇知之,逾墙而遁以告县。县令诘之,具得其情,申州录事,奏奉敕杖一百而死。"同见《朝野佥载》卷二。万历《杭州府志》卷一六《古今守令表》、宣统《临安县志》卷五《职官志》有录。

李　深　《全唐文补遗》一辑唐阙名《唐李处子(琰)墓志铭并序》:"处子讳琰,赵郡赞皇人。寿安县丞玄庆之孙,遂安县尉守虚之女。……天宝末,亲殁,随兄深尉临安。以天宝十五年十月廿六日,卒于临安之官舍,春秋三十四。"

富　阳　县

本秦富春县,属会稽郡。晋孝武帝太元(376—396)中,避郑太后讳"春",改富阳县,属吴郡。今为浙江省杭州市富阳区。

县　令

郝　跌　光绪《富阳县志》卷一七《名宦志》:"郝跌,贞观初年任富阳令。十二年,开阳陂湖以蓄水,兼造水闸,溉田万顷,惠利在民。"《新唐书》卷四一《地理志五》:"(富阳县)北十四里有阳陂湖,贞观十二年令郝某开。"《咸淳临安志》引《唐书·地理志》作"郝其","其"或为"某"之讹,而雍正《浙江通志》、《大清一统志》引《唐书·地理志》均作"郝砆",则"郝某"即为"郝砆"无疑。

李　濬　《新唐书》卷四一《地理志五》:"(富阳县)南七十步有堤,登封元年令李濬时筑,东至海,西至于苋浦,以捍水患。"①又,《咸淳临安志》卷一九《疆域·市》:"(富阳县)县市,旧在县西一里二百步,其地湫隘。唐万岁登封元年,县令李濬徙于西北隅一百步,周回二里五十步。"

阎自明　《全唐文补遗》九辑唐阙名《大唐故朝议郎守魏州司马上柱国李府君(乔卿)墓志文并序》:"君讳乔卿,陇西狄道人也。……夫人河南阎氏,皇杭州富阳县令自明之女。"阎自明女儿即墓主夫人阎氏于开元六年(718)七月十一日卒,时年二十八岁。②

顾昇庠　光绪《富阳县志》卷一七《名宦志》:"顾昇庠,开元十年任富阳令,建

---

①　《咸淳临安志》引《新唐书·地理志》误"登封元年"为"登封六年"。光绪《富阳县志》卷一七《名宦志》:"李濬,嗣圣十二年为富阳令,尝筑春江堤,自苋浦至东观山三百余丈,以障水患。筑阳陂堤储水溉田,民咸德之,祀名宦祠。"并以万岁登封年号系武后丙申年(696)九月改,至十一月又改万岁通天,并无六年之统而疑《新唐书·地理志》之误,而仍袭旧志所载。殊不知唐中宗嗣圣亦尽元年而无十二年之统。又,光绪《杭州府志》同样作"嗣圣十二年任",且认为旧志脱"时","李濬"当为"李濬时",亦误。

②　万历《杭州府志》卷一六《古今守令表》富阳县令录有"阎公",谓:"阎公,见韦同碑,亡其名。"未知此"阎公"与阎自明是否为一人。

县市，平易近民，民亲之如父母。"万历《杭州府志》卷一六《古今守令表》亦系于唐玄宗开元十年(722)任。另，《颜鲁公集》卷七《晋侍中右光禄大夫本州大中正西平靖侯颜公大宗碑》称，十三代孙"昇庠，有词学，富阳令"。光绪《杭州府志》"顾昇庠"作"顾昇祥"，疑讹误。

崔士元 光绪《富阳县志》卷一七《名宦志》："崔士元，永泰元年为富阳令，居官一以文雅敷善政，重建县学宫，祀名宦祠。"万历《杭州府志》卷六四《名宦》："崔士元，为富阳令，在职以文风善政有称，永泰元年重建学宫，盖为政知所重者。"

郑　早 《新唐书》卷四一《地理志五》："贞元七年，(富阳县)令郑早又增修之(富春堤)。"①

柳　锡 《咸淳临安志》卷五一《秩官九·富春县令》："柳锡，贞元十二年建县市。"

卢　缜 范阳人，元和四年(809)在任。光绪《杭州府志》谓见于张道《定乡小识》。②

董　伸 光绪《富阳县志》卷一七《名宦志》："董伸，咸通八年为富阳令，读书好礼，建城隍祠。"

赵　讷 光绪《富阳县志》卷一七《名宦志》："赵讷，咸通十年任富阳令，能文章，知政体，建县治厅宇。咸通十四年，筑县城。"万历《杭州府志》卷三《事纪中》引《富阳县志》"赵讷"作"赵海"，同书卷一六《古今守令表中》则又作"赵纳"，疑讹误。

李　某 名讳不详。《新唐书》卷七〇下《宗室世系表下》纪王房："富阳令，某。"乾隆《杭州府志》作"李杲"。据《唐宗室世系表》，富阳县令李某系昆山县令李寀第三子，李寀共有五子，其余四子分别为惵、惊、愐、惟，且同辈堂兄弟取名亦有此规律，则"杲"系"某"之讹，李某即其名佚而不详者。

薛　万 《新唐书》卷七三《宰相世系表三下》薛氏："万，富阳令。"

县　丞

李　峄 《全唐文》卷五一四殷亮《颜鲁公行状》：大历七年(772)九月，颜真卿迁湖州刺史，"(颜鲁公)以杭州富阳丞李峄为本州防御副使"。光绪《杭州府

---

① 《咸淳临安志》、光绪《富阳县志》均将郑早增修之富春江堤误作阳陂湖堤，如光绪《富阳县志》卷一七《名宦志》："郑早，贞元七年任富阳令，尝增修阳陂湖堤，灌田益广，载《唐书·地理志》。"据《新唐书》卷四一《地理志五》载："(富阳县)北十四里有阳陂湖，贞观十二年令郝某开。南七十步有堤，登封元年令李浚时筑，东自海，西至于荧浦，以捍水患，贞元七年令郑早又增修之。"由是可知郑早增修的是李浚所筑之富春江堤。

② 《两浙金石志》卷二《唐卢缜等题名》云："范阳卢缜元和四年十月廿五□□□富阳令郑□□□后□。"谓富阳令另有郑某而非卢缜。因碑刻漫涣，缺字无考，姑录以存疑。

志》谓开元二十二年(734)任,误。

主　簿

吕康武　《全唐文》卷七四五叔孙矩《大唐扬州六合县灵居寺碑》谓参与襄助修葺者中有"前杭州富阳□主簿吕康武"。从碑文"我太和皇帝陛下,篡元元,登紫极,炳焕日月,恢拓寰宇"看,此碑撰于太和(827—835)年间。光绪《杭州府志》作"吕康",误。

县　尉

卜长福　开元十七年(729)授任。《元和姓纂》卷一〇《卜》:"开元中,卜长福献《续文选》三十卷,杭州富阳县尉。"《新唐书》卷六〇《艺文志四》亦载:"卜长福,《续文选》二十卷,开元十七年上,授富阳尉。"宋王应麟《玉海》所载亦同。

张　瑶　《太平广记》卷二四二《张守信》引《纪闻》:"唐张守信为余杭太守,善富阳尉张瑶,假借之。"张守信天宝六载(747)在杭州刺史任上。

颜　頵　《颜鲁公集》卷七《唐故通议大夫行薛王友柱国赠秘书少监国子祭酒太子少保颜君碑铭》:"(颜)頵,好为诗,富阳尉。"颜頵乃颜真卿之子。

裴　某　名讳不详。《全唐诗》卷一六〇孟浩然有《游江西留别富阳裴刘二少府》诗。"少府"系唐时县尉之俗名,因时称县令为明府,县尉为县令之佐,故名。其俗名,还有"少仙""少公"等。

刘　某　名讳不详。同上见孟浩然《游江西留别富阳裴刘二少府》诗。

卢　沇　《全唐文补遗》三辑唐李洁《唐故朝散大夫豪鄄二州刺史上柱国卢府君(沇)夫人陇西李氏墓志铭并序》:"府君讳沇,字子衡,范阳人,盖神农之裔也。……弱冠,孝廉登科,调补杭州富阳县尉。"卢沇于大历九年(774)六月庚寅卒,时年六十三岁。

萧　某　名讳不详。《全唐文》卷七八五穆员《成都功曹萧公墓志铭》:"公讳某,字某。……曾祖文憬,皇朝朝散大夫、湖州司马。……君幼以明经登第,洎天下多事,投家远迹,而所至闻焉。或吏或宾,报之如一。历任曹州冤句、杭州富阳二邑,转都水监主簿、左金吾卫兵曹,调大理评事。地官司国计,使臣督王赋,迭咨公以分其重。公受命事集,而舆颂随之。剑南节度使表公成都功曹掾,兼佐蜀州戎事,锡以章绂。不幸遇疾,退闲于荆楚之间。贞元八年,归故国于洛汭。秋九月十四日,终于康裕里第,春秋五十八。"

钱孝憬　《全唐文》卷八九七罗隐《钱氏大宗谱列传·富春公钱公(孝憬)列传》:"公讳孝憬,字希贞,一字定方,扬威将军长子。……年十六,以门荫授富春尉。公以奕世勋阀，族门鼎盛，当大唐创业之后，是天下进贤之时。"钱孝憬系临安钱氏始迁祖、钱镠七世祖。

於潜县

汉旧县，原属丹阳郡。唐武德七年（624），置潜州，领於潜、临水二县。八年，废潜州及临水县，以於潜县属杭州。县西有潜山，县因以为名。今为浙江省杭州市临安区於潜镇。

县　令

王　陇　《全唐文补遗》七辑唐阙名《大唐故明经举王府君（师）墓志铭并序》谓："君讳师，字行则，太原人也。……父陇，隋孝廉，贝州鄃县户曹，皇朝定州安喜县丞、杭州於潜县令。"王陇之子即墓主王师卒于咸亨元年（670）七月十一日，时年五十六岁。

丁　表　《咸淳临安志》卷五一《县令·於潜县》载："丁表，字符章，唐麟德中为令，有政绩，邑人为立德政碑。"《宝刻丛编》卷一四引《诸道石刻》录有唐殷亮撰并书《於潜县令丁明府德政颂》，并云："公名君表，字符章，麟德二年三月九日立。""公名君表"之"君"或系衍文。

屈突琁　《全唐文补遗·千唐志斋新藏专辑》第181页唐阙名《故朝散大夫光州长史屈突府君（琁）墓志铭并序》："君讳琁，始于北郡，自魏文帝时徙于河南，乃河南人也。……公斋郎出身，解褐刑州参卿，六曹之总，精明少俊。次历泾州司士参军。策名清时，有山松干国之器。次授杭州於潜县令。"屈突琁后由杭州於潜县令转光州长史，加朝散大夫。据其祖屈突通为隋蒲州刺史，唐工刑兵部等尚书左仆射等职，其父诠任唐银青光禄大夫、瀛州刺史等，以及志文中墓主"时年春秋六十有一，辛巳岁己卯月丙戌日终于河南惠和之第"，可推知其卒于唐高宗永隆二年（681）。

裴思义　《全唐文补遗》六辑唐阙名《大唐故正议大夫上柱国行昭陵署令裴府君（思义）墓志铭并序》："公讳思义，字思义，河东闻喜人也。"由资州司户拜杭州於潜县令。裴思义卒于景云二年（710）闰六月十六日，时年六十岁。其祖裴爽，曾任婺州长史。

韦　嶙　《大唐西市博物馆藏墓志》第706页唐阙名《唐故朝请大夫太原府阳曲县令韦府君墓志》："公讳嶙，字洞微。……公即绵竹之次子，贞清在躬，能业父职，故再任遂授泾州良原县令，转泾州录事参军。廉使以公政迹殊异，奏加朝散大夫,后任杭州於潜县令,禄守丞。理皆恪勤,不陨厥问。选授太原府阳曲县令……"其生卒年及任於潜令年份均不详,仅知韦嶙夫妇贞元十五年(799)合祔于先茔少陵之原。

亢　亮　《沈下贤集》卷一一《灵光寺僧灵佑塔铭》:"律师字楷,其家本吴人,其乡里在吴之昆山县。……祖亢亮,於潜令。"

李　愻　《全唐文补遗》八辑唐李助《唐故洪州高安县令李府君(愻)墓志铭并序》:"公(李愻)以国属释褐,自太子宫门丞,授尚舍直长。建中初,范阳凶寇窃踞宫阙,护驾奉天。克复,授杭州於潜县令。不终秩,有替,再调洪州高安令。"李愻卒于贞元四年(788)七月一日。

杜　泳　《新唐书》卷四一《地理志五》:"(於潜)县南三十里有紫溪水溉田,贞元十八年令杜泳开,又凿渠三十里,以通舟楫。"《咸淳临安志》卷五一《县令·於潜县》有载,谓:"唐(正)[贞]元十八年为令,尝开紫溪河三十余里,人蒙其利。"

许　恭　《咸淳临安志》卷五一《县令·於潜县》载:"许恭,唐大中六年为令,是年建敕书库。"

李仁亮　《新唐书》卷七二《宰相世系表二上》赵郡李氏:"仁亮,於潜令。"

孙　璩　见万历《杭州府志》卷一七《古今守令表》。

县　丞

宋玄明　《全唐文补遗》五辑唐阙名《大周故延州参军宋君(懿)墓志并序》:"君讳懿,字延嗣,广平人也。……祖玄明,唐怀州武德尉、舒州录事参军、详正学士、杭州於潜丞。"宋玄明之孙即墓主宋懿,卒于延载元年(694)六月廿四日,时年三十三岁。

主　簿

无考。

县　尉

贺玄道　《全唐文补遗》六辑唐阙名《大唐故杭州於潜县尉会稽贺府君(玄道)墓志铭并序》:"君讳玄道,字道,会稽山阴人也。……君禀山川之秀气,嗣祖宗之勋业,起家於潜县尉。南昌小邑,旧尉神仙;东国遗黎,更劳人杰。……长安四年,终于杭州於潜之官第也。"

源　㬚　《唐代墓志汇编》开元一四六、《全唐文补遗》四辑唐杨琎《唐故使持节随州诸军事随州刺史河南源公(㬚)墓志铭并序》:"公讳㬚,字玄明,河南洛阳人。……长子前杭州於潜县尉撝。"墓志铭撰者杨班系墓主源杲的女婿。於潜县尉源撝的父亲即墓主前杭州司户源杲，开元十年（722）三月九日卒，时年八十岁。

宋　裕　《全唐文补遗·千唐志斋新藏专辑》第190页唐阙名《唐故余杭郡於潜县尉宋君墓志铭并序》："君讳裕，字幼宽，广平经成□人也。……五岁诵古诗，十二明左氏。……年甫十六，孝廉擢第。……开元廿有四载，以常调补杭州於潜县尉。"宋裕于於潜县尉"秩满居家，恬淡自得"。宋裕天宝二年（743）十月五日卒，时年三十七岁。同书第198页《大唐故绛郡太守宋府君夫人荥阳郡郑氏墓志铭并序》亦谓故绛郡太守宋府君夫人郑氏，次子宋幼宽（即宋裕）为余杭郡於潜县尉。

韦安之　《太平广记》卷三四七《韦安之》引《灵异录》："韦安之者，河阳人，……安之五年乃赴举，其年擢第授杭州於潜县尉。"

白　阐　白居易叔父白季康长子，唐宣宗、懿宗宰相白敏中同父异母长兄。《全唐文补遗》三辑唐高璩《唐故开府仪同三司守太傅致仕上柱国太原郡开国公食邑二千户赠太尉白公（敏中）墓志铭并序》：白季康"有子二人：长曰阐，杭州於潜尉；次曰幼文，睦州遂安尉"。

张　进　《全唐文补遗》四辑唐张汉璋《唐故泉州仙游县长官张府君（进）及巨鹿魏夫人附葬墓志铭》："考讳进，字正德，一子为命，一命为杭州於潜县尉，又命为睦州桐庐县丞，三命泉州仙游县长官兼学究。"张进卒于大中十一年（857）五月廿日，时年八十八岁。张汉璋撰墓志署"犹子"，故称张进为"考"。

崔　燮　《新唐书》卷七二《宰相世系表二下》南祖崔氏："燮，於潜令。"

孙嗣宗　《新唐书》卷七三《宰相世系表三下》孙氏："嗣宗，於潜尉。"①

孙　璩　《新唐书》卷七三《宰相世系表三下》孙氏："璩，於潜尉。"

盐　官　县

秦汉为海盐县地。西汉吴王刘濞煮海为盐，盖在此有盐官。三国孙吴因置盐官县。晋属吴郡，隋属余杭郡。唐属杭州。武德七年（624），省入钱塘县。贞观四年（630），分钱塘县复置。今为浙江省海宁市盐官镇。

县　令

左　满　《洛阳流散唐代墓志汇编》第284页唐王杲《唐故黄州司马齐郡左

---

①　万历《杭州府志》卷一七《古今守令表》载於潜县令有孙嗣宗，并注云"见《唐书·宰相世系表》"，实误。据《新唐书·宰相世系表》，孙嗣宗所任应为於潜县尉。

府君墓志并序》："君讳适,字文适,其先周人也。……祖满,唐任杭州盐官、滑州酸枣二县令。"左满之孙即墓主左适,卒于开元十八年(730),时年六十三岁。

王君德 唐初武德中授任。《全唐文补遗》五辑唐阙名《唐故上柱国王君(玄)墓志铭并序》："君讳玄,字明感,其先太原晋阳人也。祖在齐之日,□宦洛阳,情贵神州,遂家于此。父讳君德,早标令誉,夙悟生知,才溢当今,调高往古,行学可纪,艺合时须。去武德年中,蒙杭州盐官县令。于是调弦韵俗,三异呈祥,制锦一同,奸讹自息。所部莫不怀其惠,畏其威者也。"王君德之子即墓主王玄,卒于咸亨三年(672)五月九日,时年四十九岁。①

陈 褒 《新唐书》卷七一《宰相世系表一下》陈氏："褒,以从子继,盐官令。"《续通志》卷五二四《陈兢传》："陈兢,江州德安人,陈宜都王叔明之后。叔明五世孙兼,唐右补阙;兼生京,秘书少监、集贤院学士,无子,以从子褒为嗣;褒至盐官令。"陈褒乃江西江州陈氏义门之先祖,见五代徐锴《陈氏书堂记》及宋胡旦《义门记》(见《江西通志》卷一二二、卷一二三)。

路宣远 《咸淳临安志》卷五一《秩官九·盐官县令》："路宣远,唐开元十一年尝徙县市于西南。"又,同书卷一九《疆域·市》："(盐官)县市,在县西北百步,唐贞观四年置。开元十一年,令路宣远徙于县西南二百五十步。"

柳 遵 《咸淳临安志》卷五一《秩官九·盐官县令》："柳遵,旧图志云:唐开元中为县令,尝即县西为赋亭驿。"

房 琯 《唐语林》卷五《补遗》："杭州房琯为盐官令,于县内凿池构亭曰房公亭,后废。"两《唐书》本传均未提及任盐官令事,或有误。

谢懿文 宋范仲淹《范文正公集》卷一一《宋故太子宾客分司西京谢公(涛)神道碑铭》："(谢涛七世祖谢希图)子孙三世禄于吴越,曾祖讳廷徽,处州丽水县主簿;祖讳懿文,杭州盐官县令,葬于富阳,遂为富阳人。父讳崇礼,从钱氏归朝。"

王 某 名讳不详。《全唐诗》卷六五一方干有《盐官王长官新创瑞隐亭》诗。

县 丞

骆光朝 《全唐文补遗·千唐志斋新藏专辑》第308页唐王公义《唐故信州永丰县尉骆府君(遑)夫人乐安孙氏墓志铭并序》："公讳遑,杭州盐县人也。……

---

① 万历《杭州府志》谓盐官县令有袁天纲,且系于"玄宗开元初",误。《新唐书》卷二〇四《袁天纲传》："袁天纲,益州成都人,仕隋为盐官令。"然《旧唐书》卷一九一《袁天纲传》谓:"袁天纲,益州成都人也……隋大业中为资官令。"袁天纲所宰之县有盐官、资官二说,而两《唐书》均称所任县令在隋。由是知万历《杭州府志》所载为误,兹不录。

曾祖讳建，越州司户参军。祖讳光朝，杭州盐官县丞。"骆光朝于贞元元年（785）八月十一日卒，时年四十九岁。

柳寔　《大唐西市博物馆藏墓志》第796页唐柳汶《唐故杭州盐官县丞河东柳府君墓志铭并序》："有唐故杭州盐官县丞河东柳寔，以元和十二年（817）丁酉十二月景辰朔四日己未，归全于京兆府长安县崇贤里之私第，享龄廿有一。"

主　簿

冯灵童　《全唐文补遗》八辑唐卢玶心《唐故临汝郡司兵参军冯公（忻）墓志铭并序》："公讳忻，字忻，长乐人也。……祖灵童，七岁神童及第，杭州盐官主簿。"灵童之孙冯忻天宝五载（746）卒。

陈敬忠　《全唐文补遗》二辑唐阙名《唐故宣德郎杭州盐官主簿颍川陈府君（敬忠）墓志铭并序》："君讳敬忠，颍川人也。……开元廿三年十二月十一日终于广陵。廿五年正月廿一日，殡于岷山。"

刘抡　《大唐西市博物馆藏墓志》第710页录有唐冯钶《唐故湖州乌程县尉彭城刘公墓志铭并序》，谓湖州乌程县尉刘斌次子刘抡"故杭州盐官县主簿"。刘斌卒葬于贞元十六年（800），由是知刘抡任盐官县主簿当在贞元十六年之前。

郑闿　《全唐文补遗·千唐志斋新藏专辑》第299页唐王公亮《唐故河南府伊阳县令荥阳郑府君（闿）墓志铭并序》："公讳闿，字清，荥阳开封人也。……弱岁，太庙斋郎，授杭州盐官县主簿。清以从众，干以奉上。时户部郎中元公载实司邦赋，知公之深。元公符领洪州，分镇江西道，特表公超迁洪州录事参军事。"此后历任江阴、海陵二县令，润州司户参军，句容县令，伊阳县令等。贞元庚辰岁（800，贞元十六年）十月廿三日卒，时年七十一岁。

县　尉

费某　名讳不详。《全唐文补遗》七辑唐阙名《大唐给事郎守杭州盐□县尉费□妻薛氏墓记》，费妻薛氏"神龙元年九月九日"卒，从《记》文所署官衔看，费某之盐官尉于神龙元年（705）在任。

蔡直方　《全唐文补遗》六辑唐阙名《唐故左金吾卫兵曹参军蔡府君（直方）墓志铭并序》："公讳直方，济阳人也。……祖德让，越府都督。父燕客，越州剡县令。贬吉州新淦县丞，公即长子。生有志节，弱冠明经擢第，授杭州盐官县尉，又授左金吾卫兵曹参军。早岁强学，中年入道。浮幻世荣，等之尘埃。享年五十有二，终于润州私第。"大历四年（769）由季弟兼监察御史蔡直清自南徐扶柩归洛阳。其父蔡燕客曾任越州剡县令。

丘景朝 《宝刻丛编》卷一四引《诸道石刻录》谓有《唐盐官尉丘景朝墓志》，贞元十九年（803）立。光绪《杭州府志》有录，但作"邱景朝"。

顾　寰 《全唐文》卷九九六唐阙名《唐故朝散郎贝州宗城县令顾府君墓志铭》谓，墓主顾谦（字自修）有"男六人：长曰寰，杭州盐官县尉"。顾寰父亲顾谦卒于咸通十三年（872），时年六十七岁。

吴宝度 《全唐文》卷二四八李峤《宣州大云寺碑》有"乡望前杭州盐官县尉吴宝度等"一句。

新　城　县

本汉富春县地。三国吴时立为新城县，后并入桐庐县。晋咸和（326—334）末，复置新城县。隋平陈，省入钱塘县，后复置。唐武德七年（624），省入富阳县。永淳元年（682），分富阳县复置新城县，属杭州。五代梁，改为新登县。宋太平兴国四年（979），复改为新城县。今为浙江省杭州市富阳区新登镇。

县　令

柳　诚 《全唐文》卷五一九裴肃《药师琉璃光如来绣像赞（并序）》："谁其为之（如来绣像）？有齐孝妇。孝妇姓某氏，前新城令柳诚之室也。"

戴伯伦 《全唐文》卷五〇二权德舆《朝散大夫使持节都督容州诸军事守容州刺史兼侍御史充本管经略招讨制置等使谯县开国男赐紫金鱼袋戴公墓志铭》："公讳叔伦，字幼公，本谯国人，……公仲兄新城长伯伦。"另，《全唐诗》卷二八五收录有李端《送新城戴叔伦明府》诗。考戴叔伦生平，未官新城县令，疑为其兄戴伯伦之误。

蔡　某 名讳不详。《玄英集》卷五有《登新城县楼赠蔡明府》诗："杨震东来是宦游，政成登此自消忧。草中白道穿村去，树里清溪照郭流。纵目四山宜永日，开襟五月似高秋。不知县籍添新户，但见川原桑柘稠。"此"蔡明府"当为新城县令蔡某。

崔　映 唐罗隐《甲乙集》卷一〇有《送前南昌崔令映替任摄新城县》诗。

范　某 名讳不详。民国《新登县志》卷一七《职官表》见录，且注云"见康熙志，据嘉靖间土城断碑"。

县　丞

无考。

主　簿

无考。

县　尉

南　勋　《全唐文补遗》二辑唐万俟镕《唐故朝议郎成都府犀浦县令京兆田府君(行源)墓志铭并序》:"公讳行源,字汪之,以明二经擢第。……女五人,……其三妻前杭州新城县尉南勋。"南勋岳父即墓主田行源,卒于大中十三年(859)七月十五日,时年七十九岁。①

唐山县(紫溪县)

武则天垂拱二年(686),分於潜县置紫溪县。万岁通天元年(696),改紫溪县为武隆县。同年,改武隆县依旧为紫溪县,又分紫溪县别置武隆县。圣历元年(698),改武隆县为武崇县。神龙元年(705),改武崇县为唐山县。大历二年(767),紫溪、唐山二县皆省。长庆(821—824)初,复置唐山县。宋太平兴国四年(979),改为昌化县。今为浙江省杭州市临安区昌化镇。

县　令

卢思庄　《全唐文补遗》二辑唐阙名《故朝散大夫行鄞州司马卢府君(思庄)墓志铭并序》:"公讳思庄,范阳人也。……(公)解褐通直郎、庆州司仓参军,历朔州司法、梁州□督府兵曹。……遂宰洋州兴道、湖州安吉,加朝散大夫,转杭州紫溪,徙鄞州司马。"卢思庄卒于开元十三年(725)十二月廿二日,时年七十二岁。

崔知之　《大唐西市博物馆藏墓志》第469页唐阙名《大唐故杭州紫溪县令崔府君墓志铭并序》:"君讳知之,字锜,博陵安平人。……年卅一,武氏昊陵建碣,历采伯英之筋,以善草隶模勒,起家授苏州参军事。后转青州北海县丞。属诏择循良,邦政斯寄,超阶补杭州紫溪县令。……满岁辞秩,归程舣舻……未盈旬而遘祸。"崔知之开元十九年(731)八月十二日终于紫溪县官舍。

权　仿　《新唐书》卷七五《宰相世系表五下》权氏:"仿,紫溪令。"同见《文苑

---

① 万历《杭州府志》卷一七《古今守令表·新城县》谓"梁、陈、隋、唐,俱无考",纂修者陈善加按语云:"梁、陈、隋享国不远,新城令莫考,无惑矣!唐有天下几三百年,史岂无一新城令哉?盖有之矣!其所以不录者,新城在天下非一,必实吾杭者录,始无伪。而史所载多不著其郡,录之恐有前志误收高阳北新城于杭新城之谬,故不敢耳!精考详核以订吾陋,尚有俟于博雅君子云。"

英华》卷九五九权德舆《再从叔故试大理评事兼徐州蕲县令府君墓志铭》:"府君讳有方,字某,天水略阳人。……考仿,皇杭州紫溪县令。"

郑弘敏 《全唐文补遗》一辑唐李述《唐故颍州颍上县令李府君(公度)夫人荥阳郑氏(琯)合袝玄堂志》:"太夫人讳管,其先祖于周得姓。述以不见谱籍,莫究其裔,但略而记焉。其祖讳寰,不知官序。烈考杭州唐山县令府君讳弘敏。早精儒业,以明经上第,释褐补苏州华亭尉,次任宣州宣城尉,皆著□邑之能,旋授唐山令。议狱守调,咸称其理。"郑弘敏女即堂主郑琯,卒于大中八年(854)十一月二十二日,时年六十四岁。撰者李述自称"孤子述",则李述系郑琯之子。

徐元应 乾符(874—879)间在任。元应,一作应元。见万历《杭州府志》卷一七《古今守令表》。

丁　某 名讳不详。唐罗隐《甲乙集》卷九有《送丁明府赴紫溪①任》诗:"金徽玉轸肯蹉跎,偶滞良途半月余。楼上酒阑梅拆后,马前山好雪晴初。栾公社在怜乡树,潘令花繁贺版舆。县谱莫辞留旧本,异时量度更何如。"又,万历《杭州府志》卷一七《古今守令表》载唐山县令有丁明甫,疑系罗隐诗紫溪"丁明府"之讹。

县　丞

任　某 名讳不详。《全唐诗》卷二三八钱起有《送任先生任唐山丞》诗。

主　簿

无考。

县　尉

林　蕴 莆田人。万历《杭州府志》卷一七《古今守令表》、道光《昌化县志》卷九《职官志》等均有录。

---

① 一作唐山。

卷五　湖州（吴兴郡）

湖州，原为吴兴郡，三国吴宝鼎元年（266）始置。隋仁寿二年（602），改吴兴郡为湖州，因太湖以为名。未几，州废。唐武德四年（621），平李子通，复置湖州，仅领乌程一县。六年，复没于辅公祏。七年，平辅公祏，复置湖州，废武州以武康县来属，又省雄州以长城县来属，又并安吉、原乡入长城县。麟德（664—665）中，复置安吉县。武则天天授二年（690），析武康县置武源县。天宝元年（742），改湖州为吴兴郡，改武源县为德清县。乾元元年（758），复吴兴郡为湖州。《元和郡县图志》载，州境东西三百八里，南北二百一十三里，领县五：乌程、长城、安吉、武康、德清。

刺　史

孟宣文　《嘉泰吴兴志》卷一四《郡守题名》："孟宣文，武德二年自陈州刺史授，后迁泾州刺史。"①

云洪嗣　《嘉泰吴兴志》卷一四《郡守题名》："武德七年，自右庶子授；迁郑州刺史。"②

韩世恭　《嘉泰吴兴志》卷一四《郡守题名》："（正）[贞]观五年，自金吾将军

---

① 湖州历史上素重郡守记述。有唐一代之刺史，有始创自广德（763—764）年间刺史李纾的题名志刻，内容甚为详备，自武德（618—626）以来，名氏、官秩、迁就岁时悉追述之。其后，贞元（785—805）间刺史李词及北宋宝元（1038—1040）间知州事滕宗谅又先后继此志刻，迄于吴越纳土归宋，凡139人。南宋谈钥撰《嘉泰吴兴志》，以天祐四年（907）以后系吴越钱氏所授，天祐四年后唐已禅于梁，不当附唐后，而厘得唐刺史（郡守）为105人。又有北宋景德（1004—1007）间摄湖州长史左文质撰《吴兴统纪》，载自贞观（627—649）间徐莹至光启（885—888）间李师悦凡97人，所载唐刺史除授迁就官秩、岁时颇有异同，而谈钥《嘉泰吴兴志》详加备载。今以《嘉泰吴兴志》为蓝本，参以史传、地志及地下出土之墓志石刻，详细稽考，删滥去非，拾遗补阙，共计得刺史131人。又，《嘉泰吴兴志》谓孟宣文于唐武德二年（619）自陈州刺史授湖州刺史，然湖州自武德四年（621）始复置，"二年"或为"四年"之讹。

② 郁《考》认为云洪嗣即云弘嗣、云弘胤，刺湖不可能在武德七年（624），而系之于约高宗时。

授；迁卫尉少卿。"①

徐莹 《嘉泰吴兴志》卷一四《郡守题名》："(正)[贞]观十一年，自括州刺史授。《统记》云：迁邢州刺史。(《刺史厅壁题名》)所载刺史自此始。"

窦怀恪 《嘉泰吴兴志》卷一四《郡守题名》："(正)[贞]观十七年，自户部郎中授；迁扬州刺史。"②

刘守敬 《嘉泰吴兴志》卷一四《郡守题名》："(正)[贞]观二十一年，自洛州刺史授；迁太常少卿。《统记》云：圣历二年授。"③

陈骞之 《嘉泰吴兴志》卷一四《郡守题名》："永徽元年，自陈州司马授；免官。《统记》云：大足元年授。"④

李杭 永徽四年(653)在任。《全唐文》卷八九七罗隐《钱氏大宗谱列传·扬威将军钱公(元修)列传》："唐永徽二年，陈硕真谋逆，朝廷诏邻道讨之。吴兴郡守李杭辟公议事，公遂请兵击寇。"陈硕真起义在永徽四年，《列传》所谓"永徽二年"实误，当作"永徽四年"。

于敏直 《嘉泰吴兴志》卷一四《郡守题名》："永徽五年，自宋州别驾授；迁德州刺史。"

贺兰爽 《嘉泰吴兴志》卷一四《郡守题名》："永徽九年，自右卫中郎授；迁羽林将军。《统记》云：自徐莹后六政，则天时。"⑤

卫弘敏 《嘉泰吴兴志》卷一四《郡守题名》："显庆元年，自豫州刺史授；迁右清道府率。《统记》云：神龙二年，汝州刺史授。"⑥

韦璋 《嘉泰吴兴志》卷一四《郡守题名》："显庆五年，自少府监授，卒官。《统记》云：神龙三年，自博州刺史授。"

武太冲 《嘉泰吴兴志》卷一四《郡守题名》："弘道二年，自海州刺史授，卒官。"《全唐文补遗》二辑唐阙名《唐故深州司户参军武府君(幼范)墓志铭并序》："府君讳幼范，字少真，其先沛人，因官徙第，家于太原。……父太冲，北海郡开国公，蜀、德、湖三州刺史。"

---

① 韩世恭，同治《湖州府志》卷五《郡守》作"韩思恭"。
② 徐莹、窦怀恪二人，郁《考》从《吴兴统记》，系于武后时。
③ 同治《湖州府志》卷五《郡守》作"贞观二十二年"任。《元和姓纂》卷五彭城刘氏有守敬一人，岑仲勉《姓纂四校记》谓："由其先代历官推之，《统记》较可信。"即认为圣历二年(699)授湖州刺史更为可信。
④ 《元和姓纂》卷三京兆陈氏："敬之从弟骞之，湖州刺史。"岑仲勉《姓纂四校记》谓以《吴兴统记》"大足元年(701)"较可信。
⑤ 永徽无九年，疑有误，当从《吴兴统记》所云则天时。同治《湖州府志》作"永徽六年"，然未言其依据。
⑥ 郁《考》谓："贞观十八年至显庆三年豫州刺史为李凤，卫弘敏无可能为豫州刺史，当以《统记》为是。"卫弘敏，同治《湖州府志》讹作"卫弘敬"。

郑休还 《嘉泰吴兴志》卷一四《郡守题名》："垂拱元年,自金州刺史授;迁越州都督。《统记》云:景云元年,太常少卿授;迁滑州刺史。"

赵谨徽 《嘉泰吴兴志》卷一四《郡守题名》："长寿二年,自洪州都督授;迁太子宾客,到任。《统记》云:景云二年,自泉州刺史授。"②

马 建 《嘉泰吴兴志》卷一四《郡守题名》："证圣元年,自袁州刺史授;迁邛州刺史。《统记》云:太极元年。"

崔 瑊 《嘉泰吴兴志》卷一四《郡守题名》："万岁通天元年,自登州刺史授;迁□州刺史。《统记》云:开元元年。"

张 洽 《嘉泰吴兴志》卷一四《郡守题名》："大足元年,自濮州刺史授;迁魏州刺史。《统记》云:开元三年。"

侯莫陈涉 《嘉泰吴兴志》卷一四《郡守题名》："神龙二年,自睦州刺史授;迁商州刺史。《统记》云:开元九年。"

朱宷庆 《嘉泰吴兴志》卷一四《郡守题名》："太极元年,自虔州刺史授;迁洪州刺史,江南道采访使。《统记》云:开元六年,在侯莫前。"《唐代墓志汇编》开元二二〇唐阙名《大唐故银青光禄大夫湖州刺史朱公墓志铭并序》:"公讳宷庆,字绍隆,吴郡钱唐人也。……起家调选授绵州西昌县丞,非其好也。……转迁均州刺史、通州刺史,又拜洪州都督兼知江南西道按察使,……转婺州刺史,以公正忤诏使,左贬虔州刺史,……加银青光禄大夫、湖州刺史。"朱宷庆开元十三年(725)卒于汴州,时年六十岁。

蒋 挺 《嘉泰吴兴志》卷一四《郡守题名》："开元五年,自国子司业授;选申王府长史。《统记》云:十二年。"③

徐元之 《嘉泰吴兴志》卷一四《郡守题名》："开元七年,自谏议大夫授;改邠王府长史。《统记》云:十五年。"

郑 繇 《嘉泰吴兴志》卷一四《郡守题名》："开元九年,自陈州刺史授;迁博州刺史。《统记》云:十七年。"

徐峤之 《嘉泰吴兴志》卷一四《郡守题名》："开元十三年,自吉州刺史授;迁洺州刺史。《统记》缺。唐史《徐浩传》,父峤之,不载为守事。"④

---

① 劳格引《嘉泰吴兴志》作"郑休远",不知所据何本。
② 《元和姓纂》卷七诸郡赵氏:"湖州刺史赵育微,阳翟人。"岑仲勉《姓纂四校记》云:"按《谈志》,元和前别无姓赵之人,谨、育为连绵字,微、徽形相类,当即一人,唯未知孰是耳。"郁《考》从《吴兴统记》系于景云二年(711)。
③ 《新唐书》卷一二八《许景先传》:"(开元)十三年,帝自择刺史……国子司业蒋挺湖州。"
④ 《金石录》卷二六《唐孝义寺碑阴记跋》:"初,陈徐陵为《孝义寺碑》,至开元二十三年徐峤之为湖州刺史,再书而刻之。"则徐峤之任湖州刺史或在开元二十三年?

李　祈　《嘉泰吴兴志》卷一四《郡守题名》："(明)皇再从兄祈,开元十六年自国子司业授;迁金吾大将军。《统记》云:二十二年,自谏议大夫授;迁右领军卫将军。"

韦明扬　《嘉泰吴兴志》卷一四《郡守题名》："开元十八年,自右清道府率授;迁赵州刺史。《统记》云:二十四年。"

张景遵　《嘉泰吴兴志》卷一四《郡守题名》："开元二十一年,自夔州刺史授;改清道府率。《统记》云:二十七年。"

徐　悙　《嘉泰吴兴志》卷一四《郡守题名》："开元二十三年,自登州刺史授,不曾之任;迁洪州刺史,充江西采访使。《统记》云:二十九年。"《全唐文补遗》八辑唐阙名《唐通议大夫使持节陈留郡诸军事守陈留郡太守河南采访处置使上柱国徐公(悙)墓志铭并序》："公讳悙,字辑,东海人也。……以横议(由御史中丞、兼都畿采访处置使)见谪东阳别驾,迁东平、吴兴两太守。……又拜公豫章太守、兼江西采访使。"

吴从众　《嘉泰吴兴志》卷一四《郡守题名》："开元二十八年,自蕲州刺史授;迁密州刺史,充党项使。《统记》云:天宝三年,自郑州刺史授;迁安化郡太守,即密州刺史也。"

邓武迁　《嘉泰吴兴志》卷一四《郡守题名》："开元二十九年,自蕲州刺史授,卒官。"①

陈思应　《嘉泰吴兴志》卷一四《郡守题名》："天宝元年,自柳州刺史授,不之任。《统记》云:四年。"

阎知言　《嘉泰吴兴志》卷一四《郡守题名》："天宝二年,自括州刺史授,致仕。《统记》云:五年。"

周择从　《嘉泰吴兴志》卷一四《郡守题名》："天宝五年,②自饶州刺史授;改洪州刺史。《统记》云:六年,迁宣州。"

韦南金　《嘉泰吴兴志》卷一四《郡守题名》："天宝八年,自睦州刺史授;迁梁州刺史。《统记》云:七年。"

李　峒　《嘉泰吴兴志》卷一四《郡守题名》："天宝十年,自寿州刺史授;改授陈王府长史。《统记》云:十三年。"

韦景先　《嘉泰吴兴志》卷一四《郡守题名》："天宝十二年,自卫将军授,免

---

①　《嘉泰吴兴志》谓邓武迁开元二十九年任,吴从众开元二十八年任,却系吴从众于邓武迁之后,殊为乖悖,未知其故。今姑移邓武迁于吴从众之后。

②　唐玄宗天宝三年(744)正月丙辰,改年为载。然《嘉泰吴兴志》"载"均记作"年",原文如此。

官。《统记》缺。"①

豆卢陈麟 《嘉泰吴兴志》卷一四《郡守题名》:"天宝十四年,自华州刺史授;迁虔州刺史。《统记》云:至德二年。"②

崔巽 《嘉泰吴兴志》卷一四《郡守题名》:"天宝十五年,自苏州刺史授;迁右卫将军。《统记》云:乾元元年。"

杨慧 《嘉泰吴兴志》卷一四《郡守题名》:"至德元年,自奉元县令授;免官。《统记》云:乾元二年迁杭州刺史。"慧,一作惠。③

崔论 《嘉泰吴兴志》卷一四《郡守题名》:"上元元年,自蜀州刺史授;迁试大府卿兼御史大夫、淮南节度行军司马。《统记》云:自饶州刺史授。"杼山妙喜寺主持、诗僧皎然有《五言夏日同崔使君论登城楼赋得远山》(《杼山集》卷六)诗。

孙待封 《资治通鉴》卷二二一"上元元年"条:十二月,"(刘)展以其将……(孙)待封领湖州事"。系刘展所伪任。

独孤问俗 《嘉泰吴兴志》卷一四《郡守题名》:"上元三年,自明州刺史授;迁秘书监、检校扬州大都(督)[府]司马。《统记》云:宝应二年。"独孤问俗在湖州刺史任上,曾重开湖州罗城濠。

卢幼平 《嘉泰吴兴志》卷一四《郡守题名》:"宝应三年,自杭州刺史授;迁大理少卿。《统记》云:永泰元年。"卢幼平永泰元年(765)在杭州刺史任,《吴兴统记》所载当误。

杜位 唐玄宗宰相李林甫女婿。《嘉泰吴兴志》卷一四《郡守题名》:"乾元元年,自江宁少尹拜,卒官。《统记》云:大历四年。"④

萧定 字梅臣,江南兰陵人。《嘉泰吴兴志》卷一四《郡守题名》:"永泰二年,自信州刺史授;迁宋州刺史。《统记》云:萧定,大历六年,宋州刺史授;迁苏州、袁润等六州刺史。大历中,有司差天下刺史治最,定与常州萧复、濠州张镒为第一。"《旧唐书》卷一八五《萧定传》:"萧定……为元载所挤,出为秘书少监,兼袁州刺史,历信、湖、宋、睦、润五州刺史。"《嘉泰吴兴志》与《旧唐书》本传所载同。然而《宝刻丛编》卷一四引《复斋碑录》载:"《唐修建功德铭》,唐湖州刺史萧公创建佛室,造三世佛及诸功德等铭,武康令韩章撰……大历六年立。"郁《考》从《吴

---

① 《太平寰宇记》卷九四《湖州乌程县》:"岘山在县南五里……天宝中太守韦景先起五花亭,山上有唐相李适之石酒樽。"
② 同治《湖州府志》卷五《职官表·郡守》作"豆卢郑麟"。
③ 《宋高僧传》卷二六《唐湖州大云寺子瑀传》:"以(天宝)十一年秋禅坐而终……大理评事摄监察御史姚沨、主客郎中姚沸、刺史杨慧才偕归信焉。"
④ 郁《考》谓《嘉泰吴兴志》所载误,而以《吴兴统记》谓杜位大历四年(769)授湖州刺史为是,且谓"江宁少尹"为"江陵少尹"之误。

兴统记》。

裴　清　《嘉泰吴兴志》卷一四《郡守题名》："大历二年，自宿州刺史授；除鄂州刺史。《统记》云：六年，选兵部郎中。"郁《考》以大历（766—779）年间无宿州，且大历中鄂州刺史不容裴清插入，从《吴兴统记》系于大历六年（771），且在萧定前。

颜真卿　字清臣，琅邪临沂人。《嘉泰吴兴志》卷一四《郡守题名》："唐大历七年，自抚州刺史授；迁刑部尚书。《统记》云：八年。……大历中，为刺史，招致名儒高客七十余人，相与考郡书，成《韵海镜源》五百卷。又书其伯祖元孙所著《干禄字书》，撰《放生池碑》及其他石刻。公即在郡累年，德政洽于千里，邦人仰其忠烈，今奉祠焉。"《颜鲁公集》卷五《乞御书题额恩敕批答碑阴记》："（大历）七年秋九月归自东京，起家蒙除湖州刺史，来年春正月至任。"又，《项王碑阴述》："大历七年，真卿蒙刺是州。十二载，奸臣伏法，恩命追真卿上都。"

樊　系　《嘉泰吴兴志》卷一四《郡守题名》："大历十二年，自谏议大夫授；迁濠州刺史。《统记》云：十年。"①

第五琦　字禹珪，京兆长安人，唐肃宗宰相。《嘉泰吴兴志》卷一四《郡守题名》："建中元年，自饶州刺史授；迁太子宾客。史传云：坐与朝恩善，贬括州刺史，徙饶、湖二州，复为太子宾客。《统记》云：大历十三年。"②

王　密　《嘉泰吴兴志》卷一四《郡守题名》："建中三年，自明州刺史授；迁越州都督，充浙东西团练副使。《统记》云：大历十四年。"③

王　沔　《嘉泰吴兴志》卷一四《郡守题名》："建中五年，自检校工部郎中兼侍御史授；迁宣州观察使。《统记》云：大历十五年，迁宣州刺史。"④

袁　高　《嘉泰吴兴志》卷一四《郡守题名》："贞元二年，自韶州长史员外置同正员授；迁给事中。《统记》云：袁高，建中二年。"《南部新书》卷五："唐制，湖州造茶最多……至建中二年，袁高为郡，进三千六百串，并诗刻石在贡焙。"《两浙金石志》卷二《唐袁高题名》："大唐（湖）州刺史臣袁高奉诏修茶，贡讫，至□山最高堂赋《茶山诗》，兴元甲子岁三春十日。"兴元甲子岁即兴元元年（784）。袁高题

---

① 大历十二年（777），颜真卿尚在湖州刺史任。《吴兴统记》谓樊系大历十年（775）授，误。
② 《旧唐书》卷一二《德宗本纪上》：大历十四年（779）六月"壬戌，处州刺史王缙、湖州刺史第五琦皆为太子宾客"。疑《吴兴统记》所云大历十三年（778）授湖州刺史为是。
③ 《宝庆四明志》卷一《郡守》："公（王密）以大历十四年，自湖州刺史授越州刺史，兼浙东节度副使，乃撰裴儆纪德之碣云'余忝蹑高踪'。"《嘉泰会稽志》亦载："王密，大历十四年自湖州刺史授。"则《吴兴统记》所载为是。
④ 郁《考》谓据《旧纪》及《新书·方镇表》载，大历十四年（779）废宣歙池观察使，贞元三年（787）复置，谓《吴兴统记》称"宣州刺史"而非"宣州观察使"为是，《嘉泰吴兴志》所载为误。

名摩崖石刻，今尚存。又，《旧唐书》卷一二《德宗本纪上》载：兴元元年八月，"前湖州刺史袁高为给事中"。则《嘉泰吴兴志》所载"贞元二年"授误，当从《吴兴统记》，建中二年(781)授，兴元元年迁给事中。

杨　琼　《嘉泰吴兴志》卷一四《郡守题名》："贞元四年，自濮州刺史授；迁国子祭酒。《统记》云：兴元元年。"

庞　誊　《嘉泰吴兴志》卷一四《郡守题名》："贞元七年，自仓部郎中授；迁绛州刺史。《统记》作三年。"①

于　頔　《嘉泰吴兴志》卷一四《郡守题名》："贞元八年，自驾部郎中授；迁苏州刺史。史传：自驾部郎中出为湖州刺史。郡有湖陂，异时溉田三千顷以济人，久淤废。頔行县，命修复堤阏，岁获秔稻蒲鱼无虑万计。州地库薄，葬者不掩柩，頔为坎，瘗枯骨千余，人赖以安。未几，改苏州。《统记》作五年。"然而《全唐文》卷五四四于頔《释皎然杼山集序》云："贞元壬申岁，余分刺吴兴之明年，集贤殿御书院有命征其文集。"《两浙金石志》卷二《唐于頔题名》亦云："使持节湖州诸军事刺史臣于頔遵奉诏命，诣顾渚茶院修贡毕，登西顾山最高堂汲岩泉□茶□□观前刺史袁公留题□刻茶山诗于右。大唐贞元八年岁在壬申春三月□□。"则可知《嘉泰吴兴志》《吴兴统记》所载均误，于頔授湖州刺史当在贞元七年(791)。

刘全白　《嘉泰吴兴志》卷一四《郡守题名》："贞元十年，自池州刺史授；迁秘书监，致仕。《统记》作七年。"

王　浦　《嘉泰吴兴志》卷一四《郡守题名》："贞元十一年，自建州刺史授；卒官。《统记》作十年。"

李　锜　淄川王李孝同五世孙。《嘉泰吴兴志》卷一四《郡守题名》："贞元十三年四月，自杭州刺史授；迁本道观察使。《统记》作十二年。"李锜在湖州刺史任上以数十万计的钱财贿赂权贵李齐运，在任三年迁润州刺史、浙西观察使、诸道盐铁转运使。后谋反事败，遭腰斩。

李　词　《嘉泰吴兴志》卷一四《郡守题名》："贞元十六年，自万年县令授；迁光禄少卿。《统记》作十四年。"李词曾置闉门，又于门上造跨河楼三间、挟河楼三间。②

田　敦　《嘉泰吴兴志》卷一四《郡守题名》："贞元十八年五月，自衢州刺史

---

①　据《册府元龟》卷五八《帝王部·勤政》，庞誊贞元四年(788)仍在仓部郎中任上，故《吴兴统记》所载贞元三年(787)授非是。

②　《全唐文》卷五二九顾况《湖州刺史厅壁记》："今使君词，唐景皇帝七代之孙……贞元十有五年十二月哉生魄，华阳山人顾况述。"又，《全唐文》卷六一八李直方《白苹亭记》中有"今邦伯李公"，据《宝刻丛编》卷一四引《诸道石刻录》，此《记》"己卯岁作"即贞元十五年(799)。由此可知，李词贞元十五年已在湖州刺史任，《嘉泰吴兴志》误，或《吴兴统记》为是。又《舆地碑记目》卷一："《湖州刺史题名记》，唐广德元年李纾撰；《后记》，贞元十六年顾况作，又后题贞元十七年刺史李词。"则李词贞元十七年(801)在任。

授；迁常州刺史。《统记》作十六年。"贞元十七年（801），李词尚在任，《吴兴统记》所载为误。

顾　防　《嘉泰吴兴志》卷一四《郡守题名》："永贞元年四月，自澧州刺史授；除常州刺史。《统记》作贞元二十年。"又作颜防、颜防善，《宋高僧传》卷二四《唐湖州法华寺大光传》："永贞元年十二月黑月既夕，示灭于持经道场……刺史颜防深怆悼之。"《全唐文》卷六九四李绅《墨诏持经大德神异碑铭》谓大光法师示灭后"告刺史颜防善曰：去矣人世，无牵梦泡"。

姚　絪　《嘉泰吴兴志》卷一四《郡守题名》："元和元年四月，自处州刺史授；卒官。《统记》作姚䮄。"

辛　祕　《嘉泰吴兴志》卷一四《郡守题名》："元和二年正月，自兵部员外郎授。史传为兵部员外郎。宪宗初，拜湖州刺史，讨李锜，平，赐金紫，召为河东司马留主务。李锜反，遣将先取支郡，苏、常、杭、睦四刺史或战败，或拘胁。祕召将丘知二夜开城收壮士得数百，逆贼大战，斩其将，进焚营堡。锜平，遣宣慰使赍诏至，赐金紫，刻于石，又有时元佐纪铭其功。"《全唐文》卷六八二牛僧孺《昭义节度使辛公（祕）神道碑》："元和皇帝初元年，高选刺史，公出为湖州。时观察使李锜不奉诏……（公）于是时武功冠江南，锜为之失势就缚，天子新命使以金印紫绶赏公，急诏为河东军司马兼御史中丞。"《唐文拾遗》卷六宪宗《罚韩皋俸料敕》："据决孙澥月日，是旧刺史辛祕离任之后，新刺史范传正未到之时。"

范传正　《嘉泰吴兴志》卷一四《郡守题名》："元和四年八月，自歙州刺史拜；六年二月十一日，迁苏州刺史。史传：历歙、湖、苏三州刺史。"《全唐文》卷九一九福琳《唐湖州杼山皎然传》："元和四年，太守范传正、会稽释灵澈同过旧院。"《新唐书》卷四一《地理志五》湖州乌程县条注云："东百二十三里有官池，元和中刺史范传正开。"

裴　汶　《嘉泰吴兴志》卷一四《郡守题名》："元和六年，自澧州刺史授；八年十一月，除常州刺史。"《新唐书》卷七一《宰相世系表一上》南来吴裴氏："汶，湖州刺史。"

薛　戎　《嘉泰吴兴志》卷一四《郡守题名》："元和八年十一月三十日，自衢州刺史授；迁常州刺史。史传：河南令，累迁浙东观察使。而不载为守事。"薛戎曾先后任衢州、湖州、越州等刺史。

李　应　《嘉泰吴兴志》卷一四《郡守题名》："元和十一年八月十五日，自户部郎中授；迁苏州刺史。"《册府元龟》卷五〇四《邦计部·榷酤》："（元和）十四年七月，湖州刺史李应奏。"则李应元和十四年（819）七月尚在任。

窦　楚　《嘉泰吴兴志》卷一四《郡守题名》："元和十五年三月二十二日，自刑部郎中拜；迁尚书右司郎中。"

钱　徽　《嘉泰吴兴志》卷一四《郡守题名》："长庆元年十二月十五日,自江州刺史拜;迁尚书工部郎中。史传：宪宗时礼部侍郎,贬江州刺史,转湖州,还迁工部侍郎。"

张仕阶　《全唐文补遗》四辑唐张仕阶《张氏亡女(婉)墓志铭》："安定张氏之女曰婉,赠秘书监府君讳翔之孙,湖州刺史仕阶之息女也。……显庆三年六月十二日,奄然终于吴兴郡舍,甲子才廿春矣。"又,《全唐文补遗》四辑唐张涂《有唐张氏女(婵)墓志铭并序》："兄乡贡进士涂述并书……长庆中,吾先君由真司封郎中出为湖州牧……生我府君讳仕阶,为湖州刺史……婵即府君第三女也。"张婵于开成五年(840)卒,时年二十五岁。又,《嘉泰吴兴志》卷一四《郡守题名》："张仕偕,长庆三年三月六日,自司封郎中拜;卒官。"由前可知,墓志之"显庆三年"当为"长庆三年"之讹,而《嘉泰吴兴志》之"张仕偕"乃"张仕阶"之讹。

崔玄亮　《嘉泰吴兴志》卷一四《郡守题名》："长庆三年十一月二十二日,自刑部郎中拜;迁秘书少监,分司东都。"《旧唐书》卷一六五《崔玄亮传》："崔玄亮,字晦叔,山东磁州人……元和初,因知己荐达入朝。再迁监察御史,转侍御史,出为密、湖、曹三州刺史。"《新唐书》卷四一《地理志五》"湖州乌程县"条注："东南二十五里有陵波塘,宝历中刺史崔玄亮开。"

独孤迈　《嘉泰吴兴志》卷一四《郡守题名》："宝历二年九月十三日,自歙州刺史拜;后贬康州。"此前元和十四年(819),独孤迈在睦州刺史任。

韩　泰　《嘉泰吴兴志》卷一四《郡守题名》："太和元年七月三日,自睦州刺史拜;迁常州刺史。"《新唐书》卷一八一《韩泰传》："(韩)泰,字安平,有筹画,(王)伾、(王)叔文所倚重,能决大事……以户部郎中、神策行营节度司马贬虔州司马,终湖州刺史。"

李德修　唐宪宗宰相李吉甫之子,文宗、武宗相李德裕长兄。《嘉泰吴兴志》卷一四《郡守题名》："太和四年五月十日,自淮南节度使行军司马授;迁楚州刺史。"《新唐书》卷一四六《李栖筠传》："(李吉甫)子德修……张仲方入为谏议大夫,德修不欲同朝,出为舒、湖、楚三州刺史,卒。"

韦　珩　《嘉泰吴兴志》卷一四《郡守题名》："太和五年四月,自江州刺史拜,未视事,卒。"

庾　威　《嘉泰吴兴志》卷一四《郡守题名》："太和五年四月,自长安县令拜;贬吉州刺史。"《册府元龟》卷六九八《牧守部·专恣》："庾威,大和中为湖州刺史,贬吉州刺史。"

敬　昕　《嘉泰吴兴志》卷一四《郡守题名》："太和七年,自婺州刺史拜;除吏部郎中,续加检校本官依前湖州刺史。后除常州。"

裴　充　《嘉泰吴兴志》卷一四《郡守题名》："太和（元）[九]年八月，自大理少卿拜；卒官。"《册府元龟》卷四九四《邦计部·山泽》："（开成）三年三月，以浙西监军判官王士玫充湖州造茶使。时湖州刺史裴充卒官，吏不谨，进新茶不及常年，故特置使以专其事。"裴充于太和九年（835）八月至开成三年（838）二月在任。

杨汉公　《嘉泰吴兴志》卷一四《郡守题名》："开成三年三月二十日，自舒州刺史拜；迁亳州刺史，充本道团练镇遏使。"《白居易全集》卷七一《白苹洲五亭记》："至开成三年，弘农杨君为刺史……君名汉公。"《全唐文》卷七六〇杨汉公《干禄字书后记》："太师鲁公……曾牧兹郡……汉公谬憩棠阴……时开成四年六月廿九日。"

张文规　《嘉泰吴兴志》卷一四《郡守题名》："会昌元年七月十五日，自安州刺史授；迁国子司业。"宋陈振孙《直斋书录解题》卷一四："其（张彦远）父文规，尝刺湖州，著《吴兴杂录》。"《全唐文补遗·千唐志斋新藏专辑》第383页唐卢俌《唐故登仕郎蔡州司士参军上骑都尉范阳卢府君（溥）墓志铭并序》谓，卢溥"曾从旧府张公（文规）于吴兴、汝阴二郡，参铃阁之化"。

李宗闵　唐宗室，唐文宗宰相。《嘉泰吴兴志》卷一四《郡守题名》："会昌三年五月十日，自东都分司太子宾客授；寻贬漳州刺史，续贬漳州长史。史传：开成中，为太子宾客，分司东都。会昌中，拜湖州刺史，寻贬漳州长史。"《资治通鉴》卷二四七"会昌三年"条：五月"戊戌，以（李）宗闵为湖州刺史"。九月，"宗闵为漳州长史"。

姚　勖　字斯勤，开元名相姚崇曾孙。《嘉泰吴兴志》卷一四《郡守题名》："会昌三年六月二十九日，自尚书左司郎中授；后迁吏部郎中。"《新唐书》卷一二四《姚勖传》："长庆初，擢进士第，……累迁谏议大夫，更湖、常二州刺史，为宰相李德裕厚善。"

薛　褒　《嘉泰吴兴志》卷一四《郡守题名》："会昌六年八月十日，自安州刺史拜；卒官。"

令狐绹　唐宣宗宰相。《嘉泰吴兴志》卷一四《郡守题名》："大中元年三月二十一日，自右司郎中授；二年四月二日除翰林学士，十日拜相。"①

苏　特　《嘉泰吴兴志》卷一四《郡守题名》："大中二年五月，自陈州刺史拜；

---

① 《旧唐书》卷一八《宣宗本纪下》：大中元年六月，"以中散大夫、前湖州刺史、彭阳县开国男、食邑三百户令狐绹行尚书考功郎中、知制诰"。《资治通鉴》卷二四八"大中元年六月"条略同，亦谓"前湖州刺史"。然而据《两浙金石志》卷二《唐天宁寺经幢》载："大中元年十一月廿八日重建……中大夫、使持节湖州诸军事、守湖州刺史、上柱国、彭阳县开国男、食邑三百户令狐绹。"则《旧唐书·宣宗本纪》《资治通鉴》均误。又，《旧唐书》卷一七二《令狐楚传》："绹，字子直，太和四年登进士第……会昌五年，出为湖州刺史。"而据《嘉泰吴兴志》，薛褒会昌六年任，令狐绹不可能会昌五年任。

除郑州刺史。"另,《八琼室金石补正》卷四八《施安等造幢题名》:"唐大中二年岁在戊辰八月戊子朔廿一日戊申,建功德主施安……大中大夫使持节湖州诸军事守湖州刺史上柱国苏特。"

杜　牧　《嘉泰吴兴志》卷一四《郡守题名》:"大中四年十一月,自大理少卿授;迁中书舍人。史传:自吏部员外郎乞为湖州刺史。逾年,以考功郎中、知制诰迁中书舍人。唐大中为刺史,遗爱塞路。公退之余,登临赋咏,碧澜、销暑俱有留题。"杜牧在《唐故进士龚绍墓志》中自称:"会昌五年十二月,某自秋浦守桐庐,路由钱塘……后四年,守吴兴……大中五年辛未岁五月二日记。"①缪钺《杜牧年谱》谓大中四年(850)秋至五年秋在湖州刺史任。②

郭　勤　《嘉泰吴兴志》卷一四《郡守题名》:"大中五年九月,自司勋郎中授;拜河南少尹。"

郑　颢　唐宣宗宰相郑朗之弟。《嘉泰吴兴志》卷一四《郡守题名》:"大中七年九月,自舒州刺史授;除太仆少卿。"

崔　准　《嘉泰吴兴志》卷一四《郡守题名》:"大中十一年四月,自刑部郎中拜;除给事中。"

萧　岘　唐宣宗宰相萧邺之弟。《嘉泰吴兴志》卷一四《郡守题名》:"大中十二年十一月,自户部郎中授;除东都留后,卒官。"

郑彦弘　《嘉泰吴兴志》卷一四《郡守题名》:"咸通三年,自司勋郎中授;迁右司郎中。"

崔刍言　《嘉泰吴兴志》卷一四《郡守题名》:"崔刍官,咸通三年二月,自吏部郎中拜;卒官。《统记》云:户部。"唐范摅《云溪友议》卷中《彰术士》:"崔刍言郎中,止于吴兴郡;李正范郎中,止于九江郡。二侯皆自南宫止于名郡。"《嘉泰吴兴志》之"崔刍官"乃"崔刍言"之讹,因字形相近讹也。

源　重　《嘉泰吴兴志》卷一四《郡守题名》:"咸通三年九月,自司勋员外郎授;除绛州刺史。"

高　湜　《嘉泰吴兴志》卷一四《郡守题名》:"咸通五年十二月,自司勋员外郎授;迁礼部郎中、史馆修撰。《统记》作迁刑部。"

赵　蒙　《嘉泰吴兴志》卷一四《郡守题名》:"咸通八年二月,自司勋员外郎拜;迁驾部员外郎。《统记》云:迁职方。"《南部新书》卷六:"咸通末,郑浑之为苏州督邮,谭铢为蕲院官,钟辐为院巡,俱广文。时湖州牧李超、赵蒙相次俱状元。

---

① (唐)杜牧撰:《樊川文集》卷九,上海古籍出版社1978年版,第145页。
② 《太平广记》卷二七三引《阙史》谓杜牧"大中三年始授湖州刺史",误。

二郡境土相接，时为语曰：'湖接两头，苏联三尾'。"

李　超　《嘉泰吴兴志》卷一四《郡守题名》："咸通十一年八月，自楚州都团练授；除谏议大夫。"

裴德符　《嘉泰吴兴志》卷一四《郡守题名》："咸通十二年七月，自绛州刺史授；迁太常少卿。"

张　搏　《嘉泰吴兴志》卷一四《郡守题名》："咸通十三年七月，自中大夫拜；除苏州刺史。《统记》云：比部郎中授；迁庐州刺史。"《旧唐书》卷一九《僖宗本纪》：乾符二年(875)二月，"湖州刺史张搏为庐州刺史"。

刘　植　《嘉泰吴兴志》卷一四《郡守题名》："乾符元年七月二十七日，自左司郎中授；除当道副使。《统记》云：咸通十五年，自兵部员外郎授；迁兵部郎中。"

郑仁规　《嘉泰吴兴志》卷一四《郡守题名》："乾符四年二月十三日，自司封郎中授；除襄州节度副使。《统记》云：三年，自考功员外郎授；选考功郎中。"

杜孺休　《嘉泰吴兴志》卷一四《郡守题名》："乾符六年，自户部郎中授；选司勋郎中。《统记》作五年工部授。"《宋高僧传》卷一二《唐杭州龙泉院文喜传》："乾符己亥岁，巢寇掠地至余杭，喜避地湖州余不亭，刺史杜孺休请住仁王院。"乾符己亥岁，即乾符六年(879)。

王　鸾　《嘉泰吴兴志》卷一四《郡守题名》："中和二年正月，自刑部郎中授。《统记》云：司勋。"

杜孺休　《嘉泰吴兴志》卷一四《郡守题名》："中和三年再授；后迁给事中。"

孙　储　《嘉泰吴兴志》卷一四《郡守题名》："中和五年正月一日，自工部郎中授；除左散骑常侍。《统记》作中和四年权给事中授。"《舆地碑记目》卷一《安吉州碑记》："《白蘋洲记》，在州大厅壁中，中和五年刺史孙储撰。"

李师悦　《嘉泰吴兴志》卷一四《郡守题名》："光启元年八月，自工部尚书授；累加检校太保忠国军节度使，薨于郡治。《统记》云：光启元年八月，工部尚书授。文德元年，加检校右仆射。龙纪元年，加检校司空。大顺二年，加特进。三年，加检校司徒，赐德政碑。景福二年，加防御使。乾宁三年正月，加太保。五月，加忠国军节度使。七月，薨。"《资治通鉴》卷二六〇"乾宁三年"条：十一月，"湖州刺史李师悦求旌节……戊子，师悦卒"。

李彦徽　《嘉泰吴兴志》卷一四《郡守题名》："李彦徽，前绵州刺史，起复继父位，权兵马留后，因灾变为众所逐。"《资治通鉴》同作李彦徽。①

---

①　李彦徽，一作李继徽。《吴越备史》卷一《武肃王》：乾宁三年(896)"十一月戊子，湖州刺史李师悦卒，子继徽嗣"。另，《新唐书》卷一〇《昭宗本纪》亦同作李继徽。

高　彦　海盐人。《嘉泰吴兴志》卷一四《郡守题名》:"乾宁四年十月,授招讨使,明年授刺史;卒官。"《吴越备史》卷一《武肃王》:天祐三年"十一月乙丑,湖州刺史高彦卒。子澧嗣"。

高　澧　《嘉泰吴兴志》卷一四《郡守题名》:"天祐四年十二月起复,袭父位权知军州事,出城与淮南兵私会,为裨将所逐。"

任职时间不详者

达奚恕　《全唐文补遗》七辑唐裴端辞《唐故乡贡进士达奚公(革)墓志铭并序》:"公讳革,字日新。其先轩辕氏之垂裔。"序中谓"自国朝系美者"之中即有"湖州刺史恕"。达奚恕武德中曾为博州刺史,见《旧唐书》卷七四《马周传》。其所任湖州刺史亦当在唐初。

韦德正　《大唐西市博物馆藏墓志》第 524 页唐阙名《让皇帝第十一男琄母夫人韦氏墓志铭并序》载:墓主韦贞范,"曾祖德正,皇朝司门、兵、吏三部员外郎,转给事中,迁湖州刺史,殿内监,袭平齐公"。该墓志谓韦德正曾孙女即墓主韦贞范卒于开元六年(718)。又据《新唐书》卷七四《宰相世系表四上》载,北周韦瑱,字世珍,后周侍中平齐惠公,号平齐公房。黄楼《〈唐刺史考全编〉订补》谓韦德正即韦瑱之孙,①其刺湖约在贞观(627—649)中。

崔　顺　《新唐书》卷七二《宰相世系表二下》博陵安平崔氏第二房:"顺,湖州刺史。"北京图书馆藏拓片《大唐故崔夫人墓志铭》(天宝十□载九月十七日):"(夫人)曾祖讳顺,使持节松、渝、□、简、平、湖等六郡太守,左散骑常侍,袭武康公。"

杜　恭　上海图书馆藏拓片《唐故董君夫人杜氏墓志铭》(麟德二年二月廿九日):"(夫人)祖恭,为湖州刺史。"杜恭孙女即墓主杜氏于麟德二年(665)卒,时年七十一岁。

封　泰　《全唐文补遗》五辑唐阙名《大唐中大夫使持节湖州诸军事湖州刺史封公(泰)墓志铭并序》:"公讳泰,渤海蓨人也。……武德中,擢秦府参军,委任枢要。运筹制胜,克胜全师。公以疏附元勋,频优宠命。碑传俱纪,略而靡述。后迁豪、湖二州刺史。……咸亨二年九月十三日,船次汴部,薨于旅馆,春秋七十有六。"旧志及郁《考》失载,今据墓志新增。

独孤延寿　《千唐志斋藏志》第 759 页唐独孤乘谨《大唐我府君故汉州刺史独孤公(炫)墓志铭并序》(开元二十四年十一月二十七日):"府君讳炫,字□□,河南洛阳人也。……烈祖延寿,皇光禄太常卿,泽、渝、湖三州刺史。"按《金石录》卷三录有《独孤使君碑》,谓贞观十九年(645)八月立,而同书卷二三《跋尾·唐独

---

① 载《吐鲁番研究》2014 年第 1 期。

孤使君碑》又云:"右唐独孤使君碑云,君讳某,字延寿,而其名残缺不可辨。"

封安寿 《新唐书》卷七一《宰相世系表一下》封氏:"安寿,湖州刺史。"《全唐文》卷二一五陈子昂《临邛县令封君遗爱碑》:"父安寿,皇朝尚衣直长、怀州司马、豪州刺史、湖州刺史。"

裴 光 《朝野佥载》卷五:"垂拱年,则天监国,罗织事起。湖州佐史江琛取刺史裴光判书,割字合成文理,诈为徐敬业反书以告。"又见《太平广记》卷三九九引。

武德载 武则天从弟。《新唐书》卷一五二《武元衡传》:"武元衡,字伯苍,河南缑氏人。曾祖德载,天后从父弟,官至湖州刺史。"《吴兴备志》卷四《郡守》:"武德载,河南缑氏人,天后从父弟,湖州刺史。"

崔元誉 《新唐书》卷七二《宰相世系表二下》清河大房崔氏:"元誉,湖州刺史。"系杭州刺史崔元奖兄。

马 构 《元和姓纂》卷七扶风茂陵马氏:"构,驾部郎中,湖州刺史。"

杨 鉴 《新唐书》卷七一《宰相世系表一下》杨氏观王房:"鉴,湖州刺史。"系杨国忠从兄弟。

杜鸿渐 《嘉泰会稽志》卷二《太守》:"杜鸿渐,自湖州刺史授;加御史中丞,召拜户部侍郎。"杜鸿渐乾元二年(759)九月卸任荆州刺史,上元二年(761)正月已在越州刺史任,而崔论上元元年授湖州刺史,由是疑杜鸿渐湖州刺史任在乾元二年至上元元年之间。

韦 损 《宋高僧传》卷一五《唐润州招隐寺朗然传》:"大历十二年冬癸卯,跌坐如常,恬然化灭……请益弟子御史中丞洪府观察使韦儇、吏部员外郎李华、润州刺史韩贲、湖州刺史韦损、御史大夫刘遏、润州刺史樊晃,皆归心奉信。"

陆长源 《杼山集》卷三《五言奉和陆使君长源夏月游太湖》诗注云:"此时公权领湖州。"

郑谔 《杼山集》卷三有《五言奉陪郑使君谔游太湖至洞庭山登上真观却望湖水》。《吴郡图经续记》卷中《宫观》:"上真观在洞庭山上,建于梁世,唐僧皎然尝陪湖州郑使君登此却望湖水赋诗。"

崔 石 《杼山集》卷七有《饮茶歌诮崔石使君》,诗中有云:"越人遗我剡溪茗,采得金牙爨金鼎。……崔侯啜之意不已,狂歌一曲惊人耳。孰知茶道全尔真,唯有丹丘得如此。"从诗可知崔石使君当时在湖州吴兴杼山妙喜寺皎然处一起品茗啜饮。

吴测微 《杼山集》卷九《唐湖州大云寺故禅师瑀公碑铭并序》:"大师讳瑀,字真瑛,俗姓沈氏,吴兴德清人也。……刺史杨惠才识深敏,器宇调畅,虞谭之流也。今吴测微清慎有度,奸回无欺,贺循之流也。皆入境问俗,饮风眷德,徘徊歔欷,有恨来暮。……邦君邑宰敬神兮。无言可象湛寂兮,身谢名飞刻石兮。"

崔　某　名讳不详。《唐诗纪事》卷五六《杜牧》:"(杜)牧佐宣城幕,游湖州,刺史崔君张水戏,使州人毕观。令牧闲行,阅奇丽。得垂髫者,十余岁。后十四年,牧刺湖州,其人已嫁生子矣。"

孔　彭　《通志》卷七三《金石略一》"《晋关内侯广昌长暨让碣》"条下注:"咸通中湖州刺史孔彭立,在杭州。"

陆　肱　《元和姓纂》卷一〇嘉兴陆氏:"元和初进士陆畅,生怀。侄孙肱,湖州刺史。长城人。"《全唐诗》卷五八九有李频《送陆肱归吴兴》诗。

窦季安　《元和姓纂》卷九河南洛阳窦氏:"季安,湖州刺史。"

陆　海　《新唐书》卷七三《宰相世系表三下》陆氏:"海,湖州刺史。"

郑崇嗣　《全唐文补遗》八辑唐□浦《大唐故游击将军横海军副使(李全礼)郑夫人荥阳县君墓志铭并序》:"(郑夫人)祖崇嗣,峡、湖二州刺史。"郑崇嗣之子郑偘曾任婺州金华县丞。《全唐文补遗・千唐志斋新藏专辑》第191页唐阙名《唐故朝请大夫淮阴郡太守致仕李府君(休伯)墓志铭并序》亦谓夫人荥阳郑氏"皇朝请大夫、湖州刺史崇嗣之孙,故婺州金华县令偘之女"。郁《考》失载,今据墓志新增。①

别　驾

裴怀俭　《张燕公集》卷二〇《唐故瀛洲河间丞崔君(漪)神道碑》:"(崔漪)夫人河东裴氏,湖州治中怀俭之孙,滁州司马昉之女也。……仪凤中,卒于郑,春秋二十有八。"裴怀俭孙女即墓主裴漪夫人裴氏,卒于仪凤(676—679)中。

崔贤首　《全唐文补遗・千唐志斋新藏专辑》第132页唐阙名《唐故中散大夫行晋州司马上柱国崔府君(回)墓志铭并序》:"君讳回,字崇庆,博陵安平人。……祖贤首,皇湖州别驾。"崔贤首之子崔仲丘系凤阁舍人、亳州刺史,孙即墓主崔回卒于开元七年(719)六月四日,时年六十六岁。

岑　况　《新唐书》卷七二《宰相世系表二中》岑氏:"况,湖州别驾。"《吴兴备志》卷六《官师征》:"岑况,盐官人,湖州别驾。"

苏无名　五代和凝《疑狱集》卷三《无名识盗葬》:"唐天后时,……途中遇湖州别驾苏无名。"

---

①　同治《湖州府志》卷五《郡守》录有"席豫"一人,谓:"席豫,襄阳人,开元中进士及第,湖州刺史。"今查新、旧《唐书》本传,均言任"郑州刺史",而未言及湖州刺史,其他文献亦然,或讹,兹不录。

李适之 唐宗室，太宗李世民曾孙、恒山王李承乾之孙，唐玄宗宰相。《石柱记笺释》卷三《山川》"岘山"条："唐开元中李适之为湖州别驾，岘山有石觞，可贮酒五斗。适之每挈所亲登山酣饮，望帝乡时时以醉，土民呼为李相石樽。"

韩朝宗 《新唐书》卷一一八《韩思复传附韩朝宗传》："韩思复，字绍出，京兆长安人。……子朝宗。朝宗……开元末，海内无事，讹言兵当兴，衣冠潜为避世计。朝宗庐终南山，为长安尉霍仙奇所发。玄宗怒，使侍御史王鉷讯之，贬吴兴别驾，卒。朝宗喜识拔后进，尝荐崔宗之、严武于朝，当时士咸归重之。"《册府元龟》卷九二九《谬举》谓韩朝宗因所举长安县令柳升坐赃而"坐举人不直"，"宜从贬黜，用申惩戒，可置吴兴郡别驾员外"。

独孤屿 洛阳人，湖州别驾。《毗陵集》卷一〇《唐故大理少卿兼侍御史河南独孤府君墓志铭并序》："府君讳屿，河南洛阳人，……（崔昭）表府君为太常丞兼殿中侍御史、营田判官，使罢转湖州别驾。大历五年，崔公受诏持节牧宣、歙、池三州，府君复为从事。"

薛卿教 《杼山集》卷七有《薛卿教长行歌》一首，诗注云薛卿教"时移湖州别驾"。

王居岩 未到任。《续通志》卷五六一《王逢》："其四世祖居岩，仕唐为骁卫长史，遭乱弃官，归居青山。杨行密据淮南，使人以兵迫起之。居岩散遣其家人，而以一身归行密。授以湖州别驾，不遣。一日，行密大会，失居岩，亟使人掩其家，无一人在者。"

长　史

柳寔 《全唐文补遗·千唐志斋新藏专辑》第89页唐阙名《大周故河东柳府君（惇）墓志铭并序》："君讳惇，字依仁，河东解人也。……父寔，绵州昌隆令、湖州长史。"其子柳惇，长寿二年（693）七月二日卒，时年五十五岁。

萧憬 《全唐文补遗·千唐志斋新藏专辑》第306页唐王源植《唐故右武卫长史萧府君（怸）南阳张夫人合祔志铭并序》谓，萧府君"曾祖憬，皇湖州长史"。萧憬曾孙即墓主萧怸大历三年（768）卒，时年五十六岁。一说为湖州司马，见"司马"条。

臧随 《颜鲁公集》卷七《东莞臧氏糺宗碑铭》谓开元、天宝后臧氏一族有"正议湖州长史随"。

李澣 《全唐文》卷七八四穆员《刑部郎中李府君墓志》："有唐赵郡李府君，春秋四十三，历官十有二政，以尚书郎、柱下史分王命于江淮。上元元年秋八月十三日，遘疾终扬州官舍之次。夫人范阳卢氏，先府君三年而少六岁，至德二年九月乙亥，捐于吴兴郡长史之馆。……府君讳瀣，字坚水。"

冯昭泰 《张燕公集》卷二一《故括州刺史赠工部尚书冯公神道碑》："公讳昭泰，字遇圣，长乐人也。……转湖州长史。"

薛　同 《新唐书》卷七三《宰相世系表三下》薛氏："同，湖州长史。"《元稹集》卷五三《唐故越州刺史赠左散骑常侍河东薛公神道碑文铭》："公讳戎，字符夫。父曰同，湖州长史、赠刑部尚书。"又据《韩昌黎文集校注》卷七《唐故朝散大夫越州刺史薛公墓志铭》，浙东观察使、越州刺史薛戎为薛同第三子，而温州刺史薛乂为薛同长子。

李　洪 唐皎然《杼山集》卷二有《五言奉酬李中丞洪湖州西亭即事见寄兼呈吴冯处士，时中丞量移湖州长史》诗。

张　幸 《吴兴备志》卷六引《白乐天集》："张幸，元和间湖州长史。"

张　聿 《白居易全集》卷五五《张聿都水使者制》："前湖州长史张聿：顷以艺文，擢升朝列。尝求禄养，出署外官。名不为身，志亦可尚。丧期既毕，班序当迁。俾领水衡，以从优秩。可都水使者。"

吴　某 名讳不详。《白居易全集》卷六九《故饶州刺史吴府君神道碑铭并序》谓，墓主吴丹，字真存，其仲弟系前湖州长史。吴丹卒于宝历元年（825）六月某日。

王　某 名讳不详。唐皎然《杼山集》卷六有《五言赋得谢墅送王长史》诗。

李叔让 《新唐书》卷七二《宰相世系表二上》赵郡李氏："叔让，湖州长史。"

司　马

陈　袭 《全唐文补遗》二辑唐阙名《唐故宣德郎杭州盐官主簿颍川陈府君（敬忠）墓志铭并序》："君讳敬忠，颍川人也。……湖州司马袭之曾孙，和州乌江令孝之孙，文林郎、吏部常选护之子。……开元廿三年十二月十一日终于广陵，廿五年正月廿一日殡于岷山。"知墓主陈敬忠曾祖陈袭系唐初之人。

李　志 《全唐文补遗》八辑唐阙名《唐故使持节沂州诸军事沂州刺史李府君（志）墓志铭》："君讳志，字固业，赵郡元氏人也。……以公事忤大臣，出为忻州司马。……未几，加朝散大夫、湖州司马。"李志于久视元年（700）九月十一日卒，时年六十七岁。

窦　继 《全唐文补遗》八辑唐阙名《唐故润州丹徒主簿窦君（承家）墓志铭并序》："（府君）父，京兆府高陵县令、湖州司马、袭邓国公继。君讳承家，即司马府君第二子。"以"永王越守，涉我江南。逆节潜肆，年在惊蹙。君震骇衰褫，因病而终。时年卅有一"看，则窦继之子丹徒县主簿窦承家卒于至德二载（757），窦继任湖州司马或在开元、天宝之际或之前。

萧文憬 《新唐书》卷七一《宰相世系表一下》萧氏:"文憬,湖州司马。"

萧　憬 《全唐文补遗·千唐志斋新藏专辑》第 189 页唐邢宇《□唐故中散大夫义阳郡太守萧府君(谖)墓志铭并序》:"祖憬,皇湖州司马。"其孙即墓主萧谖天宝二年(743)卒,时年六十岁。《文苑英华》卷九五七《成都功曹萧公墓志铭》谓墓主曾祖萧憬为"皇朝朝散大夫、湖州司马",而墓志铭撰者系唐人而姓氏、名讳无考。《吴兴备志》卷六引穆员《萧公墓志》:"萧憬,兰陵人,朝散大夫、湖州司马。"并疑与《新唐书》卷七一《宰相世系表一下》中名"萧文憬"者为同一人。一说为长史,见"长史"条。

迦叶某 名讳不详。唐诗人李白有《答湖州迦叶司马问白是何人》(见《李白集校注》卷一九)诗:"青莲居士谪仙人,酒肆藏名三十春。湖州司马何须问,金粟如来是后身。"据清钱塘人王琦(字琢崖)《李太白集注》云:"《通志·氏族略》:迦叶氏,西域天竺人,唐贞观中有泾原大将、试太常卿迦叶济,司马殆其裔族欤。"

李　纵 《洛阳流散唐代墓志汇编》第 542 页唐阙名《唐故金州刺史赠吏部郎中高邑公墓志铭并序》:"公讳纵,字佩弦,河南河南人也。……公尚书之冢子也,以开元十七年生……既除丧,转左骁卫仓曹参军、试太子通事舍人、浙西团练判官,复辟观察支使、试大理评事兼润州延陵县令,迁司直兼湖州司马、本州团练副使,试太子洗马兼常州长史。"

张　诚 《全唐文补遗·千唐志斋新藏专辑》第 261 页唐李吉甫《唐谏议大夫裴公(虬)夫人博陵崔氏墓志铭并序》署"前湖州司马南阳张诚书"。

魏　猗 贞观名臣魏征之孙。《册府元龟》卷一三一《帝王部·延赏第二》:"宝历元年正月,以前右补阙魏猗为湖州司马。猗,文贞公征之孙也,朝廷以忠贤之后宠为谏官,猗病不克拜,故有是命。"

杨嗣复 《旧唐书》卷一八上《武宗本纪》载:会昌元年(843),"三月,贬湖南观察使杨嗣复湖州司马"。

何　迎 《资治通鉴》卷二六〇、卷二六一载:乾宁三年(896),水部郎中何迎表荐朱朴为相,骤迁至右谏议大夫。四年,朱朴被贬,何迎亦贬湖州司马。

李　悫 《新唐书》卷七二《宰相世系表二上》赵郡李氏:"悫,湖州司马。"

卢承礼 《新唐书》卷七三《宰相世系表三上》卢氏:"承礼,湖州司马。"

录事参军

□　永 姓氏不详。《全唐文补遗》五辑唐阙名《□□舒州□□君(赏)墓□□》:"□讳赏,字□□,□农之著族也。因宦迁徙,今为河南之密人□。……父永,皇朝湖州录事参军事。"□永之子即墓主□赏,卒于仪凤四年(679)四月六日。

许　鏶　《文苑英华》卷八〇七杨夔《湖州录事参军新厅碑记》:"高阳许鏶,以前秋曹掾端于谳狱,诏宠之,迁陟斯在(原文注:一作任)……唯吴兴遵国经,体旧章,上下谦敬,确然不渝。然此数万众兵之所给,固系于土赋,俾其役不重,敛不烦,吏不苛,民不疲,万目自正者,全在提其纲乎。君制事以义,制心以礼。节不为势易,志不为强夺,静以督其下,故其下肃;恪以莅其事,故其事简。由是众吏畏而庶务集,仅致于讼狱而刑置矣!广明中,妖巢揭竿以犯……甲辰年,今太守以彭门之师,擒巢于莱芜,提其颅荐于成都。明年春,玉辇还阙,遂以功牧于吴兴。帝念殊庸,位不配德,诏加防御,以高其位。始开幕延宾,增吏拓制度。"甲辰年即中和四年(884),"以彭门之师擒巢于莱芜"之"今太守"即李师悦。李师悦于中和五年(亦即光启元年,885)任湖州刺史。由此可知,许鏶任湖州录事参军事亦当在中和五年。

张　标　《全唐文》卷八三八阙名《授孔竞阴平县令、张标湖州录事参军、王振蓬溪县令等制》:"敕:孔竞等,或连帅奏请,或郡守荐扬,或劳绩可称。罢免斯久,能自陈列,动我听闻。宰邑纠曹,皆其任也。可依前件。"

李　真　《新唐书》卷七〇上《宗室世系表上》大郑王房:"湖州录事参军,真。"①

司功参军

李　众　《新唐书》卷七〇上《宗室世系表上》蔡王房:"吴兴郡司功参军,众。"

姚希齐　《新唐书》卷七四《宰相世系表四下》姚氏:"希齐,湖州司功参军。"

高　夆　《大唐西市博物馆藏墓志》第964页唐崔坦《唐故尚书祠部员外渤海高绰长男墓志铭并序》:"高氏之先,起于渤海蓨公之裔也。……祠部讳绰,……祠部之先曰夆,湖州功曹参军。"高绰长子即高夆长孙高璠,卒于咸通六年,时年十六岁。

刘彦直　《新唐书》卷一九九《马怀素传》曾提及"湖州司功参军刘彦直"。

司仓参军

高　峤　《宝刻丛编》卷八引《集古录目》:"《唐怀州司兵参军魏载墓志》,唐湖州司仓高峤撰,不著书人名氏。载,巨鹿曲阳人,魏文正公之孙,叔玉之子,官

---

① 同治《湖州府志》卷五《职官表补遗》有录,然讹作"李其",误。

至怀州司兵参军，坐事流死岭南，碑以垂拱四年立。"则知高峤任司仓参军在垂拱四年(688)。

李公毅 《全唐文补遗》六辑唐阙名《大唐故太子仆寺丞王府君(楚宾)夫人陇西李氏(普明)墓志铭》："夫人讳普明，……祖公毅，湖州司仓、慈州吕香县令、朝散大夫。"李公毅孙女即墓主李普明，开元十一年(723)卒，时年六十九岁。

吕　宁 《全唐文补遗·千唐志斋新藏专辑》第374页唐吕咸《大唐故湖州司仓吕府君(宁)南阳韩夫人(统)玄堂志铭》谓："夫人年廿三，归于湖州司仓吕府君讳宁为夫人，……逌生一子曰咸，始两岁，府君薨。"而夫人韩统卒于大中元年(847)正月，时年五十九岁。据此大致可推知吕宁的卒年。

司户参军

窦诚盈 《洛阳流散唐代墓志汇编》第338页唐阙名《大唐故银青光禄大夫寿王府长史窦府君墓志铭并序》："公讳诚盈，字诚盈，扶风平陵人也。……弱冠，以诸亲出身，拜陇州参军事。秩满，补湖州司户参军，迁宗正主簿……以天宝五载八月廿五日遘疾薨于毓德里之私第，春秋八十有一。"

李　翙 陇西人。《全唐文补遗》一辑唐刘长孺《唐故鸿胪少卿贬明州司马北平阳府君(济)墓志铭并序》："少卿讳济，字利涉。……有女四人。长适湖州司户陇西李翙。"李翙岳父阳济，贞元元年(785)卒，时年七十二岁，曾任明州司马。

封彦卿 《旧唐书》卷一九上《唐懿宗本纪》：咸通十三年(872)五月辛巳，"前中书舍人封彦卿贬湖州司户"。

司兵参军

王仁忠 唐李邕《李北海集》卷六《赠安州都督王仁忠神道碑》载："府君讳仁忠，字揖太，原祁人也……解褐濮州司法参军，要囚有伦，乱狱不作，泣下丹笔，情深赭衣。俄转湖州司兵参军，邮亭利权，豪富儗市，脂膏不践，玉帛何阶。"王仁忠于开元十年(722)卒，时年六十一岁。

郭　谥 《全唐文补遗》三辑唐何肇《唐故饶州余干县尉郭公(克勤)墓志铭并序》："公讳克勤，字子劭，其先太原人也。……曾大父兴，……生大父谥，任湖州司兵参军。"郭谥之孙即墓主郭克勤，卒于咸通十三年(872)十一月十六日，时年五十二岁。同见《唐故吉州长史郭公(克全)墓志铭并序》。

沈仲昌 唐皎然《杼山集》卷一有《五言赠乌程李明府伯宜沈兵曹仲昌》诗："水国苦凋瘵，东皋岂遗黍。云阴无尽时，日出常带雨。昨夜西溪涨，扁舟入檐庑。野人同鸟巢,暴客若蜂聚。岁晏无斗粟,寄身欲何所。空羡鸾鹤姿,翩翩自轻举。"

沈□卜 《两浙金石志》卷三《唐东林山祇园寺经幢》题名有"兵曹参军沈□卜",原幢"唐会昌五年废毁,至大中五年五月廿一日奉敕再立",该题名即大中五年(851)再立时之题名。

郑　翖 《新唐书》卷七五《宰相世系表五上》郑氏:"翖,湖州兵曹参军。"

郑　朗 同治《湖州府志》卷五《职官表补遗》:"郑朗,湖州兵曹参军。"①

司法参军

陆　蒙 唐于逖《闻奇录》:"陆蒙为湖州司法参军,妻蒋氏即凝之女也。"②

司士参军

裴季卿 襄阳人,唐玄宗宰相裴耀卿二兄。《新唐书》卷七一《宰相世系表一上》南来吴裴氏:"季卿,湖州司士参军。"

张　宙 《洛阳流散唐代墓志汇编》第412页唐宋南容《大唐故庆王府记室张府君墓志铭并序》:"公讳宙,清河人也。……起家太子左奉裕,转太子通事舍人,拜扬州士曹,贬湖州司士,迁相州安阳令,又贬郴州司户,移豫州司功,迁慈州司马、庆王府记室。"张宙开元二十二年(734)卒,时年四十九岁。

参　军

纪审直 《洛阳流散唐代墓志汇编》第270页唐阙名《唐故通直郎行湖州参军事丹阳郡纪公墓志铭并序》:"公讳审直,吴郡丹阳人也。……弱冠,拜湖州参军事。位下才高,有时无命。惜哉未遇,天乃札瘥。以圣历二年六月八日终于私第,春秋卅。"则知纪审直任湖州参军在圣历二年(699)前。

赵　某 《文苑英华》卷九五五唐张九龄《许州长史赵公墓志铭》:"公讳某,字某,天水陇西人。……弱冠,以门子调补湖州参军,转相州司兵参军。"据墓志,赵某于开元八年(720)春二月疾革,乙丑终于官舍。其间"四参州事,再入府寮,一宰畿邑,三为郡佐",则其湖州参军任在开元八年前。

王　璲 《全唐文补遗》八辑唐赵坚《大唐朝议郎、前湖州参军王璲妻故陇西

---

① 湖州非都督府,不应为"兵曹参军",而应为"司兵参军"。下同。
② 《全唐诗》卷七九九谓:"蒋氏,吴越时湖州司法参军陆蒙妻也,性耽酒,善属文。"于逖虽生卒年不详,但其约在唐玄宗天宝中前后在世,李白曾有诗相赠。既然于逖《闻奇录》已见录,则陆蒙任湖州司法参军不当迟至吴越时,《全唐诗》所载为误。

李夫人（明高）墓铭并序》："夫人讳明高，陇西成纪人也。……嫔以王氏，……粤以开元十年九月十六日，终于湖州乌程县官舍也，春秋廿一。"则知王璲开元十年（722）尚在湖州参军任上。

何 抚　《全唐文补遗》八辑唐韦表微《唐故沔州刺史庐江何公（抚）墓志铭并序》："公讳抚，字庶安，庐江潜人也。……八岁，以一子官授湖州参军。"何抚于长庆三年（823）十二月卒，时年四十一岁。

韦 会　明陆楫《古今说海》卷五四阙名《齐推女传》："饶州刺史齐推女，适湖州参军韦会。长庆三年，韦将赴调，以妻方娠送归鄱阳。"

王 滕　《大唐西市博物馆藏墓志》第866页唐王辞《唐湖州参军王滕亡妻京兆第五氏墓铭并序》："有唐丞相第五琦之孙，故蜀州刺史申之次女。既笄矣，大和八年嫔于湖州参军王滕之室。"

仲 伦　《越中金石志》卷一唐胡季良《（上阙九字）尊胜陁罗尼幢赞并序》有"前行湖州参军□仲伦"题名。

崔次为　崔次为在为其从叔崔贻孙撰墓志《唐故博陵崔府君墓志并序》（载《全唐文补遗》一辑）时署"前湖州参军"。此志撰于广明元年（880）十一月廿七日。

李 稠　《新唐书》卷七〇下《宗室世系表下》蒋王房："湖州参军，稠。"

待考录

陆龟蒙　唐樊开《甫里陆先生文集序》（见陆龟蒙《甫里集》卷二〇）："唐贤陆龟蒙，字鲁望，三吴人也。……与颜荛、皮日休、罗隐、吴融为友，性高洁，家贫亲老，屈与张博为湖、苏二郡佐。"同见《唐语林》。

乌 程 县

州治。秦旧县。战国时，楚国春申君黄歇立菰城县，以泽多菰草而为名。秦始皇二十六年（前221），改菰城县为乌程县。古有乌氏、程氏居此，善酿酒，因以名县。西汉属会稽郡。东汉永建四年（129），吴、会分治后属吴郡。三国吴景帝封孙皓为乌程侯。及皓即位，改葬父和于此，遂立为吴兴郡，以县为吴兴郡郡治。隋平陈，废吴兴郡，并东迁县入乌程县，隶吴郡。仁寿二年（602），置湖州，以乌程为州治。大业（605—618）初，州废，县复归隶吴郡。唐武德四年（621），平李子通，以吴郡之乌程县置湖州，遂复为州治。今为浙江省湖州市吴兴区。

县　令

韦承庆　字延休,京兆杜陵人。《旧唐书》卷八八《韦思谦传》:"调露初,东宫(指李贤)废,(承庆)出为乌程令,风化大行。长寿中,累迁凤阁舍人兼掌天官选事。"同见《新唐书》卷一一六《韦承庆传》。《全唐文补遗》三辑唐岑羲、郑愔《大唐故黄门侍郎兼修国史赠礼部尚书上柱国扶阳县开国子韦府君(承庆)墓志铭并序》:"公讳承庆,字延休,京兆杜陵人也。……寻而庚园衅起,新城祸作。虽松竹之操,无改于岁寒;而瑾瑜之质,自混于炎燎。凡在旧僚,咸从贬黜。乃随例授湖州乌程县令。政革浮僄,化归淳简。导之以德,则俗不忍欺;齐之以刑,则人弗敢犯。犹是勾吴变克让之节,震泽被知耻之风。"由是知韦承庆于调露(679—680)初任乌程县令。① 韦承庆卒于神龙二年(706)十一月十九日,时年六十七岁。宋赵明诚《金石录》卷七《目录七·唐》:"第一千三百五十三,《唐乌程令韦君德政碑》,沈务本撰,沈仲昌正书,肃宗至德二载(757)二月立。"而《宝刻丛编》卷一四引《金石录》:"《唐乌程令韦承庆德政碑》,唐沈务本撰,沈仲昌正书,肃宗至德二年二月立。"知《金石录》所载"韦君"即韦承庆。

颜谋道　《全唐文补遗》二辑唐阙名《唐故银青光禄大夫和州刺史上柱国琅琊县开国伯颜府君(谋道)墓志铭》:"公讳谋道,字宗玄,琅琊临沂人也。……属大君有命,广征翘楚。遂授婺州司户参军事,又任扬州大都督府仓曹参军事。俄以亲累,左转果州司功参军事。……仍授朝散大夫、湖州乌程县令、上柱国。"颜谋道开元九年(721)七月二十九日卒,时年八十岁。

张处静　《全唐文》卷七四七高孚《大唐吴郡张君纪孝行铭》:"君名常洧,字巨川,句曲人也。……祖处静,皇湖州乌程令。考章,皇建州司户。"元张铉《至大金陵新志》卷一三《张常洧传》:"张常洧,字巨川,句容人,……祖处静,乌程令。父璋,建州司户。常洧,璋第四子也。建中四年,父殁,庐墓三年。"

严谋道　《嘉泰吴兴志》卷一五《县令题名·乌程县》:"严谋道,见《统记》。乌程荻塘,开元中县令严谋道重开。"明张国维《吴中水利全书》卷九《水治》:"(开元)十一年,乌程县令严谋(达)[道]重开荻塘。"并注曰:"荻塘自乌程县至吴江县

---

① 一说仪凤中任,见《嘉泰吴兴志》卷一五《县令题名》:"唐韦承庆,字延休,仪凤中由太子谕善出为县令,政化流行,民为刻石颂德,立于县门西庑,号韦公政碑。"然据《唐会要》卷六七:"仪凤四年五月,皇太子贤颇逐声色,司议郎韦承庆上书谏曰……"则韦承庆仪凤四年(即调露元年,679)五月尚在任司议郎。废皇太子李贤为庶人事,在调露二年八月甲子。由是可知,《嘉泰吴兴志》所谓韦承庆仪凤中出为乌程县令之说为误。

境九十里,乌程所受诸水由荻塘出,故谋(达)[道]开之。"①

李　清　字士澄,唐宗室。《颜鲁公集》卷五《梁吴兴太守柳恽西亭记》:"湖州乌程县南水亭,即梁吴兴太守柳恽之西亭也,……日月滋深,室宇将坏,而文人嘉客不得极情于兹,愤愤悱悱者久矣。邑宰李清请而修之,以摅众君子之意。役不烦费,财有羡余,人莫之知而斯美具也。清,皇家子,名公之胤,忠肃明懿以将其身,清简仁惠以成其政,弦歌二岁,而流庸复者六百余室,废田垦者三百顷,浮客臻辏迨乎二千,种桑畜养盈于数万,官路有刻石之堠,吏厨有餐钱之资。敦本经久,率皆如是。……今此记述,以备其事。惧不宣美,岂徒愧词而已哉。大历一纪之首夏也。"据落款则知李清于大历元年(766)在任。《唐诗纪事》卷二四"李清"条:"清,登天宝十二载进士第。"有《咏石季伦》诗。

杨　萃　弘农人。《文苑英华》卷八一八唐穆员《绣西方大慈大悲阿弥陀佛记》:"贞元八年百一旬有六日,我伯姊前乌程令弘农杨萃故夫人之丧再周。"其中"贞元八年百一旬有六日"指的是贞元八年(792)四月二十六日。另,穆员在所撰《尊胜幢记》中亦曾提到"伯姊夫杨萃"。

李　晤　润州无锡人,唐武宗宰相李绅之父。宋祝穆《方舆胜览》卷四《安吉州》"相国池"条云:"乌程令李晤生相国绅于县廨,学算之岁误堕此,因名。见李蟾《修廨记》。"《白居易全集》卷七一《淮南节度使检校尚书右仆射赵郡李公家庙碑铭并序》:"先考府君讳晤,历金坛、乌程、晋陵三县令。府君为人,笃于家行,饰以吏事,动有常度,居无惰容。所莅之所,有善政。辞满之日,多遗爱。"

郑　釭　《全唐文补遗》八辑唐李群《唐故舒州怀宁县令博陵崔府君(防)墓志铭并序》:"(崔防)夫人荥阳郑氏,皇湖州乌程县令釭之女。"郑釭女婿即墓主崔防卒于开成四年(839)七月十四日,时年六十九岁。

喻　凫　字坦之,毗陵人。《新唐书》卷六〇《艺文志四》:"喻凫,诗一卷,开成进士第,乌程令。"《全唐诗录》卷八〇"喻凫"条谓:"凫,毗陵人,……后登开成五年进士第,终乌程令。"同治《湖州府志》卷六《职官表·州县》:"喻凫,字坦之,毗陵人。开成进士,大中元年为长城令,重建大雄寺。"一说为乌程尉,见《文献通考》卷二四三。

李　式　会昌(841—846)中在任。《文苑英华》卷八二六唐杨夔《乌程县修东亭记》:"故相国赵郡李公讳绅,宝历中廉问会稽日,以吴兴僧大光有神异之迹,为碑文托郡守敬公建立于卞山法华寺。会昌中,诏毁佛寺,此寺随废。时县令李

---

① 据颜谋道碑志铭,颜谋道卒于开元九年(721)七月廿九日,而《嘉泰吴兴志》《吴中水利全书》谓严谋道(达)开元十一年重开荻塘,似颜谋道、严谋道为二人,姑录而存之。

式,(因)其碑述相国先人曾宰乌程,遂移立于县之东亭,迨今五十载。其碑毁折。"李式大和二年(828)进士及第。

周　生　汝南人,中和(881—885)初在任。《文苑英华》卷八二六唐杨夔《乌程县修东亭记》:"汝南周生以明经四命重宰乌程,睹其废逸,遂求于故老,获旧文比类于折碑所失者数字,因重刊于石,……故汝南生广其亭,浚其池,再刻其碑,重叙厥由,盖欲存县之故事也。生,中和初宰此邑,及期而代,居闲闭关,淡薄自得。"

郑　某　名讳不详。《全唐文补遗》七辑唐张正□《唐故郑夫人(黎氏)墓志铭》谓"故湖州长城县令郑□□□娶□□李仲华女"。

王　某　名讳不详。《全唐诗》卷二〇八包何《送乌程王明府贬巴江》诗:"一片孤帆无四邻,北风吹过五湖滨。相看尽是江南客,独有君为岭外人。"

李　宠　唐宗室,渤海王后裔。《新唐书》卷七〇上《宗室世系表上》蜀王房:"乌程令,宠。"

韦　铎　京兆人。《新唐书》卷七四《宰相世系表四上》韦氏:"铎,乌程令。"

裴　抗　《嘉泰吴兴志》卷一五《县令题名》:"《升望记》:乌程令裴抗。"

李　集　《嘉泰吴兴志》卷一五《县令题名·乌程县》:"李集,见兴善寺碑。"

李　何　《嘉泰吴兴志》卷一五《县令题名》:"李何,见旧图经注。"

杨　苹　《全唐诗》卷二六〇秦系有《赠乌程杨苹明府》诗:"策杖政成时,清溪弄钓丝。当年潘子貌,避病沈侯诗。漉酒迎宾急,看花署字迟。杨梅今熟未,与我两三枝。"

杨　华　唐诗僧皎然《杼山集》卷一有《五言酬乌程杨明府华雨后小亭对月见呈》《酬乌程杨明府华将赴渭北对月见怀》诗二首。同书卷三皎然又有《五言和杨明府早秋游法华寺》诗。据《清一统志》卷二二二《寺观》载,法华寺在乌程县西北法华山,梁时有尼道迹,得法于达摩,居下山,昼夜诵《法华经》,有白雀之异,归寂后塔内现青莲花,因建寺,今呼为白雀寺。由此,则知皎然诗中的"杨明府"即乌程县令杨华。

李伯宜　唐诗僧皎然有《五言赠乌程李明府伯宜沈兵曹仲昌》(《杼山集》卷一)、《五言感兴赠乌程李明府伯宜兼简诸秀才》(《杼山集》卷二)及《乌程李明府水堂同卢使君幼平送奘上人游五台》《送乌程李明府得陟状赴京》(《杼山集》卷五)等诗。

韩　章　唐诗僧皎然有《五言早秋陪韩明府泛阮元公溪》(《杼山集》卷三)及《雪溪馆送韩明府章辞满归》(《杼山集》卷四)诗。《太平寰宇记》卷九四《湖州·乌程县》"雪溪馆"条载,雪溪在(乌程)县东南一里,凡四水合为一溪:自浮玉山曰苕溪，自铜岘山曰前溪，自天目山曰余不溪，自德清县前北流至州南兴国寺前曰霅溪馆。《明一统志》卷四〇《湖州府·乌程县》载，霅溪馆在乌程县治南，本名白蘋馆，梁太守萧深建，唐刺史颜真卿改今名。曾任湖州刺史的杜牧有《八月十二日得替后移居霅溪馆因题长句四韵》。由是可知"韩明府章"乃乌程县令韩章。

余　某　名讳不详。《全唐文》卷八六七杨夔《乌程县修建廨宇记》："丹阳余公，以再命尹于乌程。降车之期月，察讼决狱之暇，周视县署。……丙辰春，公将受代。吏民等以为受其教庇，而忘诸载祀，俾后之人不得详其俶落，……于是，列其状，谒言于宏农杨夔。……乾宁丙辰秋七月记。"乾宁丙辰即乾宁三年（896）。余某两任乌程令，在任修建县廨、编缉遗坠等，政绩斐然。

李　蟾　《嘉泰吴兴志》卷一五《县令题名》："乾宁三年，乌程令李蟾修廨舍有记。"

县　丞

吉　佶　《嘉泰吴兴志》卷七《官制·乌程县》："唐制，上县丞一人，从八品下。大历八年颜鲁公《放生池碑阴记》内有乌程丞吉佶、徐彦云、李抱虚，凡三人。"

徐彦云　见吉佶条。

李抱虚　见吉佶条。

陆　恪　《两浙金石志》卷三《唐天宁寺经幢》题名有"弟子湖州乌程县丞陆恪舍二贯文"。该经幢建于咸通十一年（870）二月十八日。

刘　某　《两浙金石志》卷三《唐天宁寺经幢》下注云："幢上截佛像旁另有小楷四方，记幢主赵匡符所诵经呪之数及舍钱姓氏，中有乌程县丞刘等名，皆志乘未载。"

主　簿

马　莘　扶风人。马莘为其父撰《大唐故金紫光禄大夫行潭州别驾上柱国扶风郡开国公马府君（浩）墓志铭并序》（《全唐文补遗》六辑）载，马莘系墓主马浩之第五子，"公（马浩）有子十二人：长曰准，前成都府田曹参军；次曰牟，任处州司功参军；次曰聿，前绛州司田参军；次曰巩；次曰莘，前湖州乌程县主簿；次曰罕；次曰翚；次曰举；次曰奉；次曰晕；次曰罩；季曰芊"。马莘父亲即墓主马浩卒于贞元八年（792），时年七十四岁。

殷中台　《全唐文补遗·千唐志斋新藏专辑》第230页唐阙名《唐故征事郎行吴兴郡乌程县主簿殷府君（中台）墓志铭并序》："府君讳中台，字南昌，陈郡人也。越在尧世，既封商邑。逮于汤孙，遂为殷氏。"殷中台天宝十二载（753）七月七日卒于夷陵郡之传舍，时年四十一岁。

李　翼　《嘉泰吴兴志》卷七《官制·乌程县》："唐上县主簿[一]人，正九品下。大历中有李翼。"

县　尉

卢仁节　《洛阳流散唐代墓志汇编》第 280 页唐刘润《唐故太子詹事刘府君故夫人范阳郡夫人卢氏墓志铭并序》："夫人讳字，涿郡范阳人也。……父仁节，湖州乌程县尉、杭州余杭主簿。"卢仁节之女即墓主范阳郡夫人卢氏，卒于开元十二年(724)，时年六十五岁。

苏　颋　京兆武功人，与父苏瓌先后为中宗、玄宗宰相。苏颋于开元(713—741)初任乌程县尉。《旧唐书》卷八八《苏瓌传》："瓌子颋，少有俊才，一览千言。弱冠举进士，授乌程尉，累迁左台监察御史。"《新唐书》卷一二五《苏瓌传》："颋，字廷硕，弱敏悟，一览至千言辄覆育。第进士，调乌程尉。"《太平寰宇记》卷九四《江南东道六·湖州》"苏公潭"条载："此水深不可测，中有蛟螭，代为人患。唐开元初许国公苏瓌子颋为乌程县尉，郡守命督县事，因误坠此溪水间，直至潭底。闻水中有人语云'扶尚书出'，遂冉冉至水上，略无损溺，后为(代)[玄]宗朝相。许国公有记见在。"①

李　汤　《太平广记》卷二《冯七》引《定命录》："进士李汤赴选……李到京，选得留，属禄山之乱，不愿作京官，欲与校正不受，自索湖州乌程县尉。经一年，廉使奏为丹阳尉，遂充判官。"《全唐文》卷五〇四权德舆《润州丹阳县尉李公夫人范阳卢氏墓志铭并序》中"李公为乌程、丹阳二县尉"之"李公"即李汤。

陈　褒　《吴兴备志》卷七《州邑佐》："大历中，乌程尉陈褒撰《升望记》。"《宝刻丛编》卷一四引《复斋碑录·唐乌程县新升望记》："唐县尉陈苌撰，颜次公分书，大历十三年八月二十三日记。"陈褒作"陈苌"，大历十三年(778)在任。

刘　斌　《大唐西市博物馆藏墓志》第 710 页录有唐冯钏《唐故湖州乌程县尉彭城刘公墓志铭并序》谓，湖州乌程县尉刘斌，京兆长安人，卒于贞元十六年(800)，时年六十五岁。刘斌有子七人，其中次子刘抡曾任杭州盐官县主簿。

李　忠　《文苑英华》卷四一五唐薛廷珪有《湖州乌程县尉李忠等授官仍量留等制》。

陆　求　《嘉泰吴兴志》卷八《公廨·乌程县》："丞厅，在县治东。唐时本尉

---

① 《方舆胜览》卷四《安吉州》"苏公潭"条载："唐苏瓌为乌程尉，堕此潭。闻人语云：扶出后为相。有记见存。"谓苏瓌为乌程尉，实误，乃"苏瓌子颋"脱文而讹。《太平寰宇记》所载"(颋)后为代宗朝相"，亦误。苏颋卒于开元十五年(727)，不当为代宗朝相，"代宗朝相"实乃"玄宗朝相"之误。

公仓厅,至今厅有唐尉陆求《修功德厅碑》,咸通以来为主簿厅,后置丞始为丞厅。"

郑至言 《全唐文补遗》七辑唐郑修《唐故朝散大夫使持节明州诸军事守明州刺史上柱国陈郡殷府君(文穆)墓志铭并序》谓,殷文穆有二女,其中长女"适前湖州乌程县尉郑至言"。其岳父即墓主殷文穆,长庆(821—824)初任明州刺史,于宝历元年(825)九月七日卒,时年七十七岁。殷文穆的兄弟殷孺元,曾任睦州桐庐县尉。

顾　察 《嘉泰吴兴志》卷七《官制·乌程县》:"尉,……唐上县置二员,正九品下。开元中,上县万户以上增一人,分主六曹事。大历中,颜鲁公《放生池碑》有顾察、薛希镐、吕遥、杨使四人。《升望碑》载尉亦三人。"

薛希镐 见顾察条。

吕　遥 见顾察条。

杨　使 见顾察条。

鲁　位 《两浙金石志》卷三《唐天宁寺经幢》题名有"弟子前湖州乌程县尉鲁位舍三贯文",经幢建于咸通十一年(870)二月十八日。

褚焕章 《两浙金石志》卷三《唐天宁寺经幢》题名有"弟子前湖州乌程县尉褚焕章(舍)三贯文"。经幢建于咸通十一年(870)二月十八日。

李　寔 《新唐书》卷七〇下《宗室世系表下》纪王房:"乌程尉,寔。"崇祯《乌程县志》作"李实"。

薛　铸 汾阴人。《新唐书》卷七三《宰相世系表三下》薛氏:"铸,乌程尉。"

长　城　县

本汉乌程县地。晋武帝太康三年(282),析乌程县置长城县。昔阖闾使弟夫概居此,筑城狭而长,因以为县名。初置县于富陂村,咸康元年(335)徙箬溪北,隋大业十一年(615)徙于夫概王废城。唐武德四年(621),置雉州,领长城、原乡二县。武德七年(624),州废,并原乡、安吉、故鄣三县入长城县。麟德元年(664),安吉县自长城县析出复置。今为浙江省湖州市长兴县。

县　令

强　伟 《全唐文补遗》四辑唐阙名《(上阙)轻车都尉强君(伟)墓志铭并序》:"君讳伟,字玄英,扶风人也。……(贞观十八年将作大匠阎立德江南造船,召为判佐。廿一年)事缘谤黩,为执事所疑,改除婺州信安县令。永徽五年,敕授辰州司马,又改授湖州长城县令。……以麟德元年五月廿六日,薨于长城县廨第,春秋五十有七。"由是知强伟永徽五年(654)至麟德元年(664)五月间任长城县令。

徐　秀　《颜鲁公集》卷九《朝议大夫赠梁州都督上柱国徐府君神道碑铭》:"君讳秀,东海郯人也,……历湖州德清、长城,润州丹阳三县令。天宝二载春二月,加朝散大夫,敕摄新安郡别驾、采访使,……天宝十三载秋七月九日终于郡之官舍,春秋七十。"乾隆《长兴县志》系于南朝陈,误。

朱自勉　《嘉泰吴兴志》卷一五《县令题名·长兴县》:"朱自勉,见颜真卿《放生池碑》。"

郭　湜　太原人。《全唐文补遗·千唐志斋新藏专辑》第271页唐陈翙《唐故朝散大夫检校尚书驾部郎中兼同州长史郭公(湜)墓志铭并序》:"公讳湜,字瀓载……开元十二年,擢进士第,补山阴尉。……历海盐、长城令、大理司直、江陵户曹,迁登封令。"郭湜于贞元四年(788)正月十三日卒,时年八十九岁。

房　峜　唐皎然《杼山集》卷六有《五言哭吴县房峜明府》诗,其注云:"广德初,江南寇盗充斥,贼通名。宰长城县,屡至,害而竟不就。"乾隆《长兴县志》卷七《职官》有录。

崔　孚　《白居易全集》卷六九《唐故湖州长城县令赠户部侍郎博陵崔府君神道碑铭并序》:"公讳孚,字某,古太岳允也,今博陵人也……浙东采访使闻之,奏授越州余姚令,吏畏人悦。岁未满,浙西采访使知之,奏改湖州长城令。长城之理,又加于前二邑焉。政成秩满,解印罢去,优游自得,独善其身。兴元元年,疾殁于宋。太和五年,迁葬于洛。享年若干,诏赠尚书户部侍郎。"《新唐书》卷七二《宰相世系表二下》博陵安平大房崔氏:"孚,长城令。"《旧唐书》卷一六三《崔弘礼传》:"崔弘礼,字从周,博陵人。……父孚,湖州长城令。"

权　达　字逢吉,元和(806—820)间在任。《嘉泰吴兴志》卷一五《县令题名·长兴县》:"旧图经:西湖久废,元和中刺史范传正命县令权逢吉去塘中田及决堰以复古迹。"雍正《浙江通志》卷五五《水利·湖州府长兴县》"西湖"条引《长兴县志》:"(西湖)旧有水门二十四,引方山泉注之。元和元年,县令权达以方山泉为豪家所堰,斥去塘中田,决其堰,民赖之。"另见同书卷一五一《名宦》。

李　恬　《全唐文补遗·千唐志斋新藏专辑》第310页唐谭峰《唐故太中大夫守泽州刺史李公(鹓)府君夫人河南元氏墓志铭》:"有唐故泽州刺史李公讳鹓夫人元氏……有子五人。"第四子李恬为湖州长城令,其兄(即第二子)李尚为台州临海令。又,《洛阳流散唐代墓志汇编》第594页唐李福《大唐故银青光禄大夫翼王府长史李公墓志铭并序》:"公讳恬,字全真。……任湖州长城县令日,遇浙西构叛,长城理兵。务集枭音,云屯虿尾。逆气方盛,皇风莫宣。公鸠集吏徒,假托军势。崩腾鼓勇,夜突连营。贼军惊疑,以致溃散。"李恬于大中三年(849)卒,时年八十五岁。

喻 凫 名讳不详,大中(847—859)年间在任。乾隆《长兴县志》卷七《职官》:"喻凫,字坦之,毗陵人,开成进士,有诗名。大中元年为长城令,重建大雄寺。又令乌程、德清二县。"唐诗人方干亦有《湖上言事寄长城喻明府》诗(见唐方干《玄英集》卷一)。

潘 虔 咸通(860—874)年间在任。《嘉泰吴兴志》卷一五《县令题名·长兴县》:"旧图经:西湖,咸(道)[通]中,县令潘虔重修。"雍正《浙江通志》卷五五《水利·湖州府长兴县》"西湖"条引《长兴县志》:"咸通元年,潘虔为令,重修方山泉以兴水利,民怀其德。"

钱仁昉 《全唐文》卷八九七罗隐《钱氏大宗谱列传·司仪钱公列传》:"公讳仁昉,字德纯,师宝公次子。……举孝廉高第,拜太子司仪郎,迁长城令。"

郑 昱 宋刘一止《苕溪集》卷五〇《宋故右朝请大夫郑君墓表》称"(墓主郑某)五代祖昱为湖州长兴令",而墓主"绍兴十一年十一月二十七日卒,享年八十有五"。也就是说,墓主生于北宋嘉祐元年(1056),根据每代平均三十年计,其五代祖或在唐末五代时期。

李思礼 《新唐书》卷七二《宰相世系表二上》赵郡李氏:"思礼,长城令。"

郑 愉 《新唐书》卷七五《宰相世系表五上》郑氏:"愉,长城令。"

县　丞

虞照乘 《宁波历代碑碣墓志汇编》(唐五代宋元卷)第1页唐阙名《大唐故安州云梦县令虞府君墓志》(景云元年十一月):"君讳照乘,字宾辉,余姚人也。……解褐台州司法,转长城丞,历滑州司户、云梦令。"虞照乘卒于景龙三年(709)十二月九日,时年六十二岁。

潘 述 《颜鲁公集》卷七《湖州乌程县杼山妙喜寺碑铭》曾提及大历壬子岁(772)季夏一起在湖州州学及放生池"日相讨论"的人中有"长城丞潘述"。潘述在任长城县丞期间与皎然多有交往,皎然《杼山集》卷三有《五言晦夜李侍御萼宅集招潘述汤衡海上人饮茶赋》《秋日毗陵南寺送潘述之扬州》《春日又送潘述之扬州》《五言与潘述集汤衡宅怀李司直纵联句》《五言秋日潘述自长城至霅上,与昼公、汤评事游集累日……以寄之》等。

徐明权

施惠整

颜　慆 以上三人均见嘉庆《长兴县志》卷一七《职官》:"俱大历中长城丞,

见颜鲁公放生池碑。"

主　簿

秦希庄　《全唐文补遗》四辑唐卢良金《唐故朝散大夫怀州武德县令杨府君夫人安昌县君新兴秦氏墓志铭并序》："夫人,扶风茂陵人也。……父希庄,长城主簿。……夫人即长城府君之第十九女。"秦希庄之女即墓主秦氏,卒于唐乾元元年(758)二月十五日,时年七十五岁。

杨　价　《全唐文补遗》一辑唐杨斑《唐陕州安邑县丞沈君妻弘农杨夫人墓主铭并序》:"(杨夫人)大王父价,皇湖州长城县主簿。"杨价孙女即墓主杨氏卒于元和七年(812)三月十五日,时年三十二岁。

韦　某　名讳不详。《全唐文补遗》三辑唐王戡《唐故京兆府兵曹参军韦府君(文度)墓志铭并序》:"公讳文度,字词彬,其来出豖韦。……嗣子前湖州长城主簿。"韦某父亲即墓主韦文度,卒于会昌五年(845)闰七月二十一日。

张遐庆

杜　勉

陈崇之

贾　嵘

杨　涣

赵　琪　以上六人,俱见乾隆《长兴县志》卷七《职官》:"张遐庆、杜勉、陈崇之、贾嵘、杨涣、赵琪,以上俱大历中长城主簿,见放生碑。"

县　尉

陆余庆　《太平广记》卷三二八《陆余庆》引《御史台记》:"陆余庆,吴郡人,进士擢第,累授长城尉,拜员外监察。久视中,迁凤阁舍人。"

陈利宾　《太平广记》卷一〇四《陈利宾》引《广异记》:"陈利宾者,会稽人,弱冠明经擢第,善属文,诗尤为时重,释褐长城尉。"开元(713—741)中在任。

李　某　名讳不详。《全唐文补遗》一辑唐郑謩《唐吴兴郡长城县尉李公故夫人河东裴氏墓志铭并序》载,裴氏"以天宝九载七月七日,终于长城县之廨室"。

宋　溥　《太平广记》卷四五一《宋溥》引《广异记》:"宋溥者,唐大历中为长城尉。"

裴　循　《颜鲁公集》卷七《湖州乌程县杼山妙喜寺碑铭》曾提及大历壬子岁季夏一起在湖州州学及放生池"日相讨论"的人中有"长城丞潘述、县尉裴循"等。

杜　勉

陈崇之

贾　嵘

杨　涣

赵　珙　以上五人俱见嘉庆《长兴县志》卷一七《职官·县尉》下按云："以上五人俱大历中任,见放生池碑而旧志缺载,而谭志又误列于主簿,今改正。"

吴　雯　《全唐文补遗》六辑唐裴譔《唐故处士崔府君（黄左）墓志铭并述》："君娶濮阳吴氏,皇湖州长城尉雯之女。"其女婿即墓主崔黄左,卒于贞元十二年（796）九月十六日,时年五十五岁。

李玄就　《大唐西市博物馆藏墓志》第724页录有唐李贾《唐故湖州长城县尉李公亡夫人范阳卢氏墓志铭并序》,谓："夫人卢氏,其先范阳人也。……年十六,适陇西李公就。姻族称敬,闺门称睦。"墓主卢氏卒于贞元甲申岁（二十年,804）,墓志前署"陇西李贾撰",后署"贞元廿年五月八日前长城县尉李玄就"。

王　颖　《新唐书》卷七二《宰相世系表二中》岑氏："颖,长城尉。"

读三传　《文苑英华》卷二八三有《送前辈读三传任长城尉》诗。①

安　吉　县

本汉故鄣县地。汉灵帝中平二年（185）,张角作乱,荆扬尤甚,惟此郡守险阻固,汉朝嘉之,故分立为县。隋开皇九年（589）,省安吉县并入绥安县,隶宣州。义宁二年（618）,沈法兴复置安吉县。唐武德四年（621）,于绥安县置桃州,县改隶桃州。唐武德七年（624）,州废,省安吉县入长城县。麟德元年（664）,复分长城县置安吉县,属湖州。今为浙江省湖州市安吉县。

县　令

李奉诚　《全唐文补遗》一辑唐李稹《唐故处士李君墓志铭并序》："君讳强友,字刚克,陇西成纪人也……大父故湖州安吉县令奉诚,父前监察□御史如璧。"李奉诚之孙即墓主李强友,卒于开元七年（719）,"未贵未仕,夭殁当年"。

卢思庄　《全唐文补遗》二辑唐阙名《故朝散大夫行郢州司马卢府君（思庄）墓志铭并序》："公讳思庄,范阳人也。……（公）解褐通直郎、庆州司仓参军,历朔州司法、梁州□督府兵曹。……遂宰洋州兴道、湖州安吉,加朝散大夫,转杭州紫

---

① 此诗撰者,《文苑英华》仅作"前人",而《全唐诗》则归入张乔诗。

溪,徙郢州司马。"卢思庄卒于开元十三年(725)十二月廿二日,时年七十二岁。

钳耳知命 《新唐书》卷四一《地理志五》:"(湖州安吉县)北三十里有邸阁池,北十七里有石鼓堰,引天目山水溉田百顷,皆圣历初令钳耳知命置。"①

孔志道 《石柱记笺释》卷二《安吉县》:"安吉旧治在天目乡,今孝丰县址是也。唐开元中,县令孔志道移治于玉磬山东南,无城。"成化《湖州府志》卷一三《公廨·孝丰县》:"(孝丰)县公廨,旧汉丹阳郡故鄣县之南境、安吉县之旧址,唐开元二十六年县令孔志道移县于东北,其址犹存。"

解 禹 《吴兴备志》卷七《官师征·州县》引《解春雨集》:"解禹,字德禹,天宝中举进士,为湖州安吉县令,用荐为吉州刺史。"

王 实 《新唐书》卷七二《宰相世系表二中》乌丸王氏:"实,安吉令。"《刘宾客文集》卷二《代郡开国公王氏先庙碑》:"第二室曰湖州安吉县令、赠尚书刑部员外郎,府君讳实,以妣赠扶风县太君马氏配。"从世系及碑文内容均可看出,王实是唐宰相王涯之父。

孙 澥 《元氏长庆集》卷三八《论浙西观察使封杖决杀县令事》:"浙西观察使、润州刺史韩皋去年七月封杖决湖州安吉县令孙澥四日致死。"《旧唐书》卷一四《宪宗本纪上》:元和五年(810)正月,"己巳,浙西观察使韩皋以杖决安吉令孙澥致死,有乖典法,罚一月俸料"。

张 宣 唐钟辂《前定录》"张宣"条:"杭州临安县令张宣,宝历中自越府户曹掾调授本官。……及后补湖州安吉县令,宣以家事不便欲退之……遂受之。"

李 荣 《吴兴备志》卷一〇《人物征》:"李(升)[昇],本徐氏,湖州安吉人,其父为安吉令。……未几,其母遂孕知诰。"李昇本姓李,后为南吴大将徐温养子,遂改姓徐,后建国称帝恢复李姓。又,《新五代史》卷六二《南唐世家二》:"李昇,字正伦,徐州人也。世本微贱,父荣遇唐末之乱,不知其所终。"②

崔 逵 《全唐诗》卷七九四有《安吉崔明甫山院联句》一首,系诗僧清昼与安吉令崔逵之间的联句:"人不扰,政已和。世虑寡,山情多。(昼)禅客至,墨卿过。兴既洽,情何如?(安吉令逵)"

杨 宥 《嘉泰吴兴志》卷一五《县令题名·安吉县》:"唐颜真卿《放生池碑》,安吉令杨宥。"《嘉泰吴兴志》卷五《官制·安吉县》:"知县事一员。……唐杨

---

① 《嘉泰吴兴志》卷一五《县令题名》"长兴县"条下亦录有钳耳知命,并谓见《唐志》,而乾隆《长兴县志》卷六《名宦》亦云:"钳耳,字知命,为长城令,居官清介,民服其化。"难道钳耳知命曾历任安吉、长城二县令? 由《嘉泰吴兴志》所载见《唐志》,可知其所据同为《新唐书·地理志》。安吉县自武德七年省入长城县,至麟德元年始从长城县析出,其地曾在长达40年里均属长城县,后世修志或因之而系于长城县亦不无可能。

② 由《新五代史》所载可知,《嘉泰吴兴志》、《吴兴备志》谓李昇湖州安吉人,或误。

宥、曹友谌二员并注。"

曹友谌 同杨宥条。

张 某 名讳不详。《越中金石志》卷一唐胡季良《(上阙九字)尊胜陁罗尼幢赞并序》(《石刻史料新编》第2辑第10册)有"守湖州安吉县令张□"题名。①

县 丞

王 震 《全唐文补遗》一辑唐梁载言《大唐故朝议大夫行洋州长史上柱国王府君(震)墓志铭并序》："君讳震,字伯举,琅琊临沂人也。……弱冠,入太学,以明经擢第。除许州鄢陵县尉,授陕州硖石、湖州安吉两县丞。"王震神龙三年(707)三月十六日卒于洋州官舍,时年五十九岁。

王道济 《全唐文补遗·千唐志斋新藏专辑》第169页唐崔禹《唐故邓州穰县令饶安男王君墓志》："(府君)讳道济,字承宗。……经术得儒者之道,孝友当克家之誉。由是擢第,由是入官。始安吉丞,稍鄜州司法,满,今任退闲居。"王道济于开元二十二年(734)五月二十七日卒,时年六十四岁。

赵令则 天水人。唐独孤及《毗陵集》卷一二《唐故虢州弘农县令天水赵府君墓志》："府君讳令则,字某,天水人也。……稍移湖州安吉县丞,天宝九载选授虢州弘农县令。"赵令则"至德二载某月日遇疾终于某州,春秋若干"。赵令则配河南独孤氏。

康士遐 唐皎然《杼山集》卷七《桃花石枕歌送安吉康丞并序》称："安吉,古桃州也,今为吴兴右鄙,士遐副焉。于南山获桃花石,异而重之,珍于席上。士遐将赴京师,故帅诗人以君所宝之物高歌赠行。"则"士遐"即安吉县丞康士遐。

赵 琪 赵令则长子。《毗陵集》卷一二《唐故虢州弘农县令天水赵府君墓志》："(赵令则)长子湖州安吉县丞琪。"

罗弘缉 《全唐文补遗》三辑唐罗士则《平阳敬氏墓志铭并序》："(敬氏)孝子前湖州安吉县丞弘缉。"此志撰者原佚名,据志文可知撰者为墓主之夫,又其子婿及前夫人姓氏名讳均与前书同辑唐曲文恭《唐故朝请大夫尚辇侍御上柱国罗公(士则)墓志铭并序》中同,可知撰者即罗士则。由此推知"弘缉"即罗士则之子罗弘缉。

---

① 清阮元《两浙金石志》谓,此"幢在觉苑寺,与咸通二年王镕书幢并列"。此幢年月已泐,幢为胡季良书,朱竹垞考诸家记录金石文字,季良所书者:正书有大和八年(834)湖州德本寺碑阴,分书有宝历二年(826)杭州大觉禅师碑、元和二年(807)平李锜纪功碑,篆额有元和四年(809)国子司业辛璇碑、元和九年(814)永兴寺僧伽和尚碑,其他如《古刻丛钞》之大和九年(835)安公令嫔吴氏墓志、《两浙金石志》之开成三年(838)龙兴寺幢、会昌元年(841)湖州天宁寺幢亦皆为胡季良所书。由是,未知胡季良所书此幢中的"张□"与宝历间曾任临安令,其后又任安吉令的张宣是同一人抑或另有其人,故姑且录于此以备考。

杨齐先 《嘉泰吴兴志》卷五《官制·安吉县》："丞……唐时有摄丞杨齐先、康造。"

康　造 见杨齐先条。

主　簿

李文约 《新唐书》卷七〇下《宗室世系表下》纪王房："安吉县主簿,文约。"

卢　胜 《嘉泰吴兴志》卷五《官制·安吉县》："主簿……唐时有卢胜。"

钟廷翰 《十国春秋》卷八五《钟廷翰传》载,钟廷翰"流寓湖州,素有贤名,武肃王命摄安吉主簿"。

县　尉

司马诠 《全唐文补遗》一辑唐张修文《大唐故薛王傅上柱国司马府君(诠)墓志铭并序》："公讳铨,字符衡,河内温人也。……垂拱四年,(公)以成均生明经擢第,解褐授湖州安吉县尉。"由是知司马诠于垂拱四年(688)授任安吉县尉。

石　奖 《洛阳流散唐代墓志汇编》第234页唐阙名《大唐故仙州方城县令石府君墓志铭并序》："君讳奖,字文奖,其先乐陵人也。……是以今又为伊阙人也。……弱冠,以孝廉登科,解褐授湖州安吉尉,又调魏州昌乐主簿。"石奖于开元十四年(726)卒,时年七十七岁。

崔　翰 唐诗人李白有《安吉崔少府翰画赞》(见《李白集校注》卷二八)。

冯　弈 《全唐文补遗·千唐志斋新藏专辑》第188页唐郑馥《大唐故朝议郎行城门郎冯公(贞懿)墓志铭并序》："公讳贞懿,字贞懿,长乐信都人也。"其嗣子"前吴兴郡安吉县尉弈",冯弈之父即墓主冯贞懿卒于开元十七年(729)九月五日,时年六十五岁。

曹宾卿 曹宾卿于大和三年(829)十月二十六日撰《大唐故天水赵府君(爱)墓志铭并序》(《全唐文补遗》二辑)时自署"儒林郎、试湖州安吉县尉、骑都尉"。

李　祔 《新唐书》卷七二《宰相世系表二上》赵郡李氏："祔,安吉尉。"

杜　轸 《嘉泰吴兴志》卷五《官制·安吉县》："尉……唐时有杜轸、程希俊、马伯珍、卢弼、李湮、包审。"

程希俊 见杜轸条。

马伯珍 见杜轸条。

卢　弼 见杜轸条。

李　湮 见杜轸条。

包　审 见杜轸条。

武 康 县

古防风国地。三国吴分乌程、余杭二县立永安县。晋改为永康县，又改为武康县。隋开皇九年（589），平陈，废吴兴郡，武康县隶杭州。唐武德四年（621），于县置武州。七年，废武州，县属湖州。1958年，县废，并入德清县。今为德清县武康镇。

县 令

公孙玄表 《全唐文补遗》一辑唐欧阳植《大唐故正议大夫使持节武州诸军事行武州刺史上柱国公孙府君（思观）墓志》："公讳思观，其先辽西襄平人，家代因官，居于河洛。……父□表，历官至湖州武康县令。"其祖父公孙信仕隋。其子公孙思观，卒于开元七年（719）十月十一日，时年六十五岁。该墓志同见《唐代墓志汇编》开元一〇〇。

胡智辩 《江苏金石志》卷三唐胡楚宾《大唐润州仁静观魏法师碑并序》碑阴谓，"维大唐仪凤二年岁次丁丑十一月己未朔十五日癸酉树碑，谨录门人男女弟子及舍施檀越等人名如左"，其中"第九列"有"前湖州武康县令胡智辩"。

杨 晏 《全唐文》卷五〇四权德舆《王妣夫人宏农杨氏附葬墓志铭并序》："王妣夫人姓杨氏，宏农人。祖敏皇，太仆少卿、交州都督、金乡县公。父晏，湖州武康县令。夫人始笄，归于王考府君。"《吴兴备志》卷七《官师征·州邑》误作"王晏"。

独孤及 《新唐书》卷一六二《独孤及传》："独孤及，字至之，河南洛阳人。"《嘉泰吴兴志》卷一五《县令题名·武康县》引《余英志》："唐独孤及为武康宰，尝作亭于山，因名其山曰'独孤'，有遗址存。"另见同书"独孤山"条。

胡传美 《说郛》卷二四上章渊《稿简赘笔·碧落观》："吴兴武康县延真观，唐碧落观也。沈休文故宅，有唐县令胡传美题诗云：'仙宫碧落太微书，遗迹依然掩故居。幢节不归天杳邈，烟霞空锁日幽虚。不逢金简投云洞，可惜瑶台叠藓除。欲脱儒衣陪羽客，伤心齿发已凋疏。'"

庆 澄 《嘉泰吴兴志》卷一五《县令题名·武康县》引《吴兴统记》："广德元年，袁晁贼倾陷浙右，县人朱泚、沈皓举亡命之徒以应之，县郭民居悉为灰烬。二年寇平，左兵曹参军庆澄兼武康、德清二县令，于瓦砾、荆棘之场创置室宇，即前溪北古址筑城开垦，伐（本）[木]开径，入虎豹之穴，织蓬编箬为栋宇之覆，仍散文牒召通亡者还业。未满岁，（色）[邑]复其旧；期年，繁盛过半，皆澄力也。"

韩 章 《宝刻丛编》卷一四引《复斋碑录》有《唐修建功德铭》，该铭"唐湖州刺史萧公创建佛室,造三世佛及诸功德等铭,武康令韩章撰,前衢州龙游县尉徐浩书,丘悌篆额,大历六年立。"《嘉泰吴兴志》卷一五《县令题名·武康县》:"《大慈寺神钟记》,县令韩章撰。钟,大历五年僧神晤铸。"

颜　逸　颜真卿侄。《颜鲁公集》卷七《晋侍中右光禄大夫本州大中正西平靖侯颜公大宗碑铭》谓:"十五代孙逸,好文,武康令。"独孤及《送武康颜明府之鄂州序》,即为送武康县令颜逸而作。

刘　汭　《嘉泰吴兴志》卷一五《县令题名·武康县》引《吴兴统记》:"元和七年,邑境旱,县令刘汭以响潭灵异,率僚属祈祷,应时灵霈。"一作神龙八年任,《吴兴备志》卷七《官师征·州邑》:"武康响应山下有碧玉潭,神龙所居。神龙八年,令刘汭祷雨而应。"

李　浚　《新唐书》卷七二《宰相世系表二上》赵郡李氏:"浚,武康令。"

郑　邃　荥阳人。《新唐书》卷七五《宰相世系表五上》郑氏:"邃,武康令。"

李　汉　《嘉泰吴兴志》卷一五《县令题名·武康县》:"李汉,见颜真卿《放生池碑》。"

张士若　《嘉泰吴兴志》卷一五《县令题名·武康县》谓见颜真卿《放生池碑》,并系于李汉之后。

县　丞

崔　玑　《全唐文补遗》八辑唐阙名《唐故湖州武康县丞崔君(玑)墓志铭并序》:"君讳玑,清河武城人也。……自宿卫解褐,授湖州武康县丞。……以神龙二年十一月廿五日,遘疾终于任所。"

殷嘉绍　《颜鲁公集》卷一一《杭州钱塘县丞殷府君夫人颜君神道碣铭》:"君有三子,长曰武康丞嘉绍,尤工小篆,为寸字飞白,劲利绝伦。"

许　授　《全唐文》卷五〇四权德舆《湖州武康县丞许君夫人京兆韦氏墓志铭并序》:"(韦氏)既笄,归于某郡许授。授循理喻义,调常州义兴尉、湖州武康丞。满岁,葺田庐于霅溪之上,忘怀进取。"

时尚素　《嘉泰吴兴志》卷七《官制·武康县》:"唐上县丞一人,从八品下。大历中,有时尚素、郑若水、汤延祚三员。"

郑若水　见时尚素条。

汤延祚　见时尚素条。

主　簿

孙　泌　《嘉泰吴兴志》卷七《官制·武康县》:"唐上县主簿一人,正九品下。

大历中有孙泌、叶迅二员。"

叶 迅 见孙泌条。

卫景初 《全唐文补遗》四辑唐卫增《唐故湖州武康县主簿卫府君（景初）墓志》："君讳景初，……开成元年，不幸于舒州，享年廿六，旅殡于是。"墓志撰者卫增，系卫景初之兄。卫景初任武康县主簿，当在开成元年（836）之前。

县 尉

杜 登 《全唐文》卷三六〇杜甫《唐故范阳太君卢氏墓志》："维天宝三载五月五日故修文馆学士著作郎京兆杜府君讳某（审言）之继室范阳县太君卢氏，卒于陈留郡之私第，春秋六十有九。……登即太君所生，前任武康尉。"

薄自牧 《太平广记》卷二七〇《邹待征》："邹待征妻薄者，武康尉自牧之女也。从待征官江阴，袁晁乱，待征解印窜匿，薄为贼所掠。"同见李华为之所撰《哀节妇赋并序》（《全唐文》卷三一四）。

李 某 《全唐诗》卷二〇〇岑参有《送李郎尉武康》诗。岑参（715—770），天宝进士。

陈 演 《嘉泰吴兴志》卷七《官制·武康县》："尉……唐上县置二员，从九品下。大历中有陈演、长孙瑀、杜重英、吕液四员。"

长孙瑀 见陈演条。

杜重英 见陈演条。

吕 液 见陈演条。

包 举 贞元十年在任。《吴兴金石录》卷三《玉石响（题名）》："贞元十年二月五日题，县令杨□、尉包举。"并注云："右于頔等题名在武康县治西南八里龙泓石岩上。"则此县尉当为武康县尉。

王 绍 《旧唐书》卷一二三《王绍传》："王绍，本家于太原，今为京兆万年人，旧名与宪宗同，永贞年改焉。少时颜真卿器重之，因绍旧名字之曰德素，奏授武康尉。萧复为常州刺史，辟为从事。"《新唐书》本传略同。

李 舍 《新唐书》卷七二《宰相世系表二上》赵郡李氏："舍，武康尉。"

德 清 县

本武康县地。武则天天授二年（691），析武康县东境有航运之利的十七乡置武源县。景云二年（711），改为临溪县，以临余不溪为名。天宝元年（742），更名德清县。1958年，武康县并入德清县。今为浙江省湖州市德清县。

县　令

朱齐之　《唐代墓志汇编》开元〇五七许景先《唐故通议大夫行广州都督府长史上柱国朱府君墓志铭并序》："君讳齐之,字思贤,吴郡人也。"在朝散大夫、左台监察御史任上,因"直道诎于奸臣,富人求于良宰,出为湖州武源县令。下车而仁风已露,为政而期月有成,转桂州司马,迁广州都督府长史"。朱齐之开元二年(714)六月二十五日卒,时年六十二岁。

徐　秀　约在天宝二年(743)之前,见长城县令徐秀条。

柳察躬　柳宗元祖父。《新唐书》卷七三《宰相世系表三上》柳氏："察躬,德清令。"《柳河东集》卷一二《先侍御史府君神道表》及《故叔父殿中侍御史府君墓版文》均指出："皇考讳察躬,湖州德清令。"据《新唐书·宰相世系表》,柳察躬系柳宗元之祖父,而柳宗元所撰《先侍御史府君神道表》及《故叔父殿中侍御史府君墓版文》中的"侍御史府君"是他叔父柳某,他叔父之"皇考"自然也就是他的祖父了。《先侍御史府君神道表》云："天宝末,经术高第,遇乱奉德清君夫人载家书隐王屋山。"则柳察躬任德清县令当在天宝(742—756)年间。

张　翃　《全唐文补遗》一辑唐张士源《唐故彬州刺史赠持节都督洪州诸军事洪州刺史张府君(翃)墓志铭并序》："公讳翃,字逸翰,安定人也。……天宝中,……属中原丧乱,随侍板舆,间路南首。江淮都统使李公征为支使。时干戈未弭,太夫人寝疾,固求薄禄,就养于家。表授德清令。改大理评事。丁家艰,外除。"张翃卒于大历十三年(778)九月二十九日,时年七十岁。

李　承　《新唐书》卷一四三《李承传》："李承,赵州高邑人。幼孤,其兄晔养之。既长,以悌闻。擢明经,迁累大理评事,为河南采访使判官。尹子奇陷汴州,拘承送洛阳,觇得贼谋,皆密启诸朝。两京平,例贬临川尉。不三月,除德清令,寻擢监察御史。"《旧唐书》卷一一五《李承传》及《册府元龟》卷七五九所载略同。

庆　澄　广德二年(764)兼任武康、德清二县令,见武康县令庆澄条。

卫　某　名讳不详。唐诗僧皎然《杼山集》卷四有《五言送德清卫明府赴选》诗："八使慎求能,东人独荐君。身犹千里限,名已九霄闻。远路翻喜别,离言暂惜分。凤门多士会,拥佩入卿云。"

范　铦　《嘉泰吴兴志》卷一五《县令题名·德清县》："《乞御书放生池碑》,颜真卿撰,德清令范铦。"

孙尚复　武邑人。《新唐书》卷七三《宰相世系表三下》孙氏："尚复,德清令。"

喻　凫　诗人李频有《送德清喻明府》(见《黎岳集》)诗："棹返雪溪云,仍参旧使君。州传多古迹,县记是新文。水栅横舟闭,湖田立木分。但如诗思苦,为政即超群。"《新唐书》卷六〇《艺文志四》:"喻凫诗一卷,开成进士第,乌程令。"乌程与德清同为湖州属县,从诗中所云"棹返雪溪云,仍参旧使君"句,推知喻凫在乌程县令之后又出任德清县令。

吴测微 《杼山集》卷九《唐湖州大云寺故禅师瑀公碑铭并序》:"大师讳瑀,字真瑛,俗姓沈氏,吴兴德清人也。……刺史杨惠才识深敏,器宇调畅,虞谭之流也。今吴测微清慎有度,奸回无欺,贺循之流也。皆入境问俗,饮风眷德,徘徊歔欷,有恨来暮。……邦君邑宰敬神兮,无言可象湛寂兮。"

县　丞

刘　纂 《全唐文补遗》七辑唐阙名《大周前湖州武源县丞故息男(浩)志铭》谓:"父纂,前湖州武源县丞、上护军。浩随官,以圣历二年岁在己亥八月廿二日,卒于武源县官舍。"则刘纂武源县丞,圣历二年(699)在任。

陆　造 《嘉泰吴兴志》卷五《官制·德清县》:"唐有丞陆造、钱箕两员。"
钱　箕 见陆造条。

主　簿

无考。

县　尉

孙　演 《嘉泰吴兴志》卷五《官制·德清县》:"唐有尉孙演、李光之、桂林三员。"
李光之 见孙演条。
桂　林 见孙演条。

卷六 睦州(新定郡)

睦州，原系新安郡之新安县。东汉建安十三年(208)置新都郡，领始新、新安、黎阳、休阳、歙、黟六县，治始新(即浙江省淳安县威坪古镇，修建千岛湖后沉于湖底)。晋武帝太康元年(280)，改新都郡为新安郡。隋平陈，废新安郡，析新安县置睦州，后又改为遂安郡。唐武德四年(621)，平汪华，改为睦州，取"俗阜人和，内外辑睦"为义，领雉山、遂安二县。同年，置严州，领桐庐、分水、建德三县。武德七年(624)，废严州及分水、建德二县，以桐庐县归睦州；同年，又改睦州为东睦州，治雉山。武德八年(625)，复去"东"字，改东睦州为睦州。永淳二年(683)，复置建德县，隶睦州。万岁通天二年(697)，州治自雉山东移165里，治建德。天宝元年(742)，改为新定郡。乾元元年(758)，复为睦州。《元和郡县图志》载，睦州州境东西四百二十里，南北三百一十一里，管县六：建德、桐庐、遂安、清溪、分水、寿昌。

刺　史

方　亮　万历《严州府志》卷九《秩官志》："方亮，雉山人。(武德)四年，杜伏威命王雄诞平歙，复睦州，用亮为刺史。"《万姓统谱》卷四九《方姓》亦云："方亮，雉山人。初，汪华据歙称王，睦州已为歙有。及武德四年，杜伏威命王雄诞平歙而复睦州，用亮为刺史。武德五年八月，使亮持节领庐、申二州诸军事。亮当唐初，尝不因朝命为刺史，其后纳土归化，免其乡里屠戮之苦，诚节彰著可嘉也。"郁《考》失载。

范希礼　万历《严州府志》卷九《秩官志》："范希礼，桐庐人。(武德)四年，既平歙，乃析桐庐县置严州，王雄诞荐孝(希)礼为刺史。"郁《考》失载。[①]

---

　① 唐乾封二年(667)曾以秦故桂林郡地置严州，因地在严冈之上故名，隶属于岭南道，领来宾、归化、循(一作修)德三县。唐初置于桐庐的严州，虽然有唐一代存续时间甚短(仅三年)，但因北宋后曾经屡置并延续至民国，留下了像《淳熙严州图经》、《景定严州续志》、万历《严州府志》等一批地方志文献（转下页）

张　琮　《金石萃编》卷四五《张琮碑》："君讳琮,字文瑾,武威姑臧人也。……(贞观)十年授银青光禄大夫,行睦州刺史,……十一年十二月之任,在道寝疾,薨于宋州馆舍,春秋五十有五。"由此知张琮实未到任。

徐令言　《旧唐书》卷二三《礼仪志三》："至(贞观)十一年,群臣复劝封山,始议其礼。于是,国子博士刘伯庄、睦州刺史徐令言等,各上封祀之事。"

刘德敏　《重订新校王子安集》卷一六《常州刺史平原郡开国公行状》："贞观某年,迁睦州刺史。政刑不愆,考绩连最。俄授使持节松州都督。"据《行状》,平原公此后于麟德元年(664)授任常州刺史,并卒于任上。此"平原公"即刘德敏,参见常州刺史刘德敏条。

夏侯绚　永徽四年(653)授任,永徽五年卒于任上。《全唐文补遗》三辑唐阙名《大唐故使持节睦州诸军事睦州刺史夏侯府君(绚)之墓志铭并序》："公讳绚字,沛国谯人也。……(永徽)四年,(蜀)王以荆吴构逆,缘坐废府,授公使持节江州诸军事、江州刺史。未行,会陈硕真伪徒猖起,妖类鸱张。江东之地,多从寇壤。式遏凶党,必俟忠良。改授使持节睦州诸军事、睦州刺史。公运其智略,抚以温柔。遂使先反之谣,恨贾父之来晚;无叛之美,以悦杜翁之勇功。……以永徽五年闰五月廿六日,遘疾薨于州镇,春秋六十。粤以六年龙集乙卯十月丁酉朔廿五日,归葬于同州蒲城县西之北原。"

张后胤　《淳熙严州图经》卷一《题名》录有唐元和(806—820)间睦州刺史李道古所撰《大厅记》(下简称《厅记》)："张后嗣(胤),显庆二年正月□日自府司马加国子祭酒拜。"①《厅记》载唐睦州刺史自此始。②

────────

(接上页)和"严州中学"等名称。后人很容易将唐代岭南道之彼"严州(循德郡)"误为此"严州",如唐高宗上元元年(674)任使持节严州诸军事、严州刺史的李文弘(沙州刺史李思贞之父),即为"严州(循德郡)"刺史而非唐初设于桐庐之严州刺史。又,郁《考》引《续高僧传》卷二〇《丹阳沙门释智岩传》于武德中录有睦州刺史严撰,并疑《元和姓纂》卷五东海严氏所载"撰,穆州刺史"之"穆州"为"睦州"之讹。唐武德四年平汪华,改遂安郡复为睦州,同年又置严州,而据万历《严州府志》所载,武德四年有睦州刺史方亮、严州刺史范希礼。疑《元和姓纂》所载严撰乃穆州刺史为是,而《续高僧传》之"睦州刺史"为"穆州刺史"之讹,兹不录。

①　一说张后胤在永徽中已致仕。《新唐书》卷一八九上《张后胤传》:"张后胤,字嗣宗,苏州昆山人。……太宗即位,进燕王谘议。从王入朝,召见,帝大悦,迁燕王府司马,出为睦州刺史,乞骸骨。帝见其强力,问欲何官,因陈谢不敢。帝曰:朕从卿受经,卿从朕求官,何所疑?后胤顿首愿得国子祭酒,授之。迁散骑常侍,永徽中致仕,加金紫光禄大夫。"未知孰是,今姑从《厅记》。又,《淳熙严州图经》载厅记题名作"张后嗣",《册府元龟》作"张后裔"、"张俊裔",万历《严州府志》作"张后彻",雍正《浙江通志》讹作"张后引",均系宋代讳改而致讹误。

②　睦州刺史,有唐元和间刺史李道古撰大厅记,具录唐代刺史名衔、除授年月,始自永徽(650—655),迄于元和七年(812),凡163年,自显庆二年(657)张后胤以下至元和七年(812)李道古凡51人。宋雍熙二年(985),知桐庐县事刁衍又撰大厅记,以李道古所撰绵历既久,残缺为多,复自唐显庆二年至太平兴国三年(978)盖元和八年之后又163年,而自李道古以下至韦诸、陈晟续录31人。今张后胤以下姑且以《厅记》为本,参以史传、墓志等,拾遗补阙,考校订讹。

高择言 《厅记》:"高择言,乾封元年七月二十九日自台州刺史授。"

尤知钦 《厅记》:"尤知钦,(阙)年二月十九日,自随州刺史拜。"并系于高择言与高真行之间。雍正《浙江通志》讹作"尤如钦"。

高真行 《厅记》:"高真行,永隆元年九月十四日自右卫将军拜。"《资治通鉴》卷二○二"永隆元年"(680)条:八月,"贬(高)真行为睦州刺史"。万历《严州府志》、雍正《浙江通志》均讹作"高贞行"。

张大安 《厅记》:"张大安,永淳二年五月十九日自普州刺史拜。"

房先忠 文明元年(684)授,未之任。《大唐西市博物馆藏墓志》第 342 页唐李迥秀《大唐故左千牛将军赠左金吾大将军清河郡开国公房公墓志铭并序》:"公讳先忠,字贞节,清河人也。……雍王为太子……俄而掘蛊作孽,长琴失位。公以姻亲,左贬荣州刺史,转蕲州刺史……迁睦州刺史。属文明之始,淮肥多故。夏刑罕赎,楚狱相连。坐为奸吏所陷,未及之任,流配辩州。"雍王即章怀太子李贤,房先忠为李贤岳父。由墓志可知,房先忠迁授睦州刺史在文明元年。旧志及郁《考》均失载,今增。

长孙谊 《元和姓纂》卷七河南洛阳长孙氏:"谊,睦州刺史。"《新唐书》卷七二《宰相世系表二上》长孙氏:"谊,睦州刺史。"《厅记》:"长孙谊,□年□月□日自江州(下阙)。"并系于张大安与李上善之间。郁《考》谓"约垂拱间"任。

李上善 《厅记》:"李上善,天授元年九月九日自唐州刺史拜。"

娄　蕴 《厅记》:"娄蕴,天授二年八月十日自澧州刺史拜。"

谢　禧 《厅记》:"谢禧,如意元年拜。"

元延寿 《厅记》:"元延寿,万岁通天二年正月十五日自徐州刺史拜。"《元和姓纂》卷四河南洛阳元氏:"延寿,睦州刺史。"

杨元亨 弘农华阴人。《厅记》:"杨元亨,久视元年八月十一日自太府少卿拜。"[①]

孙　诠 《厅记》:"孙诠,神龙二年□月□日自右骑(以下阙)。"万历《严州府志》谓"神龙二年自右骁卫将军拜"。

冯昭泰 《厅记》:"冯昭泰,景龙元年十月十九日自邢州刺史拜。"《张燕公集》卷二一《故括州刺史赠工部尚书冯公神道碑》:"公讳昭泰,字遇圣,长乐人也。……其后,以戚累移睦州刺史,复为群小所潛,左授泉州司马。未之任,又贬荣州司马。公砥节荒服,天高听卑,旋除温州长史。俄复旧阶,拜括州刺史。"冯

---

① 一说杨元亨由司府少卿贬任睦州刺史。《资治通鉴》卷二○七"久视元年"条:"司府少卿杨元亨、尚食奉御杨元禧,皆弘武之子也。元禧尝忤张易之……左迁元亨睦州刺史、元禧贝州刺史。"并注云:"光宅元年,改太府寺为司府寺。"

昭泰卒于景龙三年(709)六月十三日,时年六十五岁。

张昭命 南阳人。《厅记》:"张昭命,景龙二年十月十三日自扬州司马拜。"

魏　驹 除授年月不详。《厅记》系于张昭命与刘幽求之间。

刘幽求 冀州武强人,唐玄宗宰相。《厅记》:"刘幽求,开元二年三月二日自太子少保拜。"《旧唐书》卷八《玄宗本纪上》:开元二年(714)闰二月"丁亥,刘幽求为睦州刺史"。

宋　璟 唐玄宗开元名相。《厅记》:"宋璟,开元三年五月十一日自御史大夫拜。"《资治通鉴》卷二一一"开元三年"条:正月,"御史大夫宋璟坐监朝堂杖人杖轻,贬睦州刺史"。

李思绚 《厅记》失载。《宋高僧传》卷八《唐睦州龙兴寺慧朗传》:"开元四年,本州牧李思绚于龙山之阳建伽蓝,延以居之。"则李思绚开元四年(716)在睦州刺史任上。

薛　莹 河东汾阴人。《厅记》:"薛莹,开元七年四月十六日自邢州刺史拜。"①

韦利器 《厅记》:"韦利器,开元八年六月自博州别驾拜。"另,《宋高僧传》卷八《唐睦州龙兴寺慧朗传》谓开元七年(719)韦利器在睦州刺史任,郁《考》据此而系于开元七年。

侯莫陈涉 《厅记》失载。《嘉泰吴兴志》卷一四《郡守题名》:"侯莫陈涉,神龙二年自睦州刺史授;迁商州刺史。《统记》云:开元九年。"郁《考》从《吴兴统记》系于开元九年(721)由睦州刺史转授湖州刺史。

李仲宣 《厅记》:"李仲宣,开元十三年九月十三日自德州刺史拜。"

杨承令 《厅记》:"杨承令,开元十五年五月(阙)日自睦州别驾拜。"

柳齐物 《厅记》:"柳齐,开元十□年□月□日自莱州(以下阙)。"《淳熙严州图经》卷一《题名》系于杨承令与崔景之间,当在开元十五年(727)至开元十九年(731)间授。《元和姓纂》卷七河东解县柳氏:"齐物,睦州刺史。"上海图书馆藏拓片《大唐王屋山女道士柳尊师真宫志铭》(开成五年十一月三十日):"曾祖齐物,莱、睦二州刺史。"《厅记》之"柳齐"当为"柳齐物"之脱文。

崔　景 《厅记》:"崔景,开元十九年三月十日自眉州刺史拜。"

李　谅 《厅记》:"李谅,开元二十二年十月九日自领军卫将军拜。"

---

① 据《册府元龟》卷六〇一《学校部·恩奖》:"玄宗开元三年,(褚无量)迁右散骑常侍兼国子祭酒,无量之母死……申命杭州刺史薛莹就其家吊焉。"《乾道临安志》亦有载录,则可知薛莹开元三年(715)在杭州刺史任上。然《新唐书》卷六〇《艺文志四》谓薛莹有《洞庭诗集》一卷,而《全唐诗》卷五四二薛莹小传谓:"薛莹,文宗时人,洞庭诗集一卷,今存十首。"则此二薛莹非为一人?抑或小传所称"文宗时人"为误?

王审礼 《厅记》:"王审礼,开元二十六年八月□日自温州刺史拜。"

卢同宰 《厅记》:"卢同宰,天宝元年六月二十八日自易州刺史拜。"卢同宰天宝三载(744)在明州刺史任上。

张　愿 《厅记》:"张愿,天宝三载九月十八日自台州刺史拜。"

韦南金 《厅记》:"韦南金,天宝五载九月□日自台州刺史拜。"《嘉泰吴兴志》卷一四《郡守题名》:"天宝八载,自睦州刺史授。"则韦南金天宝五载至八载(746—749)任睦州刺史。

李　宷 《厅记》:"李宷,天宝九载九月二十六日自江州刺史拜。"

张　渐 《厅记》:"张渐,天宝九载十月□日自饶州刺史拜。"

张　胐 《厅记》:"张胐,天宝十载三月十日自抚州刺史拜。"

郑　济 《厅记》:"郑济,天宝十一载七月十一日自徐州刺史拜。"

冯　临 《厅记》:"冯临,天宝十二载十月十七日自上司御副率拜。"

卢　涣 《厅记》:"卢涣,天宝十□载□月□日自歙州刺史拜。"《淳熙严州图经》卷一《题名》系于冯临与李伯成间,当为天宝十二载至天宝十五载(753—756)间任。

李伯成 《厅记》:"李伯成,天宝十五载正月十八日自吉州刺史拜。"

阎敬爱 《厅记》:"阎钦爱,至德二载十一月十日自苏州别驾拜。""钦"乃"敬"之讳改。①

韩　洄 《全唐文》卷五〇七权德舆《大中大夫守国子祭酒颍川县开国男韩公(洄)行状》:"乾元中……授睦州别驾,知州事。"《文苑英华》卷九七三唐阙名《大中大夫守国子祭酒颍川县开国男赐紫金鱼袋赠户部尚书韩公行状》:"乾元中,江淮凶饥,相扇啸聚,而新安郡负山洞之阻,为害特甚。朝廷推其(指洄)能名,除睦州别驾、知州事,俄拜监察御史,又转殿中侍御史,赐绯鱼袋,充江西都团练判官,军州庶政多所访决。"《厅记》失载。

张崇晖 《厅记》:"张崇晖,上元元年□月□日自泗州刺史拜。"

张伯仪 《新唐书》卷一三六《张伯仪传》:"张伯仪,魏州人,以战功隶(李)光弼军。浙贼袁(晁)[晁]反,使伯仪讨平之,功第一,擢睦州刺史。"据《新唐书》卷六《代宗本纪》载,宝应元年(762)十二月甲戌,李光弼部将张伯仪与袁晁农民军

---

① 岑仲勉《姓纂四校记》谓:《南部新书》庚之"阎敬爱"及《淳熙严州图经》之"阎钦爱"均即"敬受","钦"字殆宋人讳改,"爱"字乃"受"字之讹。据《全唐文补遗·千唐志斋新藏专辑》第 284 页唐阎济美《唐故检校尚书膳部郎中兼侍御史阎君(说)墓志铭并序》载:"君讳说,字说……父敬爱,皇睦州刺史。"阎济美撰此志时署"堂兄、监察御史济美述",由是知岑说为误,当以墓志"敬爱"为是,后世文献之"敬受""钦爱"均系"敬爱"之讹。

会战于衢州，大败农民军。次年即宝应二年（亦即广德元年）四月，袁晁被俘，押送长安。张伯仪或在此战后授睦州刺史。永泰元年（765），张伯仪已在杭州刺史任上。《厅记》失载。

贺若滔　《厅记》："贺若滔，永泰元年八月十四日自义王傅拜。"

贾　琛　《厅记》："贾琛，大历三年十月二十五日自庐州刺史拜。"

陶　铣　《厅记》："陶铣，大历四年自江州刺史拜。"

韦　偾　《毗陵集》卷一〇《前左骁卫兵曹参军河南独孤公故夫人韦氏墓志》："夫人讳某，字某，楚王交傅孟裔孙，唐许州司马皎曾孙，渭南县主簿懿之孙，兖州金乡县尉商伯季女，秘书省著作郎（伟）、睦州刺史偾之妹。……大历四年夏六月癸丑，再孕不育。乙卯，殁于舒州，春秋若干……十一月丁巳，安宅兆于舅姑先茔之西南隅。"由此知韦偾大历四年（769）在睦州刺史任上。《厅记》失载。

萧　定　字梅臣，江南兰陵人。《宋高僧传》卷八《唐睦州龙兴寺慧朗传》："大历十二年，新定太守萧定述碑，司马刘长卿书，刺史李揆篆额。"《刘随州集》卷一一《仲秋奉饯萧郎中使君赴润州序》："由是我萧公建隼兹地，化成五年……诏书既至，公乃向阙北拜，腰章遂行。南徐之人，望公如归；此邦之人，去公如失。"《旧唐书》卷一八五《萧定传》："（萧定）为元载所挤，出为秘书少监兼袁州刺史，历信、湖、宋、睦、润五州刺史。"知萧定由宋州刺史转授睦州刺史，大历十二年（777）在睦州刺史任上，前后在任五年，后转任润州刺史。《厅记》失载。

李　揆　字端卿，陇西成纪人。《厅记》："李揆，大历十三年四月十三日自秘书监拜。"而《旧唐书》卷一一《代宗本纪》谓，大历十二年（777）四月"癸巳，以前秘书监李揆为睦州刺史"。又同书卷一二《德宗本纪上》谓大历十四年六月，"睦州刺史李揆为国子祭酒"。《旧唐书》卷一二六《李揆传》："元载以罪诛，除揆睦州刺史，入拜国子祭酒、礼部尚书。"而元载"以罪诛"在大历十二年三月。《厅记》"十三年"疑为"十二年"之讹，今从《旧唐书》。

王　缜　《厅记》："王缜，建中元年三月二十四日自吉州刺史拜。"

杜　亚　《旧唐书》卷一四六《杜亚传》："杜亚，字次公，自云京兆人也。少颇涉学，善言物理及历代成败之事。至德初，于灵武献封章，言政事，授校书郎。……杨炎作相，刘晏得罪，亚坐贬睦州刺史。兴元初，召拜刑部侍郎。"《旧唐书》卷一二《德宗本纪上》：建中元年（780）八月"乙未，河中晋绛观察使杜亚为睦州刺史"。《厅记》："杜亚，建中元年八月乙未，（自河）中尹晋绛州（下阙）。"《资治通鉴》卷二二九"兴元元年"条：七月，"及上在兴元，泌为杭州刺史，上急诏征之，与睦州刺史杜亚俱诣行在"。《全唐文》卷四九七权德舆《唐故东都留守东都汝州防御使银青光禄大夫检校吏部尚书判东都尚书省事兼御史大夫上柱国扶风县开国伯赠太子少傅杜公（亚）神道碑铭并序》："公讳亚，字次公，……历谏议大夫、给事中，再兼御史中丞，由睦州刺史入为刑部侍郎，三兼御史大夫，校检礼部、吏部二尚书。"由是知杜亚建中元年（780）八月乙未由河中晋绛观察使授；兴元元年（784）授刑部侍郎。

崔　适　《全唐文》卷五〇二权德舆《朝散大夫使持节饶州诸军事守饶州刺史上柱国崔君（适）墓志铭并序》："其佐晋陵也，晋国韩公当抚封之重，署为推官。轺传所至，平反审克。假守新定，新定之人宜之。薄于进取，未数月引去。"此"晋国韩公"即指韩滉。韩滉于建中二年（781）至贞元三年（787）在浙西观察使任，则崔适"假守新定"当在此期间。《厅记》失载。

韦　赞　《厅记》："韦赞，贞元四年正月十六日自驾部郎中拜。"①

张彙征　《厅记》："张彙征，贞元七年二月十一日自刑部郎中拜。"

李正臣　《厅记》："李正臣，贞元七年自虔州刺史拜。"

李　敷　《厅记》："李敷，贞元十年十月二十七日自濠州刺史拜。"

韦士勋　《厅记》："韦士勋，贞元二十一年四月二十二日自金州刺史拜。"

李幼清　《厅记》："李幼清，元和（下阙）。"系于韦士勋与郑膺甫之间。《两浙金石志》卷二《唐李幼清题名》："睦州刺史李幼清，元和元年十一月二十□日游。"由是知李幼清元和元年（806）十一月已在任，当于是年与韦士勋交接。

郑膺甫　《厅记》："郑膺甫，元和四年三月二十五日自度支郎中拜。"《唐文拾遗》卷二九吕述《移城隍庙记》："睦州城隍神庙，旧在城内西北隅。元和初年，刺史郑膺甫移置于城北门楼上。"

李道古　唐嗣曹王李皋之子。《厅记》："李道古，元和六年六月三日自唐州刺史拜。"《唐文拾遗》卷二六李道古《睦州大厅记》："元和七年甲子岁记。"而《全唐文》卷六八六皇甫湜《睦州录事参军厅壁记》撰于元和八年（813）四月三日，已称李道古为"前刺史"，则李道古此时已离任。

崔元芳　《厅记》系于李道古与羊士谔之间。除授年月不详。

羊士谔　《厅记》："羊士谔，元和十二年三月五日自详州刺史拜。""详州"疑为"洋州"之讹。

独孤迈　《厅记》："独孤迈，元和十四年五月九日自户部员外郎拜。"

孟　简　《旧唐书》卷一六《穆宗本纪》：长庆元年（821）四月，"吉州司马孟简为睦州刺史"。又，《旧唐书》卷一六三《孟简传》："孟简，字几道，平昌人，……

---

① 《全唐诗》卷二五二刘太真有《顾十二况左迁过韦苏州房杭州韦睦州三使君》诗，据《白居易全集》卷六八《吴郡诗石记》所载："贞元初，韦应物为苏州牧，房孺复为杭州牧，皆豪人也。"知诗中韦苏州即韦应物，房杭州即房孺复，而韦睦州即为贞元四年（788）授任睦州刺史的韦赞。

（元和）十五年，穆宗即位，贬吉州司马员外置同正员。……长庆元年大赦，量移睦州刺史。二年，移常州刺史。"《厅记》载"元和十□年□月□日，自吉州刺史拜"，实误，从《旧唐书》。又，孟简，元和九年（814）九月至十二年（817）正月在越州刺史任。

韦文恪 《厅记》："韦文恪，长庆三年二月七日自司门郎中拜。"《元稹集》卷五一《永福寺石壁法华经记》有"睦州刺史韦文悟"，疑即韦文恪之讹。①

韩　泰 《厅记》："韩泰，长庆四年六月二十五日自郴州刺史拜。"《八琼室金石补正》卷六七《韩泰等题名》："朝散大夫守睦州刺史韩泰……长庆元年三月自漳州刺史授郴州，四年六月转睦州，八月九日沿流之任。"《嘉泰吴兴志》卷一四《郡守题名》："韩泰，大和元年七月三日自睦州刺史拜。"

张　聿 《厅记》："宝历□年□月□日，自屯田郎中拜。"韩泰自长庆四年（824）授睦州刺史，直到大和元年（827）七月三日才移授湖州刺史，宝历（825—827）年间韩泰尚在任上，《淳熙严州图经》所载疑误，张聿刺睦当在大和元年后。

张公儒 《厅记》："张公儒，大和六年十月五日自职方郎中拜。"

王　琮 《厅记》："王琮，大和九年四月七日自洛阳县令拜。"

李善白 《厅记》："李善白，大和九年十月□日自（下阙）。"

郑仁弼 《厅记》："郑仁弼，开成二年八月七日自卫尉少卿拜。"

吕　述 《唐文拾遗》卷二九吕述《移城隍庙记》："睦州城隍神庙……开成四年，刺史吕述移狱，就六司院东南之隙地，于废址上立新庙。……开成五年六月一日刺史吕述建。"又，《厅记》："吕述，开成二年七月二十三日自盐铁推官、祠部郎中拜。"并系于郑仁弼之后，而同书载郑仁弼拜睦刺时间为开成二年（837）八月七日，自相舛误，"开成二年"疑为"开成三年"之讹。

薛　蕴 《厅记》："薛蕴，□年□月□日自明州刺史拜。"并系于吕述与苏涤之间。

孙公义 《新唐书》卷七三《宰相世系表三下》孙氏："公义，睦州刺史。"又，《千唐志斋藏志》第1113页唐冯牢《唐故银青光禄大夫工部尚书致仕上柱国乐安县开国男食邑五百户孙府君（公义）墓志铭》（大中五年七月三日）：孙公义，"至会昌二年五月，自饶移于睦"。《厅记》失载。

苏　涤 《厅记》："苏涤，会昌三年九月十四日自给事中拜。"

韦有翼 《厅记》："韦有翼，会昌五年三月二十四日自安州刺史拜。"

---

① 宋赵明诚《金石录》卷九录有《唐将作监韦文恪墓志》，并注云："庾敬休撰，柳公权正书，太和五年二月。"韦文恪或卒于太和五年（831）。

杜　牧　《樊川文集》卷九《唐故进士龚䎖墓志》："会昌五年十二月，某自秋浦守桐庐，路由钱塘。"又，同书卷八《唐故歙州刺史邢君墓志铭并序》："会昌五年……涣思（即墓主邢群）罢处州，授歙州，牧自池转睦。"而《厅记》谓："杜牧，会昌六年十月□日自池州刺史拜。"由是知《厅记》所载"会昌六年十月"误，当从杜牧之说，为会昌五年（845）十二月。

郑承休　《厅记》："郑承休，大中三年十月七日自果州刺史拜。"

李文举　《厅记》："李文举，大中六年四月十三日自宗正卿拜。"又，《旧唐书》卷一八《宣宗本纪》：大中五年（851）十二月，"贬宗正卿李文举睦州刺史"。

厉　元　《厅记》："厉元，大中六年九月十□日自□使大理拜。"一作厉玄，见《全唐诗》卷五一六厉玄《寄婺州温郎中》注："时刺睦州。"此"厉玄"当即"厉元"。

崔　彖　《厅记》："崔彖，大中六年十一月十一日自户部郎中拜。"

韩　瞻　《厅记》："韩瞻，大中十二年四月七日自雁州刺史兼本州镇遏使拜。"

牛　丛　字表龄，穆宗、文宗朝宰相牛僧孺之子。《厅记》："牛丛，大中十二年十一月□日自司勋员外郎拜。"

许　浑　《新唐书》卷六〇《艺文志四》"许浑《丁卯集》二卷"下注："字用晦，圉师之后，大中睦州、郢州二刺史。"《厅记》失载。

金仁规　《厅记》："金仁规，咸通三年十一月二日自太府少卿拜。"

陆　墉　《厅记》："陆墉，咸通五年十二月五日自盐铁江淮知后金部郎中拜。"

侯　温　除授年月不详，咸通七年（866）在任。《厅记》："侯温，咸通□年□月□日自郎中拜。"并系于陆墉与冯岩之间。侯温曾于睦州州城西南开筑西湖，广袤五百四十二丈。《玄英集》卷八《侯郎中新置西湖》诗有"远近利民因智力，周回润物像心源。菰蒲纵感生成惠，鳣鲔那知广大恩。潋滟清辉吞半郭，萦纡别派入遥村。……一夕机谟万古存"之句。郁《考》系于咸通六、七年。

宋　震　唐诗僧贯休《禅月集》卷一九有《上新定宋使君》诗，宋董弅《严陵集》卷二录有贯休《宋使君罢新定移出东馆二首》《夏雨登干霄亭上宋使君二首》及《寄杭州宋使君》等诗，其中《寄杭州宋使君》诗注云："公初罢睦州。"又，唐释贯休《禅月集》卷一四有《寄杭州灵隐寺宋震使君》诗，则知贯休诗中之"新定宋使君"即宋震，宋震自睦州刺史转授杭州刺史。光绪《杭州府志》系宋震杭州刺史任于咸通末。

冯　岩　《厅记》："冯岩，咸通十二年十二月十三日自太府少卿拜。"

张　极　《厅记》："张极，咸通十四年十二月五日自长安县令拜。"

许　珂　《厅记》："许珂,乾符三年自陈州刺史拜。"另,《旧唐书》卷一九《僖宗本纪》:乾符四年(877)五月,"以陈州刺史许珂为睦州刺史"。今姑从《厅记》。

柳　超　《厅记》："柳超,乾符五年十月十四日自盐铁浙东院、膳部郎中拜。"

韦　诸　《厅记》："韦诸,广明元年八月二十二日自衡州刺史拜。"①

陈　晟　《厅记》："陈晟,中和元年二月二十日清平镇□拜,筑罗城。"《新唐书》卷一〇《昭宗本纪》:光化三年(900),"睦州刺史陈晟卒,其弟询自称刺史"。同书卷一八六《周宝传》:"陈晟据睦州十八年死,弟询代立。"②

陈　询　《新唐书》卷一〇《昭宗本纪》:光化三年(900),"睦州刺史陈晟卒,其弟询自称刺史"。陈询于天祐二年(905)十月败走广陵。

金师会　《九国志》卷一《陶雅传》:"天祐初,陈询以睦州归款,吴越遣万众攻询,雅率兵救之……明年……乃令大将军金师会领睦州事,遂班师新安。而越兵大至,衢、睦、婺三州复没。"

马　绰　《吴越备史》卷一《武肃王》:天祐三年(906),"三月,(王)命浙西营田副使马绰权睦州刺史"。

任职时间不详者

章　亮　《全唐文补遗》三辑唐杨重玄《故武都侯右龙武军大将军章府君(令信)墓志并序》:"府君讳令信,字令信,武都人也。……祖亮,皇朝睦州太守。"章亮之孙即墓主章令信卒于乾元元年(758),时年七十五岁。③

张　详　《全唐文》卷二五七苏颋《章怀太子良娣张氏神道碑》:"(良娣张氏)侍御史、睦州刺史详之孙,朝议郎行桂州都督府始安县令明之女也。"

路惟恕　唐文宗宰相路随曾祖父。《旧唐书》卷一五九《路随传》:"路随,字南式,其先阳平人。高祖节,高宗朝为越王府东阁祭酒。曾祖惟恕,官至睦州刺史。"《新唐书》卷七五《宰相世系表五下》路氏:"惟恕,睦州刺史。"雍正《浙江通志》谓"天后时任",郁《考》谓"约景云中?"任。

康希铣　《颜鲁公集》卷一〇《银青光禄大夫海濮饶房睦台六州刺史上柱国汲郡开国公康使君神道碑铭》:"君讳希铣,字南金。……以言事贬房州,转睦州,

---

①　《新唐书》卷九《僖宗本纪》:中和元年(881)二月"戊戌,清平镇使陈晟执睦州刺史韦诸,自称刺史"。而同书卷一八六《周宝传》:"中和二年……明年,董昌据杭州,柳超自常熟入睦州,刺史韦诸杀之。"自相抵牾,疑《周宝传》有误。

②　《资治通鉴》卷二五四"中和四年"条谓:"是年,余杭镇使陈晟逐睦州刺史柳超……朝廷因命为刺史。"系于中和四年疑误。

③　郁《考》以《新唐书》卷七一《宰相世系表一下》陈氏:"矩,穆州刺史。"疑穆州即睦州而列有陈矩。又,《元和姓纂》卷五东海严氏:"唐穆州刺史,严撰。"据《大清一统志》卷四二一《朝鲜》:"穆州城,在开州西南百二十里。渤海置,亦曰会农郡,领会农、水岐、顺化、美县四县。辽仍旧。"故陈矩、严撰皆不录。

迁台州。所至之邦，必闻美政。开元初入计至京，抗表请致仕，玄宗不许。仍留三年，请归乡，敕书褒美，赐衣一袭，并杂彩等，仍给传驿至本州。冬十月二十有二日，不幸遘疾薨于会稽觉允里第，春秋七十一。"①

陈　操　开元前后任，除授年月不详。《严陵集》卷九宋罗汝楫《重建兜率寺记》："当楫少时，以事过新定子城之北……实唐陈尊宿故居。陈得法于断际，当时缁素归重，加姓其上，以尊宿称。太守陈操师事之，亲授法要。"

李无言　《新唐书》卷七〇上《宗室世系表上》蜀王房："睦州刺史，无言。"《淳熙严州图经》卷一《题名》失载。李无言开元十七年(729)在苏州刺史任上。

罗思崇　《全唐文》卷五〇六权德舆《唐故太中大夫守太子宾客罗公(珦)墓志铭并序》："祖思崇，韶、睦、常三州刺史。"

崔　瑶　《全唐文补遗》六辑唐卢僎《唐故光禄卿崔公(瑶)墓志铭并序》："巨唐天宝八载太岁己丑秋九月壬辰朔廿五日景辰，银青光禄大夫光禄卿上柱国魏县开国公崔府君感疾暴薨于东京鼎门之南别业。……公讳瑶，字淑玉，清河东武城人。……公甫弱冠，尚永和县主，特拜朝散大夫，授太子通事舍人。……内忧去职(宣州刺史)，制阕，转兖府都督，又移睦州刺史。咸能因人作乂，变俗归淳。"

林　披　明何乔远《闽书》卷一〇五《林披传》："以治行迁汀州别驾、知州事，复以御史大夫李栖筠奏，授检校太子詹事兼苏州别驾、睦州刺史。"

独孤氾　《新唐书》卷七五《宰相世系表五下》独孤氏："氾，睦州刺史。"《杼山集》卷四有《送韦向睦州谒独孤使君氾》："才子南看多远情，闲舟荡漾任春行。新安江色长如此，何似新安太守清。"

冯　某　名讳不详。《全唐诗》卷五〇六章孝标《送进士陈峣往睦州谒冯郎中》："太守怜才者，从容礼不轻。"

张　顗　《千唐志斋藏志》第1173页唐李球《唐故正议大夫检校太子詹事上柱国魏府君中山张氏夫人墓志铭并序》(咸通九年七月十八日)："(夫人)曾祖顗，皇睦州刺史。"张顗曾孙女即墓主张氏卒于咸通七年(866)九月十日，时年三十二岁。

滕　迈　《咸淳毗陵志》卷二六《陵墓》："滕刺史迈墓，在(无锡县)新桥门外半里荒莽间，有二石兽，刻云：唐尚书刑部郎官睦州刺史滕公之墓。"《全唐诗》卷五四九赵嘏亦有《送滕迈郎中赴睦州》诗。滕迈开成五年(840)在台州刺史任上。

裴元明　唐中宗宰相裴炎之子。《新唐书》卷七一《宰相世系表一》洗马裴氏："元明，睦州刺史。"

---

①《宋高僧传》卷八《唐越州云门寺道亮传》："睿宗及妃后送异锦衾、毡席。(景云)二年，诏于西园问道，朝廷钦贵。大都督李孝逸，工部尚书张锡，国子监周业、崔融，秘书监贺知章，睦州刺史康诜，同心慕仰，请问禅心，多结师资，或传香火。"此"康诜"或即"康希诜"之脱讹。

薛　夔　《新唐书》卷七三《宰相世系表三下》薛氏："夔，睦州刺史。"

丘神福　《元和姓纂》卷五河南丘氏："神福，睦州刺史。"

魏　洵　《元和姓纂》卷八东祖魏氏："洵，祠部郎中、睦州刺史。"

卢国佐　《新唐书》卷七三《宰相世系表三上》卢氏："国佐，睦州刺史。"

卢　钢　《新唐书》卷七三《宰相世系表三上》卢氏："钢，睦州刺史。"卢钢，雍正《浙江通志》讹作"卢纲"。

胡　某　名讳不详。唐方干《玄英集》卷五有《德政上睦州胡中丞》诗云："上德由来合动天，旌旗到日是丰年。群书已熟无人似，五字研成举世传。"同卷又有《陪睦州胡中丞泛湖》及《别胡中丞》等诗，其中《别胡中丞》诗云："二年朝夜见双旌，心魄知恩梦亦惊。""胡中丞"任睦州刺史二年离任。

卢元加　《全唐文补遗》四辑唐崔碣《卢逢时妻李氏墓铭并序》："王父尊讳元加，睦州刺史，赠工部尚书。"郁《考》失载。

齐　颢　《全唐文》卷九八四阙名《对好钩判》："睦州刺史齐颢好钩，……齐颢承荣梓阙，作镇桐庐。"

卢　某　名讳不详。《全唐诗》卷六八五吴融有《和睦州卢中丞题茅堂十韵》。

别　驾

李　櫰　唐宗室，乃唐睿宗李旦曾孙、"让皇帝"李宪之孙。《新唐书》卷七〇下《宗室世系表下》宁王房："顿丘县子、睦州别驾，櫰。"

韩　洄　乾元（758—760）中授任。《新唐书》卷一二六《韩洄传》："洄字幼深，……乾元中，授睦州别驾。刘晏表为屯田员外郎，知扬子留后。"韩洄是唐工部尚书、赠太子太师韩休的第七子，韩滉是其五兄。根据《新唐书》卷一二六《韩休传》，韩休是京兆长安人，则韩洄同为京兆长安人也。《文苑英华》卷九七三《大中大夫守国子祭酒颍川县开国男赐紫金鱼袋赠户部尚书韩公行状》："乾元中，江淮凶饥，相扇啸聚，而新安郡负山洞之阻，为害特甚。朝廷推其（指洄）能名，除睦州别驾、知州事，俄拜监察御史，又转殿中侍御史、赐绯鱼袋，充江西都团练判官，军州庶政多所访决。"万历《严州府志》作"韩泗"，系讹。

杨承令　《资治通鉴》卷二一二"开元十三年三月丙申"条："汾州刺史杨承令不欲外补，意怏怏，自言'吾出守有由'。上闻之，怒。壬寅，贬睦州别驾。"《淳熙严州图经》卷一《题名》："杨承令，开元十五年五月□日自睦州别驾拜。"

云　遂　《洛阳流散唐代墓志汇编》第378页唐程浩《唐故朝议大夫泉州刺史上柱国鄱阳县开国男云府君墓志铭并序》："公讳遂，字勖，河南人。……开元中，移睦州别驾，又转歙州别驾，加朝请大夫。又移台州别驾，加朝议大夫。祠汾阴,制除泉州刺史。"云遂于开元二十六年(738)卒,时年六十五岁。

萧文远 《文苑英华》卷九五六唐阙名《扬州兵曹参军萧府君墓志铭》:"君讳惟明,字惟明,南兰陵人。曾祖浚,皇丹州刺史。祖文远,皇睦州别驾。"

长 史

李 琬 《新唐书》卷七〇上《宗室世系表上》蜀王房:"睦州长史兼家令,琬。"

孙公彦 《新唐书》卷七三《宰相世系表三下》孙氏:"公彦,睦州长史。"

司 马

柳仁秀 《全唐文补遗》六辑唐阙名《唐故朝议郎行忻州司马柳君(真召)墓志铭并序》:"君讳真召,字真召,其先河东人也。……祖仁秀,唐朝散大夫、睦州司马。"其孙即墓主柳真召卒于乾元二年(759),时年六十五岁。

沈成福 《全唐文》卷二〇〇沈成福撰《议移睦州治所疏略》:"州城俯临江水。先是,江皋硗确,崎岖不平,展拓无地,置州筑城,东西南北,纵横才百余步。城内惟有仓库、刺史宅、曹司官宇。自司马以下及百姓,并沿江居住,城内更无营立之所。……若许移州治,并移雉山县入州,旧城亦得牢固。既益公私,不敢隐蔽。"沈成福垂拱四年(688)为台州刺史。光绪《严州府志》卷一〇《官师》系沈成福于"唐司马"条下。

李延明 《全唐文补遗》一辑唐毋熨《大唐河南府河阳县丞上柱国庞夷远妻李氏墓志铭并序》:"夫人姓李氏,讳□,陇西成纪人也。……父延明,中散大夫、睦饶二州司马、德赵二州长史,今任右卫率府郎将。"其女即墓主李氏,卒于开元九年(721)十月三日,时年三十七岁。

杜 咸 相州洹水人,乃唐高宗宰相杜正伦之从孙。《新唐书》卷一〇六《杜正伦传》载,杜咸系唐高宗朝中书令杜正伦之从孙,"开元中,为河北按察使,坐用法深,贬睦州司马"。

薛 元 《全唐文补遗》七辑唐韦暯《唐韦氏(暯)故夫人河东薛氏(琰)墓志铭并叙》谓:"河东薛夫人讳琰,字令仪,故婺州刺史讳巘之曾孙,故睦州司马讳元之孙,前江陵少尹正之第三女,即余伯舅之子。"薛元之孙女即墓主薛氏,元和十二年(817)六月二十二日卒,时年二十二岁。

孙 瑜 《唐代墓志汇编》元和一五三唐贾中立《唐朝议郎行凤州司仓参军上柱国司马君夫人新安孙氏墓志铭并序》:"夫人字坚静,建业人也。曾王父瑜,睦司马,即吴之洪胤矣。"孙瑜曾孙女,即墓主孙坚静,卒于元和十五年(820),时年五十三岁。

刘　泳　《全唐文补遗》一辑唐卢枞《唐故泗州司仓参军诸道盐铁转运等使巡覆官刘府君(茂贞)墓志》："公讳茂贞，字子松，彭城人也。……皇考讳泳，睦州司马。"刘泳之子即墓主刘茂贞，卒于大和四年(830)六月十一日，时年四十四岁。

韦延之　《太平广记》卷三八〇引《广异记》："睦州司马韦延之，秩满寄居苏州嘉兴。大历八年，患痾疾。"

刘长卿　《宋高僧传》卷八《唐睦州龙兴寺慧朗传》："大历十二年，新定太守萧定述碑，司马刘长卿书，刺史李揆篆额。"

崔善真　《旧唐书》卷一四《宪宗本纪上》：元和三年(808)春二月"辛未，赠故布衣崔善真睦州司马，忠谏而死于李锜也"。万历《严州府志》讹作"崔善贞"，且误系于"开元年"。死后赠，未实任。

吴　庶　《白居易全集》卷六九《故饶州刺史吴府君神道碑铭并序》："君讳丹，字真存，太子通事舍人览之曾孙，睦州司马庶之孙，太子宫门郎赠工部尚书铨(一作诠)之长子。"

陆元明　《旧唐书》卷一六二《陆亘传》："陆亘，字景山，吴郡人。祖元明，睦州司马。"①

李　璟　《新唐书》卷七二《宰相世系表二上》赵郡李氏："璟，睦州司马。"

王　佋　《新唐书》卷七二《宰相世系表二中》王氏："佋，睦州司马、祁县男。"

录事参军

朱巨川　《全唐文》卷三九五李纾《故中书舍人吴郡朱府君神道碑》："吴郡朱君……讳巨川，字德源，嘉兴人也，……改睦州录事参军。"

王仲连　《全唐文》卷五三二李观有《贻睦州纠曹王仲连书》。

朱子恂　《新唐书》卷七四《宰相世系表四下》朱氏："子恂，睦州录事参军。"

崔载华　《全唐诗》卷一四七刘长卿有《酬李员外从崔录事载华宿三河戍先见寄》诗。② 据《淳熙严州图经》卷二《馆驿》载，三河驿在建德县南五十里，当婺州大路。李员外，即睦州刺史李纵，字令从，诗题中之"从"当为"令从"之脱讹。

司功参军

杨玄肃　《全唐文补遗·千唐志斋新藏专辑》第57页唐阙名《大唐故承议郎

---

① 《全唐文补遗》九辑唐归融《唐故宣歙池等州都团练观察处置等使通议大夫宣州刺史兼御史大夫上柱国赐紫金鱼袋赠礼部尚书陆府君(亘)墓志铭并序》谓陆亘"曾祖元明，皇不仕"。兹姑录此以备考。

② 此诗，《刘随州集》有录，诗题作《酬李员外从崔录事》；而《文苑英华》诗题与《全唐诗》同，然作者仅谓"前人"。

行豪州招义县令杨君（玄肃）墓志铭并序》："君讳玄肃,弘农临高人也,汉太尉震之后。……以贞观廿二年,国子学生,于时皆妙选英才,甲科及第。……上元元年,又授睦州司功参军,密州莒县令。至垂拱二年,又转豪州招义县令。"杨玄肃卒于招义县令任上,时年六十六岁。

杜　宪　京兆人。《全唐文补遗》六辑唐廉察《大唐故杭州司士参军赵府君（越宝）故夫人张氏（柔范）墓志铭并序》："夫人无后胤。今朝议郎、睦州司功参军京兆杜宪,子婿也。扶侍游宦,缘历江山。……以开元十四年秋七月遘疾,廿二日终于睦州之官舍,……粤以开元十六年岁次戊辰二月戊辰朔十五日壬午,迁窆于河南府河南县梓泽乡芒山之原。"由是知杜宪于开元十四年（726）在睦州司功参军任上。

李　侯　唐宗室。《全唐文》卷四九二权德舆有《送睦州李司功赴任序》："郡功曹,实亚都吏而冠六联,选部铨署,勤于他职。李侯,宗室子,器干明茂,莅官处烦,率无留事。……予接李侯中外之姻,十二年矣。……予之内妹主中馈,劝以义。出则事良二千石,分曹赋事；入则顺承慈欢,琴瑟静好。"

孙弘立　《新唐书》卷七三《宰相世系表三下》孙氏："弘立,睦州司功参军。"

司仓参军

郑承光　《唐代墓志汇编》开元一九四唐郑虔《大唐故江州都昌县令荥阳郑府君墓志铭并叙》："君讳承光,字承光,荥阳开封人也。"郑承光解褐宣州参军,由宣州参军授睦州司仓,"振给务勤,出纳唯允"。累迁江州都昌县令。郑承光于开元八年（720）六月十三日卒,时年六十七岁。

卢　某　名讳不详,范阳人,大历十三年（778）在任。《刘随州集》卷一一《唐睦州司仓参军卢公夫人郑氏墓志铭》："有唐大历十三年九月二十一日,睦州司仓参军范阳卢公夫人郑氏终于所寓之官舍,享年四十八。……铭曰：……母仪妇德,万古千秋。新安江水,已矣东流。"

李　泱　《新唐书》卷七二《宰相世系表二上》赵郡李氏："泱,睦州司仓参军,孙孟尝、信陵、颖士。"

徐　珍　雍正《福建通志》卷三三《选举·唐荐辟》："徐珍,睦州司仓。"

司户参军

许　□　名讳不详。《全唐文补遗》五辑唐阙名《唐故始州司法□□□都尉许君墓志铭》："君□□,字□□,洛阳人也。……髫年志学,弱冠有□。……贞观四年,年廿,俯从推荐,上允宾王。……以勋授骑都尉、右武卫兵曹参军,寻转睦州司户,又转始州司法。……春秋五十,以显庆二年七月十九日,卒于府舍。"

房　琯　字次律,河南人,曾先后为玄宗、肃宗宰相。《旧唐书》卷一一一《房琯传》:"房琯,河南人,天后朝正议大夫平章事融之子也。……(开元)二十二年,拜监察御史。其年,坐鞫狱不当,贬睦州司户。……所在为政,多兴利除害,缮理廨宇,颇著能名。天宝元年,拜主客员外郎。"《新唐书》卷一三九《房琯传》略同。又,《太平广记》卷二二二《孙生》引《神异录》:"有孙生者,不载其名,善相人。因至睦州,郡守令遍相僚吏。时房琯为司户,崔涣为万年尉,贬桐庐县丞。孙生曰:'此二公位至台辅。然房,神器大宝,合在掌握中。崔后为杭州刺史,某虽不睹,然尚蒙其恩惠。'"

司兵参军

李克恭　《全唐文》卷六三九李翱《故歙州长史陇西李府君墓志铭》:"府君讳则,字某,凉武昭王十三世孙。……幼子克恭,少读书学文,以兄举进士,家事自饬,弗克求名,故年四十六,始奏授睦州司兵。累迁试大理司直兼殿中侍御史,充盐铁推官。宝历三年三月,克恭奉府君、夫人之丧,归葬于郑州某县冈原。"

司法参军

王敬仲　《全唐文补遗》一辑唐卢德明《王府君(敬仲)墓志》:"公讳敬仲,字文仲,元由太原郡也。……至(元和)九年,充浙东道同团练副使。……长庆元年,充摄睦州判司。守爱仁约,寮钦干才。曷知身瘵紫捐,药饵不验,于宝历二年三月廿一日终于饶州乐安之旅馆,享龄六十有八。"

司士参军

刘　谱　《新唐书》卷七一《宰相世系表一上》曹州南华刘氏:"谱,字伯图,睦州士曹参军。"

许利川　《册府元龟》卷一三九《帝王部·旌表三》:"(大历四年)三月,睦州司士参军许利川居母丧,以孝闻,有芝草八茎及连理树一株产于墓庐,诏旌表其门闾。"同见《册府元龟》卷七五七《总录部·孝感》。

参　军

陈行琳　《全唐文补遗》二辑、《唐代墓志汇编》开元二二四唐阙名《大唐故□□翊卫陈公(思)墓志铭》:"公讳思,字知言,其先颍川人也。……父行琳,睦州参军。"其子即墓主陈思卒于开元十五年(727)十二月二十七日,时年六十五岁。

王　某　名讳不详。《全唐文补遗》七辑唐阙名《王公女十八娘墓记》谓:"唐故睦州参军王公女十八娘铭。开元十五年(727)八月九日,殡于北邙原。"

陈祎 《全唐文补遗》三辑唐魏凌《唐故承议郎行临海郡宁海县令陈府君(祎)墓志铭并序》:"公讳祎,字争,南朝颍川人也。……弱冠,以斋郎擢第,解褐任睦州参军事。"陈祎于天宝七载(748)六月二十一日卒于宁海县令任上,时年六十一岁。

李庆之 《全唐文补遗》四辑、《唐代墓志汇编续集》咸通○二八唐李从质《故妓人清河张氏墓志》:"(张氏)有男二人,女一人。长男庆之,早卒,终睦州参军。"李庆之母亲张氏卒于咸通五年(864),时年五十一岁。

建 德 县

睦州州治。本汉富春县地,三国吴黄武四年(225),始分置建德县,属吴郡。隋开皇九年(589),平陈,县废。唐武德四年(621),复置建德县,属严州。七年,废严州及建德县,地属睦州。唐永淳二年(683),复分桐庐、雉山二县置建德县。万岁通天二年(697),移睦州州治于此。今为浙江省杭州市建德市(县级)。

县 令

陆元感 《全唐文新编》卷二七九唐靳翰《大唐故朝散大夫护军行黄州司马陆府君(元感)墓志铭》:"君讳元感,字达礼,吴郡吴人也。……解褐韩王府参军事,以丁忧去职,服阕。值国讨狄,军出定襄,戎幕择才,君为从事。文武吉甫,斯人之谓欤。寻为婺州龙邱丞,赞贰有能,风俗时变。迁睦州建德、和州历阳二县令。……寻加朝散大夫,除黄州司马。到官未几,以神龙三年七月二十日遘疾而卒,春秋七十有五。"

王某 名讳不详。《全唐文补遗》七辑有唐阙名《朝议郎行睦州建德县令柱国王君墓志》,谓其在建德县令任上,"疑狱得清,宿讼无惑,邑居绝夜吠之犬,牧人靡晨饮之羊,风振一同,功最百里"。王某开元六年(718)冬十月廿八日卒于河南府洛阳县恭坊客舍,时年六十八岁。

房琯 万历《严州府志》卷九《人物志·县令》"开元条"下载"房琯",并注"为建德县令"。同书卷一○《人物志·治行》谓:"房琯,字次津,河南人。开元中为监察御史,坐讯狱非是,贬睦州司户参军。复为建德令,所至尚德化,兴善利,以治最显,后拜相,封清河郡公。"①

---

① 《全唐诗》卷六三五周繇小传谓:"周繇,字为宪,池州人,咸通十二年登第,调建德令,辟襄阳徐商幕府、检校御史中丞,诗一卷。"唐计有功《唐诗纪事》卷五四《周繇》载其"调池之建德令"。又,时人李昭象为他赴任撰写送行诗云:"投文得仕而今少,佩印还家古所荣。"周繇为池州人,则其所调当为池之建德令无疑,兹不录。

李惟燕　《太平广记》卷一〇五《李惟燕》引《广异记》："建德县令李惟燕,少持《金刚经》。唐天宝末,惟燕为余姚郡参军。秩满北归,过五丈店,属上虞江埭塘破,水竭。"

张　栩　《刘随州集》卷二《送张栩扶侍之睦州》,诗注曰:"此公旧任建德令。"

县　丞

李　暧　《新唐书》卷七二《宰相世系表二上》赵郡李氏:"暧,建德丞。"李暧系台州唐兴县令李璥之三弟。

主　簿

郭思训　《唐代墓志汇编》景云〇二五唐阙名《唐故孝子朝议郎行大理司直上柱国郭府君墓志铭并序》:"公讳思训,字逸,太原平阳人也。……袭门绪,解褐睦州建德县主簿,应吏职清白举及第,转沧州乐陵县丞。"郭思训于景云二年(711)九月卒。

县　尉

陶元钦　《全唐文补遗》二辑唐阙名《丹阳郡故陶府君(元钦)太原王夫人墓志铭并序》:"君讳元钦,河南府洛阳县人也。……历任巨鹿郡青山县主簿,迁新定郡建德县尉,终缙云郡司法参军。在位一载,时政咸达。以德理化,育物无亏。丹笔哀矜,割断无枉。"其与夫人王氏均卒于天宝七载(748)八月。

郑尚子　唐张彦远《历代名画记》卷七《隋·郑法士》载:"(法士)孙尚子,睦州建德县尉。僧悰云:(尚子)师模顾陆骨气有余,鬼神特所偏善,妇人亦有风态,在法士下、子华上。"

蔡　浩　《全唐文补遗》一辑唐赵南华有《有唐前睦州建德县尉蔡公浩故夫人段氏墓志铭并叙》载,蔡浩夫人段氏于贞元十九年(803)六月十二日卒,时年三十五岁。墓志撰于贞元十九年八月,则蔡浩任建德县尉当在此之前。

裴　某　名讳不详。《全唐文补遗·千唐志斋新藏专辑》第 394 页唐裴虔余《唐故秀才河东裴府君(岩)墓志铭并序》谓:"会昌元年,我家君以直道被谗,谴于海外。江陵叔父君以季弟之故,亦贬为睦州建德尉。"裴虔余系墓主裴岩堂弟,而"江陵"君之谓,乃因其知盐铁江陵院。裴岩卒于会昌六年(846)九月十六日,时年三十一岁。

刘崇德　《全唐诗》卷五一〇张祜有《送刘崇德尉睦州建德县》诗,云:"一命前途远,双曹小邑闲。夜潮人到郭,春雾鸟啼山。浅濑横沙堰,高岩峻石斑。不堪曾倚棹，犹复梦升攀。"

李　泳　《新唐书》卷七二《宰相世系表二上》赵郡李氏："泳，建德尉。"

桐　庐　县

本汉富春县之桐溪乡。三国吴黄武四年(225)，分富春县置桐庐县，属吴郡，以居桐溪地而名。① 隋平陈，废桐庐县。隋仁寿(601—604)中，复置，属睦州。唐武德四年(621)，于桐庐县置严州，领桐庐、分水、建德三县。七年，废州及分水、建德二县，以桐庐属睦州。旧治桐溪，开元二十六年(738)移治钟山。今为浙江省杭州市桐庐县。

县　令

李师旦　《新唐书》卷一三〇《李尚隐传》载："睦州刺史冯昭泰，性鸷刻，人惮其强，尝诬系桐庐令李师旦二百余家为妖蛊。"《白孔六帖》等均同作"李师旦"，而《旧唐书》卷一八五《李尚隐传》中桐庐令李师旦则作"桐庐令李师"，其载云："时又有睦州刺史冯昭泰诬奏桐庐令李师等二百余家，称其妖逆，诏御史按覆之。诸御史惮昭泰刚愎，皆称病不敢往。尚隐叹曰：岂可使良善陷枉刑而不为申明哉！遂越次请往。竟推雪李师等，奏免之。"万历《严州府志》讹作"李思旦"，谓"景龙中任"。冯昭泰景龙元年(707)十月十九日自邢州刺史授睦州刺史，景龙三年卒于苏州逆旅，则李师旦任桐庐令当在景龙元年至三年间。

裴　悌　《全唐文补遗》八辑唐辛怡谏《大唐故朝散大夫并州太原县令裴府君(悌)墓志铭》："君讳悌，字悌，河东闻喜人也。……无何，除睦州桐庐、绛州万泉、并州太原三县令，朝散大夫。"

郑　锋　《太平广记》卷三〇五《王法智》引《广异记》："桐庐女子王法智者，幼事郎子神。大历中，忽闻神作大人语声。……桐庐县令郑锋，好奇之士，常呼法智至舍，令屈滕十二郎久之。"

李　某　名讳不详。唐诗人崔峒有《题桐庐李明府官舍》诗(见《全唐诗》卷二九四)："讼堂寂寂对烟霞，五柳门前聚晓鸦。流水声中视公事，寒山影里见人家。观风竞美新为政，计日还知旧触邪。可惜陶潜无限酒，不逢篱菊正开花。"崔峒，大历十才子之一。又，孟郊有《桐庐山中赠李明府》(见《全唐诗》卷三七七)

---

① 桐庐之得名有二说，均见于《太平寰宇记》。是书卷九五《江南东道七·睦州》载："耆旧相传云：桐溪有大猗桐树，垂条偃盖，荫数亩，远望似庐，遂谓为桐庐县也。"同书卷九一《江南东道三·苏州》又云："富阳浦，汉末为县于其津。吴大帝时，有浦通浙江至庐溪及桐溪，改曰桐庐。并见《吴录》。"

诗。孟郊(751—814),字东野,武康人。两诗中"李明府"或同为一人。

卢玉昆　《新唐书》卷七三《宰相世系表三上》卢氏:"玉昆,桐庐令。"

刘文会　万历《严州府志》卷九《人物志》有载,谓"贞元中任"。

郑　某　名讳不详。《玄英集》卷五有《与桐庐郑明府》诗。

房　某　名讳不详。《全唐诗》卷五三六许浑有《赠桐庐房明府先辈》诗。

杨　某　名讳不详。《杼山集》卷三有《五言夏日题桐庐杨明府纳凉山斋》诗。

县　丞

崔　涣　唐郑处诲《明皇杂录》卷上:"开元末,杭州有孙生者,善相人。因至睦州,郡守令遍相僚吏。时房琯为司户,崔涣自万年尉贬桐庐县丞。"

陈敬玄　《全唐文补遗》六辑唐贾栖梧《唐故永嘉郡永嘉县令陈公(敬玄)墓志铭并序》:"公讳敬玄,字晏。……公性恢杰,多变通。年廿八,解褐桐庐丞。邑之强梁,闻风自靡。……擢永嘉郡永嘉县令。"陈敬玄天宝四载(745)六月卒于永嘉县廨宇,时年七十七岁。

柳　某　名讳不详。《全唐文》卷五〇四权德舆《唐睦州桐庐县丞柳君故夫人天水权氏墓志铭并序》:"夫人姓权氏,天水略阳人,……以贞元二年三月归河东柳君,君为睦州桐庐丞。"权德舆为墓主权氏从父兄之子。

张正礼　《全唐文补遗》一辑唐张安节《唐故淄州高宛县令张公(茂弘)墓志铭》:"公讳茂弘,字□,敦煌人也。……父正礼,皇睦州桐庐县丞。……公即桐庐君之长嫡。"张正礼之长子、张安节之长兄即墓主张茂弘,卒于大中九年六月二十三日,时年七十三岁。

张　进　《全唐文补遗》四辑唐张汉璋《唐故泉州仙游县长官张府君(进)及巨鹿魏夫人祔葬墓志铭》:"考讳进,字正德,一子为命,一命为杭州於潜县尉,又命为睦州桐庐县丞,三命泉州仙游县长官兼学究。"张进即墓主卒于大中十一年五月廿日,时年八十八岁。张汉璋撰墓志时署"犹子",故称张进为"考"。

主　簿

李　桀　《全唐文补遗》三辑唐阙名《故大唐睦州桐庐县主簿李君(桀)墓志之铭》:"君讳桀,字陵汉,赵郡人也。……由是隋授朝散大夫。久之,唐室龙兴,旁求俊义。爰授睦州桐庐县主簿。"李桀卒于贞观十年(636)二月二十九日。

县　尉

王延祐　《册府元龟》卷一五二《帝王部·明罚》载,开元二十四年(736)四月诏曰："……河南府福昌县主簿魏萱、前睦州桐庐县尉王延祐相为党与，朝夕谈议，既涉非违，宜各决一顿，长流窦州。"

裴胄 绛州闻喜人。《新唐书》卷一三〇《裴胄传》："(裴)宽弟子胄，字胤叔，擢明经，佐李抱玉凤翔幕府，不得意，谢归，更从宣歙观察使陈少游。抱玉怒，劾贬桐庐尉。"《旧唐书》卷一二二《裴胄传》："裴胄，字胤叔，其先河东闻喜人，今代葬河南。伯父宽，户部尚书，有名于开元、天宝间。胄明经及第，解褐补太仆，……陈少游陈郑节度留后，奏胄试大理司直。少游罢，陇右节度李抱玉奏授监察御史，不得意，归免。陈少游为宣歙观察，复辟在幕府。抱玉怒，奏(贬)桐庐尉。"

陆德舆 《新唐书》卷七三《宰相世系表三下》陆氏："德舆，义乌、桐庐尉。"

权少成 《新唐书》卷七五《宰相世系表五下》权氏："少成，桐庐尉。"权少成乃权德舆从弟。《全唐文》卷五〇六权德舆《唐故河南府登封县令权君墓志铭(并序)》谓："君(指权少成)甫成童，通左《史》、古文《小戴礼》，以经明调选为睦州桐庐尉，凡七徙官，皆以功次得调。"最后仕至河南府登封令而殁，其年五十七岁。

崔秘 《太平广记》卷二七八《薛义》引《广异记》："秘省校书河东薛义，其妹夫崔秘者，为桐庐尉。"

殷孺元 《全唐文补遗》七辑唐郑儋《唐故朝散大夫使持节明州诸军事守明州刺史上柱国陈郡殷府君(文穆)墓志铭并序》谓殷文穆"有子一人孺元，前任睦州桐□县尉"。其父即墓主殷文穆于长庆(821—824)初任明州刺史，宝历元年(825)九月七日卒，时年七十七岁。

遂 安 县

本汉歙县地。三国吴大帝使贺齐平黟、歙，于歙县之南乡安定里置新定县，隶新都郡。晋武帝太康元年(280)，改新定县为遂安县，改新都郡为新安郡，县隶新安郡。隋平陈，省遂安县。隋仁寿三年(603)，复置遂安县，隶睦州。唐武德四年(621)，徙治于五狮山之麓，以山为名，故名狮城。1958年，撤销遂安县建制，并入淳安县。1959年，因修建新安江水库，遂安古县城沉于千岛湖底。

县　令

王师顺 《全唐文补遗》六辑唐张闲《大唐故朝散郎行潞州上党县尉王少府公(嵩)墓志铭并序》："公讳嵩，字□，大凉人。……父师顺，唐睦州遂安县令、忻州长史。"王师顺之子即墓主王嵩卒于开元十四年(726)，时年五十五岁。王师顺父亲王元楷，曾任越州都督府长史。

路敬潜 唐张鷟《朝野佥载》卷一："怀州录事参军路敬潜，遭綦连辉（耀）事，于新开推鞫，免死配流。后诉雪，授睦州遂安县令。"《新唐书》卷一九九《路敬淳传》："路敬淳，贝州临清人，……擢进士第。天授中，再迁太子司议郎兼修国史、崇贤馆学士。……弟敬潜，少与敬淳齐名，历怀州录事参军，亦坐耀事，系狱免死，后为遂安令。"万历《严州府志》卷九《秩官志》有载，谓路敬潜遂安县令"神龙中任"。

宋守恭《新唐书》卷七五《宰相世系表五上》宋氏："守恭，遂安令。"《元和姓纂》卷八广平宋氏："守恭，遂安令。生楚璧，兵部郎中、杭州刺史。"《全唐文补遗》二辑唐阙名《唐吏部常选荥阳郑公故夫人广平宋氏（练）墓志铭并序》："夫人讳练，广平郡人也。……祖守恭，皇睦州遂安县令。"宋守恭孙女即墓主宋氏，卒于开元十九年（731）九月二十二日，时年二十七岁。

殷　潜《白孔六贴》卷九五《鸢》："殷潜为遂安令，到官，有枭集于屏，潜不为惧。"

县　丞

黄　任 雍正《浙江通志》卷二四〇《陵墓》引《遂安县志》："唐遂安丞黄任墓，在二都珠墅。"

主　簿

无考。

县　尉

李守虚《全唐文补遗》一辑唐阙名《唐李处子（琰）墓志铭并序》："处子讳琰，赵郡赞皇人。寿安县丞玄庆之孙，遂安县尉守虚之女。……天宝末，亲殁，随兄深尉临安。以天宝十五年十月廿六日，卒于临安之官舍，春秋三十四。"

李　某 名讳不详。《全唐文补遗》三辑唐杨绾《唐故新定郡遂安县尉李府君夫人博陵崔氏墓志铭并序》："维唐天宝八载岁在己丑正月景寅朔四日己巳，故新定郡遂安县尉李公夫人崔氏，享年六十，寝疾终于东京宁仁里第。"

白幼文 唐宣宗、懿宗宰相白敏中同父异母二兄，白居易叔父之次子。《唐代墓志汇编续编》咸通〇〇五唐高璩《唐故开府仪同三司守太傅致仕上柱国太原郡开国公食邑二千户赠太尉白公（敏中）墓志铭并序》载白敏中父亲白季康前娶河东薛氏，"有子二人：长曰阐，杭州於潜尉。次曰幼文，睦州遂安尉"。

郑　盛　《新唐书》卷七五《宰相世系表五上》郑氏："盛，遂安尉。"

清溪县（雉山县）

睦州旧治。本汉歙县地，属丹阳郡。三国吴黄武元年（222），分歙县东乡置始新县。晋改为雉山县，以县南有雉山，因以为县名。隋开皇九年（589），并入新安县。仁寿（601—604）中，复为雉山县。唐文明元年（684），复为新安县。开元二十年（732），①改为还淳县。永贞元年（805）十二月，避宪宗名讳改为清溪县。②清溪古县城即威坪古镇，今已沉于千岛湖底。

县　令

元仁惠　《张燕公集》卷二二《唐故凉州长史元君石柱铭并序》："公讳仁惠，字某，河南洛阳人也。……永徽在历，硕真构难。群凶既剪，江界萧条。帝念疲甿畴兹俾乂，乃授公睦州雉山县令。乘驲而往，下车作则，江浦海盗，革面来威。然后简纲鸠人，峻策羁吏。闲田尽辟，鳏寡委犬豕之余；绝涧无游，豪猾屏蚕渔之气。我有礼乐，达于山川鬼神；物应休祯，孚于鸟兽草木。朝廷异之，拜朝散大夫，行隆州阆中令。未至，改授雍州渭南令。"元仁惠于总章二年（669）终于凉州都督府长史官舍，时年七十三岁。

胡务本　《全唐文补遗》一辑唐马巽《大唐故南齐随郡王曾孙萧陵萧君（绍远）墓志铭并序》："（萧绍远）夫人安定太君胡氏，朝议大夫、睦州雉山县令务本之女。"墓主萧绍远即胡务本之婿，卒于万岁通天二年（697）十月四日，时年四十九岁。

于尚范　《全唐文补遗》五辑唐阙名《唐故平州刺史煦山公于府君（尚范）墓志并序》："公讳尚范，字承范，洛阳河南人也。……以公令望，擢为挽郎。解褐益州参军，转右屯卫录事、少府监主簿、城门郎。……迁辰子、雉山、通泉、昌乐四县令。"此后任沧州司马、相州长史，以平州刺史致仕，封煦山公。卒于载初元年（689）六月六日，时年七十七岁。

刘　响　《全唐文补遗》五辑唐阙名《唐故石州刺史刘君（穆）墓志铭并序》："君讳穆，字穆之，河间鄚县人也。……祖响，皇朝睦州雉山县令。"刘响之孙即墓主刘穆，于唐玄宗先天元年（712）卒，时年六十二岁。

---

①　《元和郡县图志》作"二年"。
②　青溪县之"清"，《新唐书》卷四一《地理志》作"青"，然《旧唐书》卷四〇《地理志》、《元和郡县图志》卷二五、《唐会要》卷七一、《太平寰宇记》卷九五，以及有关墓志均作"清"，今径改。

陈　某　名讳不详。雍正《浙江通志》卷二二四《祠祀·严州府》"陈府君祠"条引《淳安县志》载："(祠)在县东三十里屏风岩。相传神青州人,唐龙德中为青溪令。黄巢之乱,与其二子率邑人避于岩,巢兵围之七日,乃引弓发石击之,巢兵大溃。邑人德之,因祀于岩。"同见是书卷一五六《名宦》。

郑晋客　《新唐书》卷七五《宰相世系表五上》郑氏："晋客,清溪令。"

赵　某　名讳不详。《玄英集》卷三有《与清溪赵明府》诗。

来　某　名讳不详。《全唐诗》卷六九三杜荀鹤有《清溪来明府出二子请诗因遗一绝》诗。

县　丞

无考。

主　簿

无考。

县　尉

徐齐物　《全唐文补遗》四辑唐孙事问《唐故朝散大夫□成都府司录参军上柱国徐公墓志铭并序》："公讳□□,字□□,其先东□□人。……播迁姑蔑而终焉。后子孙因为衢之人。……睦州清溪县尉讳齐物,公之王父。"徐齐物之孙即墓主"徐公"卒于会昌二年(842)十二月五日,时年七十一岁。

韦　助　《全唐文补遗》四辑唐孙事问《唐故朝散大夫□成都府司录参军上柱国徐公墓志铭并序》："(墓主徐□□)男二人,女五人,……长女归尹宗经,明经登第。次归韦助,前睦州清溪县尉。次归□□,前处州丽水县尉。二女未及笄。"韦助系徐齐物之孙即墓主"徐公"的二女婿。

分　水　县

本桐庐县之西境。唐武德四年(621)置县,七年并入桐庐县。如意元年(692)改置武盛县,因县境内武盛山以为名。① 神龙元年(705),又改为分水县,取桐庐江水中分为名。1958年11月,并入桐庐县。现为浙江省桐庐县分水镇。

---

① 武盛山,今在桐庐县分水镇西北侧,海拔260米,别名双峰山。

县　令

丘景元　《文苑英华》卷四一五《授刘廷温华原县令、丘景元分水县令制》："敕：华原，甸服之重；分水，吴境之清。宰宇至于属僚，不可轻往。以廷温在官有绩，罢退稍久；景元候表奏，举其才能，资次命之，各勤于职。可依前件。"

邓　宾　《全唐文补遗》六辑唐齐澣《大唐故闽州司马邓府君(宾)志石铭并序》："公讳宾，字光宾，京兆长安人也。……公往经迁谪，曾冒炎瘴，因求医长安，颇历时月。素为权宠所忌，不欲公久留京师，遂阴中以他事复贬为睦州分水县令。久之，迁闽府司马。"邓宾，开元十年(722)闰五月十三日卒于建州唐兴县旅馆，时年四十二岁。

李　深　《全唐文补遗》一辑唐崔元阳《唐李处子(琰)墓志铭并序》："处子讳琰，赵郡赞皇人。寿安县丞玄庆之孙，遂安县尉守虚之女。……天宝末，亲殁，随兄深尉临安。以天宝十五年十月廿六日，卒于临安之官舍，春秋卅四。及大历三年深卒分囗(水)令。四年，兄江咸举来归，葬于东京洛阳县清风乡之北茫原。"

县　丞

无考。

主　簿

无考。

县　尉

徐仙终　《全唐文补遗》六辑唐徐璪《唐故杭州司兵参军徐府君(澹)季女墓志铭并序》："徐氏季女，东海人也。……皇考讳澹，皇杭州司兵参军。娶京兆韦氏，夫人即润州刺史损之孙，监察御史彝之女。……夫人生一男二女，男仙终，睦州分水尉。季女即司兵第二女。"徐仙终二妹即墓主徐氏，卒于会昌五年(845)正月，时年三十四岁。

寿　昌　县

本汉富春县地。三国吴黄武四年(225)，分富春县置新昌县。晋太康元年(280)，改新昌县为寿昌县，属吴郡。隋开皇九年(589)，并寿昌县入始新县。唐永昌元年(689)，复置寿昌县，不久又废。神龙元年(705)，又置，属睦州。至

1958年11月,并入建德县。今为浙江省建德市寿昌镇。

县　令

李　莹　《太平广记》卷三三六《李莹》引《广异记》:"寿昌令赵郡李莹同堂妹第十三未嫁,至德初随诸兄南渡,卒葬于吴之海盐。"

穆　某　光绪《严州府志》卷一〇《官师志》"寿昌令"条有录,谓:"穆君,大历间任。"同书卷一二《遗爱》有传,谓:"穆君,大历间为寿昌令,博洽群书,尊贤下士,……邑人李频方总角,偶见而爱之……勉之力学,频遂成名。"

曹　某　《全唐诗》卷五八九李频有《送寿昌曹明府》诗:"惠人须宰邑,为政贵通经。却用清琴理,犹嫌薄俗听。涨江晴渐渌,春峤烧还青。若宿严陵濑,谁当是客星。"

戴　筠　万历《严州府志》卷九《秩官志》:"戴筠,景福二年为寿昌令,开西湖蓄新亭坂之余水,东开暗沟五百余丈,引湖水从东门出,溉东郭之田,复作桥于湖上以便行者,民至今赖之。"同见雍正《浙江通志》卷一五六《名宦》。

李　営　《新唐书》卷七二《宰相世系表二上》赵郡李氏:"営,寿昌令。"

县　丞

无考。

主　簿

无考。

县　尉

无考。

卷七　越州(会稽郡)

浙江东道观察处置等使治所。古越国地,秦、汉为会稽郡地。东汉顺帝永建四年(129),吴、会分治,以浙江以东为会稽郡,治山阴。自晋至陈,又于此置东扬州。隋平陈,改东扬州为吴州,置总管府。大业元年(605),府废,改越州,以越地名州。大业三年(607),改越州为会稽郡。唐武德四年(621),平李子通,置越州总管府,管越、嵊、姚、鄞、浙、稠、衢、穀、丽、严、婺十一州。七年,废姚州为余姚县,废稠州并省华川县入乌伤更名义乌县,废严州及分水、建德二县以桐庐县属睦州。同年,改越州总管府为越州都督府,督越、婺、鄞、嵊、丽五州,越州领会稽、诸暨、山阴、余姚四县。八年,省山阴县入会稽县,废鄞州为鄮县,嵊州为剡县来属,废丽州为永康县属婺州,废穀州并省太末、白石二县入信安县,越州都督府督越、婺二州。贞观元年(627),改督越、婺、泉、建、台、括六州。天宝元年(742),改越州为会稽郡。乾元元年(758),复改会稽郡为越州。《元和郡县图志》载,越州州境东西六百二十八里,南北三百六十里,管县七:会稽、山阴、诸暨、余姚、萧山、上虞、剡。

刺　史

庞　玉　京兆泾阳人。《会稽掇英总集》卷一八《唐太守题名记》:"总管庞玉,武德元年十二月,自右卫将军授;武德二年七月,拜梁州都督。卒后,越州人怀之,祀为城隍神。后梁开平二年,吴越武肃王请封崇福侯。"据《旧唐书》卷四〇《地理志三》,唐武德四年(621)平李子通始置越州总管,则《题名记》所载武德元年(618)授为误,当为武德四年。又,《新唐书》卷一九三《庞坚传》谓庞坚四世祖庞玉由梁州总管徙越州都督,而同书卷二二二《南平僚列传》载,武德九年(626),"巴州山僚王多馨叛,梁州都督庞玉枭其首",则《新唐书》所载庞玉由梁州总管徙越州都督亦当误,应为越州总管徙梁州都督为是。

李　嘉　《会稽掇英总集》卷一八《唐太守题名记》:"李嘉,武德三年授。"郁

《考》系于武德五、六年。①

左游仙 《旧唐书》卷五六《辅公祏传》："（辅公祏）因僭即伪位,自称宋国,于陈故都筑宫以居焉。署置百官,以左游仙为兵部尚书、东南道大使、越州总管,大修兵甲,转漕粮馈。"乃辅公祏伪任,或仅遥领而未实任。《资治通鉴》系于武德六年(623)八月。《题名记》未录。

阚棱 《新唐书》卷一《高祖本纪》：武德七年(624),"三月戊戌,赵郡王孝恭败辅公祏,执之。己亥,孝恭杀越州都督阚棱"。②

李大亮 《旧唐书》卷六二《李大亮传》："（安州刺史李）大亮以计擒公祏将张善安,公祏寻遣兵围猷州。刺史左难当婴城自守,大亮率兵进援,击贼破之……拜越州都督。贞观元年,转交州都督,封武阳县男。在越州写书百卷,及徙职,皆委之廨宇。"由是知李大亮在破辅公祏后任,当在越州都督阚棱被杀之后,即武德七年(624)至贞观元年(627)间在任。《嘉泰会稽志》卷二《太守》："李大亮,自安州刺史授；徙交州刺史。"虽不载年月,然所载不误。《会稽掇英总集》卷一八《唐太守题名记》失载。③

田德平 《会稽掇英总集》卷一八《唐太守题名记》："田德平,贞观七年七月十三日自鄜州都督授。"《嘉泰会稽志》所载同。④

冯大恩 《会稽掇英总集》卷一八《唐太守题名记》："冯大恩,贞观九年八月授。"《嘉泰会稽志》所载同。

齐善行 《会稽掇英总集》卷一八《唐太守题名记》："齐善行,贞观十七年九月自兰州都督授。"《嘉泰会稽志》所载同。《全唐文》卷三〇一何延之《兰亭始末记》："太宗遂召见（萧）翼……翼遂改冠微服……至越州,都督齐善行闻之,驰来拜谒萧翼。"唐张彦远《法书要录》卷三《何延之兰亭记》："翼遂改冠微服,至湘潭,随商人船下,至于越州。又衣黄衫,极宽长潦倒,得山东书生之体。日暮入

---

① 郁《考》引《越中金石记》云："武德三年会稽方属子通,嘉果为此官,则为子通之将,与辅公祏反淮南时命其党左游仙为越州总管者事同一例,记何必书？"并据李嘉武德七年(624)在苏州都督任,而系李嘉越州都督于武德五、六年。

② 《题名记》谓阚棱武德四年(621)六月九日自右领军将军授。而《旧唐书》卷五六《杜伏威传》,阚棱系杜伏威养子,"伏威潜忌之（公祏）,为署其养子阚棱为左将军、王雄诞为右将军,推公祏为仆射,外示尊崇而阴夺其兵权"。同书《阚棱传》亦谓："阚棱……后从伏威入朝,拜左领军将军,迁越州都督。及公祏僭号,棱从军讨之。……公祏之破,棱功居多,颇有自矜之色。及擒公祏,诬棱与己同谋。又杜伏威、王雄诞及棱家产在贼中者合从原放,孝恭乃皆籍没。棱诉理之,有忤于孝恭。孝恭怒,遂以谋反诛之。"由是知阚棱实由左领军将军迁越州都督而非《题名记》所言自右领军将军授,其所任系由杜伏威即唐朝廷所迁授,与辅公祏伪授之左游仙任期有交集。

③ 《册府元龟》卷六七九《牧守部·廉俭》："李大亮为越州都督,在州写书数百卷。及去,皆委之廨宇。"

④ 《续高僧传》卷一五《唐越州静林寺释法敏传》："贞观元年,出还丹阳讲华严涅槃。二年,越州田都督追还一音寺。"郁《考》以为此"田都督"即田德平,并谓"二年"或为"七年"之讹,今从之。

寺……翼往还既数，童弟等无复猜疑。后辩才出赴灵氾桥南严迁家斋，翼遂私来房前，谓弟子曰：'翼遗却帛子在床上。'童子即为开门，翼遂于案上取得《兰亭》及御府二王书帖，便赴永安驿，告驿长凌愬曰：'我是御史，奉敕来此，有墨敕。可报汝都督齐善行。'"齐善行乃窦建德妹婿，唐高祖初窦建德受戮于长安，齐善行等奉玺降唐。

王奉慈　《会稽掇英总集》卷一八《唐太守题名记》："王奉慈，永徽二年正月自潭州都督授；移秦州都督。"《嘉泰会稽志》所载同。

于德方　《元和姓纂》卷二河南洛阳于氏："德方，越州刺史。"《会稽掇英总集》卷一八《唐太守题名记》："于德方，永徽五年正月十七日自原州都督授。"《嘉泰会稽志》所载同。①

段宝玄　《全唐文》卷一四有唐高宗《册段宝元越州都督文》，载云："维显庆三年，岁次戊年，七月辛巳朔十九日己亥，皇帝若曰：……惟尔银青光禄大夫行洛州长史段宝元……命尔为使持节都督越台括婺泉建六州诸军事、越州刺史，尔其勤加恤隐，勉思为政。"又，永徽四年（653）长孙无忌等所呈《进律疏表》中，谓参与制订者中有"太中大夫、守大理卿、轻车都尉段宝玄"。又，《会稽掇英总集》卷一八《唐太守题名记》谓："段宝命，显庆三年六月二十一日，自洛州长史授。"《嘉泰会稽志》与《会稽掇英总集》所载同。"段宝元"系"段宝玄"之讳改，而"段宝命"系"段宝元"之讹。

唐同仁　《会稽掇英总集》卷一八《唐太守题名记》："唐同仁，龙朔元年五月十二日自虢州刺史授。"《嘉泰会稽志》所载同。

刘伯英　《会稽掇英总集》卷一八《唐太守题名记》："刘伯英，乾封元年五月自冀州长史授；总章致仕。"②

李孝逸　唐宗室。《会稽掇英总集》卷一八《唐太守题名记》："李孝逸，咸亨二年三月自常州刺史授；除益州长史。"《嘉泰会稽志》所载同。又，《咸淳毗陵志》卷七《历代郡守》亦载："李孝逸，咸亨二年为常州刺史，三月移越州都督。"

李孝廉　唐宗室。《洛阳流散唐代墓志汇编》第68页唐周彦昭《大唐故容州都督李府君墓志铭并序》："公讳俭，字孝廉，陇西狄道人也。太祖景皇帝之曾孙……淮安王之第八子也。……又授苏州诸军事、苏州刺史，择阃门之旧典，袭

---

① 于德方，一作于德芳，见《八琼室金石补正》卷三七《越州都督于德芳残碑》。然此残碑已失其前半，碑中未见"于德芳"之名，《八琼室金石补正》系据《宝刻丛编》所引《复斋碑录》而非据碑文所录。《新唐书·宰相世系表》《元和姓纂》《唐会要》及《题名记》等均作"于德方"，或"于德芳"乃"于德方"之讹。

② 《嘉泰会稽志》所载略有不同，谓刘伯英"总章元年，终于官"，即卒于越州都督任上，而非致仕。

延州之故事,风振下车,政成期月。又授都督越婺台括温等五州诸军事、越州刺史。"《会稽掇英总集》卷一八《唐太守题名记》:"李孝廉,仪凤三年二月自苏〔州〕刺史授;贬平州刺史。"①

崔承福 《千唐志斋藏志》第639页唐阙名《唐前徐州录事参军太原王君(庭玉)故夫人博陵崔氏(金刚)墓志铭并序》:"(夫人)父承福,皇朝左司郎中,齐、润等五州刺史,越、广二府都督,封博陵郡开国公,赠汴州刺史。"《会稽掇英总集》卷一八《唐太守题名记》:"崔承福,永淳二年二月十六日自浙西刺史授。"②

李思贞 《会稽掇英总集》卷一八《唐太守题名记》:"李思贞,文明元年二月九日自婺州刺史授。"

郭齐宗 《会稽掇英总集》卷一八《唐太守题名记》:"韩齐宗,光宅元年十月自右卫大将军授。"③

杨玄节 《会稽掇英总集》卷一八《唐太守题名记》:"杨玄节,垂拱元年六月自检校浙西刺史授。"

李奇容 《会稽掇英总集》卷一八《唐太守题名记》:"李奇容,垂拱二年三月自裕府副率授;拜幽州刺史。"

豆卢钦望 《会稽掇英总集》卷一八《唐太守题名记》:"豆卢钦望,如意元年三月自婺州刺史授;拜司农卿。"④

钱　节 《会稽掇英总集》卷一八《唐太守题名记》:"钱节,神功元年自扬州司马授。"

蔡德让 《会稽掇英总集》卷一八《唐太守题名记》:"蔡德让,大足元年自广州都督授。"⑤

窦怀贞 《旧唐书》卷一八三《窦怀贞传》:"怀贞,少有名誉……圣历中,为清河令,治有能名。俄历越州都督、扬州大都督府长史,所在皆以清干著称。神龙二年,累迁御史大夫,兼检校雍州长史。"《会稽掇英总集》卷一八《唐太守题名记》:"窦怀贞,长安四年自上方监授;拜扬州长史。"《嘉泰会稽志》所载同。

庞贞素 《会稽掇英总集》卷一八《唐太守题名记》:"庞贞素,神龙元年五月自右卫将军授。"

张合憝 《会稽掇英总集》卷一八《唐太守题名记》:"张合憝,神龙二年七月

---

① 《题名记》谓李孝廉由越州刺史贬平州刺史,而其墓志则谓因谤"改为新州诸军事、新州刺史"。《嘉泰会稽志》作"季孝廉",误。
② 《嘉泰会稽志》谓崔承福"永淳三年二月自□州刺史授"。
③ 右卫大将军,《嘉泰会稽志》作"左卫大将军"。
④ 司农卿,《嘉泰会稽志》作"司宾卿"。据郁《考》考证,当以"司宾卿"为是。
⑤ 大足元年,《嘉泰会稽志》讹作"大定元年"。

自光禄员外卿授;移徐州刺史。"

胡元礼 《会稽掇英总集》卷一八《唐太守题名记》:"胡元礼,神龙二年八月自苏州刺史授;拜广州都督。"①

姚　崇 武则天、中宗、睿宗、玄宗四朝宰相。《会稽掇英总集》卷一八《唐太守题名记》:"姚元之,景龙元年十月自宋州刺史授;改常州刺史。"姚元之即姚崇。

杨祇本 《会稽掇英总集》卷一八《唐太守题名记》:"杨祇本,景龙二年七月自陕州刺史授。"

尹正义 《会稽掇英总集》卷一八《唐太守题名记》:"尹正义,景龙三年六月自宋州刺史授;其年,便除相州刺史。"

王希隽 《会稽掇英总集》卷一八《唐太守题名记》:"王希隽,景龙四年六月自相州刺史授;先天二年,拜京兆少尹。"《嘉泰会稽志》所载略同,然未言召拜京兆少尹的时间"先天二年"。《唐代墓志汇编》咸通○五六唐贾当《唐故滑州匡城县令王公墓志铭并序》:"公讳虔畅,字承休,其先琅耶人。……实生希隽,官随、遂、绵、相、越五州刺史,有政术,为良二千石,历京兆少尹、太仆卿,封华容县开国男,谥贞公。"《全唐文》卷二九三张九龄《故太仆卿上柱国华容县男王府君墓志铭并序》:"公讳某,琅琊临沂人……景云岁,我唐虽旧,仪制维新,置连率之官,增监郡之秩。于是,历选列辟,专谋用贤,且有后命,而公为称首。遂作越州都督,同京官正三品连率,……事虽竟寝,议者终荣,仍守越州都督,加银青光禄大夫……征拜雍州司马。顷之,又正名为京兆少尹。"景龙四年即景云元年(710),此墓主即为王希隽,其由越州都督任上征拜雍州司马后旋即拜京兆少尹。

王子麟 《会稽掇英总集》卷一八《唐太守题名记》:"王子麟,开元二年自右卫中郎将授;其年,拜光禄卿。"

桓臣范 《会稽掇英总集》卷一八《唐太守题名记》:"桓臣范,开元三年二月自殿中少监授;改瀛州刺史。"

皇甫忠 《会稽掇英总集》卷一八《唐太守题名记》:"皇甫忠,开元十年八月自杭州刺史授;十一年,拜许州刺史。"

郑休远 《会稽掇英总集》卷一八《唐太守题名记》:"郑休远,开元十一年自汾州刺史授;十五年,有犯,去官。"

何　凤 《会稽掇英总集》卷一八《唐太守题名记》:"何凤,开元十六年自右领军将军授;十九年五月,敕与替。"

张　洸 《会稽掇英总集》卷一八《唐太守题名记》:"张洸,开元二十年自衡

---

① 《嘉泰会稽志》"二年"作"三年"。

州刺史授；二十一年，拜泰州都督。"①

裴　鼎　《会稽掇英总集》卷一八《唐太守题名记》："开元二十一年，自金吾卫将军授；二十二年，拜左威卫将军。"②

元彦冲　《会稽掇英总集》卷一八《唐太守题名记》："元彦冲，开元二十二年自襄州刺史授；二十六年，拜卫州刺史。"

敬　诚　《会稽掇英总集》卷一八《唐太守题名记》："敬诚，开元二十六年自台州刺史授；二十七年，改庐州刺史。"《全唐文》卷三三五万齐融《法华寺戒坛院碑》亦云："开元二十六载，恩制度人。采访使润州刺史齐澣、越府都督敬诚、采访使卢见义、泗州刺史王弼，无不停旗净境，禀承法训。"

秦昌舜　《会稽掇英总集》卷一八《唐太守题名记》："秦昌舜，天宝二年，③自通川郡太守授；六年，除江华太守。"

杜庭诚　《会稽掇英总集》卷一八《唐太守题名记》："杜庭诚，天宝六年授；七年，拜晋陵太守，兼按察使。"

张守信　《会稽掇英总集》卷一八《唐太守题名记》："张守信，天宝七年自杭州刺史授。"

李处祐　《会稽掇英总集》卷一八《唐太守题名记》："李处祐，天宝九年自杭州太守授；十年，致仕。"④

于幼卿　《会稽掇英总集》卷一八《唐太守题名记》："于幼卿，天宝十三年自鄱阳太守授。"

崔　寓　《会稽掇英总集》卷一八《唐太守题名记》："崔寓，至德二年自江夏郡太守授；其年六月，改给事中。"⑤

李希言　《会稽掇英总集》卷一八《唐太守题名记》："李希言，自礼部侍郎兼苏州刺史授，充节度采访使；转梁州刺史。"《嘉泰会稽志》所载略同，然谓李希言

---

① 《嘉泰会稽志》作"秦州都督"。唐武德二年（619），唐廷置秦州，设总管府。七年，改总管府为都督府。而泰州始置于南唐李昪昇元元年（937），是年升海陵县为泰州。由是知《会稽掇英总集》之"泰州都督"为"秦州都督"之讹。

② 《嘉泰会稽志》作"移卫州刺史"。又，《嘉泰会稽志》谓裴鼎"（开元）二十六年拜卫州刺史"，而据《册府元龟》卷一二八《明赏第二》载："（开元）二十三年十二月，命十道采访使举良刺史县令，以……越州刺史元彦冲……等闻上。降书宣慰，刺史各赐帛八十四、县令五十四。"知元彦冲开元二十三年（735）已在越州任上，则《嘉泰会稽志》"二十六年"当为"二十二年"之误。

③ 《嘉泰会稽志》作"天宝元年"。

④ 《会稽掇英总集》《嘉泰会稽志》均作李处祐，乾隆《绍兴府志》谓"李乾祐，天宝九载任"。按《旧唐书》卷一八五《崔隐甫传》谓"贞观年李乾祐为御史大夫"，《旧唐书》卷八一《卢承庆传》谓卢承庆于总章二年（668）"代李乾祐为刑部尚书"，则李乾祐不可能至迟天宝九载（750）再任越州刺史，乾隆《绍兴府志》"李乾祐"实为"李处祐"之误也。

⑤ 《嘉泰会稽志》所载略同，唯谓"召拜给事中，其年复改州刺史"。

乾元元年(758)所授:"李希言,乾元元年初置浙江东道节度使,自礼部侍郎授;移梁州。"乾隆《绍兴府志》系作"乾元元年任"。

吕延之 《旧唐书》卷一〇《肃宗本纪》:"(乾元二年六月)己巳,以明州刺史吕延之为越州刺史,充浙江东道节度使。"《会稽掇英总集》卷一八《唐太守题名记》:"吕延之,自明州刺史授,充节度使;丁忧。"《嘉泰会稽志》所载同。①

独孤峻 《元和郡县图志》卷二六《江南道二》:"(处州)龙泉县,乾元二年越州刺史独孤峻奏割遂昌、松阳二县置。"《会稽掇英总集》卷一八《唐太守题名记》:"独孤峻,自陈州刺史授,充节度采访使加御史中丞;改金吾卫大将军。"《旧唐书》卷四〇《地理志三》同作"乾元二年"在任,然将独孤峻误为其兄"独孤屿"。②

赵良弼 《旧唐书》卷一〇《肃宗本纪》:"(乾元三年)十月壬申,以庐州刺史赵良弼为越州刺史,充浙江东道节度使。"《会稽掇英总集》及《嘉泰会稽志》均仅谓:"赵良弼,自庐州刺史授,节度使加御史中丞;改岭南节度使。"而乾隆《绍兴府志》卷二六《郡守》则谓:"肃宗末任。"今从《旧唐书》作乾元三年(760)任。

杜鸿渐 《会稽掇英总集》卷一八《唐太守题名记》:"杜鸿渐,自湖州刺史授,节度使加御史中丞;迁户部侍郎。"《嘉泰会稽志》所载同。《宋高僧传》卷一五《唐越州称心寺大义传》谓,释大义在越州称心寺期间,"前后朝贵归心者"有"相国杜鸿渐",而其列名在"尚书薛兼训""中丞独孤峻"等之前,或因杜鸿渐在释大义化灭之时即大历己未岁(779)已位至宰相之尊故也。《毗陵集》卷一七《豫章冠盖盛集记》:"岁次辛丑春正月,东诸侯之师有事于淮西。是役也……我都督防御观察处置使兼御史中丞韦公元甫,克振远略,殷为长城,且修好于邻侯,从交相见,敦同盟戮力之义,图靖难勤王之举。……于是,户部尚书兼御史大夫李公峘至自广陵,越州刺史兼御史中丞杜公鸿渐至自会稽,润州刺史试鸿胪少卿韦公儇至自京口,苏州刺史韦公之晋至自吴,庐州刺史前尚书右丞徐公浩至自合淝。"辛丑岁即

---

① 《全唐文补遗》四辑唐吕温《唐故通议大夫使持节都督潭州诸军事守潭州刺史兼御史中丞充湖南都团练观察处置等使(下阙)鱼袋赠陕州大都督东平吕府君(渭)墓志铭并序》:"(吕渭)考府君讳延之,越州刺史、浙江东道节度使。"同书吕焕《唐故中散大夫秘书监致仕上柱国赐紫金鱼袋赠左散骑常侍东平吕府君(让)墓志铭并序》则谓:"显祖讳延之,越州刺史、浙江东道节度使。"郁《考》引用《旧唐书·肃宗本纪》《旧唐书·吕渭传》《会稽掇英总集》《嘉泰会稽志》等诸书亦均作"延之"。知吕渭墓志中"吕廷之"乃"吕延之"之讹误。又,乾隆《绍兴府志》谓吕延之于唐代宗广德元年(763)任越州刺史,亦误。当为乾元二年(759)六月己巳授。

② 《旧唐书》卷四〇《地理志》:"乾元二年,越州刺史独孤屿奏请于括州龙泉乡置县,以龙泉为名,从之。"据独孤屿侄子独孤及所撰《唐故大理少卿兼侍御史河南独孤府君(屿)墓志铭并序》(见《毗陵集》卷一〇),谓"越州都督、浙江东道节度观察处置使兼御史中丞左金吾大将军峻",独孤屿乃独孤屿之季弟。又,《宋高僧传》卷一五《唐越州称心寺大义传》载,释大义在越州称心寺期间,"前后朝贵归心者"中即有"中丞独孤峻"。由是均可确知担任浙江东道观察处置使兼越州刺史者为独孤峻,而非独孤屿,《旧唐书》所载讹误。

上元二年（761），亦即宝应元年，知杜鸿渐其时已在越州刺史兼御史中丞任上。乾隆《绍兴府志》卷二六《郡守》谓：杜鸿渐"代宗广德二年任"，应误。新、旧《唐书》有传，然未言其任越州刺史。

  王 玙 《旧唐书》卷一三〇《王玙传》："上元二年，（以刑部尚书王玙）兼扬州长史、御史大夫，充淮南节度使。肃宗南郊礼毕，以玙使持节都督越州诸军事、越州刺史，充浙江东道节度观察处置使，本官兼御史大夫、祠祭使如故，入为太子少保，转少师。大历三年六月卒。"《会稽掇英总集》卷一八《唐太守题名记》："王玙，自太子少师兼扬州长史、御史大夫授，充节度观察使。"所载原官误，当为刑部尚书兼扬州长史、御史大夫，充淮南节度使授。又，乾隆《绍兴府志》卷二六《郡守》谓王玙"上元元年任"，误。

  薛兼训 《太平广记》卷三三七《薛万石》："广德初，浙东观察薛兼训用万石为永嘉令。"《元和郡县图志》卷二六《江南道二》："（越州）会稽县……大历二年，刺史薛兼训奏省山阴，并会稽。"《旧唐书》卷一一《代宗本纪》："（大历五年）秋七月丁卯，以浙东观察使、越州刺史、御史大夫薛兼训为检校工部尚书、太原尹、北都留守，充河东节度使。"《会稽掇英总集》《嘉泰会稽志》均有载，然未载授除年月。乾隆《绍兴府志》谓"大历二年任"，误。郁《考》系授任年于"宝应元年"，未详所据。

  陈少游 《旧唐书》卷一一《代宗本纪》："（大历五年）九月丁丑，以宣歙池等州都团练观察使、宣州刺史、兼御史中丞陈少游，充浙江东道团练观察使。"同卷又谓："（大历八年十月）己丑……以浙东观察使、越州刺史陈少游，为扬州大都督府长史，充淮南节度使。"《会稽掇英总集》卷一八《唐太守题名记》所载同，谓："陈少游，大历五年九月自宣歙观察使授；八年十月，迁淮南节度使。"任内奏复置山阴县。

  皇甫温 《旧唐书》卷一一《代宗本纪》："（大历九年八月）戊寅，以陕州大都督府长史皇甫温为越州刺史，充浙东观察使。"《会稽掇英总集》卷一八《唐太守题名记》："皇甫温，大历九年八月自陕虢观察使兼御史大夫授。"《全唐文》卷五二二梁肃《为独孤郎中祭皇甫大夫文》："……敬祭于故浙西东观察使皇甫公之灵。"并称大夫"分陕牧越，统戎镇俗"，"大旆长毂，东征不复"，由是知此文为祭皇甫温文，温皇甫温卒于浙东观察使兼越州刺史任上。

  崔 昭 《会稽掇英总集》卷一八《唐太守题名记》："崔昭，大历十一年七月自宣州观察使授；其年十月，敕停观察团练使，隶入浙西属州。"《嘉泰会稽志》略同。《全唐文》卷五二三崔元翰《判曹食堂壁记》："越州号为中府，连帅治所，监六郡，督诸军。……期年，故太子少师皇甫公来临是邦，始更而广之……后二岁，而御史大夫崔公为之。"崔昭大历十一年（776）七月，与皇甫温大历九年八月任越州刺史之间恰好二年。

王　密　《会稽掇英总集》卷一八《唐太守题名记》："王密，大历十四年十一月自湖州刺史授；建中二年十月，敕兼浙江东、西二道节度副使。"《嘉泰会稽志》所载略同。《嘉泰吴兴志》卷一四《郡守题名》："王密，建中三年自明州刺史授；迁越州都督，充浙东西团练副使。"并注云："《统记》云：大历十四年。"郁《考》谓大历十四年（779）为是。①《嘉泰会稽志》卷一《历代属县》："贞元元年，刺史王密奏置上虞县。"

元　亘　《会稽掇英总集》卷一八《唐太守题名记》："元亘，贞元二年十二月自楚州刺史授。"《全唐诗》卷三〇四刘商有《送元使君自楚移越》诗，此"元使君"即为元亘。

皇甫政　《会稽掇英总集》卷一八《唐太守题名记》："皇甫政，贞元三年二月自权知宣州刺史授；十三年三月，改太子宾客。"《嘉泰会稽志》所载同。②

李若初　《旧唐书》卷一三《德宗本纪下》：贞元十三年（797）三月"乙巳，以福建都团练使李若初为（明）[越]州刺史、浙东观察使"；十四年九月"乙卯，以……浙东观察李若初为润州刺史、浙西观察使及诸道盐铁转运使"。《会稽掇英总集》《嘉泰会稽志》均载："李若初，贞元十三年三月自福建观察使授；十四年，改浙西观察使、诸道盐铁转运等使。"

裴　肃　《旧唐书》卷一三《德宗本纪下》：贞元十四年（798）九月，"乙卯……又以常州刺史裴肃为越州刺史、浙东观察使"。《会稽掇英总集》卷一八《唐太守题名记》："裴肃，贞元十四年九月自常州刺史、御史中丞授；十五年五月，加御史大夫。"③而《旧唐书》卷一五四《许孟容传》："（贞元）十八年，浙江东道观察使裴肃卒。"

贾　全　《旧唐书》卷一三《德宗本纪下》：贞元十八年（802）正月"庚辰，以常州刺史贾全为越州刺史、浙东观察使"。同书卷一四《宪宗本纪上》：永贞元年（805）十月庚子，"浙东观察使贾全卒"。《会稽掇英总集》卷一八《唐太守题名记》："贾全，贞元十八年正月自常州刺史授；二十一年，加检校右散骑常侍。"贞元二十一年即永贞元年。

杨於陵　《旧唐书》卷一四《宪宗本纪上》：永贞元年（805）十月"丙午，以华州刺史杨於陵为越州刺史、浙东观察使"。《全唐文》卷六三九李翱《唐故福建等

---

①　《嘉泰会稽志》卷二《太守》有韩滉，在王密、元亘之间。韩滉曾任浙江东西道观察使，而浙江东西道观察使治润州，由润州刺史充，故疑韩滉未任越州刺史。

②　《旧唐书》卷一二《德宗本纪上》载，贞元三年二月，"（以）宣州刺史皇甫政为越州刺史、浙东观察使"，无"权知"二字。

③　《嘉泰会稽志》无"十五年五月，加御史大夫"句。

州都团练观察处置等使兼御史中丞赠右散骑常侍独孤公墓志铭》亦谓："德宗崩，为太原、幽、镇等十道告哀使……其年冬，迁浙江东道团练观察使。越中大饥，人至相食，公奏请度支米三十万斛，又乞籴他道以赈救之，民得生全。入为户部侍郎，未到改京兆尹。"《会稽掇英总集》卷一八《唐太守题名记》："杨於陵，永贞元年十月自华州防御使授；元和二年四月，迁户部侍郎。"

阎济美 《会稽掇英总集》卷一八《唐太守题名记》："阎济美，元和二年四月自前福建观察使授；其年十月，追赴阙。"《嘉泰会稽志》所载同。又，《全唐文补遗》四辑唐孙纾《唐河南府洛阳县尉孙嗣初妻京兆韦夫人墓志铭并序》："夫人姓韦氏，京兆杜陵人也。……列考府君讳本仁，皇越州录事参军、润州延陵县令……延陵府君娶天水阎氏。外祖讳济美，皇朝浙东观察使、太子少保。夫人则阎太夫人爱女也。"其婿韦本仁曾为越州录事参军事。

薛苹 《会稽掇英总集》卷一八《唐太守题名记》："薛苹，元和三年正月自湖南观察使授；五年八月，除润州观察使。"①《旧唐书》卷一四《宪宗本纪上》亦云：元和五年(810)八月，"以浙东观察使薛苹为润州刺史、浙西观察使"。同书卷一八五《薛苹传》谓："薛苹，河东宝鼎人也。少以吏事进……朝廷以尤课擢为湖南观察使，又迁浙江东道观察使，以理行迁浙江西道观察使。"其为官，"廉风俗，守法度，人甚安之。理身俭薄，尝衣一绿袍，十余年不易"。

李逊 《旧唐书》卷一四《宪宗本纪上》：元和五年(810)八月，"以常州刺史李逊为越州刺史、浙东观察使"。《会稽掇英总集》卷一八《唐太守题名记》："李逊，元和五年八月自前常州刺史授；九年九月，追赴阙。"《嘉泰会稽志》所载同。又，《太平广记》卷一七二引《逸史》云："故刑部李尚书逊为浙东观察使，性仁恤，抚育百姓，抑挫冠冕。"

孟简 《旧唐书》卷一五《宪宗本纪下》：元和九年(814)九月戊戌，"以给事中孟简为越州刺史、浙东观察使……十二年，入为户部侍郎"。《全唐文》卷六一六孟简《建南镇碣记》："元和甲午，简自给事中蒙恩授浙江东道都团练观察使。"元和甲午岁即元和九年。《会稽掇英总集》卷一八《唐太守题名记》亦载："孟简，元和九年九月自给事中授；十二年正月，追赴阙。"《嘉泰会稽志》所载同。②

---

① 《会稽掇英总集》《嘉泰会稽志》均列薛苹于阎济美后，却谓阎济美元和二年(807)四月授越州刺史，其年十月追赴阙，谓薛苹元和二年正月授越州刺史，殊为乖张，薛苹任年元和二年当为三年之讹误，径改。又，《会稽掇英总集》卷一八《唐太守题名记》谓薛苹元和五年(810)八月"除润州观察使"，《嘉泰会稽志》作"移浙西观察使"，浙西观察使治润州，浙西观察使职往往同时亦为润州刺史充，故《会稽掇英总集·唐太守题名记》或脱"(润州)刺史""浙西"四字。

② 《太平广记》卷一七二引《逸史》云："孟尚书简任常州刺史，常与越近，具熟其事。明年，替李公(逊)为浙东观察使。"谓孟简由常州刺史授越州刺史、浙东观察使，疑误。

孟简长庆元年(821)贬任睦州刺史。

薛 戎 《会稽掇英总集》卷一八《唐太守题名记》："薛戎，元和十二年正月自常州刺史授；长庆元年九月，随表朝觐赴阙。"《嘉泰会稽志》所载略同，然谓"长庆元年九月疾病去官"。《旧唐书》卷一六《穆宗本纪》：长庆元年(821)十月"丁亥，前浙东观察使薛戎卒"。薛戎系湖州长史薛同第三子、温州刺史薛义之弟。

丁公著 《旧唐书》卷一六《穆宗本纪》：长庆元年(821)十月壬申，"以工部尚书丁公著检校左散骑常侍，兼越州刺史、御史中丞，充浙东观察使"。《会稽掇英总集》卷一八《唐太守题名记》："丁公著，权知吏部铨选事、检校右散骑常侍授；长庆三年九月，追赴阙。"①乾隆《绍兴府志》谓"长庆元年任"。

元 稹 北魏昭成帝十世孙，唐穆宗宰相。《旧唐书》卷一六六《元稹传》："元稹，字微之，河南人。……乃出稹为同州刺史……在郡二年，改授越州刺史、兼御史大夫、浙东观察使……凡在越八年。太和初，就加检校礼部尚书。三年九月，入为尚书左丞。"《元稹集》卷五一《永福寺石壁法华经记》："予始以长庆二年相先帝无状，谴于同州。明年徙会稽，路出于杭。……长庆四年四月十一日，浙江东道都团练观察处置等使通议大夫使持节都督越州诸军事越州刺史兼御史大夫上柱国赐紫金鱼袋元稹记。"即长庆三年(823)所授。《会稽掇英总集》卷一八《唐太守题名记》："元稹，长庆三年八月自同州防御使授；大和三年九月，除尚书左丞。"《嘉泰会稽志》所载同。元稹在浙东观察使兼越州刺史任内，"奏罢自越抵京师邮夫，获息肩者万计，道路歌舞之。明年，辨沃瘠，察贫富，均劳逸，以定税籍，越人便之，无流庸，无逋赋。又明年，命吏课七郡人，冬筑陂塘，春贮雨水，夏溉旱苗，农人赖之，无饿殍"。②

陆 亘 《旧唐书》卷一七《文宗本纪上》：大和三年(829)九月"戊戌，以前(睦)〔苏〕州刺史陆亘为越州刺史、浙东观察使，代元稹"。同卷又载，大和七年闰七月癸未，"以亘为宣歙观察使"。《会稽掇英总集》卷一八《唐太守题名记》亦载："陆亘，大和三年九月自苏州刺史授；七年闰七月，除宣州观察使。"③《全唐文补遗》九辑唐归融《唐故宣歙池等州都团练观察处置等使通议大夫宣州刺史兼御史大夫上柱国赐紫金鱼袋赠礼部尚书陆府君(亘)墓志铭并序》："大和三年，迁浙江东道都团练观察处置等使、兼御史中丞。其临会稽也，用姑苏之术。七州大悦，

---

① 《嘉泰会稽志》卷二《太守》谓丁公著"自礼部尚书、翰林侍读学士授"，误。
② 《白居易全集》卷七〇《唐故武昌军节度处置等使正议大夫检校户部尚书鄂州刺史兼御史大夫赐紫金鱼袋赠尚书右仆射河南元公墓志铭并序》，上海古籍出版社1999年版，第964页。
③ 《旧唐书》卷一六二《陆亘传》载，陆亘"历刺兖、蔡、虢、苏四郡，迁越州刺史、浙东团练观察等使，移宣歙观察使，加御史大夫"。以及《题名记》《嘉泰会稽志》并陆亘墓志等所载皆谓由苏州刺史授，可知《旧唐书》卷一七《文宗本纪上》之"睦州"当为"苏州"之误。

布和宣化,益振人谣。"

李　绅　字公垂,唐武宗宰相。李绅出生于湖州乌程县,父丧随母迁居无锡县。《旧唐书》卷一七《文宗本纪下》:大和七年(833)七月"癸未,以太子宾客李绅检校左散骑常侍、兼越州刺史,充浙东观察使,代陆亘"。九年五月"丁未,以浙东观察使李绅为太子宾客分司东都"。《会稽掇英总集》卷一八《唐太守题名记》亦载:"李绅,大和七年自太子宾客分司东都授;九年五月,却除太子宾客分司东都。"①

高　铢　《旧唐书》卷一七《文宗本纪下》:大和九年(835)五月"丁未,以浙东观察使李绅为太子宾客分司东都。乙卯,以给事中高铢为浙东观察使"。同书卷一六八《高铢传》谓:大和九年"五月,出为越州刺史、御史中丞、浙东观察使。开成三年,就加检校左散骑常侍,寻入为刑部侍郎"。《会稽掇英总集》卷一八《唐太守题名记》:"高铢,大和九年五月自给事中授;开成四年闰正月,追赴阙,中路除刑部侍郎。"②

李道枢　《旧唐书》卷一七《文宗本纪下》:开成四年(839)闰正月甲申,"以苏州刺史李道枢为浙东观察使"。三月"癸酉,浙东观察使李道枢卒"。《会稽掇英总集》《嘉泰会稽志》均仅言及其授任:"李道枢,开成四年正月三十日自苏州刺史授。"而未言其卒于任。

萧　俶　乃唐穆宗宰相萧俛之弟。《旧唐书》卷一七《文宗本纪下》:开成四年三月"癸酉,浙东观察使李道枢卒……以楚州刺史萧俶为浙东观察使"。同书卷一七二《萧俶传》:"开成二年,出为楚州刺史。四年三月,迁越州刺史、御史中丞、浙东都团练观察使。会昌中,入为左散骑常侍,迁检校刑部尚书、华州刺史、潼关防御等使。"《会稽掇英总集》卷一八《唐太守题名记》:"萧俶,开成四年三月自楚州团练使授;会昌二年七月,除给事中。"

李师稷　《旧唐书》卷一七四《杨嗣复传》:"杨嗣复,字继之,父於陵……嗣复领贡举时,於陵自洛入朝。乃率门生出迎,置酒第中,於陵坐堂上,嗣复与诸生坐两序。始,於陵在考功,擢浙东观察使李师稷及第,时亦在焉。人谓'杨氏上下门生',世以为美。"《会稽掇英总集》卷一八《唐太守题名记》:"李师稷,会昌二年二月自楚州团练使兼淮南营田副使授。"《嘉泰会稽志》同。又,《八琼室金石补正》卷七三《五大夫新桥记》:"会稽东不远七十里有大泽曰虞江,江之东南廿里有草市,粤五大夫在凤山南面……时廉使李公仁风远扇,卧牧百城……会昌三年岁在

---

①　《两浙金石志》卷二李绅《唐龙宫寺碑并序》署名"浙江东道都团练观察处置等使中散大夫检校左散骑常侍兼越州刺史御史中丞赐紫金鱼袋李绅撰",碑于"唐大和九年乙卯岁四月廿五日建",即在其离任前月所撰也。

②　《嘉泰会稽志》所载与《题名记》略同,唯无"中路除刑部侍郎"句。

渊献月属无射二十有九日建。"据《越中金石记》卷一录此碑记按云:"记撰于会昌三年,廉使乃李师稷。"①

元晦 《会稽掇英总集》卷一八《唐太守题名记》:"元晦,会昌五年七月自桂管观察使授;大中元年五月,追赴阙,中路除卫尉分司东都。"《嘉泰会稽志》略同。

杨汉公 《会稽掇英总集》卷一八《唐太守题名记》:"杨汉公,大中元年五月自桂管观察使授;二年二月,追赴阙。"《嘉泰会稽志》同。

李拭 《会稽掇英总集》卷一八《唐太守题名记》:"李拭,大中二年二月自京兆尹除检校左散骑常侍授;二年十月,追赴阙。"《嘉泰会稽志》同。

李褒 《会稽掇英总集》卷一八《唐太守题名记》:"李褒,大中三年自前礼部侍郎授;六年八月,追赴阙。"《嘉泰会稽志》所载同,同书又载会稽县有晋义熙三年(407)所建云门寺,"会昌毁废。大中六年,观察使李褒奏再建,号大中拯迷寺"。

李讷 前越州刺史李逊之弟。《资治通鉴》卷二四九"大中九年"条:"秋七月,浙东军乱,逐观察使李讷。……九月乙亥,贬李讷为朗州刺史。"《樊川文集》卷一五有《李讷除浙东观察使兼御史大夫制》,据缪钺著《杜牧年谱》,杜牧大中五年(851)秋由湖州刺史入拜考功郎中、知制诰,六年迁中书舍人。《会稽掇英总集》卷一八《唐太守题名记》:"李讷,大中六年八月自华州防御使授;九年九月,敕贬朗州刺史。"②

沈询 字诚之,吴人,乃沈既济之孙、沈传师之子。《资治通鉴》卷二四九"大中九年"条:"九月乙亥,贬李讷为朗州刺史……以礼部侍郎沈询为浙东观察使。"《会稽掇英总集》卷一八《唐太守题名记》:"沈询,大中九年九月自前礼部侍郎授;十二年六月,追赴阙。其月四日,迁户部侍郎。"③

郑宪 《会稽掇英总集》卷一八《唐太守题名记》:"郑宪,大中十二年五月自江南西道观察使授,未到任。其年七月,除袁王傅,分司东都。"《资治通鉴》卷二四九"大中十二年"条:"六月丙申,江西军乱,都将毛鹤逐观察使郑宪。"《嘉泰会稽志》未载录。

郑处诲 荥阳人。《旧唐书》卷一五八《郑处诲传》:"处诲,字延美……累迁

---

① 《太平广记》卷四八《白乐天》引《逸史》谓:"唐会昌元年,李师稷中丞为浙东观察使,有商客遭风飘荡,不知所止。"会昌二年(842)萧俶在任,疑《太平广记》所载"会昌元年"为误。
② 《旧唐书》卷一八《宣宗本纪》谓:"(大中)十年春正月,以华州刺史李讷检校左散骑常侍兼越州刺史浙东都团练观察等使。"作"大中十年春正月"授任,误。又,《嘉泰会稽志》谓李讷"贬潮州刺史",及乾隆《绍兴府志》将"李讷"作"李纳",皆误。
③ 《嘉泰会稽志》略同,唯无"其月四日,迁户部侍郎"之句。

工部、刑部侍郎，出为越州刺史、浙东观察使、检校刑部尚书、汴州刺史、宣武军节度观察等使，卒于汴。"《会稽掇英总集》卷一八《唐太守题名记》："郑处诲，大中十二年七月自太子宾客授；①大中十三年，迁工部尚书，充浙西都团练观察使。"

郑祗德 《资治通鉴》卷二四九"大中十三年"条：十二月，"浙东贼帅（裘）〔仇〕甫攻陷象山，官军屡败，明州城门昼闭，进逼剡县，有众百人，浙东骚动。观察使郑祗德遣讨击副使刘勍、副将范居植将兵三百合台州军共讨之"。又，同书卷二五〇"咸通元年条"：二月，"朝廷知祗德懦怯，议选武将代之"，"及王式除书下，浙东人心稍安"。夏四月"乙未，式入越州，既交政，为郑祗德置酒"。《会稽掇英总集》卷一八《唐太守题名记》："郑祗德，大中十三年自太子宾客、除检校工部尚书授；十四年三月，迁检校礼部尚书。"②

王　式 唐穆宗宰相王播之子。《新唐书》卷九《懿宗本纪》："咸通元年正月，浙东人仇甫反，安南经略使王式为浙江东道观察使以讨之。"《旧唐书》卷一九《懿宗本纪》：咸通三年（862）"七月，徐州军乱，以浙东观察使王式检校工部尚书、徐州刺史、御史大夫、武宁军节度、徐泗濠观察等使"。同书卷一六四《王式传》："咸通初，为浙东观察使……三年，徐州银刀军叛，以式为徐州节度使。"《会稽掇英总集》卷一八《唐太守题名记》："王式，大中十四年自前安南经略使授；咸通三年六月，迁工部尚书，充武宁军节度使。"③大中十四年即咸通元年（860）。

郑裔绰 郑州荥泽人。《会稽掇英总集》卷一八《唐太守题名记》："郑裔绰，咸通三年三月自权知秘书监、除检校左散骑常侍授。"《嘉泰会稽志》同。《新唐书》卷一六五《郑裔绰传》亦谓："（裔绰）后由秘书监迁浙东观察使，终太子少保。"

杨　严 字凛之，同州冯翊人，唐懿宗宰相杨收之弟。《旧唐书》卷一七七《杨严传》："兄收作相，封章请外职，拜越州刺史、御史中丞、浙东团练观察使。收罢相贬官，严坐贬邵州刺史。"《会稽掇英总集》卷一八《唐太守题名记》："杨严，咸通五年九月自前中书舍人授；六年二月二十四日，追赴阙。"《嘉泰会稽志》所载同。岑仲勉《方镇年表正补》谓"六年"当为"八年"之讹。

王　沨 字中德，琅琊人。《会稽掇英总集》卷一八《唐太守题名记》："王沨，咸通八年自前户部侍郎授。"《嘉泰会稽志》所载同。《玄英集》卷五《越中言事二首》注云："咸通八年琅琊公到任后作。""琅琊公"即王沨。唐罗隐撰有《投浙东王大夫二十韵》，其中言"啸傲辞民部，雍容出帝乡。赵尧推印绶，句践与封疆"，说的就是王沨咸通八年由户部侍郎出为越州刺史之事。又，唐沈汾《续仙传》卷上

---

① 《嘉泰会稽志》谓"自刑部侍郎授"。
② 《嘉泰会稽志》略同，但无"十四年三月，迁检校礼部尚书"之句。
③ 《题名记》及《唐书》本传均谓王式迁"武宁军节度使"，而《嘉泰会稽志》谓"武康节度使"，误。

《王可交》:"众僧审问,极异之。乃以状白唐兴县,以达台州,闻于廉使王沨。沨素奉道,召见,极以为非常之事。"王沨后由越州刺史入朝为吏部侍郎。

李绾 《会稽掇英总集》卷一八《唐太守题名记》:"李绾,咸通十一年五月自中书舍人、充史馆修撰授;十三年十二月,追赴阙。"①

王龟 前越州刺史王式从弟。《旧唐书》卷一六四《王龟传》:"龟……(咸通)十四年,转越州刺史、御史大夫、浙东团练观察使。先是,龟兄式抚临此郡,有惠政。闻龟复至,舞抃迎之。属徐泗之乱,江淮盗起,山越乱,攻郡,为贼所害,赠工部尚书。"《会稽掇英总集》卷一八《唐太守题名记》:"王龟,咸通十三年十一月自同州防御兼长春宫等使、检校右散骑常侍授。"《嘉泰会稽志》同。

裴延鲁 《会稽掇英总集》卷一八《唐太守题名记》:"裴延鲁,咸通十五年六月自中书舍人授;乾符二年十月二十一日,加左散骑常侍。"②《宋高僧传》卷三〇《唐越州明心院慧沐传》:"释慧沐,俗姓祝氏,即世暨阳人也……咸通七载,还归故乡。邑宰韦公,乃率信心者造栖真院,四方禅客无远不届。廉使裴延鲁召沐,因营鉴水坊精舍……既而居之。"

崔璆 《旧唐书》卷一九《僖宗本纪》:乾符六年(879),"五月,贼(指黄巢军)围广州,仍与广南节度使李岩、浙东观察使崔璆书,求保荐,乞天平节钺。璆、岩上表论之"。同书卷一七八《郑畋传》亦载:"六年,(黄巢)陷安南府据之,致书与浙东观察使崔璆求郓州节钺。""广明元年,贼自岭表北渡江浙,虏崔璆。"《新唐书》卷二二五《黄巢传》则谓:"(黄巢)转寇浙东,执观察使崔璆……时六年三月也。"《会稽掇英总集》卷一八《唐太守题名记》:"崔璆,乾符四年闰二月自右谏议大夫、知匦使授;五年六月,加正议大夫。"《嘉泰会稽志》略同,③均未言及其被执之事,或讳言也。新、旧《唐书》皆载其被执事,《旧唐书》卷一九《僖宗本纪》系于广明元年(880),而《新唐书》卷二二五《黄巢传》则系于乾符六年(879)三月。广明元年十二月,黄巢任崔璆为中书侍郎、平章事。

柳韬 《会稽掇英总集》卷一八《唐太守题名记》:"柳韬,乾符六年十一月十九日自给事中除左散骑常侍授。"《嘉泰会稽志》所载同。柳韬后在越州刺史任上以贿免官,见《吴越备史》卷一《武肃王》。

刘汉宏 《资治通鉴》卷二五四"广明元年"条:十一月,"宿州刺史刘汉宏怨朝廷赏薄。甲寅,以汉宏为浙东观察使"。《会稽掇英总集》卷一八《唐太守题名记》:"刘汉宏,广明元年十一月四日自宿州刺史兼检校左散骑常侍授;以光启二

---

① 《嘉泰会稽志》"十二月"作"十一月"。
② 《嘉泰会稽志》略同,然无"乾符二年十月二十一日,加左散骑常侍"之句。
③ 《嘉泰会稽志》无"五年六月,加正议大夫"之句。

年十一月二十二日，伏诛于阙阗。"一说中和元年（881）正月庚戌任，《旧唐书》卷一九《僖宗本纪》："中和元年春正月庚戌……以宿州刺史刘汉宏为越州刺史，领镇东军节度、浙江东道观察处置等使。"

董　昌　《旧唐书》卷一九《僖宗本纪》：光启元年（885）三月，"杭州刺史董昌大败刘汉宏之众，进攻越、婺、台、明等州，下之。遂以昌为越州刺史、镇东军节度、浙江东道观察等使"。同书卷二〇《昭宗本纪》：乾宁三年（896）四月，"镇海军节度使钱镠攻越州，下之，斩董昌，平浙东。制加钱镠检校太尉、中书令"。《嘉泰会稽志》卷二《太守》："董昌，光启元年自杭州刺史破刘汉宏，遂为义胜军节度使。三年，改为威胜军。乾宁二年，削。"董昌于乾宁二年（895）僭号称罗平国。①

王　抟　《旧唐书》卷二〇《昭宗本纪》：乾宁三年（896）五月"辛巳……制金紫光禄大夫、户部尚书、门下侍郎平章事、监修国史、上柱国、太原郡开国公王抟，为检校尚书左仆射同平章事、兼越州刺史，充镇东军节度、浙江东道观察处置等使"。《会稽掇英总集》《嘉泰会稽志》未录，而《唐大诏令集》卷五四有杨钜《王抟威胜军节度平章事制》注云："乾宁三年八月。"有关王抟任越州刺史年月，其他史籍所载亦略有不同，岑仲勉《唐史余沈·王抟》有辨析。

钱　镠　《吴越备史》卷一《武肃王》：乾宁三年（896）"冬十月，敕改越州威胜军为镇东军，授王领镇海、镇东等军节度使"。《资治通鉴》卷二六〇"乾宁三年"条：十月，"钱镠令两浙吏民上表，请以镠兼领浙东，朝廷不得已，复以王抟为吏部尚书、同平章事，以镠为镇海、威胜两军节度使。丙子，更名威胜曰镇东军"；又，同书卷二六一"乾宁四年"条："六月己酉，钱镠如越州，受镇东节钺。"《嘉泰会稽志》卷二《太守》："钱镠，乾宁三年以镇海军节度使兼领，改威胜军为镇东军。"《会稽掇英总集》未录。

任职时间不详者

哥舒某　名讳不详。《唐代墓志汇编》武德〇〇六唐王知敬《大唐左监门卫副率哥舒季通葬马铭》："爰有名骢，厥号雪花，……盖武德中尝以赐故越州刺史都督诸军事哥舒府君者也。府君既已就义戈行，维是名骢，亦从殍焉。孤子左监门卫副率季通，乌号血竭，鸡峯骨立，……"从碑文看，哥舒季通系刺史"哥舒府君"之"孤子"。

狄知逊　武则天朝宰相狄仁杰（字怀英）之父。《新唐书》卷七四《宰相世系表四下》狄氏："知逊，越州刺史。"郁《考》及旧志失载。

---

① 《题名记》略有不同，谓："董昌，光启二年十月二十六日自杭州刺史检校户部尚书授，累加恩宠至检校大尉、同中书门下平章事、封陇西郡王。至乾宁二年二月三日，伪建罗平国僭登尊位，奉敕削夺在身官爵，委镇海军节度使统军讨伐，乾宁三年五月十六日收复越州城池后奉敕族诛。"

李文暕 《全唐文补遗·千唐志斋新藏专辑》第355页唐李助《唐故中大夫泽州刺史赠光禄卿工部尚书太子少傅李府君（鹮）墓志铭并序》谓，墓主李鹮的祖父李文暕"累迁至宣越怀等州刺史、幽州都督"，垂拱中"贬藤州别驾"。郁《考》及旧志失载。

张　楚 《全唐文》卷六九五韦瑾《修汉太守马君庙记》："东汉太守马君臻，能奉汉制，抚宁越封，佳惠公利……开元中，刺史张楚深念功本，爰立祠宇。"《嘉泰会稽志》卷六《陵墓》"马太守庙"条有及，然同书卷二《太守》未及，其他旧志及郁《考》亦失载。

员　锡 《会稽掇英总集》卷一八《唐太守题名记》："员锡，自职方郎中授，充观察团练使。不之任。"并系王玙之后、殷日用之前。《嘉泰会稽志》失录。郁《考》系之于宝应元年（762）。

殷日用 《会稽掇英总集》卷一八《唐太守题名记》："殷日用，自苏州刺史授，充观察团练使。不之任。"并系于员锡之后、薛兼训之前。《嘉泰会稽志》失录。郁《考》系之于宝应元年（762）。

王　英 《唐故中大夫使持节都督兖州诸军事守兖州刺史上柱国王府君（英）墓志铭并序》（开元二十七年二月十日）：王英，"历盐、蓬、均、剑、果、褒、冀七州刺史。……有制，除越州刺史，致仕。无何，又迁兖州刺史，致仕。开元廿六年遘疾，八月九日薨于洛阳审教里之私第"。[①] 王英卒于开元二十六年（738）八月，则其历盐、蓬、均、剑、果、褒、冀、越、兖等州刺史时间约在开元中。郁《考》及旧志失载。

别　驾

王　弼 《两浙金石志》卷二唐李邕《大唐秦望山法华寺碑并序》云："顷者豪州刺史、今此邦别乘太原王公名弼……不忘草奏。夫人武氏……起普贤台一级，写《法华经》千部，广化人吏，大启津途；即普贤台，立法华社，每年二月，重会一时。"[②]别乘即别驾。[③]

吕遇师 《全唐文补遗》三辑唐孙叔羽《唐故常州无锡县令东平吕君（遥）墓志铭并序》："皇唐建中四年十二月廿四日，常州无锡县令吕君讳遥，字季武，年四

---

① 转见毛阳光《〈唐刺史考全编〉新补订》，载《文献》2006年第1期。
② 《两浙金石志》录是碑署"括州刺史李邕撰并书"，并题云"建于开元十三年二月八日"。然而，宋赵明诚《金石录》、王象之《舆地纪胜》、《嘉泰会稽志》皆作"开元二十三年十二月"。据新、旧《唐书》李邕传考知，李邕任括州刺史在开元二十三年（735），则"十三年"当系"二十三年"之脱字耳。
③ 见邹志勇《"别乘"考辨》，载《江海学刊》2004年第6期。

十七,遇害于蓝田县之旅馆。……曾祖遇师,越州别驾。"

何　溢　《全唐文补遗》一辑唐吴发《大唐故银青光禄大夫使持节都督茂州诸军事行茂州刺史充剑南西川西山中北路兵马使上柱国庐江郡开国公食邑二千户何公(溢)墓志铭并序》:"公讳溢,字处休,京兆鄠杜人也。……连帅高公瑀,洎中令以能官上闻,就加太子左谕德,拜越州别驾。星律未周,拜昭州刺史。"何溢卒于大中四年(850)五月二十九日,时年七十岁。

杜希奭　宋邓名世《古今姓氏书辨证》卷二四《杜氏》:"希奭,越州别驾。"

裴光庭　《文苑英华》卷八八四张九龄《侍中兼吏部尚书裴光庭神道碑》:"神龙初,(裴光庭)明经擢第。……景龙中,以亲累外转,寻入为陕王友,改右卫郎将。丁晋国大夫忧,柴毁骨立,殆至灭性。服免,起为越州别驾,未之就也。复除右卫郎将。"

石　盛　《全唐文补遗》四辑五代胡裳吉《梁故静难功臣金紫光禄大夫检校司空前守右金吾卫大将军充街使兼御史大夫上柱国武威县开国男食邑三百户石府君(彦辞)墓志铭并序》谓:墓主石彦辞之父石盛,"累迁检校左散骑常侍、越州别驾、赠刑部尚书"。石彦辞景福二年(893)曾任台州刺史,开平四年(910)卒,时年五十八岁。

长　史

王元楷　《全唐文补遗》六辑唐张闲《大唐故朝散郎行潞州上党县尉王少府公(嵩)墓志铭并序》:"公讳嵩,字□,大凉人。……祖元楷,唐夏官郎中、越州都督府长史、徐州刺史。"王元楷之孙即墓主王嵩卒于开元十四年(726),时年五十五岁。

崔义直　《全唐文补遗》六辑唐阙名《唐故正议大夫行太子右赞善大夫判太子率更令上柱国清河崔府君(孝昌)墓志铭并序》谓:"公讳孝昌,字庆之,清河东武城人也。……祖义直,皇朝长安县令、纪越二府长史、使持节陕州诸军事、陕州刺史、武城县开国公。"崔义直之孙即墓主崔孝昌,卒于景云二年八月三十日,时年四十三岁。崔孝昌曾任衢州长史。

王　元　唐戴少年《镇军大将军王荣神道碑》(见雍正《山西通志》卷一九三《艺文·碑碣》)载称:墓主王荣,"曾祖(王)元,越州长史"。王元曾孙即墓主王荣,元和二年(807)十月二十一日卒,时年五十六岁,则王元或为初唐时人。

敬　播　《新唐书》卷一九八《敬播传》:"敬播,蒲州河东人。贞观初,擢进士第,……永徽后,仕益贵,历谏议大夫、给事中。始,播与许敬宗撰《高祖实录》,兴创业,尽贞观十四年。至是,又撰《太宗实录》,讫二十三年。坐事,出为越州长史,徙安州,卒。房玄龄尝称:'播,陈寿之流乎?'"则可知其任越州长史约在高宗朝。

许　枢　《全唐文补遗》二辑唐邵升《大周故正议大夫使持节都督寓州诸军事守寓州刺史上柱国高阳县开国男许君(枢)墓志铭并序》:"君讳枢,字思言,高阳新城人也。……转洛州巩县令、苏州司马、秦越二州长史。……以久视元年五月廿五日遘疾薨于神都进德里,春秋有八十。"

李　懸　《全唐文补遗》二辑唐阙名《大唐故使持节亳州诸军事亳州刺史李府君(懸)墓志铭并序》:"公讳懸,字讷言,赵郡元氏人也。……弱冠,明经擢第,……数年,除越州都督府长史,累迁泗州刺史。岁余,除扬州大都督府司马,又迁贝州刺史、亳州刺史。"李懸卒于神龙元年(705)四月二十七日,时年七十二岁。

宋之问　字延清,一名少连,汾州人。《新唐书》卷二〇二《宋之问传》称,宋之问,"景龙中,迁考功员外郎,谄事太平公主,故见用。及安乐公主权盛,复往谐结,故太平深疾之。中宗将用为中书舍人,太平发其知贡举时赇饷狼藉,下迁汴州长史。未行,改越州长史。颇自力为政,穷历剡溪山,置酒赋诗,流布京师,人人传讽。睿宗立,以狯险盈恶诏流钦州"。《资治通鉴》卷二〇九"景云元年"条:"睿宗即位,……(戊申)越州长史宋之问、饶州刺史冉祖雍坐谄附韦、武,皆流岭表。"《册府元龟》卷一五二《帝王部·慎罚》:"睿宗唐隆元年六月,以越州长史宋之问、饶州刺史冉祖雍并交通凶逆,徙于岭表。"是年六月中宗驾崩,韦后摄政,立少帝,"赦天下,改元唐隆,……丁亥,殇帝即位,时年十六",故唐隆元年即景云元年(710)。《文苑英华》卷九九八录有宋之问《祭禹庙文》,其中云:"维大唐景龙三年岁次甲子月日,越州长史宋之问谨以清酌之奠敢昭告于夏后之灵。"元方回《瀛奎律髓》卷一谓:"宋之问,唐律诗之祖,诗未尝不佳。论其为人,则初附张易之,事败,谪陇州参军;逃归洛阳,告王同皎事附武三思,天下丑之;为鸿胪簿、考功郎,又附太平、安乐。中宗时,贬越州长史。"

郑　嵑　《全唐文补遗》一辑唐皇甫弘《唐右卫仓曹参军崔君夫人荥阳郑氏墓志铭并序》:"夫人荥阳郑氏。曾祖昭远,官至坊州刺史。坊州生嵑,官至越州长史。越州生偡,官至太子通事舍人。夫人即舍人之第二女也。"郑嵑孙女即墓主郑氏卒于大和五年(831)四月二日,时年二十一岁。又见《全唐文补遗》四辑唐郑嗣恭《唐故卢氏(子暮)夫人墓志铭》。

李　基　宋赵明诚《金石录》卷四《目录四·唐》:"《唐越州长史李基碑》,张太素撰,行书无姓名,上元二年九月。"《宝刻丛编》卷二〇引《金石录》,谓"上元十年九月"撰。

李　锋　《全唐文》卷五二一梁肃《越州长史李公墓志铭》："大历己未八月癸丑，故尚书比部郎中渤海李公卒，享年六十。十月某日，权窆于某乡原。呜呼！公讳锋，字公颖，脩人也。……陈宣州少游表言其能，授监察御史……本使东迁于会稽，与公俱东。永泰末，妖贼杀郡将以叛，其帅败亡，贼党诈服。公以单骑往安其民，一旦收隐匿三十人，杀之以徇。三衢之人道路相庆，人到于今称之。无何，有比部之拜，乃兼越州长史。"同见新、旧《唐书》本传。

周　昉　唐朱景玄《唐朝名画录·妙品中·程修己》载："程修己，其先冀州人，祖大历中任越州医博士，父伯仪少有文学。时周昉任越州长史，遂令修己师事。凡二十年中，师其画至六十，画中有数十病，既皆一一口授以传其妙诀。宝历中，修己应明经擢第。"

卢　渐　唐独孤及《毗陵集》卷五《为独孤中丞谢赐紫衣银盘椀等表》："臣某言：今月十九日，越州长史卢渐至，伏奉某日月敕书，特赐慰劳，圣藻御札，降临自天。"

姚　闾　《新唐书》卷七四《宰相世系表四下》陕郡姚氏："闾，越州长史。"姚闾系武后、中宗、睿宗、玄宗四朝宰相姚崇之长孙。万历《绍兴府志》卷二七《职官志三·郡佐》讹作"姚闾"。

夏　谦　唐夏谦撰《唐会稽郡夏夫人墓志铭并序》（该碑藏宁波市镇海区文管会办公室，见《宁波历代碑碣墓志汇编》第 47 页）时署"仲弟检校国子祭酒前守越州都督府长史殿中侍御史谦撰"。"夫人，本弘农湛氏，本周之苗系也。犯穆宗皇帝庙讳，长庆初，准敕改为夏氏"，墓主夏夫人卒于乾符六年(879)十一月六日，时年七十五岁。

司　马

杨　谌　《张燕公集》卷二二《郑国夫人神道碑》："郑国夫人者，弘农杨氏之女也，开元神武皇帝惠妃之母。曾祖讳谌，以礼乐习文为越州司马。"

郭敬宗　《全唐文补遗》五辑唐阙名《唐故濮州刺史太原郭府君（敬宗）石志铭并序》："君讳敬宗，字守坚，太原介休人也。……历滑、越二州司马。"郭敬宗卒于文明元年(684)七月二十三日，时年七十四岁。

薛玄嘉　《大唐西市博物馆藏墓志》第 492 页唐薛震《故朝请郎行蜀州晋原县尉薛君墓志铭并序》："兄讳锐，字利用，河东万泉人也。……祖讳玄嘉，皇越州司马、阆州长史、兴州刺史、中散大夫、上柱国。"薛玄嘉之孙即墓主薛锐，开元二十六年(738)与夫人合葬于少原陵。

崔　征　《全唐文补遗》八辑唐崔溉《唐故常州江阴县丞清河崔公（霸）之墓

志》："有唐前常州江阴县丞清河崔公霸之墓……刑部尚书忠公隐甫之孙,越州司马征之子。"又,《全唐文补遗》一辑唐崔恕《唐故登仕郎常州司士参军袭武城县开国伯崔府君(千里)墓志铭并序》亦载:"先考讳千里,字广源,清河东武城人也。……考征,监察御史、越府司马。"崔霸系崔千里之弟,崔千里卒于贞元十二年(796)八月十五日,时年六十二岁;崔霸卒于贞元九年(793)五月一日,时年五十二岁。

张善见　《新唐书》卷七二《宰相世系表二下》汲郡张氏:"善见,越州司马。"《毗陵集》卷八《唐故太子宾客兼御史大夫洪州刺史洪吉八州都防御观察处置使平原郡开国公张公遗爱碑颂并序》:"张公讳镐,字从周,……曾祖曰善见,位朝散大夫、越州司马。"张善见之孙张知古,官止代州司功参军,以子贵于广德元年(763)赠太子少傅。张知古之子即张善见曾孙张镐,于唐肃宗时为相。

贺僧子　一作贺曾子。《新唐书》卷一九六《贺知章传》:"贺知章,字季真,越州永兴人,……天宝初,病,梦游帝居,数日寤,乃请为道士,还乡里,诏许之。以宅为千秋观而居。又求周宫湖数顷为放生池,有诏赐镜湖剡川一曲。既行,帝赐诗,皇太子、百官饯送,擢其子僧子为会稽郡司马,赐绯鱼,使侍养。"

陈　某　名讳不详。《新唐书》卷七一《宰相世系表一下》陈氏:"某,会稽郡司马。"《柳河东集》卷八《唐故秘书少监陈公行状》(永贞元年八月五日作)谓状主陈京"曾祖某,皇会稽郡司马"。

徐　曹　《新唐书》卷七五《宰相世系表五下》北祖上房徐氏:"曹,字司之,越州司马。"

崔　某　名讳不详。《全唐诗》卷一一八孙逖有《奉和崔司马游云门寺》诗。

录事参军

李励均　《新唐书》卷七〇上《宗室世系表上》蜀王房:"越州司录参军,励均。"

李　铸　《新唐书》卷七二《宰相世系表二上》赵郡李氏:"铸,越州录事参军。"

李　苕　一作李莒。《新唐书》卷七二《宰相世系表二上》赵郡李氏:"苕,越州录事参军事。"

谢　某　唐诗人孟浩然有《送谢录事之越》(《孟浩然集》卷四)诗:"清旦江天迥,凉风西北吹。白云向吴会,征帆亦相随。想到耶溪日,应探禹穴奇。仙书倘相示,予在此(一作北)山陲。"又有《东陂遇雨率尔酬谢南池》等诗。疑"谢录事"即谢南池。

韦本仁 《全唐文补遗》四辑唐孙纾《唐河南府洛阳县尉孙嗣初妻京兆韦夫人墓志铭并序》:"夫人姓韦氏,京兆杜陵人也。……列考府君讳本仁,皇越州录事参军、润州延陵县令。""延陵府君娶天水阎氏。外祖讳济美,皇朝浙东观察使、太子少保。夫人则阎太夫人爱女也。"

高某 名讳不详。《全唐诗》卷五四三喻凫有《送越州高录事》诗:"官曹权纪纲,行李半舟航。浦溆潮来广,川源鸟去长。笋成稽岭岸,莲发镜湖香。泽国还之任,鲈鱼浪得尝。"

功曹参军

蒋义弼 《全唐文补遗》二辑唐阙名《唐故尚药奉御蒋府君夫人刘氏(令淑)墓志铭并序》:"夫人讳令淑,……长安二年十一月七日,遘疾终于官第,春秋六十有四。……有子越府功曹参军义弼。"

李景由 《全唐文补遗》六辑唐阙名《唐故蒲州绮氏县令陇西李府君(景由)墓志铭并序》:"公讳景由,字逆客,陇西成纪人也。……永淳之季,□福速哉,后补越州都督府功曹,稍迁益州大都督府士曹参军,皆非所好。"李景由于开元五年(717)卒,时年五十四岁。

李逊 《新唐书》卷七二《宰相世系表二上》赵郡李氏:"逊,越州功曹参军。"

仓曹参军

张念祖 《全唐文补遗》三辑唐阙名《大周故上柱国太原王府君(玄裕)墓志铭并序》:"(王玄裕)夫人南阳张氏,晋州长史纂之孙,越州司仓参军念祖之第二女也。"张念祖之二女张氏,卒于武则天天授二年(691)九月二十日,时年六十九岁。

段承宗 《全唐文补遗》一辑唐孔崇道《大唐故朝请大夫行晋陵郡长史护军段府君(承宗)墓志铭并序》:"君讳承宗,字承宗,恭叔之后也。……入仕绵州参军,参卿有则,军事必资。次授越府仓曹,仓廪是司,尤称出纳之吝;庖厨攸掌,颇有君子之嫌……又迁晋陵郡长史。"段承宗卒于天宝十二载(753),时年六十八岁。

裴琎 《文苑英华》卷九四一唐元载《尚书比部郎中萧府墓志铭》:"君讳存,字成性,……夫人河东裴氏,王父琎,越州仓曹参军。"裴琎外孙婿即墓主萧存,卒于贞元十六年(800),时年六十三岁。

柳均 《全唐文补遗》一辑、《唐代墓志汇编》贞元一一六唐李师稷《唐故朝散大夫试大理司直兼曹州考城县令柳府君(均)墓表》:"公讳均,河东解梁人也。……释褐，调补东郡参军，……转授越州司仓、太子通事舍人、溧阳令。"柳均卒于大历九年(774)七月一日，时年五十五岁。

徐 琨 《全唐文补遗》一辑唐徐琨《唐故兖州邹县尉卢君(仲容)墓志铭并序》载，徐琨自署"越州仓曹参军"。

王 绮 《新唐书》卷七二《宰相世系表二中》王氏："绮，越州仓曹参军。"

户曹参军

张大素 《全唐文补遗》五辑唐阙名《大周故朝散大夫益州大都督府郫县令张君(恒)墓志铭并序》："君讳恒，字承寂，魏州昌乐县人也。……父大素，……唐任秘书□校、左千牛、蜀王府记室参军事，迁越州都督府户曹参军事、著作佐郎、司文郎、左史，除朝散大夫、守东台舍人、幽州司马、怀州长史。"其子张恒卒于万岁登封元年(696)，时年五十二岁。

郑希默 《洛阳流散唐代墓志汇编》第184页唐孙翃《唐故汴州浚仪尉郑君墓志铭并序》："君讳若芳，字若芳，荥阳开封人也。都水使者钦文府君之孙，越府户曹希默府君之子。"郑希默之子即墓主郑若芳，卒于开元六年(718)，时年四十四岁。

骆 建 《全唐文补遗·千唐志斋新藏专辑》第308页唐王公义《唐故信州永丰县尉骆府君(暹)夫人乐安孙氏墓志铭并序》："公讳暹，杭州盐官县人也。……曾祖讳建，越州司户参军。祖讳光朝，杭州盐官县丞。"骆建曾孙即墓主骆暹，贞元元年(785)八月十一日卒，时年四十九岁。

袁楚客 《两浙金石志》卷二唐李邕《大唐秦望山法华寺碑并序》云："朝散大夫、前侍御史、今都府户曹袁公名楚客，其皎如日，其心如丹，负兼济之雄才，托演成之雅意。"①越州系中都督府，"都府户曹"即指越州都督府户曹参军。

王 恕 《白居易全集》卷四二《唐扬州仓曹参军王府君墓志铭》："公讳某，字士宽……永泰中，敕迁越府户曹。属邑有不理者，公假领之，所至必理。大历中，本道观察使薛兼训以公清白尤异，表奏之。有诏，权知余姚县令。"又据光绪《余姚县志》卷二二《名宦·王恕传》载："王恕，字士宽，太原人，大历中诏权知余姚县事。"知白居易所撰墓志即为王恕(字士宽)墓志。同见越州户曹参军王恕条。

张 宣 唐钟辂《前定录》"张宣"条："杭州临安县令张宣，宝历中自越府户曹掾调授本官。"

---

① 是碑署"括州刺史李邕撰并书"，并题云"建于开元十三年二月八日"，然赵明诚《金石录》、王象之《舆地纪胜》、《嘉泰会稽志》皆作"开元二十三年十二月"，据新、旧《唐书·李邕传》考知，李邕任括州刺史在开元二十三年(735)，则"十三年"当系"二十三年"之脱字耳。

齐　饟　《嘉泰会稽志》卷一六《碑刻》载："户曹齐饟墓志，蒋璟撰，正书无姓名，开成三年四月窆于会稽筼山之南，原石不知所在。"

包　某　名讳不详。《全唐诗》卷一五九孟浩然有《题云门山寄越府包户曹徐起居》诗，而同卷又有《宴包二融宅》诗。包户曹或即为包融。

崔　协　雍正《浙江通志》卷一五三引嘉靖《浙江通志》："（崔协）博陵人，大中元年以户曹摄上虞。值岁大旱，民赋无所出。协请蠲于上，不许，遂倾家资代输之。及卒，邑人立庙祀之。"

兵曹参军

张梵信　《全唐文补遗·千唐志斋新藏专辑》第19页唐阙名《大唐故密府咨议张府君墓志铭并序》："府君讳梵信，安定乌氏人也，汉常山景王耳后。"贞观三年（629），由夔州都督府兵曹改授越州都督府兵曹。后由越州都督府兵曹改授眉州洪雅县令，历任舒州司马、纪王友、密王咨议。显庆五年（660）八月十四日卒，时年八十二岁。

何　茂　卢江人。《全唐文补遗》一辑唐何茂《大唐故朝议郎行卫尉寺丞柳府君（顺）墓志铭并序》时，自署"承议郎、前行越州都督府兵曹参军事何茂"。碑撰于景龙四年（710）五月。

王　忩　《全唐文补遗》二辑唐阙名《大唐故巨鹿郡南和县令王府君（忩）墓志铭并序》："公讳忩，字同光，琅琊临沂人也。……累授越州都督府兵曹参军。"王忩天宝十一载（752）七月八日卒，时年六十九岁。

吕　渭　《宋高僧传》卷一七《唐越州焦山大历寺神邕传》："释神邕，字道恭，姓蔡氏，……方欲大阐禅律，俄遇禄山兵乱，东归江湖……旋居故乡法华寺。殿中侍御史皇甫曾、大理评事张河、金吾卫长史严维、兵曹吕渭、诸暨长丘丹、校书陈允初赋诗往复。"参见婺州永康令。

韦　聿　《全唐文新编》卷五〇六权德舆《唐故朝议大夫太子右庶子上柱国赐紫金鱼袋韦君墓志铭并序》："君讳聿，字某，京兆杜陵人。……天宝中，以门子奉清庙斋祠，试言会府，补宣州南陵尉，历扬州天水丞、越州兵曹掾。"韦聿元和三年（808）九月卒，时年七十五岁。从碑文可知，其任越州兵曹在天宝（742—756）中至贞元十二年（796）间。

李　鼐　《新唐书》卷七〇下《宗室世系表下》蒋王房："越州兵曹参军，李鼐。"

柳　崇　《朝野佥载》卷六："越州兵曹柳崇，忽疡生于头，呻吟不可忍。于是，召术士夜观之。"

法曹参军

王绩 乾隆《绍兴府志》卷二六《职官志·郡佐》:"王绩,丞相綝之兄,法曹参军。"王绩之弟王綝曾为武则天宰相。

李韵 《全唐文补遗》四辑唐崔重《唐前左金吾卫录事参军崔公慎经夫人陇西李氏(平)墓志铭并序》:"夫人讳平,其先陇西成纪人也。……祖韵,皇任越州大都督府法曹参军。"

辛某 名讳不详。《全唐诗》卷二〇六李嘉祐有《送越州辛法曹之任》诗:"但能一官适,莫羡五侯尊。山色垂趋府,潮声自到门。缘塘剡溪路,映竹五湖村。王谢登临处,依依今尚存。"

陆德休 《新唐书》卷七三《宰相世系表三下》陆氏:"德休,越州法曹参军。"

徐恂 《新唐书》卷七五《宰相世系表五下》北祖上房徐氏:"恂,字固行,越州司法参军。"

士曹参军

李居介 《新唐书》卷七〇上《宗室世系表上》雍王房:"越州士曹参军,居介。"《全唐文补遗》二辑唐阙名《故衢州司士参军李君(涛)夫人河南独孤氏墓志铭并序》谓"嗣子前越府士曹参军居介",则李居介系李涛之子。

参 军

周彦昭 《册府元龟》卷六四三《贡举部·考试》:"调露元年十二月壬子,帝临轩引岳牧举人问之,……长寿令萧思问、越州参军周彦昭以次应诏,帝皆称善。"

许行本 《全唐文补遗》二辑唐阙名《大唐桂州都督府仓曹许君(义诚)墓志铭并序》:"君讳义诚,字义诚,其先河间高阳人也。……父行本,唐越州都督府参军事、沧州东光县令。"其子许义诚卒于开元二年(714)七月六日,时年四十二岁。

李容 《全唐文补遗》八辑唐阙名《大唐故并州乐平县主簿陇西李公(容)夫人荥阳郑氏墓志铭并序》:"(李容)调选授越州都督府参军事,(郑氏)因遂扶侍为养。……(郑氏)以开元四年二月戊寅朔十六日庚寅,遘疾终于越州之官舍,春秋五十有二。"以其母开元四年(716)卒于越州官舍,可知李容是时在越州参军任上。

张惟恭 《全唐文补遗》八辑唐阳陟《大燕故唐泽州司法参军清河张府君(惟恭)墓志》:"公讳惟恭,字守敬,清河人也。……弱冠,俯从常调,解巾授越州参军。……以圣武二年七月五日终于寿安县内都之里舍,年五十有五。""圣武"乃伪燕年号,圣武二年即至德二载(757)。

李　庆　《新唐书》卷七二《宰相世系表二上》李氏:"庆,越州参军。"《文苑英华》卷九四二《赞善大夫李君墓志铭》:"君讳某,字某,其先陇西成纪人也。……继夫人荥阳县郑氏,……有男曰庆,前越州参军。"李庆之父李某,"天宝十四载正月十七日,终于东京崇政里之私第"。

强嘉征　《册府元龟》卷五九七《学校部·选任》:"(大和)四年闰十二月,国子监以回及处士成子野、盖繇庚、梁德方,前越州参军强嘉征等皆通经术,准长庆元年敕书节文得以荐闻,请敕所在州府给将服,许传递至都,与太学诸生讲讫。"

郑抱素　《全唐文补遗·千唐志斋新藏专辑》第385页唐卢传《唐故汴州司士参军荥阳郑君(抱素)墓志铭并序》:"君讳抱素,早岁擢孝廉科,调补越州参军,次命润州丹徒主簿,季命汴州司士参军。""以大中七年四月廿二日归捐于官次,享年六十有三。"

裴　某　名讳不详。《全唐诗》卷一一八孙逖有《送越州裴参军充使入京》诗。另,《全唐文》卷三一二孙逖《送裴参军充大税使序》,即此诗序。

李　嶷　《新唐书》卷七〇上《宗室世系表上》蔡王房:"越州参军,嶷。"

李　镇　《新唐书》卷七二《宰相世系表二上》赵郡李氏:"镇,越州参军。"李镇是越州录事参军李铸二兄。

会　稽　县

州治,与山阴县分理,本山阴县地。东汉永建四年(129),吴、会分治后为会稽郡治所在。隋平陈,废山阴县,更置会稽县,为越州州治。唐武德七年(624),析会稽县置山阴县。八年,又省山阴县。垂拱二年(686),复分置山阴县。大历二年(767),再省山阴县;七年,又复置。元和七年(812),再省山阴县;十年,又复置。自此之后,州(府)与会稽、山阴二县同城而治的格局,一直延续到清末。清宣统三年(1911),山阴、会稽二县始合并为绍兴县。1983年,划绍兴县城区及城郊六乡镇置绍兴市越城区。2013年,撤销绍兴县,设置绍兴市柯桥区。

县　令

权上相　《全唐文补遗》四辑唐陈翃《大唐京兆府美原县丞元府君(复业)墓志铭并序》:"(元复业)夫人权氏,屯田郎中崇基之孙,会稽令上相之女。"权上相之女,即墓主元复业夫人权氏,卒于天宝十四载(755)五月十八日。

张　浤　唐独孤及《毗陵集》卷一一《唐故河南府法曹参军张公(从师)墓表》云:"初,公(从师)祖损之,隋大业中进士甲科,位至侍御史、尚书水部郎。损之生烈考浤,以硕学丽藻名动京师,亦举进士,自监察御史为会稽令。"

孟　枢　《全唐文补遗》七辑唐阙名《大唐故越州会稽县令孟君(枢)墓志铭并序》:"君讳枢,字玄机,琅耶平昌人也。……隋大业九年中,以破□勋授景义尉、大唐苑丘县丞、虞候率府录事、汾州司士,高安、石邑、金乡、会稽四县令。"孟枢乾封元年(666)十二月二十日,卒于会稽官舍,时年七十六岁。

李俊之　《新唐书》卷四一《地理志五》:"(会稽县)东北四十里有防海塘,自上虞江抵山阴百余里,以蓄水溉田。开元十年,令李俊之增修。"《嘉泰会稽志》卷三《县令长》:"唐李俊之,开元中为会稽令。县东北有防海塘,自上虞江抵山阴百余里,以潴水溉田。俊之增修焉,民赖其利。其后,令李左次又增修之。"万历、康熙《会稽县志》作"开元十四年任",误。又,《明一统志》卷四五《绍兴府·名宦》"李俊之"讹作"李俊",亦误。

赵　曦　《全唐文补遗》一辑唐赵骅《唐故朝散大夫苏州别驾知东都将作监事赵公(益)墓志铭并序》:"公讳益,天水人也。……父曦,朝散大夫、越州会稽县令。"赵曦之子即墓主赵益,卒于大历十四年(779)七月二十六日,时年七十四岁。

窦伯元　《新唐书》卷七一《宰相世系表一下》窦氏:"伯元,会稽令。"《嘉泰会稽志》卷三《县令长》:"窦伯元,河南洛阳人,会稽令。"万历、康熙《会稽县志》所载同,且谓"永泰元年任"。

李尧年　《新唐书》卷七二《宰相世系表二上》赵郡李氏:"尧年,会稽令。"《嘉泰会稽志》卷三《县令长》:"李尧年,常山人,会稽令。"万历、康熙《会稽县志》所载同,且谓"贞元元年任"。

王　溇　《新唐书》卷七二《宰相世系表二中》王氏:"字瀑源,会稽令。"《嘉泰会稽志》所载同。康熙《会稽县志》卷一八《职官志》:"王溇,字瀑源,临沂人,元和十二年任。"

李左次　《新唐书》卷四一《地理志五》:"(会稽县)东北四十里有防海塘,自上虞江抵山阴百余里,以蓄水溉田。开元十年,令李俊之增修。……大和六年,令李左次又增修之。"万历《会稽县志》作"开元二十八年任",康熙《会稽县志》系李左次于李尧年之后,作"(贞元)二十八年任",均误。

孙孝哲　《新唐书》卷七三《宰相世系表三下》孙氏:"孝哲,会稽令。"康熙《会稽县志》卷一八《职官志》:"孙孝哲,清河人,大中二年任。"

杨　某　名讳不详。《玄英集》卷八有《赠会稽杨长官》诗，云："直钩终日竟无鱼，钟鼓声中与世疏。若向湖边访幽拙，萧条四壁是闲居。"《唐才子传校笺》卷七《方干》："干，字雄飞，桐庐人……大中中，举进士不第，隐居镜湖中。湖北有茅斋，湖西有松岛，每风清月明，携稚子邻叟，轻棹往返，甚惬素心。所住水木幽阒，一草一花俱能留客。家贫，蓄古琴，行吟醉卧以自娱。"前诗中之"湖"当为鉴湖，"杨长官"即会稽令杨某。

陈　某　名讳不详。《玄英集》卷八有《将归湖上留别陈宰》诗，云："归去春山逗晚晴，萦回树石罅中行。明时不是无知己，自忆湖边钓与耕。""陈宰"当为会稽县令陈某。

吴　镣　《新唐书》卷一九三《黄碣传》："（董昌）乃召会稽令吴镣问策。镣曰：'王为真诸侯遗荣子孙而不为，乃作伪天子自取灭亡。'昌叱斩之，族其家。"《资治通鉴》卷二六〇"乾宁二年"条所载略同。康熙《会稽县志》卷一八《职官志》："吴镣，乾宁二年任。"

县　丞

李　某　《全唐文补遗》三辑、《唐代墓志汇编》显庆一四六均有《唐故会稽县丞李府君夫人韩氏墓志铭并序》。李某夫人即墓主韩氏于显庆五年（660）卒，时年七十二。

李则政　《全唐文补遗》三辑唐阙名《大周故常州司法参军事上柱国李府君（则政）墓志铭并序》："君讳则政，字令范，陇西成纪人也。……解褐左卫翊卫，调补越州会稽县丞。龙符之地，士女于是餐和；牛宿之墟，鲵童由其饮惠。秩满，改授朝议郎、行常州司法参军事、上柱国。"李则政于武则天圣历元年（698）六月八日卒，时年四十八岁。

李嗣本　《全唐文补遗》五辑唐阙名《唐故宁州录事参军陇西李府君（嗣本）墓志铭并序》："府君讳嗣本，陇西成纪人也。……初举进士甲科，补金州西城尉。举清白尤异高第，转雍州高陵尉，徙越州录会稽丞。利用宾王，升高自下。尉如梅福，丞若薛宣。迁宁州录事参军。……年六十九，以上元二年六月廿日，终于宁州官舍。"

周　诚　《唐代墓志汇编》开元四八三唐阙名《大唐故朝议郎行监察御史周府君墓志铭并序》："君讳诚，字子谅，分族于周，汝南平舆之著姓也。……弱冠国学生，孝廉擢第，解褐补润州金坛尉，转会稽丞，授告城簿。"期间"十年三任"。周诚于开元二十五年（737）四月十七日卒，时年五十五岁。

主 簿

无考。

县 尉

王齐丘 《全唐文补遗》一辑唐路敬潜《故右台殿中侍御史王君(齐丘)墓志铭并序》:"君讳齐丘,字尚一,本太原人。……故今为(河东)郡人也。……(君)解褐越州会稽县尉,寻为右拾遗。"王齐丘于景龙三年(709)二月十三日卒,时年五十九岁。

李师旦 《太平广记》卷二五九引《御史台记》:"唐李师旦,新丰人也,任会稽尉。国忌日废务,饮酒唱歌杖人,为吏所讼。御史苏味道按之。"又,据《新唐书》卷一三〇《李尚隐传》载,李师旦景龙(707—710)年间任桐庐令,被睦州刺史冯昭泰诬为"妖蛊",后由李尚隐推覆雪冤。

刘 乃 《旧唐书》卷一五三《刘乃传》:"刘乃,字永夷,洛州广平人。……少聪颖,志学,暗记《六经》,日数千言。及长,文章清雅,为当时推重。天宝中,举进士,……其载,补剡县尉,改会稽尉。"

贺 朝 《孟浩然集》卷二有《久滞越中贻谢南池会稽贺少府》诗,其中云:"未能忘魏阙,空此滞秦稽。两见夏云起,再闻春鸟啼。怀仙梅福市,访旧若耶溪。圣主贤为宝,卿何隐遁栖。""贺少府"即会稽县尉贺朝。一说贺朝为山阴尉,见山阴县尉条。

崔 苣 《全唐文补遗》一辑唐崔倬《唐故将仕郎守江陵府江陵县尉清河崔公(苣)合祔墓志铭并序》:"(公)讳苣,字浚源。……释褐授太常寺太祝、容州经略判官,调补越州会稽尉。转试通事舍人、充海团练推官。后复授江陵府江陵县尉。"撰墓志者崔倬系墓主崔苣侄子,他还曾为其叔母崔苣夫人郑氏撰墓志。据其所撰《唐越州会稽县尉清河崔公夫人荥阳郑氏墓铭并序》载,郑氏大和九年(835)五月四日卒于江陵府官舍,时年三十四岁。崔苣卒于大中五年(851),时年六十四岁。

崔 卓 《全唐文补遗》七辑唐崔卓《唐故将仕郎试洪州建昌县丞吴兴姚府君(仲然)墓志铭并序》,崔卓自署"朝议郎、前守越州会稽县尉崔卓撰"。从碑文看,当为开成三年(838)墓主姚仲然安葬之时所撰。

张 某 名讳不详。《玄英集》卷四有《赠会稽张少府》诗:"高节何曾似任官,药苗香洁备常餐。一分酒户添犹得,五字诗名隐即难。笑我无媒生鹤发,知君有意忆渔竿。明年莫便还家去,镜里云山且共看。"

山　阴　县

州治,与会稽县分理。秦旧县。隋平陈,废山阴县,更置会稽县。唐武德七年(624),析会稽县置山阴县。八年,又省山阴县。垂拱二年(686),又割会稽县西界析置山阴县。大历二年(767),刺史薛兼训奏省山阴县,并入会稽县;七年,复置山阴县。元和七年(812),县又省废;十年,再复置。

县　令

于处直　《全唐文补遗》四辑唐阙名《大唐前崇文生吏部常选蒋楚宾故夫人于氏墓志铭并序》:"夫人姓于氏,其先东海郯人也。……父处直,前越州山阴令。"于处直女儿即墓主于氏卒于开元六年(718)七月一日,时年二十一岁。既言"前越州山阴县令",则于处直任山阴县令当在开元六年(718)七月之前。

秦景倩　唐开国名将、凌烟阁二十四功臣之一秦叔宝曾孙。《洛阳流散唐代墓志汇编》第182页唐宋温璩《唐故常州义兴县令上柱国秦府君墓志铭并序》:"公讳怀道,字理,其先出自右扶风……因宦家于齐,为齐州历城县人焉。……以嗣圣元年二月一日遘疾终于括州括苍县,春秋六十。……嗣子前越州山阴县令景倩,感风树而增慕,集茶蓼以崩心,访宅兆于龟筮,得山川于巩洛。以开元六年十二月廿三日改葬于洛阳县清风乡之原,礼也。"既言"前越州山阴县令",则秦景倩任山阴县令当在开元六年(718)十二月之前。

郑　胄　未到任。《全唐文》卷二六○康廷芝《对县令辞疾判》:"郑胄授山阴令,赴任,行至浙江,遇风涛鼓怒,弭棹而回,乃辞疾解职。人告诈病。"康廷芝,武后朝曾官河阴令,后迁户部员外郎。

宇文颢　《全唐文》卷四○八窦公衡《山阴述》:"天宝甲午岁夏四月,宇文颢莅山阴令。是日,乡黄发与胥徒洎众,趋事于琴堂之下,禺以待命。""天宝甲午岁"即天宝十三载(754)。

冯　琪　《文苑英华》卷四一五唐阙名《授卢蟾富平县令、郭□武宁县令、李嗣业曲沃县令、冯琪山阴县令等制》。

卫　某　名讳不详。《全唐诗》卷一六○孟浩然有《夏日与崔二十一同集卫明府宅》(一作宴卫明府宅遇北使)诗。另,孟浩然有《与崔二十一游镜湖寄包贺二公》诗。据陈贻焮考证,"崔二十一"即山阴少府崔国辅(见《孟浩然事迹考辩》,载《文史》第四辑)。孟浩然《宿永嘉江寄山阴崔少府国辅》诗云:"我行穷水国,君使入京华。"是追叙崔国辅北使入京事。盖崔国辅与孟浩然集卫明府宅在夏日,而孟浩然自越入海宿永嘉江已届岁暮。

韦友顺 《新唐书》卷七四《宰相世系表四上》东眷韦氏："友顺,山阴令。"《嘉泰会稽志》卷三《县令长》："韦友顺,京兆人,山阴令。"

崔某 名讳不详。《玄英集》卷七有《赠山阴崔明府》诗："用心何况两衙间,退食孜孜亦不闲。压酒晒书犹检点,修琴取药似交关。笙歌入夜舟中月,花木知春县里山。平叔正堪汤饼试,风流不合问年颜。"

袁某 名讳不详。《玄英集》卷四有《赠邻居袁明府》诗："隔竹每呼皆得应,二心亲熟更如何。文章锻炼犹相似,年齿参差不校多。雨后卷帘看越岭,更深欹枕听湖波。朝昏幸得同醒醉,遮莫光阴自下坡。"方干于晚唐时隐居于山阴镜湖,由诗中"看越岭""听湖波",可知"袁明府"为山阴县令袁某。

山 约 明凌迪知《万姓统谱》卷二六《山姓》："(唐)山约,山阴令。"

张 逊 《新唐书》卷一九三《黄碣传》载"(董昌)又召山阴令张逊知御史台,(逊)固辞",不就,死难。嘉庆《山阴县志》谓"乾宁初任"。董昌乾宁二年(895)二月据越州自立为帝,国号"大越罗平",改元"顺天",设置官吏。张逊坚辞"知御史台"之职而死难即在是时。

滕文规 《吴越备史》卷三《文穆王》："(皮)光业舅氏滕文规为山阴令。"滕文规任山阴令或在五代武肃王时。

吉　材
权　益
濮　云
斯　忌
牛　谦
祁　休
姚　昺
宰知微
墨　通
赵　彙
徐斗南
甘守忠
马　珑
焦　楷　以上十四人俱见嘉庆《山阴县志》,任年无考。①

---

① 墨通,乾隆《绍兴府志》作"墨通元"。

县　丞

姚　某　名讳不详。《全唐诗》卷一三三韩翊有《山阴姚丞携妓之任兼寄山阴苏少府》诗。

主　簿

崔景温　《洛阳流散唐代墓志汇编》第648页唐郑仁规《唐故朝散大夫少府少监柱国崔府君墓铭并序》："君讳权，贝州清河人也。……有子四人……次曰景温，越州山阴主簿。"墓铭撰者郑仁规乃墓主崔权女婿。

县　尉

贺　朝　天宝（742—756）间任。《旧唐书》卷一九〇《贺知章传》："神龙中，知章与越州贺朝、万齐融，……俱以吴越之士，文词俊秀，名扬于上京。朝万（"万"字系衍文）止于山阴尉，齐融昆山令。"一说贺朝为会稽县尉，见会稽县尉条。

朱履霜　《大唐新语》卷四《持法》："朱履霜，好学，明法理，则天朝……补山阴尉。"

郑惟忠　《大唐新语》卷四《持法》："郑惟忠，名行，忠信天下推重。自山阴尉应制，则天临轩，问何者为忠，诸应制者对，卒不称旨。惟忠曰：'臣闻外扬君之美，内匡君之恶。'"

孙　逖　《全唐文补遗》三辑唐孙徽《唐故朝议郎前守蓬州刺史乐安孙府君（谠）墓志铭并序》："（孙谠）高祖府君讳逖，英拔间出，年十八，应制擢科，授越州山阴尉，满秩从调。"《旧唐书》卷一〇〇《王丘传》："王丘，……典选累年，甚称平允，擢用山阴尉孙逖、桃林尉张镜微、湖城尉张晋明、进士王泠然，皆称一时之秀。"同书卷一九〇《孙逖传》："开元初，应哲人奇士举，授山阴尉。"《太平广记》卷一七〇《王丘》则云："开元八年，侍郎王丘拔山阴县尉孙逖、进士王泠然，不数年皆掌纶诰。"《唐会要》卷七五《藻鉴》谓，王丘提拔孙逖在"开元八年七月"。《全唐诗》卷一一八孙逖有《山阴县西楼》诗，其中有"都邑西楼芳树间，逶迤霁色绕江山。山月夜从公署出，江云晚对讼庭还"之句。

李佐时　《太平广记》卷三〇五《李佐时》引《广异记》："山阴县尉李佐时者，以大历二年遇劳，病数十日中愈，自会稽至龙丘，会宗人述为令……答云：是武义县令窦堪举君。"

李　泮　《全唐文补遗》一辑唐李师可《大唐故亳州录事参军任公（俊）墓志

铭并叙》:"(任偡)夫人陇西李氏,故越州山阴尉泮之女。"李泮女婿即墓主任偡,卒于大和四年(830)八月,时年六十八岁。

郭 湜 《全唐文补遗·千唐志斋新藏专辑》第271页唐陈翊《唐故朝散大夫检校尚书驾部郎中兼同州长史郭公(湜)墓志铭并序》:"公讳湜,字濈载……开元十二年,擢进士第,补山阴尉。……历海盐、长城令,大理司直、江陵户曹,迁登封令。"郭湜贞元四年(788)正月十三日卒,时年八十九岁。

郑 素 《大唐西市博物馆藏墓志》第741页录有《唐故宣德郎检校尚书户部员外郎兼侍御史赐绯鱼袋充剑南西川南道运粮使韦公墓志铭并序》,该墓志署"子婿将仕郎守越州山阴县尉郑素撰"。墓主韦羽卒于元和元年(806),葬于元和二年。

苏 某 名讳不详。《全唐诗》卷一三三韩翃有《山阴姚丞携妓之任兼寄山阴苏少府》诗。

崔国辅 《孟浩然集》卷三有《宿永嘉江寄山阴崔少府国辅》《江上寄山阴崔少府国辅》二诗。又,《全唐诗》卷一四○王昌龄有《同从弟销南斋玩月忆山阴崔少府》诗,"山阴崔少府"即崔国辅是也。

诸 暨 县

秦旧县,以县有暨浦诸山,因以为名。昔为越王允常所都。今为浙江省绍兴市诸暨市(县级)。

县 令

李 罕 《新唐书》卷七○上《宗室世系表上》蔡王房:"诸暨令,罕。"《嘉泰会稽志》卷三《县令长·诸暨》:"(唐)李罕,诸暨令。"《国朝(清)三修诸暨县志》系于开元(713—741)年间任。

罗元开 《嘉泰会稽志》卷一二《城池》引《旧经》:"(诸暨)县城,周二里四十八步,高一丈六尺,厚一丈。唐开元中令罗元开建。"

郭密之 《新唐书》卷四一《地理志五》:"(诸暨县)东二里有湖塘,天宝中令郭密之筑,溉田二十余顷。"《嘉泰会稽志》卷一二《城池》:"(诸暨)县城……东北门,天宝中令郭密之建。"万历《绍兴府志》卷三七《人物志三·名宦》:"郭密之,天宝中,令诸暨。建义津桥,筑放生池,溉田二千余顷,民便之。"①

---

① 《新唐书·地理志》《嘉泰会稽志》均谓"溉田二十余顷",而万历《绍兴府志》谓"溉田二千余顷",雍正《浙江通志》卷一五三引万历《绍兴府志》亦作"二千余顷",以该湖塘得以载入《新唐书·地理志》来看,"十"或为"千"之讹亦未可知。

赵怀珤 《全唐文补遗》二辑唐阙名《□□□□大夫洛交郡长史上柱国赵府君(怀珤)墓志铭并序》："君讳怀珤,字怀珤,皇辅国执左□□金吾道兴之曾孙,皇云麾执左右金吾文皎之孙,皇朝请大夫、太常寺主簿玄俊之长子也。……续迁越州诸暨县令。"裴怀珤卒于天宝十五载(756)三月四日,时年八十四岁。

丘　丹 《全唐诗》卷三〇七《丘丹小传》："丘丹,苏州嘉兴人,诸暨令,历尚书郎,隐临平山,与韦应物、鲍防、吕渭诸牧守往还,存诗十一首。"《宋高僧传》卷七《唐越州焦山大历寺神邕传》："(神邕)旋居故乡法华寺。殿中侍御史皇甫曾、大理评事张河、金吾卫长史严维、兵曹吕渭、诸暨长丘丹、校书陈允初赋诗往复。"其中即有"诸暨长丘丹"。秦系有诗《山中赠诸暨丹丘明府》,据陶敏《全唐诗人名汇考》,"丹丘"系丘丹之倒文。秦系隐居剡川在天宝末。又,清俞樾《春在堂集》云：丘丹后升检校尚书户部员外郎,兼侍御史,贞元初流寓杭州临平。据此可知,丘丹任诸暨令约当在肃、代两朝间。

邱　岳 雍正《浙江通志》卷八九《驿传》"使华驿"条引《余姚县志》："使华驿,唐初名待宾馆。大历中,令邱岳改诸暨驿。宋兴国间,号新驿,改皇华,仍复使华。"《国朝(清)三修诸暨县志》谓邱岳为诸暨县令,系于大历(766—779)年间。

韦　甫 《全唐文补遗》九辑唐王良士《唐故朝议郎使持节普州诸军事普州刺史赏紫金鱼袋京兆韦府君(甫)墓志铭并序》："公讳甫,字至,京兆万年人也。……开元末,以明经擢第,年才弱冠。天宝七载,释褐绛州太平县主簿。……永泰元年,东都河南江淮转运使、户部尚书刘公,以多难之辰,所资推择,缙笏之地,非廉勿居。其年,奏授试大理评事、兼充转运使下巡官,分巡江西道。大历五年,复奏授试大理司直、兼越州诸暨县令……十四年,调补河南府洛阳县丞。"由是知韦甫大历五年至十四年(770—779)任诸暨县令。

薛元造 《全唐文》卷七〇四李德裕《前试宣州溧水县尉胡震状》："臣伏以元和二年,前扬州士曹参军薛元造,缘与臣亡父授经,具表论荐,宪宗授越州诸暨县令。"

张　敦 《明一统志》卷四二《金华府·人物》："张敦,浦江人,为诸暨令,海寇三百余人,剽掠为患,敦悉平之。转重泉令,民悦其化,迁车骑将军。"同见《万姓统谱》卷三八《张姓》。

傅黄中 《朝野佥载》卷二："傅黄中为越州诸暨县令,有部人饮大醉,夜中山行,临崖而睡。忽有虎临其上而嗅之,虎须入醉人鼻中,遂喷嚏,声震虎,遂惊跃,便即落崖,腰胯不遂,为人所得。"

宣　模

卜允恭

敬　　跃

计宗之

冷嘉谟

周　　镛　　以上六人俱见《国朝（清）三修诸暨县志》卷二一《职官表》，任年无考。

县　　丞

白知新　《全唐文补遗》五辑唐阙名《大唐故汴州封丘县令白府君（知新）墓志铭并序》："公讳知新，太原晋阳人也。……雅沿弧失，尤精史传，三余靡倦，五善有容。既而克嗣家声，解巾筮仕，授常州武进县主簿，累蜀州清城县丞、越州诸暨县丞。……又迁河南府王屋县丞、汴州封丘县令。……以开元三年九月十七日，终于官次，春秋六十一。"其妻郑氏，"以景云二年五月廿九日终于王屋官舍"，时年四十岁。

主　　簿

张行果　《洛阳流散唐代墓志汇编》第88页唐阙名《唐故越州诸暨县主簿张君墓志铭并序》："君讳行果，字叔，南阳西鄂人。……既冠，游太学，与李玄植齐名，特为孔祭酒所知。举明经为郎，又举学穷坟典，调诸暨主簿。秩满，不复仕，唯讲论道义著书而已。"张行果于仪凤三年（678）卒，时年六十七岁。

宫　　某　名讳不详。《全唐文补遗》六辑唐阙名《唐越州诸暨县主簿宫君故夫人秦氏（冲）墓志铭并序》。宫某之妻即墓主秦冲于龙朔二年（662）三月十三日终于会稽诸暨之官舍，时年三十九岁。

王　　琚　《新唐书》卷一二一《王琚传》："王琚，怀州河内人。少孤，敏悟有才，略明天文象纬，……琚是时，方补诸暨县主簿。"据《旧唐书》卷一○六《王琚传》，王琚由吏部选授诸暨县主簿后，得太子监国李隆基赏识，即转入詹事府司直内供奉兼崇文学士，实未到任诸暨县主簿。

崔齐荣　《全唐文补遗》六辑唐□琦《大唐故越州诸暨县主簿崔君（齐荣）墓志铭并序》："君讳齐荣，字况，博陵人也。……授越州诸暨县主簿，未之任，遘疾。以开元十六年六月廿七日卒于长安。"

杨　　协　《全唐文补遗》九辑唐唐欢《唐故赠秘书省著作郎陶公夫人赠弘农县太君杨氏墓志铭并序》："夫人姓杨氏，其先弘农人也。……父协，皇越州诸暨县主簿。"杨协之女即墓主杨夫人卒于建中三年（782）四月六日，时年七十岁。参见杭州余杭县尉杨澄条。

王　　某　名讳不详。《全唐诗》卷二八二李益有《送诸暨王主簿之任》诗："别愁已万绪,离曲方三奏。远宦一辞乡,南天异风候。秦城岁芳老,越国春山秀。落日望寒涛,公门闭清昼。何用慰相思,裁书寄关右。"撰者李益(748—829)系中晚唐诗人,则王某任诸暨县主簿亦当在中晚唐。

县 尉

魏德文 《江苏金石志》卷三唐胡楚宾《大唐润州仁静观魏法师碑并序》碑阴谓,"维大唐仪凤二年岁次丁丑十一月己未朔十五日癸酉树碑,谨录门人男女弟子及舍施檀越等人名如左",其中"第九列"有"越州诸暨县尉魏德文"。

李从周 《全唐文补遗》二辑唐阙名《大唐袭容城伯卢君故夫人陇西李氏(松)墓志铭并序》:"夫人讳松,陇西成纪人。……父从周,皇朝越州诸暨县尉。……夫人则诸暨府君之元女。"李从周之女即墓主李氏卒于开元二十一年(733)元月九日,时年二十八岁。

吴励之 《嘉泰会稽志》卷六《陵寝·诸暨县》:"秦始皇庙,在县西一里。……唐叶天师焚之。开元十九年,县尉吴励之再建。"

严 维 《唐才子传校笺》卷三《严维》:"严维,字正文,越州人,初隐居桐庐,慕子陵之高风。至德二年,江淮选补使侍郎崔涣下以词藻宏丽进士及第,家贫亲老不能远离,授诸暨尉,时已四十余。"刘长卿有《送严维尉诸暨》(《刘随州集》卷三)诗:"爱尔文章远,还家印绶荣。退公兼色养,临下带乡情。乔木映官舍,春山宜县城。应怜钓台石,闲却为浮名。"《全唐诗》卷二四九皇甫冉有《登石城戍望海寄诸暨严少府》诗。

赵 鼂 《全唐文补遗》四辑唐阙名《唐通直郎越州诸暨县尉天水赵公(鼂)墓志铭并序》:"公名鼂,字鼂。……故刘忠州曩承诏命,转江湖之粟帛,活国资库,一日万计。用公而度,举无遗事。由是奏公尉灵昌、蕲春二县,末授诸暨,在官三岁,遍判六曹。虽狱讼纷于公庭,简牍盈于几案,援笔立尽,事无不适。"赵鼂于贞元三年(787)卒,时年五十八岁。

裴 均 《新唐书》卷一〇八《裴行简传》:"(裴倩之子)均,字君齐,以明经为诸暨尉。"约在德宗朝及其之前。《全唐诗》卷二七六卢纶有诗《送姨弟裴均尉诸暨(此子先君,元相旧判官)》。又,《全唐诗》卷二八五李端有《送诸暨裴少府(公先人元相公判官)》诗,知裴少府即裴均,元相公即元载。

卢 建 《宝刻丛编》卷一五引《集古录》:"《唐总悟上人钟山林下集序》,唐处士石洪撰序,桂管观察判官张谵、诸暨县尉卢建、上元县尉卢少连诗共三首,皆洪书,为钟山僧总悟所作也,以贞元二十年十二月立。"

崔 造 《全唐文补遗》八辑唐穆赏《唐故蔡州郾城县尉博陵崔府君(锃)合

祔墓志铭并序》：" 于是，改公洎夫人之神宅，返葬于东都洛阳县清风乡北原。以公之长子越州诸暨县尉造、仲子大理评事载华、季子高道不仕少华陪焉，犹平生趋庭之次，列侍于后。卜贞元廿年五月十一日，会复于土，礼也。"由是知墓主崔锽长子崔造曾任越州诸暨县尉。

包　君　《太平广记》卷一七二《孟简》引《逸史》："故刑部李尚书逊为浙东观察使，性仁恤，抚育百姓，抑挫冠冕。有前诸暨县尉包君者，秩满，居于县界，与一土豪百姓来往，其家甚富，每有新味及果实必送包君。"李逊任浙东观察使自元和五年至九年间。

李　橡　《新唐书》卷七〇上《宗室世系表上》蜀王房："诸暨尉，橡。"

李李五　《新唐书》卷七〇下《宗室世系表下》纪王房："诸暨尉，李五。"《国朝（清）三修诸暨县志》作"李五"。

余 姚 县

秦旧县，以舜后支庶所封之地，而舜姚姓，故名余姚。隋平陈，县废。唐武德四年(621)，析句章县复置余姚县，并于县置姚州。七年，州废，县属越州。今为浙江省宁波市余姚市(县级)。

县　令

萧仁表　《全唐文补遗》五辑唐萧洛客《□唐韩府法曹参军息兰陵萧君(洛宾)之志》："君讳洛宾，字阅书，本兰陵人也。……乃祖因宦，徙宅神京。……祖仁表，越州余姚县令，寻授青州长史，又授益州新都县令，寻加朝散大夫，袭梁郡公。"墓志载称，萧仁表之子即墓主萧洛客的父亲萧桢，卒于垂拱四年(688)。由是知萧仁表余姚县令任当在初唐。

张辟强　《宝庆四明志》卷一六《叙水》："白洋湖，在鸣鹤乡，唐景龙中余姚县令张辟强修筑。"知张辟强景龙(707—710)中任余姚县令。

窦　寿　《全唐文补遗》四辑唐卢益《唐故淮南节度使司徒同平章事赠太尉陈公□妇窦氏墓志铭并序》："夫人，扶风人也，汉丞相之裔。高祖衍，唐驸马都尉。中外历职廿余政，终蒲州刺史，赠工部尚书。曾祖寿，越州余姚县令。"窦寿曾孙，即墓主窦氏，卒于贞元三年(787)五月二十日。

崔　孚　见湖州长城县令崔孚条。

谢夷甫　《全唐诗》卷二七三戴叔伦有《送谢夷甫宰余姚县》诗："君去方为宰，干戈尚未销。邑中残老小，乱后少官僚。廨宇经兵火，公田没海潮。到时应变俗,新政满余姚。"《全唐诗人名汇考》以为唐代明州无"余姚县",而误疑此处"余姚县"为鄞县,实因不明唐代之余姚县隶于越州、不隶于明州而误。

王　恕　《白居易全集》卷四二《唐扬州仓曹参军王府君墓志铭并序》:"公讳某,字士宽……天宝中,应明经举及第,……永泰中,敕迁越府户曹。属邑有不理者,公假领之,所至必理。大历中,本道观察使薛兼训以公清白尤异,表奏之,有诏权知余姚县令。时海寇初殄,邑焚田荒,公乃营邑室,创器用,复流庸,辟菑畬。凡江南列邑之政,公冠其首。其制邑辟田增户之绩,则会稽之谍、地官之籍载焉。建中初,选授扬州仓曹参军。"光绪《余姚县志》卷二二《名宦·王恕传》谓:"王恕,字士宽,太原人,大历中诏权知余姚县事。"同见越州户曹参军王恕条。

李　汲　《唐代墓志汇编》贞元〇七二、《全唐文补遗》二辑唐阙名《故越州大都督府余姚县令李府君(汲)墓志铭并序》:"有唐贞元十年五月廿日,故越州余姚县令李公,即世于扬州旅馆。……公讳汲,字寡言,赵郡人也。……次任余姚县令,所以子人济俗,展平生之志。户口增倍,歌谣至今。及辞满归北,朝廷方将大用,而天不祚国,夺我才彦。呜呼!享年五十九。"

李元隐　《新唐书》卷七〇下《宗室世系表下》蒋王房:"余姚令,元隐。"旧志讹作"李隐"。

李　惊　《新唐书》卷七〇下《宗室世系表下》纪王房:"余姚令,惊。"又见《嘉泰会稽志》卷三《县令长》:"李惊,为余姚令。"

袁　邰　乾隆《绍兴府志》卷二七《职官志·县令》:"袁邰,余姚令。"

李　稳　《嘉泰会稽志》卷三《县令长》:"唐李稳,为余姚令。"

严　维　《唐才子传校笺》卷三《严维》:"严维,字正文,越州人,……后历秘书郎,严中丞节度河南辟佐幕府,迁余姚令,仕终右补阙。"参见诸暨县尉严维条。

县　丞

张昭易　《全唐文补遗·千唐志斋新藏专辑》第231页唐古偲《唐故浦阳府别将陇西李公(諴)墓志铭并序》谓:李諴"夫人清河张氏,余姚县丞昭易府君长女也,以九载六月一日早世"。碑志未载夫人春秋,但载其夫即墓主李諴卒于天宝十一载(752)四月三日,时年六十九岁。

任　荣　《宁波历代碑碣墓志汇编》第29页唐阙名《唐故乐安任君(正彬)墓志》:"大唐元和八年岁次癸巳十二月庚辰朔三日壬午,故乡贡进士任正彬(父荣,前任越州余姚县丞),生于余姚县舍中。后成立,随从历官。转摄黄州黄岗县令,侍从至黄岗,时春秋卅。染疾,其年五月十五日亡。"由碑志可知任荣元和八年(813)在余姚县丞任上,其子任正彬生于余姚县丞官舍。

主　簿

李少真　《新唐书》卷七〇下《宗室世系表下》纪王房："余姚主簿，少真。"

县　尉

李　让　《新唐书》卷七〇下《宗室世系表下》纪王房："余姚尉，让。"
郑光昭　《新唐书》卷七五《宰相世系表五上》郑氏："光昭，余姚尉。"

萧山县（永兴县）

汉旧县，本名余暨，《太平寰宇记》卷九六《江南东道八·越州》"萧山县"条引《汉书》应劭注云："汉分诸暨、山阴地为下诸暨，后易名余暨。"王莽时，改余暨为余衍。汉末童谣云："天子当兴于东南三吴之间。"故三国时吴大帝改会稽郡之余暨县为永兴县，分吴兴郡乌程县余不溪乡置永安县。隋平陈，县废，地并入会稽县。唐仪凤二年（677），分会稽、诸暨复置永兴县。天宝元年（742），改永兴县为萧山县，以县西一里有萧山，故以为名，仍属越州。今为浙江省杭州市萧山区。

县　令

李　某　名讳不详。《重订新校王子安集》卷七有《越州永兴李明府宅送萧三还齐州序》。
李士约　《新唐书》卷七二《宰相世系表二上》赵郡李氏："士约，萧山令。"李士约是钱塘令李从约之兄。
葛　某　康熙《萧山县志》卷一六《职官志·唐令》下录有"葛君"，名讳、任职时间均无考。
权怀育　《毗陵集》卷八《唐故朝议大夫高平郡别驾权公神道碑铭并序》："公讳彻，字幼明，陇西天水人也。……嗣右领军将军曰文奖，领军嗣永兴令曰怀育。公，永兴之嗣也。"
韦知微　唐薛用弱《集异记·韦知微》："开元中，士人韦知微者，选授越州萧山县令。"
卢　沇　《全唐文补遗》三辑、《唐代墓志汇编》永贞〇〇二唐李洁《唐故朝散大夫豪郢二州刺史上柱国卢府君（沇）夫人陇西李氏墓志铭并序》："府君讳沇，字子衡，范阳人，盖神农之裔也。……弱冠，孝廉登科，调补杭州富阳县尉。迁左骁卫兵曹参军，历萧山、海陵二县令，大理评事，监察御史，豪、郢二州刺史。疲州破邑,人力不堪,公则缓之。"卢沇于大历九年(774)六月庚寅卒,时年六十三岁。

李　鼎　《全唐文补遗·千唐志斋新藏专辑》第385页唐沈佐黄《唐故朝请郎行婺州金华县主簿武功苏君(藏玉)墓志铭并叙》谓,墓主苏藏玉,"皇考丕,汝州梁县主簿,皇妣陇西李夫人,越州萧山县令鼎之女。公即梁县府君之元子也"。李鼎外孙即墓主苏藏玉大中七年(853)卒,时年六十七岁。

陈　某　名讳不详。《玄英集》卷五有《同萧山陈长官县楼登望》诗。

杨　郯　《越中金石记》卷一唐胡季良《(上阙九字)尊胜陁罗尼幢赞并序》(《石刻史料新编》第2辑第10册)有"宣义郎守萧山县令飞骑尉杨郯"题名。

李从损　《两浙金石志》卷三唐阙名《唐觉苑寺经幢》题名有"萧山县令、柱国李从损……舍四千文",经幢于"咸通二年岁次辛巳正月丙子朔十八日癸巳建"。①

县　丞

邢行谌　《洛阳流散唐代墓志汇编》第282页唐萧昕《唐监察御史邢府君墓志铭并序》:"君讳巨,字巨,河间人也。……曾祖师,隋衢州龙丘县令。季叶板荡,因家淮南。……父行谌,皇越州永兴县丞。"邢行谌之子即墓主邢巨,卒于开元二十六年(738),时年五十七岁。

程文琬　《全唐文补遗》九辑唐李霞《大唐故朝散大夫守房州别驾上柱国贬巫州司马程府君(文琬)墓志铭并序》:"君讳文琬,字文琬,广平人也。……少孤,事母以孝闻。属母后临朝,有事清洛,以附庙。公以胄子摄斋郎,获选,解褐补莱州参军事,以忧去职。服阕,补越州永兴丞,非其好也。对制高第,授华州华阴丞,清白著称。""每摄丞事,省刑议狱,发言成式。劈肌分理,投刃皆虚。虽一目之所加,必三复而无玷。常委情大化,纵心浩然。必持盈而守谦,恒进寸而退尺。"程文琬卒于开元二十五年(737)七月九日,时年七十三岁。从墓志中的"属母后临朝"看,程文琬任越州永兴丞当在武则天时。

崔　珣　《全唐文补遗·千唐志斋新藏专辑》第225页唐荀太象《唐故汉东郡枣阳县令博陵崔府君(珣)墓志铭并序》:"公讳珣,字珣,博陵郡安平人也。……解褐授郑州参军,丁内忧去职。泣血三年,柴毁过礼。服阕,调授越州永兴县丞,转授河间郡司仓参军。出纳佐理,苾不孤也。寻转汉东郡枣阳县令。"天宝十载(755)四月二十一日卒于枣阳县官舍,时年六十五岁。又,同前书第

---

①　旧府县志职官表所载,唐令仅韦知微、李士约、葛□三人,丞李令思一人,主簿宋思礼一人,尉邱丹、严维二人。此幢题名中县令李从损,及以下丞张周士、主簿秦翱、尉沈彤、□孜、姚□等名,旧志职官表皆失载。又,乾隆《绍兴府志》卷二七《职官志·县令》录唐代永兴县令有王奉先,谓:"王奉先,(唐)永兴令,见刘义庆《幽明录》。"《幽明录》乃南朝宋宗室刘义庆所撰,王奉先不应为唐永兴令,兹不录。

272页唐王嵩《唐故朝议□□□□郡枣阳县令崔府君（珣）墓志铭并序》谓崔珣"年在弱冠，以门子补郑州参军，州将器之。转越州永兴丞，邑人歌颂"，后历官瀛州司仓参军、随州枣阳令，但所载卒年、春秋不同，谓天宝七载（719）四月二十一日卒于枣阳令任上，时年六十二岁。

张周士 《两浙金石志》卷三唐阙名《唐觉苑寺经幢》题名有"萧山县……给事郎、丞张周士……舍四千文"，经幢于"咸通二年岁次辛巳正月丙子朔十八日癸巳建"。

李诚满 《新唐书》卷七〇下《宗室世系表下》濮王房："永兴丞，诚满。"

李令思 《新唐书》卷七二《宰相世系表二上》赵郡李氏："令思，萧山丞。"

主 簿

郑 绩 《全唐文补遗》一辑唐阙名《大唐故中散大夫尚书比部郎中郑公（绩）墓志铭并序》："公讳绩，字其凝，荥阳开封人。……属圣后诏郡国举贤良，公对策天朝，海内莫比。授越州永兴主簿。秩满，诣铨庭殊等，调左金吾胄曹。""圣后"即武则天，郑绩任永兴县主簿在武则天时。郑绩于开元十五年（727）八月卒，时年五十六岁。据墓志铭载，郑绩撰有《新文类聚》一百五十卷，并依《春秋》作《甲子纪》七篇，撰《古今录》二百卷。

宋思礼 乾隆《绍兴府志》卷四一《人物志》："宋思礼，字过庭，广平人，少事继母为闻孝。补永兴主簿，会大旱，井池涸。母宿有羸疾，非泉水不甘食。思礼忧惶，祷于天，忽有泉出庭下，味甘且寒，日不乏汲。尉柳晃为文刻之石。"① 永兴县于天宝元年（742）改名萧山县，宋思礼任永兴县主簿当在天宝元年之前。

秦 翶 《两浙金石志》卷三唐阙名《唐觉苑寺经幢》题名有"萧山县……文林郎、主簿秦翶……舍四千文"，经幢于"咸通二年岁次辛巳正月丙子朔十八日癸巳建"。

裴 某 名讳不详。《两浙金石志》卷三唐阙名《唐觉苑寺经幢》题名有"萧山县……□主簿裴□……舍五千文"，经幢于"咸通二年岁次辛巳正月丙子朔十八日癸巳建"。疑裴某为摄主簿。

县 尉

柳 晃 参见永兴县主簿宋思礼条。

---

① 宋思礼，《新唐书》卷一九五《宋思礼传》谓其"事继母徐为闻孝，补萧县主簿"。萧县为秦旧县，位于今安徽省北部，唐属徐州。然而唐骆宾王《骆丞集》卷一《灵泉颂》谓"此邑城控剡山，地连禹穴基址"，则宋思礼所任县尉之县当为永兴（萧山）县。《新唐书》所谓"萧县"当为"萧山县"之讹。

白季庚　《白居易全集》卷四六《襄州别驾府君事状》："公讳季庚，字某，巩县府君之长子。天宝末，明经出身，解褐授萧山县尉。"白季庚乃白居易之父，在天宝（742—756）末年任萧山县尉，贞元十年（794）五月二十八日卒，时年六十六岁。

崔　著　《全唐文补遗》三辑、《唐代墓志汇编》元和一四二唐崔筥《唐故朝散郎守珍王府录事参军飞骑尉乘府君（著）墓志铭并序》："公讳著，字太质，魏郡人也。……祖孜，晋侍御史。永嘉銮舆南迁，遂止吴兴余杭县，经今十二代。……年未弱冠，以孝廉擢第，起授越州萧山县尉。"崔著卒于元和十四年（819）十一月十三日，时年六十六岁。

彭　某　名讳不详。《玄英集》卷四有《赠萧山彭少府》诗："作尉孜孜更寒苦，操心至癖不为清。虽将剑鹤支残债，犹有歌篇取盛名。尽拟勤求为弟子，皆将疑义问先生。与君相识因儒术，岁月弥多别有情。"

李　绰　《越中金石记》卷一唐胡季良《（上阙九字）尊胜陁罗尼幢赞并序》有"朝请郎前行萧山县尉李绰"题名。

沈　彤　《两浙金石志》卷三唐阙名《唐觉苑寺经幢》题名有"萧山县……文林郎、尉沈彤……舍四千文"，经幢于"咸通二年岁次辛巳正月丙子朔十八日癸巳建"。

房　孜　《两浙金石志》卷三唐阙名《唐觉苑寺经幢》题名有"萧山县……文林郎、尉□孜……舍四千文"，经幢于"咸通二年岁次辛巳正月丙子朔十八日癸巳建"。《越中金石记》卷一《江寺陁罗尼经幢》题名与之同，惟"文林郎、尉□孜"作"文林郎、尉房孜"，则所缺字为"房"也。

姚　询　《两浙金石志》卷三唐阙名《唐觉苑寺经幢》题名有"萧山县……摄尉姚□……舍四千文"，经幢于"咸通二年岁次辛巳正月丙子朔十八日癸巳建"。《越中金石记》卷一《江寺陁罗尼经幢》题名为"摄尉姚询"。

上　虞　县

秦旧县。一说因舜避丹朱于此而名；一说禹与诸侯会事毕，因相虞乐而名。① 汉以后因之。隋平陈，县废。唐贞元元年（785），越州刺史王密复奏置。今为浙江省绍兴市上虞区。

---

① 《水经注》卷四〇《浙江水》引《晋太康地记》云："舜避丹朱于此，故以名县。百官从之，故县北有百官桥。亦云：禹与诸侯会事旋，因相虞乐，故曰上虞。"《读史方舆纪要》卷九二《浙江四·绍兴府》："上虞县，秦置县，亦因舜后所封而名，属会稽郡。汉以后因之，隋废入会稽县。"

县　令

张　某　名讳不详。光绪《上虞县志校续》卷四〇《金石志》录有唐胡不干《唐故吴兴沈府君（朝）墓志铭并序》："公（沈朝）……以宝历元年六月十七日终于私第……以其年八月十日窆于窦泉乡……巨唐宝历元年岁次己巳八月辛丑朔十日庚戌建立兹铭，故记。使主元、邑宰张。"光绪《上虞县志校续》卷五《职官表·附考》："张□□。见金石《吴兴沈府君墓志铭》。旧志无，今增。"由是知张某宝历元年（825）在上虞县令任上。

金尧恭　《新唐书》卷四一《地理志五》："（上虞县）西北二十七里有任屿湖，宝历二年令金尧恭置，溉田二百顷。北二十里有黎湖，亦尧恭所置。"由是知金尧恭宝历二年（826）在上虞县令任上。

王　某　名讳不详。光绪《上虞县志》卷三《职官表·唐县令》："王某，名佚，（会昌）三年任。"光绪《上虞县志校续》卷五《职官表·附考》："王□□。《五夫陁罗尼经幢》：'会昌三年九月二十七日建，邑宰王。'又，《五大夫新桥记》云：'邑大夫王公术过烹轸嵇琴于棠树。'其即是公与？旧志无，今增。"《越中金石记》卷一《五夫陁罗尼经幢》："会昌三年九月二十工日建，邑宰王……同建。"由是知王某会昌三年（843）九月在上虞县令任上。

崔　协　大中元年（847）以越州户曹摄上虞县令。嘉靖《浙江通志》卷二五《官师志》："崔协，博陵人，大中元年以户曹摄上虞令，值岁旱，民赋无所出。协倾家资代输之。及卒，邑人立庙祀之。"乾隆《绍兴府志》卷二六《职官志·郡佐》："崔协，博陵人，户曹参军。有传。"

常　某　名讳不详。《越中金石记》卷一唐阙名《五大夫新桥记》："唐会昌三年建此幢。至五年八月，奉敕毁寺，其幢随例亦毁。至大中即位年，佛法重兴。至四年庚午岁秋七月九日，前宣州溧水尉刘皋与当阛阓信士等同（慕）［募］缘而再建……廉使李、令常……"光绪《上虞县志》卷三《职官表·唐县令》："常（某），名佚，（大中）四年任。"

马　某　名讳不详。《越中金石记》卷一唐阙名《宝盖寺陁罗尼经残幢》有"县令马"之题名。该幢仅存上截，年月已缺，惟"观察使李"及"刻字张太安"与五夫桥幢同，"丞蒋"与遗德庙幢同，则此幢亦为大中（847—860）年间所立。光绪《上虞县志》卷三《职官表·唐县令》："马（某），名佚。"系于常某之后。

药思复　光绪《上虞县志》卷三《职官表·唐县令》系药思复于马某之后。

王昌裔　《新唐书》卷七二《宰相世系表二中》王氏："昌裔，上虞令。"

县　丞

贺知止　宋贺铸《庆湖遗老诗集·序》："铸十五代祖,乃秘书外监之后。祖弟,讳知止,少昧老易,躬耕不仕。开元末,兴崇玄学。本道三以道举,荐送不赴。会有闻于朝者,起家拜上虞丞。秩满,试任城令。时李翰林白寓游是邑,与公相从,于诗酒间撰其美政,书公堂之壁,后人镌诗石,今或存焉。"由是知贺知止于开元(713—741)末任。

方　某　名讳不详。光绪《上虞县志》卷三《职官表·唐县丞》："方[某],名佚。"系于会昌(841—846)年间。《越中金石记》卷一唐阙名《五夫陁罗尼经幢》："会昌三年九月二十日建。邑宰王、丞方……同建。"

蒋　某　名讳不详。《越中金石记》卷一唐阙名《五大夫新桥记》："唐会昌三年建此幢。至五年八月,奉敕毁寺,其幢随例亦毁。至大中即位年,佛法重兴。至四年庚午岁秋七月九日,前宣州溧水尉刘皋与当阛阓信士等同(慕)[募]缘而再建……廉使李、令常、□□、主簿罗、尉李、郑。"又,据同书《遗德庙陁罗尼经幢记》有"令常、镇遏将郑、丞蒋、尉李"题名,并谓:"此经已不存,记文二方剥蚀太甚。余四方皆题名,尤为残缺。今择其可辨者录之,以存唐代古迹。令尉诸姓与大夫桥记同,盖亦大中四年所刻。其有云丁丑四月者,丁丑为大中十一年,则后来又有续刻矣。"光绪《上虞县志》卷三《职官表·唐县丞》："蒋[某],名佚。"系于大中(847—859)年间。

主　簿

罗　某　名讳不详。《越中金石记》卷一《五大夫新桥记》："唐会昌三年建此幢。至五年八月,奉敕毁寺,其幢随例亦毁。至大中即位年,佛法重兴。至四年庚午岁秋七月九日,前宣州溧水尉刘皋与当阛阓信士等同(慕)[募]缘而再建……廉使李、令常、□□、主簿罗、尉李、郑。"光绪《上虞县志》卷三《职官表·唐主簿》："罗[某],名佚。"系于大中(847—859)年间。

孙　某　名讳不详。《越中金石记》卷一唐阙名《宝盖寺陁罗尼经残幢》有"主簿孙"之题名。该幢仅存上截,年月已缺,惟"观察使李"及"刻字张太安"与五夫桥幢同,"丞蒋"与遗德庙幢同,则此幢亦为大中间所立。光绪《上虞县志》卷三《职官表·唐主簿》："孙[某],名佚。"系于大中(847—859)年间。

县　尉

吕　生　唐张读《宣室志》卷六:"大历中,有吕生者,自会稽上虞尉调集于京师，既而侨居永崇里。"

胡　某　字百篇。《玄英集》卷六有《赠上虞胡少府百篇》诗："求仙不在炼金丹，轻举由来别有门。日晷未移三十刻，风骚已及四千言。宏才尚遣居卑位，公道何曾雪至冤。敛板尘中无恨色，应缘利禄副晨昏。"光绪《上虞县志》误录为县丞。

严　某　名讳不详。《越中金石记》卷一唐阙名《五夫陁罗尼经幢》："会昌三年九月二十工日建，邑……尉严、郭、周……同建。"

郭　某　同上。

周　某　同上。

李　某　名讳不详。《越中金石记》卷一唐阙名《五大夫新桥记》："唐会昌三年建此幢。至五年八月，奉敕毁寺，其幢随例亦毁。至大中即位年，佛法重兴。至四年庚午岁秋七月九日，前宣州溧水尉刘皋与当阛阓信士等同（慕）[募]缘而再建……廉使李、令常、□□、主簿罗，尉李、郑。"

郑　某　同上。

第五某　《越中金石记》卷一唐阙名《宝盖寺陁罗尼经残幢》有"（县）尉第伍、尉沈、尉马"之题名。该幢仅存上截，年月已缺，惟"观察使李"及"刻字张太安"与五夫桥幢同，"丞蒋"与遗德庙幢同，则此幢亦为大中间所立。从"尉沈、尉马"看，"第伍"当为第五氏。

沈　某　同上。

马　某　同上。

裴　深　河东人。《全唐文补遗》六辑唐柳芘《唐故京兆府美原县令河东裴府君（宏）墓志铭并序》载，墓主裴宏的季子裴深，"尝为会稽上虞尉"。裴深父亲即裴宏于咸通十三年（872）卒，时年五十五岁。

剡　县

汉旧县，以县有剡溪，因以为名。隋末陷于李子通。唐武德四年（621），以县置嵊州，并析剡县置剡城县。武德八年（625），嵊州废，省剡城县，以剡县属越州。① 今为浙江省绍兴市嵊州市（县级）。

---

① 《旧唐书》卷四〇《地理志》及《新唐书》卷四一《地理志》均载，废嵊州、鄞州、丽州之事在武德八年，而《元和郡县图志》《太平寰宇记》谓废嵊州在武德六年。从史料看，此次废置应是一次集中行动，且《旧唐书》卷四〇《地理志》载及剡城县析、废情况，今姑从新、旧《唐书·地理志》。

县　令

赵慈劼　《全唐文补遗·千唐志斋新藏专辑》第 124 页唐阙名《大唐越州剡县令赵府君（慈劼）墓志铭并序》："君讳慈劼，字冬日，陇西天水人也。……君少且耽书，长而好礼，心简而弘远，神逸而纯粹。以门家子列侍皇宫，入奉门戟。"后历官秦州上邽县主簿、始州阴平县丞、岭南道推覆使，擢襄州安养县令，以"弊邑褊小，何以当仁"未赴任，而转授越州剡县令。先天元年（712），以南海武溪蛮作乱，被广州都督周利用召为节度总管讨伐武溪蛮。先天二年（713）五月十九日染疾而终，时年六十岁。

张子胄　《新唐书》卷七二《宰相世系表二下》始兴张氏："子胄，剡令。"张子胄为张九龄、张九皋等兄弟之祖父，张弘愈之父。而《文苑英华》卷八九九唐阙名《殿中监张公神道碑》又说："公讳九皋，其先范阳人也。……祖胄，皇朝越州剡县令。"可知"张胄"即为"张子胄"之脱讹。宋高似孙作《剡录》卷一《古令长》亦曰："唐张子胄，剡令。"

张　欢　《全唐文补遗·千唐志斋新藏专辑》第 152 页唐邢巨《唐故银青光禄大夫工部尚书绛州刺史上柱国平原郡开国公张府君（锡）墓志铭并序》："公讳锡，字奉孝，清河东武城人也。"张锡"因长子欢之宰剡也，令随子就养于官……终于剡之官舍"，"长子欢，早卒，官至通事舍人、剡县令"。张欢之母卢氏，卒于开元十四年（726）九月二十七日，时年七十一岁。

郑令宾　《全唐文补遗·千唐志斋新藏专辑》第 272 页唐王嵩《唐故朝议□□□郡枣阳县令崔府君（珣）墓志铭并序》谓越州永兴县丞崔珣"夫人，越州剡县令荥阳郑令宾之息女"。

蔡燕客　《全唐文补遗》六辑唐阙名《唐故左金吾卫兵曹参军蔡府君（直方）墓志铭并序》："公讳直方，济阳人也。……父燕客，越州剡县令，贬吉州新淦县丞。公即长子。"蔡燕客长子即墓主蔡直方，大历四年（769）五十二岁时卒于润州私第，由季弟兼监察御史蔡直清自南徐扶柩归洛阳。

景象名　《全唐文补遗》一辑唐邢倨《大唐河南府汜水县丞邢倨夫人景氏墓志铭并序》："夫人姓景氏，丹杨人也。……祖象名，皇越州剡县令。父浚，皇棣王府仓曹参军。……夫人即仓曹府君之季女，故左相李公之出也。"景象名之女即墓主景氏，卒于贞元三年（787）六月十一日，时年五十五岁。

崔　讽　《文苑英华》卷四一五唐阙名《授齐煦、崔讽等郑县、剡令制》："煦，可华州郑县令；讽，可越州剡县令。"至于制文撰者，《文苑英华》仅作"前人"，而元稹《元氏长庆集》卷四八收录有此制，或为元稹所撰。

陈　永　《玄英集》卷六有《和剡县陈明府登县楼》诗："郭里人家如掌上，檐前树木映窗棂。烟霞若接天台地，分野应侵婺女星。驿路古今通北阙，仙溪日夜入东溟。彩衣才子多吟啸，公退时时见画屏。"又，同书卷三又有诗《送剡县陈永秩满归越》："俸禄三年后，程途一月间。舟中非客路，镜里是家山。密雪沾行袂，离杯变别颜。古人唯贺满，今挈解由还。"由是知前诗中之陈明府即陈永。

侯　高　《全唐文》卷六三九李翱《故处士侯君墓志》："侯高，字符览，上谷人。少为道士，学黄老练气保形之术，居庐山。……奚抚为楚州，起摄盱眙。祭酒李公逊刺衢州，请治信安；其观察浙东，又宰于剡。三县皆有政。"

王　逢　《大唐西市博物馆藏墓志》第918页唐李郓《唐故朝议郎守恭陵台令王府君墓志铭》："公讳逢，字大略，世为琅琊人。……是冬赴调，明春为越州剡县令。公尝陈闽吴之俗好辩论，绝于文教，民然菜色，忍失姻亲。至官之始，庭积讼夫，案牍繁多，思之涉旬而不可视者。公断未盈月，尽能去之，无一不甘而复来。讼堂无鞭挞之音，居民有来苏之望。狴牢穴兽，遗财复归，智因格心，不可料乎。即以彻佛屋之材梁，启于连率，作仲尼庙飨。既从之，未逾时而庙成，构殿宇庠廊，共百有余间，民知劝而不知倦，鸠诸生徒，讲肆礼让，晓问溪山，暮横经以论答。……开地千有七百亩，变荆莽为膏腴，历岁而足食，经时而树桑，家有三年之业，人无五袴之爱。邑有因官而寓泊，力未任配偶，公皆出俸钱给之所无，尽从晨趋之礼，所谓彰善瘅恶，树之风化，公之有焉。"王逢卒于大中八年(854)，时年五十七岁。

狄　某　名讳不详。《全唐文》卷九九三唐阙名《大唐赠使持节邛州诸军事邛州刺史狄公碑》："父孝绪，唐行军总管大将军、金紫光禄大夫、尚书左丞、使持节汴州诸军事……明月公即临颍公之第五子也……以国子明经擢第……俄除越州剡县令。"

薛　某　名讳不详。《全唐诗》卷五三一许浑有《广陵送剡县薛明府赴任》诗。

县　丞

李强友　《太平广记》卷三七七引《广异记》："李强友者，御史如璧之子。强友，天宝末为剡县丞。"

杜　佑　《旧唐书》卷一四七《杜佑传》："杜佑，字君卿，京兆万年人。……佑以荫入仕，补济南郡参军、剡县丞。"《新唐书》卷一六六《杜佑传》同。

沈德饶　宋杨杰《无为集》卷一一《故右谏议大夫赠工部侍郎沈公神道碑》："沈氏之先，出于周文王之子聃季，食采于沈，因而命氏。……至唐润州司兵参军岌,生愉,为怀州都团练判官;愉生僎,为同州冯翊尉;僎生师举,为太常协律郎;师举生籍,为衢州常山令。讳籍,即公之高祖考。越州剡县丞讳德饶公,曾祖考也。……公讳立,字立之,……天圣中登进士第。"沈德饶曾孙即碑主沈立,于宋仁宗天圣(1023—1032)中登进士第,则沈德饶任剡县丞或在唐末。

主　簿

韩友直　《全唐文补遗》六辑唐王弼《大唐濮阳郡临濮县令元有邻夫人韩氏墓志》:"夫人颍川人也。高祖永兴,北齐尚书令、昌黎王,生东环刺史翙,翙生弘农郡司马处玄,处玄生会稽郡剡县主簿友直,友直生夫人。……开元廿七年,遘疾终于洛阳立行里之私第,春秋四十九。"韩友直之女即墓主韩氏,卒于开元二十七年(739),时年四十九岁。

独孤丕　《新唐书》卷七五《宰相世系表五下》独孤氏:"丕,字山甫,剡主簿。"《毗陵集》卷一〇《唐故浙江东道节度掌书记越州剡县主簿独孤丕墓志铭》:"丕,字山甫,少聪明,有志操,好学博古。年十五,能属文,祖述典谟,实而不华,有古人风采。至若探综图纬,推步六甲,昊天历象,太乙之奥,悉究其趣,尤好黄老之道……乾元二年,从季父峻为御史中丞都督江东军事,盛选僚佐,表为剡县主簿。军事羽檄,悉以咨访。观其志气遐远,冲然有骋长途,致青云之势,不幸短命。卧疾累旬,卒于会稽,春秋才二十有三,位不过部从事。……是岁乾元三年岁在己亥秋九月也。"独孤丕乾元三年(760)卒于剡县主簿任上。

县　尉

窦公衡　《太平广记》卷二二二《李含章》引《定命录》:"崔圆,微时欲举进士于魏县,见市令李含章,云:'君合武出身,官更不停,直至宰相。'开元二十三年,应将帅举科,又于河南府充乡贡进士。其日,正于福唐观试,遇敕下,便于试场中唤将,拜执戟参谋河西军事。应制时,与越州剡县尉窦公衡同场并坐,亲见其事。后官更不停,不逾二十年,拜中书令、赵国公,食实封五百户。"可知窦公衡曾为剡县尉。《宝刻丛编》卷一三《越州》引《复斋碑录》:"《唐宇文颢山阴述》,唐窦公衡撰,……天宝十三载甲午夏四月立,在山阴。"另,岑仲勉《郎官石柱题名新著录》户部员外郎第十三行有窦公衡。

刘乃　《旧唐书》卷一五三《刘乃传》:"刘乃,字永夷,洛州广平人。……少聪颖志学,暗记《六经》,日数千言。及长,文章清雅,为当时推重。天宝中,举进士,……其载,补剡县尉,改会稽尉。"

张著　字处晦。宋陈振孙《直斋书录解题》卷五载:"《翰林盛事》,一卷,唐剡尉常山张著处晦撰,纪儒臣盛事,自武德中迄于天宝。首载张文成七登科者,即著之祖也。"

卢　广　《全唐文补遗》八辑唐卢蕡《唐乡贡进士卢府君（厚德）墓志文并叙》:"（卢厚德）祖广,剡县尉。"卢厚德卒于会昌四年（844）二月二十日。《全唐文补遗·千唐志斋新藏专辑》第331页唐卢蕃《唐故越州剡县尉卢府君（广）夫人陇西李氏合祔墓志铭并序》:"先君讳广,字元表。其先姜姓,自磻溪封茔丘,受氏于卢。太尉开燕,遂家于蓟,因为范阳人。……年廿四,以通庄老文列举上第。洎赴常调,当时重名公卿凡十数辈,咸称操履坚白,得四子之玄妙,怡然自乐,道无将迎。相誓慰荐台司,擢列清真。"以"弟兄皆始仕,俸禄不足以充养,苟得虚名以自饰,奈如是何",遂弃台司而"补越州剡县尉","至官二年,寝疾崩于官舍,享年卅八"。其妻李氏元和十四年（819）正月二十四日卒,时年七十七岁。撰墓志者卢蕃乃卢广之子。

卫　凭　《千唐志斋藏志》第893页唐阙名《唐故彭城郡蕲县令安邑卫府君墓志铭》:"讳凭,字佳祖,河东安邑人也。……策贤良登科,拜秘书省校书郎。……转越州剡县尉,……授左威卫录事参军,……迁彭城郡蕲县令。……以癸巳岁八月十一日终于观德里之私第,春秋六十二载。"癸巳,即天宝十二载（753）。

卷八　婺州(东阳郡)

本东阳郡,三国孙吴分会稽郡西部置。陈武帝时置缙州。隋开皇九年(589),置婺州,盖取其地于天文为婺女之分野为名。大业三年(607),改婺州复为东阳郡。唐武德四年(621),平李子通,置婺州,领华川、长山二县。同年,又置稠州、丽州。六年,辅公祏叛,州又陷没。七年,平定辅公祏,仍置婺州,废稠州,省华川县入乌伤县,更名义乌县来属。八年,废丽州为永康县、衢州为信安县,并来属;又废縠州入信安县,省长山县入金华县。贞观八年(634),复置龙邱县。咸亨五年(674),置兰溪、常山二县。垂拱二年(686),分龙邱、信安、常山三县置衢州,又置东阳县。天授二年(691),又置武义县。天宝元年(742),改婺州为东阳郡。乾元元年(758),复为婺州。《元和郡县图志》载,州境东西三百三里、南北四百五十六里,领县七:金华、义乌、永康、东阳、兰溪、武义、浦阳。

刺　史

李元则　唐高祖第十二子,唐太宗贞观(627—649)年间任。《新唐书》卷七九《李元则传》:"彭思王元则,字彝。初王荆,出为婺州刺史。贞观十年,徙王为遂州都督。"《旧唐书》卷六四《李元则传》谓:"彭王元则,高祖第十二子也。武德四年封荆王,贞观七年授豫州刺史,十年改封彭王,除遂州都督。寻坐章服奢僭免官。十七年拜澧州刺史,更折节励行,颇著声誉。"万历《金华府志》卷一一《官师一·唐婺州刺史》有载。①

李子和　贞观十一年(637)授任。《旧唐书》卷五六《李子和传》:"李子和者,同州蒲城人也。本姓郭氏……赐姓李氏……(贞观)十一年,除婺州刺史。"《新唐

---

① 万历《金华府志》谓李元则字彝初,实为《新唐书》本传中"字彝,初王荆"之误。又,从其兄弟取字情况看,《新唐书》本传亦或有缺字,明凌迪知《万姓统谱》卷七一《李姓》谓:"李元则,字彝直,高祖之子,封彭王,出为澧州刺史,折节励行,有德政,民祠之。"《旧唐书》本传"豫州"或为"婺州"之讹。又雍正《浙江通志》系李元则于唐高祖时任。

书》卷九二《李子和传》同。万历《金华府志》卷一一《官师一·唐婺州刺史》所载略同,惟谓"武德十一年任"为误,武德尽九年,乃贞观十一年之讹也。①

赵行德 《全唐文补遗》三辑唐赵演《大唐故朝散大夫登州司马赵府君(巨源)墓志铭并序》:"府君讳巨源,字巨源,天水郡人也。……祖行德,皇江、松、武、邵、婺五州刺史。"赵行德之孙即墓主赵巨源,卒于天宝元年(742)三月十八日,时年九十四岁。旧志失载,郁《考》补录且谓约贞观(627—649)中任。

崔义玄 永徽四年(653)在任。《新唐书》卷一〇九《崔义玄传》:"崔义玄,贝州武城人。……永徽中,累迁婺州刺史。时睦州女子陈硕真举兵反。"同书卷三《高宗本纪》:永徽四年十月"戊申,睦州女子陈硕真反,婺州刺史崔义玄讨之。十一月庚戌,陈硕真伏诛"。万历《金华府志》卷一一《官师一·唐婺州刺史》:"崔义玄,武城人,永徽中任。睦州女子陈硕真反,义玄拒之,降其众万余。贼平,拜御史大夫。"郁《考》谓永徽元年至四年任。虽无法确定始任年,然永徽四年其在婺州刺史任则无疑。雍正《浙江通志》作"崔义元",系讳改。

柳范 约高宗(650—683)前期任。《唐文拾遗》卷六五《唐故荣州长史薛府君夫人河东郡君柳氏墓志铭并序》:"考范,皇朝尚书右丞,高(一作商)、蔚、淄、雅、婺五州刺史,扬州大都督府长史。"柳范之女即墓主柳氏,卒于开元六年(718),时年七十六岁。据《唐会要》卷六一《弹劾》载,柳范贞观十一年(637)为侍御史。旧志缺,郁《考》补且谓约高宗前期任。

李思贞 《嘉泰会稽志》卷二《太守》:"李思贞,文明元年二月九日自婺州刺史授。"《会稽掇英总集》卷一八《唐太守题名记》所载同。万历《金华府志》卷一一《官师一·唐婺州刺史》:"李思贞,文明初任。"

陆仁俭 垂拱三年(687)至天授元年(690)在任。《全唐文补遗》五辑唐阙名《大周故使持节嶲州都督陆府君(仁俭)墓志铭并序》:"君讳仁俭,字乾迪,河南洛阳人也。……以垂拱三年拜公婺州刺史。天授元年延州刺史。"陆仁俭卒于如意元年(692),时年六十六岁。旧志及郁《考》失载。

豆卢钦望 《会稽掇英总集》卷一八《唐太守题名记》:"豆卢钦望,如意元年三月自婺州刺史授;拜司宾卿。"《嘉泰会稽志》略同,惟"司宾卿"误作"司农卿"。万历《金华府志》卷一一《官师一·唐婺州刺史》谓:"豆卢钦望,如意初任。"雍正

---

① 郁《考》在李子和之后列有厉文才,谓疑在贞观中任。据雍正《浙江通志》卷一七〇引《金华先民传》载:"(厉文才)东阳人。贞观初为道州刺史。是时,南土未靖,荔浦之寇猖獗掠境。文才临郡,期月群盗悉平,威爱甚著,改容州刺史。未几,辞归。"雍正《浙江通志》卷二三九《东阳县》陵墓》:"唐容州刺史厉文才墓,《金华府志》:在马蹄坑。"郁《考》据《两浙金石志补遗·宋厉山夏厉记》中"唐贞观间刺史厉公文才卜居山之西"之句而补列于婺州刺史,不知其乃由容州刺史辞归乡里而卜居于此。故厉文才当系误收,兹剔去不录。

《浙江通志》失载。①

封言道 如意元年（692）授任。《周故宋州刺史驸马都尉上柱国蒋县开国子封公（言道）墓志铭并序》："公讳言道，字让，渤海蒋人。……垂拱元年，降授朝议郎，守贵州刺史，并夺勋爵，以第五子思履坐也。皇鉴揆余之忠诚，未及所莅，改授温州刺史。寻加朝散大夫，守滁州刺史。……如意元年，加朝议大夫，守婺州刺史。长寿三年，加朝议大夫，守宋州刺史。证圣元年，悬车告老，朝朔望。"②据墓志称，"公（封言道）为中二千石，凡历二十三州"，卒于圣历二年（699）六月二十九日。

崔日用 景云元年（710）在任。《旧唐书》卷九九《崔日用传》："崔日用，滑州灵昌人。……出为扬州长史，历婺、汴二州刺史，兖州都督，荆州长史。"③

王上客 开元十六年（728）在任。《宋高僧传》卷二六《唐东阳清泰寺玄朗传》："至开元十六年，刺史王上客屈朗出山，暂居城下。朗辞疾，仍旧本居。"

王 某 名讳不详。《全唐诗》卷一三四李颀有《送东阳王太守》诗。郁《考》谓约天宝（742—756）中任。

薛 某 名讳不详。唐诗人王维撰有《为薛使君谢婺州刺史表》（见《王右丞集笺注》卷一七）。郁《考》谓约乾元（758—760）中任。

韦之晋 上元二年（761）授任。《刘随州集》卷一一有《首夏于越亭奉饯韦卿使君公赴婺州序》："今年春正月，皇帝居紫宸正殿，择东南诸侯，以我公为少光禄。自姑苏行春于东阳，爱人也。顷公之在吴，值欃抢构戾，南犯斗牛，波动沧海，尘飞金陵。公夷险一心，……以为姑苏之人已理，东阳之俗未化，是拜也，宜哉！"又，同书卷二有《余干夜宴奉饯前苏州韦使君》诗，云："复拜东阳郡，遥驰北阙心。行春五马急，向夜一猿深。山过康郎近，星看婺女临。幸容栖托分，犹恋旧棠阴。"又，《白居易全集》卷四二《唐扬州仓曹参军王府君墓志铭并序》："（王士宽）选授婺州义乌县尉，以清干称。刺史韦之晋知之，署本州防御判官。"

---

① 《全唐文补遗》七辑唐李迥秀《大唐故开府仪同三司尚书左仆射上柱国赠司空芮国元公豆卢府君（望）之碑并序》："公讳望，字思齐，昌黎徒河人也。"豆卢望祖父豆卢宽，唐礼部尚书、镇军大将军、岐州刺史，赠特进并州大都督、芮国定公；父豆卢仁业，唐右武卫将军、赠太子少保、芮国□公。豆卢望"起家以门资补太子左千牛。宫废，出为遂州司兵参军"，此后累迁历任冀州刺史、怀州刺史、同州刺史、太仆卿、左千牛将军、京师留守等。"时□□□公弟钦文以飞言得罪，公坐出为婺州刺史。未几，除越州都督"。豆卢望卒于景龙三年（709）十一月廿二日，时年八十六岁。据《旧唐书》卷九〇《豆卢钦望传》："豆卢钦望，京兆万年人也。曾祖通，隋相州刺史、南陈郡公。祖宽，即隋文帝之甥也。……父仁业，高宗时为左卫将军。"谓豆卢钦望卒于景龙五年十一月，年八十余，然景龙尽四年，"五"或为"三"之讹。《新唐书》本传谓："钦望，累官越州都督、司宾卿。"则豆卢望与豆卢钦望即为一人。旧志将豆卢钦望与豆卢望误作二人。豆卢望墓志撰者李迥秀，《全唐文》卷二八二有小传，景龙中累转鸿胪卿、修文馆学士，终兵部尚书。
② 墓志转见岳连建、柯卓英《唐淮南大长公主驸马封言道墓志考释》，载《考古与文物》2004年第4期。
③ 《新唐书》卷一二一《崔日用传》所载略异，谓崔日用"罢政事，为婺州长史，历扬、汴、兖三州刺史"，未知孰是。

沈　清　大历(766—779)中在任。万历《金华府志》卷一一《官师一·唐婺州刺史》："沈清，乌程人，大历中任（婺州刺史），见《宦迹》。"同书卷一四《宦迹》："沈清，乌程人，婺州刺史。大历中，李希烈陷汴州，浙东西观察使韩滉使清勒兵逐逆党至汴口，力战而死，赠卫尉少卿，立庙以祀。"《吴兴备志》《明一统志》《万姓统谱》所载略同。

李　纾　字仲舒，乃礼部侍郎李希言之子。新、旧《唐书》有传，然未及其任婺州刺史事。《唐语林》卷五《补遗》："元相载用李纾侍郎知制诰。元败，欲出官。王相缙曰：'且留作诰。'待发遣诸人尽，始出为婺州刺史。"据《旧唐书》卷一一八《元载传》："大历十二年三月庚辰，仗下后，上御延英殿，命左金吾大将军吴凑收载、缙于政事堂……载、缙皆伏罪……又制曰：'门下侍郎、同中书门下平章事王缙，附会奸邪，阿谀谗佞。据兹犯状，罪至难容，矜以耄及，未忍加刑。俾申屈法之恩，贷以岳牧之秩，可使持节括州诸军事，守括州刺史，宜即赴任。'"是月王缙贬括州刺史，则李纾出为婺州刺史亦当在大历十二年(777)。

邓　珽　《旧唐书》卷一三六《窦参传》："(窦参)按狱江淮……时婺州刺史邓珽坐赃八千贯，珽与执政有旧，以会赦，欲免赃。……参独坚执正之于法，竟征赃。"《新唐书》卷一四五《窦参传》所载略同。

严士良　《全唐诗》卷一八八韦应物《寄二严》诗注："士良，婺牧；士元，郴牧。"《全唐诗人名汇考》谓严士良当在贞元(785—805)初任婺州刺史。

李　衡　《元稹集》卷五四《有唐赠太子少保崔公墓志铭》："公讳儆，字某，以孝公为从祖父，则其官族可知也。……公始以太庙郎，再任为东阳主簿。刺史李衡一一自得。衡迁湖南，宾置之府。"郁《考》谓约贞元三至四年(787—788)任。

赵　某　名讳不详。《全唐诗》卷八八七路应有《仙岩四瀑布即事寄上秘书包监侍郎七兄吏部李侍郎十七兄婺州赵中丞处州齐谏议明州李九郎十四韵》。其中处州齐谏议齐抗，任处州刺史在贞元五年至六年(789—790)，则赵中丞任婺州刺史亦当在此期间。

柳　冕　字敬叔，河东人。《旧唐书》卷一三《德宗本纪下》：贞元十三年(797)三月乙巳，"以婺州刺史柳冕为福建观察使"。《旧唐书》卷一四九《柳登传》："(柳)冕文史兼该，长于吏职。……(贞元)六年十一月，上亲行郊享。上重慎祀典，每事依礼。时冕为吏部郎中，摄太常博士……冕言事颇切，执政不便之，出为婺州刺史。十三年，兼御史中丞、福州刺史，充福建都团练观察使。"①

---

① 《唐会要》卷六六《群牧使》："贞元十二年，福建观察使柳冕奏置万安监牧于泉州界，悉索部囚马五千七百匹并驴牛三千口，以为监牧之资。人情大扰，经年无所声息，诏罢之。"柳冕贞元十三年三月始授任福建观察使，此"十二年"当为"十三年"之讹。

阎济美 贞元(785—805)末任。《旧唐书》卷一八五下《阎济美传》:"阎济美,登进士第。累历台省,有长者之誉。自婺州刺史为福建观察使,复为润州刺史、浙西观察使。所至以简澹为理,两地之人,常赋之外不知其他。"《新唐书》卷一五九《阎济美传》所载略同,然谓由婺州刺史为福建观察使在贞元末。

元　锡 约元和六年至八年(811—813)任。《全唐文》卷六九三元锡《苏州刺史谢上表》,内称:"累因过幸,尝忝官荣。所历衢、婺两州,皆屡荒残之后,侵渔稍息,是朝廷法令之明,饥馑不生。"知元锡任苏州刺史之前所任为婺州刺史。

范　敫 元和八年(813)在任。《宋高僧传》卷二〇《唐婺州金华山神暄传》:"元和八年,范敫中丞知仰,遣使赍乳香、毡罽、器皿施暄,并回施现前大众。次中书舍人王仲(舒)请于大云寺为众受菩萨戒。""王仲"系"王仲舒"之脱文。

王仲舒 《韩昌黎文集校注》卷七《故江南西道观察使赠左散骑常侍太原王公墓志铭》:"公讳仲舒,字弘中,少孤,奉其母,居江南,游学有名。贞元十年,以贤良方正拜左拾遗,改右补阙,礼部、考功、吏部三员外郎。贬连州司部参军,改夔州司马,佐江陵使。改祠部员外郎,复除吏部员外郎,迁职方郎中,知制诰。出为峡州刺史,迁庐州。未至,丁母忧,服阕,改婺州、苏州刺史。"《旧唐书》卷一九〇《王仲舒传》所载未及婺州刺史任,而《新唐书》卷一六一《王仲舒传》谓:"王仲舒,字弘中,并州祁人。……元和初,召为吏部员外郎。……母丧解服,除为婺州刺史。州疫旱,人徙死几空。居五年,里闾增完,就加金紫服,徙苏州。"郁《考》系于元和九年至十三年(814—818)间在任。

柏　耆 《全唐文》卷六九三李虞仲《授柏耆兵部郎中等制》称:"朝议郎前使持节婺州刺史上柱国骑都尉赐紫金鱼袋柏耆……可守尚书兵部郎中。"旧志失载,郁《考》据《旧唐书》卷一六三《李虞仲传》载李虞仲宝历(825—827)间知制诰,推断柏耆任婺州刺史在长庆(821—824)、宝历(825—827)年间。

窦　庠 《新唐书》卷七一《宰相世系表一下》窦氏平陵房:"庠,字胄卿,漳、登、信、婺四州刺史。"《全唐文》卷七六一褚藏言《窦庠传》:"府君讳庠,字胄卿……后迁信州刺史,三载转婺州,亦既二载,遘疾告终于东阳之官舍,享年六十有三。"新、旧《唐书》本传均载及婺州刺史任。郁《考》谓窦庠大和二年至四年(828—830)任婺州刺史。

敬　昕 《嘉泰吴兴志》卷一四《郡守题名》:"敬昕,大和七年自婺州刺史授。"唐张读《宣室志》卷五:"唐东阳郡,滨于浙江……常侍敬昕,太和中出守。"①

---

① 万历《金华府志》卷一一《官师一·唐婺州刺史》仅谓:"窦庠,元和人。"

薛 膺 《新唐书》卷七三《宰相世系表三下》薛氏："膺，婺州刺史。"《大唐西市博物馆藏墓志》第920页唐韦辂《唐故河东薛夫人墓志铭并叙》："薛，大族也，……（夫人）祖讳苹，皇左散骑常侍致仕，赠司空。考讳膺，婺州刺史。"薛膺乃元和二年（807）浙东观察使、越州刺史薛苹之子，会昌六年（846）湖州刺史薛褒之兄，其女即墓主薛氏卒于大中九年（855），时年三十岁。郁《考》系薛膺婺州刺史任于大和九年（835）。

李中敏 字藏之，陇西人，开成五年（840）授任。《新唐书》卷一一八《李中敏传》："李中敏，字藏之，系出陇西……迁给事中……由是复弃官去。开成末，为婺、杭二州刺史，卒于官。"据《唐会要》卷五五《省号下·瓯》载，开成三年（838）八月，李中敏时任谏议大夫，知瓯事。《资治通鉴》卷二四六"开成五年"条：十一月，"给事中李中敏判曰：开府阶诚宜荫子，谒者监何由有儿？士良惭恚。李德裕亦以中敏为杨嗣复之党，恶之，出为婺州刺史"。①

南 卓 宋晁公武《郡斋读书志》卷五下《总集类》："《羯鼓录》一卷，婺州刺史南卓撰，乃唐人也。"宋陈振孙《直斋书录解题》、《新唐书·艺文志》均谓《羯鼓录》一卷系南卓撰。又，据《新唐书》卷五八《艺文志二》"南卓《唐朝纲领图》一卷"下注云："（南卓）字昭嗣，大中黔南观察使。"旧志有录，然不载任年，郁《考》谓约大中三年至四年（849—850）任。

温 璋 并州祁人。《新唐书》卷九一《温璋传》："璋以父荫累官大理丞……迁婺州刺史，以政有绩，赐金紫。徙庐、宋二州刺史。"光绪《兰溪县志》卷三《寺院》"兜率禅寺"条注引唐明州鄞县尉邵朗《记略》云："洎宣宗即统祚六年，重降德音，再许置寺。大理卿温公璋莅郡之日，持表奏论，恩赐寺院之额。于是营构堂殿，不月而成，尔后仍复寺名焉。咸通九年六月勒石。"又，《全唐诗》卷五一六厉玄《寄婺州温郎中》注云："时刺睦州。"厉玄刺睦亦在大中六年（852），由此可知温璋刺婺在宣宗大中六年。②

李 蠙 大中十一年（857）在任。《两浙金石志》卷三《唐法隆寺经幢》："大中十一年十一月十五日树，刺史李蠙，录事参军卫约，金华县令余师周。"

杨 发 同州冯翊人。《旧唐书》卷一七七《杨收传》："（杨）发，字至之，太和四年登进士第……移授广州刺史、岭南节度使。属前政不率，蛮、夏咸怨。发以严为理，军乱，为军人所因，致于邮舍。坐贬婺州刺史，卒于治所。"据《资治通鉴》

---

① 万历《金华府志》卷一一《官师一·唐婺州刺史》："李中敏，字藏之，陇西人，开成五年为给事中。"
② 万历《金华府志》卷一一《官师一·唐婺州刺史》："温璋，并州祁人，（温）造之子，有政绩，赐金紫。"同时又列有刺史"温某（亡名）"一人，然未注所据，疑所据即《全唐诗》卷五一六厉玄《寄婺州温郎中》诗。如是，则重出也，二人当系一人。兹姑录以备存。

载,杨发被囚事在大中十二年(858)四月,则杨发贬婺州刺史当在大中十二年。①

裴　闵　《旧唐书》卷一九上《懿宗本纪》:咸通二年(861)四月,"以前婺州刺史裴闵为颍州刺史"。

裴　翻　《宝刻丛编》卷一三《婺州》引《诸道石刻录》:"《唐转轮经藏记》,刺史裴翻撰,咸通八年立。"

郑　镒　唐释贯休《禅月集》卷二四《送郑使君》:"刺婺廉闽动帝台,唯将清净作梯媒。绿沈枪卓妖星落,白玉壶澄苦雾开。仁爱久悬溪上月,恩光又发岭头梅……东阳缁素如何好,空向生祠祝上台。"由"刺婺""廉闽"知其先后任婺州刺史、福建观察使。郑镒于乾符六年(879)任福建观察使,则其任婺州刺史当在乾符六年之前。

王　愷　乾符(874—879)、广明(880—881)间任。《宋高僧传》卷三〇《梁成都府东禅院贯休传》:"俗姓姜氏,金华兰溪登高人也……本郡太守王愷弥相笃重。"《禅月集》卷五《闻前王使君在泽潞居》:"乾符初刺婺……玄谶应百数。"同书卷一四《避地毗陵上王愷使君》诗注云:"时黄贼陷东阳,公避地于浙右。"知王愷当时因黄巢起义军攻陷婺州而出逃。

黄　碣　《新唐书》卷九《僖宗本纪》:"(中和)四年正月,婺州将王镇执其刺史黄碣,叛附于董昌。二月,镇伏诛。浦阳将蒋瓌陷婺州。"②《新唐书》卷一九三《黄碣传》:"黄碣,闽人也。初为闽小将,喜学问,轩然有志向……后战安南有功,高骈表其能,为漳州刺史,徙婺州,治有绩。刘汉宏遣兵攻之,兵寡不可守,弃州去,客苏州。"

蒋　瓌　《新唐书》卷九《僖宗本纪》:"(中和)四年正月,婺州将王镇执其刺史黄碣,叛附于董昌。二月,镇伏诛。浦阳将蒋瓌陷婺州。"同书卷一〇《昭宗本纪》:景福元年(892)十一月,"孙儒将王坛陷婺州,刺史蒋瓌奔于越州"。

王　坛　《新唐书》卷一〇《昭宗本纪》:景福元年(892)十一月,"孙儒将王坛陷婺州,刺史蒋瓌奔于越州"。光化三年(900)九月"钱镠陷婺州,刺史王坛奔于宣州"。

沈　夏　《吴越备史》卷一《武肃王》:光化三年(900)九月"辛卯,王亲巡婺州,命浙西营田副使沈夏权婺州刺史"。天祐二年(905),"九月,陈章陷东阳,执刺史沈夏,送于淮南"。

---

①　万历《金华府志》卷一一《官师一·唐婺州刺史》:"杨法,冯翊人,收之兄,宣宗时任。"《旧唐书》卷一七七《杨收传》:"杨收,字藏之,同州冯翊人。……(父)遗直生四子:发、假、收、严。"则"杨法"乃"杨发"之讹。另,万历《金华府志》又录有杨收,实系误录也。

②　《吴越备史》《资治通鉴》"正月"均作"二月"。

陈　章　《吴越备史》卷一《武肃王》：天祐二年（900）九月，"陈章自称衢、婺二州刺史"。三年"二月辛卯，王至睦州，陈章退保衢州，婺州平"。

钱　镖　《吴越备史》卷一《武肃王》：天祐三年"闰十二月，王命弟（钱）镖为婺州制置使"。

任职时间不详者

独孤义恭　《全唐文》卷二七八刘待价《朝议郎行兖州都督府方与县令上护军独孤府君（仁政）碑铭并序》："祖义恭……唐秦王府仓曹参军事，荆王府长史……温汾归婺四州诸军事、婺州刺史、上柱国、高平县开国侯。"独孤义恭之孙即墓主独孤仁政，卒于景龙三年（709），时年七十七岁。又，独孤义恭兄独孤义顺，唐高祖武德（618—626）中曾任杭州刺史。

裴　爽　《全唐文补遗》三辑唐阙名《大唐卫州长史裴君（胤）墓志铭》："君讳胤，河东闻喜人也。……祖蕴，隋银青光禄大夫、御史大夫。父爽，礼部员外郎、婺州刺史。"裴爽之子即墓主裴胤，卒于垂拱三年（687）十月二十六日，时年七十岁。

沈伯仪　《全唐文补遗·千唐志斋新藏专辑》第87页唐阙名《大周故正议大夫使持节许州诸军事许州刺史武康县开国男吴兴沈府君（伯仪）墓志铭并序》："君讳伯仪，字崇善。……朝庭荣徙婺州刺史。皇明首历，式伫宣风，改亳州刺史……年八十三，以长寿元年十月十三日遇疾薨洛阳思顺里第。"旧志失载，郁《考》补录，谓武后时任。

王　豫　武则天宰相王璇从兄弟，约武则天时在任。《千唐志斋藏志》第809页唐阙名《大唐故朝散大夫谯郡司马琅邪王府君（秦客）墓志铭并序》（天宝二年十月二十日）："府君讳秦客，字元宾，……父豫，皇侍御史、屯田郎中、正议大夫、东阳郡太守。府君即东阳第二子也……经一考，丁东阳府君忧。"

朱崇庆　《千唐志斋藏志》第653页唐阙名《大唐故银青光禄大夫湖州刺史朱公（崇庆）墓志铭并序》（开元十三年九月十七日）："府君讳崇庆，字绍隆，吴郡钱唐人也。……又拜洪州都督兼知江南西道按察使……转婺州刺史，以公正忤诏使，左贬虔州刺史……加银青光禄大夫、湖州刺史。"朱崇庆于开元十三年（725）卒，时年六十六岁。

卢　澅　《全唐文》卷五〇六权德舆《唐故润州昭代寺比丘尼元应墓志铭并序》："俗姓卢氏……父澅，皇中散大夫、婺州刺史。"墓主元应卒于贞元六年（790），时年五十四岁。《新唐书》卷七三《宰相世系表三上》大房卢氏："澅，杭州刺史。"劳格《杭州刺史考》谓《新唐书·宰相世系表》所载为误。

李　琬　《全唐文》卷四一二常衮《授李琬宗正卿制》称："前婺州刺史、团练守捉使、上柱国公琬……可宗正卿。"

裴延昕 《新唐书》卷七一《宰相世系表一上》南来吴裴氏："延昕,婺州刺史。"万历《金华府志》卷一一《官师一·唐婺州刺史》："裴延昕,闻喜人,徙襄阳。"

韦建中 正德《姑苏志》卷二《古今守令表上》："韦建中,苏州刺史,以光禄大夫改婺州。"

陆　翘 唐玄宗宰相陆象先玄孙。《新唐书》卷七三《宰相世系表三下》陆氏："翘,婺州刺史。"

薛　㴩 《新唐书》卷七三《宰相世系表三下》薛氏："㴩,字德符,婺州刺史。"

李弘让 《新唐书》卷七〇下《宗室世系表下》惠庄太子房有"风齐乾婺安五州刺史,弘让",乃唐睿宗之子惠庄太子李撝玄孙。

窦怀玉 《元和姓纂》卷九河南洛阳窦氏："怀玉,婺州刺史。"《新唐书》卷七一《宰相世系表一下》同。万历《金华府志》卷一一《官师一·唐婺州刺史》谓："窦怀王,洛阳人。""王"乃"玉"之讹。

屈突季将 《元和姓纂》卷一〇昌黎屈突氏："季将,婺、相二州刺史。"万历《金华府志》卷一一《官师一·唐婺州刺史》有载,谓昌黎人。

陈思齐 《元和姓纂》卷三京兆陈氏："思齐,主客员外、婺州刺史。"万历《金华府志》卷一一《官师一·唐婺州刺史》作"胡思齐",误。

韦友信 《元和姓纂》卷二东眷韦氏彭城公房："友信,婺州刺史。"《新唐书》卷七四《宰相世系表四上》同。

阎伯玙 《全唐文》卷四一一常衮《授阎伯玙刑部侍郎等制》："银青光禄大夫婺州刺史本州团练守捉使上柱国阎伯玙……伯玙可行尚书刑部侍郎,散官、勋如故。"①

裴　坰 《全唐诗》卷四八六鲍溶有《秋暮送裴坰员外刺婺州》诗。

郑　杳 《新唐书》卷七五《宰相世系表五上》郑氏："杳,婺州刺史。"《洛阳流散唐代墓志汇编》第276页唐郑长裕《唐故银青光禄大夫使持节婺州诸军事守婺州刺史上柱国荥阳县开国男郑府君墓志铭并序》："君讳杳,字玄邈,荥阳郡县人也。……累迁密州、庐州、饶州刺史。政以礼成,刑以义息。恩制加银青光禄大夫,迁婺州刺史,进封荥阳县开国男,食邑三百户。"郑杳于开元六年(718)卒,时年七十五岁。万历《金华府志》卷一一《官师一·唐婺州刺史》谓："郑杳,荣阳人。""荣阳"系"荥阳"之讹。

---

① 《唐语林》卷一《政事上》谓,阎伯玙自袁州刺史改任抚州刺史,到职一年,代宗征拜户部侍郎,未至卒。据制文,《唐语林》所载"抚州"或为"婺州"、"户部侍郎"或为"刑部侍郎"之讹。

卢广微 《新唐书》卷七三《宰相世系表三上》卢氏："广微，婺州刺史。"万历《金华府志》卷一一《官师一·唐婺州刺史》："卢广微，范阳涿人。"

李　先 《新唐书》卷七二《宰相世系表二上》李氏姑臧大房："先，婺州刺史。"又，《全唐文补遗》八辑唐王利器《唐故通议大夫使持节东阳郡诸军事守东阳郡太守上柱国李府君（先）墓志铭并序》："府君讳先，字开物，成纪人也。……迁扬府司马、临淮太守，又换东阳郡，加通议大夫。"万历《金华府志》卷一一《官师一·唐婺州刺史》"李先"误作"李先姑"，谓："李先姑，臧人，唐宗室。"姑臧，古汉县，为武威郡治，唐属凉州，故万历《金华府志》所载"李先姑"系误读而讹。

郑　谔 《全唐文补遗》二辑唐阙名《唐故通议大夫持节开州诸军事开州刺史上柱国荥阳郑公（䜣）墓志铭并序》："公与兄银青光禄大夫、洺州刺史谞，正议大夫、豫州长史諲，通议大夫、青州刺史谌，银青光禄大夫、婺州刺史谔，咸以清公直道，俱践通秩，时人荣之。"郑谔曾任湖州刺史。

张　愿 《唐文拾遗》卷二六崔归美《唐故文贞公曾孙穀城县令张公（曛）墓志铭并序》："考讳愿，皇驾部郎中、曹婺等十一州刺史、吴郡太守兼江南东道廿四州采访黜陟使。"据《淳熙严州图经》，张愿于天宝三载（744）由台州刺史移任睦州刺史。

李思忠 《新唐书》卷七〇上《宗室世系表上》郇王房："婺州刺史，袭郇国公，思忠。"万历《金华府志》卷一一《官师一·唐婺州刺史》有载，谓："李思忠，郇王曾孙，后袭郇国公。"其父郇国公李孝协，新、旧《唐书》有传。

李景祐 武后时宰相李游道之侄。《新唐书》卷七二《宰相世系表二上》赵郡李氏南祖房："景祐，婺州刺史。"万历《金华府志》卷一一《官师一·唐婺州刺史》有录，但谓李景祐"赵郡人，唐宗室"，赵郡李氏应非唐宗室，或误。

李　长 《全唐文》卷五二〇梁肃《明州刺史李公（长）墓志铭》："大历七年冬十月甲子，前明州刺史李公寝疾，终于晋陵之无锡私馆。……公讳长，字某，陇西狄道人。……丞相韦见素表公可用牧民，……由是历随、曹、婺三州，三州辑宁……又换明州。时越初静，疮痍未复。公务稽劝分，人安怀之。及其去也，如夺乳育。"

萧　某 名讳不详。《文苑英华》卷二一六有《婺州宴留上萧员外》。①

解　梓 《云笈七签》卷一一二《神仙感遇传上·陈简》："陈简者，婺州金华县小吏也……太守解梓方将受箓，颇异其事，以为神仙嘉应。"郁《考》作"鲜梓"。

---

① 《文苑英华》此诗作者仅谓"前人"，而《全唐诗》卷五五〇赵嘏《婺州宴上留别》，并谓"一作《婺州宴留上萧员外》"。

张 玠 明朱橚《普济方》卷九《诸风门·治卒中法》："紫汤方，……武义唐丞季润(名潓)，作汉东教官得之。太守张少卫(名玠)屡试有效，季润亦以治数人矣。"旧志及郁《考》失载。

薛 巘 《全唐文补遗》七辑唐韦暎《唐韦氏(暎)故夫人河东薛氏(琰)墓志铭并叙》谓："河东薛夫人讳琰，字令仪，故婺州刺史讳巘之曾孙，故睦州司马讳元之孙，前江陵少尹正之第三女，即余伯舅之子。"薛氏于元和十二年(817)六月二十二日卒，时年二十二岁。旧志及郁《考》失载。

孙 奭 《全唐文补遗》五辑唐李都《唐故御史中丞汀州刺史孙公(瑝)墓志铭并序》："公讳瑝，乐安人也。"墓志谓墓主孙瑝的堂兄孙奭"前婺州牧"，而孙瑝卒于咸通十二年(871)六月三日，据序文所言墓志铭亦作于是年，则孙奭任婺州刺史在咸通十二年六月前。旧志及郁《考》失载。

苏 粹 《唐语林》卷四《企羡》："苏员外粹与母弟冲俱郑都尉颢门生。后粹为东阳守，冲为信阳守，欲相见境上，本府许之。"

夏侯孜 唐懿宗宰相。《旧唐书》卷一七七《夏侯孜传》："夏侯孜，字好学，本谯人，父审封。孜，宝历二年登进士第，释褐诸侯府，累迁婺、绛二州刺史，入为谏议大夫，转给事中。十年，改刑部侍郎。……懿宗即位，以本官同平章事，领使如故。"《新唐书》卷一八二《夏侯孜传》略同。旧志亦有载。

待考录

袁 吉 万历《金华府志》卷一一《官师一·唐婺州刺史》录有袁吉，任年、事迹未载。

窦 漳 雍正《浙江通志》卷一一二《婺州刺史》录有窦漳一人，任年、事迹未载。①

附：丽州刺史

闾丘胤 《续高僧传》卷二〇《丹阳沙门释智岩传》："武德四年，从(张)镇州南定淮海……昔同军戎有睦州刺史严撰、衢州刺史张绰、丽州刺史闾丘胤、威州

---

① 郁《考》据《太平御览》卷四八引《信州图经》及《开山记》而增录"豆卢某"一人，谓总章二年(669)任，实误收。《太平寰宇记》卷一〇七《饶州》："邓公山在(德兴)县北六里，本名银山，因邓远为邓公场。仪凤二年，祭山，山颓陷焉。按：《开山记》云：总章二年，邑人邓远经刺史卢元俨陈开山之便，颇为山陷，后人立邓公庙。"明陈耀文《天中记》卷五〇《银·白鸠银冶》："饶州德兴有银山，一名公山。唐总章初，窦俨奏立银冶场。谶云：'白鸠出，银冶毕。'至宋绍圣二年白鸠双出，山穴倾摧，自后取无所得，贡课未除。范仲洛守郡请罢于朝。"雍正《江西通志》卷一一《山川·饶州府》："邓公山，在德兴县东三里，旧名银山。唐总章初置场。"而历代浙江旧志均无相关记载。可知此邓公山在江西饶州德兴县，而非衢州信安县地，故此"豆卢公"当为唐饶州刺史而非唐婺州刺史。

刺史李询,闻岩出家在山修道,乃寻之。"

别　驾

秦君素　《全唐文补遗》四辑唐卢良金《唐故朝散大夫怀州武德县令杨府君夫人安昌县君新兴秦氏墓志铭并序》:"夫人,扶风茂陵人也。……曾祖君素,婺州别驾。"秦君素曾孙女即墓主秦氏,卒于唐乾元元年(758)二月十五日,时年七十五岁。

柳含德　《全唐文补遗》八辑唐卢子升《唐文部常选柳氏字岳故陇西李夫人墓志铭并序》:"(夫人)夫之考讳含德,皇中散大夫、东阳等三郡别驾。"

徐　恽　《全唐文补遗》八辑唐阙名《唐通议大夫使持节陈留郡诸军事守陈留郡太守河南采访处置使上柱国徐公(恽)墓志铭并序》:"公讳恽,字辑,东海人也。……以横议(由御史中丞、兼都畿采访处置使)见谪东阳别驾,迁东平、吴兴两太守。……又拜公豫章太守、兼江西采访使。"

南承嗣　《柳河东集》卷五《唐故特进赠开府仪同三司扬州大都督南府君睢阳庙碑》:"公讳霁云,字某,范阳人。有子曰承嗣,七岁为婺州别驾,赐绯鱼袋。"乃安史之乱睢阳保卫战中著名守将南霁云之子。

谢良弼　《刘随州集》卷四《奉和赵给事使君留赠李婺州舍人兼谢舍人别驾之什》诗。其中的"赵给事"即赵涓,时为衢州刺史;"李婺州舍人"即李纾,时为婺州刺史;"谢舍人别驾"即谢良弼,时为婺州别驾。李、谢二人,大历(766—779)中均曾官中书舍人。

长　史

裴　爽　《全唐文补遗》六辑唐梁涉《(上阙)豪州别驾闻喜县开国公裴府君(翁庆)墓志铭并序》:"□□□翁庆,字茂先,河东闻喜人也。……曾祖爽,太中大夫、礼□□□郎、婺州长史。"裴爽曾孙即墓主裴翁庆,卒于开元二十二年(734),时年六十八岁。又,《全唐文补遗》六辑唐阙名《大唐故正议大夫上柱国行昭陵署令裴府君(思义)墓志铭并序》:"公讳思义,字思义,河东闻喜人也。……祖爽,礼部员外郎、婺州长史。天朝伏奏,位列一星;婺野分符,声雄半刺。"裴爽之孙即墓主杭州於潜县令裴思义,卒于景云二年(711)闰六月十六日,时年六十岁。

杨　宽　《全唐文补遗》五辑唐阙名《故定远将军上柱国守右玉钤卫金池府折冲都尉杨公(亮)墓志》:"公讳亮,字善文,弘农人也。……父宽,唐朝散大夫、婺州长史。"杨宽之子即墓主杨亮,卒于长安四年(703)六月三日,时年七十一岁。

褚　朗　显庆四年(656)授任。《全唐文补遗》五辑唐阙名《褚朗墓志》:"君讳朗,字玄明,河南阳翟人也。……显庆四年,除婺州长史。以麟德二年九月五日卒于私第,春秋八十有一。"

崔　融　久视元年(700)授任。《旧唐书》卷九四《崔融传》:"久视元年,(崔融)坐忤张昌宗意,左授婺州长史。"

崔　和　《全唐文补遗》九辑唐阙名《唐故朝散大夫婺州长史柱国崔公(和)墓志铭并序》:"公讳和,字仲和,博陵安平人也。……弱冠,成均监明经高第,调补相州安阳尉。……诏加朝散大夫,(隰州长史)转衢州司马。未几,转婺州长史。服宠朱绂,器高青云。半刺居尊,方外见重。……春秋七十有四,遇疾终于婺州官舍。"崔和开元二十六年(738)十月二十日葬于河南府河南县万安山之南原。

崔日用　《新唐书》卷一二一《崔日用传》:"崔日用,滑州灵昌人。擢进士第……及韦氏平,夜诏权雍州长史。以功授黄门侍郎,参知机务,封齐国公,赐实户二百。坐与薛稷相忿竞,罢政事,为婺州长史。"①

杨光翼　康熙《江西通志》卷六三《名宦·广信府》:"杨光翼先任婺州长史,肃宗置信州,制以光翼为守。"

赵　升　《唐文拾遗》卷三〇《唐故宣功参军巨鹿魏君夫人赵氏墓志铭(并序)》:"夫人天水赵氏,考皇任婺州长史升之仲女也。"

张　滂　《唐代墓志汇编》贞元一〇三、《全唐文补遗》一辑唐李灞《唐故中大夫户部侍郎兼御史大夫诸道盐铁转运等使清河张公(滂)墓志铭并序》:"公讳滂,字孟博,贝州清河人也。……建中初,贬抚州司马,寻移婺州长史。清风转扇,白雪成谣。贞元二年,检校户部员外,兼侍御史,勾当浙东西进奉。"张滂于贞元十六年(800)卒,时年七十六岁。

李　洸　《新唐书》卷七〇上《宗室世系表上》蔡王房:"婺州长史,洸。"

司　马

沈　裕　贞观九年(635)授任。《太平广记》卷二七七《戴胄》引《冥报记》:"戴胄素与舒州别驾沈裕善。胄以唐贞观七年死。至八年八月,裕在州,梦其身行于京师义宁坊西南街。……其年冬,裕入京参选,有铜罚,不得官;又向人说所梦,无验。九年春,裕将归江南,行至徐州,奉诏书授裕五品,为婺州治中。"②万

---

①《旧唐书》卷九九《崔日用传》谓崔日用所任为"婺州刺史"。
②《法苑珠林》卷七〇所载略同,唯"戴胄"作"唐户部尚书武昌公戴天胄"。"戴天胄"系"戴胄"之讹。戴胄,《旧唐书》有传,谓:"戴胄字玄胤,相州安阳人也。……贞观元年,迁大理少卿。……三年,进拜民部尚书兼检校太子左庶子。"

历《金华府志》卷一一《官师一·治中》"沈裕"作"沈裕光",或讹。

费胤斌 约贞观(627—649)末授任。《全唐文补遗》五辑唐阙名《□□□辰州刺史上护军费府君(胤斌)墓志铭并序》:"□讳胤斌,江夏人也。……贞观中,□转原庆邓三州司马、兼邓王府司马,改授婺州司马。永徽□,又授吴王府司马、兼行梁州都督府司马,……咸亨三年(672)八月廿五日,卒于河南里第,春秋八十三。"

秦怀恪 咸亨二年(671)在任。《册府元龟》卷一五二《帝王部·明罚》:"咸亨二年,婺州司马秦怀恪坐赃,特令朝堂斩之。"

杜 某 名讳不详。《全唐文》卷一九五杨炯《杜袁州墓志铭》:"公讳某,字某,京兆杜陵人也。……起家左翊卫,选授贝州司仓参军事。……寻迁蓬州咸安、许州长社、洛州洛阳三县令。……转虢州司马,制授朝散大夫、婺州司马,又迁苏州长史,加中散大夫……我大周诞受万国,宠绥四方,建官惟贤,垂拱而理。乃命公为朝议大夫、使持节袁州诸军事、守袁州刺史。"杜某与夫人太原王氏天授三年(692)合祔杜陵之平原,则其任婺州司马当在天授三年之前,而从志文"我大周……垂拱而理"看,或在垂拱(685—688)年间。

柳秀诚 《洛阳流散唐代墓志汇编》第144页唐崔慎先《大唐故安州都督柳府君墓志铭并序》:"君讳秀诚,字守信,河东解人也……加中散大夫,行婺州司马。郡无连率,独制专城,爱奉九重之恩,将度四流之众。……特加大中大夫,赐物五十段,行幽州都督府长史。"柳秀诚于景云二年(711)卒,时年七十三岁。

俞仁玩 《大唐西市博物馆藏墓志》第547页唐徐隐泰《大唐故东阳郡司马俞公墓志铭并序》:"公讳仁玩,字崇简。圣历之初,乡赋上省,贵为造士,登以甲科。……解巾拜国子直讲,……制授东阳郡司马。"俞仁玩于圣历(698—700)初年中进士,卒于天宝三载(744),时年六十九岁。由是知其任婺州司马约在开元(713—741)年间。

康元瑛 天宝四载(745)在任。《颜鲁公集》卷一〇《银青光禄大夫海濮饶房睦台六州刺史上柱国汲郡开国公康使君神道碑铭》:"君讳希铣,字南金。……嗣子:朝散大夫、婺州司马、袭汲郡公元瑛,会稽县男元瑾、宣州司士、京兆府奉先尉、会稽县男元□,朝议郎、前获嘉丞元璟等,虔以天宝四载七月四日,窆于山阴县篱渚村之先茔,卜远日而合葬焉。"

刘道鋆 《唐代墓志汇编》长庆〇〇三、《全唐文补遗》一辑唐李洪《唐故彭城刘府君(晧)墓志铭并序》:"公讳晧,字晧,其先彭城人也。……祖讳道鋆,皇朝散大夫、婺州司马、上柱国。"刘道鋆之孙即墓主刘晧,卒于元和十五年(820)十一月十八日,时年四十六岁。

崔道郁 《全唐文补遗》八辑唐张峰《大唐同安郡长史郑君(济)故夫人崔氏(悦)墓志铭并序》:"夫人讳悦,字季姜,清河武城人也。皇宁州长史玄弼之曾孙,婺州司马道郁之孙。"

冉寔 名讳不详。唐张说《张燕公集》卷一九《河州刺史冉府君神道碑》:"公讳寔,字茂实,其先鲁国邹人也……今为河南人焉……除婺州司马,入谢于武城殿。主上以边庭有事,喜问陈汤,宣室清言,思逢贾谊。公召对蕴藉,谋虑深长,眷甚前席,恩加后命,因改恒州长史。"据碑文可知,墓主授婺州司马后入谢武城殿,即被改授为恒州长史,则实未到婺州司马任。

许玫 杭州新城人。《新唐书》卷一九二《张巡传》:"(许)远子玫,婺州司马。"父许远在安史之乱发生后与张巡固守睢阳,后被执杀害。

宗荣 京兆人。《全唐文补遗》五辑唐阙名《故汝南郡君洛阳宗夫人墓志铭并序》:"夫人即东周王之裔也……大王父荣,婺州司马。"宗荣曾孙女即墓主宗夫人,卒于元和六年(811),时年五十岁。

陈宗武 《大唐西市博物馆藏墓志》第844页唐周梅《□□□左神策军判官廊王府长史兼殿中□□□□□□墓志铭并序》:"府君讳宗武,……敬宗升遐,武备咸叙,承优送名中书门下,授婺州司马。题舆之贵,分刺之荣,从事致身,可谓宦达矣。再沾甄录,品正加阶,授朝散大夫。圣主龙飞,攀髯云际,仗随紫禁,官出青宫,授太子左赞善大夫。""敬宗升遐"发生在宝历二年(826)十二月初八日,则陈宗武授婺州司马当在宝历二年底或大和元年(827)。陈宗武大和六年(832)卒于神策军之官署。

录事参军

房崇珍 《全唐文补遗》二辑唐阙名《大唐故高道不仕清河房府君(有非)墓志铭并序》:"君讳有非,……今为河南郡河南县都会乡人焉。曾(祖)崇珍,皇东阳郡录事。"房崇珍曾孙即墓主房有非,卒于天宝十载(751)七月十一日,时年五十五岁。

冯文检 《全唐文》卷六四三王起《银青光禄大夫检校礼部尚书使持节梓州诸军事兼梓州刺史御史大夫充剑南东川节度副大使知节度事管内观察处置静戎军等使上柱国长乐县开国公食邑一千五百户赠吏部尚书冯公神道碑铭(并序)》:"公讳宿,字拱之,冀州长乐人。……其下七叶至五代祖周乌氏侯,讳早惠,(阙一字)隋为隰州司户,皇朝为婺州常山令。常山生高祖皇婺州纠曹掾讳文俭,纠曹生曾祖茂才高第、括州松阳令讳道仪。"冯文检玄孙即墓主冯宿卒于开成元年(836),时年七十岁。

李　蒙　唐宗室。《大唐西市博物馆藏墓志》第836页唐杨嗣复《唐故尚书左仆射赠太子太保颍川韩贞公夫人陇西郡夫人李氏墓志铭并序》："夫人讳温，字端，太祖景皇帝之后，淮安王神通之六代孙。曾祖仲卿，皇太子洗马。洗马生舒州长史宏，长史生婺州录事参军蒙。"李蒙之女即墓主李温，系杭州刺史韩皋继室，卒于大和三年（829），时年四十六岁。

孙公义　《全唐文补遗》一辑唐冯牢《唐故银青光禄大夫工部尚书致仕上柱国乐安县开国男食邑五百户孙府君（公义）墓志铭》："公讳公义，字□，其先魏之乐安人。……由（江阳）主簿授婺州录事参军。覆狱得冤状，为太守王公仲舒知，辟倅军事。时元和末载，相国萧公俛始持国政。方汲引时彦，特敕拜公为宪台主簿。"从"时元和末载"，可知孙公义任婺州录事参军在元和十五年（820）。孙公义卒于大中五年（851）四月二十五日，时年八十岁。

卢　岳　《全唐文》卷七八四穆员《陕虢观察使卢公墓志铭》："唐贞元四年夏六月，陕虢都防御观察转运等使、陕州刺史、兼御史中丞范阳卢公寿六十，中疾于位，优诏得谢，家东都履信里。秋七月甲戌，终于其寝。……府君讳岳，字周翰。……天宝末，擢明经，调宋州襄邑主簿。历婺州、夔州二录事参军，以大理评事兼监察御史，始佐湖南观察之政。"

李　协　《全唐文补遗》四辑唐崔碣《卢逢时妻李氏墓铭并序》："陇西李夫人……祖协，婺州录事参军。"又，《全唐文补遗》八辑唐卢韶《唐故楚州营田巡官庐州舒城县丞卢府君（处约）夫人陇西李氏墓志铭》："（夫人）父曰协，……因献疏误旨，遂贬婺州录事参军。"墓志撰者卢韶即李协外孙，其母李氏即李协女儿卒于会昌三年（843）三月十二日，时年五十二岁。而李协孙女即卢逢时妻李夫人，卒于咸通四年（863），时年五十一岁。

卫　约　《两浙金石志》卷三《唐法隆寺经幢》："大中十一年十一月十五日树，刺史李蠙，录事参军卫约，金华县令余师周。"

许　某　名讳不详。《玄英集》卷六有《送婺州许录事》诗："之官便是还乡路，白日堂堂著锦衣。八咏遗风资逸兴，二溪寒色助清威。曙星没尽提纲去，暝角吹残锁印归。笑我中年更愚僻，醉醒多在钓渔矶。"

司功参军

崔玄籍　《全唐文补遗》三辑唐阙名《大周故银青光禄大夫使持节利州诸军事行利州刺史上柱国清河县开国子崔君（玄籍）墓志铭并序》："君讳玄籍，字嗣宗，清河东武城人也。……起家文德皇后挽郎，寻授婺州司功参军事。属祆贼陈硕真挟持鬼道，摇动人心，以女子持弓之术，为丈夫辍耕之事。沴气浮于江波，凶徒次于州境。凡在僚属，莫能拒捍。刺史清河公崔义玄察君智勇，委令讨击。君用寡犯众，以正摧邪。破张鲁于汉中，殄卢循于海曲。"则崔玄籍任婺州司功参军期间正值陈硕真起义之时，即高宗永徽四年(653)，参与了婺州刺史崔义玄对陈硕真起义的镇压活动。崔玄籍卒于圣历元年(698)三月十四日，时年七十九岁。

独孤贤道 《大唐西市博物馆藏墓志》第386页唐阙名《□□□武威卫长史独孤府君墓志铭并序》："□□□道，字咃，河南洛阳人也。……才弱冠，解褐秦州参军。次转婺州司功参军……又迁晋州襄陵、邢州柏仁、鄜州洛交三县令。……越长寿岁遇疾，终洛阳私馆，春秋六十八。"

魏　邈 《唐代墓志汇编》元和〇八二唐魏匡赞《大唐故宣州司功参军魏府君墓志铭并序》："大人讳邈，字仲方，其先巨鹿人，寄居于京兆府咸阳县积代矣。……元和四年夏四月，相府裴公因人而知其善，补待制官，掌握丝纶，廉慎益著。地居近密，不发私书。朋旧昵亲，由是咸怨。人虽欲遗之金布斗粟，曾不我容焉。所谓蹈火不热，履霜坚冰，其此之由乎？拜婺州司功参军，转宣州司功参军，未满，今年复有诏令之本官。以其年十月十三日终于宣州宣城县之公馆。匡赞亲侍灵舁，以明年岁次乙未四月八日己酉，葬于京兆府万年县之毕原，礼也。……一生蹇蹇，终日栖栖，而死之日，余俸不足以葬藏一身。"

司仓参军

裴仲将 唐太宗第十子纪王李慎女婿。《全唐文补遗》六辑唐裴允初《□银青光禄大夫贝州刺史上柱国闻喜县开国公裴君(仲将)墓志》："君讳仲将，字亘，河东闻喜人也。……太宗文武圣皇帝知人则哲，一遇器之。特敕尚纪王第三女东光县主，拜许州许昌县令。……历婺州司仓、汾州孝义县令。"裴仲将于开元七年(719)二月二十二日卒，时年七十四岁。墓志撰者裴允初，乃裴仲将族叔。

韦　晃 《全唐文补遗》五辑唐阙名《大唐故朝议郎行婺州司仓参军柱国韦府君(晃)墓志铭并序》："君讳晃，字重光，京兆杜陵人也。……以懿亲随调，释巾补冀州参军。代满，迁婺州司仓参军事。"韦晃于开元十年(722)卒，时年五十二岁。

王　恕 《白居易全集》卷四二《唐扬州仓曹参军王府君墓志铭并序》："公讳某，字士宽。……天宝中，应明经举及第，选授婺州义乌县尉，以清干称。刺史韦之晋知之，署本州防御判官。无何，租庸转运使元载又知之，假本州司仓，专掌运务。岁终课绩居多，遂奏闻真授。永泰中，敕迁越府户曹，属邑有不理者，公假领之，所至必理。"王士宽于建中五年即兴元元年(784)七月二十六日，因疾殁于江都县之私第，时年六十二岁。参见越州户曹参军王恕条。

司户参军

颜谋道 《全唐文补遗》二辑唐阙名《唐故银青光禄大夫和州刺史上柱国琅琊县开国伯颜府君（谋道）墓志铭》："公讳谋道，字宗玄，琅琊临沂人也。……属大君有命，广征翘楚。遂授婺州司户参军事，又任扬州大都督府仓曹参军事。俄以亲累，左转果州司功参军事。……仍授朝散大夫、湖州乌程县令、上柱国。"颜谋道于开元九年（721）七月二十九日卒，时年八十岁。

王　永 《唐代墓志汇编》贞元一〇〇唐阙名《唐故监察御史太原王公墓志铭并序》："公讳永，字广途，其先太原人也。……（年）廿余，累授常、婺二州司户参军事。"王永于贞元十六年（800）六月七日卒，时年五十一岁。

窦　克 《唐会要》卷六《杂录》："（贞元）十四年，故怀泽县主壻检校右赞善大夫窦克搆状言：臣顷以国亲，超受宠禄，及县主薨逝，臣官遂停。臣陪位出身未授检校官日，自有本官。伏乞宣付所司，许取前衔婺州司户参军随例调选。诏许赴集，仍委所司比类前任正员官，依资注拟。"一作窦克绍，《容斋随笔·三笔》卷一六《郡县主壻官》即作"窦克绍"；又，万历《金华府志》亦载有参军"窦克绍"，并谓："上元中任，累官至中书门下平章事。"

李　违 《新唐书》卷七二《宰相世系表二上》赵郡李氏："违，婺州司户参军。"

李　建 万历《金华府志》卷一一《官师一·参军》载有司户参军李建一人。

司兵参军

韦　凑 《旧唐书》卷一〇一《韦凑传》："韦凑，京兆万年人。……凑，永淳二年解褐授婺州参军，累转扬府法曹参军。"《新唐书》卷一一八《韦凑传》同。《文苑英华》卷九一四梁肃《唐太原节度使韦凑神道碑》："君……永淳元年解褐授婺州司兵参军，致远之渐，发于初筮。延载元年，授资州司兵参军。"

甘元柬 约在武则天时任。《全唐文补遗》五辑唐卢藏用《大唐故鸿胪卿兼检校右金吾大将军上柱国赠兵部尚书曹国公甘府君（元柬）墓志文》："君讳元柬，丹阳人也。……年十八，举茂才，雅为时俊所赏，朋游颇纵怀。……以公事左迁婺州司兵，转泽州高平县令。"甘元柬后曾为和亲使出使吐蕃。

崔　郲 《全唐文补遗》三辑唐阙名《唐故庐江县令李府君（稷）墓志铭并序》："府君讳稷，字播之，太宗文皇帝之后也。……夫人博陵崔氏，故婺州司兵参军郲之长女。"崔郲长女婿即墓主李稷于大和七年（833）三月二十六日卒，时年七十岁。

陈　璧　《全唐文补遗》四辑唐陈修古《唐故乡贡进士颍川陈君（宣鲁）墓志》："君讳宣鲁，字子周，其先颍川人也。……祖璧，婺州司兵参军。"墓主陈宣鲁卒于开成五年（840），时年三十二岁。墓志撰者陈修古，乃婺州司兵参军陈璧之孙、墓主陈宣鲁之兄。

司法参军

李晋卿　《全唐文》卷五〇六权德舆《唐故润州昭代寺比邱尼元应墓志铭并序》："维贞元六年冬十一月戊子，比邱尼元应化灭于润州丹阳县昭代寺，享年五十四。……初，以既笄之年，归陇西李君晋卿，仕至东阳决曹掾，靖恭敏直，齿位皆屈。""决曹掾"，原系秦代专管司法的官吏。从碑中"决曹掾"一词看，此"东阳"当指婺州之旧称东阳郡而非东阳县，故李晋卿所任"东阳决曹掾"当为婺州司法参军事。

韦履惇　蓟城人。《新唐书》卷七四《宰相世系表四上》韦氏："履惇，婺州法曹参军。"万历《金华府志》讹作"韦履淳"。

郑思本　《新唐书》卷七五《宰相世系表五上》郑氏："思本，婺州司法参军。"万历《金华府志》讹作"郑思衣"。

司士参军

崔　晞　《全唐文补遗·千唐志斋新藏专辑》第 203 页唐阙名《有唐东阳郡司士参军崔府君（晞）墓志铭并序》："府君讳晞，字晞，博陵安平人也。……解褐以中部郡参军，授庐江郡司功，转西河郡录事。"由西河郡录事，历官蜀之东阳令、岐之陈仓宰、武功县令，此后又由武功县令贬授东阳郡司士，天宝二年（743）正月二十五日卒，时年五十七岁。

参　军

李守一　《全唐文补遗》八辑唐阙名《□守一墓志》："君讳守一，字□□，陇西成纪人也。……唐贞观年中，解褐婺州参军。永徽元年，授简州阳安县丞。显庆二年七月廿三日，终于官舍，春秋五十有七。"

杜　暹　《旧唐书》卷九八《杜暹传》："杜暹，濮州濮阳人也。……初举明经，补婺州参军。秩满将归，州吏以纸万余张以赠之。暹惟受一百，余悉还之。"《新唐书》卷一二六《杜暹传》同。又据《唐会要》卷七五《藻鉴》载，杜暹于景云二年（711）自婺州参军调集补郑县尉。

王　贾　《太平广记》卷三二《王贾》："（王）贾年十七，诣京举孝廉，既擢第，乃娶清河崔氏，后选授婺州参军。……时杜暹为婺州参军，与贾同列，相得甚欢。"万历《金华府志》有录。

金 华 县

婺州治所。始置于东汉，原为长山县，隋改为金华县，取州界山为名。唐武德四年（621），析金华县置长山县。八年，省长山县，地入金华县。垂拱四年（688），改名金山县。神龙元年（705），复改名金华县。今为浙江省金华市婺城区、金东区。

县　令

严　统　《全唐文补遗》三辑唐张万顷《唐故绛州龙门县尉严府君（仁）墓志铭并序》："君讳仁，字明，余杭郡人。……父统，挺生歧嶷，秉心渊邃，学优从宦，修身奉时，有移风之能，当象雷之任。授婺州金华县令。……君即金华府君之第三子也。"严统父亲严俦，唐初曾任括州司马。严统之子严仁，卒于天宝元年（742）十月十七日，时年五十三岁。

任　景　《全唐文补遗》八辑唐阙名《大唐故乐安县令任府君（瑗）墓志文并序》："公讳瑗，字浯，……（其先）因官在封，遂为乐安人也。……祖景，皇朝金华县令、中大夫。"任景之孙即墓主任瑗，卒于天宝十三载（754）九月九日，时年七十一岁。

王绍卿　唐穆宗恭僖皇后之父。《旧唐书》卷五二《后妃列传下》："穆宗恭僖皇后王氏，越人。父绍卿，婺州金华令。"据《册府元龟》卷一四一《尊外戚》："敬宗即位，崇重母族，赠穆宗恭僖王皇后父、故婺州金华令绍卿司空，母张氏赠赵国夫人。"

敬　宁　《全唐文补遗》八辑唐阙名《唐故试大理评事博陵崔府君（元夫）妻平阳敬夫人（损之）墓志铭》："夫人讳损之，字道行，平阳人。……皇考宁，婺州金华令。"敬宁女儿即墓主敬损之于开成五年（840）四月五日卒，时年五十八岁。

石怀一　《韩昌黎文集校注》卷六《集贤院校理石君墓志铭》："易州生婺州金华令讳怀一，卒葬洛阳北山。"石怀一之孙即墓主石洪，卒于元和七年（812），时年四十二岁。

郑　侃　《全唐文补遗·千唐志斋新藏专辑》第191页唐阙名《唐故朝请大夫淮阴郡太守致仕李府君（休伯）墓志铭并序》谓："夫人荥阳郑氏……皇朝请大夫、湖州刺史崇嗣之孙，故婺州金华县令侃之女。"一说为金华县丞，《全唐文补遗》八辑唐□浦《大唐故游击将军横海军副使(李全礼)郑夫人荥阳县君墓志铭并序》:"(郑夫人)父偘,婺州金华县丞。"

崔 愖 《全唐文补遗》二辑唐张奥《唐故庆州军事判官试协律郎张府君(邵)墓铭并序》:"(张邵)继先夫人博陵崔氏,即婺州金华县令愖之女也。"崔愖女婿即张邵卒于咸通十五年(874)十月二十二日,时年六十五岁。

余师周 万历《金华府志》卷一二《官师二·金华县令》:"余师周,大中十一年任。"《两浙金石志》卷三《唐法隆寺经幢》:"大中十一年十一月十五日树,刺史李蟾,录事参军卫约,金华县令余师周。"

王 某 名讳不详。《全唐诗》卷二四四韩翃有《送金华王明府》诗:"县舍江云里,心门境又偏。家贫陶令酒,月俸沈郎钱。黄蘗香山路,青枫暮雨天。时闻引车骑,竹外到铜泉。"

张 据 曲江人,唐玄宗宰相张九龄之侄、张九章次子。《新唐书》卷七二《宰相世系表二下》始兴张氏:"据,金华令。"

姚 均 陕郡人。《新唐书》卷七四《宰相世系表四下》陕郡姚氏:"均,金华令。"

徐 液 《新唐书》卷七五《宰相世系表五下》北祖上房徐氏:"液,字既济,金华令。"

徐 愃 《新唐书》卷七五《宰相世系表五下》北祖上房徐氏:"愃,字德美,金华令。"万历《金华府志》误作唐金华县丞。

县　丞

周守则 《全唐文新编》卷五〇六权德舆《唐故朝散大夫守秘书少监致仕周君墓志铭并序》:"君讳渭,字兆师,其先汝南人。六代祖衡,仕隋为淮阴郡司马,子孙因家焉。曾祖顶□,杭州长史。祖守则,婺州金华丞。"周守则之孙即墓主周渭,卒于永贞元年(805)十一月,时年六十六岁。

郑 申 《全唐文补遗》六辑唐郑倚《唐郑氏殇女(三清)权葬墓记》:"荥阳氏殇女,幼名三清,……婺州金华县丞申之曾孙。"郑申曾孙即墓主郑三清,于大中六年(852)九岁时殇。

郑 偘 《全唐文补遗》八辑唐□浦《大唐故游击将军横海军副使(李全礼)郑夫人荥阳县君墓志铭并序》:"(郑夫人)父偘,婺州金华县丞。"又,《大唐西市博物馆藏墓志》第418页唐阙名《唐故婺州金华县丞郑君夫人崔氏墓志》:"(夫人)姓崔氏,博陵安平人也……年十四,适荥阳郑君讳偘……以唐开元十年九月十三日,终于县之官舍,春秋六十有九。"则开元十年(722)郑偘尚在金华县丞任上。

一说为金华县令,《全唐文补遗·千唐志斋新藏专辑》第191页唐阙名《唐故朝请大夫淮阴郡太守致仕李府君(休伯)墓志铭并序》谓:夫人荥阳郑氏,"皇朝请大夫、湖州刺史崇嗣之孙,故婺州金华县令偘之女"。

钳耳某　《全唐文补遗·千唐志斋新藏专辑》第188页唐阙名《唐故游骑将军左威卫洛汭府果毅冯翊郡钳耳公墓志铭并序》:"公讳□,字□□,冯翊人也。……弱冠,补国子生。秀才擢第,授上党郡潞城尉,迁婺州金华丞。器蕴青云,职惟黄绶。政皆有述,人咸以康。""开元初,以藩邸旧寮,且令近侍",敕授左卫司戈,后历任左青道率府候、左卫司阶、河南洛汭府左果毅,于天宝二年(743)三月卒。

楮旸　《全唐文补遗》九辑唐李慎《唐故朝议郎河中府临晋县令李公(怀)墓志铭并序》:"(墓主李怀)继室河南楮氏,父旸,皇婺州金华县丞。"楮旸女婿即墓主李怀,卒于贞元十七年(801);元配夫人郭氏卒于贞元十年(794),时年五十岁,则李怀继娶楮氏当在贞元十年至十七年间。

李旴　《新唐书》卷七〇上《宗室世系表上》蜀王房:"金华丞,旴。"

主　簿

杨瑶　《全唐文补遗》二辑唐阙名《大唐故朝议郎守邛州司马杨公(瑶)墓志铭并序》:"君讳瑶,字瑶,弘农华阴人也。……(君)初调婺州金华主簿。利物和义,贞固干事也。迁并州榆次丞。"杨瑶卒于开元十八年(730)□月十三日,时年六十七岁。

苏藏玉　《全唐文补遗·千唐志斋新藏专辑》第385页唐沈佐黄《唐故朝请郎行婺州金华县主簿武功苏君(藏玉)墓志铭并叙》:"(公)讳藏玉,字比德。释褐授洋州参军,次补婺州金华县主簿。"苏藏玉于大中七年(853)卒,时年六十七岁。苏藏玉的外公李鼎曾任萧山县令。

县　尉

李西伏　《全唐文补遗》八辑唐薛镠《唐故太原府交城县令卢府君(竦)墓志铭并序》:"公讳竦,字不忒,范阳人也。……夫人陇西李氏,婺州金华县尉西伏之女也。"李西伏女婿即墓主卢竦,卒于天宝七载(748)九月七日,时年五十六岁。卢竦夫人李氏亦卒于是年,是年十一月十八日与卢竦合祔于万安山南先茔,春秋不详。

卢若晦　《全唐文补遗》二辑唐阙名《大唐处士范阳卢府君(调)墓志铭并序》:"君讳调,字子通,范阳涿人,神农姜姓之后也。……次子若晦,婺州金华县尉,亡。"卢若晦之父即墓主卢调,卒于神龙元年(705)十月十三日,时年六十八岁。

张　林　《全唐文补遗》九辑唐敬安《唐故扬州大都督府士曹参军张府君（林）合祔墓志铭并序》："公讳林，字林，其先出于轩辕之裔，观于弧象而命氏焉。……解褐颍州录事参军。位当众官之首，年在众官之下。人情不易立政，公用礼乐文法为意，寮友徒吏，一心敬惮，其余故可知也。次任婺州金华县尉，又转润州司法参军。"张林于大历九年（774）十月四日卒，时年六十岁。

刘谈经　《全唐文补遗》八辑唐张仲素《大唐故大理评事彭城刘府君（谈经）墓志铭并序》："公讳谈经，字弘济。……其初筮仕，以彭城公天官尚书之荫补遂州通泉县尉。……次授婺州金华县尉，曾未经考，以家艰去秩。"此后又曾为东阳县尉。刘谈经于贞元二十年（804）四月二十八日卒，时年五十七岁。

李　廉　陇西狄道人。《全唐文补遗·千唐志斋新藏专辑》第276页唐李宪《唐故宣义郎行巨鹿郡参军李公（祐）墓志铭并序》载，墓主李祐于贞元七年（785）七月二十三日寝疾终于婺州金华县之官舍，时年六十四岁，其"长子金华县尉廉"。

李　愜　《全唐文补遗》四辑唐杨隰《前河南府河阳县丞崔公夫人陇西姑臧李氏墓志铭并序》："父愜，前任婺州金华县尉。夫人即少公之长女也。"李愜之女即墓主李氏，卒于会昌五年（845）九月十一日，时年三十一岁。

邵　朗　《宋高僧传》卷一二《唐明州栖心寺藏奂传》载，藏奂于咸通七年（866）秋八月三日现疾告终后，朝廷敕令褒诔，建塔名曰寿相，"刺史崔琪撰塔碑，金华县尉邵朗题额焉"。

郑　申　《新唐书》卷七五《宰相世系表五上》郑氏："申，金华尉。"

义　乌　县

本秦乌伤县。唐武德四年（621），以县置稠州，①因稠岩以为名，并析置华川县。七年，废稠州及华川县，改乌伤县为义乌县，以县属婺州。今为浙江省金华市义乌市（县级）。

县　令

李嗣真　咸亨（670—674）年间授任。《旧唐书》卷一九一《李嗣真传》："李嗣真，滑州匡城人也。……嗣真博学晓音律，兼善阴阳推算之术。弱冠，明经举，……因咸亨年京中大饥，乃求补义乌令。……调露中，为始平令。"同见《新唐

---

① 稠州，《旧唐书》作"纲州"，《新唐书》作"绸州"。《新唐书》卷四一《地理志》并谓置绸州"因绸岩以为名"。然而今义乌市后宅镇城北约13公里处有"稠岩"，因山峦稠叠而得名，至今义乌市仍有"稠城"之谓，故据而径改之。

书》卷九一《李嗣真传》。

侯 绰 《全唐文补遗·千唐志斋新藏专辑》第 9 页唐阙名《唐故王君（士才）墓志铭并序》谓，洛阳人王士才之妻侯氏，系婺州义乌县令侯绰之女。侯氏于永徽三年（652）十二月四日卒，时年六十岁。

窦 铨 《全唐文补遗·千唐志斋新藏专辑》第 215 页唐李顾《唐故朝议大夫陇西郡太守扶风窦府君墓志铭并序》："公讳铨，字悟微，扶风人也。"窦铨解褐益州参军事，此后历官京兆府金城县尉、河南府长水县丞、婺州义乌县令、深州饶阳县令、巩县令、左卫郎将、陇西郡太守等职，加朝散大夫，天宝七载（748）六月二十四日卒，时年六十八岁。窦铨夫人渤海高氏，"以开元廿二载六月八日，先公而亡。嗣子元臣等九人，孝以送终，哀而罔极"。又，《全唐文补遗·千唐志斋新藏专辑》第 171 页载唐于珦《大唐朝议郎前行婺州义乌县令窦公故夫人墓志铭并序》，谓："夫人姓高氏，讳态，字淑，渤海蓚县人。……年十九，归于窦氏。……以开元廿二年六月八日终于河南陶化里之私第，时年五十一。……有子前苏州参军元巨。"从志文内容看，两志中窦公夫人的姓氏、籍贯及卒年月日均同，且嗣子前志为"元臣等九人"，后者为"元巨"。可推知两志中的义乌县令为同一人，即窦铨。

郑 滔 《洛阳流散唐代墓志汇编》第 452 页唐郑名卿《唐故郑州阳武县令郑府君墓志铭并序》："叔父讳滔，荥阳人也。……叔父解褐授潞州长子县尉……选授婺州义乌县令。辞满调集，授阳武县令。"郑滔于兴元元年（784）卒，时年五十三岁。撰者郑名卿乃郑滔之侄。

韦 某 名讳不详。唐独孤及《毗陵集》卷二有《送义乌韦明府》诗："妙年能致身，陈力复安亲。不惮关山远，宁辞簿领勤。过江云满路，到县海为邻。每叹违心赏，吴门正早春。"

李 词 《新唐书》卷七〇下《宗室世系表下》纪王房："义乌令，词。"

孟 兢 万历《金华府志》卷一二《官师二·义乌县令》："孟兢，汝州人。"

李孝先 万历《金华府志》卷一二《官师二·义乌县令》："李孝先，乾符三年任。"

县　　丞

孔 珪 《全唐文补遗》六辑、《唐代墓志汇编》开元一六九唐阙名《大唐故潞州黎城县令孔君（珪）墓志铭并序》："公讳珪，字敬宗，其先鲁国邹人也。……解褐任汉州德阳县主簿、润州丹阳县尉、婺州义乌县丞。"孔珪后由义乌县丞授潞州黎城县令，开元十一年（723）六月十二日卒，时年六十八岁。

李 颖 唐宗室，唐太宗第七子蒋王李恽玄孙。《新唐书》卷七〇下《宗室世系表下》蒋王房：“义乌丞，颖。”

主　簿

臧南金　东海郡人。《全唐文补遗》一辑唐高几《大唐婺州义乌县主簿东莞臧南金安故太原白夫人（光倩）墓志》谓，婺州义乌县主簿臧南金夫人白光倩卒于景龙三年（709）六月十日，时年二十九岁。《全唐文补遗》五辑唐赵栖岑《大唐前朝散郎行婺州义乌县主簿臧南金妻故颍川陈夫人墓志铭并序》载，臧南金夫人陈氏于神龙二年（706）九月六日终于婺州东阳县之旅第，时年二十四岁，而"即于景龙三年岁次己酉十一月癸丑朔廿日壬申，迁窆于洛州河南北山"。高几于景龙三年六月撰志时称臧南金为"大唐婺州义乌县主簿"，而赵栖岑于景龙三年十一月撰志时称之为"大唐前朝散郎行婺州义乌县主簿"，知臧南金在景龙三年六月至十一月间卸任婺州义乌县主簿。又，《全唐文补遗》三辑唐高庶几《大唐故中大夫守抚州刺史上柱国臧府君（崇亮）墓志铭并序》："公讳崇亮，字茂融，本东莞莒国人，郡废，家于东海，今为此郡人也。……长子南金，前朝散郎、行婺州义乌县主簿。"臧南金父亲臧崇亮卒于景龙二年（708）闰九月十四日，时年七十九岁，于景龙三年十一月二十日由嗣子臧南金葬于河南之北芒山平原。

朱升　吴郡人。《全唐文补遗》三辑唐阙名《唐故通议大夫行广州都督府长史上柱国朱府君（齐之）墓志铭并序》谓，朱齐之"嗣子婺州义乌县主簿升"。父朱齐之，吴郡人，曾为湖州武源县令，于开元二年（714）六月二十五日卒，时年六十二岁。

李广　唐宗室。《新唐书》卷七〇下《宗室世系表下》蒋王房："义乌主簿，广。"

县　尉

晁良贞　新、旧《唐书·张仁愿传》均载，张仁愿为朔方总管时，曾奏用义乌县尉晁良贞为"随军"。《唐会要》卷七五《选部下》亦载："其年（指景云二年），朔方总管张仁愿奏用……义乌县尉赵良正为随军。"而《太平广记》卷一八六《张仁愿》引《唐会要》同样作"义乌县尉晁良贞"，"赵良正"乃为"晁良贞"之音讹也。万历《金华府志》亦作晁良贞，谓："晁良贞，神龙间任，后至大官。"崇祯《义乌县志》引《金华府志》则又讹作"晁良占"。

莫藏珍　《全唐文补遗》八辑唐陈章甫《唐故东阳郡义乌县尉莫公（藏珍）墓志铭并序》："公讳藏珍，字凑，江陵人也。……弱冠，孝廉擢第，授义乌尉。……天宝八载九月廿六日，遘疾终于广陵。"

王恕　《白居易全集》卷四二《唐扬州仓曹参军王府君墓志铭并序》："公讳

某,字士宽。……故今为太原人。……天宝中应明经举及第,选授婺州义乌县尉,以清干称。刺史韦之晋知之,署本州防御判官。……建中初,选授扬州仓曹参军。至五年七月二十六日,疾殁于江都县之私第,春秋六十二。"参见越州户曹参军王恕条。

李 稷 《全唐文补遗》三辑唐阙名《唐故庐江县令李府君(稷)墓志铭并序》:"府君讳稷,字播之,太宗文皇帝之后也。……解巾婺州义乌县尉。秩满,调补安邑、氾水二主簿。"李稷于大和七年(833)三月二十六日卒,时年七十岁。

李 昕 《新唐书》卷七二《宰相世系表二上》赵郡李氏:"昕,义乌尉。"

王仲文 《新唐书》卷七二《宰相世系表二中》王氏:"仲文,义乌尉。"

陆德舆 《新唐书》卷七三《宰相世系表三下》陆氏:"德舆,义乌、桐庐尉。"万历《金华府志》有录,并谓:"陆德舆,吴人。"

徐 密 《新唐书》卷七五《宰相世系表五下》北祖上房徐氏:"密,字梁万,义乌尉。"崇祯《义乌县志》引《金华府志》讹作"徐家"。

永 康 县

三国吴赤乌八年(245),分乌伤县上浦置永康县。唐武德四年(621),以县置丽州,又分置缙云县。八年,废丽州及缙云县,以入永康县,属婺州。① 今为浙江省金华市永康市(县级)。

县 令

高善安 贞观三年(629)授任。《全唐文补遗》五辑唐阙名《大唐故永康令高府君(善安)墓志铭》:"君讳善安,字符殖,渤海蓚人也。……贞观三年,授益州仓曹,除婺州永康宰。……粤以显庆元年五月八日,奄终里第,时年六十二。"

窦知节 《新唐书》卷七一《宰相世系表一下》窦氏:"知节,永康令。"万历《金华府志》有录,并谓:"窦知节,洛阳人。"《大唐西市博物馆藏墓志》第431页唐阙名《大唐故婺州永康县令乐平县开国男窦府君墓志铭并序》:"公讳知节,扶风平陵人也。……弱冠,以弘文生擢第……授婺州永康县令,袭封乐平县男。……而才以命抑,位不充量。长安二年,终于河南府康俗里第,时年七十二。"

吕 渭 越州刺史吕延之之子。《旧唐书》卷一三七《吕渭传》:"吕渭,字君

---

① 《新唐书》卷四一《地理志》注云永康县"本缙云,武德四年置丽州,八年州废,更名来属",指永康由缙云更名而来,疑误。缙云县,万岁登封元年(一说圣历元年)始置,而永康县始置于三国孙吴时期。

载,河中人。父延之,越州刺史、浙江东道节度使。渭举进士,累授婺州永康令、大理评事、浙西观察使。"《全唐文补遗》四辑唐吕温《唐故通议大夫使持节都督潭州诸军事守潭州刺史兼御史中丞充湖南都团练观察处置等使(下阙)鱼袋赠陕州大都督东平吕府君(渭)墓志铭并序》:"吾先府君讳渭,字君载,其先炎帝之胤也。……展转江淮间数岁,兵部尚书薛□(兼)训平山越,镇浙东,又辟公为节度巡官,□婺州永康令。既下车□奸吏杜泄,州将阎伯玛左右受略,飞驿来救。公先置法而后视符,连境风生,悍独相贺。"吕渭卒于贞元十六年(800)。

卢元臣　《全唐文补遗·千唐志斋新藏专辑》第 257 页唐崔儆《大唐故同州司士参军先府君(崔混之)墓志铭并序》:"先夫人范阳卢氏,永康县令讳元臣长女。"卢元臣长女即墓主夫人卢氏,卒于大历七年(772)七月。卢氏丈夫即墓主崔混之,卒于开元十六年(728),时年四十岁。

张　澹　温州刺史张邕之子。《全唐文补遗·千唐志斋新藏专辑》第 389 页唐张孟《唐故朝议郎行婺州永康县令上柱国张公(澹)墓志铭并序》:"公讳澹,字景辉,陇西敦煌郡人也。……父邕,温州刺史。"张澹"治诗书,善属文。复举进士,颇著高誉"。历任绛王府参军、河中府临晋县尉、和州乌江县令,四考上考,迁永康县令,永康县令任"三年在位,一邑称贤"。张澹于大中八年(854)四月三十日卒,时年六十九岁。

张中立　民国《永康县志》卷五《职官志·(唐)治官列传》:"张中立,阳羡人。大中中,自丽水令来任。不旬月,丁艰去。后起嘉兴监官,授侍御史内供奉。见《古刻丛钞》,补。"元陶宗仪《古刻丛钞》录有《唐故宣义郎侍御史内供奉知盐铁嘉兴监事张府君墓志铭并序》:"君讳中立,字□□,其先范阳人。……大中初,再调授武进尉……自武进历处州丽水令、婺州永康宰。到永康不旬月,旋丁内忧。"

周　某　名讳不详。民国《永康县志》卷五《职官志·(唐)治官列传》:"周公、王公,旧逸其名,乡民怀之,附祀于霞里山故乡祠,呼为三长官祠。谓并何炯为三也。"据同书《(南朝梁)治官列传》载:"何炯,字士光,庐江潜人。为县令,临民宽厚,处事有条,当时以和理称,民不能忘,立祠于霞里山,祀之曰故乡祠。"

王　某　同上周某条。

孙　颋　《全唐诗》卷二七四戴叔伦有《永康孙明府颋秩满将归枉路访别》诗,云:"门前水流咽,城下乱山多。非是还家路,宁知枉骑过。风烟复欲隔,悲笑屡相和。不学陶公醉,无因奈别何。"

李士先　《新唐书》卷七〇上《宗室世系表上》蔡王房:"士先,初名宏,永康令。"万历《金华府志》有录,并谓:"李士先,东阳人。"民国《永康县志》讹作"李仕先"。

张师老　《新唐书》卷七二《宰相世系表二下》始兴张氏:"师老,永康令。"万历《金华府志》亦有录。

顾德藩 万历《金华府志》卷一三《官师三·永康县令》:"顾德藩,大中间为(永康)县令,雅志爱民,尝作三堰,以防旱潦,今高堰其一也。民至今德之。"

顾师谦 万历《金华府志》卷一三《官师三·永康县令》列有唐代县令"顾思谦"。

县　丞

无考。

主　簿

无考。

县　尉

郭　瞻　《文苑英华》卷八〇四于邵《汉源县令厅壁记》谓:"天宝中,有郭瞻自永康县尉拜,甚有能事。"

李　宙　《全唐文补遗》八辑唐邓同《故唐朝议郎滑州酸枣县令李公(宙)墓志铭并序》:"公讳宙,字季长,陇西成纪人也。……弱冠,补永康尉。"李宙于元和十年(815)二月二十七日卒,时年六十六岁。

顾　逢　《全唐诗》卷五五六马戴有《送顾少府之永康》诗:"婺女星边去,春生即有花。寒关云复雪,古渡草连沙。宿次吴江晚,行侵日微斜。官传梅福政,县顾赤松家。烧起明山翠,潮回动海霞。清高宜阅此,莫叹近天涯。"又,同书卷五五四项斯有《送顾少府(一作送顾逢尉永康)》诗:"作尉年犹少,无辞去路赊。渔舟县前泊,山吏日高衙。幽景临溪寺,秋蝉织杼家。行程须过越,先醉镜湖花。"

东　阳　县

东汉献帝兴平二年(195),分诸暨县置吴宁县。① 隋平陈,县废。唐垂拱二年(686)复置,名东阳县,取旧东阳郡为名。今为浙江省金华市东阳市(县级)。

---

① 《越绝书》谓:"诸暨县,兴平二年分立吴宁县。"《晋书·地理志》《宋书·州郡志》同列有长山、吴宁二县,后者并载:"长山令,汉献帝初平二年分乌伤立。……吴宁令,汉献帝兴平二年分诸暨县立。"然宋欧阳忞《舆地广记》谓:"金华县,本汉乌伤县地,属会稽郡,初平三年分县南乡置长山县,吴为东阳郡治。晋以后因之。……隋开皇中,郡废,置婺州,改长山县为吴宁,十二年改曰东阳,十八年又改曰金华。"以长山、金华、东阳为一县,实误,长山、吴宁实为二县,长山县即金华县(今金东区)、吴宁县即东阳县(今东阳市)。今从《越绝书》等。

县　令

桑　贞　《全唐文补遗》二辑唐阙名《大唐故中大夫上柱国行婺州东阳县令桑君(贞)墓志铭并序》："君讳贞，字正道，黎阳临河人也。……俄除河州长史，……固辞此职，因而不行。寻有恩制，改授婺州东阳县令。"桑贞神龙元年(705)十月九日遘疾终于东阳县官舍，时年六十八岁。

姜邑庐　万历《金华府志》卷一二《官师二·东阳县令》谓："姜邑庐，天宝十三载(754)任。"

元　铦　河南人。《全唐文补遗》五辑唐阙名《唐故金紫光禄大夫颍王府司马上柱国元府君(璂)墓(下阙)》载元璂"有子前婺州东阳县令铦等"。元铦父亲即墓主元璂，卒于上元元年(760)。

戴叔伦　润州金坛人，建中元年至四年(780—783)在任。《全唐文》卷五一〇陆长源《唐东阳令戴公去思颂》："建中元祀……又夏五月壬辰，诏书以监察御史里行戴叔伦为东阳令。"于建中四年离任，入湖南观察使李皋幕任职。戴叔伦(732—789)，字幼公，一作次公。万历《金华府志》卷一四《宦迹》载，东阳县"先是，邑内寇扰民瘵，田卒荒芜"，戴叔伦到任后，"以诚信抚辑，抑权豪，劝农桑，民赖富庶，政通讼简"。①

卢　信　《全唐文》卷五一〇陆长源《唐东阳令戴公去思颂》有"宰范阳卢公曰信，以才望蹈公之遐躅"之句，知戴叔伦之后东阳令有卢信。然《新唐书》卷七三《宰相世系表三上》卢氏："习信，东阳令。"万历《金华府志》卷一二《官师二·东阳县令》谓："卢习信，涿人，兴元元年任。""卢习信"为"卢信"之讹。

沈彝宪　万历《金华府志》卷一二《官师二·东阳县令》："沈彝宪，筑县治子城。"并系于戴叔伦与于兴宗之间。

于兴宗　雍州高陵人，唐高宗宰相于志宁侄子，宝历(825—827)年间在任。《刘禹锡全集编年校注》卷八《答东阳于令涵碧图诗》序云："东阳令于兴宗，丞相燕国公之犹子，生绮襦纨袴间，所见皆贵盛，而恝然有心如山东书生。前年，白有司愿为亲民官以自效，遂补东阳。及莅官，以简易为治，故多暇日。……"诗曰："东山本是佳山水，何况曾经沈隐侯。化得邦人解吟咏，如今县令亦风流。新开潭洞疑仙境，远写丹青到雍州。落在寻常画师手，犹能三伏凛生秋。"《方舆胜览》卷七《婺州》载："涵碧亭，在东阳县北五里岘山之下，唐宝历间东阳令于兴宗建，

---

①　万历《金华府志》卷一四《宦迹》谓戴叔伦"建中元年奏课为一州最，拜殿中侍御史"，误。戴叔伦于建中元年授任东阳县令，建中四年离任。

刘禹锡有诗,故名。"《玄英集》卷一有诗《涵碧亭》,并自注云"洋州于中丞宰东阳日置"。《全唐诗》卷五三四许浑亦有《送前东阳于明府由鄂渚归故林》诗,此"于明府"即于兴宗。

库狄履温 宋朱长文《墨池编》卷六《碑刻一·唐碑》:"《唐东阳令库狄履温遗爱颂》,萧诚书。"

顾 某 名讳不详。《全唐诗》卷二七四戴叔伦有《送东阳顾明府罢归》诗。

颜威明 万历《金华府志》卷一二《官师二·东阳县令》:"颜威明,以父颜杲卿死事,授东阳令。"

徐 回 万历《金华府志》卷一二《官师二·东阳县令》:"徐回,会昌二年任。"

马大同 万历《金华府志》卷一二《官师二·东阳县令》:"马大同,咸通间任。"

李 衢 万历《金华府志》卷一二《官师二·东阳县令》:"李衢,乾符三年任。"

于 瑾 《全唐文补遗》八辑唐张景《大唐故于府君(荣德)之碣铭》:"公讳荣德,字知节,本望东海郯人也,间徙于冯翊华池焉。……少子瑾,朝议大夫、婺州东阳县令。"

李季方 《新唐书》卷七〇上《宗室世系表上》蜀王房:"东阳令,季方。"万历《金华府志》有录。

窦如璧 河南洛阳人。《新唐书》卷七一《宰相世系表一下》窦氏:"如璧,东阳令。"

齐 某 名讳不详。《全唐诗》卷二四五韩翃有《送齐明府赴东阳》诗:"绿丝帆纤桂为樯,过尽淮山楚水长。万里移家背春谷,一官行府向东阳。风流好爱杯中物,豪荡仍欺陌上郎。别后心期如在眼,猿声烟色树苍苍。"①

县 丞

无考。

主 簿

马 惠 《大唐西市博物馆藏墓志》第 646 页唐阙名《唐故梓州司马扶风马

---

① 旧志因《全唐诗》卷二八〇卢纶有《送永阳崔明府》诗,误收崔明府为东阳令。据新、旧《唐书·地理志》载,滁州,又名永阳郡,下辖清流、全椒、永阳三县,其中永阳县系景龙三年(709)析清流县置。唐诗人卢纶送诗中崔明府当是滁州永阳县令崔某,而非为婺州东阳县令。

府君墓志铭并序》：":"公讳朝阳,其先扶风人也。……祖惠,皇任婺州东阳县主簿。"马惠之孙即墓主马朝阳,卒于建中元年(780),时年七十七岁。

卢齐物 《全唐文补遗》六辑、《唐代墓志汇编》元和一四六唐卢泰《唐故大理评事赐绯鱼袋范阳卢府君(倜)墓志铭并序》："(府君)王父齐物,皇朝任婺州东阳县主簿。"卢齐物之孙即墓主卢倜,于贞元六年(790)卒,时年六十六岁。

崔　倰 《元氏长庆集》卷五四《有唐赠太子少保崔公墓志铭》："公讳倰,字德长,……公始以太庙郎,再任为东阳主簿。"崔倰于长庆三年(823)二月四日卒于洛阳。

王　錬 《全唐文补遗》四辑唐何得一《唐故婺州东阳县主簿王府君(錬)墓志铭并序》："府君讳錬,字偬之,其先京兆人也。……(由洪州丰城县主簿)再选授婺州东阳县主簿。美誉嘉耗,不异前闻。三考居官,一金不畜。所请俸禄,悉以应赡宾侣,遍恤孤孀。……开成五年十一月二日,遘疾奄终于越州诸暨县之里第,时年六十三岁。以开成六年二月十九日,卜宅习吉,窆于陶朱山之原。"

郑守毅 《新唐书》卷七五《宰相世系表五上》郑氏："守毅,东阳主簿。"

县　尉

苗善物 《全唐文补遗》一辑、《唐代墓志汇编》开元三五五唐苗延嗣《唐故泗州司马叔苗善物墓志铭并序》："(苗善物)解褐任宣州泾阳县尉。秩满,一选授婺州东阳县尉。"苗善物于开元十四年(726)十二月五日卒,时年八十二岁。

刘谈经 《全唐文补遗》八辑唐张仲素《大唐故大理评事彭城刘府君(谈经)墓志铭并序》："公讳谈经,字弘济。……公自祁阳量移,尉东阳。"刘谈经卒于贞元二十年(804)四月二十八日,时年五十七岁。

李惟清 《全唐文》卷五一〇陆长源《唐东阳令戴公去思颂》谓有"(东阳)尉陇西李惟清",与东阳令卢信同时,在东阳令戴叔伦之后。

兰　溪　县

唐咸亨五年(674),析金华县西界置,以溪水为名。今为浙江省金华市兰溪市(县级)。

县　令

明大隐 《全唐文补遗》一辑唐杨谔《唐故河南府寿安县尉明府君(希晋)志文并序》："公讳希晋,字□,家本平原人也。高祖奉世,隋秘书大监。曾祖协,豫州刺史。祖崇俨，正谏议大夫，赠侍中。父大隐，兰溪县令。……公即兰溪府君之仲子也。"明大隐仲子即墓主明希晋，至德二载(757)十一月十日卒，时年六十四岁。

洪　某　名佚，号少卿，贞元十四年(798)授任。《明一统志》卷四二《金华府·名宦》："洪少卿，贞元中兰溪县令，以信待物，以勤集事，赋平人和，节度使卢群尝称其如精金百炼，良骥千里。"《全唐文新编》卷六二四唐冯宿《兰溪县灵隐寺东峰新亭记》："岁在戊寅，天官署洪君少卿为之宰。""君之始至，则用信待物，用勤集事，信故人洽，勤故人阜，未期月而其政成。后三年夏六月，予过其邑，洪君导予以邑之胜赏，于是有东峰亭之游。""岁在戊寅"即贞元十四年，则洪少卿于贞元十四年授任兰溪县令，十七年陪同途经兰溪的冯宿游览东峰亭。光绪《兰溪县志》卷四《官师表》谓洪少卿贞元十七年任，误。是年虽在任，但非授任之年。

张　绸　《新唐书》卷七二《宰相世系表二下》河间张氏："绸，兰溪令。"其曾孙张文蔚，字在华，唐哀帝时为相。

李　佩　光绪《兰溪县志》卷四《官师表》有录，且系于咸通年间(860—874)，谓见于和安寺碑。

郑从偘　光绪《兰溪县志》卷四《官师表》有录，且系于咸通年间(860—874)，谓与李佩并见于和安寺碑。

县　丞

开休元　《全唐文补遗》一辑唐郭虚己《唐故朝散大夫国子司业上柱国开君(休元)墓志并序》："君讳休元，字长蕢，广陵江都人也。……廿一乡贡明经擢第。其年预大成。君一览千言，成诵于口，因经拾紫，易如取芥，故时论以为荣。寻转婺州兰溪丞。秩满，调补梁州兵曹参军。"开休元于开元二十一年(733)五月七日卒，时年五十五岁。

杨遗直　唐懿宗宰相杨收之父。《洛阳流散唐代墓志汇编》第634页唐裴坦《唐故特进门下侍郎兼尚书右仆射同中书门下平章事弘文馆大学士太清太微宫使晋阳县开国男食邑三百户冯翊杨公墓志铭并序》："公讳收，字成之。……皇考讳遗直，贞元中，献封章，拜婺州兰溪县丞，转濠州录事参军，累赠尚书工部侍郎。"①

裴　拒　光绪《兰溪县志》卷四《官师表》有录，且系于咸通朝(860—874)，谓与令李佩、郑从偘，主簿陈宗鲁、尉成素，并见于和安寺碑。

---

①　杨收，新、旧《唐书》本传均谓"字藏之"，但在裴坦所撰杨收墓志中却谓"字成之"。裴坦在墓志中说："坦早与公伯仲游友，遂皆兄余而加敬焉。"以裴坦与杨收之间的关系，对杨收的"字"不应有误，疑新、旧《唐书》或误。

主　簿

杨遗直　唐懿宗宰相杨收之父。唐孙光宪《北梦琐言》卷一二《杨收不学仙》:"唐相国杨收,江州人。祖为本州都押衙,父直为兰溪县主簿。(遗直)生四子,发、嘏、收、严,皆登进士第。"①一说任兰溪县丞,见兰溪县丞杨遗直条。

陈宗鲁　光绪《兰溪县志》卷四《官师表》有录,且系于咸通朝(860—874),谓与令李佩、郑从偘,丞裴拒、尉成素,并见于和安寺碑。

县　尉

成素　光绪《兰溪县志》卷四《官师表》有录,且系于咸通朝(860—874),谓与令李佩、郑从偘,丞裴拒、主簿陈宗鲁并见于和安寺碑。

武　义　县

三国吴赤乌八年(240)始置,后废。唐天授二年(691),分永康县西界复置武义县,属婺州。② 后更名武成。天祐(904—907)中,复名武义县。今为浙江省金华市武义县。

县　令

元玄庆　《全唐文补遗》二辑唐阙名《大周故朝议大夫行婺州武义县令元府君(玄庆)墓志铭并序》:"君讳字玄庆,河南洛阳人也。即后魏明元皇帝之十四代孙。……(玄庆)解褐资州司兵,转润州司兵,俄迁恒州藁城县令、蒲州永乐令。属亲累,左降吉州司功,制授朝议大夫、行婺州武义县令。……以大足元年四月七日,寝疾薨于崇政里第,春秋六十。"

姚益谦　《全唐文补遗》二辑唐阙名《大唐故朝议大夫上柱国杭州长史姚府君(珣)墓志铭并序》:"公讳珣,字连城,吴兴人也。……烈考益谦,皇朝阳曲、陈留、武义三县令,秉德纯懿,宰县仁明。肃灌坛之风雨,兴中都之礼让。"姚益谦之子即墓主姚珣,开元(713—741)间曾任杭州长史。

窦堪　《太平广记》卷三〇五《李佐时》引《广异记》:"山阴县尉李佐时者,

---

① 光绪《兰溪县志》卷四《官师表》谓:"杨维直,唐相阳收父,见《北梦琐言》。""杨维直"乃"杨遗直"之讹误,"阳收"乃"杨收"之讹误。

② 武义县于三国吴赤乌八年(240)始置,新、旧《唐书》及《元和郡县图志》均未言及此,仅谓天授二年(691)析永康县西界置,然唐杜佑《通典》、宋欧阳忞《舆地广记》等则均谓"吴赤乌八年置武义县"。

以大历二年遇劳病,数十日中愈。自会稽至龙丘,会宗人述为令……答云:是武义县令窦堪举君。"

李　鹊　唐宗室,越州刺史李文暕曾孙。《全唐文补遗·千唐志斋新藏专辑》第 355 页唐李助《唐故中大夫泽州刺史赠光禄卿工部尚书太子少傅李府君(鹊)墓志铭并序》谓:"公即司空第二子,讳鹊……始以门子筮仕,释褐授虢州参军,由王府掾,历白马、武义、襄城三县令。天宝之难,东土流血。"李鹊后历任郢州、朗州、辟州、归州、巴州、宋州、泽州等州刺史,于兴元元年(784)四月二十六日卒。

李　渟　清《武川备考》卷六《职官考》:"李渟,(元和)十二年摄。渟,(金华)府志作瀹。"

卫　约　清《武川备考》卷六《职官考》:"卫约,咸通八年任。"万历《金华府志》所载同。

县　丞

季　润　明朱橚《普济方》卷九:"紫汤方,……武义唐丞季润(名潍),作汉东教官得之。太守张少卫(名玠)屡试有效,季润亦以治数人矣。"

李　辉　清《武川备考》卷六《职官考》:"李辉,开成元年任。"万历《金华府志》所载同。

主　簿

李　昊　《全唐文补遗》六辑唐阙名《大唐故吉州刺史陇西李府君(昊)墓志铭并序》:"府君讳昊,字守贤,陇西成纪人也。……与季弟考功员外、吏部郎中昂幼差肩学诗,寻比迹入仕。考功以文词著称,而府君兼忠信知名。有硕德,有琦行。自强仕至大官。辟书相交,幕府更入。万岁登封年,以门子宿兰锜,寻拜婺州武义县主簿,充海运判官。"其后历官太原府交城县尉、支度判官、怀州司士、会宁郡长史、银川郡司马、灵武郡长史、黄州刺史、吉州刺史等职,于至德二载(757)闰八月卒,时年七十三岁。

沈朝宗　《元和姓纂》卷七沈氏:"朝宗,婺州武义主簿。朝宗生既济、克济。既济,进士,唐翰林学士,生传师、宏师、述师。"《文苑英华》卷九七七唐阙名《尚书吏部侍郎赠吏部尚书沈公行状》:"祖某,皇任婺州武义县主簿、赠屯田员外郎。父济,皇任尚书礼部员外郎、赠太子少保。公讳传师,字子言。"《太平寰宇记》卷九四《湖州·德清县》:"天宝末,邑人、婺州武义主簿沈朝家养母鹅一,因育卵肠出,乃自惊鸣鼓翅,窜于波渚之隅。"则"沈朝家"即"沈朝宗"之讹。

钱　某　名讳不详。《武川备考》卷六《职官考》："钱□,名亡,(开成)元年任。"万历《金华府志》所载同。

县　　尉

李　佐　《文苑英华》卷九四四穆员《京兆少尹李公墓志》："有唐故京兆少尹陇西李府君讳佐,字公辅,……公十岁而孤,……弱冠,擢明经,调婺州武义县尉,以清白苦节闻。"李佐于贞元六年(790)卒,时年六十一岁。

李　乂　《文苑英华》卷八九三苏颋《唐紫微侍郎赠黄门监李乂神道碑》："公讳乂,字尚真,赵房子人也。……调补潞州壶关、婺州武义尉。"

浦　阳　县

唐天宝十三载(754),析义乌、兰溪及杭州之富阳县置浦阳县,以浦阳江为名。今为浙江省金华市浦江县。

县　　令

崔　述　《文苑英华》卷九五二《房州刺史崔公墓志铭》："公讳述,字元明,博陵安平人。……寻转婺州浦阳令、扬州兵曹参军,皆以吏理著称。"贞元十二年(796)为房州刺史。《全唐文》卷四八九权德舆《与张秘监书》中提到的"时房州罢浦阳长在座"之"房州"即崔述。

县　　丞

无考。

主　　簿

无考。

县　　尉

李　登　唐宗室。《樊川文集》卷六《唐故平卢军节度巡官陇西李府君墓志铭》："君讳戡,字定臣。七代祖渤海王奉慈。祖杠,衢州盈川令。父登,婺州浦阳尉。"一作李荅。《新唐书》卷七〇上《宗室世系表上》蜀王房："浦阳尉,荅。"

张鹤龄　《颜鲁公集》卷七《浪迹先生元真子张志和碑铭》："元真子,姓张氏,本名龟龄,东阳金华人。……兄浦阳尉鹤龄,亦有文学。"

卷九　衢州(信安郡)

衢州，本婺州信安县。唐武德四年(621)，平李子通，分信安县一部别置须江、定阳二县，置衢州，以州有三衢山，因取为名。六年，复陷于辅公祐，州废。垂拱二年(686)，始复置衢州。天宝元年(742)，改衢州为信安郡。乾元元年(758)，复改信安郡为衢州。《元和郡县图志》载，州境东西六百一十里，南北二百一十五里，管县四：①信安、常山、龙丘、须江。

刺　　史

张　绰　武德四年(621)在任。《续高僧传》卷二〇《丹阳沙门释智岩传》："武德四年，从(张)镇州南定淮海，时年四十……昔同军戎有睦州刺史严撰、衢州刺史张绰……闻岩出家在山修道，乃寻之……贞观十七年，还归建业，依山结草。"②

萧　缮　《全唐文补遗》五辑唐阙名《大周故银青光禄大夫衢州刺史兰陵公(萧缮)墓志并序》："公讳缮，字懿宗，兰陵(郡)兰陵人也。……贞观中，起家左千牛。……永昌元年，授永州刺史。曲盖宣威，高轩按部。渐化鲛人之室，宾贤婺女之乡。采庾冰之能，遂牧衢州者也。……长寿年中，墨制褒扬，许从致仕。……万岁登封元年，制授银青光禄大夫，申朝庆也。……春秋九十，以圣历二年五月三日，薨于私第。"同见《新唐书》卷七一《宰相世系表一下》萧氏齐梁房。

徐峤之　字维岳，赠吏部侍郎徐师道之子。《全唐文》卷三一九李华《衢州龙兴寺故律师体公碑》："(律师)万岁元年归信安，禀受者千人。……刺史徐峤之率参佐、县吏、耆艾以隆请，居龙兴寺。"徐峤之天册万岁元年(695)在任，开元二十

---

① 一谓"管县五"，中有盈川县。盈川县于元和七年(812)省入信安县，兹以盈川县附于信安县。
② 《元和姓纂》卷五东海严氏："撰，穆州刺史。"疑前引文中"睦州"乃"穆州"之讹。又，郁《考》引唐孙思邈《备急千金要方》卷二二载，"贞观初，衢州徐使君访得治丁肿人玉山韩光方"，而在张绰与萧缮之间有徐某。然而《旧唐书》《新唐书》《元和郡县图志》《太平寰宇记》等均谓衢州于武德(618—626)间废，至垂拱(685—688)年间始复置，则衢州于"贞观初"不应有刺史之任。

四年(736)卒。天启《衢州府志》、康熙《衢州府志》引《朱子昌黎集注》作"徐峤"，并谓其为徐坚子，系误"徐峤之"为"徐峤"也。徐峤，据唐刘迅撰《徐峤墓志铭并序》："公讳峤，字仲文，冯翊人也。"乃徐坚之子，卒于天宝元年(742)。

李祎 唐宗室。《旧唐书》卷七六《李祎传》："祎少有志尚，事母甚谨，抚弟祗等以友爱称……少继江王嚣后，封为嗣江王。景云元年，复为德、蔡、衢等州刺史。开元后，累转蜀、濮等州刺史。"据《新唐书》卷七〇《宗室世系表》，唐太宗第一子吴王恪，恪第三子琨，琨子祎。《八琼室金石补正》卷六六唐严绶《衢州刺史韦公于石桥寺桥下以外祖信安郡王诗刻石记》谓："圣唐开元中，天枝信安郡王再临斯郡。王，太宗皇帝子吴王之次子。……其始至也，以初封江王，发轫于此；其再临也，以勋列崇异，改封信安。"

李杰 洛阳人。开元四年(716)，由御史大夫左迁衢州刺史。《资治通鉴》卷二一一"开元四年"条：十月，"御史大夫李杰护桥陵作，判官王旭犯赃。杰按之，反为所构，左迁衢州刺史"。《全唐文》卷三一六李华《衢州刺史厅壁记》："州长吏之选，甲于他部。忠贞之老，则武威公李仆射杰；亲贤之望，则信安郡王祎。"

徐知仁 《韩昌黎文集校注》卷六《衢州徐偃王庙碑》："开元初，徐姓二人相属为刺史，帅其部之同姓，改作庙屋，载事于碑。后九十年，当元和九年，而徐氏放复为刺史。放，字达夫，前碑所谓今户部侍郎，其大父也。"徐放祖父(即大父)徐知仁，据《颜鲁公集》卷九《朝议大夫赠梁州都督上柱国徐府君(秀)神道碑铭》，开元(713—741)年间为徐秀请任招慰南蛮判官时即任户部侍郎。由是知徐偃王庙碑中的开元初"二徐"之一，为徐放祖父徐知仁。①

徐坚 《全唐文》卷二九一张九龄《大唐故光禄大夫右散骑常侍集贤院学士赠太子少保东海徐文公(坚)神道碑铭并序》："公讳坚，字符固，其先东海郯人。永嘉之后，仕业南国，因家吴兴焉。隋氏平陈，徙族入雍，今为冯翊人也。……复以亲累，出为绛州，历永、蕲、棣、衢四郡……开元中，会同京师，迁秘书监。"《韩昌黎文集校注》卷六《衢州徐偃王庙碑》谓"开元初，徐姓二人相属为刺史"，其中"徐姓二人"，一为徐知仁，另一人即徐坚。徐坚于开元十七年(729)五月卒。郁《考》谓徐坚约开元十年(722)任。又，康熙《衢州府志》谓徐坚为湖州长城人，据神道碑所载，应为冯翊人。

---

① 《韩昌黎文集校注》卷六《衢州徐偃王庙碑》有注云："徐坚，字符固；徐峤，字巨山。"谓"二徐"为徐坚、徐峤。岑仲勉《姓纂四校记》有考其误："但《旧》《新》《坚传》均未言曾官户侍，惟放祖知仁为户侍，则开元初之衢刺，知仁当占其一。又峤之曾官衢刺，有《徐氏山□碣》可证。合而观之，昌黎文所指徐姓二人，确为徐知仁、徐峤之，并非徐坚、徐峤，集注完全失考。"正确地指出徐知仁为"二徐"之一，但其指徐峤之为"二徐"之另一人则仍误。徐峤之任衢州刺史在天册万岁元年(695)前后，与开元初相距十余年，而徐坚于开元中由衢州刺史迁秘书监，则与徐知仁"相属为刺史"者应为徐坚，而非徐峤之。

李　祎　唐宗室，曾先后两度任衢州刺史，其于睿宗景云年间（710—711）任衢州刺史后，又于玄宗开元（712—741）年间再次出任衢州刺史。《旧唐书》卷七六《李祎传》："少继江王嚣后，封为嗣江王。景云元年，复为德、蔡、衢等州刺史。开元后，累转蜀、濮等州刺史，政号清严，人吏畏而服之。"《资治通鉴》卷二一四"开元二十四年"条：四月，"乙丑，以朔方、河东节度使信安王祎贬衢州刺史"。又，《八琼室金石补正》卷六六唐严绶《衢州刺史韦公于石桥寺桥下以外祖信安郡王诗刻石记》："圣唐开元中，天枝信安郡王再临斯郡……其始至也，以初封江王，发轫于此。其再临也，以勋列崇异，改封信安。"

赵颐真　开元二十六年（738）在任。《全唐文》卷三一九李华《衢州龙兴寺故律师体公碑》："信安王祎、赵太常颐真、郑庶子倬、李中丞丹、前相国李梁公岘，皆为此州，躬为围绕。"天启、康熙二府志均误作"赵颐"。

尉迟岩　天宝十载（751）在任。据《文物参考资料》1957年第4期《弥足珍贵的天宝遗物》一文载，西安出土的银铤，有"中散大夫使持节信安郡诸军事检校信安郡太守上柱国尉迟岩……天宝十载正月日税山银一铤五十两正"等刻字。

贺兰进明　《册府元龟》卷六八七《牧守部·礼士》："贺兰进明，天宝中为试信安太守。其后，第五琦贬为须江丞，进明重其才略，遇之转深。"又，《宝刻丛编》卷一三《衢州》："《唐西楚霸王祠堂记》，唐贺兰进明撰，贺兰诚行书，姚韩卿篆额同，天宝十三年十月八日建。"则贺兰进明天宝十三载至十四载（754—755）在信安郡（即衢州）太守任上。

李　丹　乾元元年（758）在任。《全唐文》卷三一八李华《（台）[衢]州乾元国清寺碑》："盈川，非古邑也，襟东江西山，因而城之。寺在远郊，信者劳止。自官吏耆耋，至于商旅，咸以津梁未建，为愧为羞。邑城之西，有净名废寺，背连山而面盈川……耆寿徐君赞、录事徐知古等请于县令陇西李公平，平请于前刺史赵郡李公丹，丹请于河南等五道度支使御史中丞京兆第五公琦，琦闻于天子。墨制曰可。僧义璿等伏以乾元之初，元恶扫除，国步既清，庙易名榜，因改曰乾元国清寺，昭睿功也。"盈川乃衢州之属县，如意元年（692）析龙丘县置，元和七年（812）并入信安县，故碑为衢州乾元国清寺碑，"台州"为"衢州"之误。

韦黄裳　上元（760—761）中在任。《太平广记》卷三七七《韦广济》："韦广济，上元中暴死……须臾，衢州刺史韦黄裳复至，广济拜候……其年，吕延[之]为浙东节度……后十日，黄裳竟亡也。"吕延之于乾元二年（759）六月己巳，自明州刺史迁越州刺史，充浙江东道节度使。

殷日用　宝应元年（762）在任。《全唐文》卷三一六李华《衢州刺史厅壁记》："以苏州刺史陈郡殷公文可以成政，武可以安人……由是命公典此邦也……元年建寅月二十一日，左补阙赵郡李华于江州附述。"《全唐文》卷三一八李华《台(衢)州乾元国清寺碑》："今刺史陈郡殷公日用，忠勇杰出。"殷日用上元二年(761)在苏州刺史任上，则殷日用刺衢之"元年建寅月"当为宝应元年正月。

李 岘 唐宗室，信安郡王、嗣江王李祎第三子，唐肃宗宰相。《旧唐书》卷一一《代宗本纪》：永泰元年(765)"六月癸亥，吏部尚书李岘南选回，至江陵，贬衢州刺史"；二年"秋七月辛酉，检校兵部尚书、衢州刺史李岘卒"。

韦光辅 贞元三年(787)在任。《八琼室金石补正》卷六六唐严绶《刺史韦公镌外祖信安郡王诗之记》末署"大唐贞元三年丁卯岁正月景戌朔九日甲午朝散大夫使持节衢州诸军事守衢州刺史赐紫金鱼袋韦光辅建"。撰记文者严绶系韦光辅女婿。信安郡王即嗣江王、衢州刺史李祎，而韦光辅为李祎外孙。

裴 邟 天启《衢州府志》卷二《职官志·唐刺史》："裴邟，贞元六年任。"又，《大唐西市博物馆藏墓志》第 722 页唐李墉《唐故衢州刺史河东裴公墓铭并序》："有唐河东裴公讳邟，字颖叔，闻喜人也。……以功转衢州刺史。彼都以蕉葛升越仰给公上，前后守宰渔夺其利。民之困穷者，不能保抱鞠子而鬻之。公聆其污俗，乃阅视符籍，得贸为臧获者三百余人。反其所偿以赎之，无盖藏者，官为假之。未期而禭负归之者如市。举下缅上，政可知矣。而于是邦也，不免其身，何神理之谬戾欤！以贞元九年八月十三日终于官舍，享五十四年。"知裴邟贞元九年(793)卒于衢州刺史任上。

陈 智 天启《衢州府志》卷二《职官志·唐刺史》："陈智，贞元十年任。"

李若初 赵郡人。贞元十一年(795)在任。《旧唐书》卷一三《德宗本纪下》：贞元十一年二月，"以衢州刺史李若初为福建观察使"。同书卷一四六《李若初传》："李若初……少孤贫，初为转运使刘晏下微冗散职……久之，出为衢州刺史，迁福州刺史、兼御史中丞、福建都团练使，寻迁越州刺史、浙江东道都团练观察使。十四年秋，代王纬为润州刺史、兼御史大夫、浙江都团练观察、诸道盐铁转运使，善于吏道，性严强力，束敛下吏，人甚畏服。"

郑 濆 贞元十四年(798)在任。《千唐志斋藏志》第 1074 页唐阙名《唐故朝议郎使持节光州诸军事守光州刺史赐绯鱼袋李公(潘)墓志铭兼序》(开成五年十二月廿四日)："(公)家于常山。太守郑公濆性乐善，喜后进，因目之为奇童，荐于连帅，特表奏闻。荣中有司，别敕同孝廉登第，时才年八岁。"墓主李潘开成五年(840)卒，时年五十岁。由此推之，则其八岁时为贞元十四年。

郑式瞻 贞元十五年至十七年(799—801)间在任。《册府元龟》卷七〇〇《牧守部·贪黩》："郑式瞻为衢州刺史，贞元十七年死于州狱。"康熙《衢州府志》卷五《廨宇》引《前定录》谓郑式瞻贞元六年(790)为衢州刺史，误。

田　敦　《嘉泰吴兴志》卷一四《郡守题名》："田敦，贞元十八年五月自衢州刺史授；迁常州刺史。"《吴兴统记》作十六年，当误。

齐　总　贞元十八年（802）授，未之任。《旧唐书》卷一三三《德宗本纪下》：贞元十八年三月"癸酉，以浙东团练副使齐总为衢州刺史，总以横赋进奉希恩，给事中许孟容封还制书"。许孟容有《停齐总为衢州刺史敕命表》。

陆　庶　贞元十九年（803）至元和二年（807）在任。《唐文拾遗》卷二七陆庶《烂柯山碑记》："庶牧于是邦，迨兹五祀……时元和三年三月十八日。"又，《宝刻丛编》卷一三引《复斋碑录》："《唐游石桥记并诗》，衢州刺史陆庶撰，次男综正书，元和元年三月十日刻。"且元和二年李素已任衢州刺史，则此处"元和三年三月十八日"疑为"元和二年三月十八日"之讹。

李　素　元和二年（807）授任。《韩昌黎文集校注》卷六《河南少尹李公墓志铭》："公讳素，字某。……刘辟平，上以蜀赏高崇文……衢州饥，择刺史。侍郎曰：'莫如郎李某。'遂刺衢州。至一月，迁苏州……公至十二日，（李）锜反。"唐朝廷平刘辟在元和元年（806）九月辛亥，李锜叛反在元和二年十月庚申，则李素刺衢在元和二年，任职仅一月。

李　逊　赵郡人。《旧唐书》卷一五五《李逊传》："李逊，字友道……元和初，出为衢州刺史。以政绩殊尤，迁越州刺史、兼御史大夫、浙东都团练观察使。"[①] 鉴于陆庶刺衢五载至元和二年（807），李素刺衢仅一月，则李逊当于元和二年接李素之任。

薛　戎　元和八年（813）在任。《嘉泰吴兴志》卷一四《郡守题名》："薛戎，元和八年十一月三十日自衢州刺史授。"

徐　放　字达夫，元和九年（814）授任，元和十二年卒于位。《韩昌黎文集校注》卷六《衢州徐偃王庙碑》："开元初，徐姓二人相属为刺史，帅其部之同姓，改作庙屋，载事于碑。后九十年，当元和九年，而徐氏放复为刺史。放，字达夫，前碑所谓今户部侍郎，其大父也。"《全唐文补遗·千唐志斋新藏专辑》第327页唐元佑《唐故朝散大夫守衢州刺史上柱国徐君（放）墓志铭并序》谓："元和十二年龙集丁酉正月十九日，朝散大夫使持节衢州诸军事衢州刺史上柱国徐公终于位，享年五十二。""改衢州刺史，既均公赋，又恤凶灾。吏不敢欺，人受其赐。龙丘县有簿里溪，自南而来，百里而远。每岁山水暴涨，凑于县郛，漂泛居人，人多愁苦。公行春莅止，周视再三，乃建石堤。爱开水道，遏奔注，远邑居。度工计财，所费

[①] 据《旧唐书》卷一四《宪宗本纪上》载，元和五年八月，李逊由常州刺史迁越州刺史、浙东观察使，《嘉泰会稽志》与之同，则李逊先由衢州刺史转常州刺史，再由常州刺史迁越州刺史、浙东观察使，而非如本传所言，由衢州刺史迁越州刺史兼御史大夫、浙东都团练观察使。

盖寡。千古之患，一朝而除。中书卫舍人中行，叙事纪功，揭于贞石。"前衢州刺史徐知仁之孙。

郑　群　元和十二年(817)授任，长庆元年(821)离任。《韩昌黎文集校注》卷七《唐故朝散大夫尚书库部郎中郑君墓志铭》："公讳群，字弘之，世为荥阳人。……会衢州无刺史，选人愿行者，宰相即以君应诏。治衢州五年，复入为库部郎中。行及扬州，遇疾，居月余，以长庆元年八月二十四日卒，春秋六十。"前任刺史徐放元和十二年正月十九日卒于任，且以郑群长庆元年离任计，治衢五年，当在元和十二年授任。康熙《衢州府志》以为元和十三年莅任，误。

张　聿　长庆二年(822)在任。《白居易全集》卷四八《张聿可衢州刺史制》："敕中散大夫行尚书工部员外郎上柱国吴县开国男食邑三百户张聿……可使持节衢州刺史，散官、勋如故。"白居易于长庆二年七月出为杭州刺史之前为中书舍人。又，据《元稹集》卷五一《永福寺石壁法华经记》载，元稹于长庆三年(723)"徙会稽，路出于杭，杭民竞相观睹……相与日夜攻刺史白，乞予文。予观僧之徒所以经于石，文于碑，盖欲相与为不朽计，且欲自大其本术。今夫碑既文，经既石，而又九诸侯相率贡钱于所事，由近而言亦可谓来异宗而成不朽矣"。"贡钱于所事"之"九诸侯"中也有衢州刺史张聿在列。

庞　严　寿春人。唐钟辂《前定录》："京兆尹庞严为衢州刺史。到郡数月，忽梦二僧入寝门……后为京兆尹而卒。"康熙《衢州府志》卷一二《府官》："穆宗长庆四年，庞严。"郁《考》谓其刺衢在宝历(825—827)中。

张　贾　《册府元龟》卷一五八《帝王部·诫励第三》：大和四年(830)"七月，以鸿胪卿张贾为衢州刺史"。天启《衢州府志》谓张贾"开成初由鸿胪卿出刺衢"，疑误。又，张贾开成二年(837)七月为兖海观察使。

豆卢署　唐钟辂《前定录》："大和九年，(豆卢)署自秘书监为衢州刺史。"天启《衢州府志》卷二《职官志·唐刺史》："豆卢署，本名辅真。太和九年自秘书少监为衢州刺史，建征梦亭。"

崔　耿　会昌元年(841)授任。《唐文拾遗》卷三〇崔耿《东武楼碑记》："会昌辛酉岁，余只命作守，至此逾月。"会昌辛酉岁即会昌元年。

李　项　唐宪宗宰相李绛之子。会昌六年(846)拜衢州刺史，大中二年(848)卒于衢州刺史任上。《全唐文补遗》六辑唐李暨《唐故大中大夫使持节衢州刺史上柱国赞皇县开国子李公(项)墓志铭并序》："公讳项，字温，其先赵郡人也。……(会昌)六年春，□拜为衢州刺史。先是郡中频岁灾潦，洪水之发莫能禁。州人以鱼鳖而去者，世世咸甘焉。公既闻则恻然心许，于郡赀节其用，鸠其羡，得缗钱六十余万，遂当郡之南北筑长堤，四千余人以□之。自是居邑更无冲垫之患耳，居人安，一郡治。今给事杨公时为浙江东道观察使，来□府第，一闻于朝，遂举公请就加金紫以偿之。奏既入，命未下而甚疾□□日□焉。即以大中二年六月六日薨于郡，享年四十四。"

卢简辞 字子策，"大历十才子"之一卢纶次子，范阳人。《旧唐书》卷一六三《卢简辞传》："卢简辞，字子策，范阳人，后徙家于蒲。……大和中，坐事自太仆卿出为衢州刺史。"而《新唐书》卷一七七《卢简辞传》谓，卢简辞以山南东道节度使坐事贬衢州刺史，卒于衢州刺史任上。郁《考》以李商隐之《上汉南卢尚书启》而从《新唐书》本传，并以为大中二年(848)由山南东道节度使贬衢州刺史。

崔　寿 大中六年(852)在任。《宋高僧传》卷一二《唐苏州藏廙传》："释藏廙，俗姓程，衢州信安人也……既遂所求，大得安静，却回柯山，盖避会昌之搜扬也。至大中六年，郡牧崔公寿重之，于州龙兴寺别构禅室，延居之。"

赵　璘 《新唐书》卷五九《艺文志三》："赵璘，《因话录》六卷。(璘)字泽章，大中中衢州刺史。"天启《衢州府志》谓大中十三年(859)由祠部郎中授衢州刺史。又，《全唐文》卷七九一赵璘《书戒珠寺》末署"咸通三年正月二十五日中大夫守衢州刺史赵璘书"，则知其咸通三年(862)仍在任。其弟赵璜亦在此期间任处州刺史。

孙玉汝 咸通十一年(870)在任。宋洪迈《容斋续笔》卷一一《孙玉汝》："《会稽大庆寺碑》，咸通十一年所立，云衢州刺史孙玉汝记。"唐诗人罗隐有《寄三衢孙员外》《三衢哭孙员外》《重过三衢哭孙员外》(分见《全唐诗》卷六五七、卷六五八、卷六六四)，疑孙玉汝卒于衢州刺史任上。

季　縠 宋毛滂《东堂集》卷六《双石堂记》："衢州厅事下，旧有土势隆起，筱本丛生，相传云古冢也。旧有碑，其文云：'五百年刺史，为吾守墓。'以此前后相承，皆畏而不敢慢……乃为文自祭而除之，劚深丈余，了无他异，但有二石……石上有刻云：'乾符五年五月三日安于此，押衙徐讽龙山起砦处得二石，刺史季縠题。'"

元　泰 光启三年(887)在任。《吴越备史》卷一《武肃王》："岌兄(陈)儒，本黄巢之党，寻降朝廷，授以饶州。光启三年，率其部伍自饶厅事直指衢门而出，人无预知者。既而径趋衢州，知州元泰迎于郊……斩之而自据。"

陈　儒 光启三年(887)至乾宁二年(895)在任。《吴越备史》卷一《武肃王》：乾宁二年"十一月，衢州刺史陈儒卒……凡在信安十年，颇有惠爱"。

陈　岌 乾宁二年(895)至光化三年(900)。《新唐书》卷一〇《昭宗纪》：乾宁二年十一月"辛酉，衢州刺史陈儒卒，其弟岌自称刺史"。光化三年九月，"衢州刺史陈岌叛附于钱镠"。同见《吴越备史》卷一《武肃王》。

顾全武 《吴越备史》卷一《武肃王》：光化三年（900）八月，"王以（陈）岌为浙东安抚副使，命顾全武权知衢州事"。

陈　章 一作陈璋。《吴越备史》卷一《武肃王》：天复元年（901）二月，"命指挥使陈章为衢州制置使……九月，王以衢州制置使陈章为本州刺史"。天祐二年（905）三月，"衢州制置使陈章贰于我"。又，《新唐书》卷一〇《哀帝纪》：天祐三年（906）六月，"钱镠陷衢、睦二州，刺史陈璋、陈询奔于淮南"。

鲍君福 《十国春秋》卷八四《鲍君福传》："鲍君福，字庆臣，唐太子少保防之裔也。后迁越，遂为余姚人。……属刺史陈璋叛，淮南人入其境，胁君福为郡职，君福不纳。武肃王虑其遇害，密赐帛书，令姑受命以缓旦夕死。终坚拒不肯从，伺守者李元嗣醉，遂驰归。寻授衢州刺史。……君福在衢州凡一十二年，后迁湖州。"陈璋叛在天祐三年（906），则鲍君福任衢州刺史当在是年。郁《考》失载鲍君福，而录有"衢州制置使方永珍"。

任职时间不详者

李　畅 《全唐文补遗》六辑唐崔沔《唐正议大夫使持节相州诸军事守相州刺史上柱国赞皇县开国子李公（畅）墓志铭并序》："公讳畅，字宣美，赵郡赞皇人也。……（由吉州刺史）转衢州刺史。介于南服，是曰东阳。信吴越之奥区，尽江山之秀丽。公轻裘缓带，闭阁靖人。高咏仲文，神交玄度。上和下肃，老安少怀。"李畅于开元十八年（730）六月十八日卒。《全唐文》卷三一九李华《衢州龙兴寺故律师体公碑》："（律师）万岁元年归信安，禀受者千人。……刺史徐峤之率参佐、县吏、耆艾以隆请，居龙兴寺。……乃别立一室，室才方丈，晏然安居，不践门阈。刺史李畅跪请移居大方，至于涕泪。俯如其请，因入法华三昧。"则李畅刺衢在徐峤之之后。郁《考》系李畅衢州刺史任于开元八年（720）前后，而系徐峤之于约开元十四年（726），谓徐峤之在李畅之后，误。

王　烈 《芒洛冢墓遗文四编》卷五唐阙名《大唐故吏部常选王府君（爽）墓志并序》："公讳爽，字文昌。……考讳烈，信安郡太守……公即信安郡太守府君之（弟）[第]八子也。"王烈之子即墓主王爽卒于天宝四载（745）八月，时年七十一岁。

李　奂 《新唐书》卷七〇上《宗室世系表上》蔡王房："济北郡公、衢黄二州刺史、兼防御使、兴平军节度使、御史中丞奂。"天启《衢州府志》卷二《职官志·唐刺史》："李奂，袭济北郡公，刺史，终御史中丞。"

张思钦 天启《衢州府志》卷二《职官志·唐刺史》："张思钦。见旧经郑崇事。"雍正《浙江通志》有录且列于李奂与长孙子哲之间。

长孙子哲 《新唐书》卷七二《宰相世系表二上》长孙氏："子哲，信安太守。"

郁《考》失载。

韦 璆 《毗陵集》卷一一《唐故吏部郎中赠给事中韦公(元鲁)墓志铭并序》："郎中讳元鲁,字颖叔,司农少卿德敏之孙,衢州刺史鲁县康公璆之子。"又,同书卷一二《唐故范阳郡仓曹参军京兆韦公墓志铭并序》："永泰二年五月七日,有唐故衢州刺史鲁县子韦璆第三子范阳郡仓曹参军讳元诚葬于少陵原先茔。"

郑 瞰 《全唐文》卷六三一吕温《故唐太子舍人李府君夫人荥阳郑氏墓志铭》："大父瞰,正议大夫、金衢二州刺史。"郑瞰孙女即墓主郑氏,卒于贞元十九年(798),时年五十四岁。

郑 倬 《全唐文》卷三一九李华《衢州龙兴寺故律师体公碑》："信安王祎、赵太常颐真、郑庶子倬、李中丞丹、前相国李梁公岘,皆为此州,躬为围绕。"

田季羔 《全唐文》卷四一一常衮《授阎伯屿刑部侍郎等制》："银青光禄大夫、衢州刺史、本州团练守捉使、乐陵县开国男田季羔……可行尚书给事中。"

李 深 《全唐文》卷四一一常衮《授李深兵部郎中制》称:"前守衢州刺史赐紫金鱼袋李深……可尚书兵部郎中。"康熙《衢州府志》谓李深由兵部郎中任,当误。

王承俊 元陶宗仪《古刻丛钞·唐故江南西道观察判官监察御史里行太原王公(叔雅)墓志铭并序》："公讳叔雅,字元宏,太原祁人也。怀州生金紫光禄大夫试秘书监兼御史中丞衢州刺史赠扬府大都督讳承俊,公之先考也。"

赵 涓 《旧唐书》卷一二《德宗本纪上》:建中三年(782)六月,"以前衢州刺史赵涓为尚书左丞"。《旧唐书》卷一三七《赵涓传》:"赵涓,冀州人也。幼有文学,天宝初举进士,补郾城尉,累授监察御史、右司员外郎,河南副元帅王缙奏充判官,授检校兵部郎中、兼侍御史,迁给事中、太常少卿,出为衢州刺史。永泰初,涓为监察御史。"康熙《衢州府志》亦有录。

崔 论 定州安喜人,唐中宗宰相崔湜弟崔液之子。《旧唐书》卷七四《崔仁师传》:"液子论,以吏干称……大历末,元载以罪诛,朝廷方振起淹滞,迁同州刺史。未几,为黜陟使庾何所按,废免。议者以何举奏涉于深刻,复用论为衢州刺史。秩满,寓于扬、楚间。"

元 锡 《全唐文》卷六九三元锡《衢州刺史谢上表》称:"伏奉九月二十一日恩制,旨授臣衢州刺史,以今月十八日到州上讫。"《新唐书》卷一九五《张琇传》:"宪宗时,衢州人余常安父、叔皆为里人谢全所杀,常安八岁已能谋复仇,十有七年卒杀全。刺史元锡奏轻比,刑部尚书李墉执不可,卒抵死。"据《旧唐书》卷一四《宪宗本纪上》,李墉于元和二年(807)六月丁丑由河东节度使出任刑部尚书、充诸道盐铁转运使,元和五年十二月癸酉以诸道盐铁转运使、刑部尚书,为检校吏部尚书、兼扬府长史,充淮南节度使。元和六年四月,以前荆南节度使赵宗儒为刑部尚书。由此可知,元锡约元和四、五年间在衢州刺史任上。

卢　钧　《唐语林》卷七《补遗》:"卢司空钧,为郎官守衢州。有进士贽谒,公开卷阅其文十余篇,皆公所制也。"

李敬彝　《新唐书》卷一七九《郑注传》:"(李)敬彝为路隋所辟,隋卒,客江淮,以未赴免,因擢兵部员外郎,终衢州刺史。"《千唐志斋藏志》第1122页唐高璩《唐故郓州寿张县尉李君(珪)墓志铭兼序》(大中七年七月二十日):"公讳珪,字三复。……烈考敬彝,皇随州刺史……治郡如治家,故衢人、阆人、随人,仰其苏活,如沐膏雨。呜呼!随州府君负廊庙之才,无廊庙之位。"李敬彝之子即墓主李珪,卒于大中七年(853),时年三十五岁。

苏　冲　《唐语林》卷四《企羡》:"苏员外粹,与母弟冲,俱郑都尉颢门生。后,粹为东阳守,冲为信安守,欲相见境上,本府许之。"《全唐诗》卷六六九章碣《赠婺州苏员外》诗"雁到江都却续行"句下有注云:"员外弟冲,时任衢州。"

徐　向　《新唐书》卷七五《宰相世系表五下》北祖上房徐氏:"向,字文伯,衢、江、陈、颍、郑、宋六州刺史。"

王众仲　《新唐书》卷七二《宰相世系表二中》太原大房王氏:"众仲,衢州刺史。"郁《考》失载。

韦　纆　《元和姓纂》卷二京兆杜陵东眷韦氏:"纆,吏部员外、衢州刺史,生汭。"郁《考》误作"韦班"。

林　洋　《元和姓纂》卷五济南邹县林氏:"洋,密、衢、常、润、苏九州刺史。"

谢希图　宋范仲淹《范文正公集》卷一一《宋故太子宾客分司西京谢公神道碑铭》:"五世祖希图卒于衢州刺史,时唐季丧乱,乃葬于江东嘉兴郡,子孙三世禄于吴越。"①郁《考》失载。

附:縠州刺史

贾敦赜　2009年出土于河南洛阳市红山工业园内的《大唐故使持节洛州诸军事洛州刺史护军贾君墓志铭并序》:"公讳敦赜,字景远,曹州冤句人也。……迁授使持节縠州诸军事、縠州刺史。又历常、唐二州刺史。所在流惠,异俗同谣,政绩尤异,特勒褒锡。"显庆元年(656)卒,时年六十九岁。縠州于唐武德四年(621)平李子通置,武德八年(625)州废,地并入信安县。由是知,贾敦赜任縠州

---

① 宋欧阳修《欧阳文忠公文集·居士集外集》卷一二《太子宾客分司西京谢公墓志铭》谓"高祖希图,仕至卫州刺史"。由范仲淹撰《谢公神道碑铭》载,谢希图"时唐季丧乱,乃葬于江东嘉兴郡,子孙三世禄于吴越"看,谢希图所任当为衢州而不应为卫州,"卫州"当为"衢州"之误。

刺史当在武德四年至八年间。旧志及郁《考》失载,今补。

别　驾

王守质　《全唐文补遗》一辑唐张造《唐故衢州别驾王府君(守质)墓志》:"大历六年岁次辛亥正月五日,银青光禄大夫、衢州别驾、太原县开国男王君遇疾,卒于江都旅舍,春秋五十六。公名守质,字文宗,长安千秋里人也。……五迁太仆少卿,七迁衢州别乘。屏星既敞,千里生风。青云未跻,白日先谢。"

于　邵　《旧唐书》卷一三七《于邵传》:"于邵,字相门,其先家于代,今为京兆万年人。……(贞元)八年出为杭州刺史,以疾请告,坐贬衢州别驾,移江州别驾卒,年八十一。"《新唐书》卷二〇三《于邵传》略同。

令狐峘　《旧唐书》卷一四九《令狐峘传》:"令狐峘,德棻之玄孙,登进士第。……(齐)映至(吉)州,奏峘纠前政过失鞫之无状,不宜按部临人,贬衢州别驾。……峘在衢州殆十年。顺宗即位,以秘书少监征,既至而卒。""(峘)性既僻异,动失人和",为人不足道。唐德宗曾怒言:"此奸人,无可奈何。"《新唐书》卷一四九《令狐峘传》谓,令狐峘为令狐德棻五世孙,天宝末进士。令狐峘贬衢州别驾事,《新唐书》本传及《册府元龟》均与《旧唐书》本传所载同。而《新唐书》卷一五〇《赵憬传》谓赵憬为相,"峘方贬衢州别驾,引为吉州刺史",则与本传舛异也,是为误。

白季庚　字子申,乃白居易之父。《白居易全集》卷四二《襄州别驾府君事状》:"公讳季庚,字某,巩县府君之长子,天宝末明经出身,……(贞元间)又除检校大理少卿兼衢州别驾。秩满,本道观察使皇甫政以公政绩闻荐,又除检校大理少卿兼襄州别驾。贞元十年五月二十八日终于襄阳官舍,享年六十六。"白季庚天宝末曾任萧山县尉。亦见《旧唐书》卷一六六《白居易传》。

樊　晃　《文苑英华》卷八九二唐熊执易《武陵郡王马公神道碑》:"公讳某,字某,其先茂陵人。……夫人南阳郡樊氏,故侍御史衢州别驾晃之女。"

长　史

王　方　《全唐文补遗》六辑唐阙名《唐故幽州都督寿阳县男王府君(方)墓志》:"公讳方,字平,太原人也。……公尚幼而明经,既冠而得禄。……出为西、甘二州长史,迁衢州长史。"王方后历官袁州刺史、道州刺史、司府少卿、幽州都督等,长安元年(701)卒,时年七十八岁。

崔孝昌　《全唐文补遗》六辑唐阙名《唐故正议大夫行太子右赞善大夫判太子率更令上柱国清河崔府君(孝昌)墓志铭并序》谓:"公讳孝昌,字庆之,清河东武城人也。……神龙初,公兄以叶赞经纶为奸臣所忌,转徙边郡,公亦随贬衢州长史。

景云二岁,征拜太子右赞善大夫。"崔孝昌于神龙(705—707)初任衢州长史,景云二年(711)八月三十日卒,时年四十三岁。崔孝昌祖父崔义直曾任越州长史。

周　某　名讳不详。《全唐文补遗》七辑有唐阙名《唐故朝散大夫行衢州长史周府君夫人江夏县君李氏墓志铭》。衢州长史周某夫人即墓主李氏,卒于景龙三年(709)十二月六日。

赵惟芳　《大唐西市博物馆藏墓志》第 596 页唐阙名《唐故括州司仓赵府君夫人河东柳氏墓志铭并序》:"夫人讳姬,河东人……嗣子惟芳,朝散大夫、前衢州龙丘县令,摄衢州长史。"赵惟芳之母即墓主柳氏,卒于天宝七载(748),而墓志撰于乾元二年(759)。

源光乘　《全唐文补遗》一辑唐柳芳《唐故通议大夫守太子詹事上柱国源府君(光乘)墓志铭并序》:"府君讳光乘,河南洛阳人也……后缘夫人兄皎坐累,遂罹于左迁,授衢州长史,俄徙润州别驾,拜左率府中郎。"源光乘卒于天宝五载(746),时年七十七岁。其夫人姜氏,开元十二年(724)八月终于丹阳郡之官舍。由是可知源光乘开元十二年八月已在润州别驾任上,则其任衢州长史当在开元十二年稍早。

陈希寂　《全唐文补遗》六辑唐崔藏曜《大唐颍川郡夫人三原县令卢全寿故夫人陈氏(照)墓志铭并序》:"夫人讳照,字惠明,颍川长社人……伯父衢州长史希寂。"陈希寂侄女即墓主陈氏,卒于天宝三载(744)正月二十日,时年四十八岁。

柳师玄　见《樊川文集》卷二〇《柳师玄除衢州长史知夏州进奏等制》。

司　马

李处廉　《全唐文补遗》八辑唐阙名《李嗣先墓志》:"公,皇朝幽州刺史、镇军大将军、丹阳郡开国公讳客师曾孙,大中大夫、衢州司马、上柱国、成纪侯讳处廉第四子。"李处廉之子即墓主李嗣先,卒于开元五年(717)五月三日,时年二十八岁。

李　迍　《全唐文补遗·千唐志斋新藏专辑》第 145 页唐李昇期《唐故通议大夫宗正少卿上柱国陇西李府君(迍)墓志铭并序》:"公讳迍,字季珍,陇西成纪人也。……以明经登科,授怀州参军。"李迍历任豫州司士参军、汾州司户参军、尚乘直长、城门郎,由朝散大夫、鸿胪丞迁衢州司马,此后又历任汾许二州长史、郑州别驾、薛王府司马、申王府长史、宗正少卿等职,于开元十四年(726)七月十一日卒,时年七十一岁。据志文看,其任衢州司马在神龙年之后不久。墓志撰者李昇期系墓主李迍从弟。

崔　和　《全唐文补遗》九辑唐阙名《唐故朝散大夫婺州长史柱国崔公(和)

墓志铭并序》:"公讳和,字仲和,博陵安平人也。……弱冠,成均监明经高第,调补相州安阳尉。……诏加朝散大夫,转衢州司马。未几,转婺州长史。服宠朱绂,器高青云。半刺居尊,方外见重。……春秋七十有四,遇疾终于婺州官舍。"崔和开元二十六年(738)十月二十日葬于河南府河南县万安山之南原。同见婺州长史崔和条。

娄知柔 天宝(742—756)初在任。康熙《衢州府志》卷一二《府官》载娄知柔为天宝初司马,并附注称"见《郑崇义传》"。

柳浑 字夷旷,襄州人。《旧唐书》卷一二五《柳浑传》:"天宝初,举进士,补单父尉。至德中,为江西采访使皇甫侁判官,累除衢州司马。未至,召拜监察御史。"柳浑实未至衢州司马任。

张澣 《全唐文补遗》二辑唐刘赟《故左金吾引驾仗正将都知检校太子宾客上柱国清河县开国男食邑三□□赐紫金鱼袋张公(惟则)墓志铭文并序》:"公讳惟则,字玘,其先京兆万年人也。……烈考讳澣,朝散大夫、守衢州司马、上柱国、赐绯鱼袋。"张澣之子即墓主张惟则,卒于大和九年(835)十一月二十二日,时年五十九岁。

李宗闵 字损之,乃唐宗室郑王元懿四世孙、唐文宗宰相。开成元年至三年(836—838)在任。《旧唐书》卷一七六《李宗闵传》:"开成元年,量移衢州司马。三年,杨嗣复辅政,与宗闵厚善,……翌日,以宗闵为杭州刺史。"

录事参军

郑季良 《新唐书》卷七五《宰相世系表五上》郑氏:"季良,衢州录事参军。"《全唐文补遗》八辑唐卢庹《唐故楚州盱眙县尉范阳卢府君夫人郑氏(谊)墓志铭并序》:"夫人讳谊,荥阳人也。曾祖季良,皇衢州录事参军。"郑季良曾孙女即墓主郑谊,卒于乾符四年(877)七月十五日,时年五十二岁。

司功参军

王履贞 《全唐文补遗·千唐志斋新藏专辑》第110页唐阙名《唐故朝议郎行衢州司功上柱国王府君(履贞)墓志铭并序》:"公讳履贞,字政平,太原人也。……弱岁从师,壮年入仕。声华藉甚,令问昭彰。为太常寺鼓吹丞,乐不合雅,苟勋见讥;曲不中律,公瑾数顾。后出为衢州司功,总六曹之最,处群寮之首。……廉察使以公干职,差摄饶州录事参军。"王履贞神龙三年(707)六月四日卒于饶州录事参军任上,时年五十一岁。

司仓参军

岑　桢　清李光暎《金石文考略》卷六唐阙名《朝散大夫行润州句容县令岑君德政碑》:"岑君名桢,字德茂,南阳人也,祖文本,父景倩。解褐为军,又为蒲州司户参军,又调补衢州司仓参军,乃擢授润州句容县令。"一作岑植,《全唐文新编》卷四〇五张景毓《县令岑君德政碑》:"君名植,字德茂,南阳枣阳人也。祖文本,皇朝中书令兼太子宾客、宏文馆学士、江宁县开国伯,食邑四百户。……父景倩,周大中大夫行麟台著作郎兼宏文馆学士。……(君)弱冠以簪缨贵胄,调补修文生,明经擢第,……解褐同州参军事,……特授蒲州司户参军事,俄以亲累,左迁夔州云安县丞,……秩满,丁府君忧去职。三年泣血,七日绝浆,殆不胜丧,几于灭性。服阕,调衢州司仓参军事。"

司户参军

于思□　《全唐文补遗》五辑唐于冲《大唐故朝散大夫泽州晋城县令上柱国于府君(思□)墓志铭并序》:"君讳思□,字惟□,河南洛阳人也。……解褐营州都督府参军、衢州司户参军、常州司户参军。"于思□于太极元年(712)四月三日卒,时年六十四岁。

刘　郁　《全唐文补遗·千唐志斋新藏专辑》第241页唐辛登《大唐故宣城郡司功参军刘府君(郁)墓志铭并序》:"公讳郁,字江,即员外郎长子也。解褐硖州司仓,未期而遭亲背。服终,授鄂州录事参军、信安司户、宣城司功。"刘郁天宝十四载(755)六月四日卒于宣城官舍。

司兵参军

李延雍　《新唐书》卷七二《宰相世系表二上》赵郡李氏:"延雍,衢州兵曹参军。"

司士参军

李　涛　唐宗室。《新唐书》卷七〇上《宗室世系表上》雍王房:"衢州司士参军,涛。"《毗陵集》卷一二《唐故衢州司士参军李府君墓志铭并序》:"公讳涛,皇唐太祖景皇帝六代孙也。……会河朔军兴,避地江表,相国崔涣承诏,署衢州司士参军。……乾元二年某月日寝疾终于扬州,春秋若干,某月日权窆于衢州。……公殁后十有二载,从父弟涵以宗室柱石为御史大夫,按节江东,痛仁兄生不登公侯卿大夫之位,殁不备逾月外姻至之礼,遂茹哀箧日,减月俸以庀丧具。由是大历九年夏四月二十七日,公长子居介及居佐、居敬、居易奉公之輴枢,归葬于洛阳。"又见《全唐文》卷五二一梁肃《衢州司士参军李君夫人墓志铭并序》。

司田参军

段　岌　《元稹集》卷五八《唐左千牛韦珮母段氏墓志铭》:"唐少保赠仆射韦公幼子左千牛珮,母曰武威段氏,故衢州司田参军岌之第二女也。"段岌之女,即墓主段氏,卒于元和四年(809)九月十九日,时年四十岁。

参　军

卢　缄　《全唐文补遗》二辑唐阙名《大唐处士范阳卢府君(调)墓志铭并序》:"君讳调,字子通,范阳涿人,神农姜姓之后也。……四子缄,前任衢州参军。"卢缄父亲即墓主卢调,卒于神龙元年(705)十月十三日,时年六十八岁。

李　铣　《全唐文补遗》七辑唐李允光《大唐故朝议郎苏州司功陇西李公(魏相)墓志铭并序》谓墓主李魏相"仲弟衢州参军铣"。李铣之兄即墓主李魏相,开元二年(714)卒,时年三十七岁。

张时誉　《全唐文补遗》一辑唐阙名《唐故京兆府渭南县尉张府君(时誉)墓志铭并序》:"君讳时誉,字虞卿,安定人也。……年十五,总太学文章。居无何,预南郊礼。乃历试从调,行衢州参军。"张时誉于开元二十一年(733)正月朔日卒,时年四十六岁。

颜惟贞　《颜鲁公集》卷七《唐故通议大夫行薛王友柱国赠秘书少监国子祭酒太子少保颜君碑铭》:"天授元年,(颜惟贞)糊名考校判入高等,以亲累授衢州参军,与盈川令杨炯、信安尉桓彦范相得甚欢。"颜惟贞乃颜真卿之父。

卢　校　《新唐书》卷七三《宰相世系表三上》卢氏:"校,衢州参军。"

信安县(盈川县)

州治。本汉太末县之地。汉献帝初平三年(192),分太末县立新安县,属会稽郡。晋太康元年(280),以弘农郡有新安县,故改名信安县,属东阳郡。其后,历宋、齐、梁、陈,迄于隋,皆属东阳郡(婺州)。唐武德四年(621),平李子通,于信安县置衢州。又分信安县置须江、定阳二县。八年,废衢州及须江、定阳二县,以信安县还属婺州。垂拱二年(686),复置衢州,县属衢州。如意元年(692),析龙丘县置盈川县,县西有溪名盈川,因以为县名。元和七年(812),废盈川县,其地入信安、龙丘二县。① 咸通（860—874）中，更信安县名为西安县。今为浙江省衢州市柯城区、衢江区。

县　令

强　伟　《全唐文补遗》四辑唐阙名《(前阙)轻车都尉强君(伟)墓志铭并序》："君讳伟，字玄英，扶风人也。……(贞观十八年将作大匠阎立德江南造船，召为判佐。廿一年)事缘谤黩，为执事所疑，改除婺州信安县令。永徽五年，敕授辰州司马，又改授湖州长城县令。……以麟德元年五月廿六日，薨于长城县廨第，春秋五十有七。"

卢嘉庆　《全唐文补遗》八辑唐阙名《大唐故范阳卢夫人(郑琇妻)墓志铭并序》："(夫人)祖嘉庆，皇朝婺州信安县令。"卢嘉庆孙女即墓主卢夫人，卒于开元十七年(729)八月二十九日，时年五十六岁。

杨　炯　《旧唐书》卷一九〇《杨炯传》："杨炯，华阴人……则天初，坐从祖弟神让犯逆，左转梓州司法参军。秩满，选授盈川令。如意元年七月望日，宫中出盂兰盆，分送佛寺，则天御洛南门，与百寮观之。炯献《盂兰盆赋》，词甚雅丽。炯至官，为政残酷，人吏动不如意，辄榜杀之。又所居府舍，多进士亭台，皆书榜额，为之美名，大为远近所笑。无何卒官。中宗即位，以旧寮追赠著作郎，文集三十卷。炯与王勃、卢照邻、骆宾王以文词齐名，海内称为王杨卢骆，亦号为四杰。"《新唐书》本传所载略同，《资治通鉴》卷二〇三亦谓杨炯"终于盈川令"。万历《龙游县志》卷三《祠祀》载，在龙游县西北二十里盈川境上有杨侯祠，祀唐盈川令杨炯。嘉庆《西安县志》引新、旧《唐书》本传有录。

薛　公　《全唐文补遗·千唐志斋新藏专辑》第214页唐阙名《大唐故游骑将军河南府洛汭府左果毅都尉上柱国冯翊郡钳耳府君夫人河东薛氏郡君墓志》谓墓主薛氏，乃"信安郡信安县令公之季女"，卒于天宝七载(748)十一月二十四日，时年六十九岁。

李　杠　唐高祖兄蜀王李湛之裔。《新唐书》卷七〇上《宗室世系表上》蜀王

---

① 《新唐书》卷四一《地理志五》"龙丘"条下注云："元和七年，省盈川入信安。"《太平寰宇记》卷九七《江南东道九·衢州》载："废盈川县……唐如意元年分龙邱县西梧山、玉东等乡置。按：县西有刑溪，土人陈留昇恶溪有刑名，改曰盈川，因为盈川县，盖取盈满之义。至元和七年正月，又废此县，以其地并入信安、龙邱二县。"《唐会要》卷七一《州县改置下·江南道》载："盈川县，如意元年分龙丘县置，元和七年正月废入龙丘、信安县。"由盈川县治(今盈川村)在今衢州市衢江区(旧为西安县，民国元年改西安县为衢县，2001年撤地改区后为衢江区)推测，元和七年省盈川入信安、龙丘二县时，原盈川县包括县治在内的衢江以西、以北部分并入信安县，而将原盈川县衢江以东、以南部分划入龙丘县，故《新唐书》卷四一《地理志五》有"省盈川入信安"之谓。兹姑将废盈川县附于信安县下。

房：" 盈川令，杠。"又，《樊川文集》卷六《唐故平卢军节度巡官陇西李府君墓志铭》："君讳戡，字定臣。七代祖，渤海王奉慈。祖杠，衢州盈川令。""渤海王"李奉慈系唐高祖李渊二兄李湛之子。李杠之孙即墓主李勘，卒于唐文宗开成二年（837）。万历《龙游县志》卷六《官师》所载"李杠，文宗时龙丘令"，实误，应为盈川令，任职时间亦不应迟至文宗时，或约在开元、天宝年间。嘉庆《西安县志》有录。

侯　高　《全唐文》卷六三九李翱《故处士侯君墓志》："侯高，字符览，上谷人。……达奚抚为楚州，起摄盱眙。祭酒李公逊刺衢州，请治信安；其观察浙东，又宰于剡。三县皆有政。"唐李肇《唐国史补》卷下："李逊为衢州刺史，以侯高试守县令。高策杖入府，以议百姓，亦近代所难也。"李逊于元和二年（807）授任衢州刺史。《全唐文》卷六三八李翱《来南录》："（元和四年）四月丙子朔，翱在衢州，与侯高宿石桥。"由是可知，侯高元和四年四月在信安县令任上。康熙《衢州府志》、嘉庆《西安县志》等旧志有录。

辛　规　嘉庆《西安县志》卷二四《职官志》："辛规，信安令，年次无考。"

李　术　嘉庆《西安县志》卷二四《职官志》："李术，信安令，年次无考。"

县　丞

张处真　《全唐文补遗》五辑唐阙名《大唐故襄州襄阳县主簿上轻车都尉张君（杰）墓志铭并序》："君讳杰，字超伦，南阳白水人也。……嗣子婺州信安县丞处真。"张处真之父即墓主张杰，卒于贞观二十三年（649）九月十七日，时年六十七岁。

韦　密　《新唐书》卷七四《宰相世系表四上》韦氏："密，信安丞。"嘉庆《西安县志》有录。

主　簿

无考。

县　尉

吉　琰　康熙《衢州府志》卷一三《县官表第三·尉》："吉琰，盈川。"嘉庆《西安县志》卷二四《职官志》："吉炎，如意二年任。""吉炎""吉琰"实乃一人。

郑相如　唐钟辂《前定录》"郑虔"条载："开元二十五年，郑虔为广文博士，有郑相如者，年五十余，自陇右来就明经，以从子谒虔，虔待之无异礼。……明年春，（郑相如）果明经及第，后七年调授衢州信安县尉。"秩满而卒。《新唐书》卷二〇二《郑虔传》所载略同，但曰"进士及第"而非《前定录》所说"明经及第"。嘉庆

《西安县志》卷二四《职官志》谓:郑相如"天宝二年任,见白六帖"。

桓彦范 《颜鲁公集》卷七《唐故通议大夫行薛王友柱国赠秘书少监国子祭酒太子少保颜君碑铭》:"天授元年,糊名考校判入高等,以亲累授衢州参军,与盈川令杨炯、信安尉桓彦范相得甚欢。"

皇甫憬 《新唐书》卷五一《食货志》载:宇文融括户,阳翟尉皇甫憬上书言其不可,唐玄宗"贬憬为盈川尉"。《通典》卷七、《旧唐书》卷一〇五所载略同。嘉庆《西安县志》卷二四《职官志》谓:"皇甫憬,开元十二年任,见《旧唐书·宇文融传》。"

张叔敖 《新唐书》卷七二《宰相世系表二》始兴张氏:"叔敖,信安尉。"康熙《衢州府志》、嘉庆《西安县志》亦据此有录。

刘某 名讳不详。《全唐诗》卷三二四权德舆有《送信安刘少府(自常州参军选授)》诗。

常 山 县

始置于唐咸亨五年(674),①是年析信安县置常山县,因县南有常山,因以为县名,属婺州。垂拱二年(686),属衢州。乾元元年(758),改属信州,不久又还属衢州。广德二年(764),移置于旧县西四十里。今为浙江省衢州市常山县。

县 令

冯早惠 《全唐文》卷六四三唐王起《银青光禄大夫检校礼部尚书使持节梓州诸军事兼梓州刺史御史大夫充剑南东川节度副大使知节度事管内观察处置静戎军等使上柱国长乐县开国公食邑一千五百户赠吏部尚书冯公神道碑铭(并序)》:"公讳宿,字拱之,冀州长乐人,汉光禄勋奉世廿五代孙也。自光禄勋立功于汉,其下十四叶立国王燕,是为昭成皇帝。其下七叶至五代祖周乌氏侯,讳早惠,□隋为隰州司户,皇朝为婺州常山令。常山生高祖皇婺州纠曹掾讳文俭,纠曹生曾祖茂才高第括州松阳令讳道仪。"

李子同 《全唐文补遗》八辑唐高峤《大唐故洛州司户高府君(缵)墓志铭并序》:"公讳缵,字崇业,渤海蓚人也。……夫人陇西李氏,唐婺州常山县令子同之孙,遂州青石县丞本立之女。"既为"婺州常山县",则其任当在咸亨五年(674)至垂拱二年(686)间。

---

① 《元和郡县图志》作"三年",而新、旧《唐书》均作"五年"。

沈　籍　宋杨杰《无为集》卷一一《故右谏议大夫赠工部侍郎沈公神道碑》："沈氏之先，出于周文王之子聃季，食采于沈，因而命氏。……至唐润州司兵参军炎生愉，为怀州都团练判官，愉生僎，为同州冯翊尉；僎生师举，为太常协律郎；师举生籍，为衢州常山令。讳籍，即公之高祖。……公讳立，字立之，……天圣中登进士第。"

卢处实　《全唐文补遗》一辑唐裴垍《唐故桂州刺史兼御史中丞孙府君（成）故夫人范阳君卢氏墓志铭并序》："夫人，范阳人也。……曾王父讳处实，为衢州常山令。"卢处实曾孙女即墓主卢氏，卒于永贞元年（805）九月八日，时年五十六岁。

卢　寂　《全唐文补遗》六辑唐柳寥《唐故太子司议郎卢府君（寂）墓志铭并序》："府君讳寂，字子静，范阳涿人也。……自太庙斋郎，历济、泗、台三州录事参军，转嘉兴、常山二县令，次授城门郎、司农寺丞、太子司议郎，诏命致仕，凡八迁焉。"墓志撰者柳寥乃卢寂之长婿。

李元恩　《新唐书》卷七二《宰相世系表二上》赵郡李氏："元恩，常山令。"

县　丞

李元轨　《全唐文补遗》三辑、《唐代墓志铭汇编》永淳○○九唐阙名《唐故秘书省校书郎赵郡李君（元轨）墓志铭并序》："君讳元轨，字玄哲，赵郡栾城人也。……奉敕检校婺州常山县丞，途次洛阳，遂婴疾疢。旻天不祐，殒此良德。春秋四十五，以永淳元年七月一日，卒于洛阳县之殖业里。"赴任途中卒，实未到任。

主　簿

无考。

县　尉

吕延济　《四库全书总目提要》卷一八六《总集类一》"《六臣注文选》"条："至开元六年，工部侍郎吕延祚复集衢州常山县尉吕延济、都水使者刘承祖之子良、处士张诜、吕向、李周翰五人共为之《（文选）》注。"同见《全唐文》卷三○○吕延祚《进集注文选表》。

龙丘县（白石县）

本为汉太末县地。三国吴大帝赤乌三年（240），改太末县为龙丘县，以县东龙丘山为名。其后，复为太末县。隋末，县废。唐武德四年（621），置縠州及太末、白石二县。八年，废縠州及太末、白石二县入信安县。贞观八年（634），分金华、信安二县复置龙丘县，属婺州。垂拱二年（686），分婺州信安、龙丘二县置衢州，县遂属衢州。如意元年（692），析龙丘县分置盈川县。元和七年（812），省盈川县入信安、龙丘二县。五代吴越国宝正六年（931），改龙丘县为龙游县。宋宣和三年（1121），因有诏讳"龙"字，改名盈川县。绍兴元年（1131）复改称龙游县，其后沿用至今。今为浙江省衢州市龙游县。

县　令

王　群　唐高祖武德（618—626）间任。民国《龙游县志》卷九《职官表·县官》系王群于高祖武德间，并注云："两旧《志》云：玄宗时白石令。康熙《衢州府志》杨廷望案云，《唐书》武德四年置白石县，八年废；龙游《志》以为玄宗时任者，非也。案：杨说甚是，今据正。"

孟景仁　《全唐文补遗》八辑唐孟球《唐故朝请大夫守京兆少尹上柱国孟公（璲）墓志铭》："公讳璲，字虞颂，平昌安丘人。……曾祖景仁，仪凤中进士高第，历官衢州龙丘县令，赠殿中丞。"

崔世标　《全唐文补遗》六辑唐阙名《大唐故朝散大夫检校尚书比部员外郎博陵崔府君（玄隐）墓志铭并序》："公讳玄隐，字少微，博陵安平人也。……父世标，唐饶州司户参军、婺州龙丘县令。"崔世标次子即墓主崔玄隐，卒于万岁通天元年（696），时年六十四岁。

赵惟芳　《大唐西市博物馆藏墓志》第596页唐阙名《唐故括州司仓赵府君夫人河东柳氏墓志铭并序》："夫人讳姬，河东人……嗣子惟芳，朝散大夫、前衢州龙丘县令、摄□州长史。"赵惟芳之母即墓主柳氏，卒于天宝七载（748），时年八十五岁。墓志撰于乾元二年（759），则其任龙丘县令当在此之前。

李　述　《太平广记》卷三〇五《李佐时》引《广异记》："山阴县尉李佐时者，以大历二年遇痨病，数十日中愈。自会稽至龙丘，会宗人述为令……答云：是武义县令窦堪举君。"

刘　俨　《新唐书》卷七一《宰相世系表一上》曹州南华刘氏："俨，龙丘令。"乃刘晏从孙。

卢正观　《新唐书》卷七三《宰相世系表三上》卢氏："正观，龙丘令。"

县　丞

张行德　《全唐文补遗》八辑唐阙名《唐故楚州山阳县令安定张府君夫人河

南翟氏(庆)墓志铭并序》："夫人讳庆,河南郡人也。……嗣子行德,行衢州龙丘县丞等,……今以大唐先天二年岁次癸丑二月乙未朔廿六日庚申,启殡于考坟之侧,葬墓在河南县平乐乡之北原。"张行德约唐先天二年(713)在任。

朱　良　吴兴人。《全唐文补遗》四辑唐李再昌《大唐故吏部常选陇西李府君(敬固)吴兴朱夫人墓志铭并序》："夫人曾祖讳玄,隋魏州冠氏尉。祖良,衢州龙丘丞。父斌,并州阳曲簿。……夫人主簿公第四女也。"朱良的孙女即墓主朱氏,卒于开元二十六年(738)七月二十四日,时年五十九岁。

毛肃然　《全唐文补遗》一辑唐毛肃然《唐故中大夫使持节江华郡诸军事江华郡太守上柱国和府君(守阳)墓志铭并序》中,毛肃然自署"前信安郡龙丘县丞荥阳毛肃然"。此志撰于天宝四载(745),则毛肃然任龙丘县丞在天宝四载前。

陆元感　详见建德县令陆元感条。

主　簿

张德操　《全唐文补遗》二辑唐阙名《唐故鄜州直罗县丞张府君(德操)墓志铭并序》："君讳德操,字修真,范阳方城人,汉文成侯良之后也。……除邛州蒲江县尉、婺州龙丘县主簿、鄜州直罗县丞。"张德操卒于显庆五年(660)二月五日。

县　尉

汪处崇　唐越国公汪华之孙,唐仪凤二年(677)在任。民国《龙游县志》卷三《氏族考上》引《团石汪氏族谱》："唐越国公汪华次子燦,燦子处崇,为龙邱尉,卜居团石,为其始祖。"万历《龙游县志》等旧志职官表未录,民国《龙游县志》官师表据族谱补录,并系于仪凤二年。

桓嗣宗　《全唐文补遗》六辑唐阙名《大唐故宁远将军河东郡盐海府折冲都尉致仕桓府君(义成)墓志铭并序》谓,墓主桓义成"嗣子、前信安郡龙丘县尉嗣宗","公讳义成,字穆,其先沛人也。在永嘉之际,南迁江陵。洎隋皇之间,入仕京国。因官乐土,遂为京兆人"。桓嗣宗之父桓义成于天宝六载(747)卒,时年八十六岁。

徐　浩　《宝刻丛编》卷一四引《复斋碑录》有《唐修建功德铭》,其下谓："唐湖州刺史萧公创建佛室,造三世佛及诸功德等铭,武康令韩章撰,前衢州龙游县尉徐浩书,丘悌篆额,大历六年立。"

卢　弼　大历(766—779)间授任。《全唐文补遗》八辑唐卢则《唐故和州含山县主簿卢府君(弼)墓志铭并序》："公讳弼,字佐元,范阳涿人。……大历际,国家以边鄙尚耸,征赋且殷,关河所入不充馈餫,乃以淮湖隙地辟为公田。分命士有干局者,俾司播艺。由是,公膺是选。甄效居最,补衢州龙丘尉。"

于□ 名讳不详。《八琼室金石补正》卷四八《侯刺史等经幢题名》："唐大中皇帝即位八年岁在甲戌四月乙卯八日壬戌建，……摄鄞县丞□□郎前衢州龙邱县尉于□。"

须 江 县

始置于唐武德四年(621)。是年，分信安县南境置，以县南有须江溪，因以为名。武德八年，与州并废。永昌元年(689)秋，复分信安县置须江县。五代吴越国宝正六年(931)，以县南有江郎山，改须江县为江山县。今为浙江省衢州市江山市(县级)。

县 令

崔讽 《文苑英华》卷四一五《授齐煦、崔讽等郑县、剡县令制》中，称所授越州剡县令崔讽为"前衢州须江县令崔讽"。参见剡县令崔讽条。

李越客 《新唐书》卷七〇上《宗室世系表上》蔡王房："袭济北郡公、须江令，越客。"

县 丞

第五琦 唐肃宗宰相。《新唐书》卷一四九《第五琦传》："第五琦，字禹珪，京兆长安人。少以吏干进，颇能言强国富民术。天宝中，事韦坚。坚败，不得调。久之，为须江丞。太守贺兰进明才之。安禄山反，进明徙北海，奏琦为录事参军事。"《旧唐书》卷一二三《第五琦传》所载略同："第五琦，京兆长安人，少孤，事兄华，敬顺过人。及长，有吏才，以富国强兵之术自任。天宝初，事韦坚，坚败贬官。累至须江丞，时太守贺兰进明甚重之。"贺兰进明天宝十三载至十四载在信安郡太守任上，由是知第五琦是时在任须江丞。

主 簿

无考。

县 尉

无考。

卷一〇　处州（缙云郡）

本晋临海郡地。晋太宁元年（323），分临海郡温峤岭以南置永嘉郡，治永宁，遂为永嘉郡地。隋开皇九年（589），平陈，废临海、永嘉二郡，置处州。十二年，改为括州。大业三年（607），复改为永嘉郡，治括苍。唐武德四年（621），平李子通，复立括州，置总管府。七年，改为都督府。八年，废松州为松阳县来属，省遂昌县入松阳县，又省丽水县入括苍县。贞观元年（627），废都督府，省东嘉州以永嘉、安固二县来属。景云二年（711），析松阳县复置遂昌县。天宝元年（742），改括州为缙云郡。乾元元年（758），复改缙云郡为括州。大历十四年（779），以与唐德宗庙讳同音，改括州为处州。据《太平寰宇记》载，处州州境东西五百四十里，南北六百一十里，①领县六：丽水、松阳、缙云、遂昌、青田、龙泉。

刺　史

任义方　唐释道世《法苑珠林》卷五〇《呗赞篇第三十四之余·音乐部》：“唐括州刺史乐安任义方，武德年中死，经数日而苏。”

赵元楷　贞观十四年至十八年（640—644）在任。《资治通鉴》卷一九五“贞观十四年”条：“侯君集马病蚰颡，行军总管赵元楷亲以指沾其脓而嗅之，御史劾奏其谄，左迁括州刺史。”《册府元龟》卷九八五《外臣部·征讨第四》：“（贞观）十八年七月，太宗以高丽莫离支自杀其主发兵击新罗……于是，敕将作大匠阎立德、括州刺史赵元楷、宋州刺史王波利，往洪、饶、江等州造船舰四百艘，可以载军粮泛海攻战者。”

赵　瓌　唐驸马，上元二年（675）授任。《资治通鉴》卷二〇二“上元二年”条：“瓌自定州刺史贬括州刺史，令公主随之官，仍绝其朝谒。”公主即唐高祖女常

---

① 《元和郡县图志》中处州州境东西、南北里数俱缺，然其所辖区域与《太平寰宇记》略同，唯唐松阳县于梁开平四年（910）改为长松县又改为白龙县，故今姑以《太平寰宇记》之数列之。

乐公主。

徐莹 贞观十一年(637)离任。《嘉泰吴兴志》卷一四《郡守题名》："徐莹，(正)[贞]观十一年自括州刺史授。"

冯昭泰 景龙三年(709)离任。《张燕公集》卷二一《故括州刺史赠工部尚书冯公神道碑》："公讳昭泰，字遇圣，长乐人。……旋除温州长史，俄复旧阶，拜括州刺史。水国瀰沵，告疾言归。景龙三年六月十三日，终于苏州之逆旅，春秋六十有五。"冯昭泰曾先后在两浙地区任湖州长史、睦州刺史、温州长史、括州刺史等职。

孔琮 景云二年(711)在任。《元和郡县图志》卷二六"处州青田县"条："青田县，本丽水县之乡名也。景云二年，刺史孔琮奏于此分置青田县。"

李邕 乃《文选注》作者李善之子，开元二十三年(735)授任。《旧唐书》卷一九〇《李邕传》："开元三年，擢为户部郎中……事泄，中书令姚崇嫉邕险躁，因而构成其罪，左迁括州司马……邕后于岭南从中官杨思勖讨贼有功，又累转括、淄、滑三州刺史。"《新唐书》卷二〇二《李邕传》："李邕，字泰和，扬州江都人……开元二十三年，起为括州刺史。喜兴利除害，复坐诬枉且得罪。天子识其名，诏勿劾，后历淄、滑二州刺史。"《八琼室金石补正》卷五五《秦望山法华寺碑并序》载：开元二十四年(736)三月立，"括州刺史李邕撰并书"。《宝刻丛编》卷一九引《集古录目》："《唐东山爱同寺怀道阇梨碑》，唐括州刺史李邕撰并书。阇梨姓陈氏，为福州爱同寺僧，碑以开元二十五年七月立。"则李邕于开元二十三年至二十五年在任。① 其于开元初曾由户部郎中左迁括州司马。

王昱 开元二十六年(738)授任。《旧唐书》卷一九六《吐蕃传上》："其年(开元二十六年)九月，吐蕃悉锐以救安戎城，官军大败，两城并为贼所陷，昱脱身走免，将士已下数万人及军粮资仗等并没于贼。昱坐，左迁括州刺史。"《资治通鉴纪事本末》卷三二下《吐蕃入寇》：开元二十六年，"吐蕃大发兵救安戎城，昱众大败，死者数千人。昱脱身走，粮仗军资皆弃之。贬昱括州刺史，再贬高要尉而死"。

张守珪 《旧唐书》卷九《玄宗本纪下》：开元二十七年(739)六月，"幽州节度使兼御史大夫张守珪以贿贬为括州刺史"。《全唐文补遗》六辑唐达奚珣《唐故辅国大将军右羽林大将军幽州长史兼御史大夫括州刺(下阙)(张守珪墓志)》：

---

① 《两浙金石志》卷二有《唐有道先生叶国重碑》署"括州刺史李邕文并书"且谓"开元五年岁在丁巳三月七日侍者青溪观主詹玄一丁"。按《旧唐书》卷一九〇《李邕传》，李邕贬括州司马在开元三年(715)以后，十三年(725)之前，其为括州刺史在配流岭南后。《新唐书》则云开元二十三年起为括州刺史。此碑立于开元五年，题衔已称括州刺史，与两史不合，疑系后人翻刻。

"公讳守珪(下阙)其先南阳人也,因宦于陕,故遂家焉。……廿七年……乃贬公为括州刺史。以(开元)廿八年五月六日,遘疾薨于廨舍,春秋五十有七。"《旧唐书》卷一〇三《张守珪传》谓其"左迁括州刺史,到官无几,疽发背而卒"。

阎知言 天宝二年(743)离任。《嘉泰吴兴志》卷一四《郡守题名》:"阎知言,天宝二年自括州刺史授;致仕。《统记》云五年。"

韦　坚 字子全,京兆万年人。天宝五载(746)授任。《旧唐书》卷九《玄宗本纪下》:"天宝五载春正月癸酉,刑部尚书韦坚贬括苍太守。"《册府元龟》卷八六六《总录部·贵盛》谓:"韦坚为缙云郡太守,姊为薛王妃。坚又娶姜皎女为妻,坚妹又为太子妃。姻戚荣盛,当时无比。"同书卷一五八《帝王部·诫励第三》:"(天宝)五载七月,贬缙云郡太守韦坚为江夏郡司马。"①

苗奉倩 天宝七载(748)在任。元陈性定《至正仙都志》卷上"仙都山"条引旧《图经》云:"唐天宝七年六月八日,有彩云起于李溪源,覆绕缙云山独峰之顶。云中仙乐响亮,鸾鹤飞舞。俄闻山呼'万岁'者九,诸山响应,自申至亥乃息。刺史苗奉倩上其事于朝,敕改今名。"

赵自勤 《全唐文》卷四〇八《赵自勤小传》:"(天宝)十二年,自水部员外郎出为括州刺史。"

任　瑗 《全唐文》卷四〇四《任瑗小传》:"瑗,天宝朝官主客左司员外郎,出为明州刺史,乾元元年徙括州。"

柴少儒 大历四年(769)授任。《全唐文》卷四五七《柴少儒小传》:"少儒,大历四年自扬州司马除括州刺史。"

第五琦 唐肃宗宰相。大历五年(770)授任。《金石萃编》卷七九《华岳题名》:"前相国京兆第五公自户部侍郎出牧括州,子聱关内河东副元帅判官、礼部郎中兼侍御史虞当自中都清河于华阴拜见,从谒灵祠,因纪贞石。时大唐大历五年六月四日。"《关中金石记》卷三《第五琦题名》:"大历五年六月刻,正书。文云:前相国第五公自户部侍郎出牧括州,盖坐与鱼朝恩善贬也。"《旧唐书》卷一二三《第五琦传》:"鱼朝恩伏诛,琦坐与款狎,出为处州刺史,历饶、湖二州。"而鱼朝恩伏诛即发生在大历五年三月。

贾　岌 大历十二年(777)正月在任。《两浙金石志》卷二《唐宣阳观钟铭》:"维唐大历十二年岁次丁巳正月甲寅朔廿五戊寅,宣阳观奉为国王圣化普及,道俗存亡,敬造洪钟一口,用铜一千五百斤,□奏勒置观。金紫光禄大夫、鸿胪卿、

---

① 《旧唐书》卷一〇五《韦坚传》谓缙云郡刺史韦坚被贬为江夏郡司马在天宝五载(746)六月,七月又长流岭南临封郡,至是年十月始"使监察御史罗希奭逐而杀之"。《新唐书》卷一三四《韦坚传》所载略同。

越国公、道士叶法善、刺史贾岌、县令李冲、市承郑保进，率代众缘。"宣阳观即今浙江省金华市武义县柳城镇全塘口村冲真观，此地唐时属括州。该铜钟现存武义县桃溪镇延福寺内。

王　缙　字夏卿，唐代宗宰相，诗人王维之弟。大历十二年(777)三月授任，大历十四年(779)六月为太子宾客。《旧唐书》卷一一《代宗本纪》：大历十二年三月，"平章事王缙贬括州刺史"。同书卷一二《德宗本纪上》：大历十四年六月，"处州刺史王缙、湖州刺史第五琦皆为太子宾客"。《全唐文》卷四六代宗有《贬王缙括州刺史制》，《刘随州集》卷八有《饯王相公出牧括州》诗。

李季贞　建中二年(781)自节度判官授。《全唐文》卷六一八李季贞《石门山记》："兹山惟扬东瓯之地也……余因守此藩，行县至(阙)游憩永日。"同卷《李季贞小传》云："季贞，建中二年自节度判官除括州刺史。"《宝刻丛编》卷一三引《复斋碑录》："《唐石门山记》，唐刺史李季贞篆，篆书，建中四年十一月立。"由是知李季贞建中四年十一月仍在任。

李公受　《全唐文》卷五二一梁肃《处州刺史李公墓志铭》："公姓李氏，讳某，陇西成纪人也，字公受……起家除陕州刺史，换处州刺史，累升至朝请大夫，爵陇西县男。"又郁《考》据胡大浚《梁肃行年系文补证》谓，《新唐书》卷七二《宰相世系表二上》、《太平广记》卷一〇一引《国史补》、权德舆《陆修墓志》等所称李公受为"虔州刺史"，实为"处州刺史"之讹。

李　某　名讳不详，贞元五年(789)在任。《全唐文》卷五三二李观《与处州李使君书》："观曩固闻矣，乃屏息而走，退还陋居，写诚于纸，持以上谒，伏惟十叔使君览之。十叔典缙云之日，美声溢海内，嘉话满人口。"据郁《考》，李观上书当在其初入京之贞元五年。

齐　抗　贞元六年(790)在任。《元和郡县图志》卷二六《江南道二》"处州"条："贞元六年，刺史齐抗以旧州湫隘，屡有水灾，北移四里，就高原上。"

李　铭　贞元(785—805)中授任。《舆地碑记目》卷一《处州碑记》有《刺史李铭送行记》，云："贞元中，李为刺史，朝士之赠行者二十三人，石刻今存。"

姚　骊　贞元二十年(804)至元和元年(806)在任。《嘉泰吴兴志》卷一四《郡守题名》："姚骊，元和元年四月自处州刺史授，卒官。"一作姚絪，《全唐文》卷六二〇《姚絪小传》："絪，贞元二十年自水部员外郎除括州刺史，元和元年徙湖州，卒官。"

苗　稷　元和十二年(817)在任。《册府元龟》卷一六八《帝王部・却贡献》：元和十二年"八月己巳，处州刺史苗稷进助军钱绢及鞋等。诏曰：……其苗稷所进助军钱绢共二万六千疋端、麻鞋一万两，宜却还本州。苗稷将代贫下户差税箭一万只，令付本道都团练使收管"。

李　繁　元和十三年(818)在任。《金石萃编》卷一〇八《处州孔子庙碑》云："旧碑题元和十三年李使君繁经始碑文及置石，大和三年岁次己酉六月朔廿五日癸酉敬使君僚建立。"又，《韩昌黎文集校注》卷七《处州孔子庙碑》："郡邑皆有孔子庙，或不能修事，虽设博士弟子，或役于有司，名存实亡，失其所业。独处州刺史邺侯李繁，至官能以为先，既新作孔子庙，又令工改为颜子至子夏十人像，其余六十二子及后大儒公羊高、左丘明、孟轲、荀况、伏生、毛公、韩生、董生、高堂生、扬雄、郑玄等数十人，皆图之壁。选博士弟子必皆其人，又为置讲堂，教之行礼，肄习其中。置本钱廪米，令可继处以守。庙成，躬率吏及博士弟子，入学行释菜礼，耆老叹嗟，其子弟皆兴于学。邺侯尚文，其于古记无不贯达，故其为政知所先后，可歌也已。"

韦行立　《元稹集》卷四八《韦行立处州刺史制》："敕：守卫尉少卿、袭邢国公韦行立……可使持节处州刺史。"元稹知制诰在元和十五年(820)至长庆元年(821)。郁《考》以元稹《永福寺石壁法华经记》中有"处州刺史韦行立"，谓韦行立长庆元年在任。

陈　岵　《元稹集》卷五一《永福寺石壁法华经记》："以长庆四年白居易为刺史时成厥事……既旋，又成二石为二碑，其一碑：凡输钱于经者，由十而上皆得名于碑……若右司郎中、处州刺史陈岵。"

敬　僚　大和三年(829)在任。《金石萃编》卷一〇八《处州孔子庙碑》云："旧碑题元和十三年李使君繁经始碑文及置石，大和三年岁次己酉六月朔廿五日癸酉敬使君僚建立。"

韦　纾　大和五年(831)授任。《全唐文》卷六一三韦纾《栝郡厅壁记》："处州，泝浙江东南七百里……大和五年，纾自司驾员外郎奉符典州，大惧不称其职。"

奚　某　名讳不详。《刘禹锡全集编年校注》卷九有《松江送处州奚使君》诗。卞孝萱《刘禹锡年谱》系于大和六年至八年(832—834)刘禹锡在苏州刺史任上作，则奚某任处州刺史亦当在此期间。

李方玄　字景业，赵郡人。《樊川文集》卷八《唐故处州刺史李君墓志铭并序》："君讳方玄，字景业……会昌五年四月某日，卒于宣城客舍，年四十三。"《新唐书》卷一六二《李逊传》："(李逊)子方玄，字景业……累为池州刺史……终处州刺史。"

邢　群　字涣思，河间人。会昌五年(845)授任。《樊川文集》卷八《唐故歙州刺史邢君墓志铭并序》："亡友邢涣思讳群……会昌五年，涣思由户部员外郎出为处州。时某守黄州,岁满转池州……浼思罢处州,授歙州,某自池转睦。"

徐 鄩 大中四年(850)在任。《全唐文》卷七三二张磻《新移丽阳庙记》:"大中四年,今齐州刺史徐公鄩理处之日,时属亢阳,遍祈山川,罔有微验。"

姜 肃 大中八年(854)以录事参军知军州事。《全唐文》卷七三二张磻《新移丽阳庙记》:"(大中)八年冬,郡缺守,时录事参军姜公肃处纪纲之司,明纠察之务,当道观察使、御史大夫李公仰其清廉,委知军州事。"系由录事参军事摄刺史之职。

段成式 大中九年(855)授任。《全唐文》卷七八七段成式《好道庙记》:"缙云郡之东南十五里,抵古祠曰好道……予大中九年到郡,越月方谒。至十年夏旱,悬祭沈祀。"《武林梵志》卷一〇《虎跑寺》:"唐杭州大慈山释寰中,姓卢氏……壬午岁终。时渐溽暑,验其身,一无变异,而顶门燠润如冬,窆于塔所,享年八十三……缙云太守段成式为真赞焉。"壬午年即咸通三年(862),则段成式大中九年到任,至咸通三年三四月间尚在任。

赵 璜 咸通三年(862)到任不久,即因病卒于处州刺史任上。《全唐文补遗》四辑唐赵璘《唐故处州刺史赵府君(璜)墓志》:"君讳璜,字祥牙。其先自秦灭同姓,降居天水。……及刺缙云也,余前此自祠部郎守信安。浙河之东,封疆邻接,虽非显达,稍慰孤悴。莅事半岁,天祸吾门,以咸通三年四月十一日,遭大病于郡廨,享年五十九。"兄赵璘曾任衢州刺史,而曾任苏州刺史的韦应物系赵璘、赵璜之父赵伉的堂舅。

王通古 咸通四年(863)在任。《金石萃编》卷一〇八《处州孔子庙碑》王昶按云:"此碑据《金石录》及《广川书跋》皆以为任迪行书,而广川则又云咸通四年刺史王通古重立。是此碑最初立者为敬僚,在大和三年;重立者为王通古,在咸通四年。"

卢虔瓘 咸通十四年(873)在任。《至正仙都志》卷上"隐真刘先生"条云:"隐真刘先生名处静,字道游,沛国彭城人。其先避地遂昌,因家焉……退居仙都山隐真岩,结庐金龙洞侧……预筑玄墟于庐后,自撰其志,咸通十四年六月辛酉解化,当日归封玄墟。刺史卢虔瓘赞其像曰……"①

华 造 中和(881—885)年间授任。唐沈汾《续仙传》卷上《邓去奢》:"(邓

---

① 郁《考》引《云笈七籤》卷一二二《仙都山阴君洞验》:"广明辛丑岁,刺史陈侊修置道场。"并据《元和郡县图志》所载"缙云山又名仙都山",而谓"刺史陈侊"为处州刺史,系于广明二年(881)。同时,又以忠州刺史陈侊而以为"侊"为"侁"之讹。《蜀中广记》卷七五《川东道》引宋《司马紫微集·七十二福地第四十五》:"平都山,在忠州,是阴真君上升之处。……黄庭坚题其后云:忠州平都山仙都观朝金殿西壁,有天成四年人书阴真君诗三章。"据元代道士陈性定所撰缙云《至正仙都志》,无阴君洞遗迹及汉代阴真君事迹记述,则此陈侊当系忠州刺史而非处州刺史,郁《考》误,兹不录。

去奢)年三十余,便居处州松阳县安和观……时丽水县人华造承中和年荒乱之后,拥土人,据岩险。浙东帅具以上,朝廷议欲息兵,授造以为刺史。"又见《历世真仙体道通鉴》卷三七邓去奢条。

卢　约　《新唐书》卷一九〇《刘汉宏传》:中和三年(883),"时钟季文守明州,卢约处州"。《资治通鉴》卷二六五"天祐二年"条:八月,"处州刺史卢约使其弟佶攻陷温州"。《十国春秋》卷七七《吴越武肃王世家》:天祐四年(907)四月,"王以都监使吴璋为温州制置使,命传璙等移兵讨卢约于处州"。

任职时间不详者

刘元勗　《新唐书》卷七一《宰相世系表一上》广平刘氏:"元勗,括州刺史。"系中书侍郎刘林甫之孙、唐高宗宰相刘祥道之侄。

萧令思　《全唐文补遗》八辑唐庾何《大唐故汝州司马萧府君(安亲)墓志并序》:"公讳安亲,字安亲,兰陵人也。……公即齐州长史汾之曾孙,括州刺史令思之孙。"又见《全唐文补遗》八辑唐李直《大唐故河南府洛阳县丞兰陵萧府君(征)墓志铭并叙》称"曾祖讳令思,皇朝处州刺史",萧征即萧安亲之次子。萧安亲卒于大历四年(769)九月,时年七十三岁。郁《考》失录,今补。

封　祯　《全唐文补遗》四辑唐贺知章《唐故银青光禄大夫行大理少卿上柱国渤海县开国子封公(祯)墓志铭并序》:"公讳祯,字全祯,渤海县人。……累迁汴括常三州诸军事、三州刺史。以□最著绩,入为大理少卿,前后赐勋上柱国,畴庸七百户,封渤海县开国子。……辞荣四纪余,享年八十二,薨于京师。……以大唐开元九年岁次辛酉十二月己亥六日庚申,归葬于蒋县之故里,礼也。"

崔道纪　《新唐书》卷七二《宰相世系表二下》博陵安平崔氏:"道纪,字玄凤,处州刺史。"

崔周衡　《新唐书》卷七二《宰相世系表二下》博陵安平第二房崔氏:"周衡,字可权,处州刺史。"系唐高宗永淳二年(683)越州都督崔承福玄孙。

孔令斌　《元和姓纂》卷六常山孔氏:"处州刺史孔令斌,代居恒州。"

江　绩　五代释静、释筠《祖堂集》卷一五《大梅》:"括州刺史江绩撰碑文。"

温翁归　《元和姓纂》卷四太原祁县温氏:"翁归,库部郎中、括州刺史。"

刘守谦　《闽书》卷九九《英旧志》:"刘守谦,肃宗朝讨安禄山有功,授处州刺史。今县(建宁府浦城)有刺史祠。"

李　皋　唐宗室。《旧唐书》卷一三一《李皋传》:"李皋,字子兰,曹王明玄孙,嗣王戢之子……贬温州长史。无几,摄行州事……改处州别驾,行州事,以良政闻。征至京,未召见,因上书言理道,拜衡州刺史。"

崔　潜　《新唐书》卷七二《宰相世系表二下》清河大房崔氏:"潜,处州刺史。"系刑部尚书崔隐甫之子。《全唐文补遗》六辑唐崔晔《唐故朝散大夫前使持节洋州诸军事守洋州刺史柱国清河崔公（芸卿）墓志铭并序》："公讳□，字云卿，清河东武城人。……王父潜，官至处州刺史，赠左散骑常侍。"

齐　翔　《全唐诗》卷七九四清昼《建安寺西院喜王郎中遭恩命初至联句》有齐翔参与联句，并注云："前吏部郎中兼括州刺史。"《刘随州集》卷二有《送齐郎中典括州》，此齐郎中疑即齐翔。

崔　济　《新唐书》卷七二《宰相世系表二下》清河小房崔氏："济，处州刺史。"《全唐文补遗》四辑唐郑肃《故唐朝议郎行大理评事上柱国范阳卢公（方）墓志并序》："（卢方）夫人清河崔氏，皇处州刺史济之子、公之姑女也。"崔济女婿即墓主卢方，卒于大和四年（830）正月七日，时年六十三岁。另，《全唐文补遗》四辑唐王众仲《唐故处州刺史崔公后夫人窦氏墓志并铭》载处州刺史崔公原配夫人为卢氏，但仅记载了窦氏三男一女及卢氏之长男、次男，未及卢氏所出之女即前志之卢方夫人崔氏，想必卢氏之女未及载。窦氏卒于元和十二年（817）三月二十二日，时年七十五岁。由志文"琴瑟在室，逾二十年，而处州薨"，可知崔济卒年当在元和十二年之前。

张　锡　《全唐文》卷六八六皇甫湜《吉州刺史厅壁记》："御史中丞张公，历刺缙云、浔阳……赐以金紫，移莅于吉。"

严　某　名讳不详。《全唐诗》卷五一五朱庆余有《和处州严郎中游南溪》诗。

薛　某　名讳不详。《全唐诗》卷四九六姚合有《送右司薛员外赴处州》诗，其中有"怀中天子书，腰下使君鱼"之句，知右司薛员外赴处州所任为刺史。

待考录

郭山恽　《新唐书》卷一八九《祝钦明传》："景云初，侍御史倪若水劾奏：'钦明、山恽等腐儒无行，以谄佞乱常改作，百王所传，一朝惰放，……'乃贬钦明饶州刺史、山恽括州刺史。"一说为括州长史。《旧唐书》卷一八九《郭山恽传》："景云中，左授括州长史。开元初，复入为国子司业。"《资治通鉴》卷二一〇"景云元年"条："侍御史藁城倪若水奏弹国子祭酒祝钦明、司业郭山恽乱常改作，希旨病君。于是，左授钦明饶州刺史、山恽括州长史。"郭山恽所任，是括州刺史还是括州长史，未知孰是。

姚　弈　陕州平陆人。《旧唐书》卷一八七《姚訚传》："父弈，开元初历处州刺史。"一说楚州刺史，《新唐书》卷一九二《姚訚传》则谓："父弈，楚州刺史。"一说楚州长史，《新唐书》卷七四《宰相世系表四下》陕郡姚氏则谓："弈，楚州长史。"姚弈所任为处州刺史，还是楚州刺史或楚州长史，未知孰是。

李廙 宋罗愿《新安志》卷九《叙牧守》："季廙，上元中（歙州）刺史，宝应元年改刺处州。"明凌迪知《万姓统谱》卷九三《季姓》："季廙，上元中刺史，宝应元年改刺虔州。"雍正《江西通志》卷四六《秩官》："李廙，先刺歙州，宝应元年改任（虔州）。"郁《考》引《新安志》谓季廙当为"李廙"之误，系于处州。季抑或李，处抑或虔，孰是孰非耶？

李景宣 《嘉定赤城志》卷八《郡守》："广德二年，李景宣。"注云："《括苍志》言景宣以上元二年自台州为处州刺史，《壁记》乃云广德二年，又不可晓。"

别　驾

李皋 《旧唐书》卷一三一《李皋传》："李皋，字子兰，曹王明玄孙、嗣王戢之子，……上元初，……贬温州长史，无几摄行州事，……改处州别驾行州事，以良政闻。"《册府元龟》卷六七一《牧守部·选任》亦载："嗣曹王皋为处州别驾行州事，人便之。"

刘暹 《大唐西市博物馆藏墓志》第604页唐阙名《唐故朝散大夫太常少卿兼括州别驾赐紫金鱼袋刘府君墓铭》："公讳暹，字士衡，汉楚元□交之后。……弱冠，以乡赋及第，释褐左卫执戟……追奏乐州司马，又改括州长史，以佐两藩有功，又摄（朝）［潮］州刺史，俄迁太常少卿兼括州别驾、福建节度副使。"①墓主刘暹卒年不详，墓志当撰于大历元年（766）。

长　史

郭山恽 《旧唐书》卷一八九下《郭山恽传》："郭山恽，蒲州河东人，少通三礼。……景云中，左授括州长史。开元初，复入为国子司业，卒于官。"一说为括州刺史。

姚绍之 《新唐书》卷二〇九《姚绍之传》："姚绍之，湖州武康人……开元中，为括州长史。"《旧唐书》卷一八六《姚绍之传》："（姚绍之）开元十三年累转括州长史同正员，不预知州事，死。"

贺兰师 《全唐文补遗》七辑唐阙名《大唐故蜀州唐安县令贺兰府君（誉）墓志铭并序》谓，墓主贺兰誉"皇朝散大夫、括州长史"。墓主贺兰誉卒于开元十八年（730）二月二十四日，时年五十七岁。

薛重辉 《全唐文》卷三一〇孙逖《授卢朔莱州长史、薛重辉括州长史制》。

刘暹 参见前括州别驾刘暹条。

---

① 该墓碑志文错讹字甚多，如"永泰丙午岁"误为"永奏两午"之类，据文径改。

李宗闵 唐宗室。《旧唐书》卷一七六《李宗闵传》："李宗闵,字损之,宗室郑王元懿之后。……(文宗大和)九年……翌日,贬明州刺史,寻再贬处州长史。"《新唐书》卷一七四《李宗闵传》所载同。又,见《唐大诏令集》卷五七《再贬李宗闵处州长史制》。

王 陟 生平不详。《全唐文补遗》三辑载有王陟所撰《故太原郡夫人王氏(马公度妻)墓志铭并序》,王陟自署"中散大夫、守处州长史、兼侍御史、上柱国"。墓主王氏卒于咸通十五年(874)九月十二日,乾符二年(875)七月廿二日安厝于京兆府长安县乐平乡。由是可知,王陟乾符二年在处州长史任上。

郭彦琼 《全唐文补遗》五辑唐金渥《故银青光禄大夫检校右散骑常侍右内率府率同正兼御史大夫上柱国郭府君(彦琼)墓志铭并序》:"公讳彦琼,字隐光,京兆府万年县洪固乡胄贵里人也。……光化二年初,……次加检校右散骑常侍、兼授处州长史,……后于清泰元年,次授右内率府率同正,守职旧司,累迁宠命。"则其处州长史当在光化二年(899)授任。

司 马

严 俌 《全唐文补遗》三辑唐张万顷《唐故绛州龙门县尉严府君(仁)墓志铭并序》:"君讳仁,字明,余杭郡人。……祖俌,余庆所钟,依仁游艺,学究坟史,誉满缙绅,授括州司马。"其父严端系隋上柱国、宁远将军。

崔元汪 《全唐文补遗》八辑唐孙宿《唐故右千牛卫录事参军崔公(绚)墓志铭并序》:"公讳绚,字季文,姓崔氏,……大父元汪,朝散大夫、括州司马。"崔元汪之孙即墓主崔绚,卒于天宝十四载(755)四月,时年三十二岁。

阳 简 《大唐西市博物馆藏墓志》第476页唐阙名《唐故朝散大夫常州司马龙川郡开国公阳府君墓志铭并序》:"君讳简,字简,北平无终人也。……解褐密王府西阁祭酒。迁许州许昌县令,转扬州大都督府户曹参军,加朝散大夫,江王府咨议。出为常州司马,以公事贬为括州司马。享年五十一,以永淳元年(682)六月六日,遘疾终于官舍。"

刘 穆 《全唐文补遗》五辑唐阙名《唐故石州刺史刘君(穆)墓志铭并序》:"君讳穆,字穆之,河间鄚县人也。……开耀二年,以乡贡进士擢第。……(由凤阁舍人)左授括州司马。"刘穆卒于唐玄宗先天元年(712),时年六十二岁。

李 邕 开元六年(718)在任。《资治通鉴》卷二一二"开元六年冬十一月戊辰"条载:"宋璟奏:括州员外司马李邕、仪州司马郑勉并有才略文词,但性多异端,好是非改变。若全引进,则咎悔必至。若长弃捐,则才用可惜,请除渝、硖二州刺史。"《旧唐书》卷一九〇《李邕传》则云:"李邕,广陵江都人。……中书令姚崇嫉邑险躁，因而构成其罪，左迁括州司马，后征为陈州刺史。"《新唐书》卷二〇二《李邕传》同。尽管李邕自括州司马起用后所任之职，《资治通鉴》与新、旧《唐书》所载有歧异，但曾任括州司马则是史实无疑。李邕有文集七十卷。又，《两浙金石志》卷二录有《唐故叶有道先生神道碑并序》题签"括州刺史李邕文并书"，是碑立于开元五年（717）三月七日。《旧唐书》本传载李邕被贬括州司马在开元三年以后、十三年之前，其为括州刺史是在配流岭南后因功起复，《新唐书》本传亦谓开元二十三年起为括州刺史。此碑所立时间之"开元五年"，或因摹写而由"开元二十五年"之脱讹所致。

贾崇璋 平阳郡人。《全唐文补遗》二辑唐阙名《唐缙云郡司马贾崇璋夫人陆氏（英）墓志铭并序》："夫人讳字英，吴郡人也。……适郡长史平阳贾崇璋，……时贾公转乐平郡别驾，又除缙云郡司马。""太夫人在堂，以为太行孟门，勾吴瓯越，天下至险，山乘舆，水乘舟，我不行矣。"贾崇璋夫人即墓主陆英，卒于天宝十载（751）八月一日。

萧兴宗 《颜鲁公集》卷一〇《曹州司法参军秘书省丽正殿二学士殷君墓碣铭》："君讳践猷，字伯起，陈郡长平人。……夫人兰陵萧氏，司空瑀之玄孙，括州司马宋国公兴宗之女。"

卢 贲 《洛阳流散唐代墓志汇编》第 462 页唐杜贤《大唐故京兆府云阳县令卢府君墓志铭并序》："公讳巽，字巽，范阳涿郡人也。……以弟贲授处州司马……故不赴云阳之拜，时议高之。"卢贲兄即墓主卢巽于贞元七年（791）卒，时年七十一岁。撰墓志者杜贤乃其外甥。

长孙湛 《全唐文补遗》四辑唐柳俯《唐故柳氏（均）江夏李夫人墓志》："有唐故大理司直、兼□□□考城县令柳公讳均夫人江夏李氏……长女适处州司马长孙湛。"长孙湛岳母即墓主李氏，共生有一男四女，卒于贞元二年（786）九月廿八日。该墓志当撰于贞元六年（790）改厝之时。

李周南 《大唐西市博物馆藏墓志》第 730 页唐李方叔《大唐故封州司马李公墓志铭并序》："兄讳周南，字浩初。……诏书召入，迁太子司议郎。曾未逾时，左迁处州司马。浮云蔽明，天未降鉴。秩满，又移封州司马。"墓志系其弟建州邵武县令李方叔撰，李周南贞元十九年（803）卒于封州司马任上，时年五十五岁。

赵良裔 《全唐文补遗》三辑唐崔筜《唐故朝散郎守珍王府录事参军飞骑尉乘府君（著）墓志铭并序》署"河南府参军罗约言书，朝议郎、权知处州司马、赐绯鱼袋、翰林待诏赵良裔篆题"。墓主乘著卒于元和十四年（819）十一月十三日，而"以元和玄枵之岁七月九日"葬，则赵良裔元和十五年（820）当为"权知处州司马"无疑。

任　迪　大和三年(829)在任。宋方崧卿《韩集举正叙录》："处州孔子庙碑。碑首题云：处州文宣王庙碑，朝散大夫、守国子祭酒、赐紫金鱼袋韩愈撰，朝议郎、权知处州司马、上柱国任迪书兼篆额。末云：唐大和三年岁次己酉朔二十五日癸酉建。"

骆　绍　《全唐文补遗》四辑唐薛赡《唐故淮南进奉使检校尚书工部郎中兼御史中丞赐绯鱼袋会稽骆公(潜)墓志铭》："父绍，皇处州司马兼监察御史。""后汉御史大夫(骆)平，避董卓之乱，过江居吴之余杭，时人号余杭公。后子孙散居浙江东西郡县。南朝六代，代有英奇。"骆绍之子即墓主骆潜，卒于中和五年(885)五月八日，"殡于扬州扬子县江滨乡风亭里。浙东杭郡无状起兵，路绝行人，空无鸟逝，不获祔于先公之侧"。

董　某　乾符四年(877)在任。《嘉泰会稽志》卷一六《碑刻》载："《董府君墓志》，祝知微撰，正书无姓名。其志云：'唐故浙东都团练使、右厢兵马司、银青光禄大夫、检校国子祭酒、行处州司马、兼侍御史、上柱国济阴董府君墓志，乾符四年十月二十五日。'"

邓承勋　雍正《广东通志》卷四四《人物志》："邓承勋，南海人，积学膺荐，上京从宰相刘瞻习制诰。久之，登乾符五年进士，为处州司马。"

郑师伯　《新唐书》卷七五《宰相世系表五上》南祖郑氏："师伯，括州司马。"

录事参军

王　述　《全唐文补遗》二辑唐阙名《大唐故王君(彦)玄堂记》："君讳彦，字符英，并州太原人也。……祖讳通，隋任定州锡阳县宰，又奉诏受武阳郡长史。父讳述，唐任括州录事参军事。"王述之子即墓主王彦，仪凤二年(677)正月十八日卒于私第，时年三十九岁。

卢　锷　《颜鲁公集》卷七《湖州乌程县杼山妙喜寺碑铭》曾提及大历壬子岁(772)季夏一起在湖州州学及放生池"日相讨论"者，其中有"括州录事参军卢锷"等人"亦尝同修，未毕，各以事去"。

姜　肃　《全唐文》卷七三二张磻《新移丽阳庙记》："(大中)八年冬，郡阙守，时录事参军姜公肃处纪纲之司，明纠察之务，当道观察使、御史大夫李公仰其清廉，委知军州事。"

司功参军

宋　行　《全唐文补遗》五辑唐阙名《大唐故宋君(行)墓志铭》："君讳行，字钦仁，洺州广平人也。……出身于国子应举。大业中，授宣德员外郎。武德七年,诏授越州都督府记室参军。以文才佐务,赞协有方,遂除括州都督府功曹参军,更转授记室参军。"宋行于贞观十七年(643)卒,时年三十九岁。

桓归秦 《全唐文补遗》五辑唐阙名《□唐故楚州司马桓府君(归秦)墓志铭并序》:"公讳归秦,字归秦,谯郡龙亢人也。……公坐因谪,降括州司功参军。"桓归秦于开元九年(721)五月二十一日卒,时年六十八岁。

马 牟 扶风人。《全唐文补遗》六辑唐马莘《大唐故金紫光禄大夫行潭州别驾上柱国扶风郡开国公马府君(浩)墓志铭并序》载,马牟系墓主马浩第二子、乌程县主簿马莘二兄,"公(马浩)有子十二人:长曰准,前成都府田曹参军;次曰牟,任处州司功参军;次曰聿,前绛州司田参军;次曰巩;次曰莘,前湖州乌程县主簿;次曰罕,次曰翚,次曰举,次曰奉,次曰晕,次曰罨,季曰芊"。马浩卒于贞元八年(792)四月二十五日,时年七十四岁。

司仓参军

张 鷟 《朝野佥载》卷二载:"周长安年初,前遂州长江县丞夏文荣,时人以为判冥事。张鷟时为御史,出为处州司仓,替归往问焉。"其授任司仓参军在长安(701—704)年初。

赵全壁 《大唐西市博物馆藏墓志》第526页唐阙名《唐故朝议郎上护军缙云郡司仓参军赵府君墓志》:"公讳全壁,字昇,河南洛阳人也。……垂拱年,擢第。长安年,授衡阳郡司法参军……秩满,景云年授缙云郡司仓参军。……公敦睦斯道,沮劝有方。加以每岁有年,人皆斁赖矣。寻加检校本郡松阳县令,褒其能也。秩满归休,养高不仕。……以唐开元十四年十月廿七日,遇疾终于龙门乡之私第。"其授任司仓参军在唐睿宗景云年间(710—711)。

顾克忠 《文苑英华》卷九一八唐杜黄裳《东都留守顾公神道碑》:"公讳少连,字夷仲,吴郡人也。……父讳克忠,缙云郡司仓参军、赠邠州刺史。"

陆 某 《全唐诗》卷三四九欧阳詹有《送潭州陆户曹之任》诗,自注云:"户曹自处州司仓除。"则陆某任潭州户曹之前为处州司仓参军事。

司户参军

皇甫松龄 《唐代墓志汇编续集》永徽〇四一、《全唐文补遗》五辑唐阙名《唐故巫州司法曹参军事皇甫府君(松龄)墓志铭》:"君讳松龄,安定人也。……时年十八。后进为荣,调补荥阳县丞,随班例也。匡邦赞务,为政不烦。禁止令行,简而甚理。秩满,拜括州司户参军事。"在任上,"沉迷几案,未允西城之游"。皇甫松龄于永徽四年(653)二月十五日卒。从志文看,其任括州司户参军事当在武德

(618—626)至贞观(627—649)间。

李　瑱　《全唐文补遗》四辑唐阙名《大唐故朝议郎行河南府陆浑县令上柱国李府君(瑱)墓志铭并序》："公讳瑱，字良玉，赵郡赞皇人也。……神龙之中，王室多难，太子荐湖城之祸，宫寮邁戾园之责。贬公括州司户。岁满，凶渠殄戮，区夏贞明。三老理青宫之冤，千秋讼白头之教。录资授怀州获嘉县令，转河南府陆浑县令。"李瑱开元十年(722)二月二十九日卒。

任　佶　《文苑英华》卷九五七唐阙名《信州司马任君墓志》："君讳佶，字叔正，乐安人。……及杨炎入相，君以书戒之，由是杨怒而不用。又移处州司户，再授信州司马。"

沈既济　吴人，乃沈传师之父。《旧唐书》卷一四九《沈传师传》载："既济博通群籍，史笔尤工，吏部侍郎杨炎见而称之。……既而杨炎谴逐，既济坐贬处州司户。后复入朝，位终礼部员外郎。"《新唐书》卷一三二《沈既济传》亦记及其"坐贬处州司户"事。

赵□升　《全唐文补遗》八辑唐李从茂《大唐故承务郎守处州司户赵府君(□升)玄堂志铭并序》："君讳□升，字士先。……复为河南人也。"元和九年(814)九月二十四日卒，时年七十二岁。

李　羿　《全唐文补遗》一辑唐崔耿《唐故朝散大夫守汝州长史上柱国清河崔公夫人陇西县君李氏(贞)墓志铭并序》："县君讳贞，字齐壹，其先陇西人也。……祖羿，皇处州司户参军。考伋，皇河南府福昌县令。县君，福昌之第廿女也。"李羿之孙女即墓主李贞，卒于大和元年(827)十月二十三日，时年三十八岁。

杨虞卿　雍正《河南通志》卷六〇《人物》："杨虞卿，字师皋，弘农人。父宁，为国子祭酒，有高操。虞卿，第进士，举博学宏词科、监察御史。穆宗初立，虞卿上疏论谏，帝皆纳之。累迁弘文馆学士，出为州刺史，改京兆尹。后坐事贬处州司户参军，卒。子三：知迁、知权、汉公，皆擢进士，汉公最显。"杨虞卿之子杨汉公开成三年(838)任湖州刺史。

司兵参军

苏安彦　《大唐西市博物馆藏墓志》第860页唐张□《检校太子詹事兼殿中侍御史张公故夫人苏氏墓志铭并序》："夫人讳礼文，武功人也。祖安彦，皇处州司兵参军。"苏安彦孙女即墓主苏氏，大和九年(835)卒，时年五十一岁。

司法参军

独孤守义　《全唐文补遗》二辑唐阙名《大唐故颍州颍上县令独孤府君(守

义)墓志铭并序》:"君讳守义,河南人也。……以龙朔元年授君括州司法参军事。念室务殷,浮讼多扰。鞫斯茂草,绝彼分缣。秩满,以咸亨三年授君汝州鲁山县令。"独孤守义龙朔元年(661)至咸亨三年(672)在任,垂拱元年(685)七月二十二日卒,时年七十五岁。

陶元钦 《全唐文补遗》二辑唐阙名《丹阳郡故陶府君(元钦)太原王夫人墓志铭并序》:"君讳元钦,河南府洛阳县人也。……历任巨鹿郡青山县主簿,迁新定郡建德县尉,终缙云郡司法参军。在位一载,时政咸达。以德理化,育物无亏。丹笔哀矜,割断无枉。"其与夫人王氏均卒于天宝七载(748)八月。

丽水县(括苍县)

州治。本括苍县,隋平陈,析松阳县东乡置。唐武德四年(621),分括苍县置丽水县,括苍、丽水二县皆隶括州。武德八年(625),复省丽水县入括苍县。大历十四年(779)夏,改括苍县为丽水县。今为浙江省丽水市莲都区。

县　令

萧令思 《全唐文补遗》二辑唐阙名《唐故唐州别驾萧君(浮丘)墓志铭并序》:"公讳浮丘,字子真,兰陵人也。……父令思,括州括苍县令。"萧令思之子即墓主萧浮丘,卒于开元十九年(731)二月十二日。

唐之奇 文明元年(684)授任。《旧唐书》卷六一《徐敬业传》:"高宗崩,则天太后临朝。既而废帝为庐陵王,立相王为皇帝,而政由天后。诸武皆当权任,人情愤怨。时给事中唐之奇贬授括苍令,长安主簿骆宾王贬授临海丞。"《旧唐书》卷八五《唐临传》:"(唐)之奇,调露中为给事中,坐尝为章怀太子僚属,徙边。文明元年,起为括苍令,与徐敬业作乱伏诛。"《新唐书》卷七六《武则天传》:"时睿宗虽立,实囚之,而诸武擅命,……于是,柳州司马李敬业、括苍令唐之奇、临海丞骆宾王疾太后胁逐天子,不胜愤,乃募兵杀扬州大都督府长史陈敬之,据州欲迎庐陵王。"

贺兰务温 《全唐文补遗》一辑唐李昇期《唐故正议大夫使持节相州诸军事守相州刺史上柱国河南贺兰公(务温)墓志铭并序》:"公讳务温,字弘茂,河南洛阳人也。"贺兰务温由汴州司仓"寻而有敕改括苍令",直至"中宗龙飞","始趋天阙,入拜少府监丞"。贺兰务温于开元九年(721)卒,时年六十五岁。

祝绍 开元二十三年(735)在任。《册府元龟》卷一二八《帝王部·明赏》载,"(开元)二十三年十二月,命十道采访使举良刺史、县令",括州括苍县令祝绍被举,受赐帛五十疋。此次同时被举者,还有越州刺史元彦冲,受赐帛八十匹。

李元哲 括州刺史李邕祖父。《全唐文补遗》一辑唐李正卿《唐故大理评事赠左赞善大夫江夏李府君(翘)墓志铭并序》:"公讳翘,字翘,本赵郡人也。曾祖元哲,皇括州括苍令。祖善,皇秘书郎、崇贤弘文馆学士。父邕,皇北海太守,赠秘书监。"李元哲曾孙即墓主李翘,卒于大历十一年(776)九月三日,时年四十六岁。又,《全唐文补遗》四辑唐姜琬《唐故郓州司户参军李府君(睦)墓志并序》:"公讳睦,字瑛,其先赵人也。远祖恪,永嘉之末,避世南徙,为江夏王,后因为郡人焉。曾祖赜,隋云安郡丞。祖哲,括州括苍县令。父昉,魏州魏县主簿。"李哲之孙即墓主李睦,卒于天宝十三载(754)四月二十五日,时年八十一岁。宋人邓名世《古今姓氏书辨证》卷二一《上声·四纸》"李"叙江夏李氏云:"元哲,徙居广陵。生善、昉。"由是知"李元哲"与"李哲"为同一人,疑"李哲"为"李元哲"之脱文,又或者"元哲"为李哲的字。亦未可知。

崔恕 《全唐文补遗》二辑唐阙名《唐故朝议郎前行括苍令崔府君(恕)墓志铭并序》:"公讳恕,字□,清河东武城人也。……寻拜绛州万泉、括州括苍二县令。"崔恕卒于开元十八年(730)十二月二十六日,时年六十八岁。

李璲 光绪《处州府志》卷一三《文职·丽水县知县》:"李璲,括苍令,见唐表。"

李冲 大历十二年(777)在任。《两浙金石志》卷二《唐宣阳观钟铭》:"维唐大历十二年岁次丁巳正月甲寅朔廿五戊寅,宣阳观奉为国王圣化普及道俗存亡敬造洪钟一口,用铜一千五百斤。□奏敕置观。金紫光禄大夫、鸿胪卿、越国公道士叶法善,刺史贾岌、县令李冲、市承郑保进率化众缘。"并加按语云:"铜钟文六面共十二行,正书,在宣平县冲真观内。……观在县北六里。"

张中立 元陶宗仪《古刻丛钞》录有《唐故宣义郎侍御史内供奉知盐铁嘉兴监事张府君墓志铭并序》:"君讳中立,字□□,其先范阳人……大中初,再调授武进尉……自武进历处州丽水令、婺州永康宰。"

郑全察 荥阳人,大中八年(854)在任。《全唐文》卷七三二张磻《新移丽阳庙记》云:处州丽阳庙系大中四年(850)刺史徐郡所建,"(大中)八年冬,郡阙守,时录事参军姜公肃处纪纲之司,明纠察之务,当道观察使、御史大夫李公仰其清廉,委知军州事,能德以化下,威以惩奸。丽水县令、荥阳郑公全察字人五稔,政绩有闻。二公相顾言曰:郡邑无事,山庙可完。齐州(指徐郡,后为齐州刺史)肇谋,俾我继作,得不勉欤?……春三月,乃请都虞候兼押衙乐安任汉审地形,度山势,于旧庙之西而创殿焉。"

沈宣词 《唐语林》卷七《补遗》:"沈宣词,尝为丽水令,自言家大梁。"同书载其咸通六年(865)买马售马之事，则其当为中晚唐时人。

县　丞

杜　该　《大唐西市博物馆藏墓志》第530页唐阙名《大唐故括州缙云县令杜府君墓志铭并序》："公讳该，字该，京兆杜陵人也。……公年弱冠，起家尚舍直长。亲累，贬思州宁夷县尉，移括州括苍县丞，转青州司法参军，迁括州缙云县令。公所历郡县，皆著政声。"杜该开元二十九年(741)卒于缙云县官舍，时年五十六岁。

郑保道　大历十二年(777)在任，见民国《丽水县志》卷七《职官》。

范　隋　宋范仲淹《范文正公集》卷一三《太子中舍致仕范府君墓志铭》："府君讳仲温，字伯玉。四代祖讳某，幽州人也，唐末为处州丽水县丞，中原乱离，遂家于苏台。"在《续家谱序》中，他又说："吾祖唐相履冰之后，旧有家谱。咸通十一年庚寅，一枝渡江，为处州丽水县丞讳隋，中原乱离不克归，子孙为中吴人。"范仲淹次子范纯仁在为族兄范纯诚所撰墓志铭(见《范忠宣集》卷一三《范府君墓志铭》)中也说丽水县丞为范隋："君讳纯诚，字子明，汝南范文正公族兄之子也。五世祖唐丽水县丞讳隋之子曰太保，讳梦龄，即文正公之曾祖也。太保公有子五人，第三子曰杭州余杭令讳光谟。"正德《姑苏志》卷三五《氏族·范氏》亦载："唐又有范隋为丽水县丞，属时乱，遂家吴地，子孙遂为吴人，即文正公之高祖也。"

郑文权　《新唐书》卷七五《宰相世系表五上》郑氏："文权，括苍丞。"

主　簿

谢廷徽　宋范仲淹《范文正公集》卷一一《宋故太子宾客分司西京谢公(涛)神道碑铭》："(谢涛七世祖谢希图)子孙三世禄于吴越。曾祖讳廷徽，处州丽水县主簿。"①

县　尉

魏仕颙　《江苏金石志》卷三唐楚宾《大唐润州仁静观魏法师碑并序》碑阴谓，"维大唐仪凤二年岁次丁丑十一月己未朔十五日癸酉树碑，谨录门人男女弟子及舍施檀越等人名如左"，其中"第九列"有"□州括苍县尉魏仕颙"。

---

① 谢廷徽，一作谢延徽，见宋欧阳修《欧阳文忠公文集·居士集外集》卷一二《太子宾客分司西京谢公墓志铭》。

松阳县

汉旧县。东汉分章安县之南乡置松阳县,以县东南大阳并有松树大八十围,故因之为名,属会稽郡。三国吴,属临海郡。东晋,属永嘉郡。隋割松阳县之东乡置括苍县,因山为名。松阳、括苍二县属处州。唐高祖武德四年(621),以松阳县置松州,隶括州总管府。武德八年(625),废松州为松阳县,又省遂昌县入松阳县,属括州。景云二年(711),析松阳县复置遂昌县。大历十四年(779),改括州为处州,松阳县属处州。其后因之。1958年,省松阳县入遂昌县。1982年,析遂昌县复置松阳县。今为浙江省丽水市松阳县。

县 令

冯道仪 《全唐文》卷六四三王起《银青光禄大夫检校礼部尚书使持节梓州诸军事兼梓州刺史御史大夫充剑南东川节度副大使知节度事管内观察处置静戎军等使上柱国长乐县开国公食邑一千五百户赠吏部尚书冯公神道碑铭(并序)》:"公讳宿,字拱之,冀州长乐人,汉光禄勋奉世廿五代孙也。自光禄勋立功于汉,其下十四叶立国王燕,是为昭成皇帝。其下七叶至五代祖周乌氏侯讳早惠,□隋为隰州司户,皇朝为婺州常山令。常山生高祖皇婺州纠曹掾讳文俭,纠曹生曾祖茂才高第、括州松阳令讳道仪。"冯道仪之孙冯子华,为天宝年间(741—756)人。

王 素 《全唐文补遗》二辑唐阙名《大唐故通直郎守武荣州南安县令王府君(基)墓志铭并序》:"君讳基,字□,琅琊郡人也。……父素,皇括州松阳县令。"王素之子即王基卒葬于开元三年(715)三月二十日,时年六十一岁。

赵全璧 《大唐西市博物馆藏墓志》第526页唐阙名《唐故朝议郎上护军缙云郡司仓参军赵府君墓志》:"公讳全璧,字昇,河南洛阳人也。……垂拱年,擢第。长安年,授衡阳郡法参军……秩满,景云年授缙云郡司仓参军。……公敦睦斯道,沮劝有方。加以每岁有年,人皆鬻赖矣。寻加检校本郡松阳县令,褒其能也。秩满归休,养高不仕。……以唐开元十四年十月廿七日,遇疾终于龙门乡之私第。"其授任"缙云郡司仓参军"在唐睿宗景云年间(710—711),则其任松阳县令或在开元(713—741)初。

李 邕 《宝刻丛编》卷一三引《集古录目》:"唐有道先生华国重碑,唐松阳令李邕撰并书。国重,道术之士,字雅镇,南阳叶县人。碑以开元五年三月立。"同卷引《集古录目》载:"唐赠歙州刺史叶慧明碑,唐松阳令李邕撰,国子监太学生韩择木八分书,……碑以开元五年七月立。"

韩　琮　《全唐文补遗》二辑唐韩特《唐故法云寺寺主尼大德昙简墓志铭并序》："大师俗姓韩氏,其先昌黎人也。……大王父讳琮,处州松阳县令,生礼部尚书、太子少保讳择木,生秘书省著作郎讳秀荣。大德即著作长女。"墓主大德昙简化灭于元和十一年(816)七月四日,时年四十七岁。

刘　坰　《新唐书》卷七一《宰相世系表一上》曹州南华刘氏："坰,松阳令。"

姚　协　《新唐书》卷七四《宰相世系表四下》陕郡姚氏："协,松阳令。"

郑　萱　《新唐书》卷七五《宰相世系表五上》郑氏："萱,松阳令。"

县　丞

无考。

主　簿

无考。

县　尉

桥岳珍　京兆万年人。《全唐文补遗·千唐志斋新藏专辑》第1—2页唐阙名《大唐故陈州宛丘县丞桥公墓志铭并序》："公讳岳珍,字岳珍,京兆万年人也。……少以名家子补清庙台斋郎,执心谦恭,有逾同位。准考放选,拜颍州参军,迁松阳尉,又转舞阳主簿。皆震树名迹,声满闾阎。……公硕德高年,宦仍簿慰,……复改宛丘丞。……公性又奢费,至于舆马仆妾,当时颇埒于王侯,实谓禄以代耕,素无积产,及死之日,室如悬磬。"桥岳珍卒于贞观十二年(638),时年五十八岁。

赵　穆　天水人。《全唐文补遗》二辑唐阙名《大唐故汉中郡都督府仓曹参军天水赵府君(憬)墓志铭并序》谓,赵憬"嗣子前缙云郡松阳县尉穆"。

李　某　名讳不详。《全唐诗》卷一一六张子容有诗《自乐城赴永嘉枉路泛白湖寄松阳李少府》。

缙　云　县

万岁登封元年(696),①分括苍县东北界及婺州永康县南界置,以县有缙云山为名。今为浙江省丽水市缙云县。

---

①　《旧唐书》《元和郡县图志》均作万岁登封元年始置,《新唐书》作圣历元年(698)。今姑从《旧唐书》及《元和郡县图志》。

县　令

杜　该　《大唐西市博物馆藏墓志》第530页唐阙名《大唐故括州缙云县令杜府君墓志铭并序》："公讳该,字该,京兆杜陵人也。……公年弱冠,起家尚舍直长。亲累,贬思州宁夷县尉,移括州括苍县丞,转青州司法参军,迁括州缙云县令。公所历郡县,皆著政声。"杜该开元二十九年(741)卒于缙云县官舍,时年五十六岁。

李阳冰　乾元二年(759)至上元二年(761)在任。《全唐文》卷四三七李阳冰《缙云县城隍神记》："有唐乾元二年秋七月,不雨。八月既望,缙云县令李阳冰躬祈于神。"宋朱长文《墨池编》卷六《祠庙》载:"唐缙云县令修文宣王庙记,上元二年李阳冰撰并书。"

李　繇　嘉靖《浙江通志》卷二五《官师志》："李繇,建中间为缙云令,有政声。邑有孝妇陶氏,丧姑,负土成坟,一哭三绝。繇为立碣,请陆羽撰文以表之。"

卢　擢　《全唐文补遗》一辑唐刘航《唐故泗州司仓参军彭城刘府君夫人吴郡张氏墓志铭并序》："先妣夫人即府君亲舅之女,得姓曰张,望出吴郡。……外范阳卢氏,祖擢,处州缙云县令。"卢擢之外孙女即墓主张氏,卒于大中十一年(857)七月七日,时年六十六岁。

县　丞

无考。

主　簿

无考。

县　尉

曹　磕　明方孝儒《逊志斋集》卷二二《曹处士墓碣表》："其先,盖祖汉之道陵。二十一世孙磕,五季世为缙云尉,遂家缙云。"

遂　昌　县

三国吴旧县。吴赤乌二年(239),分太末县置平昌县。晋太康元年(280),改平昌县为遂昌县,属东阳郡。唐武德八年(625),省遂昌县入松阳县。景云二年(711),分松阳县复置遂昌县,属括州。大历十四年(779),改括州为处州,县属处州。1958年,省松阳县入遂昌县。1982年,析遂昌县复置松阳县。今为浙江省丽水市遂昌县。

县　令

张　先　《全唐文补遗》一辑唐郑稷《唐故括州遂昌县令张府君（先）墓志铭并序》："公讳先，字普贤，范阳人也。……（亳州录事参军）秩满，补括州遂昌县令。于时东吴阻饥，人越兹蠹。先是从政率多旷官，淫纵豪强，暴茣鳏寡，以故编户流冗十四五焉。公于是董逋逃，诘奸慝，振乏绝，出滞淹。教之诲之，饮之食之，人得□□，政有经矣。"

申　靖　《全唐文》卷三二〇李华《润州天乡寺故大德云禅师碑》："长老法号法云，获度于神龙之岁。俗姓申氏……祖靖，睦州遂昌县令。"申靖之孙即长老法云，景龙年间（707—710）受具足戒于括州龙兴寺元昶律师。"睦州"当为"括州"之讹。

辛如璿　《元和姓纂》卷三辛氏："胥十四代孙义元，唐洛州司兵；曾孙如璿，遂昌令。生祕，汝州刺史。"一作辛璿。《文苑英华》卷九一五唐牛僧孺《昭义军节度使辛公神道碑》谓："辛氏于陇西为望家。其后，因官从帝，或雍或洛，源浚派洪，将微复张，以及于仆射皇考璿。璿益以儒业自喜，优游高放，不乐取求制科高第，乞官山水。朝廷除处州遂昌令，嗜不念归，再移仍南。及亡，累赠至左散骑常侍。仆射讳祕，字藏之，即常侍府君第四子也。"其他如《金石录》《宝刻丛编》等均录有"唐国子司业辛璿碑"，并谓系辛璿之侄辛宗撰，胡季良篆额，元和四年（809）五月所立。或《元和姓纂》讹"辛璿"为"辛如璿"亦未可知。其子辛祕曾于元和二年（807）授任湖州刺史。

县　丞

张嘉颖　《新唐书》卷七二《宰相世系表二下》始兴张氏："嘉颖，遂昌丞。"

主　簿

无考。

县　尉

无考。

青　田　县

唐景云二年（711），分括苍县新置。今为浙江省丽水市青田县。

县　　令

李　繹　光绪《青田县志》卷八《官师志·县秩官》有载。

朱　匡　京兆人,唐光启(885—888)年间县令,以勤吏事,卒于官,民不忍其丧,葬于旧县治前,表曰"唐知县墓",子孙遂居此守冢,祧祀名宦。事见光绪《青田县志》卷八《官师志》"县秩官"及"名宦"。

县　　丞

无考。

主　　簿

无考。

县　　尉

赵　潾　《全唐文补遗》八辑唐李从茂《大唐故承务郎守处州司户赵府君(□升)玄堂志铭并序》谓,赵□升长子赵潾系前行处州青田县尉、上柱国。其父赵□升于元和九年(814)九月二十四日卒,时年七十二岁。

杨光于　宋王象之《舆地碑记目》卷一《处州碑记》:"唐青田县尉杨光于作《隐难记》,在丽水县北六十里之东岩。大略言:袁晁、黄巢之乱,民避难于此,获免者甚众。"光绪《处州府志》、光绪《青田县志》引《舆地碑记目》文虽同,然或作"杨光千",或作"杨光",均讹。

龙　泉　县

本为晋永嘉郡松阳县龙渊乡。唐武德三年(620),避唐高祖讳,改名龙泉乡。乾元二年(759),浙东观察使、越州刺史独孤峻奏割遂昌、松阳置县,因龙泉乡以为名。今为浙江省丽水市龙泉市(县级)。

县　　令

崔　向　《太平广记》卷三〇五《王法智》引《广异记》:"(大历)六年二月二十五日夜,戴孚与左卫兵曹徐晃、龙泉令崔向、丹阳县丞李从训,邑人韩谓、苏修集于锋(桐庐县令郑锋)宅。"

县　丞

无考。

主　簿

无考。

县　尉

无考。

卷一一　温州（永嘉郡）

本为晋临海郡地。晋太宁元年（323），分临海郡温峤岭以南置永嘉郡，治永宁县（今温州鹿城区）。隋开皇九年（589），平陈，废临海、永嘉二郡，置处州，又改永宁县为永嘉县。十二年，改处州为括州。大业三年，改括州为永嘉郡。唐武德四年（621），废永嘉郡，复置括州。五年，杜伏威归化，分括州置东嘉州，治永嘉县，领永嘉、安固、乐成、横阳四县。① 贞观元年（627），废东嘉州，地属括州。② 高宗上元元年（674），分括州之永嘉、安固二县置温州，治永嘉县。天宝元年（742），改温州为永嘉郡。乾元元年（758），复改永嘉郡为温州，属浙江东道，特建静海军使兼统台、明二州。广德三年（即永泰元年，765），改温州牧为温州刺史。③《元和郡县图志》载，温州州境东西二百四里、南北七百二十里，领县四：永嘉、安固、横阳、乐成。

刺　史

许智仁　武德九年（626）授任。明凌迪知《万姓统谱》卷七六《许姓》："许智仁，（许）绍长子，以绍功推温州刺史。萧铣将陈普环具大舰，溯江略巴蜀。绍遣智仁追战西陵，覆其兵，擒普环。以勋封孝昌县公，终凉州都督。"万历《温州府

---

① 《旧唐书》卷四〇《地理三》谓武德五年所置东嘉州领永嘉、永宁、安固、乐成、横阳五县，误。永嘉县于隋开皇九年由永宁县改名而来，直至唐高宗上元二年（675），始割临海南界新置永宁县。在唐初武德年间，永嘉、永宁二县未并置，"永宁"二字疑系衍文，故应为四县而非五县。

② 《旧唐书》卷四〇《地理三》谓东嘉州置于武德五年，而废于贞观元年。《元和郡县图志》卷二六《江南道二》则谓"武德五年，杜伏威归化，于县理置东嘉州，寻废"。未明言废于何年。兹姑以《旧唐书》所载为据。

③ 万历《温州府志》谓温州于乾元元年复永嘉郡为温州，改永嘉郡太守为温州牧，特建静海军使兼统台、明二州，广德三年改牧使为刺史。有关温州在唐代建静海军兼统台、明二州之事，史无明文。然而，唐人权德舆为贞元间任温州刺史的裴希先所撰墓志铭《唐故朝议郎使持节温州诸军事温州刺史充静海军使赐绯鱼袋河东裴府君神道碑铭并序》，则为之强证，由是可知当时温州确实曾建静海军使。万历《温州府志》所载可补正史之缺。

志》卷七《秩官上·温州刺史》："许智仁,武德九年许绍破萧铣有功,以其子智仁为刺史。"雍正《浙江通志》谓"高祖时任"。雍正《湖广通志》卷八一《陵墓志》："唐宰相许绍墓,在安陆县东十八里紫石村。孝昌公许智仁墓,(许)智仁,绍子,其墓同域。"郁《考》失载。又,郁《考》录有武德(618—626)中周孝节,谓存疑。

封言道 垂拱元年(685)授任。《周故宋州刺史驸马都尉上柱国蒋县开国子封公(言道)墓志铭并序》："公讳言道,字让,渤海蓨人。……垂拱元年,降授朝议郎,守贵州刺史,并夺勋爵,以第五子思履坐也。皇鉴揆余之忠诚,未及所莅,改授温州刺史。寻加朝散大夫,守滁州刺史。……如意元年,加朝议大夫,守婺州刺史。长寿三年,加朝议大夫,守宋州刺史。证圣元年,悬车告老,朝朔望。"①据墓志称,"公(封言道)为中二千石,凡历二十三州",卒于圣历二年(699)六月二十九日。郁《考》及旧志失载。

袁　谊 万历《温州府志》卷七《秩官上·温州刺史》："袁谊,天授(时任)。"雍正《浙江通志》谓"天后时任"。郁《考》失载。

李知仁 万历《温州府志》卷七《秩官上·温州刺史》："李知仁,长寿(时任)。"雍正《浙江通志》谓"天后时任"。郁《考》失载。

夏启伯 浙江温州雁荡山灵峰景区雪洞内有唐代题名二处：一为"开元二年九月□日夏启伯到山",在雪洞内庵舍二层左侧崖壁上,高60厘米,宽20厘米,自左而右,二行,正书,直写；一为"太守夏启伯到此发□□□",在洞内庵舍二层佛龛右侧崖壁上,高45厘米,宽20厘米,二行,正书,直写。由摩崖题名可知,夏启伯开元二年(714)九月在温州刺史任上。旧志及郁《考》失载。

王审礼 《淳熙严州图经》卷一《题名》："王审礼,开元二十六年八月□自温州刺史拜。"

李　江 天宝十二载(753)在任。《太平广记》卷二一六引《定命录》："天宝十二载,永嘉人蒋直云郡城内有白幕,太守李江忽丁忧。"

戴日用 万历《温州府志》卷七《秩官》："戴日用,温州牧兼静海军使。"并注云："肃宗乾元元年复为温州,建静海军牧。"雍正《浙江通志》沿袭旧志,谓肃宗时任。

季广琛 《旧唐书》卷一〇《肃宗本纪》：乾元二年(759)四月,"贬季广琛宣（"宣"当为"温"之误）州刺史"；上元二年(761)春正月"辛卯,温州刺史季广琛为宣州刺史,充浙江西道节度使"。②

---

① 墓志转见岳连建、柯卓英《唐淮南大长公主驸马封言道墓志考释》,载《考古与文物》2004年第4期。

② 万历《温州府志》卷七《秩官》系季广琛于后梁,误。

朱　和　万历《温州府志》卷七《秩官》录于"温州牧兼静海军使"之下。雍正《浙江通志》亦有录，谓"肃宗时任"。郁《考》失录。

李　皋　唐宗室，代宗时以温州别驾知州事。《册府元龟》卷一五二《帝王部·明罚》载，温州人李钧、李锷兄弟，"天宝中，州举道举，咸赴京师，既升第参官，遂割贯长安，与乡里绝，凡二十余载，母死不举。温州别驾、知州事嗣曹王（李）皋具以事闻，下宪司讯问，钧等具伏罪"。代宗永泰元年（765），"配钧于施州，锷于辰州，纵会非常之赦，不在免限"。同见本书卷九二三《总录部·不孝》。一作温州长史知州事，如《册府元龟》卷六九五《牧守部·刺举》则作"温州长史摄行州事"。

康云间　《唐代墓志汇编》贞元〇九三唐樊泽《有唐山南东道节度使赠尚书右仆射嗣曹王墓铭并序》："王讳皋，字子兰。……王在温州时，岁凶多馑，发仓库以赈之，苟活于人，无避于法，可不谓仁乎？又尝与刺史康云间攻袁晁，寇凌我骑，云间之马踣焉。王心存拯危，目不见阵，乃挟其人而挞其马，偕犯围而免之，可不谓忠乎？"袁晁之乱在宝应元年（762），次年夏即被俘，康云间任刺史当在宝应元年前后。

裴士淹　《全唐文》卷五三〇顾况《祭裴尚书文》："呜呼！天祸瓯邦，尚书告毙；哀哀瓯民，罢市辍舂。""上官命况，巢盐蛟室。……敢申薄礼，以表深哀。"说明其时顾况在温州。而其《释祀篇》云："龙在甲寅，永嘉大水，损盐田。"所指当是同一次水灾之事，即大历九年（774）大水。郁《考》认为裴尚书即裴士淹。由是知裴士淹大历九年时任温州刺史。

裴希先　贞元三年至六年（787—790）在任。《全唐文》卷五〇一权德舆《唐故朝议郎使持节温州诸军事温州刺史充静海军使赐绯鱼袋河东裴府君神道碑铭并序》："君讳希先，字某……后牧临邛，乃迁永嘉……居三年，以疾受代……贞元六年冬十一月没于钟陵之私第。"同见《新唐书》卷七二《宰相世系表二下》："希先，温州刺史。"

路　应　字从众，贞元七年（791）在任。《韩昌黎文集校注》卷六《银青光禄大夫守左散骑常侍致仕上柱国襄阳郡王平阳路公神道碑铭》："公讳应，字从众，冀公之嫡子。……诏嗣冀封，又加尚书屯田郎中，进服色，遂临于温，筑堤岳城、横阳界中，二邑得上田，除水害。"《宝刻丛编》卷一三引《金石录》："《唐仙岩四瀑布诗》，路应等唱和，行书，贞元七年三月。"仙岩，位于今浙江省温州市瓯海区大罗山西麓，有圣寿禅寺，俗称仙岩寺，近代散文家朱自清笔下的仙岩梅雨潭即在于此。又，《全唐诗》卷八一八皎然有《寄路温州》诗，"路温州"即温州刺史路应。

李　众　《全唐文》卷六二八吕温《湖南都团练副使厅壁记》："元和三年冬，

天子命御史中丞陇西李公众,以永嘉之清政,京兆之懿则,廷赐大斾,俾绥衡湘。"

韦　宥　元和(806—820)间授任。《太平广记》卷四二二引《集异记》:"唐元和,故都尉韦宥出牧温州……宥,故驸马也。"韦宥尚唐德宗第十一女,婚未成而公主卒。参见台州刺史韦宥条。

韩　襄　大和(827—835)年间授任。万历《温州府志》卷七《秩官上·温州刺史》:"韩襄,(泰)[太]和(年间任)。"雍正《浙江通志》卷一二二《职官·刺史》谓:唐温州刺史韩襄,文宗时任。

张又新　《全唐文》卷七二一张又新《煎茶水记》:"(余)及刺永嘉,过桐庐江至严子濑……及至永嘉,取仙岩瀑布用之,亦不下南零。"《全唐诗》卷五四九赵嘏有《送张又新除温州》。万历《温州府志》卷七《秩官上》谓宝历(825—827)间任。郁《考》系于开成(836—840)中任。

韦　庸　会昌(841—846)中授任。《闽书》卷五三《文莅志》:"(韦)庸自郢州刺史兼检校尚书祠部郎拜官(泉州刺史),留心民瘼,转温州刺史、鸿胪少卿。"并谓其任泉州刺史在开成(836—840)中。万历《温州府志》卷九《治行志》:"韦庸,武宗会昌中自泉州刺史移知温州,每以利民为念。州西北水入江,庸筑堤堰浦口,凿湖十里溉田,水不为害,民德之,称其湖曰'会昌湖',堤曰'韦公堤'。"

孙景商　《全唐文补遗》六辑唐蒋伸《唐故天平军节度郓曹濮等州观察处置等使朝请大夫检校礼部尚书使持节郓□军事兼郓州刺史御史大夫上柱国赐紫金鱼袋赠兵部尚书孙府君(景商)墓志铭并序》:"公讳景商,字安诗,乐安人也。……时宰相李德裕专国柄,忿公不依己,黜为温州刺史,移滁州刺史。理二郡,以慈煦弱,以严御豪。其他施设,皆可称纪。今上即位,征为刑部、兵部郎中,迁谏议大夫。"郁《考》系于会昌二年至四年(842—844)。

苏　球　会昌四年(844)授任。《闽中金石志》卷一《木龙赞》跋引《泉州府志》:"太守苏球作《木龙赞》。刺史苏球,以会昌元年六月任泉州清源郡,四年十月转温州。"

李　范　唐诗人李端从兄弟。《全唐文补遗》九辑唐李胤之《唐故陕州大都督府右司马李公(范)墓志铭并序》:"公讳范,字得之,赵郡人。……又转检校祠部员外郎,充职,俄又超拜温州刺史。下车之日,风化大行。奸弊无不除,惠利无不施,孜孜爱人,如忧赤子。温人颂德,日有千数。请立生祠,永报殊绩。廉使上闻,特赐殊考以旌之。受代之日,温人行泣。比及阙下,属汝南公为相,精求牧守。宿州控临要害,尤难其人。以公为称首,遂拜宿州刺史。信宿,公被风恙不行……"墓志谓李范大中乙亥岁(大中九年,855)五月二十六日卒,时年七十岁。据墓志,汝南公即宣宗初年宰相周墀,其为相时间为大中二年三月至大中三年三月。李范任温州刺史,时间约为会昌末年至大中三年间。① 郁《考》及旧志失载。

  裴 阅 大中五年至七年(851—853)在任。《樊川文集》卷一五《裴阅除温州刺史、伊实除献陵台令等制》:"敕正议大夫、前使持节忠州诸军事、守忠州刺史、上柱国裴阅等……可依前件。"郁《考》录有裴开,疑为裴阅之讹。

  段 庆 《全唐文补遗》二辑唐段雍《大唐故乡贡进士段府君(庚)墓志铭并序》:"段氏将葬其季,事前十九日,其元兄新授温州刺史庆,谓诸父弟雍曰:'我亡弟奄岁有日矣。……我今安忍以吾弟之事轻语于他人耶!惟以是铭命汝。'"墓志铭撰者段雍系墓主段庚堂弟,段庆系墓主段庚长兄。墓主段庚卒于咸通十二年(871)闰八月二十六日,时年五十六岁。由是知段庆授温州刺史在咸通十二年。

  鲁 寔 乾符三年(876)十一月在任。《资治通鉴》卷二五二"乾符三年"条:十一月,"王郢因温州刺史鲁寔请降,寔屡为之论奏"。

  崔 绍 乾符四年(877)八月卒于任。《唐代墓志汇编》乾符〇一九唐崔兢《唐故温州刺史清河崔府君(绍)墓志铭并序》:"有唐乾符纪元龙集丁酉,故温州太守崔府君终于郑州荥阳县之传舍,享年四十四……府君讳绍,字袭之,清河东武城人。……俄以家道贫窭,求为外任,乃拜永嘉太守。郡政清肃,首出邻境。无何,润帅失抚,末卒勃乱,招合亡命,恣扰郡邑,遄及永嘉之封。府君督军人百姓,励以斗志。属乞师不及,遂失城守。吏民咸白府君为潜匿之计。府君以荷任专城,不忍自顾,乃面贼帅,谕以逆顺,词气无屈,凶渠乃加敬而存礼焉,一郡无屠戮之祸,府君之德也。……府君以季父方镇宣城,尽室修觐,旋遇宣州府君薨背,府君护奉北归,痢血于道,奄从天数,以乾符四年八月十六日告终。"

  朱 褒 中和四年(884)在任。《新唐书》卷九《懿宗本纪》:中和元年(881)九月己巳,"永嘉贼朱褒陷温州"。自中和元年开始,温州进入朱褒控制割据时期。《新唐书》卷一九〇《刘汉宏传》:"中和二年……明年,汉宏屯黄岭……时钟季文守明州,卢约处州,蒋瓌婺州,杜雄台州,朱褒温州。褒兵最强,故汉宏使褒治大舰习战。"《吴越备史》卷一《武肃王》:"中和四年夏四月……(刘)汉宏因杀王人,密征水师于温州,刺史朱褒出战船,习于望海,以史惠、施坚实、韩公玫领之,复图水陆并进。"万历《温州府志》卷七《秩官上·温州刺史》有录,系于光启(885—888)年间。疑系刘汉宏伪授。

  胡 璠 大顺(890—891)年间卒于温州刺史任上。《资治通鉴》卷二六三"天复二年"条注云:"朱褒,温州人,兄弟皆为本州牙校。刺史胡璠卒,诞据郡,朱

---

① 参见毛阳光《唐刺史考全编》新补订,载《文献》2006年第1期。

褒逼诞而代之。"疑胡璠为光启二年(886)刘汉宏败亡后朝廷所派任。

朱　诞　朱褒之兄。大顺(890—891)年间任。《吴越备史》卷一《武肃王上》:"褒,永嘉人也。兄诞始为本州通事官。属寇乱,兄弟皆聚兵御之,以功遂摄司马。及副使胡燔(璠)卒,乃自据焉。"万历《温州府志》卷九《治行志》:"朱诞,僖宗大顺间与二弟褒、敖相继为温州刺史。杜荀鹤赠以诗云:'永嘉为郡昔推名,连属君家弟与兄。教化尽归龚渤海,文章高出谢宣城。'"①

朱　著　朱褒之兄。万历《温州府志》卷七《秩官》唐温州刺史录有朱著,谓乾宁中任。朱著,又名绪,字膺明。唐昭宗时登进士第,后仕梁。郁《考》未录。

朱　褒　天复二年(902)卒于刺史任上。《资治通鉴》卷二六三"天复二年"条注云:"朱褒,温州人,兄弟皆为本州牙校。刺史胡璠卒,诞据郡,朱褒逼诞而代之。"《新唐书》卷一〇《昭宗本纪》:天复二年,"四月……丙申,温州刺史朱褒卒,其兄敖自称刺史"。一说朱褒卒、朱敖代之在天复二年五月庚戌,《资治通鉴》卷二六三"天复二年"条:"五月庚戌,温州刺史朱褒卒,兄敖自称刺史。"《吴越备史》卷一《武肃王》亦载:天复二年五月"庚戌,温州刺史朱褒卒,兄敖代之"。②

朱　敖　朱褒之兄,天复二年(902)五月至十二月在任。《吴越备史》卷一《武肃王》:天复二年(902)五月"庚戌,温州刺史朱褒卒,兄敖代之"。《新唐书》卷一〇《昭宗纪》:天复二年十二月"癸巳,温州将丁章逐其刺史朱敖"。同见《资治通鉴》卷二六三"天复二年"条。

丁　章　《吴越备史》卷一《武肃王》:"是月(天复二年十一月),温州裨将丁章逐刺史朱敖,敖奔无诸,章遂据是郡。"三年,"夏四月,温州丁章为木工李彦斧杀之,裨将张惠据温州"。

张　惠　《资治通鉴》卷二六四"天复三年"条:三月,"知温州事丁章为木工李彦所杀"。注云:"未有朝命为刺史,止称知州事。其将张惠据温州。"《资治通鉴》卷二六五"天祐二年"条:八月,"处州刺史卢约使其弟佶攻陷温州,张惠奔惠州"。③

卢　佶　《吴越备史》附《吴越州考》:"温州,唐天祐二年八月卢佶寇扰,四年

---

① 一说朱诞任温州刺史在刘汉宏时即中和、光启间,《吴越备史》卷一《武肃王上》:"褒,永嘉人也。……褒处兄弟,性颇强悖。一日辄收兄诞印绶,以州属(彭城)汉宏,汉宏署褒刺事。"万历《温州府志》谓在大顺间,且朱诞、朱著、朱敖(一作翱)俱为朱褒兄。郁《考》系朱诞于中和时。未知孰是,姑录此。

② 郁《考》系朱褒于中和三年(883)至天复二年(902)任温州刺史,疑误。朱褒应曾先后两度出任温州刺史,一在刘汉宏之乱期间,一在乾宁年间到天复二年。《吴越备史》卷一《武肃王上》载:"褒耳下有一赤点,每怒发则点移于口,怒解如故。诞厅吏尝忤褒,褒将杀之。其母力救,对曰:'比求郡,盖欲杀此辈耳。'卒不听。"朱褒面目瘆人,性情强悖,而其兄朱诞曾任"本州通事官",朱著乃昭宗时进士,是故在朱褒以武力实际掌控据温州期间,一度先后以其兄朱诞、朱著走在台前担任温州刺史。

③ 万历《温州府志》卷七《秩官上·温州刺史》列丁章于张惠、卢信(佶)之后,误。

三月伐之，四月克之。"又同书卷一《武肃王》："天祐四年三月……王命文穆王讨温州，夏四月戊午克温州，斩卢佶而还。"万历《温州府志》卷七《秩官上》有录，讹作"卢信"。

吴　璋　《吴越备史》卷一《武肃王》："天祐四年……王命都监使吴璋为温州制置使。"①

任职时间不详者

李怀让　唐宗室，梁王李澄之孙、京兆尹李慎名之父。《新唐书》卷七〇上《宗室世系表上》梁王房："温州刺史、蒋国公，怀让。"万历《温州府志》讹作"李怀护"。

韦昭泰　万历《温州府志》卷七《秩官》："韦昭泰，景云（时任）。"郁《考》失载。

尹隆基　万历《温州府志》卷七《秩官》系在韦昭泰之后。郁《考》失载。

张九章　唐玄宗宰相张九龄季弟。《全唐文》卷四四〇徐浩《唐尚书右丞相中书令张公（九龄）神道碑》："季弟九章，温、吉、曹等州刺史。"张九章兄张九龄卒于开元二十八年（740）。《旧唐书》卷九九《张九龄传》谓张九章历吉、明、曹三州刺史，未言及温州刺史任。

王　晃　山西太原人，乃宪宗、文宗两朝宰相王涯之父。《新唐书》卷七二《宰相世系表二中》乌丸王氏："晃，温州刺史。"《刘禹锡全集编年校注》卷一七《代郡开国公王氏先庙碑》："维长庆三年，前相国王公始卜庙于西京崇业里。……大和二年，增新室既成，祔显考于尊位。……第四室，曰温州刺史、赠太尉府君讳晃。"万历《温州府志》系王晃于李怀让之后。

池　湛　万历《温州府志》卷七《秩官》谓天宝（742—756）间任永嘉郡太守，系于王晃之后。郁《考》失载。

裴　虬　《全唐文补遗·千唐志斋新藏专辑》第268页唐裴复《唐故朝散大夫谏议大夫赐紫金鱼袋裴公（虬）墓志铭并叙》："公讳虬，字深源，御史中丞府君之次子。天宝末，以门荫补太庙斋郎，署温州永嘉县主簿。自永嘉九迁至道州刺史。大历中，因朝京师，代宗延问理道，留居郡邸。以散秩奉朝请参谋议者。六年，代宗察公言顾行，行顾言，德可具大臣，才可施政事，由是擢授谏议大夫。朝廷大事，公卿大议，众所不决，待公而正。……（谏议大夫）居一年，出为楚州刺史。旋移温州。竟贬骧州司户，天下之人冤之而不能理也。在日南四年，遇国家多事，恩赦屡降。凡在迁逐，毕加收录。大忠不容于世，大行不耦于时。独漏天

---

①　万历《温州府志》卷七《秩官上·温州刺史》吴璋之前、卢信（佶）之后录周晦一人，未知所据。而卢佶、吴璋之间，据《吴越备史》卷一《武肃王》所载，时间上不容他人插入，疑误。兹不录。

奖，累从常叙。自驩州移永州司户，自永州移朗州司马。贞元二年冬十月十八日，以君子之道终于所任，享年六十四。"同见温州永嘉县主簿条。郁《考》及旧志失载。

孙 会 《千唐志斋藏志》第1113页唐冯牢《唐故银青光禄大夫工部尚书致仕孙府君（公义）墓志铭》（大中五年七月三日）："君讳公义，……父会，皇郴、温、庐、宣、常五州刺史，晋阳县开国男，赠工部尚书。"

崔 潊 《全唐文补遗》六辑唐李珪《唐故陇西郡夫人李氏（春）墓志铭》："先妣清河崔氏，外王父讳潊，皇朝温州刺史。"崔潊外孙女即墓主李氏，卒于大和四年（830），时年五十三岁。另，《新唐书》卷七二《宰相世系表二下》崔氏清河小房："潊，温州刺史。"

薛 乂 《新唐书》卷七三《宰相世系表三下》薛氏："乂，温州刺史。"薛乂乃湖州长史薛同之长子，以及元和（806—820）末越州刺史薛戎和长庆（821—824）间江西观察使薛放之兄。

张 邕 《全唐文补遗·千唐志斋新藏专辑》第389页唐张孟《唐故朝议郎行婺州永康县令上柱国张公（澹）墓志铭并序》："公讳澹，字景辉，陇西敦煌郡人也。……父邕，温州刺史。"张邕之子即墓主张澹，于大中八年（854）四月三十日卒，时年六十九岁。郁《考》及旧志失载。

韩 武 《元和姓纂》卷四昌黎棘城县韩氏："武，温州刺史。"

郑 册 《太平广记》卷四九引《原化记》："温州刺史郑册，好黄老之术。"

颜 某 名讳不详。《云溪友议》卷下《杂嘲戏》："温州颜郎中，儒士也，不知弧矢之能，张祜观其骑猎马上，以诗戏之。"

别　驾

钟绍京 《旧唐书》卷九七《钟绍京传》："钟绍京，虔州赣人也。……时姚崇素恶绍京之为人，因奏绍京发言怨望，左迁绵州刺史。及坐事，累贬琰川尉，尽削其阶爵及实封，俄又历迁温州别驾。开元十五年，入朝。"《新唐书》卷一二一《钟绍京传》同。万历《温州府志》讹作"钟超宗"。

潘好礼 《旧唐书》卷一八五《潘好礼传》："潘好礼，贝州宋城人。……开元三年，累转邠王府长史，俄而邠王出为滑州刺史，以好礼兼邠王府司马知滑州事……寻迁豫州刺史……俄坐事，左迁温州别驾，卒。好礼常自以直道不附于人，又未尝叙累阶勋，服用粗陋，形骸土木，议者亦嫌其邀名。"《新唐书》卷一二八《潘好礼传》、万历《温州府志》卷七《秩官上》所载皆同。

陶 雅 雍正《江西通志》卷六六引《豫章书》称："陶公达，南昌人。父雅，温州别驾。公达,幼能属文。建中初,诣阙献诗百首,授同知澄城县尉,改美原丞。贞元中,副元帅浑瑊奏辟为从事,历殿中丞、侍御史。"

南承嗣 《唐会要》卷四五《功臣》载,贞元七年(791)二月,诏授"南霁云男承嗣温州别驾"。

李 皋 唐宗室。《册府元龟》卷一五二《帝王部·明罚》载,温州人李钧、李锷兄弟,"天宝中,州举道举,咸赴京师,既升第参官,遂割贯长安,与乡里绝,凡二十余载,母死不举。温州别驾、知州事嗣曹王(李)皋具以事闻,下宪司讯问,钧等具伏罪"。代宗永泰元年(765),"配钧于施州、锷于辰州,纵会非常之赦,不在免限"。同见本书卷九二三《总录部·不孝》。一作温州长史,如《册府元龟》卷六九五《牧守部·刺举》则作"温州长史摄行州事"。

豆卢荣 《太平广记》卷二八〇《豆卢荣》:"上元初,豆卢荣为温州别驾,卒。荣之妻,即金河公主女也。"

邢 济 字端公。唐释皎然《杼山集》卷二《五言因游支硎寺寄邢端公》:"謇谔言无隐,公忠祸不防。谴深辞紫禁,恩在副朱方。"其下注云:"左迁温州治中,量移润州长史。"治中乃唐别驾之旧称。又,皎然和邢济多有诗歌酬和,同书卷一收有《五言酬邢端公济春日苏台有呈袁州李使君兼书并寄辛阳王三侍御》诗,则此邢端公即邢济也。邢济后曾任台州刺史,皎然有《送邢台州济》诗。

朱廷伟 见万历《温州府志》卷七《秩官上》。

邵弘明 见万历《温州府志》卷七《秩官上》。

长 史

李 皋 唐宗室。《旧唐书》卷一三一《李皋传》:"上元初,京师旱,米斗直数千,死者甚多。皋度俸不足养,亟请外官。不允,乃故抵微法,贬温州长史。无几,摄行州事。岁俭,州有官粟数十万斛,皋欲行赈救,椽吏叩头乞候上旨。皋曰:'夫人日不再食当死,安暇禀命?若杀我一身活数千人命,利莫大焉!'于是开仓尽散之,以擅贷之罪飞章自劾,天子闻而嘉之。"《新唐书》卷八〇《李皋传》及《册府元龟》卷六七五《牧守部·仁惠》、《太平御览》卷四七七《人事部·施惠下》等均载其事。《韩昌黎文集校注》卷六《曹成王碑》谓:"上元元年,(李皋)除温州长史,行刺史事。江东新剥于兵,郡旱饥,民交走死无吊。王及州,不解衣,下令掊锁扩门,悉弃仓实与民,活数十万人。"《册府元龟》卷一五二《帝王部·明罚》、卷九二三《总录部·不孝》作"温州别驾、知州事、嗣曹王(李)皋"。

冯昭泰 《张燕公集》卷二一《故括州刺史赠工部尚书冯公神道碑》:"公讳昭泰,字遇圣,长乐人也。……转湖州长史,……除温州长史,俄复旧阶,拜括州刺史。水国潵洳,苦疾言归。景龙三年六月十三日终于苏州之逆旅,春秋六十有五。"冯昭泰一生曾先后在两浙地区任湖州长史、睦州刺史、温州长史、括州刺史等职。

裴光朝 《洛阳流散唐代墓志汇编》第306页唐阙名《大唐中大夫行温州长史裴公夫人高氏渤海郡君墓志铭并序》:"夫人,渤海人也……逮当笄之年,征有行之礼,遂归于河东裴光朝。……金夫转为潭州佐,夫人随其宦游。"夫人高氏开元二十七年(739)遭疾终于长沙廨宇,"间者,裴公已为温州长史。克减天禄,孔修丧仪"。高氏于开元二十九年归葬于龙门北原。可知裴光朝授温州长史在开元二十七年至二十九年(739—741)间。

陈　锡 《文苑英华》卷四一四载有钱珝《授杨知权袁州司马、陈锡温州长史、杨澄端州司马等制》。

朱　永 万历《温州府志》卷七《秩官上》有录。近人宋慈抱著《两浙著述考·家乘类》谓,《大石殿前朱氏宗谱》"书首有世系纪略,谓台地朱氏有天长、襄阳二派。襄阳为唐元和丙戌进士永嘉长史永公之里居"。①

司　马

张怀约 雍正《江西通志》卷九一《人物》:"张怀约,字进宏,建昌人。初仕隋,归唐为温州司马。博学强记,文词典丽,讲三礼三传,出诸儒之右。性尚简约,后隐于当阳山,莫知所终。"《万姓统谱》卷三八《张怀约》所载略同。

吉　顼 武则天朝宰相。《朝野佥载》卷二:"周明堂尉吉顼,……除项中丞,赐绯。顼綦綦连耀事以为己功,授天官侍郎平章事,与河内王竞,出为温州司马,卒。"同书卷三亦云:"顼坐与河内王武懿宗争竞,出为温州司马而卒。"

薛知道 《大唐西市博物馆藏墓志》第644页唐阙名《大唐故瓜州长史赠慈州刺史薛府君墓志铭并序》:"府君讳琛,字季玉,京兆万年人也。……考讳知道,皇温州司马。……公即温州之少子也。"薛知道之少子即墓主刘琛,于天宝十一载(752)卒,时年五十五岁。

孙　乃 《全唐文补遗》四辑唐张蔄如《唐金紫光禄大夫检校司空使持节黄州诸军事黄州刺史上柱国乐安县开国男食邑三百户孙彦思墓志并序》:"考乃,皇将仕郎、温州司马。"孙乃之子即墓主孙彦思,卒于天祐三年(906),时年五十二岁。

郑绍先 《新唐书》卷七五《宰相世系表五上》郑氏:"绍先,温州司马。"

---

① 宋慈抱原著,项士元审订:《两浙著述考》,浙江人民出版社1983年版,第1171页。

录事参军

无考。

司功参军

无考。

司仓参军

韦　衍　《册府元龟》卷九二五《总录部·缱累》："元和中，……右神武仓曹韦衍为温州司仓参军。"

王　晃　《太平广记》卷二一七《路生》载，王晃以礼部员外郎贬温州司仓参军。

司户参军

柳　雄　《通典》卷一六九《刑典·守正》："大唐贞观初，……其年，温州司户参军柳雄于隋资妄加阶级，人有言之者。上令其自首，不首与尔死罪。遂固言是真，竟不肯首。"《唐会要》同载其事，并称是"贞观元年"事。

陈　徽　《新唐书》卷七一《宰相世系表一下》陈氏："徽，温州司户参军。"

司士参军

李延年　唐宗室。《旧唐书》卷六四《徐王元礼传》载，李延年乃唐高祖第十子徐王李元礼曾孙，"天宝初，拔汗那王入朝，延年将嫁女与之，为右相李林甫所奏，贬文安郡别驾、彭城长史。坐赃，贬永嘉司士。至德初，余杭郡司马，卒"。

茹　某　《全唐文补遗》四辑唐何得一《唐故婺州东阳县主簿王府君(煉)墓志铭并序》："府君讳煉，字偊之，其先京兆人也。……女二人，长女适雁门茹氏，前温州士曹。"

永　嘉　县

州治。东汉分章安县之东瓯乡置永宁县，属会稽郡。晋于县置永嘉郡。隋开皇九年(589)，改永宁县为永嘉县。十三年，省安固、乐成并入永嘉县。唐武德五年(622)，析永嘉县复置安固、横阳、乐成三县。高宗上元二年(675)，置温州，县治移往州东百八十步。1958年，永嘉县迁治上塘镇。今为浙江省温州市鹿城等区及永嘉县。

县　令

陈敬玄　《全唐文补遗》六辑唐贾栖梧《唐故永嘉郡永嘉县令陈公（敬玄）墓志铭并序》："公讳敬玄,字晏。……公性恢杰,多变通。年廿八,解褐桐庐丞。邑之强梁,闻风自靡。……擢永嘉郡永嘉县令。"陈敬玄天宝四载(755)六月卒于永嘉县廨宇,时年七十七岁。

吴　曾　万历《温州府志》卷一八《名宦·永嘉县》："(唐)吴曾,永宁令,勤于吏事,政平讼理,尝慕谢康乐风致,构亭曰怀谢云。"

薛万石　《太平广记》卷三三七《薛万石》引《广异记》："薛万石,河东人。广德初,浙东观察薛兼训用万石为永嘉令。"

崔道融　《十国春秋》卷九五《崔道融传》："崔道融,荆州人,以征辟为永嘉令,累官右补阙,避地来闽依太祖,未几病卒。"《唐才子传》亦谓其为永嘉县令。《全唐诗》收其诗一卷。

滕仁俊　《东坡全集》卷八九《故龙图阁学士滕公(甫)墓志铭》："(滕)文规见生公之曾祖讳仁俊,为温州永嘉令。"

李　澄　宋杨时《龟山集》卷三〇《李子约墓志铭》："公讳撰,字子约,姓李氏,本唐诸王苗裔,……世居陈留,至公之七世祖澄为温州永嘉令,始迁福州之连江。"

王　某　名讳不详。《玄英集》卷六有《送永嘉王令之任二首》诗："定拟孜孜化海边,须判素发侮流年。波涛不应双溪水,分野长如二月天。浮客若容开荻地,钓翁应免税苔田。前贤未必全堪学,莫读当时归去篇。虽展县图如到县,五程犹入缙云东。山间阁道盘岩底,海界孤峰在浪中。礼法未闻离汉制,土宜多说似吴风。字人若用非常术,唯要旬时便立功。"

行　俭　日本东京国立博物馆藏有日本求法僧圆珍于唐大中七年(853)十一月六日获得的温州安固县公验,其上署名有"永嘉县令行俭"。

沈　藻　《南部新书》卷五："(沈)藻后仕吴越钱氏为永嘉令。"沈藻乃沈既济五世孙。

陆　楚　《新唐书》卷七三《宰相世系表三下》陆氏："楚,永嘉令。"

陆缜之　《新唐书》卷七三《宰相世系表三下》陆氏："缜之,永嘉令。"

桂仲武　万历《温州府志》卷七《秩官上》及光绪《永嘉县志》卷九《秩官》均有录。

县　丞

无考。

主 簿

裴 虬 《全唐文补遗·千唐志斋新藏专辑》第268页唐裴复《唐故朝散大夫谏议大夫赐紫金鱼袋裴公（虬）墓志铭并叙》："公讳虬，字深源，御史中丞府君之次子。天宝末，以门荫补太庙斋郎。署温州永嘉县主簿。自永嘉九迁至道州刺史。大历中，因朝京师，代宗延问理道，留居郡邸。以散秩奉朝请参谋议者。六年，代宗察公言顾行，行顾言，德可具大臣，才可施政事，由是擢授谏议大夫。朝廷大事，公卿大议，众所不决，待公而正。……（谏议大夫）居一年，出为楚州刺史。旋移温州。竟贬骦州司户，天下之人冤之而不能理也。……贞元二年冬十月十八日，以君子之道终于所任，享年六十四。"同见温州刺史裴虬条。

县 尉

薄 仁 《全唐文补遗》五辑、《唐代墓志汇编》开元〇〇一唐阙名《大唐故沧州长芦县丞薄府君（仁）墓志铭并序》："公讳仁，字范，雁门人也。……（公）射策甲科，词锋颖脱。选众而举，爰授忻州行参军、括州永嘉县尉、沧州长芦县丞、武骑尉。……以垂拱二年，终于旅舍，春秋五十九。"

阎 说 《全唐文补遗·千唐志斋新藏专辑》第284页唐阎济美《唐故检校尚书膳部郎中兼侍御史阎君（说）墓志铭并序》："君讳说，字说，望本天水，今人为郑人。"父阎敬爱，唐睦州刺史。阎说"好览古集，尤善歌诗。初宝应岁，闽越海寇，倾陷城邑。都团练副使源复授楼船之寄，有出征之役，辟为从事，奏试温州永嘉县尉。军兴之际，风行海上。巨浪山涌，元戎先覆。君乃帅麾下数百人，深入重溟波涛之内数日。求尸不获，然后恸哭而返。由是义士知感，三军凄怆。君亦以此知名士林。无何，转运使、吏部尚书刘公邀致幕下，奏授润州上元主簿，籍其能也"。阎说于贞元十一年（795）三月十五日卒，时年五十八岁。

裴 虬 唐诗人杜甫有《送裴二虬作尉永嘉》诗（见《全唐诗》二二四）。又，万历《温州府志》卷七《秩官上·永嘉县》亦有录。《全唐文补遗·千唐志斋新藏专辑》第268页唐裴复《唐故朝散大夫谏议大夫赐紫金鱼袋裴公（虬）墓志铭并叙》谓其"署永嘉县主簿"，或以县尉之职署理主簿之务。

刘 溢 《唐代墓志汇编续集》元和〇三〇唐薛成《唐故朝请郎行扬州海陵县丞刘府君（溢）墓志铭并序》："公讳溢，……则京兆三原人也。公年弱冠，出身入仕，历官数政。比者趋屏浙东，方面不以才鄙，宾业特举，充随军兼温州永嘉县尉。旋迁海陵县丞。"刘溢卒于元和五年（810）十一月十九日，时年五十五岁。

安 固 县

本汉回浦县地。东汉改回浦县为章安县。三国吴分章安县于此置罗阳县，后改名安阳县。晋太康元年(280)，更名安固县，以县有安固江为名。隋开皇九年(589)，省横阳县入安固县。十三年，省安固县，地入永嘉县。唐武德五年(622)，析永嘉县复置安固县，属东嘉州。贞观元年(627)，废东嘉州，安固县属括州。唐高宗上元二年(675)，析括州永嘉、安固二县置温州。大足元年(701)，又分安固县置横阳县。唐天复二年(902)，改安固县为瑞安县。今为浙江省温州市瑞安市(县级)。

县 令

王怀瓒 《宝刻丛编》卷一三引《复斋碑录》谓："唐温州安固令王怀瓒墓志，正书，无书撰人姓名，贞元十三年十一月甲申窆于郡城。"

方 竚 《全唐文补遗》六辑唐权寔《唐故朝议郎行尚书刑部员外郎余稽余公(从周)夫人河南方氏合祔墓志铭并叙》："君讳从周，字广鲁，其先会稽人也。……(夫人方氏)祖讳初，仕为杭州录事参军。父讳竚，仕为温州安固令。夫人，安固之长女也。"方竚长女即墓主方氏，大中五年(851)殁，时年三十九岁。

□ 度 姓氏不详。日本东京国立博物馆藏有日本求法僧圆珍于大中七年(853)十月廿九日获得的温州安固县公验，其上署名有"安固县主簿知县事□度"。

陆方厚 见万历《温州府志》卷七《秩官上》。

薛正明 永嘉人。见万历《温州府志》卷七《秩官上》。

县 丞

欧阳蕡 唐欧阳詹《欧阳行周文集》卷八《与王式书》中提及欧阳詹之兄欧阳蕡任安固县丞。

主 簿

□ 度 同见前温州安固县令□度条。

县 尉

吉 顼 《旧唐书》卷一八六《吉顼传》："其年(则天时)十月，(吉顼)以弟作伪官贬琰川尉，后改安固尉，寻卒。"一说为温州司马，见温州司马吉顼条；一说为始丰尉,见《新唐书》卷一一七《吉顼传》:"顼寻徙始丰尉,客江都,卒。"万历《温州府志》误系于"唐安固令",新编《瑞安市志》沿袭其误。

张　泚　《全唐文补遗·千唐志斋新藏专辑》第 163 页唐刘震《唐故宋州楚丘县令张公(泚)墓志铭并序》:"公讳泚,字仲华,其先敦煌人也。……公门荫补太庙斋郎,糜温州安固县尉,再调曹州南华县丞。"张泚后累迁任宋州楚丘县令,于建中元年(780)正月二日卒,时年五十四岁。

李　调　《唐代墓志汇编》元和〇一〇唐阙名《昭成寺尼大德三乘墓志铭》:长安昭成寺尼,"俗姓姜氏,……适昭陵令、赠通州刺史李昕之妻,……有二子:长曰谊,终杭州余杭县令;幼曰调,终温州安固县尉"。李调之母即姜氏,元和元年(806)三月十四日卒,时年七十九岁。

横 阳 县

本汉回浦县地。晋武帝太康四年(283),分安固南横屿船屯置始阳县,不久更名横阳县,以县有横阳山为名。隋开皇九年(589),平陈,省横阳县入安固县。十三年,废安固县,地入永嘉县。唐武德五年(622),复分永嘉县置横阳县。贞观元年(627),县复废,地入安固县。大足元年(701),又分安固县再置,属温州。至宋乾化四年(918),横阳县改名平阳县。今为浙江省温州市平阳县。

县　令

邝　某　名讳不详。日本东京国立博物馆藏有日本求法僧圆珍于大中七年(853)十月二十六日获得的温州横阳县公验,其上署名有"横阳县丞权知县事邝"。

徐　回　泉州晋江人。雍正《福建通志》卷三三《选举·唐荐辟》:"(兴化府)徐回,横阳县令。"

王　玫　泉州晋江人。雍正《福建通志》卷三三《选举·唐科目》"乾符五年"条:"晋江县王玫,及第,温州平阳县令。"

县　丞

邝　某　同见前温州横阳县令邝某条。

主　簿

沈如筠　润州句容人。《新唐书》卷六〇《艺文志四》:"句容有……横阳主簿沈如筠。"

陈令同 《全唐文补遗》九辑唐阙名《唐故舒州怀宁县丞陈府君(令同)墓志并序》:"公讳令同,字弈,颍川人也。……自弱冠侍卫,立年从官,解褐授温州横阳县主簿。……顷秩满,还京从调。会府以清白名闻,复授舒州怀宁县丞。"该《序》撰于开元二十五年(737)二月十六日。

县　尉

无考。

乐　成　县

本汉回浦县地。东晋孝武帝宁康二年(374),分永嘉郡之永宁县置。隋开皇十三年(593),省乐成县入永嘉县。唐武德五年(622),析永嘉县复置乐成县。武德七年,再省乐成县入永嘉县。载初元年(689),复分永嘉县置乐成县。吴越国天宝元年(908),改乐成县为乐清县。今为浙江省温州市乐清市(县级)。

县　令

张子容 《唐才子传校笺》卷一《张子容》:"子容,襄阳人。开元元年常无名榜进士。仕为乐城令。"张子容在温州留下了诸多吟咏诗篇,如《泛永嘉江日暮回舟》《永嘉即事寄赣县袁少府瓘》《自乐城赴永嘉枉路泛白湖寄松阳李少府》等。与孟浩然为友,张子容有《除夜乐城逢孟浩然》、《乐城岁日赠孟浩然》(《文苑英华》卷二一八、二五〇),孟浩然有《永嘉别张子容》诗(《孟浩然集》卷四)。一说张子容所任为乐成县尉而非乐成县令,见乐成县尉张子容条。

王崇义 光绪《乐清县志》卷一〇《寺观》"白鹤禅寺"条引唐郭子仪《白鹤寺记》云:"时邑大夫琅琊王公崇义,承九重之命,施百里之恩,……因叹此寺独无碑铭,命予序述,遂诺。公请直书为记。"

裴某 名讳不详。《文苑英华》卷九四三《监察御史裴府君墓志铭》:"公讳某,字某,……祖某,温州乐城县令。"

县　丞

无考。

主　簿

魏靖 《全唐文补遗·千唐志斋新藏专辑》第148页唐刘升《大唐故金吾

将军魏公(靖)墓志铭并序》:"公讳靖,字昭绪,巨鹿曲阳人。……弱冠,应制举,授成武尉。转郑县尉、大理评事、监察御史、殿中侍御史。出为鄠县令。又贬为温州岳城主簿、苻离县令、幽冀彬蕲郑五州司马、濮原二州长史、库部郎中、万年县令、庆沁易泾四州刺史、灵庆秦三州都督。入为右金吾将军。"魏靖于开元十四年(726)八月二十四日卒,时年六十八岁。"岳城"疑系"乐成"之音讹。

县　尉

张子容　《唐诗纪事》卷二三:"(张)子容,乃先天二年进士第,曾为乐城尉,与孟浩然友善。"《全唐诗》卷一一六张子容有《贬乐城尉日作》云:"窜谪边穷海,川原近恶溪。有时闻虎啸,无夜不猨啼。地暖花长发,岩高日易低。故乡可忆处,遥指斗牛西。"唐诗人孟浩然亦有《除夜乐城逢张少府》《岁除夜会乐城张少府宅》诗。其中《除夜乐城逢张少府》:"云海泛瓯闽,风潮泊岛滨。何知岁除夜,得见故乡亲。余是乘槎客,君为失路人。平生复能几,一别十余春。""乐城"乃"乐成"之讹。

卷一二　台州(临海郡)

本秦之回浦乡。西汉置回浦县,东汉改回浦县为章安县。三国吴太平二年(257),分会稽郡东部置临海郡,治章安。隋平陈,废郡为临海县。唐武德四年(621),平李子通,于临海县置海州,领临海、章安、始丰、乐安、宁海五县。五年,改海州为台州,因州境天台山为名。六年,州没于辅公祏。七年,平辅公祏,仍置台州,省宁海县入章安县。八年,废始丰、乐安二县入临海县。贞观八年(634),复分置始丰县。高宗上元二年(675),复置乐安县,又改始丰县为唐兴县。永昌元年(689),复置宁海县。天宝元年(742),改台州为临海郡。乾元元年(758),复改临海郡为台州。《元和郡县图志》载,台州州境东西三百九十三里,南北四百三十五里,领县五:临海、唐兴、黄岩、乐安、宁海。

刺　史

赵　逵　《嘉定赤城志》卷八《秩官门一·历代郡守》(下简称《赤城志》):"武德七年,赵逵。《壁记》始此。"①

俞法才　清黄瑞编辑、王棻校正《台州金石录》卷二五代崔铎《大吴越国匡时励节功臣台州教练都知兵马使罗城四面都巡检使银青光禄大夫检校刑部尚书上骁卫将军兼御史大夫上柱国俞让墓志》:"唐初龙骧将军法才公,任台州刺史,于今三十二代孙也。"②《赤城志》失载。

元修义　《赤城志》:"(正)[贞]观二年,元修义。"

严　德　《赤城志》:"(正)[贞]观五年,严德。"

---

① 《嘉定赤城志》卷八《秩官门一·历代郡守》:"曾守会创《壁记》,起武德赵逵,前此弗著,而后此亦多遗误,乃随本年序次而博采传记,补其逸者五十有三人,其岁月异同则各附见于其末。盖郡之司命在守,当详实不可遗也。"

② 碑于咸丰(1851—1861)年间出土,《台州金石录》据拓本而录,其中所言"于今三十二代孙也"一句或有字误,因唐初至俞让卒葬之显德元年(954)仅三百余年,当不及三十代。

毕 操　《赤城志》："（正）[贞]观八年，毕操。"一说贞观八年（634）任台州刺史者为毕操之父毕諴。

韦 庆　《赤城志》："（正）[贞]观十年，韦庆。"

房 环　《赤城志》："（正）[贞]观十四年，房环。"①

闾丘胤　《赤城志》："（正）[贞]观十六年，闾邱（太祖御讳下一字）。""闾丘"后注云"太祖御讳下一字"，则知下一字乃为"胤"字。《新唐书》卷五九《艺文志三》载"《对寒山子诗》七卷"，注云："天台隐士。台州刺史闾丘胤序，僧道翘集。"又，《全唐文》卷一六二闾邱允《寒山子诗集序》："允乃进途，到任台州，不忘其事。""邱"系雍正三年（1725）为避孔丘之讳而改，而"允"则是为避雍正之"胤"而讳改，故此"闾邱允"即"闾丘胤"之讳改。

徐 永　《赤城志》："（正）[贞]观二十年，徐永。"②郁《考》失载。

郑神举　《赤城志》："（正）[贞]观二十一年，郑神举。"③

苏 亶　《旧唐书》卷八八《苏瓌传》："苏瓌，字昌容，京兆武功人，……父亶，贞观中台州刺史。"《赤城志》失载，郁《考》有载。

宋神膺　《赤城志》："永徽三年，宋神膺。"④

辛学忠　《赤城志》："永徽四年，辛学忠。《壁记》作学中，考旧志作学忠，《壁记》误。"⑤郁《考》失载。

席义恭　《赤城志》："永徽六年，席义恭。"

来 济　扬州江都人。《旧唐书》卷四《高宗本纪上》：显庆二年（657）八月丁卯，"中书令兼太子詹事、南阳侯来济左授台州刺史。皆坐谏立武昭仪为皇后、救褚遂良之贬也"。《赤城志》引《壁记》作永徽二年（651）授，误。

李 元　《赤城志》："龙朔二年，李元。《壁记》作李元真。按：临海、黄岩二旧志皆无'真'字，但一云（正）[贞]观八年，一云上元元年，皆不可晓，今姑从其旧云。"

孔 祯　《赤城志》："麟德二年，孔（仁庙嫌讳）。"⑥郁《考》误系麟德元年（664）。

高择言　《淳熙严州图经》卷一《题名》："高择言，乾封元年七月二十九日自台州刺史拜。"《赤城志》系于显庆二年（657），然而据《旧唐书》卷四《高宗本纪上》

---

① 此据中华书局《宋元方志丛刊》本，文渊阁《四库全书》本谓："贞观十四年，员思古。"
② 中华书局《宋元方志丛刊》本缺载，见文渊阁《四库全书》本。
③ 文渊阁《四库全书》本缺载，《宋元方志丛刊》本有载。
④ 同上。
⑤ 中华书局《宋元方志丛刊》本缺载，见文渊阁《四库全书》本。
⑥ 文渊阁《四库全书》本作"孔征"，当系避宋仁宗赵祯讳而改。

显庆二年台州刺史为来济,《赤城志》所载误,今从《淳熙严州图经》。

赵 璨 《赤城志》:"乾封二年,赵璨。乾封尽二年,《壁记》作三年。"

墨贻知退 《赤城志》:"咸亨二年,墨贻知退。"

李 璠 《赤城志》:"咸亨四年,李璠。《壁记》作李播。今按《唐宰相世系表》云:李璠历房郧台三州刺史。是《壁记》讹为播也。又,咸亨尽四年,《壁记》作五年。"《新唐书》卷七〇下《宗室世系表下》濮王房:"房、郧、台三州刺史、嗣王,璠。"故前《赤城志》所谓《唐宰相世系表》当为《唐宗室世系表》之讹误。

梁仁昭 《赤城志》:"仪凤二年,梁仁昭。"

吐突知节 《赤城志》:"调露元年,吐突知节。调露尽元年,《壁记》作二年。"

窦仪说 《赤城志》:"永淳元年,窦仪说。永淳尽元年,《壁记》作二年。"

裴 琎 《赤城志》:"垂拱二年,裴琎。"

沈成福 《赤城志》:"垂拱四年,沈福。"《元和姓纂》卷七吴兴武康县沈氏:"成福,简、台、庐等州刺史。"《唐代墓志汇编》天宝〇二七唐陈齐卿《唐故绛郡龙门县尉沈府君(知敏)墓志铭并序》(天宝二年五月十一日):"君讳知敏,字仲和,吴兴武康人也。……父成福,通议大夫、台州刺史。"墓主沈知敏即沈成福第三子,卒于天宝元年(742),时年四十八岁。又,《全唐文》卷二〇〇有沈成福《议移睦州治所疏略》,且谓沈成福系永徽(650—655)时人,则《赤城志》所载垂拱四年(686)任台州刺史之"沈福"当系"沈成福"脱字而误。

韦思义 《赤城志》:"天授二年,韦思义。"

成 琰 《赤城志》:"延载元年,成琰。延载尽元年,《壁记》作二年。"

张元瞿 《赤城志》:"万岁通天元年,张元瞿。"

韦 锐 《赤城志》:"久视元年,韦锐。"

张思义 《赤城志》:"长安二年,张思义。"乃唐玄宗宰相张嘉贞之父。

廉 琎 《赤城志》:"神龙二年,廉琎。"

卓 胤 《赤城志》:"景龙二年,卓胤(太祖御讳下一字)。"

张 诜 《赤城志》:"景云二年,张诜。景云尽二年,《壁记》作三年。"

康希铣 《赤城志》:"开元十一年,康希铣。以银青光禄大夫来守,会稽人,有集二十卷。见《唐[书]·艺文志》及《越州香严寺碑》,《壁记》不载。"《新唐书》卷六〇《艺文志四》在"《康希铣集》二十卷"下注云:"字南金,开元台州刺史。"《颜鲁公集》卷一〇《银青光禄大夫海濮饶房睦台六州刺史上柱国汲郡开国公康使君神道碑铭》:"君讳希铣,字南金。……以言事贬房州,转睦州,迁台州。所至之邦,必闻美政。开元初,入计至京,抗表请致仕,玄宗不许。仍留三年,请归乡,敕书褒美,赐衣一袭并杂彩等,仍给传驿至本州。冬十月二十有二日,不幸遘疾薨于会稽觉允里第，春秋七十一。"①康希铣，约于先天（712—713）中授睦州刺史。又，宋董棻编《严陵集》卷九宋罗汝楫《重建兜率寺记》云："及得旧碑读之，乃开元三年台州刺史康希（诜）[铣]文。"可知康希铣开元三年（715）已在台州刺史任上。《赤城志》系于开元十一年（733），实误。

李　英　《赤城志》："开元三年，李英。"

杨　翌　《赤城志》："开元六年，杨翌。"

郑　俦　《赤城志》："开元十年，郑俦。"

张嘉贞　唐玄宗宰相，前台州刺史张思义之子。《旧唐书》卷八《玄宗本纪上》：开元十二年（724）七月，"户部尚书、河东伯张嘉贞贬台州刺史"。《资治通鉴》卷二一二"开元十二年"条：秋七月"己卯，……户部尚书张嘉贞坐与守一交通，贬台州刺史"。《旧唐书》卷九九《张嘉贞传》："张嘉贞，蒲州猗氏人也……（开元）十一年，上幸太原行在所，（张嘉贞弟）嘉祐赃污事发，……出（张嘉贞）为幽州刺史，说遂代为中书令。……明年，复拜户部尚书兼益州长史、判都督事……明年，坐与王守一交往，左转台州刺史。"是谓张嘉贞开元十三年授任台州刺史。《赤城志》："开元元年，张嘉（仁庙嫌讳）。《壁记》作韦嘉正，今按《唐书》，张嘉正开元间贬守台州，盖《壁记》误以为韦也。又《旧唐书》作开元十三年。"所谓"又《旧唐书》作开元十三年"即指《旧唐书》卷九九《张嘉贞传》，而非指同书卷八《玄宗本纪》，故《赤城志》之"开元元年"说与"开元十三年"说，皆误。②今从《旧唐书·玄宗本纪》及《资治通鉴》，作开元十二年七月。

邵　昇　《赤城志》："开元十三年，邵昇。"

马　袭　《赤城志》："开元十六年，马袭。"

康神庆　《赤城志》："开元十九年，康神庆。"

崔叔度　《赤城志》："开元二十二年，崔叔度。"

韦　坦　《赤城志》："开元二十五年，韦坦。"

敬　诚　《赤城志》："开元二十六年，敬诚。自州授会稽守，见《会稽志》，《壁记》不载。"《嘉泰会稽志》卷二《太守》："敬诚，开元二十六年自台州刺史授。"

吴　沅　《赤城志》："开元二十八年，吴沅。"

贾长源　《宝刻丛编》卷一三引《复斋碑录》谓："唐玄宗《真容应见制》，开元二十九年六月一日下诏，临海太守贾长源刻，辅崇仪八分书。"则贾长源开元二十

---

①《嘉泰会稽志》卷六《冢墓》："康希铣墓，在山阴兰亭。希铣，会稽人，历饶、海、台、睦四州刺史。"历官误，当为"历海、濮、饶、房、睦、台六州刺史"。

②民国《台州府志》认为："《壁记》所载，史传或多无征；史传所言，《壁记》亦有失载。今定于开元初仍依《壁记》作韦嘉贞，而开元十三年更依史传补入张嘉贞。"

九年(741)在任。①

张　愿　《淳熙严州图经》卷一《题名》："张愿,天宝三载九月十八日自台州刺史拜。"《赤城志》失载。

韦南金　《淳熙严州图经》卷一《题名》："韦南金,天宝五载九月(阙)日自台州刺史拜。"《赤城志》失载。

高继之　《赤城志》："天宝五载,高继之。"

李　兢　《赤城志》："天宝八载,李兢。"

孙践由　《赤城志》："天宝十一载,孙践由。"

袁仲宣　《宝庆四明志》卷二一《宫观》："栖霞观,(象山)县西南二百五十步蓬莱山之下,旧名蓬莱观……唐天宝十三年台州刺史袁仲宣复置。"②

袁光孚　《赤城志》："天宝十四载,袁光孚。"③

李仲宣　《赤城志》："至德二年,李仲宣。至德尽二年,《壁记》作三年。"

李嘉祐　《新唐书》卷六〇《艺文志四》："《李嘉祐集》一卷。别名从一,袁、台二州刺史。"《赤城志》："上元二年,李嘉祐。"

史　叙　《册府元龟》卷一二二《帝王部·征讨第二》："代宗宝应元年八月,台州贼帅袁晁攻陷台州,刺史史叙脱身而逃,因尽陷浙东诸州县。"《赤城志》失载。

郭英翰　《赤城志》："宝应元年,郭英翰。见《国清寺记》,《壁记》不载。"

李景宣　《新唐书》卷七二《宰相世系表二上》赵郡李氏："景宣,台州刺史。"《赤城志》："广德二年,李景宣。"注云："《壁记》作陈景宣,今按《唐世系表》载李景宣为台州刺史,《括苍志》亦然,则《壁记》以为'陈'恐误。然《括苍志》言景宣以上元二年自台州为处州刺史,《壁记》乃云广德二年,又不可晓。"郁《考》系于广德二

---

① 《赤城志》："天宝元年,贾长源。有道化人,有德养物,见桐柏观碑。"又同书卷四〇《辨误门》："台州天庆观有唐开元真容应见碑,盖开元二十九年立也,后题朝散大夫使持节临海郡诸军事守临海郡太守贾长源;及桐柏观碑,天宝元年立,则作朝请大夫使持节诸军事守台州刺史上柱国贾长源,此一人耳。所载官称及郡号不同如此,盖当考之。唐至天宝元年改台州为临海郡,至乾元元年复为台州,不应开元二十九年便称临海郡、天宝元年却称台州。又唐自武德元年改郡为州,太守为刺史,加号持节,后为使持节诸军事。至天宝元年复改刺史曰太守,亦不应开元二十九年已称临海郡太守,而天宝元年既改作太守复号刺史,非二碑之误则史之误也。"清钱大昕《十驾斋养新录》卷一四《赤城志》："予谓寿老之辨当矣,然以情理度之,不特史文无误,即碑刻亦未尝误。盖天宝改元即在开元二十九年之次年,而改州为郡在是岁二月,则二月以前尚称台州刺史也。《真容应见敕》虽在开元二十九年,而台州距长安辽远,守臣承诏刊石,不妨迟至次年,则此刻必在桐柏观碑之后。其称临海太守亦非误也。"

② 象山县,广德二年(764)始属明州,此前隶属台州。又,民国《台州府志》卷九《职官表一考异》疑"仲宣"系袁光孚之字。

③ 《两浙金石志》卷三谓:"洪筠轩云:《赤城志》郡守题名有袁光孚,天宝十四年,尽至德二年。此称袁仲宣者,当是其字。"洪筠轩,即临海洪颐煊,其号筠轩。今姑录袁光孚于此。

年(764),姑从之。

韦　伦　《旧唐书》卷一三八《韦伦传》:"韦伦,开元、天宝中朔方节度使光乘之子。……代宗即位,起为忠州刺史,历台、饶二州。"《新唐书》卷一四三《韦伦传》略同。《册府元龟》卷六七〇《内臣部·诬构》:"大历初……乃以台州刺史韦伦为韶州刺史、兼御史中丞、韶连郴三州都团练防御使。"《赤城志》失载。

李　岵　《赤城志》:"大历二年,李岵。"

郭　叙　《赤城志》:"大历七年,郭叙。"①

英　瑜　《赤城志》:"大历九年,英瑜。"②

韦卿绍　《赤城志》:"大历十年,韦卿绍。"

王光胄　《赤城志》:"大历十三年,王光胄。"

崔　鼎　《赤城志》:"建中二年,崔鼎。"

邢　济　《赤城志》:"建中四年,邢招济。按,唐僧清昼有《送邢济牧台州》诗,即无'招'字,恐《壁记》误。又,建中尽四年,《壁记》作五年。"新、旧《唐书》无传,然《新唐书·肃宗本纪》及《资治通鉴》均载唐肃宗上元元年(760)有桂州经略使邢济,或其于建中四年任台州刺史。又,唐诗僧皎然《杼山集》卷四亦有《送邢台州济》诗。雍正《浙江通志》据《赤城志》同作"邢招济",误。

郭　符　《赤城志》:"(正)[贞]元三年,郭符。"

独孤汜　《赤城志》:"(正)[贞]元六年,独孤汜。"《全唐文》卷五〇九权德舆《祭独孤台州文》:"维贞元二十年岁次甲申十一月戊申朔,礼部侍郎权德舆谨以清酌庶羞之奠,敬祭于故台州刺史独孤七丈之灵。"

陆　滂　《赤城志》:"(正)[贞]元十年,陆滂。"

第五峰　唐肃宗宰相第五琦之子。《元和姓纂》卷八京兆长陵第五氏:"峰,台州刺史。"同见《新唐书》卷七五上《宰相世系表五上》第五氏:"峰,台州刺史。"又,《赤城志》:"(正)[贞]元十一年,第五峰。"

卢国因　《赤城志》:"(正)[贞]元十五年,卢国因。"然而据《千唐志斋藏志》第985页唐崔芃《唐故中散大夫使持节台州诸军事守台州刺史上柱国赐紫金鱼袋颍川陈公(皆)墓志铭并序》(贞元二十年二月十五日):"公姓陈氏,颍川人也,讳皆,字士素……贞元十四年迁台州刺史,十八年十二月十五日遘疠薨于郡之适寝,享年七十三。"则贞元十四年(798)至十八年(802)十二月十五日间台州刺史为陈皆,卢国因不可能在贞元十五年(799)为台州刺史,《赤城志》所载当误,"十

---

① 郁《考》疑其或为"史叙"之误。
② 郁《考》疑其或为"郭英翰"之重出。

五年"或为"十三年"之讹。

  陈　皆　字士素。《千唐志斋藏志》第 985 页唐崔芃《唐故中散大夫使持节台州诸军事守台州刺史上柱国赐紫金鱼袋颍川陈公(皆)墓志铭并序》(贞元二十年二月十五日):"公姓陈氏,颍川人也,讳皆,字士素……贞元十四年迁台州刺史,十八年十二月十五日遘疠薨于郡之适寝,享年七十三。"又,《大唐西市博物馆藏墓志》第 992 页唐冯涓《唐故前河东节度副使朝散大夫检校尚书屯田郎中兼侍御史柱国赐紫金鱼袋陈公府君墓志》:"公讳鲂,字中远,……皇祖讳皆,位台州刺史,兼御史中丞,赐紫金鱼袋。"陈皆于贞元十四年(798)至十八年(802)十二月十五日间任台州刺史。一作陈偕,乃"陈皆"之讹。①

  韦　叶　《赤城志》:"(正)[贞]元十八年,韦叶。"

  陆　淳　字伯冲,后改名陆质。《旧唐书》卷一八九《陆质传》:"本名淳,避宪宗名改之。质有经学,尤深于《春秋》……陈少游镇扬州,爱其才,辟为从事……历信、台二州刺史。顺宗即位,质素与韦执谊善,由是征为给事中。"《新唐书》卷一六八《陆质传》略同。《宋高僧传》卷二九《唐天台山国清寺道邃传》:"贞元二十一年,日本国沙门最澄者……泛溟达江东……时台州刺史陆淳判云……"贞元二十一年(805)二月,台州给予日本求法僧最澄的公验即签署"任为公验,三月一日台州刺史陆淳"。②《唐文续拾》卷五吴顗《送最澄上人还日本国诗序》:"以贞元二十年九月二十六日臻于海郡,谒太守陆公……台州司马吴顗叙。"则陆(质)[淳]于贞元二十年(804)至永贞元年(805)间在台州刺史任。《赤城志》云:"元和十五年,陆质。"系于元和十五年(820)当误。

  徐　裕　《赤城志》:"永(正)[贞]元年,徐裕。永(正)[贞]尽元年,《壁记》作二年。"

  韦　某　元和三年(808)授任。《赤城志》不录,见郁《考》。

  陈　岵　《赤城志》:"元和五年,陈岵。"据台州刺史徐放条,此年当为徐放在任。

  徐　放　元和九年(814)由台州刺史转授衢州刺史,在台州刺史任上凡六考。《全唐文补遗·千唐志斋新藏专辑》第 327 页唐元祐《唐故朝散大夫守衢州刺史上柱国徐君(放)墓志铭并序》谓徐放"(转屯田员外郎)无何,为台州刺史。众惜其去,芳猷蔼然。在任六考,始终一致。开舄卤,复流庸,海滨之氓,咸感仁政。改衢州刺史"。然《赤城志》据《佛陇智者碑》系徐放于元和六年(811)。考《宝刻丛编》卷一三引《复斋碑录》所录:"《唐天台佛陇禅林寺记》,唐陈让撰,徐放

---

  ①　《赤城志》:"贞元九年,陈偕。"当误。
  ②　[日]文化厅监修:《国宝》第 11 册《书迹Ⅲ》图版 5《传教大师入唐牒》,日本写真印刷株式会社制版印刷,每日新闻社昭和 59 年(1984)发行。

书,元和六年五月立,在天台。《唐智者大师修禅道场碑》,唐梁肃撰,徐放书,陈修古篆额,元和六年立,在天台。"仅说明徐放元和六年在台州刺史任,《赤城志》据此而系徐放于元和六年而系陈岵于元和五年、焦悱于七年,实误。徐放在台州刺史任"六考",实当元和四年至九年在任。

焦 悱 《赤城志》:"元和七年,焦悱。"据上徐放条,此年当为徐放在任。

崔 韶 元和十一年(816)在任。《赤城志》不录,见郁《考》。

李 逢 元和十二年(817)离任。《册府元龟》卷七〇〇《牧守部·贪黩》:"李逢为台州刺史,元和十二年坐赃贬康州司户参军。"《赤城志》:"元和二年,李逢。"误,"二年"当作"十二年"。

王建侯 《赤城志》:"元和十二年,王建侯。"《全唐文补遗·千唐志斋新藏专辑》第 410 页唐杨去甚《唐故杞王府谘议分司东都弘农杨公府君夫人太原王氏玄堂记并序》:"太夫人姓王氏,太原祁之第二房。……父建侯,皇银青光禄大夫、袁台剑硖洋等州刺史、太原县男。"王建侯之女即墓主王氏,卒于咸通八年(867),墓志撰者杨去甚即王氏之子、王建侯之外孙。

柳 泌 方士,本名杨仁力,少习医术,言多妄诞。《资治通鉴》卷二四〇"元和十三年"条:十一月,"柳泌言于上曰:'天台山,神仙所聚,多灵草。臣虽知之,力不能致。诚得为彼长吏,庶几可求。'上信之。丁亥,以泌权知台州刺史"。《旧唐书》卷一五《宪宗本纪下》:元和十三年(818)十一月丁亥,"以山人柳泌为台州刺史,为上于天台山采仙药故也。制下,谏官论之,不纳"。《新唐书》卷七《宪宗本纪》同。《唐文拾遗》卷五〇徐灵府《天台山记》:"柳君名泌,宪宗十三年自复州石门山诏征,授台州刺史。"《赤城志》:"元和十三年,柳泌。唐史及徐灵府《山记》皆作十三年,《壁记》乃作九年。"《壁记》所载为误。又,据《资治通鉴》卷二四一"元和十四年"条载:"柳泌至台州,驱吏民采药。岁余,无所得而惧,举家逃入山中。浙东观察使捕送京师。"《宝刻丛编》卷一三引《复斋碑录》:"唐柳泌《玉清行》,隐居台州刺史柳泌述并书,元和十四年岁在己亥九月十五日建,在天台。"则可知柳泌元和十四年九月十五日尚在台州刺史任上。

王仲涟 《赤城志》:"元和十四年,王仲涟。"

王仲周 京兆人。《旧唐书》卷一六《穆宗本纪》:长庆二年(822)二月,"前翰林学士、右庶子王仲周,以奉使缓命贬台州刺史"。《赤城志》:"长庆二年,王仲周。《壁记》不载,而载苗藏位于本年之下,殊不可晓。"《唐代墓志汇编续集》景福〇〇一唐强道《唐郑州原武县令京兆王公墓志铭并序》(景福四年十月十七日):"祖讳仲周,进士及第,任利、明、台三州刺史,国子祭酒,赠□□刺史。"王仲周元和四年(809)在明州刺史任上以坐赃贬韶州司户。

苗藏位 《赤城志》:"长庆二年,苗藏位。"

韦　衡 《赤城志》:"宝历二年,韦衡。"①

颜　頵 颜真卿之侄。《赤城志》:"大和二年,颜頵。"《宝刻丛编》卷一二引《集古录目》:"《唐修桐柏宫碑》,唐浙东团练观察使、越州刺史元稹撰并书,台州刺史颜頵篆额……碑以大和四年四月立。"又引《复斋碑录》:"《唐天台禅林寺智者大师画像赞》,唐颜真卿撰,侄颜頵正书,男汝玉篆额,大和四年冬季月建。"颜頵,一作颜禹。

郑仁弼 《赤城志》:"大和六年,郑仁弼。见《唐佛窟禅师塔铭》,《壁记》不载。"郑仁弼,开成二年(837)为睦州刺史。

郑　申 《赤城志》:"大和七年,郑申。"

周鲁宾 《赤城志》:"大和九年,周鲁宾。"

李文举 《赤城志》:"开成二年,李文举。"李文举,大中六年(852)为睦州刺史。

韦　珩 《宋高僧传》卷三〇《唐天台山禅林寺广修传》:"开成三年,日本国僧圆载来躬请法,台州刺史韦珩请讲《止观》于郡斋。"②

滕　迈 《赤城志》:"开成四年,滕迈。"《全唐诗》卷五四九赵嘏有《淮信贺滕迈台州》及《送滕迈郎中赴睦州》诗。

颜从览 《赤城志》:"开成五年,颜从贤。开成尽五年,《壁记》作六年。""从贤"系"从览"之讹,乃颜真卿之孙。

郭　诠 《赤城志》:"会昌五年,郭诠。"郁《考》谓"五年"为"三年"之讹。

乔　庶 《赤城志》:"会昌六年,乔庶、郑熏。"注云:"会昌尽六年,《壁记》乃载乔庶七年、郑熏九年,恐误。"《唐文拾遗》卷三〇宋诚《苍山庙记》:"会昌四年冬,梁园乔公自尚书郎来守是邦。"则乔庶当为会昌四年(844)授任。

郑　熏 《赤城志》:"会昌六年,乔庶、郑熏。"注云:"会昌尽六年,《壁记》乃载乔庶七年、郑熏九年,恐误。"

罗昭权 《赤城志》:"大中二年,罗昭权。见《会稽志》,《壁记》不载。"③

---

① 岑仲勉《姓纂四校记》谓《赤城志》之"韦衡"系"韦珩"之误。
② 《嘉泰吴兴志》卷一四《郡守题名》:"韦珩,大和五年四月自江州刺史拜,未视事卒。"谓韦珩大和五年(831)卒,而《宋高僧传》谓韦珩开成四年(839)在台州刺史任上,未知孰是孰非,兹姑录以存疑。
③ 《嘉泰会稽志》卷七《寺院》:"延庆院,在府东南五里二百二十六步,唐大中十二年台州刺史罗昭权舍宅建。"据圆珍《请弘传两宗官牒案》:"大中十二年正月,刺史、朝散大夫、敕赐绯金鱼袋严修睦新下台州。"及圆珍《乞台州公验状》文:"大中十二年四月八日,朝散大夫、使持节台州诸军事、守台州刺史严批给。"可知大中十二年(858)台州刺史为严修睦。《嘉泰会稽志》所载罗昭权任台州刺史之"大中十二年"当为"大中二年"之误。

韩　宾　《赤城志》："大中三年，韩宾。"

窦弘余　扶风平陵人，大中五年（851）授任。《樊川文集》卷一八《窦弘余加官依前台州刺史苏庄除邓州刺史等制》："敕：朝散大夫、使持节台州诸军事、守台州刺史、上柱国窦弘余，朝议郎、前使持节虔州诸军事、守虔州刺史、上柱国、赐绯鱼袋苏庄等……弘余可检校太子右庶子，余如故。"《赤城志》："大中五年，窦（宣祖御讳上一字）余。"即避宋宣祖赵弘殷之讳。

李　肇　《赤城志》："大中七年，李肇。"

裴　谟　《赤城志》："大中九年，裴谟。按：元稹桐柏观碑棱云，谟以此年五月十五日宿此之郡。《壁记》作十一年，误。"裴谟于大中十一年（857）十月秩满归京，见郁《考》。

严修睦　大中十二年（858）。《赤城志》失载，见郁《考》。

李师望　《赤城志》："大中十三年，李师望。按：元稹桐柏观碑棱：师望十四年以刺史至州讨贼，战于天台观前，收复唐兴县。"《资治通鉴》卷二五〇"咸通元年"条：七月，"台州刺史李师望募贼相捕，斩之以自赎"。《赤城志》卷四〇《辨误门》："检校尚书工部郎中、前兼台州刺史李师望，大中十四年三月十七日准诏义成、武宁、兖海、宣润等道兵士一千七百人乘驲赴任，讨除草贼……咸通三年罢郡，九月十一日北归，因留题。"郁《考》以《赤城志》载奚某咸通二年（861）到任，疑"咸通三年"为"咸通二年"之讹。

奚永芳　《赤城志》："咸通二年，奚（失其名）。见僧怀玉传碑云：咸通二年太守奚公重送寺额。《壁记》不载。"康熙《台州府志》卷五注："查《天台志》有奚永芳，咸通中为刺史。"雍正《浙江通志》作"奚承芳"。民国《台州府志》在"奚□□"下注称"当是奚敬章"。未知孰是，兹姑录之。

李　虔　《赤城志》："咸通三年，李虔。"

吴敬章　《赤城志》："咸通五年，吴敬章。"①

董　赓　《赤城志》："咸通七年，董赓。"

袁　从　《赤城志》："咸通九年，袁从。"

谭　洙　《赤城志》："咸通十二年，谭洙。见隋陈司徒碑，《壁记》不载。"

姚　鹄　字居云，蜀人。咸通十三年（872）在任。《全唐文》卷九三三杜光庭《历代崇道记》："咸通十三年三月，台州姚鹄奏。"宋张君房《云笈七籖》卷一一八《姚鹄修老君殿验》："台州刺史姚鹄因游天台山天台观，命于讲堂后凿崖伐木，创

---

① 民国《台州府志》疑《赤城志》所载咸通二年（861）"奚某"为奚敬章，"吴敬章"为奚敬章之姓讹，详见民国《台州府志》卷九《职官表一·考异》。

老君殿焉。将平基址，于巨石下得石函，方可三尺。发之中，有小石函，得丹砂三两，玉简一枚，长九寸，阔二寸，厚五六分……乃咸通十三年壬辰之岁也。"《赤城志》谓"咸通十一年，姚鹄"，而又谓"咸通十二年，谭洙"，则《赤城志》所载当误，姚鹄应为咸通十三年，而非咸通十一年。

封彦卿　《赤城志》："咸通十四年，封彦卿。咸通尽十四年，《壁记》作十五年。"

裴琏　《赤城志》："乾符三年，裴琏。"

王葆　《资治通鉴》卷二五三"乾符四年"条：二月，"（王郢）又攻台州，陷之。刺史王葆退守唐兴"。《赤城志》："乾符五年，崔葆。"郁《考》据《新唐书》卷六〇《艺文志四》"崔葆《数赋》十卷"下注"乾宁进士"，知崔葆不可能在乾符（874—879）中任台州刺史，谓"崔葆"乃"王葆"之误。今从《资治通鉴》。

罗虬　《赤城志》："乾符六年，罗虬。乾符尽六年，《壁记》作七年。"

张某　名讳不详。中和二年（882）在任。《全唐文》卷八一七杨光《赤石楼隐难记》："中和二年……时太守张公朝望崇重，远降分符，抚恤安邦……唐中和二年壬寅十一月初八日。"《赤城志》失载。

刘文　《赤城志》："中和二年，刘文。《壁记》作刘文宗，……误增'宗'字耳。"

杜雄　《赤城志》："中和三年，杜雄。"同书卷四〇引鲁洵《杜雄墓碑》："与刘文起事，刘知明州，因人之欲，请主郡政，廉使承制加御史大夫，明年兼大司宪，转左貂，锡以竹使符。详考其词，则是刘文自使之守郡，后方本道界之郡符耳。……乾宁四年冬十月卒。今《壁记》载杜雄中和三年到任，至乾宁四年方称骆团继之，殆与洵所制碑合。考之唐史纪年，则雄在郡首尾凡十五载。"杜雄于中和三年（883）授任，乾宁四年（897）十月卒于任上。

李振　《旧五代史》卷一八《李振传》："（李）振仕唐，自金吾将军改台州刺史。会盗据浙东，不克之任。因西归过汴，以策略干太祖。"《资治通鉴》卷二六一"光化元年"条：三月，"以前台州刺史李振为天平节度副使"。由此知《赤城志》所载"光化二年，李振"误，李振在光化元年三月即已改授天平节度副使，实未到任台州刺史。

骆团　《吴越备史》卷一《武肃王》：乾宁五年（898）正月，"王以越州指挥使骆团为台州制置使"。乾宁五年即光化元年。《赤城志》："乾宁四年，骆团。"系于乾宁四年当误。

骆延训　《赤城志》："光化三年，骆延训。"骆延训，乃骆团之子。

任职时间不详者

柳大隐　《元和姓纂》卷七河东解县柳氏："大隐，台州刺史。"《赤城志》列于隋时,岑仲勉《姓纂四校记》及民国《台州府志》均认为其大误,当为唐初所任。①

郭袭庆 《元和姓纂》卷一〇京兆郭氏:"袭庆,台州刺史。"

杨元禧 《旧唐书》卷七七《杨纂传》:"张易之诛后,元亨等皆复任京职。元亨至齐州刺史,元禧台州刺史,元祎宣州刺史。"《新唐书》卷七一《宰相世系表一下》杨氏越公房:"元禧,台州刺史。"

李允王 《唐代墓志汇编》开元三〇三、《全唐文补遗》二辑唐阙名《唐大中大夫行定州长史上柱国李府君(谦)墓志铭并序》:"公讳谦,字虚己,赵郡赞皇人也。……祖允王,皇朝台州刺史。"李允王之孙即墓主李谦,景云二年(711)九月二十六日卒,时年五十九岁。旧志及郁《考》失载。

韦翼 《全唐文补遗》五辑唐阙名《左威卫仓曹参军韦恂如长女(美美)墓志铭并序》:"京兆韦氏之女者,左威卫仓曹参军韦恂如长女也。名美美,字英娘。祖翼,皇台州刺史。"韦翼孙女即墓主韦氏,卒于开元二十年(732),时年十七岁。旧志及郁《考》均失载。

吴兢 唐代史学家。《旧唐书》卷一〇二《吴兢传》:"吴兢,汴州浚仪人也。……(开元)十七年,出为荆州司马,制许以史稿自随。……累迁台、洪、饶、蕲四州刺史,加银青光禄大夫,迁相州长史,封襄垣县子。天宝初改官名,为邺郡太守,入为恒王傅。"《赤城志》失载。

段怀然 《宋高僧传》卷二四《唐台州涌泉寺怀玉传》:"释怀玉……至天宝元年六月……含笑而终,肉身现在。后有赞,……一云是台州刺史段怀然诗也。"《全唐诗》卷二五八《段怀然小传》:"段怀然,台州刺史。"《赤城志》失载,郁《考》系于天宝初。

李暄 《全唐文补遗》一辑唐孙纾《唐前试大理评事兼监察御史孙公亡妻陇西李氏墓志铭并序》:"烈祖暄,皇朝台州刺史。父叔康,前任杭州临安县令。"李暄孙女即墓主李氏,卒于大唐大中九年(855)六月十六日,时年二十四岁。《赤城志》失载,同见郁《考》。

崔昭 《旧唐书》卷一一一《房琯传》:"(房)孺复以宰相子,年少有浮名,而奸恶未甚露,累拜杭州刺史。又娶台州刺史崔昭女。"

韦宥 唐驸马。《元和姓纂》卷二韦氏:"宥,台州刺史。"《全唐诗》卷四六九长孙佐辅有《闻韦驸马使君迁拜台州》诗,据《新唐书》卷八三《诸帝公主传》:

---

① 民国《台州府志》卷九《职官表一·考异》云:"嘉定《(赤城)志》列隋时,注云:'肃之子,见唐世系表。'今案,《表》言:柳肃,隋工部郎中;大隐,台州刺史。考《表》中大例,凡非唐时官必标举朝代,如后魏、后周、隋皆是。在唐代者,则不言也。今柳肃云隋工部郎中而大隐只云台州刺史,明非隋时可知,且隋平陈废郡为临海县,安得有台州刺史?当在唐代。"

"德宗十一女,韩国贞穆公主,……将下嫁秘书少监韦宥,未克而朱泚乱,从至城固薨。"则长孙佐辅诗中之"韦驸马"即韦宥。《赤城志》失录,见郁《考》。

韦光胄 《洛阳流散唐代墓志汇编》第516页唐阙名《故河南府新安县尉李君墓志文》:"唐元和十年十月十日,新安尉李克逊卒,得寿五十一。……娶京兆韦氏,故台州刺史讳光胄之孙,京兆府奉天县丞讳庆之女。"

李 逢 《全唐文补遗》八辑唐李贞《唐故陇西李夫人(裴君妻)墓志》:"夫人,皇族也。……父逢,进士登科,任台州刺史,移官于南。寻复以为光禄少卿致仕。"李逢之女即墓主李夫人,葬于大和五年(831)七月十三日,卒年五十岁。

韦 铣 《洛阳流散唐代墓志汇编》第192页唐阙名《大唐故银青光禄大夫使持节邢州诸军事邢州刺史上柱国汶阳县开国男韦府君墓志铭并序》:"公讳铣,字籯金,京兆杜陵人也。……以公坐贬授台州刺史,迁润州刺史兼江东道按察使,加都督润宣苏常杭越六州诸军事、润州都督。俄除都督事,刺及按察如故。又以本官兼御史中丞,增秩银青光禄大夫、汶阳县开国男、京畿按察使。"

敬 咸 《全唐文》卷二六二李邕《国清寺碑(并序)》:"于时明牧敬公名咸,忠贤相门,德礼邦镇,宣慈被物,遗直在人。"

韦方宪 《新唐书》卷七四《宰相世系表四上》韦氏平齐公房:"方宪,台州刺史。"《赤城志》失录,见郁《考》。①

待考录

裴光庭 《赤城志》:"开元二十九年,裴光庭。"并注云:"《唐史》以开元中贬守,姑附此。《壁记》不载。"然而《旧唐书》卷八《玄宗本纪上》载:开元二十一年(733),"三月乙巳,侍中裴光庭薨"。由此知开元二十九年(741)说实误,郁《考》疑其任台州刺史时间为开元十九年(731),然亦无佐证。

别 驾

郑 欣 《全唐文补遗》二辑唐阙名《唐故通议大夫持节开州诸军事开州刺史上柱国荥阳郑公(欣)墓志铭并序》:"公讳欣,字季庆,荥阳开封人也。……出摄汴州长史,改贝州长史,移邢、台、濮三州别驾。厘上佐之任,亟廿余年。"郑欣卒于开元二十三年(735)四月三日,时年七十六岁。

云 遂 《洛阳流散唐代墓志汇编》第378页唐程浩《唐故朝议大夫泉州刺史上柱国鄱阳县开国男云府君墓志铭并序》:"公讳遂,字勖,河南人。……开元

---

① 《赤城志》录有台州刺史王光胄:"大历十三年,王光胄。"王光胄或即为韦光胄亦未可知,兹姑并存而录之待考。

中,移睦州别驾,又转歙州别驾,加朝请大夫。又移台州别驾,加朝议大夫。祠汾阴,制除泉州刺史。"云遂于开元二十六年(738)卒,时年六十五岁。

杨忠梗 《全唐文补遗》八辑唐杨拯《唐故大中大夫邵阳郡太守杨府君(忠梗)墓志铭并序》:"公讳忠梗,字忠梗,弘农华阴人也。……其后,三题舆,四剖竹,既富而教,黎人怀之。故……清河、临海、丹阳,有实赖之歌;零陵、新安、邵阳,题循良之目。"杨忠梗卒于天宝二年(743),时年七十七岁。墓志撰者杨拯系杨忠梗之侄。

蔡钦宗 约开元(713—741)末、天宝(742—756)初年任,与刺史贾长源同时在任。《全唐文》卷三〇四崔尚《唐天台山新桐柏观之颂并序》:"朝请大夫使持节台州诸军事守台州刺史上柱国贾公名长源,有道化人,有德养物,尝谓别驾蔡钦宗等曰:'且道以含德,德以致美,美而不颂,后代何观?'乃相与立石纪颂,以奋至道之光。"民国《台州府志》卷九《职官表一》系于天宝元年(742)。

莫宣卿 雍正《广东通志》卷四四《人物志》:"莫宣卿,字仲节,封川人。父让仁,有隐德。宣卿幼孤,随母梁改适开建,亦姓莫氏,隽拔称神童。……比长,构书屋于麒麟山下,奋志读书。大中五年,状元及第,授台州别驾。以母老乞归,赐其乡曰锦衣。今开建县之金缕村有读书堂及片玉亭。岭南大魁天下自宣卿始。"《全唐诗》卷五六六《莫宣卿小传》亦云:"莫宣卿,字仲节,封川人,大中间举第一,官台州别驾,诗三首。"

长 史

宋 尚 邢州南和人,唐玄宗宰相宋璟次子,天宝九载(721)由汉东太守贬临海长史。《旧唐书》卷九六《宋璟传》:"(宋)尚,其载(九载)又为人讼其赃,贬临海长史。"《嘉定赤城志》以"宋尚"作"宋璋",误。

李敬方 《嘉定赤城志》卷一〇《秩官门三·通判》:"会昌六年,李敬方。"并加按语云:"《桐柏山题名》云:是年三月,台州长史员外置李敬方自寒山回游此。《文苑英华》有李敬方《喜晴》诗,注云'时左迁台州刺史'。当以题名碑为正。"

司 马

许子安 《全唐文补遗》二辑唐阙名《银青光禄大夫行太子右谕德钟绍京妻唐故越国夫人许氏墓志铭并序》:"夫人许氏,其先颍川人也。暨晋永嘉南迁于江表,因为句容焉。……祖叔牙,唐太子洗马。父子安,台州司马。"许子安之女即墓主许氏,卒于开元十七年(729)五月八日,时年六十岁。许子安之婿,即墓主许氏之夫钟绍京,于开元间任温州别驾。

孟诜 《旧唐书》卷一九一《孟诜传》："孟诜,汝州梁人也,举进士。垂拱初,累迁凤阁舍人,……因事出为台州司马,后累迁春官侍郎。"同见《新唐书》卷一九六《孟诜传》。另,《太平寰宇记》卷九八《江南东道十·台州》载:"唐垂拱四年三月,月桂子降于台州,司马孟诜、冬官侍郎狄仁杰以闻。"《说郛》卷三二下《洽闻记》载:"永昌中,台州司马孟诜奏:临海水下,冯义得石莲树三株,皆白。"则垂拱(685—688)至永昌(尽元年,689)间孟诜在台州司马任上。《嘉定赤城志》有录但未系任年,民国《台州府志》卷九《职官表一》系于垂拱二年(686)。

韩素真 《宝刻丛编》卷一三引《诸道石刻录》载:"唐台州司马韩公素真赞,天台峰白云撰并书,先天元年刻。"《赤城志》作"韩光乘",系于先天(712—713)年间,并谓"以正议大夫至。昌黎人"。宋王象之《舆地碑记目》、民国《台州府志》中"韩公素真"亦作"韩光乘真",均讹。

臧晋卿 《颜鲁公集》卷五《东莞臧氏糺宗碑铭》中说,东莞臧氏一族中开元、天宝后有"朝散、台州司马晋卿"。

蹇昊 开元(713—741)年间任。《嘉定赤城志》卷一〇《秩官三·通判》:"开元年,蹇昊。"并注云:"以朝请大夫至。见引《真容应见碑》。"

吴顗 《唐文续拾》卷五吴顗《送最澄上人还日本国诗序》:"以贞元二十年九月二十六日臻于海郡,谒太守陆公……台州司马吴顗叙。"

陈谏 《旧唐书》卷一四《宪宗本纪上》:永贞元年(805)十月己卯,贬"河中少尹陈谏台州司马"。同书卷一五《宪宗本纪下》:元和十年(815)三月乙酉,以"台州司马陈谏为封州刺史"。同见新、旧《唐书·王叔文传》。另,《吴郡图经续记》卷下《碑碣》载,报恩寺慧敏律师碑铭,亦系台州司马陈谏所撰。《嘉定赤城志》有录但未系任年。

吴某 名讳不详。由侍御史出为司马,唐武元衡有《送吴侍御司马赴台州》诗,见《天台前集》。

王暮 民国《台州府志》卷九《职官表一》系王暮于大中九年(855)任,并注云:"司马,见陶宗仪《古刻丛钞》。"

金斯铉 大中(847—859)年间任。见《嘉定赤城志》卷一〇《秩官三》引《天台集》。

周某 名讳不详。唐诗人孙逖有《送周判官往台州》诗。

丁某 名讳不详。唐诗人钱起有《送丁著作佐台郡》诗。

董某 名讳不详。《全唐诗》卷六二六陆龟蒙《送董少卿游茅山》诗有"将随羽节朝珠阙,曾佩鱼符管赤城"之句,并注云:"董尝判台州。"

录事参军

袁弘毅 《全唐文补遗》六辑唐阙名《□□故台州录事参军袁府君(弘毅)墓志之铭》："□讳弘毅,字季严,本陈郡人也。……年始弱冠,隋释褐任散从员外郎,唐任荆州公安县丞、台州录事参军。方骋康衢,陈书王会,履五公之懿业,为四海之殊荣。既而福善无征,奄从玄夜。以龙朔二年七月十二日,遘疾终于馆舍,春秋七十有五。以大唐麟德元年岁次甲子十一月乙巳朔十六日庚申,□窆于洛州北邙山之礼也。"

任谦之 《全唐文补遗》八辑唐张广济《唐故左金吾卫东京鹤台府别将任君(承胤)墓志铭并序》："君讳承胤,乐安郡人也。……高祖冑,隋齐州长史。曾祖绪,皇朝苏州吴县令。祖行满,棣州厌次县令。父谦之,台州录事参军。"任谦之之子即墓主任承胤,卒于天宝二年(743)。

沈佺期 《新唐书》卷二〇二《沈佺期传》："沈佺期,字云卿,相州内黄人。及进士第,由协律郎累除给事中,考功受赇,劾未究,会张易之败,遂长流驩州。稍迁台州录事参军事。"

王 绪 《太平广记》卷四六三《王绪》引《广异记》："天宝末,台州录事参军王绪病将死。有大鸟飞入绪房,行至床所,引嘴向绪,声云：'取！取！'绪遂卒。"

卢 寂 《全唐文补遗》六辑、《唐代墓志汇编》贞元〇五六唐柳寥《唐故太子司议郎卢府君(寂)墓志铭并序》："府君讳寂,字子静,范阳涿人也,……自太庙斋郎,历济、泗、台三州录事参军,转嘉兴、常山二县令,次授城门郎、司农寺丞、太子司议郎,诏命致仕,凡八迁焉。公忠谠亮直,临大难而不挠；屏奸嫉恶,奉至公而无愧。尝为泗上从事,是时,安贼乱□,郓守李通诬州将陈彪献款于寇,遂挚深狴。公愍到诚请,彪乃雪枉。及彪□临海,因荐公为录曹掾。"卢寂于贞元九年(793)五月八日卒,时年八十一岁。撰墓志者柳寥,系卢寂长女婿。

崔稚璋 《全唐文》卷四九二权德舆《送台州崔录事二十一丈赴官序》："夏四月,临海纪纲掾崔稚璋受命选部,出车东门。是岁,重表甥权德舆始至京师,寓居同里。"贞元八年(792),权德舆因征拜太常博士至京。① 又,《全唐诗》卷三二二权德舆有《寄临海郡崔稚璋》诗,其中即有"美酒步兵厨,古人尝宦游。赤城临海峤,君子今督邮"句。

刘 伦 《全唐文补遗·千唐志斋新藏专辑》第333页唐周君巢《唐故台州

---

① 《韩昌黎文集校注》卷七《唐故相权公墓铭》："贞元八年,以前江西府监察御史征拜(太常)博士,朝士以得人相庆。"上海古籍出版社1986年版,第471页。

录事参军河南刘公(伦)墓志铭并叙》:"有唐台州录事参军刘公,建中三年寝疾终于扬州法云之精舍,春秋若干。……公讳伦,字某,其先河南人。……弱冠,与从父兄方平以能诗齐名。天宝末,胡房犯顺,南迁江左,寓居会稽。黍离多露之感,慨然有遗荣之意。吏部侍郎李季卿巡抚江淮,表公志行;兵部尚书薛兼训连帅浙右,举公才业。再命台州纠曹掾。强应所知,雅非其好。未满岁,拂衣罢去。"不久,受刘晏(时总榷酤)表举北上,中途遘疠而殁。墓志撰者周君巢系墓主刘伦之婿。

赵　严　据四川省泸州市图书馆藏碑贴拓片登记表,该馆藏有《唐台州录事参军赵严墓志铭》拓片一幅,编号232。

司功参军

唐　员　大中七年(853)在任。日本求法僧圆珍大中七年十二月的台州牒,签署有"大中七年十二月三日史陈沂牒,摄司功参军唐员"之文,见《大日本佛教全书》所刊北白川宫家藏《圆珍台州府公验》。

司仓参军

朱　某　《大唐西市博物馆藏墓志》第178页唐阙名《唐故中书主书冯君墓志铭并序》:"公讳承素,字万寿,长安信都人也。……夫人朱氏,台州司仓之长女也。"朱某长女即墓主冯承素夫人朱氏,卒于咸亨二年(671);婿冯承素卒于咸亨三年,时年五十六岁。

姜平幼　《全唐文补遗》一辑唐李坦《唐故谯郡姜夫人墓志铭并序》:"夫人曾王父希,楚州淮阴县主簿。王父平幼,台州司仓参军。烈考参,润州司法参军。……夫人即法曹第一令女也。"姜平幼孙女即墓主姜夫人卒于咸通六年(865),时年四十七岁。

赵庭秀　《全唐文补遗》六辑有唐阙名《宣义郎上轻车都尉前行台州司仓参军赵庭秀墓志》:"开元廿七年岁次己卯十月庚申朔廿六日乙酉,迁(措)[厝]于河南府河南县平乐乡杜翟村界邙山之礼也。"

司户参军

郑　虔　《新唐书》卷二○二《郑虔传》:"郑虔,郑州荥阳人。……贼(指安禄山)平,……贬台州司户参军事,维止下迁。后数年卒。"唐张彦远《历代名画记》卷九亦载云:"郑虔,高士也。……与杜甫、李白为诗酒友,禄山授以伪水部员外郎。国家收复,贬台州司户。"诗人杜甫有《故著作郎贬台州司户荥阳郑公虔》及

《送郑十八虔贬台州司户,伤其临老陷贼之故阙为面别情见于诗》。《全唐文补遗·千唐志斋新藏专辑》第 249 页唐卢季长《大唐故著作郎贬台州司户荥阳郑府君(虔)并夫人琅琊王氏墓志铭并序》:"公讳虔,字趋庭,荥阳人也。弱冠,举秀才,进士高第。主司拔其秀逸,翰林推其独步。又工于草隶,善于丹青,明于阴阳,遂于算术。百家诸子,如指掌焉。家国以为一宝,朝野谓之三绝。解褐补率更司主簿,二转监门卫录参军,三改尚乘直长,四除太常寺协律郎,五授左青道率府长史,六移广文馆博士,七迁著作郎。无何,狂寇凭陵,二京失守。公奔窜不暇,遂陷身戎虏。初协授兵部郎中,次国子司业。国家克复日,贬台州司户。非其罪也,国之宪也。经一考,遘疾于台州官舍,终于官舍,享年六十有九,时乾元二年九月廿日也。"

杨德玄 《宁波历代碑碣墓志汇编》第 6 页唐阙名《唐故杨府君(晧澄)墓志铭并序》(元和十五年七月):"府君讳晧澄,其先弘农人也。……今为会稽人焉……考德玄,前后两任明州奉化县,由尉及丞,然而调选□铨官司,自非得志之君子,其谁与焉?□受台州司户参军,廉而且贞,抚事惟爽。"其子即墓主杨晧澄于元和十五年(820)卒,时年七十二岁。

司兵参军

无考。

司法参军

虞照乘 《宁波历代碑碣墓志汇编》第 1 页唐阙名《大唐故安州云梦县令虞府君墓志》(景云元年十一月):"君讳照乘,字宾辉,余姚人也。……解褐台州司法,转长城丞,历滑州司户、云梦令。"虞照乘卒于景龙三年(709)十二月九日,时年六十二岁。

李 侃 《新唐书》卷七二《宰相世系表二上》赵郡李氏:"侃,台州司法参军。"其弟李峤系武则天朝宰相。

司士参军

郑 蜕 开元(713—741)间摄司士参军,见民国《台州府志》卷九《职官表一》。

吕秀岩 陕西西安碑林藏有唐吕秀岩书并题额的《大秦景教流行中国碑》。此碑建于唐建中二年(781),碑云"大唐建中二年岁在作噩太蔟月七日大耀森文日建立,……朝议郎前行台州司士参军吕秀岩书"。

应 藻 《台州金石录》卷一唐李文师《唐故汝南府君墓志并序》:"公讳宗

本,字利用,世代东阳郡之人也。……先父府君藻,皇台州司士参军。公即府君之次子也。"应藻次子即墓主应宗本,卒于咸通二年(861),时年五十七岁。应宗本岳父沈刚曾任台州乐安尉。民国《台州府志》卷九《职官表一》据应宗本墓志补,另见同书卷八五《金石考一》"志称宗本字利用,世东阳郡人,父藻,台州司士参军",并谓应藻摄司士参军当在元和(806—820)、长庆(821—824)间。

万师贞 《宁波历代碑碣墓志汇编》第28页唐李仲模《唐故台州乐安县尉万府君墓志铭并序》:"公讳师贞,字建方。三卫出身,释褐受台州乐安县尉……缙绅为仙尉,是九层之渐也。擢自公材,冀升大任,于开成五年再选受台州司士参军。虽注唱已定,而签告未领。旋染疾疠……以会昌元年二月廿一日殁于京辇,享年四十有九矣。"未到任。

参 军

孙 发 《嘉定赤城志》卷一五《秩官门五·州属官》"军事判官"条注云:"唐孙发自华亭尉为州从事。"

临 海 县

州治。本汉回浦县地,东汉光武帝时改回浦县为章安县。三国吴大帝时,分章安县置临海县,属会稽郡。太平二年(257),以会稽东部为临海郡,治设临海县。隋平陈,废临海郡为县。唐武德四年(621),讨平李子通,于临海县置海州。武德五年,改海州为台州,县属台州,为台州州治。今为浙江省台州市临海市(县级)。

县 令

薛 某 《嘉定赤城志》卷一一《秩官门四·临海县令》:"薛长官,武德中。见《惠政侯庙记》。"

李 某 《洛阳流散唐代墓志汇编》第106页唐阙名《大周前朝散大夫行台州临海县令李府君妻故太康县君陈郡谢夫人墓志铭并序》:"夫人讳令婉,陈郡人也。……年廿四,作俪于陇西李氏,隋广武令之孙,唐越州长史、燉煌公之第五子也。"李某夫人即墓主谢氏,卒于圣历二年(699),时年五十岁。

康孝范 《颜鲁公集》卷七《银青光禄大夫海濮饶房睦台六州刺史上柱国汲郡开国公康使君神道碑铭》谓:康希铣先祖"僧朗生陈给事中、五兵尚书宗谔,为山阴令,子孙始居会稽,遂为郡人焉。曾祖孝范,江夏王府法曹、临海县令"。康熙《临海县志》卷四《秩官·知县》录康孝范一人,并谓:"会稽人,光启中任。曾祖铣。"据颜真卿《汲郡开国公康使君神道碑铭》,县志所载实误。康孝范实系碑主康希铣曾祖,而非如康熙《临海县志》所谓康希铣为康孝范之曾祖。康孝范所任临海县令亦当在唐初,而非晚唐之唐僖宗光启(885—888)年间。

张　鹍　《白居易全集》卷四一《唐故通议大夫和州刺史吴郡张公神道碑铭(并序)》:"张之为著姓,尚矣!自汉太傅良、侍中肱,晋司空华、丞相嘉以降,勋贤轩冕,历代不乏。肱避地渡江,始居于吴,故其子孙称吴郡人。嘉以孝悌闻于郡,故其所居号孝张里。嘉之曾孙裕,在宋为司徒,即公五代祖也。司徒之孙傳,在隋为吴郡都督,即公曾王父也。台州临海令讳鹍,即公之大父也。袁州司马讳孝绩,即公皇考也。……公讳择,字无择。"张鹍之孙即墓主张择于天宝十三载(754)正月二十一日卒,时年八十三岁。

唐　嚞　晋昌人。《新唐书》卷七四《宰相世系表四下》唐氏:"嚞,临海令。"《嘉定赤城志》、康熙《临海县志》引《新唐书·宰相世系表》作"唐嵩",误。

吴　贞　《宋高僧传》卷九《唐杭州径山法钦传》:"释法钦,俗姓朱氏,吴郡昆山人也。……年二十有八,俶装赴京师,路由丹徒,因遇鹤林素禅师。……自此辞素南征,……后到临安,视东北之高峦,乃天目之分径,偶问樵子,言是径山。……近山居,前临海令吴贞舍别墅以资之。自兹盛化,参学者众。"此后,唐代宗于大历三年(768)遣内侍黄凤前往径山宣旨诏迎至京。由是知吴贞任临海县令当在大历三年之前。康熙《临海县志》、民国《临海县志稿》、新编《临海县志》等均作"元和中任",误。

李　尚　《全唐文补遗·千唐志斋新藏专辑》第309页唐谭峰《唐故太中大夫守泽州刺史李公(鹔)府君夫人河南元氏墓志铭》谓,李鹔次子李尚系"台州临海令"。李尚不幸早逝,其母元氏元和三年(808)冬十一月二十二日卒,时年八十一岁。《全唐文补遗·千唐志斋新藏专辑》第355页唐李助《唐故中大夫泽州刺史赠光禄卿工部尚书太子少傅李府君(鹔)墓志铭并序》亦谓,李鹔之子李尚系台州临海县令。李助所撰李鹔墓志谓李鹔有四子,而李鹔夫人元氏墓志谓有五子,因长子李周早逝而佚,当以五子为是。

韩　某　名讳不详。乾符(874—879)间任。民国《临海县志稿》卷一三《官师·历朝令佐》:"韩某,名佚,见康熙《(台州)府志》引隋陈司徒庙碑。"

陈　某　名讳不详。乾宁(894—898)间任。民国《临海县志稿》卷一三《官师·历朝令佐》:"陈某,名佚,见康熙《(台州)府志》引《孙合集》有《与临海陈宰书》云:自归家山,往来士子无不叹足下为官能、为文章。"

县　丞

骆宾王　见括苍县令唐之奇条。
李　翼　康熙《临海县志》卷四《秩官·县丞》："李翼，元和十五年任。"

主　簿

啖　助　《五百家注柳先生集》卷九《唐故给事中皇太子侍读陆文通先生墓表》注云："助，字叔佐，赵州人，后徙关中。天宝末，为台州临海县主簿。"一说为临海县尉，见临海县尉啖助条。

县　尉

啖　助　《新唐书》卷二〇〇《啖助传》："啖助，字叔佐，赵州人，后徙关中，淹该经术。天宝末，调临海尉、丹阳主簿，秩满屏居。"一说为临海县主簿，见临海县主簿啖助条。
王从德　民国《临海县志稿》卷一三《官师·历朝令佐》："王从德，字本心，钱唐施水人。荐举，咸通进士。初尉临海。邑中有贫民，地近豪右，欲之弗得，乃罗以他事陷之狱。从德廉，得其情，士民称快。凡三擢，至大理少卿。以切直忤权贵，弃官归。见黄晟《王从德墓志铭》。"
李　绲　《新唐书》卷七二《宰相世系表二上》赵郡李氏："绲，临海尉。"
郑羡门　《新唐书》卷七五《宰相世系表五上》郑氏："羡门，临海尉。"

唐　兴　县

三国时，吴分章安县置始平县。晋武帝以雍州有始平县，改为始丰县。隋末，县废。唐武德四年（621），复置。八年，又废。贞观八年（634），复为始丰县。唐肃宗上元二年（761），改为唐兴县。吴越国天宝元年（908），改唐兴县为天台县。今为浙江省台州市天台县。

县　令

韩州来　《新唐书》卷七三《宰相世系表三上》韩氏："州来，唐兴令。"
李　蜀　《新唐书》卷七〇上《宗室世系表上》蜀王房："唐兴令，蜀。"
李　璬　《新唐书》卷七二《宰相世系表二上》赵郡李氏："璬，唐兴令。"李璬是建德县丞李暧之长兄。

张　例　《太平广记》卷四五〇《张例》载:"唐始丰令张例疾,患魅,时有发动,家人不能制也。"

　　白余丰　长庆四年(824)在任。《全唐文》卷七三〇王展《白郎岩记》:"白郎岩,因神姓名也。在天台山西,东抵唐兴县三十里。长庆四年秋,风雨不应候,土产之物焦干几七八。农人愁毒,相视不聊生。自浙东数郡咸然。县令曰余丰,曰:某窃长斯邑,邑人愁毒,犹吾愁毒也。将祷于名山,顾其辽远。某始至时,经于白郎岩,异状深黑巍峭,疑有神宅焉。因探其端,得寺记白郎神事。……自宝历元年更复旱。县令求去年之祥,召邑居客与同往祝请。其年六月十八日,是物复自穴而出,一如去年状,加四足焉。……展适在山野,获同观焉。因记其年月于是岩之侧。"

　　陈　某　名讳不详。《全唐诗》卷五八八李频有《送台州唐兴陈明府》诗:"见说海西隅,山川与俗殊。宦游如不到,仙分即应无。瀑布当公署,天台是县图。遥知为吏去,有术字惸孤。"

　　李安之　《全唐文》卷二六二李邕《国清寺碑(并序)》:"于时明牧敬公名咸,忠贤相门,德礼邦镇,宣慈被物,遗直在人。邑宰李公名安之,不忮不求,有为有守,惠爱恤下。"

　　钱特卿　《全唐诗》卷六五二方干《送钱特卿赴职天台》:"路入仙溪气象清,垂鞭树石罅中行。雾昏不见西陵岸,风急先闻瀑布声。山下县寮张乐送,海边津吏棹舟迎。诗家弟子无多少,唯只于余别有情。"

　　刘审交　《新五代史》卷四八《刘审交传》:"刘审交,字求益,幽州文安人也。少略知书,通于吏事,为唐兴令,补范阳牙校。"既称唐兴令,则当在吴越国天宝元年(908)前而约在唐末任。

县　丞

无考。

主　簿

　　李少康　《新唐书》卷七〇下《宗室世系表下》纪王房:"唐兴主簿,少康。"

　　刘　某　名讳不详。《全唐诗》卷二二六杜甫有《逢唐兴刘主簿弟》诗:"分手开元末,连年绝尺书。江山且相见,戎马未安居。剑外官人冷,关中驿骑疏。轻舟下吴会,主簿意何如。"

县　尉

　　吉　顼　武则天朝酷吏。《新唐书》卷一一七《吉顼传》:"吉顼,洛州河南人。

长七尺,性阴克,敢言事。……顼寻徙始丰尉,客江都,卒。"一说安固尉,见《旧唐书》卷一八六《吉顼传》。

黄岩县(永宁县)

唐高宗上元二年(675),割临海南界置永宁县。天授元年(690),更名黄岩县,以县有黄岩山而为名。今为浙江省台州市黄岩区。

县　令

卢义斡　《新唐书》卷七三《宰相世系表三上》卢氏:"义斡,永宁令。"又见《新唐书宰相世系集校》卷三《卢氏》引《隋东宫左亲侍卢万春墓志》谓:"(卢万春)父义斡,永宁县令。"

李　爽　《新唐书》卷七〇下《宗室世系表下》纪王房:"黄岩令,爽。"李爽乃唐太宗五世孙。

王　迈　《新唐书》卷七二《宰相世系表二中》王氏:"迈,字遐举,黄岩令。"

陆　盛　《新唐书》卷七三《宰相世系表三下》陆氏:"盛,黄岩令。"陆盛乃武后宰相陆元方曾孙。

郑季江　《文苑英华》卷九六二梁肃《郑处士墓志》:"处士讳稷,故酸枣令某之孙,今黄岩令季江之子。"

县　丞

殷　楷　《全唐文》卷六二四冯宿《天平军节度使殷公家庙碑》:"工部府君讳楷,字文绚,高宗朝四岳举高第,释褐拜雍州新丰尉,累迁大理丞。天授中,以议狱平反,为酷吏所陷,贬台州永宁丞。今上大和八年七月,诏追赠工部侍郎。"

薛荣童　《新唐书》卷七三《宰相世系表三下》薛氏:"荣童,永宁丞。"乃唐高宗宰相薛振(字符超)之孙。

郑　憬　《全唐文补遗》一辑、《唐代墓志汇编》元和一四〇唐郑寊《大唐故儒林郎守陈州司兵参军郑府君(憬)墓志铭并序》:"公讳憬,郑州荥阳人也。皇唐维元和十五年二月廿一日终于朱杨村私第,享(年)七十有一。……父讳憬,皇陈州司兵参军,身明经及第。本管洺州鸡泽县。前任和州历杨县主簿,第二任台州黄岩县丞,第三任陈州司兵参军。"郑寊系墓主郑憬之子。

主　簿

无考。

县　尉

姚子彦　《毗陵集》卷一一《唐故秘书监赠礼部尚书姚公墓志铭并序》:"有唐秘书监、永安县侯姚公,讳子彦,字伯英。……初举进士,又举词藻,皆升甲科,尉清苑、获嘉、永宁三县。开元二十九年,诏立黄老学,亲问奥义,对策者五百余人。公与今相国河南元公载,及广平宋少贞等十人,以条奏精辩,才冠等列。"

李　恬　《洛阳流散唐代墓志汇编》第434页唐卢士牟《唐儒林郎京兆府富平县令兼殿中侍御史骑都尉赐绯鱼袋赠吏部郎中陇西李府君墓志铭并序》:"公讳绲,字将瑜,陇西成纪人也。……烈考恬,永宁尉。"李恬之季子即墓主李绲,卒于贞元二年(786),时年四十六岁。

柳　芳　《嘉定赤城志》卷一二《秩官门五·诸县属官》:"唐柳芳,蒲州人。开元间登第,为永宁尉,入直史馆。见《唐书》。"

殷　寅　《颜鲁公集》卷九《左卫率府兵曹参军赐紫金鱼袋颜君神道碑铭》:"夫人,陈郡殷氏,兰陵郡太夫人之兄子,充曹州司法、丽正殿学士践猷之元女,高士永宁尉寅之女弟,高士寿安尉亮之家姑也。"又,《颜鲁公集》卷一一《曹州司法参军秘书省丽正殿二学士殷君墓碣铭》:"君讳践猷,字伯起,陈郡长平人。……教诲三子摄、寅、克齐等,皆克负荷。……寅,聪达有精识,能继先父之业,有大名于天下。举宏词,(授)太子校书、永宁尉。"殷寅乃杭州参军殷践猷之子、杭州刺史殷亮之父。

崔　佚　《全唐文补遗》八辑唐崔佚《有唐永宁县尉博陵崔佚妻太原王氏(婷)墓志铭并序》:"夫人讳婷,万年县令太原王圆之女,永宁县尉博陵崔佚之妻。……年十四,许归于我。……暨十八,始获从焉。……大历九祀,余述职周郊,言辞京国,泛舟偕逝,祗命下邑。其年冬,将诞幼女,归宁慈亲。既蠲大患,旋寝剧疾。明年夏四月癸亥朔,终于河南宣风里,时年廿有二。"墓志撰于大历十年(775)五月。由墓志可知,崔佚大历九年(774)授任永宁县尉。

靳　能　《大唐西市博物馆藏墓志》第706页唐阙名《唐故朝请大夫太原府阳曲县令韦府君墓志》:"公讳麟,字洞微。……夫人西河靳氏,永宁县尉能之女,以公之品叙西河县君,先公而卒。"其生卒年及任永宁尉年份均不详,仅知其婿韦麟夫妇贞元十五年(799)合祔于少陵之原。

吴汝纳　《旧唐书》卷一八下《宣宗本纪》载,大中元年(847)九月,前永宁县尉吴汝纳诣阙为其弟鸣冤。

乐 安 县

东晋穆帝永和三年(347),分始丰南乡置乐安县,以县有乐安溪为名。隋开皇九年(589),县废。唐武德四年(621),复分临海县置乐安县。八年,又废。高宗上元二年(675),再复置,徙治孟溪。今为浙江省台州市仙居县。

县 令

梁行满 《全唐文补遗·千唐志斋新藏专辑》第 65 页唐阙名《大周故台州陆安县令梁府君(行满)墓志铭并序》:"君讳行满,安定人也。"梁行满历任岐州普润县丞、梁州南郑县丞、邢州南和县丞、台州陆安县令等职。天授二年(691)十月十二日,由长子将梁行满与夫人杨氏合葬。墓志中的"陆安县"当为"乐安县"之讹。

任 瑗 《全唐文补遗》八辑唐阙名《大唐故乐安县令任府君(瑗)墓志文并序》:"府君讳瑗,字湿,其先殷周二代五侯九卿之后。……因官在封,遂为乐安人也。曾祖幹,宗正、司农二寺卿,袭封乐公。……祖景,皇朝金华县令、中大夫。……父松龄,词场擢第,户部员外郎、上柱国、朝散大夫。……府君弱冠,太学秀才焉,即任广平郡临洺县尉、河间司法参军、沧城郡南皮县令。高迁霸职,班秩盈庭。邑唱来苏,仁风远扇。"墓志谓任瑗于天宝十三载(754)九月卒,时年七十一岁。

钟离介 天宝(742—756)间任。《嘉定赤城志》卷一一《秩官门四》:"钟离介,天宝中。见《慈感庙记》。"万历《仙居县志》卷七《寺观》录有《慈感庙记》。

徐处悌 《全唐文补遗》四辑唐孙事问《唐故朝散大夫□成都府司录参军上柱国徐公墓志铭并序》:"公讳□□,字□□,其先东□□人也,……播迁姑蔑而终焉。后子孙因为衢之人。……台州乐安县令讳处悌,公之曾王父。"徐处悌之曾孙即墓主徐某,卒于会昌二年(842)十二月五日,时年七十一岁。徐处悌之孙,即墓主之父徐齐物,曾任睦州清溪县尉。

羊 忱 唐沈汾《续仙传》卷下:"羊愔者,泰山人也,以世缘官,家于缙云,……兄忱为台州乐安令。"

县 丞

无考。

主 簿

窦 崇 《新唐书》卷七一《宰相世系表一下》窦氏:"崇,乐安主簿。"同见万历《仙居县志》卷八《官属》。

县　尉

姚　晅　《全唐文补遗》四辑唐姚通理《唐故朝散郎行临海郡乐安县尉姚君（晅）墓志铭并序》："君讳晅，字玢，河东郡虞舜嫡嗣胤裔人也。……公袭宿荫太庙斋郎，缙绅选授临海郡乐安县尉。清白干济，郡县推揖。四考一秩，恒摄邻县。数处同赞，爰及司食。当仁不让，名不虚传。天宝元年十一月六日，公春秋五十，寝疾薨于所部。郡县百姓，缁道宿德。"

沈　刚　《台州金石录》卷一唐李文师《唐故汝南应府君墓志并序》："公讳宗本，字利用，世代东阳郡之人也。……公幼而婚，娶吴兴沈氏即故乐安尉刚之长女也。"沈刚女婿即墓主应宗本，卒于咸通二年（861），时年五十七岁。

俞　某　名讳不详。《文苑英华》卷三〇二唐苏颋《蜀城哭台州乐安俞少府》诗，其中有"远游跻剑阁，长想属天台。万里隔三载，此邦余重来。……白头还作尉，黄绶固非才"之句。

辛　某　名讳不详。《全唐诗》卷三八六张籍《送辛少府任乐安》："才多不肯浪容身，老大诗章转更新。选得天台山下住，一家全作学仙人。"

万师贞　《宁波历代碑碣墓志汇编》第28页唐李仲模《唐故台州乐安县尉万府君墓志铭并序》："公讳师贞，字建方。三卫出身，释褐受台州乐安县尉……缙绅为仙尉，是九层之渐也。擢自公材，冀升大任，于开成五年再选受台州司士参军。虽注唱已定，而签告未领。旋染疾疴……以会昌元年二月一日殁于京辇，享年四十有九矣。"

宁　海　县

东晋穆帝永和三年（347），分会稽郡鄞县置宁海县，属临海郡。[①] 隋开皇九年（589），省宁海县入章安县。唐武德四年（621），析临海县复置。七年，复废。

[①]　有关宁海县始置时间，存在多说。一说为汉旧县，见于南朝宋沈约《宋书》卷三五《州郡志》所注。该书"宁海令"条注云："何《志》，汉旧县。按：二汉《志》、晋太康地志，无。"沈约在《志序》中说何氏"其志十五篇"，何氏即何承天，《宋书》有传，擅长律历，其中《州郡志》当是其助手山谦之所撰。一说为太康元年（280），见南宋陈耆卿《嘉定赤城志》。二说始置于晋武帝太康元年（280），见于《嘉定赤城志》，其志卷一《地理门·叙州》："晋武帝太康元年，……析临海之北置宁海县。"三说为始置于东晋武帝太元二年（377），见于《嘉定赤城志》所加按语引宋人胡融所撰《宁海土风志》："县本汉回浦、鄞二县，太元二年裂鄞之八百户安北乡二百步，置宁海。"四说为始置于东晋穆帝永和三年说，见于《临海记》。《太平寰宇记》卷九八《江南道十·台州》引《临海记》云："晋永和三年，分会稽郡八百户于临海郡安地立宁海县。"《临海记》不著撰人名氏，或云南朝宋诜撰。《元和郡县图志》《太平寰宇记》均持此说。史志载录，往往以撰志时见存者系而录之，省废不存者往往阙略甚而失载于籍。或宁海县在永和三年之前，曾屡置而寻废，亦未可知。兹姑录而备考。

永昌元年(689)，于废县东二十里又置。载初元年(689)，移就县东一十里。今为浙江省宁波市宁海县。

县　　令

崔安敬　《洛阳流散唐代墓志汇编》第 92 页唐阙名《大周故朝散大夫行台州宁海县令崔君墓志铭并序》："君讳安敬，字安敬，博陵安平人也。……以他事授宣州宣城县令，又转台州宁海县令。君命舛中年，位居下邑，虽怀坦荡，终倦推迁。以载初元年七月五日卒于宁海之官舍，春秋六十有六。"

陈　祎　《全唐文补遗》三辑唐魏凌《唐故承议郎行临海郡宁海县令陈府君(祎)墓志铭并序》："公讳祎，字争，南朝颍川人也。……弱冠，以斋郎擢第，解褐任睦州参军事。……(庆州都督府兵曹参军事)秩满，转临海郡宁海县令。公于是绾墨绶，字黔黎，政表三能，威行百里。……享载六十一，遘疾以天宝七载六月廿一日终于宁海县公馆。"

陈仲通　《嘉定赤城志》卷一一《秩官门四》："陈仲通，咸通中死于裘甫之难。见旧经。"雍正《浙江通志》卷一五四引《台州府志》："(陈仲通)咸通中为宁海令，以德政称。裘甫寇浙东，将万余人入奉化、宁海，仲通率兵迎敌，被害，百姓哀之。"崇祯《宁海县志》卷四《秩官》有录，然误讹为"咸运中"，同书卷五《名宦》亦谓"懿宗咸通中为令"。

李　某　名讳不详，见《全唐诗》卷五〇三周贺《寄宁海李明府》诗。

陈　某　名讳不详。《十国春秋》卷八五《陈长官传》："陈长官事武肃王为宁海县令。"

县　　丞

无考。

主　　簿

无考。

县　　尉

殷玄觉　《文苑英华》卷八八二唐冯宿《天平军节度使殷公家庙碑》："卫尉府君讳玄觉，字元明，十八明经出身，以工部府君(殷楷)处明夷之时，持法不挠，谪居而殁，未归旧阡，茹荼调选，求为宁海尉，既克营护，祔于先兆，遂大布之衣，终身不言禄，与工部府君同回追赠卫尉少卿。"崇祯《宁海县志》卷四《秩官》失录，光绪《宁海县志》卷七《秩官》作"殷元觉"，系讳改。

卷一三　明州（余姚郡）

明州，原为句章县地。唐武德四年（621），析故句章县立鄞州。八年，废鄞州为鄞县，属越州。开元二十六年（738），分越州之鄞县置明州，以境内四明山为名，并析鄞县一部分置奉化、慈溪、翁山三县。天宝元年（742），改明州为余姚郡。乾元元年（758），复为明州。大历六年（771），省翁山县入鄞县。《太平寰宇记》载明州州境，东西一千九百五十里，内一千八百里入大海与新罗接界；南北三百六十里，内二百三十五里接大海。① 管县四：鄞、奉化、慈溪、象山。

刺　　史

秦昌舜　开元二十六年（738）授任，为明州首任刺史。《唐会要》卷七一《州县改置下》："明州，开元二十六年七月十三日析越州鄞县置，以秦昌舜为刺史。"《文苑英华》卷四一〇亦录有《授秦昌舜等诸州刺史制》。《宝庆四明志》《乾道四明图经》《延祐四明志》等均误作"秦舜昌"。

卢同宰　天宝三载（744）在任。［日］真人元开《唐大和上东征传》："天宝三载，岁次甲申……还至鄞山阿育王寺……州太守卢同宰及僧徒父老迎送，设供养，差人备粮送至白杜社村。"鄞山阿育王寺，在明州。②

任　瑗　《新唐书》卷二二五《安禄山传》："至德二载……（安）庆绪惧人之贰己，设坛加载书、桦血与群臣盟。然（阿史那）承庆等十余人送密款，有诏以承庆为太保、定襄郡王……任瑗为明州刺史，独孤允为陈州刺史……自裨校等，数数为国间贼。"《全唐文》卷四〇四《任瑗小传》："天宝朝，官左司员外郎，出为明州刺

---

①　《元和郡县图志》谓明州州境里数传写缺，然其所辖区域与《太平寰宇记》同，今姑以《太平寰宇记》所载列之。

②　鄞山，据《乾道四明图经》卷二《鄞县·山》载，"在（鄞）县东三十六里，高二百八十丈。东北峰上有佛左足迹，下瞰阿育王寺"。

史。乾元元年，徙括州刺史。"①

吕延之 《旧唐书》卷一〇《肃宗本纪》：乾元二年（759）六月"己巳，以明州吕延之为越州刺史，充浙江东道节度使"。《会稽掇英总集》卷一八《唐太守题名记》："吕延之，自明州刺史授。"《嘉泰会稽志》同。

独孤问俗 《嘉泰吴兴志》卷一四《郡守题名》："独孤问俗，上元三年自明州刺史授。《统记》云：宝应元年。"上元三年即宝应元年（762）。《宝庆四明志》失载。

李　长 《全唐文》卷五二〇梁肃《明州刺史李公（长）墓志铭》："大历七年冬十月甲子，前明州刺史李公寝疾终于晋陵之无锡私馆。……公讳长，字某，陇西狄道人。……丞相韦见素表公可用牧民，……由是历随、曹、婺三州，三州辑宁。……又换明州。时越初静，疮痍未复。公务稽劝分，人安怀之。及其去也，如夺乳育。"又，《洛阳流散唐代墓志汇编》第408页唐胡诵《唐故朝议大夫赠宋州刺史上柱国李府君墓志铭并序》谓，墓主李惟与夫人清河崔氏大历三年（768）十一月合祔时，嗣子李长"见任明州刺史"。由是知李长大历三年在明州刺史任上。

裴　儆 《宝庆四明志》卷一《郡守》："裴儆，大历六年刺史，八年罢。"成化《宁波郡志》卷七《职官考·名宦》："裴儆，河东人，大历间自长安令来刺郡。适海寇侵掠之余，井邑焚毁，道骸积而不掩，生民仅有存者。儆为之推心抚字，一年而惊遽以复，田畴以辟，茨塾以兴。然后，以礼义利物之教，教之三年，俗为邹鲁，长幼各得其宜。王密尝为撰纪德碣。"《全唐文》卷七九一王密《明州刺史河东裴公纪德碣铭并序》："乃命长安令河东裴儆殿于兹邦……故为政三年……公寻而进秩，州民共思，愿纪词于碑。"《宝刻丛编》卷一三引《复斋碑录》谓此碑："大历八年立。"

崔　殷 大历八年（773）授任。《全唐文》卷五三六崔殷《纯德真君庙碣铭》："后汉至行董君，讳黯，字叔达，句章人也。……故以董孝名乡，慈溪署县。贸江之族，熏然成风。皇唐大历八载，余分竹兹郡……葺宇崇祠，昭铭垂代，岂不务矣。"《宝庆四明志》卷一《郡守》："崔殷，大历八年刺史，记董孝子祠。"

王　密 京兆杜陵人，德宗朝进士登第，历官明州、湖州刺史，迁越州都督，充浙江东西道团练副使。《宝庆四明志》卷一《郡守》："王密，大历中刺史，有惠

---

① 《全唐文补遗》八辑唐阙名《大唐故乐安县令任府君墓志文并序》谓："府君讳瑗，字溠……府君弱冠，太学秀才焉，即任广平郡临洺县尉、河间司法参军、沧城郡南皮县令。高迁霸职，班秩盈庭。邑唱来苏，仁风远扇。府君春秋七十有一，九月九日寝疾而谢。……粤以天宝十三载岁次庚午十月八日，卜兆汜水县东北五里平原，葬礼也。"墓志未涉及任瑗任明州刺史"为国间贼"之事，仕途履历似未尽备，且谓卒葬于天宝十三载（754年，当为甲午年，而非如墓志所言之庚午年），或有为尊者讳之嫌。

政，民到今思之。李舟为碑记，竟失其传。公以大历十四年自湖州刺史授越州刺史，兼浙东节度副使，乃撰裴儆纪德之碣云'余忝蹑高踪'，则必承崔殷之后。碣文谓海裔难理，裴公中庸清静之德，感天人也深。以公之称裴如此，其为政可知矣。"

王　沐　武则天宰相王綝曾孙。《宝庆四明志》卷一《郡守》："王沐，綝之曾孙。（正）[贞]元四年刺史，立夫子庙，见庙碑。"一作王术，《全唐文》卷七二一胡的《大唐故太白禅师塔铭并序》中有"故明州刺史王公术"。

任　侗　《新唐书》卷四一《地理志五》"明州鄞县"条下注云："（县）西十二里有广德湖，溉田四百顷，贞元九年刺史任侗因故迹增修。"

卢　云　贞元十四年（798）在任。是年十二月卢云在明州刺史任上被镇将栗锽所杀，见新、旧《唐书·德宗本纪》。①

陈　审　《册府元龟》卷七〇〇《牧守部·贪黩》："陈审为明州刺史，贞元十九年坐赃，配流崖州。"

郑审则　贞元二十一年（805）在任。[日]文化厅监修《国宝》第11册《书迹Ⅲ》录有《传教大师将来目录》卷末具衔题名："大唐贞元二十一年五月十五日。朝议郎使持节明州诸军事守明州刺史上柱国荥阳郑审则书。"

王仲周　《册府元龟》卷七〇〇《牧守部·贪黩》："王仲周为明州刺史，元和四年坐赃贬韶州司户。"②

韩　察　《宝庆四明志》卷一《郡守》："韩察，韩滉之孙，长庆元年刺史，易县治为州治，撤旧城，筑新城，功大而民不知役，费广而用不厉民。见韩杼材所撰《移城记》。"

殷　彪　《宝庆四明志》卷一《郡守》："应彪，长庆三年刺史。建浮桥，跨江五十五丈。"成化《宁波郡志》所载同。《全唐文补遗》七辑唐郑修《唐故朝散大夫使持节明州诸军事守明州刺史上柱国陈郡殷府君墓志铭并序》："公□□，字文穆，……长庆初，拜金州刺史兼侍御史，又迁明州刺史。"殷彪于宝历元年（825）卒，时年七十七岁。又，《唐代墓志汇编续集》开成〇二一唐阙名《前大理评事薛元常妻弘农杨氏墓志》："唐开（元）[成]四年八月十七日，妻杨氏迁厝于南园之西地。……元常与故明州刺史殷彪还旧。殷承外舅分至，因此托以姻媾。□长庆四年中暑，元常自东洛赴嘉期。"由是知，《宝庆四明志》、成化《宁波郡志》所载之

---

① 《全唐文》卷七一〇李德裕《祥瑞论》："贞元中，余在瓯越……又余姚守卢君在郡时（注：卢君名从），有芝草生于督邮屋梁上……其岁，卢君为叛将栗锽所杀。"卢从系卢云之误。

② 王仲周，《旧唐书》卷一六《穆宗本纪》谓，长庆二年（822）二月辛巳，"右庶子王仲周以奉使缓命贬台州刺史"。

"应彪"即"殷彪"之讳改,而文穆则是殷彪的字。

唐　伸　《历世真仙体道通鉴》卷四〇《刘元靖》:"唐敬宗宝历初,诏入思政殿问长生事。……上不悦,而难作,放令归山。明州刺史唐伸妻病,求符于元靖。元靖戒来使曰:'此符当示史君,(母)[毋]先于夫人。'使回,伸已殂,夫人自愈。"郁《考》失录,今据朱玉麒《道藏所见唐刺史考》补。①

李文孺　《宝庆四明志》卷一《郡守》:"李文孺,大和三年刺史。修浮桥。见曾从龙所撰《浮桥记》。"

于季友　乃于頔之子,驸马,尚宪宗之女普宁公主。大和六年(832)在明州刺史任上。《新唐书》卷四一《地理志五》"明州鄮县"条下注云:"(县)西南四十里有仲夏堰,溉田数千顷,大和六年明州刺史于季友筑。"又,《白居易全集》卷三二《寄明州于驸马使君三绝句》:"留滞三年在浙东。"知其在明州刺史任三年。

裴　定　大和八年(834)授任明州刺史,开成二年(837)卒于明州刺史任上。《全唐文补遗》八辑唐令狐骧《唐故银青光禄大夫明州刺史河东裴公(定)墓志铭并序》:"开成丁巳岁建未月中旬之一日,故余姚郡太守河东裴公寝疾薨谢于州城官舍,享年六十二。……公讳定,字山立,闻喜人。……大和八年,使持节于明州。未改月而人心悦伏。"郁《考》失载。

李宗闵　唐文宗宰相。《旧唐书》卷一七《文宗本纪》载,大和九年(835)六月壬辰,②"诏以银青光禄大夫、守中书侍郎、同中书门下平章事、襄武县开国侯、食邑一千户李宗闵,贬明州刺史。……(秋七月)壬子,再贬为虔州长史"。

韦　埙　会昌元年(841)卒于明州刺史任上。《芒洛冢墓遗文四编》卷六唐陆洿《唐故朝议郎使持节明州诸军事守明州刺史上柱国赐绯鱼袋韦府君墓志铭并序》:"府君讳埙,字导和,京兆人也。……天子分寄明州,下车布皇泽,扇皇风,陬夷奉教,山海知仁。无何,无疾而逝。……以会昌元年五月五日卒于明州郡署,享年四十九。"又,同卷《大唐故明州刺史御史中丞韦公夫人太原温氏之墓志》谓韦埙"授明州牧,到处大理,中外一口……公到郡累月,为寒暑所侵,不幸而薨",知其在明州刺史任上不足一年。

李文举　《全唐文补遗》八辑有唐李文举《故范阳汤氏夫人(李文举妻)权厝记文》,李文举自署"鲦夫朝散大夫使持节明州诸军事守明州刺史上柱国",而其在该记文中亦曰:"(李文举妻汤氏)会昌二年八月廿六日遇暴疾,终于明州官宅内,享年四十。以年月未通便,至三年六月廿五日,长子玢自明州扶护灵榇北归,

---

① 载《南京师大学报(社会科学版)》1992年第4期。
② 《新唐书》作"壬寅"。

以八月十日卜择权窆扬州江都县归义乡蜀岗里。"记文即撰于是年八月十日,则李文举会昌二年至三年(842—843)间在明州刺史任上。旧志失载。

张次宗 乃唐宪宗宰相张弘靖之子。《宝庆四明志》卷一《郡守》:"张次宗,会昌中刺史,见所撰《鲍郎庙碑》。"

李敬方 《宝庆四明志》卷一《郡守》:"李敬方,大中初刺史。请复开元寺。"同书卷二一《宫观》:"栖霞观,(象山)县西南二百五十步……大中元年,令杨弘正告于明州刺史李敬方重修。"

罗昭权 大中五年(851)授任。《云溪友议》卷中《彰术士》:"浙东李尚书褒,闻婺女二人有异术……时罗郎中昭权赴任明州,窦弘余少卿赴台州。"《太平广记》卷二二三《娄千宝》所引略同。李褒大中三年自礼部侍郎授任浙东观察使兼越州刺史,大中六年卸任。又据《嘉定赤城志》载,窦弘余大中五年授任台州刺史。由是知罗昭权亦当于大中五年授任明州刺史。

侯某 大中八年(854)在任。名讳不详。《八琼室金石补正》卷四八《侯刺史等经幢题名》:"唐大中皇帝即位八年,岁在甲戌四月乙卯八日壬戌建,刺史侯,承奉郎守鄞县令崔幼昌。"

李休古 大中(847—860)年间在任。《宝庆四明志》卷一《郡守》:"李休古,大中间刺史。衔命除贼安民。十四年,除比部郎中,兼侍御史,记府学。见《文宣王庙碑》侧。"成化《宁波郡志》所载略同,然误作"李休"。

李伉 咸通六年(865)授任,在刺史任上曾建五龙祠堂。《全唐文》卷八〇六李伉《五龙堂记》:"余受命牧明人,四月庚止,六月大旱。俾吏具香酒,敬祈于五龙之神……吏未返,雨已大注……乃建宇爽垲,依方塑像,以时荐飨,谓之五龙祠堂云。时咸通六年季秋之末也。"

柳韬 咸通十年(869)在任。《两浙金石志》卷三《唐阿育王寺经幢》题名有"刺史柳、县令裴……咸通十年岁次己丑五月戊午朔廿八日建立,谯国曹诉书",并云:"题名中有'刺史柳'而不名,考郡志职官表,明州刺史柳韬于咸通间任此。又,'县令裴'其名无考。"则"刺史柳"即柳韬。

黎郁 咸通十一年(870)在任。《道教灵验记》卷五《孙静真救苦天尊验》:"咸通庚寅岁,海风翻浪,漂浸江浙,溺陷居人,明、越、苏、杭尤甚。水灾既退,因疫疾作焉。静真闻之,于其家静堂之内焚香祈祝以求保佑。是夕,梦救苦天尊自堂中飞出,冉冉乘空,向西而去。刺史黎郁闻其征异,助送香花,亦画太一天尊像以修奉焉。""咸通庚寅岁"即咸通十一年。又,《唐摭言》卷一三《惜名》:"李建州,尝游明州慈溪县西湖,题诗。后,黎卿为明州牧,李时为都官员外,托与打诗板附行。""李建州"即睦州寿昌人李频,由都官员外郎而迁任建州刺史,以礼法治下,卒官。而"黎卿"即黎郁。

崔　琪　咸通十五年(874)授任。《全唐文》卷八〇四崔琪《心镜大师碑》："咸通十五年，琪祇命四明郡。"又，《宋高僧传》卷一二《唐明州栖心寺藏奂传》："(藏奂)以咸通七年秋八月三日现疾告终，享年七十七。……十三年，弟子戒休赍舍利，述行状，诣阙请谥。奉敕褒谏，易名曰心鉴，塔曰寿相。……刺史崔琪撰塔碑，金华县尉邵朗题额焉。"

殷僧辩　《旧唐书》卷一九《僖宗本纪》：乾符四年(877)正月，"明州刺史殷僧辩为大理卿"。又，《宝庆四明志》卷一《郡守》："殷僧辩，建开元寺千佛殿。"

刘巨容　乾符四年(877)授任。《新唐书》卷一八六《刘巨容传》："刘巨容，徐州人。为州大将，庞勋之反，自拔归，授埇桥镇遏使。浙西突阵将王郢反，攻明州，巨容以筒箭射郢死，拜明州刺史，徙楚州团练使。黄巢乱江淮，授蕲黄招讨副使。"又据《资治通鉴》记载，刘巨容以筒箭射杀王郢事在乾符四年闰二月。由是知刘巨容乾符四年授任明州刺史。

刘　文　《宝庆四明志》卷一《郡守》："刘文，中和二年刺史，自州改授，见《赤城志》。"

钟季文　中和元年(881)授任刺史，景福元年(892)卒于明州刺史任上，见《新唐书》卷一九〇《刘汉宏传》、《新唐书》卷一〇《昭宗本纪》。

黄　晟　景福元年(892)自称刺史，开平三年(即天祐六年，909)卒，在任十八年。《宝庆四明志》卷一《郡守》："(黄)晟，鄞人也。僖、昭之间，盗贼蜂起。晟结群豪，迁奉化都护防遏兼侬飞都副兵马使。羊没，钟季文继之。钟没，众乃戴晟摄守，讨平邻寇，保护乡井。是时董昌、钱镠更王，晟皆善事之，表奏为真。创筑罗郭浮桥，毁于寇，复新之。境内以安，历年二十。终于梁之开平三年正月，与母齐氏、妻周氏俱葬于鄞县之隐学山中。事见墓碑。"

任职时间不详者

张九章　唐玄宗宰相张九龄之季弟。《旧唐书》卷九九《张九龄传》："(弟)九章，历吉、明、曹三州刺史。"

薛　璩　荆南人。《全唐文补遗》四辑唐薛居珣《唐故绛州翼城县令河东薛公(赞)墓铭》谓："王父讳璩，余姚郡太守。"薛璩之孙即墓主薛赞，卒于开成五年(840)十一月二十四日，时年七十九岁。

韦　韶　《元和姓纂》卷二东眷韦氏郧公房："韶，明州刺史。"韦韶叔父韦安石，曾为武则天、中宗、睿宗三朝宰相。

封　议　《千唐志斋藏志》第945页唐张劝《唐梁州城固县令渤海封君(揆)墓志铭并序》(贞元二年七月二十二日)："君讳揆，字揆，渤海郡人也。……皇考讳议，蓬、集、阆、明四州刺史。"封议之子即墓主封揆卒于贞元二年(786)，时年五十岁。

李　釜　《千唐志斋藏志》第1131页唐刘旭《唐故朝散大夫使持节丹州诸军事守丹州刺史充本州防御使上柱国弘农杨公(乾光)墓志铭并序》(大中九年八月二十四日)："公讳乾光，字耀卿，其先弘农人也。……明州刺史李釜，则其外祖也。"

赵　恒　《宝庆四明志》卷一《郡守》："赵恒、李长，两刺史并见《慈溪香山智度寺贞应大师行状碑》。"

吴　谦　《延祐四明志》卷一五《祀祠考·吴刺史庙》引王应麟撰《记》云："明自唐开元为州，城西门外有祠，耆耋云：大历中州刺史吴侯庙也。侯讳谦，字德裕，官水部员外郎。史策轶其传，郡乘缺其迹。遗爱在民，歃血奉尝。春秋荐兰菊，悠久弗懈。"

陈　泉　《元和姓纂》卷三武当陈氏："泉，明州刺史。"陈泉叔父陈希烈，系天宝(742—756)年间唐玄宗宰相。

李　岑　《全唐文》卷七二一胡的《大唐故太白禅师塔铭并序》于"故明州刺史王公术"之后有"故明州刺史李公岑"。

韦彭寿　《元和姓纂》卷二东眷韦氏大雍州房："彭寿，右司员外、明州刺史。"

李　谓　《新唐书》卷七〇上《宗室世系表上》大郑王房："明州刺史，谓。"

薛　蕴　《淳熙严州图经》卷一《题名》："薛蕴，□年□月□日自明州刺史拜。"

裴　某　名讳不详。《全唐诗》卷五三〇许浑有《陪越中使院诸公镜波馆饯明台裴郑二使君》。郁《考》疑台州郑使君为郑纁，会昌六年(846)刺台。若是，则裴某刺明与之同时，亦当在会昌六年。

李　远　宋寇宗奭撰《图经衍义本草》卷一八《何首乌》："明州刺史李远传录经验：何首乌所出，幽州南河县、韶州、潮州、恩州、贺州、广州四会县、潘州，以上出处为上。"

徐　鄎　《新唐书》卷七五《宰相世系表五下》北祖上房徐氏："鄎，光、处、齐、淄、明、泗六州刺史。"徐鄎大中四年(850)曾为处州刺史，见《全唐文》卷七三二张磻《新移丽阳庙记》。

王　俭　宋王安石《王临川集》卷九五《赠尚书刑部侍郎王公墓志铭》："公讳文亮，字昭远。其先，晋丞相导也。丞相十有六世孙俭，为唐正议大夫，刺明州。"

羊　僎　《宝庆四明志》卷一《郡守》有"羊僎"，并注云："黄晟墓碑作'羊'，《吴越备史》作'杨'。"

别　驾

徐　浩　大历八年(773)授任。《旧唐书》卷一一《代宗本纪》："(大历八年)

五月乙酉,贬吏部侍郎徐浩明州别驾,……皆坐典选也。"《旧唐书》卷一三七《徐浩传》谓:"徐浩,字季海,越州人。……坐以妾弟冒选,托侍郎薛邕注授京尉,为御史大夫李栖筠所弹,坐贬明州别驾。"

长　史

臧叔献　《颜鲁公集》卷七《东莞臧氏纪宗碑铭》谓,东莞臧氏一族中,开元、天宝后有"朝散(大夫)、明州长史叔献"。

李吉甫　唐宪宗宰相。《旧唐书》卷一四八《李吉甫传》:"李吉甫,字弘宪,赵郡人。父栖筠,代宗朝为御史大夫,名重于时,国史有传。……及陆贽为相,出为明州员外长史。久之,遇赦起为忠州刺史。"《旧唐书》卷一三九《陆贽传》:"初,(陆)贽秉政,贬驾部员外郎李吉甫为明州长史,量移忠州刺史。"《吴兴金石录》卷三《袁高茶山诗述》引《吴兴志》:"碑阴:朝议大夫明州长史员外置同正员李吉甫撰,贞元十年建,徐畴书。"

韦瓘　字茂宏,京兆万年人,韦夏卿弟韦正卿之子也。《新唐书》卷一六二《韦夏卿传》:"(韦夏卿弟)正卿子瓘,字茂宏,及进士第,仕累中书舍人。与李德裕善。……李宗闵恶之,德裕罢,贬为明州长史。"

陈祐　《刘宾客集·外集》卷八《赠同年陈长史员外》:"明州长史外台郎,忆昔同年翰墨场。一自分襟多岁月,相逢满眼是凄凉。推贤有愧韩安国,论旧唯存盛孝章。所叹谬游东阁下,看君无计出恓惶。"据《登科记考补正》卷一三,刘禹锡与陈祐同为贞元九年(793)进士。刘禹锡诗中的陈长史即陈祐。一作陈佑《金石录》卷九《目录九》:"《唐明州南楼诗》,陈佑撰,……长庆二年十二月。"①

王　玭　《新唐书》卷七三《宰相世系表三下》陆氏:"玭,明州长史。"

司　马

段承宗　《全唐文补遗》一辑唐孔崇道《大唐故朝请大夫行晋陵郡长史护军段府君(承宗)墓志铭并序》:"君讳承宗,字承宗,恭叔之后也。……时选良佐,迁授余姚郡司马。……又迁晋陵郡长史。治中之任,佐理惟贤。……以天宝十二载六月十六日,寝疾终于晋陵官舍,时春秋六十八。"

王志清　《全唐文补遗》四辑唐李塼《唐故江夏李府君(歧)墓志》谓,李歧"夫人琅琊王氏,明州司马志清之女"。王志清女婿即墓主李歧,卒于天宝七载(748)

---

① 清徐松《登科记考》原作"陈祐",并注云:"见《文苑英华》,一作佑。"孟二冬《登科记考补正》以《文苑英华》卷一八三作"陈祐",且《全唐诗》卷七七九亦同,谓徐氏误,而作"陈祐"。徐松又疑贞元九年进士科陈祐即为元和元年达于吏理可使从政科的陈岵。

三月十六日，时年三十岁。

倪　彬　《全唐文补遗》二辑唐阙名《大唐故中大夫守晋陵郡别驾千乘倪府君(彬)墓志铭并序》："公讳彬，字子文，常山槀城人也。……以孝廉擢第，……转授明州司马，骤迁吴郡长史、晋陵郡别驾。……以天宝九载十月十日，终于晋陵官舍，春秋六十有六。"

张嘉猷　《太平广记》卷一〇五《张嘉猷》引《广异记》："广陵张嘉猷者，唐宝应初为明州司马，遇疾卒，载丧还家，葬于广陵南郭门外。"

寇奭　《全唐文补遗》一辑唐崔耿《唐故朝散大夫守陕州都督府左司马上柱国上谷寇公(章)墓志铭并序》："公讳章，字身正，其先上谷昌平人。……伯氏：明州司马奭，伊阙尉亢，处士京。"寇奭侄子即墓主寇章，卒于大中三年(849)十月十一日，时年七十五岁。唐诗人武元衡有《送寇侍御司马之明州》诗，此寇司马即寇奭。

阳济　《千唐志斋藏志》第963页、《全唐文补遗》一辑唐刘长孺《唐故鸿胪少卿贬明州司马北平阳府君(济)墓志铭并序》："少卿讳济，字利涉。……建中末，巨猾构衅，天子狩于梁祥。公久婴疾瘵，事出不虞，与李昌夔等阙扞牧圉，为贼协从。屡觇动静，间道表闻，有诏嘉焉。旋京邑收复，公素无党援，为执政者弃善录瑕，降明州司马。……以贞元元年八月廿九日，薨于均州旅次，享年七十二。"似未到任。

录事参军

朱守质　《新唐书》卷七四《宰相世系表四下》朱氏："守质，明州录事参军。"其叔祖朱敬则，乃武则天朝宰相。

李绶　《全唐文补遗》七辑唐裴著《唐故溪州大乡县主簿李府君(泽)墓志铭并序》："公讳泽，河中府永乐县人。父绶，皇明州录事参军。"

司功参军

李从茂　《全唐文补遗》八辑载有李从茂所撰《大唐故承务郎守处州司户赵府君(□升)玄堂志铭并序》，李从茂自署"朝议郎、前行明州司功参军李从茂"。

蒋珵　《全唐文》卷七六一蒋偡《石壁院记》："先是，故吏部常选乐安蒋公讳诵有之，未遑经始，而传于故明州司功参军蒋公讳珵。"

司仓参军

无考。

司户参军

徐　审　《新唐书》卷七五《宰相世系表五下》北祖上房徐氏："审，字远知，明州司户参军。"

孙　某　贞元二十年(804)九月十二日在日本求法僧最澄明州牒中署有"司户参军孙□"。

温　某　名讳不详。《全唐诗》卷一三五綦毋潜有《送贾恒明府兼寄温、张二司户》诗，其中有"明州报两掾"句，则温、张二司户当为明州司户参军事。

张　某　名讳不详。同见《全唐诗》卷一三五綦毋潜《送贾恒明府兼寄温张二司户》诗。

司兵参军

无考。

司法参军

无考。

司士参军

无考。

参　军

李惟燕　《太平广记》卷一〇五《李惟燕》引《广异记》曰："唐天宝末，(李)惟燕为余姚郡参军，秩满北归，过五丈店。属上虞江埭塘破，水竭。"

鄞　县

州治。秦旧县。隋开皇九年(589)，废鄞县，地入句章县。唐武德四年(621)，析故句章县置鄞州。武德八年(625)，州废，更置鄮县，仍移理句章城，属越州。开元二十六年(738)，于县置明州。大致为今浙江省宁波市海曙区、鄞州区等地。

县　令

王君照　《宝庆四明志》卷一二《县令》："王君照，唐贞观十年鄮令，修小江湖。见旧志。"嘉靖《宁波府志》卷二《秩官表》讹作"王君烈",误。

柳惠古 《宝庆四明志》卷一二《县令》:"柳惠古,唐圣历二年鄞令,徙鲍郎祠于县。见本庙旧载。"嘉靖《宁波府志》卷二《秩官表》作"大历"任,乃"圣历"之讹误。

王元暐 《新唐书》卷四一《地理志五》:"(鄞县)南二里有小江湖,溉田八百顷,开元中令王元暐置,民立祠祀之。"一说大和七年(833)任,《宝庆四明志》卷一二《县令》:"王元暐,唐大和七年朝议郎、行鄞县令、上柱国。筑它山堰,浚小江湖,灌溉甚博。民德之,立祠堰旁。"并谓:"府学有请修文宣王庙文牒碑,具载岁月姓名,《唐书·地理志》云开元中令,误也。"

王叔通 《宁波历代碑碣墓志汇编》第2页唐王叔通《唐故了缘和尚灵塔铭并序》(开元二十六年七月):"开元廿六年岁戊寅七月既望……余来鄞甫三月,簿书卒卒,欲造无果,而遽得其耗。"且自署"授鄞邑令王叔通撰拜书"。又,《宝庆四明志》卷一二《县令》载:"王叔通,唐开元二十六年鄞令。见《(唐)会要》。"①

陆南金 《新唐书》卷四一《地理志五》:"(鄞县)东二十五里有西湖,溉田五百顷,天宝二年令陆南金开广之。"

储仙舟 《宝庆四明志》卷一二《县令》:"储仙舟,唐大历八年鄞令。见曾巩《广德湖记》。"

谢夷甫 乾隆《鄞县志》卷八《职官表·唐县令》:"谢夷甫,失其名。戴叔伦有《送谢夷甫宰鄞县》诗。"另,据《全唐诗》卷二七三有戴叔伦《送谢夷甫宰余姚县》诗,并注云:"余姚,一作鄞县。"宰余姚抑或宰鄞县,文献不足征,兹姑录以备考。

崔幼昌 《八琼室金石补正》卷四八《侯刺史等经幢题名》:"唐大中皇帝即位八年岁在甲戌四月乙卯八日壬戌建,刺史侯,承奉郎守鄞县令崔幼昌。"

裴 某 《八琼室金石补正》卷四八《僧景让等尊胜幢题名》:"刺史柳□、县令裴□……咸通十年岁次己丑五月戊午朔廿八日建立。"并按云:"题名碑由许正书,在鄞县。"

陆 纵 《新唐书》卷七三《宰相世系表三下》陆氏:"纵,鄞令。"

县 丞

崔 融 《洛阳流散唐代墓志汇编》第356页唐徐浩《唐故豫章郡兵曹参军

---

① 《唐会要》卷七一《州县改置》:"明州,开元二十六年七月十三日析越州鄮县置,……慈溪以房琯为县令,翁山以王叔通为县令,大历六年三月因袁晁贼废。"以王叔通为翁山县令,疑误。

崔公墓志铭并序》:"公讳贲,字光楚,博陵人也。……考融,越州鄮县丞。"其子崔贲卒于天宝九载(750),时年六十七岁。既言"越州鄮县",崔融任鄮县丞当在开元二十六年(738)置明州之前。

于　某　《八琼室金石补正》卷四八《侯刺史等经幢题名》:"唐大中皇帝即位八年岁在甲戌四月乙卯八日壬戌建,……摄鄮县丞、□□郎、前衢州龙邱县尉于□。"

李　积　《新唐书》卷七〇下《宗室世系表下》蒋王房:"鄮丞,积。"

主　簿

施友直　《韩昌黎文集校注》卷六《施先生墓铭》:"贞元十八年十月十一日太学博士施先生士丐卒,……子曰友直,明州鄮县主簿;曰友谅,太庙斋郎。"

秦　某　乾隆《鄞县志》卷八《职官表·唐县主簿》:"秦,失其名。大中八年(任)。"

县　尉

宗鲁贤　乾隆《鄞县志》卷八《职官表·唐县尉》:"宗鲁贤,神功元年(任),见《楼杕记》。"

邵　朗　《宝刻丛编》卷一三引《诸道石刻录》谓有唐和安寺碑,系唐明州鄮县尉邵朗撰。光绪《兰溪县志》卷三《寺院》"兜率禅寺"条注引唐明州鄮县尉邵朗《记略》云:"洎宣宗即统祚六年,重降德音,再许置寺,大理卿温公璋莅郡之日,持表奏论恩赐寺院之额。于是,营构堂殿,不月而成。尔后仍复寺名焉,咸通九年六月勒石。"①

奉　化　县

开元二十六年(738),析鄮县置。今为浙江省宁波市奉化区。

县　令

陆　某　名讳不详。《全唐文》卷四二八于邵《初夏陆万年厅送奉化陆长官之任序》:"公有入室之清行,有专门之奥学,加之理要,饰以艺文。三十年中,犹

---

① 邵朗,《宝刻丛编》卷一三引《诸道石刻录》作"郡朗",雍正《浙江通志》、光绪《兰溪县志》等均作"邵明"。今据《全唐文》卷八〇六邵朗《兜率寺记》所自云"朗谢秩鄮江,寓居兰渚寺,幸不以匪才,见托书事"之文,而径改之。

宰一邑，是何奇偶之所不伦乎？先是，公由外署尝摄行此职，未拜真而复罢，人到于今思之，岂彼人之幸犹多，而资公之政为理。不然，奚十年之外，复与此合耶？"①由是知陆某曾两度任职奉化县令。②

黄　岳　《全唐文补遗》三辑唐王鲁复《唐故吉州司法参军黄府君（季长）墓志铭并序》："吉州前司法参军黄弘远，讳季长，大中元年二月廿九日，终京务本里寝舍。……弘远，其先江夏太守祖之后。曾泉州长史惠，因家闽也。祖岳，奉化令。生外庭评事少玚，妻吴夫人生弘远，即廷评事三子也。"

陆明允　元和三年（808）授任。《万姓统谱》卷一一一《陆姓》："陆明允，字信夫，吴郡人，宣公贽之从子。元和三年，以集贤校理出为奉化县令，悃愊无华，视民如子。属岁大旱，邻境人相食，明允辑和其民，振廪食以给道路之饿者，全活数万人，治行为天下第一。复于龙潭溪叠石障水，凿渠引流，下通广平湖，达于江，溉田数千顷，后名其堰曰资国渠、曰新河，至今赖之。在邑五年，卒。民立祠祀焉。"

赵　察　《宝庆四明志》卷一四《县令》："赵察，唐元和十二年凿（奉化）县北河，邑人德之，因名赵河。十四年，开白杜河，凡溉民田一千二百余顷。"

李宗申　《宝庆四明志》卷一四《（奉化）县令》："李宗申，唐咸通六年建城隍庙。"

周罗山　光绪《奉化县志》卷一六《职官表·唐县令》有周罗山，并按曰："乾隆志祠祀：溪西庙神姓周，号罗山，唐咸通中任县令；而秩官列元和间，互异，今从《祠祀》。"

宋嗣宗　唐玄宗朝宰相宋璟之孙。清林侗《来斋金石刻考略》卷中"右丞相广平文正公宋璟碑"条谓族谱载："俨二子，长嗣先，左补阙；次子嗣宗，奉化令，家焉。"明王直《抑庵文集·后集》卷三三《宋氏考妣合葬墓志铭》亦云："宋氏之先，邢之南和人。唐季有讳嗣宗者，为四明奉化令，因家奉化。"雍正《浙江通志》卷一五二《名宦志》："宋嗣宗，字文缵，南和人，天祐四年为奉化令，利泽深厚，民甚德之。"

成公佐　见光绪《奉化县志》卷一六《职官表·唐县令》。

牧大器　见光绪《奉化县志》卷一六《职官表·唐县令》。

厉铎皇　光绪《奉化县志》卷一六《职官表·唐县令》："厉铎皇，见《象山县

---

①　于邵生于开元元年（713），卒于贞元九年（793），此送序中"陆长官"当非元和三年（808）奉化县令陆明允，而应另有其人。

②　《册府元龟》卷一三四《帝王部·念功》："杜楚客……至是莘发，太宗始扬其事，仍以兄有佐命之功免死，废为庶人，寻授处州奉化县令。"新、旧《唐书·杜楚客传》均作"虔化令"。奉化县始置于唐开元二十六年（738），唐太宗贞观间（627—649）不可能有奉化县令之授任，"处州奉化县令"系"虔化令"之讹。兹不录。

志》引崔咢《范阳厉氏墓志》。"厉铎皇，以象山县令兼摄奉化县令，卒于天复（901—904）年间。

王文序 宋葛胜仲《丹阳集》卷一四《宣义郎致仕王公墓志铭》："公王氏讳绎，其先京兆万年人，晋代徙贯四明，有讳文序者，仕钱氏为奉化令。"

县　丞

杨德玄 《宁波历代碑碣墓志汇编》第6页唐朱全真《唐故杨府君（晧澄）墓志铭并序》（元和十五年七月）："府君讳晧澄，其先弘农人也……今为会稽人焉……考德玄，前后两任明州奉化县，由尉及丞，然而调选□铨官司，自非得志之君子，其谁与焉？"其子杨晧澄元和十五年（820）卒，时年七十二岁。

主　簿

褚　冲 《万姓统谱》卷七五《褚姓》："褚冲，字士和，通《礼》《易》，举明经，授奉化主簿。辞归，观察使李栖筠复表授国子助教。"光绪《奉化县志》据《长兴县志》补录。

李成矩 咸通八年（867）在任。元袁桷《清容居士集》卷二〇《石夫人庙记》："州东北（应作"西南"）隅有山昂然，以尊秀特瑰异，望之若贞女……名之曰夫人山，唐咸通八年主簿李成矩记其庙。"

县　尉

杨德玄 《宁波历代碑碣墓志汇编》第6页唐朱全真《唐故杨府君（晧澄）墓志铭并序》（元和十五年七月）："府君讳晧澄，其先弘农人也……今为会稽人焉……考德玄，前后两任明州奉化县，由尉及丞，然而调选□铨官司，自非得志之君子，其谁与焉？"其子杨晧澄于元和十五年（820）卒，时年七十二岁。

包　淑 原名包敬伯。《类说》卷二八《神异记》："包淑，年三十五，释褐明州奉化县尉。"

慈　溪　县

开元二十六年（738），析鄮县置。今为浙江省宁波市江北区及慈溪市（县级）。

县　令

房　琯 慈溪县首任县令，后为唐肃宗宰相。《唐会要》卷七一《州县改置下》:"明州,开元二十六年七月十三日析越州鄮县置,……慈溪以房琯为县令。"《旧唐书》卷一一一《房琯传》:"房琯,河南人,天后朝正议大夫平章事融之子也。……二十二年,拜监察御史。其年,坐鞫狱不当,贬睦州司户。历慈溪、宋城、济源县令。所在为政,多兴利除害,缮理廨宇,颇著能名。天宝元年,拜主客员外郎。"《宝庆四明志》卷一六《(慈溪)县令》:"房琯,唐开元中监察御史贬睦州司户参军。慈溪始置县,迁为令。上德化,兴长利,流民来归,狡吏引去,以治最显。事见唐书本传及会要,并旧志所载。民立庙祀之,至今县桥名骢马,以公故也。"《新唐书》卷七一《宰相世系表一下》河南房氏:"琯,字次律,相肃宗。"其父房融,系武则天宰相。

周　颂　《太平广记》卷三八二《周颂》引《广异记》:"周颂者,天宝中进士登科,永泰中授慈溪令。"又见《宝庆四明志》卷一六《(慈溪县)县令》。

阎信美

张　涛

周　曜

宋　革

柳　宽　以上五人,均见《香山智度寺常寂大师行状碑》,转见《宝庆四明志》卷一六《(慈溪县)县令》。

李宗邵　宝历二年(826)在任。《洛阳流散唐代墓志汇编》第542页唐阙名《唐故金州刺史赠吏部郎中高邑公墓志铭并序》:"公讳纵,字佩弦,河南河南人也。……公有六子三女。"据墓志,李纵夫妇宝历二年改葬时,其第三子李宗邵任明州慈溪县令。

归　审　《宁波历代碑碣墓志汇编》第14页《琅琊郡陶府君夫人琅琊王氏(妃)墓志铭并序》(大和六年十二月):"夫人王氏……以惟大唐时大和六年岁次壬子十一月己丑朔十二日庚子寝疾亡……窆于明州余姚郡慈溪县上林乡石仁里。"碑文署"州牧于季有、县宰归审",则归审当为明州慈溪县令。州牧于季有即明州刺史于季友,大和六年(832)曾筑仲夏堰,溉田数千顷。

李楚臣　大中二年(848)在任。《宝庆四明志》卷一七《(慈溪县)寺院》"普济寺"条载:"普济寺,(慈溪)县东北一里。本吴太子太傅都乡侯阚泽书堂,后舍为寺,历代毁废。唐大中二年,县令李楚臣复立为德润院。"

县　丞

张　某　《玄英集》卷四有《题慈溪张丞壁》诗:"因君贰邑蓝溪上,遣我维舟红叶时。共向乡中非半面,俱惊鬓里有新丝。伫看孤洁成三考,应笑愚疏舍一枝。貌似故人心尚喜，相逢况是旧相知。"由是知张某在慈溪县丞任上已三年。

王　轲　光绪《慈溪县志》卷一七《职官·唐丞》："王轲，广明间丞。"并加按云："《保国寺志》：县丞王轲，昆山人，广明元年建寺。"孤文无证，姑列之。

主　簿

无考。

县　尉

无考。

象　山　县

本汉鄮县地。唐神龙元年（705），监察御史崔皎奏于宁海县东界海曲中象山东麓彭姥村置县。今为浙江省宁波市象山县。

县　令

徐　旃　民国《象山县志》卷五《职官表·唐县令》："徐旃，乾隆《志》：神龙二年任。按徐氏谱：旃，奉化小万竺人，为象山令，停官后庐居邑东之大徐。"

杨弘正　《宝庆四明志》卷二一《（象山）县令》："杨弘正，唐大中元年修栖霞观。"北京大学图书馆藏拓片唐乡贡进士孙谏卿撰《唐明州象山县蓬莱观碑铭并叙》："今上登御之元年。县令弘农杨弘正，帝命而官也，精苦吏事。"①

厉铎皇　民国《象山县志》卷五《职官表·唐县令》："厉铎皇，咸通年间任。见《奉化志·纪遗》。"

张　夔　《全唐文》卷九九六阙名《唐朝散郎贝州宗城县令顾府君（谦）墓志铭》谓墓主顾谦，"女一人，适明州象山县令张夔"。墓主即张夔岳父顾谦，卒于咸通十三年（872），时年六十七岁。该墓志铭同见于《至元嘉禾志》卷二一《碑碣》。

县　丞

无考。

---

①　《全唐文》卷七八八孙谏卿《唐明州象山县蓬莱观碑铭并序》作"杨宏正"，"宏"乃"弘"之讳改也。又，康熙《象山县志》卷二《秩官表》谓："唐承前代之制，县置令、丞、尉各一人，今无可考，故不列。"而将杨弘正列于宋代之下，然又称"杨弘正，大中元年任"，实在是乖悖之甚。

主　簿

无考。

县　尉

李　凑　唐张彦远《历代名画记》卷九《唐朝上》："李凑，（李）林甫之侄也。初为广陵仓曹，天宝中贬明州象山县尉。年二十八，尤工绮罗人物，为时惊绝。"

刘　操　民国《象山县志》卷五《职官表·唐县尉》："刘操，道光《志》：蓬莱观碑县督邮，大中元年任。"

待考录

贾　恒　所任明州某县令不详。《全唐诗》卷一三五綦毋潜《送贾恒明府兼寄温张二司户》诗："越客新安别，秦人旧国情。舟乘晚风便，月带上潮平。花路西施石，云峰句践城。明州报两掾，相忆二毛生。"

附：升州（江宁郡）

升州，曾为浙西节度使治所。唐至德二载（757），以润州之江宁县置江宁郡。乾元元年（758），改江宁郡为升州，兼置浙西节度使，以润州之句容、江宁，宣州之当涂、溧水四县属之。上元二年（761），废升州，所领四县还依旧属，又改江宁县为上元县。光启三年（887），于上元县复置升州，领上元、句容、溧水、溧阳四县。① 升州在唐一代前后存续仅20余年，故附录于此。

刺　史

韦黄裳　《旧唐书》卷一〇《肃宗本纪》：乾元元年（758）十二月"甲辰，以升州刺史韦黄裳为苏州刺史、浙西节度使"。《资治通鉴》卷二二〇"乾元元年"条：十二月"甲辰，置浙江西道节度使，领苏、润等十州，以升州刺史韦黄裳为之"。②

颜真卿　《旧唐书》卷一二八《颜真卿传》："颜真卿，字清臣，琅邪临沂人

---

① 《新唐书》卷四一《地理志》及《太平寰宇记》、《舆地广记》等皆谓升州于光启三年（887）复置，然《新唐书》卷一九〇《张雄传》谓："大顺初，以上元为升州，诏授雄刺史。未几卒。"以为升州于大顺初复置，其后之《景定建康志》则谓"大顺元年复置"。《至大金陵新志》卷四《历代沿革》中谓"大顺元年复置"，而于同卷《地为治所》中谓"光启三年，为升州治所，仍置节镇"。旧志记载，自相舛悖如此！今姑取光启三年复置之说而录之。

② 《新唐书》卷六八《方镇表五》谓，乾元元年，置浙江西道节度兼江宁军使，领升、润、宣、歙、饶、江、苏、常、杭、湖十州，治升州，寻徙治苏州。未几，罢领宣、歙、饶三州。韦黄裳由升州刺史改任苏州刺史，即因浙江西道节度使治所由升州徙治苏州之故。

也。……为御史唐旻所构,贬饶州刺史,旋拜升州刺史、浙江西道节度使,征为刑部尚书。"《旧唐书》卷一〇《肃宗本纪》:乾元二年(759)六月乙未,"以饶州刺史颜真卿为升州刺史,充浙江西道节度使"。

侯令仪 《旧唐书》卷一〇《肃宗本纪》:乾元三年(760)正月辛巳,"以杭州刺史侯令仪为升州刺史,充浙江西道节度兼江宁军使"。

张 雄 《新唐书》卷一〇《昭宗本纪》:景福二年(893)八月"庚子,升州刺史张雄卒,其将冯弘铎自称刺史"。

冯弘铎 泗州涟水人。《新唐书》卷一〇《昭宗本纪》:景福二年(893)九月,"升州刺史冯弘铎叛附于杨行密"。

李神福 《资治通鉴》卷二六三载:天复二年(902),"(杨)行密以李神福为升州刺史";天复三年(903),"以升州刺史李神福为淮南行军司马"。雍正《江南通志》讹作"李祈福"。

秦 裴 《资治通鉴》卷二六五"天祐三年(906)"条:五月丙子,"杨渥以升州刺史秦裴为西南行营都招讨使,将兵击钟匡时于江西"。

主要参考文献

一、古代典籍类

（汉）司马迁撰：《史记》(130卷)，中华书局1998年点校缩印本
（汉）班固撰：《汉书》(100卷)，中华书局1998年点校缩印本
（南朝宋）范晔撰：《后汉书》(120卷)，中华书局1998年点校缩印本
（晋）陈寿撰：《三国志》(65卷)，中华书局1998年点校缩印本
（唐）房玄龄等撰：《晋书》(130卷)，中华书局1998年点校缩印本
（梁）沈约撰：《宋书》(100卷)，中华书局1998年点校缩印本
（梁）萧子显撰：《南齐书》(59卷)，中华书局1998年点校缩印本
（唐）姚思廉撰：《梁书》(56卷)，中华书局1998年点校缩印本
（唐）姚思廉撰：《陈书》(36卷)，中华书局1998年点校缩印本
（唐）李延寿撰：《南史》(80卷)，中华书局1998年点校缩印本
（唐）魏征等撰：《隋书》(85卷)，中华书局1998年点校缩印本
（后晋）刘昫等撰：《旧唐书》(200卷)，中华书局1998年点校缩印本
（宋）欧阳修、宋祁撰：《新唐书》(225卷)，中华书局1998年点校缩印本
（宋）薛居正等撰：《旧五代史》(150卷)，中华书局1998年点校缩印本
（宋）欧阳修撰：《新五代史》(74卷)，中华书局1998年点校缩印本
（宋）署名范坰、林禹撰：《吴越备史》(4卷，附校勘记)，《四部丛刊续编》本
（宋）司马光撰：《资治通鉴》(294卷)，中华书局1976年重印本
（宋）路振撰：《九国志》(12卷，附拾遗)，中华书局1985年版
（唐）李林甫等撰：《唐六典》(30卷)，中华书局1992年点校本
（唐）杜佑撰：《通典》(200卷)，中华书局1988年点校本
（南宋）郑樵撰：《通志》(3册)，中华书局1987年版
（清）嵇璜、刘墉等撰：《钦定续通志》(640卷)，《景印文渊阁四库全书》本
（宋）王溥撰：《唐会要》(100卷)，中华书局1998年版
（元）马端临撰：《文献通考》(348卷)，中华书局1986年影印本

（宋）宋敏求撰：《唐大诏令集》（130卷），学林出版社1992年点校本
（宋）王钦若等撰：《册府元龟》（1000卷），中华书局1982年重印本
（宋）李昉等撰：《太平御览》（1000卷，目录10卷），中华书局1998年版
（宋）李昉等撰：《文苑英华》（1000卷），《景印文渊阁四库全书》本
（宋）李昉等撰：《太平广记》（全4册），上海古籍出版社1995年版
（唐）长孙无忌等撰：《唐律疏议》（30卷），中华书局1983年点校本
（唐）林宝撰：《元和姓纂》（10卷，附四校记），中华书局1994年版
（唐）刘肃撰：《大唐新语》（13卷），上海古籍出版社2000年《唐五代笔记小说大观》本
（唐）李肇撰：《唐国史补》（3卷），上海古籍出版社2000年《唐五代笔记小说大观》本
（唐）刘餗撰：《隋唐嘉话》（3卷），上海古籍出版社2000年《唐五代笔记小说大观》本
（唐）张固撰：《幽闲鼓吹》（1卷），上海古籍出版社2000年《唐五代笔记小说大观》本
（五代）严子休撰：《桂苑丛谈》（1卷），上海古籍出版社2000年《唐五代笔记小说大观》本
（唐）张鷟撰：《朝野佥载》（6卷），上海古籍出版社2000年《唐五代笔记小说大观》本
（唐）郑处诲撰：《明皇杂录》（2卷），上海古籍出版社2000年《唐五代笔记小说大观》本
（唐）张读撰：《宣室志》（10卷，补遗1卷），上海古籍出版社2000年《唐五代笔记小说大观》本
（唐）范摅撰：《云溪友议》（3卷），上海古籍出版社2000年《唐五代笔记小说大观》本
（五代）刘崇远撰：《金华子》（2卷），上海古籍出版社2000年《唐五代笔记小说大观》本
（唐）封演撰：《封氏闻见记》（10卷），中华书局1985年点校本
（唐）钟辂撰：《前定录》（1卷，续录1卷），中华书局1985年点校本
（唐）薛用弱撰：《集异记》（2卷），中华书局1985年点校本
（唐）张鷟撰：《耳目记》（1卷），新兴书局有限公司1981年版
（唐）于逖撰：《闻奇录》（1卷），新兴书局有限公司1981年版
（唐）沈汾撰：《续仙传》（3卷），《景印文渊阁四库全书》本

（宋）王谠撰，周勋初校证：《唐语林校证》（全 2 册），中华书局 1987 年"唐宋史料笔记丛刊"本
（宋）赵璘撰：《因话录》（6 卷），中华书局 1985 年点校本
（宋）孙光宪撰：《北梦琐言》（20 卷），中华书局 1985 年点校本
（唐）朱景玄撰：《唐朝名画录》（1 卷），《景印文渊阁四库全书》本
（宋释）赞宁撰：《宋高僧传》（30 卷），中华书局 1987 年点校本
（唐释）道宣撰：《续高僧传》（31 卷），上海古籍出版社 1995 年版
（唐释）道世撰：《法苑珠林》（120 卷），《景印文渊阁四库全书》本
（宋）钱易撰：《南部新书》（10 卷），中华书局 2002 年点校本
（清）顾祖禹撰：《读史方舆纪要》（130 卷），上海古籍出版社 1993 年《中国古籍珍本丛书》本
（宋）晁公武撰：《郡斋读书志》（4 卷，附后志 2 卷、附志 1 卷），《景印文渊阁四库全书》本
（宋）陈振孙撰：《直斋书录解题》（22 卷），上海古籍出版社 1987 年版
（宋）朱长文撰：《墨池编》（6 卷），《景印文渊阁四库全书》本
（明）张国维撰：《吴中水利全书》（28 卷），《景印文渊阁四库全书》本
（清）董诰等编：《全唐文》（1000 卷），上海古籍出版社 1990 年版
（清）陆心源编：《唐文拾遗》（72 卷），上海古籍出版社 1990 年版
（清）陆心源编：《唐文续拾》（16 卷），上海古籍出版社 1990 年版
（清）彭定求等编：《全唐诗》（900 卷），中华书局 1999 年点校增订本
（清）徐倬编：《全唐诗录》（100 卷），《景印文渊阁四库全书》本
（宋）计有功撰：《唐诗纪事》（81 卷），巴蜀书社 1989 年校笺本
（唐）李白撰，瞿蜕园、朱金城校注：《李白集校注》（30 卷），上海古籍出版社 1980 年版
（唐）张说撰：《张燕公集》（25 卷），中华书局 1985 年点校本
（唐）颜真卿撰：《颜鲁公集》[30 卷首一卷（世系表、年谱）]，《四部备要》本
（唐）刘长卿撰：《刘随州集》（11 卷），中华书局 1985 年点校本
（唐）柳宗元撰：《柳河东集》（45 卷，外集 2 卷，补遗 1 卷），上海人民出版社 1974 年版
（唐）韩愈著，马其昶校注：《韩昌黎文集校注》（8 卷），古典文学出版社 1957 年版
（唐）白居易撰，丁如明、聂世美校点：《白居易全集》（71 卷，附补遗），上海古籍出版社 1999 年版

（唐）元稹撰：《元氏长庆集》（60卷），《四部丛刊初编》本
（唐）元稹撰：《元稹集》（2册），中华书局1982年版
（唐）杜牧撰：《樊川文集》（20卷，附外集1卷、别集1卷），上海古籍出版社1978年"中国古籍文学丛书"本
（唐）王勃撰，何林天校注：《重订新校王子安集》（16卷），山西人民出版社1990年版
（唐）刘禹锡撰，陶敏、陶红雨校注：《刘禹锡全集编年校注》（20卷），岳麓书社2003年版
（唐）沈亚之撰，肖占鹏、李勃洋校注：《沈下贤集校注》（12卷），南开大学出版社2003年版
（唐）独孤及撰：《毗陵集》（20卷，附录1卷，补遗1卷），《四部丛刊初编》本
（唐）李邕撰：《李北海集》（6卷），《景印文渊阁四库全书》本
（唐）权德舆撰：《权载之文集》（50卷，补刻1卷，校补1卷），《四部丛刊初编》本
（唐）陈子昂撰：《陈伯玉文集》，《四部丛刊初编》本
（唐）王维撰，（清）赵殿成笺注：《王右丞集笺注》（28卷，附录1卷），《景印文渊阁四库全书》本
（唐释）皎然撰：《杼山集》（10卷），《禅门逸书》初编第2册，明文书局1981年版
（唐释）贯休撰：《禅月集》（27卷），《禅门逸书》初编第2册，明文书局1981年版
（唐）方干撰：《玄英集》（8卷），《景印文渊阁四库全书》本
（唐）黄滔撰：《唐黄御史公集》（8卷，附录1卷），《四部丛刊初编》本
（唐）吕温撰：《唐吕和叔文集》（10卷），《四部丛刊初编》本
（唐）欧阳詹撰：《欧阳行周文集》（10卷），《景印文渊阁四库全书》本
（唐）罗隐撰，潘慧惠校注：《罗隐集校注》，浙江古籍出版社1995年版
（宋）韩元吉撰：《南涧甲乙集》，中华书局1985年点校本
（五代）和凝、（明）张景撰：《疑狱集》（10卷），《景印文渊阁四库全书》本
（宋）范仲淹撰：《范文正公集》（20卷，别集4卷，奏议2卷，尺牍3卷），《四部丛刊初编》本
（宋）范纯仁撰：《范忠宣集》（20卷，奏议2卷，遗文1卷，附1卷，补编1卷），北京图书馆出版社1997年版
（宋）董棻编：《严陵集》（9卷），中华书局1985年点校本
（宋）杨杰撰：《无为集》（15卷），北京图书馆出版社2002年版
（宋）杨时撰：《龟山集》（42卷），《景印文渊阁四库全书》本
（宋）刘一止撰：《苕溪集》（55卷），《景印文渊阁四库全书》本

（宋）苏轼撰：《东坡全集》(115卷)，《景印文渊阁四库全书》本
（元）袁桷撰：《清容居士集》(50卷)，《景印文渊阁四库全书》本
（元）任士林撰：《松乡集》(10卷)，《景印文渊阁四库全书》本
（元）方回编：《瀛奎律髓》(49卷)，《景印文渊阁四库全书》本
（明）朱橚撰：《普济方》(426卷)，《景印文渊阁四库全书》本
（宋）邓名世撰：《古今姓氏书辨证》(40卷)，《景印文渊阁四库全书》本
（明）凌迪知撰：《万姓统谱》(140卷、首6卷)，《景印文渊阁四库全书》本
（清）钱大昕撰：《十驾斋养新录》(20卷、余录3卷)，江苏古籍出版社2000年版

二、地志类

（东汉）袁康、吴平撰：《越绝书》(15卷)，上海古籍出版社1985年点校本
（唐）李吉甫撰：《元和郡县图志》(40卷)，中华书局1983年《中国古代地理总志丛刊》本
（宋）乐史撰：《太平寰宇记》(193卷)，《景印文渊阁四库全书》本
（宋）王象之撰：《舆地纪胜》，江苏广陵古籍刻印社1991年版
（宋）祝穆撰：《方舆胜览》(70卷)，中华书局2003年《中国古代地理总志丛刊》本
（宋）欧阳忞撰：《舆地广记》(38卷)，四川大学出版社2003年校注本
（明）李贤等撰：《明一统志》(90卷)，《景印文渊阁四库全书》本
（清）和珅等修纂：《大清一统志》(434卷)，《景印文渊阁四库全书》本
（清）穆彰阿等修纂：嘉庆《重修一统志》(560卷)，《四部丛刊续编》本
（宋）马光祖修，周应合撰：《景定建康志》(50卷)，中华书局1990年《宋元方志丛刊》本
（宋）史弥坚修，卢宪纂：《嘉定镇江志》(22卷，首1卷)，中华书局1990年《宋元方志丛刊》本
（宋）杨潜修，朱端常等纂：《云间志》(3卷)，中华书局1990年《宋元方志丛刊》本
（宋）孙应时纂修，鲍廉增补，（元）卢镇续修：《琴川志》(15卷)，中华书局1990年《宋元方志丛刊》本
（宋）朱长文纂修：《吴郡图经续记》(3卷)，中华书局1990年《宋元方志丛刊》本
（宋）范成大纂修：《吴郡志》(50卷)，中华书局1990年《宋元方志丛刊》本
（宋）周淙纂修：《乾道临安志》(3卷)，中华书局1990年《宋元方志丛刊》本
（宋）潜说友撰：《咸淳临安志》(100卷)，中华书局1990年《宋元方志丛刊》本

（宋）谈钥撰：《嘉泰吴兴志》(30卷)，中华书局1990年《宋元方志丛刊》本

（宋）陈耆卿撰：《嘉定赤城志》(40卷)，中华书局1990年《宋元方志丛刊》本

（宋）陈公亮撰：《淳熙严州图经》(8卷，首1卷)，中华书局1990年《宋元方志丛刊》本

（宋）史能之纂修：《咸淳毗陵志》(30卷)，中华书局1990年《宋元方志丛刊》本

（宋）施宿等纂：《嘉泰会稽志》(22卷)，中华书局1990年《宋元方志丛刊》本

（宋）孔延之撰：《会稽掇英总集》(20卷)，《景印文渊阁四库全书》本

（宋）张津等撰：《乾道四明图经》(12卷)，中华书局1990年《宋元方志丛刊》本

（宋）罗濬撰：《宝庆四明志》(21卷)，中华书局1990年《宋元方志丛刊》本

（元）袁桷撰：《延祐四明志》(20卷)，中华书局1990年《宋元方志丛刊》本

（宋）罗愿纂：《新安志》(10卷，附录1卷)，中华书局1990年《宋元方志丛刊》本

（宋）陈舜俞撰：《庐山记》(3卷，附《记略》1卷)，《景印文渊阁四库全书》本

（宋）高似孙纂：《剡录》(10卷)，中华书局1990年《宋元方志丛刊》本

（元）张铉纂修：《至大金陵新志》(15卷)，中华书局1990年《宋元方志丛刊》本

（元）杨譓撰：《至正昆山郡志》(6卷)，中华书局1990年《宋元方志丛刊》本

（元）单庆修，徐硕纂：《至元嘉禾志》(32卷)，中华书局1990年《宋元方志丛刊》本

（明）董斯张撰：《吴兴备志》(32卷)，吴兴刘氏嘉兴堂本

（明）吴之鲸撰：《武林梵志》(12卷)，《景印文渊阁四库全书》本

（明）何乔远撰：《闽书》(40卷)，《四库全书存目丛书》本

（明）胡宗宪修，薛应旗纂：嘉靖《浙江通志》(72卷)，"中国方志丛书"本

（清）嵇曾筠等修，傅王露等纂：雍正《浙江通志》(280卷)，《景印文渊阁四库全书》本

（清）黄之隽等纂修：雍正《江南通志》(200卷、首4卷)，《景印文渊阁四库全书》本

（清）郝玉麟等纂修：雍正《福建通志》(78卷)，《景印文渊阁四库全书》本

（清）储大文等纂修：雍正《山西通志》(230卷)，《景印文渊阁四库全书》本

（清）夏力恕等纂修：雍正《湖广通志》(120卷)，《景印文渊阁四库全书》本

（清）高其倬等修，陶成等纂修：雍正《江西通志》(162卷)，《景印文渊阁四库全书》本

（明）朱昱撰：成化《重修毗陵志》(40卷)，"中国方志丛书"本

（明）陈让等修，夏时正等纂：成化《杭州府志》(63卷，首1卷)，《四库全书存目丛书》本

(明) 陈颀修,劳钺续,张渊纂：成化《湖州府志》(24卷),书目文献出版社1991年《日本藏中国罕见地方志丛刊》本

(明) 杨寔纂修：成化《宁波郡志》(10卷),"中国方志丛书"本

(明) 王鏊撰：正德《姑苏志》(60卷),《天一阁藏明代方志选编续刊》本

(明) 顾清等纂修：正德《松江府志》(32卷),"中国方志丛书"本

(明) 张时彻纂修,周希哲订正：嘉靖《宁波府志》(42卷),日本早稻田大学藏刻本

(明) 陈善等纂修：万历《杭州府志》(100卷),"中国方志丛书"本

(明) 栗祁修,唐枢、张应雷纂：万历《湖州府志》,上海古籍书店1963年据万历原刊本影印出版

(明) 王懋德等修,陆凤仪等纂：万历《金华府志》(30卷),"中国方志丛书"本

(明) 汤日昭、王光蕴纂修：万历《温州府志》(18卷),《四库全书存目丛书》本

(明) 杨守仁等修,徐楚纂修：万历《严州府志》(25卷),书目文献出版社1991年《日本藏中国罕见地方志丛刊》本

(明) 萧良幹等修,张元忭等纂：万历《绍兴府志》(50卷),"中国方志丛书"本

(明) 林应翔等修,叶秉敬等纂：天启《衢州府志》(10卷),"中国方志丛书"本

(清) 马如龙等修,杨鼐等纂：康熙《杭州府志》(40卷,首1卷),《浙江图书馆稀见方志丛刊》本

(清) 杨廷望纂修：康熙《衢州府志》(40卷),"中国方志丛书"本

(清) 朱肇济等纂：雍正《处州府志》(20卷),"中国方志丛书"本

(清) 郑沄修,邵晋涵纂：乾隆《杭州府志》(110卷,首6卷),《续修四库全书》本

(清) 李亨特修,平恕、徐嵩纂：乾隆《绍兴府志》(80卷,附清李慈铭《乾隆绍兴府志校记》),"中国方志丛书"本

(清) 李琬修,齐召南等纂：乾隆《温州府志》(30卷,首1卷),"中国方志丛书"本

(清) 吕燕昭修,姚鼐纂：嘉庆《新修江宁府志》(56卷),《续修四库全书》本

(清) 宗源翰等修,周学浚、陆心源等纂：同治《湖州府志》(96卷,首1卷),《中国地方志集成》本

(清) 黄廷金修,萧浚兰等纂：同治《瑞州府志》(24卷),"中国方志丛书"本

(清) 王棻纂,(民国) 陆懋勋续纂,吴庆坻重纂：光绪《杭州府志》(178卷),《中国地方志集成》本

(清) 许瑶光等修,吴仰贤等纂：光绪《嘉兴府志》(88卷,首2卷),"中国方志丛书"本

(民国) 喻长霖纂：民国《台州府志》(140卷),"中国方志丛书"本

（明）聂心汤修，虞淳熙纂：万历《钱塘县志》（不分卷），"中国方志丛书"本

（明）戴日强纂修：万历《余杭县志》[10卷（原缺卷一、七、八）]，《四库全书存目丛书》本

（明）张元忭撰：万历《会稽县志》（16卷），"中国方志丛书"本

（明）顾震宇撰：万历《仙居志》（12卷），同济大学出版社1993年点校本

（明）汤齐齐修，李日华等纂：崇祯《嘉兴县志》（24卷），书目文献出版社1991年《日本藏中国罕见地方志丛刊》本

（明）宋奎光撰：崇祯《宁海县志》（12卷），"中国方志丛书"本

（清）董钦德辑：康熙《会稽县志》（28卷），"中国方志丛书"本

（清）邹勷、聂世棠等纂修：康熙《萧山县志》（21卷），"中国方志丛书"本

（清）洪若皋等纂：康熙《临海县志》（15卷），"中国方志丛书"本

（清）王显曾等纂：乾隆《华亭县志》（16卷），"中国方志丛书"本

（清）钱维乔修，钱大昕纂：乾隆《鄞县志》（30卷，首1卷），《续修四库全书》本

（清）罗愫修，杭世骏纂：乾隆《乌程县志》（16卷），《续修四库全书》本

（清）张吉安等修，朱文藻等纂：嘉庆《余杭县志》（42卷），"中国方志丛书"本

（清）徐元梅等修，朱文翰等辑：嘉庆《山阴县志》（30卷，首1卷），"中国方志丛书"本

（清）诸自穀等修，程瑜等纂：嘉庆《义乌县志》（22卷，首1卷），"中国方志丛书"本

（清）邢澍等修，钱大昕等纂：嘉庆《长兴县志》（28卷，首1卷），"中国方志丛书"本

（清）姚宝煃等修，范崇楷等纂：嘉庆《西安县志》（48卷），"中国方志丛书"本

（清）于尚龄等修，王兆杏等纂：道光《昌化县志》（20卷），"中国方志丛书"本

（清）陈栻等纂：道光《上元县志》（24卷，首1卷，末1卷），"中国方志丛书"本

（清）李兆洛等纂：道光《江阴县志》（28卷，首1卷），"中国方志丛书"本

（清）于万川修，俞樾纂：光绪《镇海县志》（40卷），《续修四库全书》本

（清）张宝琳修，王棻、孙诒让等纂：光绪《永嘉县志》（38卷，首1卷），《续修四库全书》本

（清）汪文炳等修纂：光绪《富阳县志》（24卷），"中国方志丛书"本

（清）邵友濂修，孙德祖等纂：光绪《余姚县志》（27卷，首1卷，末1卷），"中国方志丛书"本

（清）唐煦春等修，朱士黻等纂：光绪《上虞县志》（48卷，首1卷，末1卷），"中国方志丛书"本

（清）储家藻修，徐致靖纂：光绪《上虞县志校续》（50卷，首1卷，末1卷），"中国方志丛书"本

（清）李前泮修，张美翊纂：光绪《奉化县志》（40卷，首1卷），"中国方志丛书"本

（清）王瑞成修，张濬等纂：光绪《宁海县志》（24卷），"中国方志丛书"本

（清）秦簧修，唐壬森纂：光绪《兰溪县志》（8卷，首1卷），"中国方志丛书"本

（清）王寿颐等修，王棻等纂：光绪《仙居县志》（24卷，附集24卷），"中国方志丛书"本

（民国）冯煦等纂：民国《重修金坛县志》（12卷），"中国方志丛书"本

（民国）吴秀之等修，曹允源等纂：民国《吴县志》（80卷），"中国方志丛书"本

（民国）李涞修，陈汉章纂：民国《象山县志》（32卷），"中国方志丛书"本

（民国）李汝为等修，潘树棠等纂：民国《永康县志》（16卷，首1卷），"中国方志丛书"本

（民国）张寅等修，何奏簧纂：民国《临海县志稿》（42卷），"中国方志丛书"本

三、金石文书类

[日]文化厅监修，筑达荣八编集：《国宝·书迹Ⅲ》（1册），日本写真印刷株式会社制版印刷，每日新闻社昭和59年（1984）发行

（宋）王象之撰：《舆地碑记目》（4卷），《景印文渊阁四库全书》本

（宋）陈思撰：《宝刻丛编》（20卷），《丛书集成初编》本，商务印书馆1937年版

（宋）赵明诚撰，金文明校证：《金石录校证》（30卷），广西师范大学出版社2005年版

（元）虞集撰：《道园学古录》（50卷），《景印文渊阁四库全书》本

（明）都穆撰：《金薤琳琅》（20卷），《景印文渊阁四库全书》本

（明）陶宗仪编：《古刻丛钞》（1卷），《知不足斋丛书》本

（清）郑元庆撰：《石柱记笺释》（5卷），中华书局1985年版

（清）王昶：《金石萃编》（160卷），（台北）新文丰出版公司编辑部编《石刻史料新编》本

（清）陆耀遹纂：《金石续编》（21卷），《石刻史料新编》本

（清）方履篯编：《金石萃编补正》（4卷），《石刻史料新编》本

（清）王言撰：《金石萃编补略》（2卷），《石刻史料新编》本

罗振玉编：《金石萃编未刻稿》（3卷），《石刻史料新编》本

刘青藜编：《金石续录》（4卷），《石刻史料新编》本

刘承幹撰：《希古楼金石萃编》（10卷），《石刻史料新编》本

（清）陆增祥编：《八琼室金石补正》（130卷，附札记4卷），《石刻史料新编》本
（清）毕沅撰：《中州金石记》（5卷），《丛书集成初编》本
（清）毕沅撰：《关中金石记》（8卷），《石刻史料新编》本
（清）韩崇撰：《宝铁斋金石文跋尾》（3卷），光绪四年（1878）滂喜斋丛书本
（清）阮元编：《两浙金石志》（18卷，附补遗1卷），《石刻史料新编》本（1辑14册）
（民国）罗振玉辑：《两浙冢墓遗文》（1卷），《石刻史料新编》本（1辑15册）
（清）沈翼机撰：《浙江碑碣通志》（4卷），《石刻史料新编》本
（清）邵晋涵撰：《杭州金石志》（2卷），《石刻史料新编》本
（清）倪涛撰：《武林石刻记》（5卷），《石刻史料新编》本
（元）徐硕撰：《嘉禾金石志》（11卷），《石刻史料新编》本
（清）杜春生编：《越中金石记》（10卷），《石刻史料新编》本
（清）邹柏森辑：《严州金石录》（2卷），《石刻史料新编》本
（清）李遇孙辑：《括苍金石志》（12卷，附续志4卷），《石刻史料新编》本（1辑15册）
（清）邹柏森辑：《括苍金石志补遗》（4卷），《石刻史料新编》本
（清）陆心源辑：《吴兴金石录》（16卷），《石刻史料新编》本（1辑14册）
（民国）黄瑞辑：《台州金石录》（12卷，附砖录5卷、阙访4卷），《石刻史料新编》本（1辑15册）
（清）戴咸弼辑：《东瓯金石志》（10卷，附补遗1卷、附录1卷），《石刻史料新编》本（1辑15册）
罗振玉辑：《芒洛冢墓遗文》（3卷，附补遗1卷），《石刻史料新编》第1辑第19册
罗振玉辑：《芒洛冢墓遗文续编》（3卷，附续补1卷），《石刻史料新编》第1辑第19册
罗振玉辑：《芒洛冢墓遗文三编》（1卷），《石刻史料新编》第1辑第19册
罗振玉辑：《芒洛冢墓遗文四编》（6卷，附四补1卷），《石刻史料新编》第1辑第19册
罗振玉辑：《芒洛冢墓遗文五编》（6卷），晒印本
周绍良主编、赵超副主编：《唐代墓志汇编》，上海古籍出版社1992年版
周绍良、赵超主编：《唐代墓志汇编续集》，上海古籍出版社2001年版
周绍良主编：《全唐文新编》，吉林文史出版社2000年版
陈尚君辑校：《全唐文补编》，中华书局2005年版
河南省文物研究所、河南省洛阳地区文管处编：《千唐志斋藏志》，文物出版社1983年版

吴钢主编：《全唐文补遗》(7辑)，三秦出版社1994年、1995年、1996年、1997年、1998年、1999年、2000年版
陕西省古籍整理办公室、洛阳市第二文物工作队编，吴钢主编，王京阳等副主编：《全唐文补遗》第八辑，三秦出版社2005年版
杨作龙、赵水森等编著：《洛阳新出土墓志释录》，北京图书馆出版社2004年版
白化文、李鼎霞校注：《行历抄校注》，花山文艺出版社2004年版
吴钢主编，王京阳、赵跟喜、张建华本辑副主编：《全唐文补遗·千唐志斋新藏专辑》，三秦出版社2006年版
胡戟、荣新江主编：《大唐西市博物馆藏墓志》(全三册)，北京大学出版社2012年版
毛阳光、余扶危主编：《洛阳流散唐代墓志汇编》(上、下册)，国家图书馆出版社2013年版
北京图书馆金石组编，徐自强主编：《北京图书馆藏中国历代石刻拓本汇编》(唐代部分，第11—35册)，中州古籍出版社1997年版
章国庆编著：《宁波历代碑碣墓志汇编(唐五代宋元卷)》，上海古籍出版社2012年版
浙江省乐清县文化局编：《雁荡山摩崖石刻》，1987年乐清印刷厂印行

四、近人研究论著

(一) 著作

严耕望：《唐史研究丛稿》，香港新亚研究所1969年版
严耕望：《唐仆尚丞郎表》(4册)，中华书局1986年版
吴廷燮：《唐方镇年表》(3册)，中华书局2003年版
严耕望：《唐代府州上佐与录事参军》，载《严耕望史学论文选集》下册，中华书局2006年版
[日]砺波护：《唐代的县尉》，刘俊文主编：《日本学者研究中国论著选译》第四卷，中华书局1992年版
周祝伟：《7—10世纪杭州的崛起与钱塘江地区结构变迁》，社会科学文献出版社2006年4月版
陆敏珍：《唐宋时期明州区域社会经济研究》，上海古籍出版社2007年版
张玉兴：《唐代县官与地方社会研究》，天津古籍出版社2009年版
赖瑞和：《唐代中层文官》，(台北) 联经出版事业股份有限公司2008年版
赖瑞和：《唐代基层文官》，中华书局2008年版

劳格:《杭州刺史考》,载劳格《读书杂识》卷七,《月河精舍丛钞》本
郁贤皓:《唐刺史考全编》(6册),安徽大学出版社2000年版
戴伟华:《唐方镇文职僚佐考》,广西师范大学出版社2007年版
卞孝萱:《刘禹锡年谱》,中华书局1963年版
朱金城:《白居易年谱》,上海古籍出版社1982年版
傅璇琮主编:《唐才子传校笺》(5册),中华书局1987年第1版、2000年第2次印刷
杨军笺注:《元稹集编年笺注》,三秦出版社2002年版
陈贻欣主编:《增订注释全唐诗》,文化艺术出版社2001年版
张玉兴:《唐代县主要僚佐考论》,硕士学位论文,2005年

(二) 论文

周祝伟:《论浙江行政区雏形的历史形成》,《浙江学刊》2012年第3期
周祝伟:《从唐代职官的新考订谈第二轮修志学术质量的提升:以历史上的〈余杭县志〉为例》,《中国地方志》2012年第8期
周祝伟:《〈嘉定赤城志·秩官门〉校考补正》,载《浙东文化研究》第2辑,浙江大学出版社2016年版
郁贤皓:《〈唐刺史考全编〉订补》,《南京师范大学学报》(社会科学版)2001年第3期
潘明福:《〈唐刺史考全编〉补遗》,《文献》2005年第2期
毛阳光:《〈唐刺史考全编〉新订补》,《文献》2006年第1期
毛阳光:《〈唐刺史考全编〉再补订》,《文献》2007年第2期
马建红:《〈唐刺史考全编〉拾补》,《唐史论丛》第十二辑,2009年
吴炯炯:《〈唐刺史考全编〉补正》,《中国历史文物》2010年第3期
客洪刚:《〈唐刺史考全编〉辑补》,《图书馆理论与实践》2012年第1期
毛阳光:《唐刺史考全编》新补订,载《文献》2006年第1期
吴炯炯:《〈唐刺史考全编〉补正》,《中国历史文物》2010年第3期
陈翔:《〈唐刺史考全编〉拾遗、补正》,《唐史论丛》第十四辑,2011年
黄楼:《〈唐刺史考〉全编订补——以大唐西市博物馆藏墓志为中心》,《吐鲁番研究》2014年第1期

后 记

历时十五载、马拉松式的艰苦跋涉,终于告一段落了。

回首往事,至今还清晰地记得当时在完成博士论文《7—10世纪钱塘江地区开发研究》(最终成果《7—10世纪杭州的崛起与钱塘江地区结构变迁》,2006年由社会科学文献出版社出版)时,捧读《全唐文》《全唐文补遗》等文献时,时不时读到有关唐人在浙江各州县任职的情况,而以之核于各地历代方志所载唐职官,则大多付之阙如,新编方志亦多迻录前志而未加细究深考;南京大学郁贤皓教授大著《唐刺史考全编》备受学界好评,惜乎仅限于刺史(郡守)一职,未及佐官、属官。故而颇感慨于历代方志之缺略,及江南地区唐史研究之可为,遂厥萌其心,发愿而作。

自2004年始,公务之余即潜心搜罗爬梳史籍、诗文、方志、金石、文书等各类文献与实物,但凡公休节假、差旅闲暇,大都潜心为之,除夕、元日亦不稍懈。初意以今浙江省域为限,然因政区变革,唐之嘉兴、海盐二县今属浙江省,而唐时皆隶于苏州。若以今浙江省政区为限,则有横刀截断之蛮举,亦有使州县不相属、"父""子"不相见之嫌。踌躇再三,为求全帙,虽舟行半江,仍改弦更张,决计以唐代之浙江东道、浙江西道为研考范围。于是,在已有浙江西道杭、湖、睦三州的基础上,再展拓至其余之润、常、苏三州一十七县,合浙江东道七州及属县,凡为浙东、浙西两道十三州七十四县。历代方志,良莠不齐。博学鸿儒执笔者有之,陋儒俗吏操觚者亦有之。原意仅为方志续貂补录之计,孰料志中所载职官虽多鳞爪片羽之可以为宝者,然而鲁鱼、亥豕之讹谬歧异,尤需多加深考辨识者。即以史传文献所载者,核之前人金石录及近出墓志,亦多舛迕。小子不敏,然身兼风尘小吏,职当浙江省市县二轮修志组织、协调、指导之责。"今若见其谬误遗漏,而一一听之,恐既经纂修之后,则明眼所照,遗议不专在前人矣",前贤四明黄宗羲《再辞张郡侯修志书》之所言,言犹在耳,遂不揣谫陋,俯身勉力为之,且愈涉愈深,沉溺不拔,延宕时日,竟至于十五载之久。

忆昔莘莘学子,投简自荐。承蒙浙江省社会科学院(省地方志办公室)不弃接纳,得以寄身从业。一入史志之门,倏忽间已逾廿载。既获稻粱之酬,又得提携以长,感之至深。及见梁任公于推荐名家佳志之余,又颇喟叹方志大半成于"陋儒""俗吏"之手,故而常自惕惕,以警以诫。当志界硕宿魏桥先生领衔主持修撰《浙江历史大事记》，委以佐理重责之时，陈情力主以史学之专才为之，得蒙首肯。遂邀集学友陆敏珍、何兆泉、徐立望诸历史学博士，爬梳史籍文献，拣择史料，排比挈领浙江省历史发展大势，并逐条注明资料来源，以备阅读使用者核检取信。书成，颇获史志同人认可肯定。虽为人嫁衣之作，亦庶几无憾矣。所憾者，惟尚未能以之使注重原始资料之使用、学术规范之遵循在方志修纂中成为一种风尚和习惯，志书"有用而不敢用"之价值痼疾亦尚未能得以稍稍纾解。对历代志书所载唐职官补阙考正，则不揣浅陋尝试换一种方式，以唐职官之一端而探寻今日方志修纂在前人基础上所可着力之处，俾使学术层累地发展提升。

十五载如一日，拾遗补阙，校考订讹，幸有所成。即以学界研究较为深入、成果较为丰硕的唐刺史言之，在《唐刺史考全编》基础上，亦颇有所获。粗略统计，凡两浙诸州刺史考补新增者四十八人次、考实订讹者十二人次、剔除误收者十二人次。其他职官如诸州别驾、长史、司马、录事参军、六曹等，及诸县令、丞、簿、尉，迄今尚未有专门研究成果问世，历代志书所记亦参差不齐，大多寥寥无几甚至付之阙如。故此次于此以考实补阙为主，订讹为辅，所补所订者亦不知凡几。此类州县佐官下吏，位虽不显，然而却是有唐一代许多名臣贤相历练进阶之途；许多文人墨客，在任职期间或寄情山水抒怀咏志，或撰记题刻述事，留下了众多传世篇什，在馈赠后人丰厚文化财富的同时，更留下了了解唐代两浙地区经济社会的宝贵历史资料；还有不少终身沉潜下位、名不见史传的循官干吏，被一方百姓代代口耳相传，长留心中。此外，在唐代两浙州县官员中，奸黠者有之，贪贿者有之，庸碌者有之，暴虐者亦有之，文以载道，尽力发幽阐微而已。若言遗憾之事，则由于历史原因及本人目力所限，所补录的州县职官存在着明显的地区不平衡，不少偏远州县仍然较少。只能期待随着考古发掘不断取得新进展，各种新史料不断涌现，以及日后博雅君子辛勤耕耘不断推陈出新。不过，目前的这一分布状况也较好地反映了唐代两浙地区经济文化发展水平的区域性差异。

一路走来，既有最初的憧憬、坚守时的辛酸、遇挫时的彷徨、偶有所得时的欣喜，更有拨开层层迷雾得见真容时的自得。诸多领导、师友的信任、勉励、襄助，以及家人的支持，是支撑执着前行的强大动力。该项研究曾入选浙江省社科联首批"之江青年社科学者行动计划"，获得了浙江省哲学社会科学规划"之江青年课题"立项资助，和浙江省浙江历史文化研究中心的课题资助。研究成果获得"浙江省之江青年社科学者文库"资助出版。上海古籍出版社副总编辑吕瑞锋对本成果的出版工作给予了热情支持；责任编辑张祎琛认真负责，不厌其烦，为成果的顺利出版付出了辛勤的劳动，在此一并致以诚挚的感谢！

周祝伟
2019 年 8 月 20 日于杭州紫金港